U0455831

2011年全国十大考古新发现

漳平奇和洞遗址

福　建　博　物　院
龙岩市文化广电新闻出版局　编著

科学出版社
北　京

内 容 简 介

奇和洞遗址被评为2011年度全国十大考古新发现，曾经过3次发掘，出土大量石制品、陶片、骨制品、装饰品、艺术品、哺乳动物及数以千计的水生动物遗骨。遗址地层连续，文化层年代跨越新、旧石器时代。除发现3具人类颅骨外，遗物数量大，类型多，这不仅在福建，就是在我国东南诸省中亦实属罕见，为解决福建境内新、旧石器交替时期的文化面貌、人类体质特征的进化，以及生态环境的变迁等问题提供了重要证据。

全书分七个章节，分别介绍奇和洞遗址发现与发掘的过程和遗址所处地理环境，详细介绍了3期文化的遗迹、遗物情况，并对各文化期的基本性质、原料性质及其利用、骨器制作工艺及其意义、装饰艺术品初步探讨和遗址形成过程与埋藏学研究5个问题进行初步探讨。另外，附录主要收录了科技考古方面取得的研究成果，包括体质人类学、真核生物分析、植硅石分析等。

本书适合旧石器考古学、古地层学、历史学及相关专业研究人员阅读、参考。

图书在版编目（CIP）数据

漳平奇和洞遗址 / 福建博物院，龙岩市文化广电新闻出版局编著. —北京：科学出版社，2017.12
ISBN 978-7-03-055534-2

Ⅰ. ①漳… Ⅱ. ①福… ②龙… Ⅲ. ①石器时代–文化遗址–发掘报告–漳平 Ⅳ. ①K878.05

中国版本图书馆CIP数据核字（2017）第284476号

责任编辑：孙 莉 樊 鑫/责任校对：彭 涛
责任印制：肖 兴/封面设计：美光设计

科 学 出 版 社 出版

北京东黄城根北街16号
邮政编码：100717
http://www.sciencep.com

中国科学院印刷厂 印刷

科学出版社发行 各地新华书店经销

＊

2017年12月第 一 版 开本：889×1194 1/16
2017年12月第一次印刷 印张：29 3/4 插页：30
字数：856 000

定价：358.00元

（如有印装质量问题，我社负责调换）

序

　　乘着第三次全国文物普查的强劲东风，福建省文物考古工作者以坚忍不拔的精神，顶烈日、迎风雨，追寻先民的足迹，踏遍八闽大地，发现了一个又一个重要文化遗址，再次掀起我省考古调查、发掘和研究的新一轮高潮。

　　我以十分激动的心情看到福建博物院范雪春研究员和他的同事发现奇和洞史前遗址和以后取得可喜的考古研究成果，这也正是大家一直翘首期待的。

　　漳平奇和洞遗址，是一个具有极其丰富内涵的史前文化遗址，它不仅存在地层上具有连续性，而且出土的遗物存在明确的叠压关系，器物存在早晚演变发展关系；在地质年代上涵盖了更新世晚期到全新世中期地层，在时间跨度上由旧石器时代末期延续到新石器时代早期。这种遗址，不仅在福建境内以往未曾发现过，就是在我国东南诸省中也属罕见。

　　迢迢山中道，茫茫林海间，先后三次的考古发掘，付出是艰辛的，收获却是丰硕的，既揭露出罕见的从旧石器时代末期到新石器时代早、中期不同时段的多个遗迹现象，还出土了一系列文化遗物，包括打制石制品、磨制石器、陶器、骨器、装饰品等大量文化遗物，其中的骨质磨制鱼钩、石质磨制鱼形胸佩饰件、骨质管器、钻孔饰件和刻画石等，承载了史前时期居住在漳平奇和洞先民们熟练的制作技能和较高的审美观。遗址出土的动物遗骨数量相当惊人，数以万计的水生动物和陆生动物遗骨真实地描绘出旧石器时代末期到新石器时代早期（距今17000～7000年前）这一时段生态环境几度变迁的过程。长达万年的过程中，先民们在群山之中挖掘块根采集食物、狩猎兽禽，在涓涓溪涧里捕鱼、拾贝、捉鳖的幕幕场景一一呈现在我们眼前。发现的三个史前人类颅骨，更是锦上添花，给"东方人探源"重大科研课题和旧石器时代、新石器时代转换时期人类体质特征研究提供了崭新的依据。漳平奇和洞遗址考古发掘的这些收获和第一轮科学研究成果，得到了各个方面专家、学者的充分肯定和同声赞誉。漳平奇和洞遗址也因此被评为2011年全国十大考古新发现之一，2012年被列入福建省省级文物保护单位，2013年被列入全国重点文物保护单位。

　　史前考古学是一门以埋藏在地下的实物资料包括人类制作、使用的生产工具、生活用具，生产、生活残余物，伴生的动物、植物等为研究对象，揭示先民生活场景、工具制作技术工艺、文化发展水平、适应生存能力以及与区域性文化的时空关系，以此诠释在人类历史进程中所起的不可替代作用及其重要意义。显而易见，史前考古学和其他科学一样不可能孤立存在，学科之间的互相融合、互相渗透、互相补充，已经成为该学科发展的强大推动力。可喜的是，

《漳平奇和洞遗址》集多门学科之手段进行综合研究，大大扩展了视野，丰富了研究内容，从而获得令人钦佩的丰硕成果，进而使探讨和论述的问题更加深化，更加引人入胜。我深信，该书的出版，必将拓宽世人关注的视野，进一步推动我省史前考古发掘与研究工作，提升研究水平，为了解过去、预测未来，提供第一手科学资料。

郑国珍

2013年12月于福州

前　　言

　　奇和洞，又名东明岩，是发育在石炭纪船山组较纯净的巨厚层石灰岩岩体众多洞穴中的一个。奇和洞周围石灰岩广布，岩体发育有两层洞穴，分别高出当地河流水面16m和4.5m，奇和洞属于较低一层的洞穴，洞口宽敞，面向正西，宽26m、深16m、高4.5m；洞口大厅宽大，地面较平，向外延伸高度与奇河溪第一级阶地后缘大致相当。洞内共有北、东、南三个较大的支洞，各支洞内小岔交织如网，错落无序，主洞在雨季时节常有流水，至今排水通道在洞厅南侧依然存留着积淀较厚的近代淤泥。支洞两侧部分岩体因被采矿炸裂，局部出现塌陷，但洞内深处至今还保留着较好的晚更新世早、中期地层；洞口大厅地面以下隐伏晚更新世末期至全新世早期地层。

　　奇和洞遗址是在2008年12月第三次全国文物普查期间，由龙岩市文化与出版局（现为龙岩市文化广电新闻出版局）组织的由福建博物院范雪春带领的“古脊椎动物与古人类”专题调查队调查发现的。在奇和洞最初勘查期间，调查队在洞内残留的晚更新世堆积层中发现少许哺乳动物化石；当时周边正在开山炸石，奇和洞面临被毁，根据奇和洞地理环境和保存现状，范雪春认为这是个极具考古发掘价值的洞穴，建议先进行考古试掘并予以保护。2009年初，龙岩市文化与出版局邀请中国科学院古脊椎动物与古人类研究所金昌柱等来奇和洞作进一步考察；随后古田会议纪念馆吴锡超率领广西技工，在支洞内部和洞口大厅进行了首次小范围的探掘，从洞内两个支洞的地层中采集到一批哺乳动物化石，在洞口大厅晚期地层中采集少量文化遗物。2009年11月20日至2010年1月下旬，在范雪春领队的建议下，龙岩市文化与出版局提供发掘经费，以范雪春为领队，由福建博物院、龙岩市文物普查队和漳平市博物馆组成的考古发掘队对奇和洞洞口大厅的堆积地层进行了为期2个月的抢救性发掘。参加此次发掘的队员有：范雪春、羊泽林、吕锦燕、林博、李水常、赵兰玉、黄秀燕、黄大义、吴锡超、林凤英、罗丹丹、马兴昌等。发掘之前，首先采用全站仪对奇和洞作了全面测量和绘图，把总基点设定在洞口的北壁上，距离洞内地面高度2.5米，布4m×4m探方1个，编号T1，探方的东、北两侧各留有1m的隔梁；在T1探方北面布2m×4m探沟1条，编号T2；T1东面隔1米布4m×4m探方1个，编号T3，三个探方均纳入布方网络。三个探方发掘均揭露出部分史前遗迹和大量文化遗物。鉴于该次发掘时出土大量认为是福建迄今最早的新石器时代文化遗物，领队建议要做进一步考古发掘，在李史明纪检组长的大力支持下，龙岩市文化与出版局追加20万元，对奇和洞洞口大厅进行深入发掘。由范雪春、李水常、王银平、危长福、黄秀燕、黄大义、赵兰玉、马应丰、程治顺等参加，从2010年12月15日起再进驻发掘现场，开始进行第二次发掘。发掘期间，除继续出土大量文化遗物外，于2010年12月26日和2011年1月3日从T2探方的第3A层底部和第3C层底部分别挖掘出人类幼年个体和成年个体的颅骨各一具及部分肢骨。为了确保人类颅骨能够得到更好的保护，发掘队特意邀请中国科学院古脊椎动物与古人类研究所科技人员前来协助提取，1月17日下午，一具基本完整的人类颅骨顺利出土，这标志着奇和洞是一个重要的史前居址，人类颅骨已由中国科学院古脊椎动物与古人类研究所技术人员进行了高质量的修复和复原。

按照年代测定要求，发掘队逐层精心采样，数十件（含木炭、烧土、螺壳、动物遗骨等）标本送交北京大学实验室进行^{14}C年代测试。测定结果表明：第3A层和第3B层实测年代为9000～7000a BP之间；第3C层年代为10000～9000a BP之间；第4层和第5层年代为13000～10000a BP之间；第6～7层在17000～13000a BP之间。测年数据充分证实了奇和洞洞口大厅堆积系列的时代起自晚更新世晚期，并一直延续到全新世早期，相当于旧石器时代末期至新石器时代早期。地层堆积和文化遗物的连续性表明，这是一处极为少见的从旧石器时代过渡到新石器时代早期特殊的原地埋藏洞穴遗址。

鉴于奇和洞遗址的重要性，自2011年1月5日起一个月内先后有福建博物院林公务研究员、厦门大学吴春明教授、国家文物局张磊处长、中国社会科学院考古研究所陈星灿研究员、中国科学院古脊椎动物与古人类研究所高星研究员等，分别前来奇和洞遗址进行实地考察指导，专家学者高度评价奇和洞遗址，一致肯定了该遗址的重要学术价值和科学意义。

自2011年4月至年底，发掘队又对洞口水田，奇和洞洞口北面2、3号无名洞洞口进行了第三次小规模试掘，还着重清理了T1和T3的东隔梁，再次揭露出少量遗迹和一批珍贵遗物，并完成了对奇和洞洞内地层系列的划分及周围地质地貌的构建工作。

奇和洞支洞内存留有较完好的晚更新世早、中阶段地层，出土动物骨骼属于我国南方常见的"大熊猫-剑齿象动物群"；洞口大厅地层堆积根据年代测定数据为17000～7000a BP，包含了新石器时代早期和旧石器时代末期。该遗址地层的连续性，文化层跨越新、旧石器时代并包含大量遗迹、遗物的特点，不仅在福建，就是在我国东南诸省中也属罕见。遗址出土的材料数量多，据不完全统计，标本总数超过30000件，遗物具有多样性特点，除打制石器、磨制石器、陶片、骨制品、装饰艺术品外，还有大量水生和陆生动物遗骨，为福建境内新、旧石器交替时期文化面貌继承和发展、人类体质特征的进化、生态环境变迁等问题的研究提供极其宝贵的资料。在整个发掘过程中，考古队始终坚持采用逐层清理的方法，对重要地质现象和遗物均及时给予记录和拍照，各个地层清理出的堆积物全部过筛和水选，小件标本的提取均以总基点为准测量深度，标明出土位置。每次发掘暂告一个段落之后，发掘队全体人员都集中小结并及时进行初步整理。经过近四年的努力，最终完成本报告。奇和洞遗址是一个十分难得的史前洞穴遗址，遗迹和遗物不仅类型多样，而且数量惊人，因此不可能在本报告中给予全面记述，尚有许多问题等待今后继续进行研究。

目　录

Contents

Third cultural phase

Conclusion

Addendum

插图目录

插表目录

彩版目录

第一章　区域生态环境与行政区划历史沿革

第一节　区域生态环境

一、地　　貌

　　漳平市地处福建省中偏西南部，正好处在戴云山、玳瑁山和博平岭三大山系的结合部，总体地势呈现北、南稍高，中间略低洼的马鞍形地貌形态，注入台湾海峡的九龙江北溪上游在漳平境内的中部由西向东南缓缓穿过。全境地貌错综复杂，中山（海拔＞1000m）、低山（海拔600～1000m）、丘陵（海拔400～600m）和盆地（海拔＜400m）相互错落，峡谷、河涧穿插其中，从总体上看，区内以低山为主，丘陵次之，中山范围较小，盆地面积不大[1]（图1）。

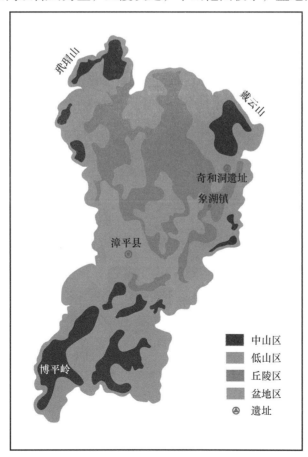

图1　漳平境内地貌类型（Physiognomic types in Zhangping area）

山地：中山地带分布在三大山系入境处，亦即漳平的边缘地带，东北部的吾祠属于戴云山山系的余脉，地势相对较高，山坡十分陡峭，地形非常险峻，最高峰太华尖的海拔为1600m，穿插其中的溪涧河谷切割深邃，高程落差较大，通常约有500m以上；从西北部插入境内的玳瑁山，峰峦叠嶂，最高峰紫云洞山海拔1634m，但山势相对和缓；南部博平岭群峰拥簇，山涧切割陡深，以苦竹林尖为最高，海拔1666m。全区水系均从东北、西北和西南汇集于中部的河谷区。漳平境内海拔超过千米的中山区约占全境的12%，小于1000m的低山面积约占全境的53%，海拔小于600m的丘陵约占22%，海拔小于400m的盆地较少，仅占7%。奇和洞周边地带属于海拔400~800m之间的低山和丘陵类型，地势逐渐朝东北方向增高并过渡到中山。

水系：漳平境内水流分属九龙江北溪、西溪和闽江沙溪三个水系。九龙江北溪横贯漳平中部，其支流呈叶脉状遍布全市，流域面积占全市总面积的97.3%。西溪水系占2.3%，沙溪水系占0.4%。九龙江北溪发源于龙岩市小池镇和连城县曲溪镇交汇处。小池水流至苏坂为雁石溪，曲溪至苏坂为万安溪，两水至苏坂汇合后流入漳平，至盐场洲与双洋溪、新桥溪汇合后始称九龙江北溪。

溪南溪，旧名感化溪，发源于吾祠乡凤山村，南流经吾祠、象湖、溪南、芦芝等乡镇，至华口营汇入九龙江北溪，河长67km，境内61km，坡降4.2‰，流域面积630km^2，流域面积在50km^{2}以上的主要支流还有谢洋溪和后溪。奇和洞所在的奇和溪属溪南溪的一条支流。

二、区 域 地 质

漳平市境内地层发育齐全，沉积岩、岩浆岩、火山岩及变质岩均有出露（图2）。沉积岩：以古生代和中生代沉积岩系最为发育，主要出露于区内的中部，面积约占全境的80%，其中下石炭统林地组（岩性为砂岩、粉砂岩、碳质页岩）、中三叠统安仁组（岩性为砂岩、粉砂岩、长石石英砂岩）、上三叠统大坑组（岩性为砂砾岩、细砂岩、粉砂岩夹煤层）与文宾山组（岩性为石英砂岩、粉砂岩夹碳质泥岩）、中侏罗统漳平组（岩性为细砂岩、粉砂岩夹凝灰岩）5个福建境内的地层单位命名均出自漳平市境内。古生代泥盆系及其以后的沉积岩系的岩性大多为砾岩、石英岩、石英砂岩、砂岩、粉砂岩、石灰岩、白云质石灰岩和页岩等，大多分布在卢芝、林地、安仁、大坑、文宾、象湖一带；泥盆纪以前（包括奥陶纪、寒武纪和震旦纪各时代岩系）的沉积岩系多经浅变质而形成一系列变质岩，包括线粒岩、二长线粒岩、片岩、白云质大理岩及千枚岩等，主要出露于拱桥、永福和赤水一带；第三纪地层在漳平境内尚未见及。不同时期地层之间的关系，除三叠纪地层各组之间为假整合外，其他年代地层间的关系均呈不整合接触[2]。

奇和洞遗址附近主要出露的地层为三叠纪和侏罗纪碎屑岩系，岩性多为砂砾岩、砂岩、细砂岩和粉砂岩，多数岩石质地较佳，局部地段出露有二叠纪栖霞组、石炭纪船山组厚层石灰岩和煤系，但均呈带状分布。

岩浆岩、火山岩、变质岩：岩浆岩以具多期次侵入为特点，其中以燕山早期侵入岩最为发

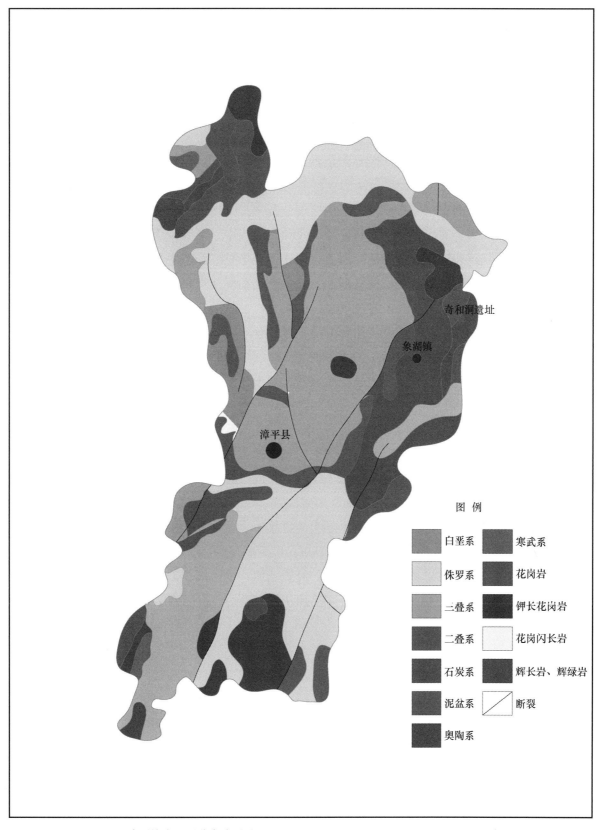

图2 漳平境内地层分布略图（Curt map of stratum distribution in Zhangping area）

育，并呈岩基或岩株产状，岩性有酸性花岗岩（钠长花岗岩、钾长花岗岩）和中酸性花岗闪长岩；花岗岩类岩体中脉石英、辉绿岩和辉长岩岩脉发育。喜马拉雅早期、晚期的侵入岩则以辉绿岩、辉长岩、石英斑岩和花岗斑岩占主要，多分布于西北、东北和西南，见于月山、新坊、象山、和丰、永福等地。火山岩：以晚侏罗纪中心式喷发的火山熔岩、火山碎屑岩和晚白垩纪的凝灰岩、凝灰质砂岩为主，且是铅锌、铜、石墨、萤石等矿产的产出层位，主要分布于城口至双洋一带。变质岩：包括元古代的变质火山岩、变粒岩，古生代的千枚岩、千枚状砂岩和硅质岩等。漳平境内具较大规模的矿产有30余种，其中以铁矿石、石墨、烟煤、大理石和石灰石称甲全省。奇和洞附近有斑状钾长花岗岩、花岗岩出露，岩体岩脉发育。

构造与地质发展简史：漳平境内地质构造十分复杂，全境属于新构造强烈上升区，山川走向以北东—南西向最为突出，新华夏系区性"政和—大埔主干断裂带"和"三南—寻乌亚断裂带"穿过东部，局部地段形成少见的断层河。地质发育史总体经历了三个主要阶段：自元古代起至早古生代止，基本上处于地槽的发展期，加里东运动促使地层强烈褶皱，岩层普遍遭受浅变质，并奠定了全区的褶皱基底。晚泥盆世至中三叠世，从地槽转向地台发展阶段，区域性开始缓慢隆起，以海相砂质、泥质、钙质和海陆交互相碎屑沉积为主，晚三叠世再次上升，从而结束漫长的海侵历史，并使地层发生褶皱、断裂，造成规模较小的地堑和地垒组合；燕山运动产生的一系列断裂和差异性升降，造就了断裂沿线规模较大的岩浆侵入和酸性火山爆发，沉积了较大厚度的火山碎屑岩和火山熔岩；喜马拉雅运动再次使地壳抬升，形成北东—南西向山系和盆地相间的地貌格局。

第四纪地层：与史前考古关系密切的第四纪地层，大多分布于盆地、河谷两侧、山体边部及洞穴之内，岩性以红色黏土系列（砖红土、红土、网纹红土）、黏土、砂质黏土、黏土质砂和砂层为主，厚度普遍较薄，在3~25m。由于气候、母质、地形、风化程度和生物作用诸多因素的影响，漳平境内主要的土壤类型是红土（红壤）、黄红土和紫色土，且明显地呈现地带性和区域性分布格局。红土通常分布在海拔800m以下的低山、丘陵边缘，多由钾长花岗岩、钠长花岗岩、片麻岩、泥岩和砂岩等母质岩石经长期风化而形成，部分地点可见下伏有网纹红土。红土厚度随高度的变化十分明显，海拔越低厚度越大，厚度在1~20m不等。黄红土属于风化程度较浅的壤土，分布位置一般较高，大多在800m以上，而且厚度也较薄。砂、砂质黏土和黏土主要分布在河谷地带和洞穴底部，是由水流作用形成的河相堆积物，厚度变化较大，最厚可达25m。局部出露的紫色土和石灰土，分别由紫色页岩和石灰岩风化而成，厚度不超过5m。

奇和洞遗址附近第四纪地层，有见于低山丘陵坡脚的红土和网纹红土、洞穴底部的砂质黏土、黏土及杂色土；沿溪涧两侧，可见存在河漫滩及两级阶地；河漫滩基本上由砾石层和上覆的耕土组成；第一级、第二级阶地由砾石、砂、砂质黏土和黏土组成。第一级阶地和第二级阶地的阶面高度分别与石灰岩发育的两层洞穴分布高度相对应。

三、气　候

漳平全境属于南亚热带和中亚热带的交接处，气候温热湿润，冬短无严寒，夏长无炎热，年平均气温在16.9～20.7℃之间，冬、夏极端气温分别为0℃和42℃；气温变化随着海拔升高而明显变化，干、湿两个季节分明；年平均降水量在1450～2100mm之间。季风明显，冬季多西北风，夏季多东南风，受热带风暴影响主要出现在7～8月。奇和洞一带夏季凉爽，冬季霜期较长（82天），年平均降水量约1500mm，多集中在7～8月，故夏季时段奇和洞洞内常有溢水现象；南、北山区年平均一般低于18℃，象湖镇一带初霜日为11月底，终霜日为2月18日，霜期长达两个多月。

四、土　壤

漳平全市土地总面积为446.3万亩，其中有红壤299.27万亩，占总面积的67.06%，成土母质系花岗岩、片麻岩、泥质岩、砂岩、板岩等风化物。红壤一般分布在海拔700～800m以下的丘陵、中低山和中山下部；红黄壤60.33万亩，占总面积的13.52%，成土母质主要是钠长花岗岩类，次为凝灰岩类及泥岩、砂岩的风化物，一般分布在海拔700～1100米低山上部和中山下部；黄壤一般分布在900米以上中山中部，紫色土局部分布，两者占总面积不及7%，紫色土成土母质为紫色页岩、紫色砂砾岩、紫色砂岩、石灰性紫色砾岩、石灰性紫色页岩等的风化物；石灰（岩）土近0.2万亩，只占总面积的0.04%，成土母质为石炭系船山组石灰岩、二叠系泥灰岩和石灰岩的风化物；潮土0.09万亩，占总面积的0.02%，成土母质为现代冲积物，砂与壤土相间，土层较厚；水稻土17.39万亩，占总面积的3.90%，由各种自然土壤经长期耕作熟化而成。

五、植 被 类 型

漳平境内植被覆盖率较高，据统计在70%以上，植被类型有亚热带针叶林、阔叶林、灌草丛、草丛和竹林5种类型。境内森林覆盖率高达62%，但多为次生林，原生林和季风常绿阔叶林较少。植物种类计有179科599属1301种：包括蕨类植物31科50属92种、裸子植物10科20属30种、被子植物138科529属1179种，其中179种植物具有较高的经济价值和研究意义，例如沙罗、银杏、水杉等。山区树种以马尾松、竹、杉、刺拷、枫、赤杨、黄檀、桉、朴为主；谷地经济林有油茶、柑橘、柿、梨、杜仲、厚朴和桃。

植被分布具有明显的地带性，其特点表现在：毛竹林和经济林分布于海拔500m以下的丘陵区；常绿阔叶林和次生针阔叶林主要分布在800～1300m的低山和中山区；暖性竹林分布在1300m以上的中山区；亚热带中山灌丛分布于1300～1500m；灌草丛分布在1500m以上较高地带和山顶。

奇和洞附近低山地带主要分布有次生针阔叶林、杉木林、马尾松林和温性竹林；丘陵地带分布有季风常绿阔叶林及暖性竹林。

六、野 生 动 物

漳平境内现存的无脊椎动物和脊椎动物（鱼、两栖、爬行、鸟和哺乳动物5大类）计300余种。较重要的有：鱼类中的青梢红鲌、赤眼鳟、扁圆吻鲴；两栖类中的刺胸蛙、虎纹蛙；爬行类中的金钱龟、蟒、竹叶青、金环蛇、银环蛇；鸟类中的苍鹰、鹞、啄木鸟、猫头鹰、白颈长尾鸡；哺乳动物中的鬣羚、蝙蝠、猕猴、鼹鼠、松鼠、田鼠、鼯鼠、果子狸、华南虎、云豹、金钱豹、黑熊、黄鼬、水獭、山獾、大灵猫、狐狸、野猪、小麂、赤麂、山羊和岩羊等。其中属于国家保护的一级和二级动物共有18种，包括两栖类2种（刺胸蛙、虎纹蛙）；爬行类1种（蟒）；鸟类5种（苍鹰、草鸮、白颈长尾鸡、猫头鹰、啄木鸟）；哺乳类10种（豪猪、水獭、穿山甲、华南虎、云豹、金钱豹、大灵猫、黑熊、小麂和山羊）。

奇和洞附近存在上述大多数现生动物种，形成亚热带东亚哺乳动物群落，但在地质历史时期中，曾经一度生存的某些动物种类比如硕猕猴、狼、大熊猫、剑齿象、中国犀和华南巨貘等，现在已经消失无踪。

七、矿 产

石灰岩是石炭纪船山组和二叠纪栖霞组的主要产出地层，也是与史前考古密切相关的岩石。漳平境内分布的石灰岩时代属于石炭纪船山组和二叠纪栖霞组，均以厚层状出露，质地较纯，属易溶性岩石，在降水丰沛的自然条件下形成多层洞穴，主要分布于赤水、吾祠、象湖和拱桥一带，石灰岩厚度在个别地段可达百米，储存量相当大；二叠纪长兴组和早三叠纪溪口组中的石灰岩厚度较薄，质地也较差，规模较小，形成的洞穴规模也较小。石灰岩分布区岩溶普遍发育，局部地段构成喀斯特地形，石灰岩体中常见的主要洞穴类型为水平洞、垂直洞和裂隙洞等。

灶头一带的石灰岩呈长条状分布，厚度较大，质地较纯，岩体从灶头向东北、东南延伸，经吾祠入永春县和安溪县境内。奇和洞附近的石灰岩体中可见两层溶洞，低层洞高于当地河水面4~5m；高层洞约在当地河水面15m以上，洞内晚更新世地层较发育，并出土大量哺乳动物群化石；上覆地层为全新世早、中期的砂质黏土、黏土等，普遍含有新石器时代遗存。

第二节　行政区划历史沿革

漳平市地处南亚热带和中亚热带结合部，地理坐标为24°54′~25°47′N，117°10′~117°45′E，境内峰峦起伏，百川竞流，林木繁盛，植被覆盖率很高，生态良好，是全国重点林区之一，素有花乡之美名；境内金属、非金属种类繁多、矿产丰富，被誉为福建省煤炭之都和电力之城。

漳平俗称"菁城"，其名取自"邑居漳水上流、千山之中，此地独平"之句。漳平嵌于福建省中偏西南部，位于闽南金三角北端、闽西东部，自古以来就是汀州、漳州、泉州和延州四郡的交接处和往来之要冲，如今是龙岩、漳州、泉州、三明四地市的结合部，是福建内陆地区通往沿海的咽喉地带。漳平市现在下辖2个街道、8个镇、6个乡：即菁城街道、桂林街道、新桥镇、双洋镇、永福镇、溪南镇、和平镇、拱桥镇、象湖镇、赤水镇、芦芝乡、西元乡、南洋乡、官田乡、吾祠乡、灵地乡。全境东西宽57 km，南北长约98 km，总面积2975 km²。

在行政区划上，漳平早在三国时期（公元220～280年）属于吴国建安郡苦草镇九龙乡；西晋太康三年间（公元282年）归属晋安郡新罗县；梁大同六年（公元540年）改名龙溪县。唐开元二十四年（公元736年）设置汀州，以苦草镇置新罗县，辖九龙乡。天宝元年间（公元742年）改新罗县为龙岩县，辖属依然。大历十二年（公元777年），龙岩县划归漳州管辖，历宋、元、明不变。明成化六年（公元1470年）明王朝批准以九龙乡所属居仁、聚贤、感化、和睦、永福5里合设漳平县，翌年起正式划出以上"五里置县"，嘉靖年间（公元1548年）全县置4里28社192村；道光十年（公元1830年）全县辖四里29社；1933年国民政府废里改区，统编保甲，分设49联保、160保、1560甲。1949年漳平全县解放，改设永福、官田两区，废保甲制置76行政村；1952年行政村改区，全县设四区64乡；直至1990年12月撤县改漳平市至今。

漳平市大规模考古工作始于20世纪80年代全国第二次文物普查期间，近年开展的全国第三次文物普查成果颇丰，境内已发现的史前文化遗存共35处，除奇和洞遗址属于正式发掘外，其余均为初步调查。这些遗址的发现大大丰富了漳平史前文化的内涵，也为研究区域性古代文化提供不可多得的珍贵资料，但一直以来这些资料尚未进一步研究，期待今后的系统整理。

第二章 调查、发掘与研究

第一节 遗址地理位置与周边环境

奇和洞遗址坐落在一座较大而相对独立的石灰岩山脚下，西南距漳平市42km，距象湖镇灶头村4km；海拔442m，地理坐标为25°31′03.034″N，117°39′14.370″E（图3-1），洞口面向正西，前面是较开阔的灶头溪左岸第一级阶地，地理位置较为理想，十分适合史前人类生存居住（图3-2）。奇和洞洞口宽26m，高6m，进深16m，洞口大厅平坦、宽敞，面积约100m²，地表遗留有近期废弃的房屋砖墙；洞内北、东、南3个支洞各有宽大的支厅和洞口大厅相连（图4-1）；南支洞内现存的晚更新世堆积物较厚，东侧支厅因采石灰岩而遭受部分破坏；北支厅稍窄，进深约30m，高约6m（彩版一）。

遗址处在福建省中部戴云山西南麓，周围中、低山围绕，小型山间盆地点缀，溪河纵横，林木苍盛，现生动植物繁多，植被覆盖率极高，生态环境优越。奇和洞周围分布有大片石炭纪石灰岩，二叠纪煤炭岩系，三叠纪早期石英岩、砂岩、细砂岩、泥质粉砂岩，侏罗纪钾长花岗岩、花岗岩和岩浆接触带变质岩。

第二节 发掘过程

一、发现与发掘

2008年12月第三次全国文物普查期间，龙岩市"古脊椎动物与古人类化石"专题队调查时发现奇和洞，并在该洞的北支洞东壁地层内发现中国犀、鹿和小哺乳类骨骼等少量晚更新世哺乳动物化石；在东南支洞尽头的堆积层上部两层钙板中发现小哺乳类碎骨及哺乳动物牙齿化石。含化石层位厚约5cm，长约2m，距地面高度约4m。在调查期间，因周边及北支洞北侧地带开山采石，奇和洞面临即将被毁的境遇，根据当时调查的情况判断，奇和洞洞口大厅堆积层较厚，既宽敞又明亮，非常适合古人类繁衍生息。为此考古队及时向龙岩市文化与出版局做了急报件，并建议立即对洞口大厅进行抢救性考古发掘。在各级主管部门及领导的高度重视下，由龙岩市文化与出版局提供10万元发掘经费，以范雪春为领队，由福建博物院、龙岩市文化与出版局、漳平市博物馆联合组成发掘队，正式拉开了对奇和洞遗址

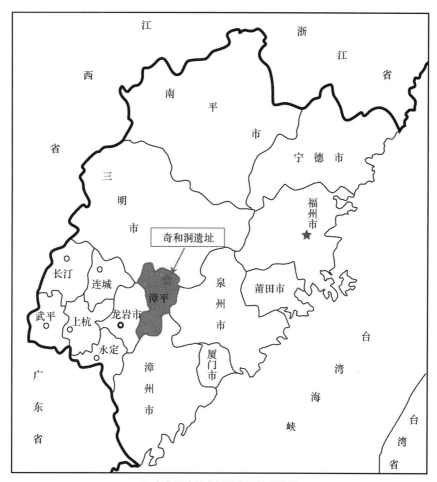

1. 奇和洞遗址在福建省的地理位置

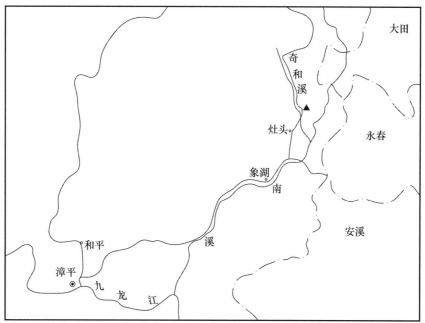

2. 奇和洞遗址位置示意图

图3 奇和洞位置图（Geographic position of Qihe Cave Site）

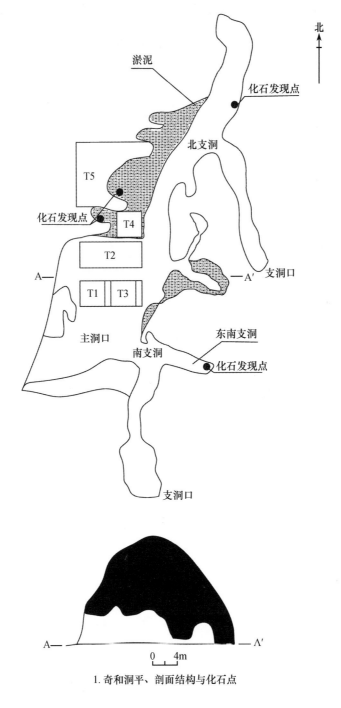

北

淤泥

化石发现点

北支洞

T5

化石发现点

T4

A — 　　　　　　　— A'　支洞口

T2

T1　T3

主洞口　　南支洞　东南支洞

化石发现点

支洞口

A — 　　　　　　— A'

0　　4m

1. 奇和洞平、剖面结构与化石点

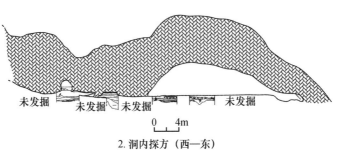

未发掘　　未发掘　未发掘　　　　未发掘

0　　4m

2. 洞内探方（西—东）

图4　奇和洞结构、化石点与探方位置图（Configuration, fossil localities and excavating square in cave）

试掘的序幕。第一次发掘共布置两个探方和一条探沟：探方一（编号T1）：5 m×5m，探方三（T3）：4m×4m，探沟一（T2）：2m×4m。从2009年11月21日开始至12月17日结束，历时28天，开挖面积计32m²。该次考古试掘初步成果喜人，除出土一批重要的遗物外，还揭露了一个认为是旧石器时代末期至新石器时代人类活动面遗迹，显示出这个遗址的重要性和科学价值。

首次试掘表明，奇和洞洞口大厅的两个探方和一条探沟中至少存在四期文化遗存：年代最晚的第四期为唐宋明清时期的遗物和建筑基址；第三期为新石器时代早期文化层，底部有红烧土居住面遗迹，出土大量文化遗物和1具残破人类幼年颅骨；第二期为新石器时代初期文化层，除大量遗物外，还出土2具人类颅骨和部分肢骨；第一期为旧石器时代末向新石器时代过渡期文化层，除出土大量打制石制品、动物化石外，还揭露出3处人工石铺地面遗迹。根据第一次发掘初步成果，足以证明奇和洞遗址是福建省境内迄今发现的最重要的史前遗址之一。随后，发掘队向上级主管部门提交实物资料，建议进一步扩大发掘面积，以期有更多发现。获得批准后发掘队于2010年、2011年分阶段扩大发掘面积，从而全面了解了奇和洞文化的实质内涵。

奇和洞遗址从2009年11月起至2012年4月止在洞口大厅和洞外共进行了三次小规模发掘，总共布5m×5m探方3个（T1、T3、T4），4m×10m探沟1个（T2）。T2在发掘至第3A层后开始统一采用1m×1m小方进行发掘，每个小方再以T2-1、T2-2～T2-20的顺序进行编号。为了彻底揭露文化层的分布范围，在洞外耕地中布1m×2m探沟2条；在洞口北侧无名洞1号和2号洞口，布南北长10m、东西宽3m探方一个（T5），实际发掘总面积约130m²（图4-2、图5；彩版二～彩版七）。

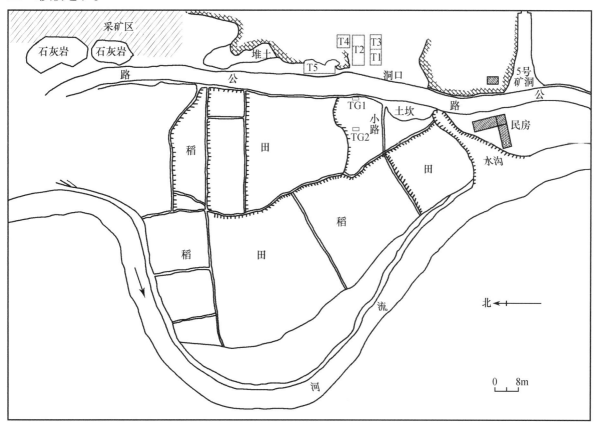

图5　奇和洞遗址周边及探方分布平面图（Excavating square position of Qihe Cave Site in 2009—2012）

二、地　层

（一）洞内地层堆积

整个奇和洞洞内地层堆积十分复杂，不同时期人为扰动和自然力冲刷相当频繁，以致很难找到完整的地层堆积序列剖面，为了能更好地全面了解奇和洞遗址的文化层堆积及分布情况，把各探方、探沟选出一个代表性地层剖面分别予以综合介绍。

1. T1地层堆积

T1位于奇和洞主洞厅靠洞口中央部位，这里宽敞明亮，视野开阔，是进出洞的必经之道，也是古人类主要活动区域，T1北邻T2，东接T3，西接洞口与洞外相通，南面还有很大空间未发掘。T1南部有一早期掉落灰岩巨石，占据了探方1/4，也缩小了古人一定的活动空间。

因发掘工作的需要，其东壁绘制完剖面图后，探方的东隔梁随后被发掘清理。T1通过发掘，根据土质、土色及包含物情况分为三层，现以西壁剖面（图6）为例叙述一下T1的地层堆积情况：

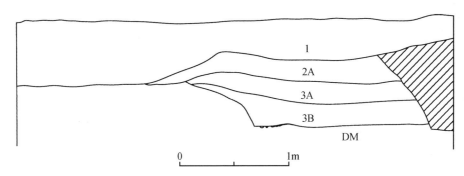

图6　T1西壁地层剖面图（Stratum section on east wall of T1）

第1层：黏土质砂，质地比较疏松，内含近现代瓷片、砂岩及花岗岩砾石、石块等。厚20~53cm。

第2层：分两个小层。

第2A层：黑色黏土质砂，内夹杂有少量大小不一形状各异的石灰岩角砾和花岗岩、砂岩砾石，厚10~25cm。出土遗物有宋至明清时期的瓷片、瓦片等。

第2B层：该壁缺失此层。

第3层：分两个小层。

第3A层：灰黑色砂质黏土，质地较疏松，含少量砂岩、花岗岩砾石、夹砂灰色陶片、石制品、骨器等。厚度为8~20cm。

第3B层：棕褐色砂质黏土，质地较疏松，内含砾石、石块、烧土颗粒和烧土块、打制及磨制石器、各种动物骨骼等。厚度为5~26cm。

第3B层下叠压人工石铺活动面（编号：DM），活动面做保留未继续发掘。

2. T2地层堆积

奇和洞遗址主洞洞厅发掘区内地层堆积十分复杂，除T2西部地层堆积序列相对完整外，其余均遭历代人为或自然力不同程度的破坏。T2 最初以2m×4m探沟发掘，后逐步扩到2m×8m，再扩为2m×10m探沟，最后扩为4m×10m大探方。后扩的2m×10m探沟发掘至第3A层面后，统一布以1m×1m小探方进行发掘。根据土质、土色及包含物的具体情况，将地层详细划分为9个小层，其中在探方的北部第2B层下叠压有H7、H8、H9；在探方的东北部第2B层下叠压有H10，在探方的中部第3B层下叠压有F2、Z1，在探方的南部第3B层下叠压有D1、D2、D3、D4，在探方的北部第3B层下叠压有D9、D10、D11；在探方的西北部第3C层下叠压有H11，在探方的中东部第4层下叠压有火塘2，在探方的中东部第5层下叠压有火塘1、火塘2，在探方南部第6D层下叠压有G2，在探方西北部第6D层下叠压有H12、H13，在第6层最底部叠压有人工石铺地面（DM），其下未发掘。但在T2中部局部开1m×2m小探沟。通过发掘，发现其下存在第7~9层，第7层顶部是早期人类活动面，再往下未发现遗迹及遗物。现以T2北壁的剖面（图7）为例加以记述：

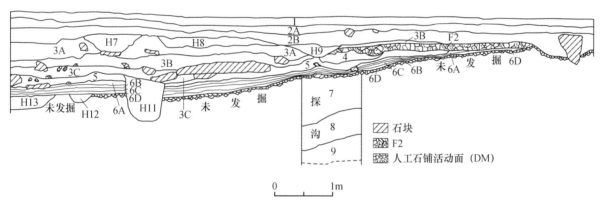

图7 T2北壁及T2内探沟地层剖面图（Stratum section of north wall in T2）

1. 现代表土层 2A. 黑色黏土 2B、3A. 灰黑色黏土 3B、5. 棕褐色沙质黏土 3C. 灰褐色黏土质沙土 4. 灰黄色灰烬质钙板层 6A、6C. 深棕褐色沙质黏土 6B. 深棕色黏土 6D. 淡棕褐色沙质黏土 7、9. 砾石层 8. 灰绿色沙土

第1层：现代表土层，表面为现代水泥地面，其下为黄色土夹白色石灰层，厚15~20cm，Munsell土色表代码为10YR4/4，Dark Yellow Brown。

第2层：分两个小层。

第2A层：黑色黏土，局部夹杂块状褐色土，含砂量10%，结构较疏松，包含少量粗砂及部分磨圆度较高的细砾，厚15~40cm。Munsell土色表代码为5YR2.5/1，Black。出土遗物以青花瓷和白瓷片为主，另有少量酱釉瓷片、瓦片、动物骨骼、螺壳等。

第2B层：灰黑色黏土，结构较第2A层疏松，包含物与之基本相似，厚20~25cm，Munsell土色表代码为5YR2.5/2，Black。出土物以青瓷和白瓷残片为主，不见青花瓷，该层下有灰坑H7~H9。

第3层：分3个小层。层面呈缓坡状，西部较厚，东、中部平地层较薄。

第3A层：灰黑色黏土，含少量砂砾，黏性较大，厚10~13cm，Munsell土色表代码为7.5YR2.5/3，Very Dark Brown。出土遗物有早期夹砂陶片、泥质陶片、打制石器、磨制石器、骨器、煤矸石、螺壳和各类动物骨骼。

第3B层：棕褐色砂质黏土，含砂量2%，含块砾和烧土，厚10~12cm，Munsell土色表代码为7.5YR3/2，Dark Brown。出土遗物有夹砂陶片、泥质陶片、打制石器、磨制石器、骨器、煤矸石、螺壳和各类动物骨骼。此层东部直接叠压房基F2。

第3C层：灰褐色黏土质砂，结构紧密，厚8~10cm，Munsell土色表代码为7.5YR3/2，Dark Brown。出土物有大量夹砂陶片、零星泥质陶片，以及打制石器、磨制石器、骨器、煤矸石、螺壳、各类动物骨骼和两具人颅骨。此层下叠压灰坑H11。

第4层：灰黄色灰烬钙板层，结构紧实，与第5层似有明显界线，厚约5cm，Munsell土色表代码为10YR7/2，Light Gray。出土零星夹砂陶片、打制石器及少量动物骨骼。

第5层：棕褐色砂质黏土，含砂量为10%，含大量钙质结核及红烧土颗粒，厚5~8cm，Munsell土色表代码为7.5YR3/2，Dark Brown。出土遗物有夹砂陶片、打制石器、磨制石器、骨器、煤矸石、螺壳、各类动物骨骼。

第6层：按自然堆积自上而下分4个小层。

第6A层：深棕褐色砂质黏土，含沙量为7%，结构紧密，厚5~6cm。Munsell土色表代码为10YR3/3，Dark Brown。出土遗物有打制石器、刃部微磨的骨器、煤矸石和各类动物骨骼。

第6B层：深棕色黏土，厚5~6cm，Munsell土色表代码为10YR3/3，Dark Brown。出土遗物有打制石器、煤矸石和各类动物骨骼。

第6C层：深棕褐色砂质黏土，含沙量为7%，厚5~6cm，Munsell土色表代码为10YR3/3，Dark Brown。出土遗物有打制石器、煤矸石和各类动物骨骼。

第6D层：淡棕褐色砂质黏土，含砂量为7%，夹杂块状黏土，厚5~6cm，Munsell土色表代码为10YR3/3，Dark Brown。出土遗物有打制石器、煤矸石和动物骨骼。此层下叠压灰坑H12、H13和灰沟G2、人工石铺活动面（DM）。

第6层以下未发掘，但在T2中部局部解剖时存在第7~9层（砂砾石层），9层下地层不明。

第7层：砾石层，砾石大小不均，其间夹杂大量风化严重的砂岩粗粒，厚20~30cm，此层表面局部明显被人工平整为活动面（DM），出土少量石制品、动物化石等文化遗物。

第8层：灰绿色砂土，含砂量为60%，厚20cm，Munsell土色表代码为5YR4/2，Olive Gray。此层未发现文化遗物。

第9层：砾石层，深褐色，含砂量为60%，厚为30~40cm，Munsell土色表代码为7.5YR3/2，Dark Brown。此层未发现文化遗物。

根据地层叠压关系及包含物的不同，并结合^{14}C年代测年数据推断，奇和洞史前文化堆积可分为三个时期，DM、第6层为最早的第一期文化遗存，第5、第4层为第二期文化遗存，第3层为第三期文化遗存，第2层为唐宋明清时期文化遗存。

3. T3地层堆积

T3位于T1东面，是奇和洞主洞厅中心地带，是各期人类活动的中心区，也是自然和人为扰动破坏最严重区域。

T3东壁地层堆积（图8）：位于洞的东部，通过发掘，根据土质、土色及包含物情况将T3分两个小层。

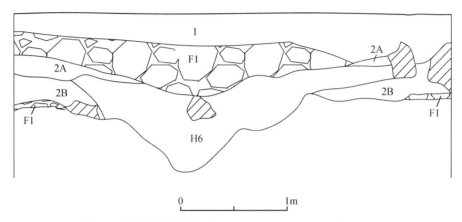

图8　T3东壁地层剖面图（Stratum section on east wall of T3）

第1层：砂土，质地较疏松，内含白灰、钙质结核，厚7~15cm。该层下叠压有F1。

第2层：分两小层。

第2A层：灰黑色砂土，内夹杂有少量大小不一、形状各异的石灰岩角砾和花岗岩砾石，厚为5~20cm。出土遗物有少量唐宋代以来的瓷片、瓦片等。该层下有灰坑H6。

第2B层：褐色砂土，夹杂少量花岗岩、砂岩砾石及宋至明清时期的瓷片、瓦片等。厚5~35cm。该层下叠压有F2。以下未发掘。

4. T4地层堆积

T4位于洞内东北侧。该探方的地层堆积较简单，根据土质、土色及包含物，分为两个小层。以T4北壁为例（图9）。

第1层：黏土质砂土，质地比较疏松，内含白灰、石块等。厚7~15cm。

第2层：分为两个小层。

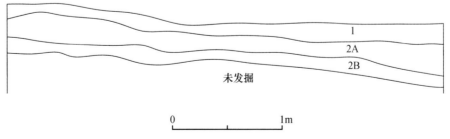

图9　T4北壁地层剖面图（Stratum section on north wall of T4）

第2A层：灰黑色黏土质砂，夹杂石灰岩角砾和花岗岩砾石，厚10～25cm。出土遗物有少量明清时期瓷片、瓦片等。

第2B层：褐色黏土质砂，夹杂少量花岗岩、砂岩砾石，厚15～22cm。出土遗物有明清时期的瓷片、瓦片等。第2B层下为更新世冲积层，未发掘。

（二）洞外堆积

T5位于奇和洞洞口北侧的无名洞1号、2号洞口地带（图10），由于探方中、东部有一大块岩石，故堆积层主要分布于无名洞1号、2号洞口与公路之间。根据土质、土色及包含物，堆积可分6层，以T5北壁为例（图11）。

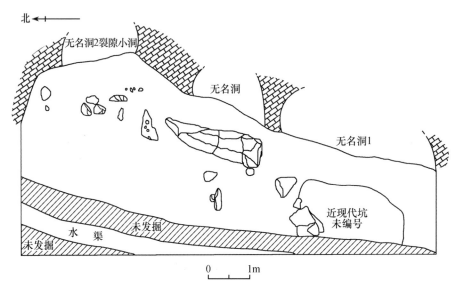

图10　T5位置平面图（Excavating square position of T5）

第1层：灰色土，质地比较疏松，内含现代瓷片、砖块、钙质胶结物等。厚5～50cm。无名洞1号洞口此层堆积薄，仅厚5cm。无名洞2号洞口堆积厚，可分4个小层，厚25～50cm。

第2层：黄褐色黏土，土色代码：10YR3/4，Dark Yellowish Brown，内夹大小不一、形状各异的石灰岩角砾、花岗岩、砂岩砾石、少量瓦片及明清时期瓷片。厚5～25cm。

第3层：深褐色黏土，土色代码：10YR3/6，Dark Yellowish Brown，质地较紧密，含砂量10%，内夹较多花岗岩、砂岩砾石，少量红、灰色烧土颗粒、钙质胶结物等。出土夹砂陶片、动物牙齿等。该层呈北高南低状分布，厚10～100cm。

第4层：黄褐色黏土，土色代码：10YR3/4，Dark Yellowish Brown，质地较紧密，含砂量7%，夹杂有花岗岩、砂岩砾石，出土少量石制品、陶片等。该层呈南高北低状，厚10～35cm。

第5层：黑褐色黏土，土色代码：10YR3/3，Dark Brown。土质结构较紧密，含砂量7%，内夹小砂岩砾石和花岗岩角砾，出土少量石制品、夹砂陶片和动物牙齿及骨骼等。该层北部南

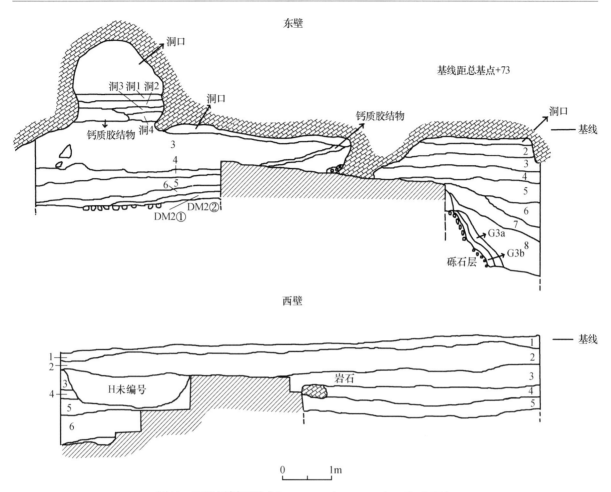

图11 T5地层剖面图（Stratum section on north wall of T5）

高北低，南部北高南低，厚15～45cm。

第6层：灰色黏土，土色代码：10YR4/3，Brown，土质结构疏松，含砂量20%。层内包含物较少，偶见小角砾，未见遗物。该层北部南高北低，南部北高南低，厚5～55cm。该层北部叠压有早期人工石铺活动面（编号为DM2）。

第6A层：灰绿色砂质黏土，土色代码：2.5Y4/4，Olive Brown，含砂量80%，厚5～8cm。

第6B层：砾石层，砾石成分有砂岩、花岗岩等，填充物为深灰褐色黏土和砂土。

无名洞1号洞口第6层下为晚更新世冲积层，其下未发掘；无名洞2号洞口第6层下叠压有早期人工石铺活动面（编号为DM2），其下也未继续发掘。

第三章　支洞晚更新世地层与哺乳动物化石

第一节　洞内晚更新世地层

在晚更新世早期间冰期期间，在温暖湿润气候和降水丰沛条件下，奇和洞开始形成，洞内逐渐发育了北、东、南三个较大支洞和若干较小的岔洞，流水从洞内向现今洞口的北侧排出，其携带的物质便在洞内沉积起来。根据地层岩性和接触关系，可判断共有三次沉积旋回：第一次旋回是在晚更新世早期进行的，最初的沉积是一层厚约3m的砾石层，短暂的停顿期使砾石层表面积聚薄薄的钙板，接着是静水下的黏土堆积和含砾石沙层。晚更新世中期进入第二次沉积旋回，以砾石层和其后交替互层的沙质黏土和黏土质沙土堆积为特征，晚更新世早、中期两次沉积旋回的堆积物几乎充填整个洞内。随着时间的推移，特别是后期新构造运动地区性的抬升和侵蚀作用，流水不断切割洞底，洞内大部分堆积物慢慢被冲走，使剩余的地层抬高，从而地层出露在洞壁上。晚更新世末期开始的第三次沉积旋回，沉积物在洞口大厅积聚下来，主要是黏土和黏土质沙土，这也是奇和洞遗址的文化层。此后洞内流水朝南位移，沿洞厅东壁绕过文化层并从南壁向外排出，使得文化层能够保存至今。洞内晚更新世早、中期沉积物以东南支洞尽头的剖面保存最好，由于洞内水流是从南而北流动的，从而形成了向北西方向缓倾斜的产状，堆积厚度也随着逐渐增厚，实际测量剖面如下（图12）。

晚更新世中期（Q_3^2）：

第1层：黏土质砂，淡黄色，质地细腻，中间夹薄层钙华（厚约1.5cm）。本层厚度变化较大，从北向南逐渐尖灭，厚20~25cm。

第2层：砂质黏土，土黄色，黏性大，质地细腻，湿度较大，厚3cm。

第3层：黏土质砂，灰黄色，偶见细砾，厚7cm。

第4层：砂质黏土，土黄色，黏性大，质地细腻，湿度较大，厚3cm。

第5层：黏土质砂，灰黄色，含少量化石，厚7cm。

第6层：钙板层，淡黄色，主要岩性为砂质黏土，由钙质胶结而成，质地较坚硬，自北而南变薄，厚1~4.5cm。

第7层：黏土质砂，灰黄色，成分以细颗粒砂为主，黏性较大，胶结较坚硬，为主要含化石层位，厚9cm。

第8层：砂质黏土，淡黄色，含少量细砂，厚17cm。

第9层：黏土质砂，灰黄色，质地同第3层，厚30cm。

北 ←———

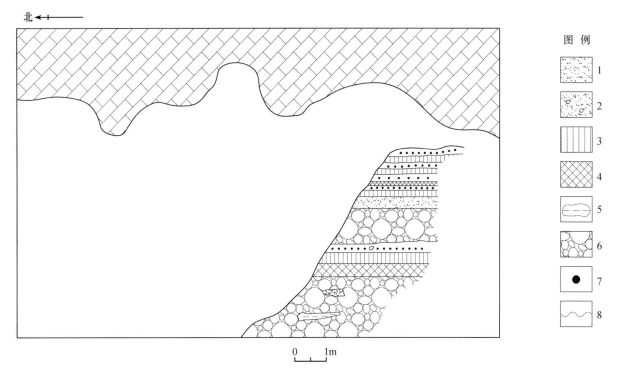

0　　　1m

图12　东南支洞地层实测剖面（Stratum section in southeast bifurcate cave）

1. 黏土质砂（Clayey sand）　2. 含砾砂层（Sand withgravel）　3. 砂质黏土（Sandy clay）　4. 钙板层（Calcic sand）

5. 透镜体（Lens of sand or clay）　6. 砾石层（Gravel）　7. 化石层位（Fossil level）　8. 不整合（Unconformity）

第10层：砾石，黑灰色。砾石成分有花岗闪长岩、钾长花岗岩、花岗岩、石灰岩、石英岩、石英砂岩等，磨圆度良好，砾石表面光滑，粒径3～10cm不等，分选性中等；夹砂及黏土透镜体，厚105cm。

～ ～ ～ ～ ～ ～ ～侵蚀面～ ～ ～ ～ ～ ～ ～

晚更新世早期（Q_3^1）：

第11层：含砾砂层，灰黄色，主要成分为中细颗粒石英砂，砾石大小不一，磨圆度较好，个别具棱角，从北向南变薄，厚10～14cm。

第12层：黏土层，蓝灰色，土质细腻，厚37cm。

第13层：钙板层，淡黄色，成分以黏土为主，含少量细砂，由钙质包裹呈结核状，较坚硬，厚33cm。

第14层：砾石层，黑灰色，砾石成分复杂，包括各种火成岩和沉积岩，粒径大多在3～5cm之间，分选性较好，未见底，推测厚度300cm。

第二节　哺乳动物化石

本研究报告中有关哺乳动物牙齿和骨骼的鉴定，主要参照中国科学院古脊椎动物与古人类研究所编著的《中国古脊椎动物化石手册》[3]、英国西蒙·赫森著的《哺乳动物骨骼和牙

齿鉴定方法指南》（侯彦峰、马萧林译）[4]、美国Ronad. M. Nowak和John D. Paradiso等著的
Mammals of the World[5]、Smith, A. T.和Yan Xue合著的*Mammals of China*[6]以及苏联古生物学
家B.格罗莫娃著的《哺乳动物大型管状骨检索表》（刘后贻译）[7]，并比照范雪春、郑国珍
合著的《福建第四纪哺乳动物化石考古发现与研究》[8]。

奇和洞洞内晚更新世地层中出土的可鉴定哺乳动物化石标本共221件，化石种类20种，成
员包括：翼手类1种（普氏蹄蝠）、灵长类1种（硕猕猴）、啮齿类3种（黑鼠、中华竹鼠、无
颈鬃豪猪）、食肉类5种（狼、獾、黑熊、金猫、金钱豹）、长鼻类1种（东方剑齿象）、奇蹄
类2种（中国犀、华南巨貘）、偶蹄类7种（野猪、水鹿、赤麂、小鹿、山羊、獐、水牛）（彩
版四三~彩版四六）。

一、哺乳动物分类记述

（一）翼手类

1种，普氏蹄蝠（*Hipposideros pratti*），标本7件：包括残破左、右下颌骨6件、残破右上
颚骨1件。标本L-00075，残破右下颌骨，上带M_1-M_3，咀嚼面珐琅质褶皱呈"W"形，M_1最
大，M_3最小，内齿带发育，齿列长9.5mm，水平支底面呈缓弧形（图13-1）。标本L-00163，
残破右上颚骨，上带M_1-M_3，咀嚼面不完整，齿列长8mm。

蹄蝠属化石在南方洞穴沉积层中常有发现，最早出现在更新世中期，一直延续至今，在

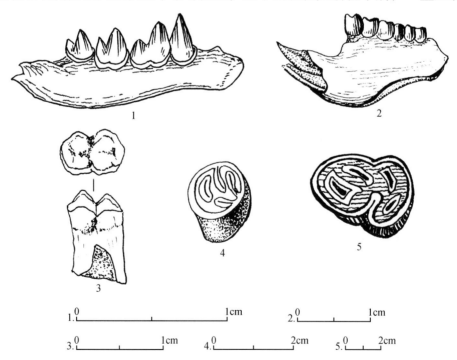

图13　东南支洞的翼手类、灵长类和啮齿类化石（Chiropters, primates and rodentia fossils from bifurcate cave）
1. 普氏蹄蝠（*Hipposideros pratti*），标本L-00075　2. 黑鼠（*Rattus rattus*），标本L-00266　3. 硕猕猴（*Macaca robutus*）
标本L-00085　4. 中华竹鼠（*Rhizomys sinesis*），标本L-00194　5. 无颈鬃豪猪（*Hystrix subcristata*），标本L-00215

龙岩地区只有两个属：即普氏蹄蝠和大蹄蝠（*Hipposideros armiger*），前者种群较大，个体稍小，后者种群较小，个体较大。

（二）灵长类

1种，硕猕猴（*Macaca robutus*），单个牙齿9颗，其中右上第二臼齿2颗。标本L-00085，右M^2，咀嚼面四个尖，前后尖高，原尖低，珐琅质表面较光滑，无染色，前后长10.3mm，内外宽9.8mm，齿冠高6.4mm（图13-3）。标本L-00083，右M^3，后叶较大，收缩不明显，磨蚀程度中等，略有破损，前后长12.3mm，内外宽7.6mm，齿冠高5.2mm。硕猕猴化石是我国南方更新世动物群中的重要成员，个体比现生猕猴大，进入全新世后消失。

（三）啮齿类

3种，包括黑鼠、中华竹鼠、无颈鬃豪猪。

1. 黑鼠（*Rattus rattus*）

4件。残破下颌骨2件，单个牙齿2颗。标本L-00266，残破左下颌骨，上带臼齿齿列，臼齿咀嚼面具两个向后略弯曲的齿沟，M_1前后延长，近中面弧形；M3最小，后侧面收缩，齿列长9.8mm（图13-2）。标本L-00267，牙齿脱落，水平支底面弧形，门齿至臼齿间齿缺大。黑鼠是广适性动物，分布很广，更新世地层中多有发现。龙岩地区现生黑鼠种群庞大，多栖息于草丛、农田地带。

2. 中华竹鼠（*Rhizomys sinesis*）

单个牙齿19颗。标本L-00194，右M^2，咀嚼面近圆形，具有两个向后弯曲的齿沟，珐琅质染棕黄色，前后长8mm，内外宽7.9mm，齿冠高9.5mm（图13-4）。标本L-00192，右M_1，珐琅质褶皱向后弯曲，前褶较小，后褶较宽，前后长8.5mm，内外宽5.3mm，齿冠高3mm。标本L-00185，右M_3，前后长7.8mm，内外宽7.3mm，齿冠高3mm，磨蚀较深。中华竹鼠分布很广，南方洞穴常有出土，化石种的出现可能反映当地曾有竹林存在。

3. 无颈鬃豪猪（*Hystrix subcristata*）

牙齿18颗，其中右下门齿6颗，多数残破；较完整臼齿12颗。标本L-00112，左下门齿，较完整，从牙齿底部板状，向前逐渐变窄，舌面和前庭面具细的皱纹。标本L-00149，左上门齿，略弯曲，前庭面染棕黄色。全长46.5mm。标本L-00213，右M^1，咀嚼面椭圆形，两个向前弯曲的褶，齿沟明显，前庭面有较深的纵沟，前后长9.8mm，内外宽7mm，齿冠高18.1mm。标本L-00214，右M^2，咀嚼面近圆形，磨蚀较深，珐琅质染棕黄色，前后长10.2mm，内外宽

8.5mm，齿冠高15.8mm。标本L-00215，左M³，前叶较小，后叶延长，前庭面染色，前后长13.3mm，内外宽8mm，齿冠高11mm（图13-5）。

地质历史中无颈鬃豪猪出现较晚，我国境内发现的豪猪化石都在第四纪地层中，只有两个化石种：一种是华北的拉氏豪猪，另一种是分布很广的华南无颈鬃豪猪。无颈鬃豪猪化石在福建境内均出自洞穴，时代为更新世中期至晚期，进入全新世后基本上消失，被现生豪猪所代替，现生豪猪的体型已趋于小型化。

（四）食肉类

5种，包括狼、獾、黑熊、金猫、豹。

1. 狼（*Canis lupus*）

1件，标本L-00260，右上犬齿，远中面和舌面具深的纵纹，齿尖锐利，牙根粗大，前后长7mm，内外宽8.1mm，齿冠高18.2mm（图14-1）。

2. 獾（*Meles* sp.）

1件，标本L-00256，左上C，牙略弯曲，前庭面窄，舌面较宽，横断面三角形，远中面有细的条纹，前后长7.1mm，内外宽9.2mm，齿冠高23.5mm（图14-2）。根据标本性状可能是猪形獾。我国已发现的獾属化石种类较多，如贾氏獾、狗獾和猪形獾等，时代均为更新世。

3. 黑熊（*Ursus thibetanus*）

牙齿4颗（右M₂、M³，左M¹，残破左M³各1颗）。标本L-00237，右M₂，前后延长，磨蚀深，齿面结构磨损殆尽，属老年个体，前后长23.1mm，内外宽9.5mm，齿冠高3.5mm（图14-3）。标本L-00238，右M³，低冠，咀嚼面长椭圆形，磨蚀深，前尖稍高大，后尖较低，后跟座向后延伸，前后长25.8mm，内外宽15.3mm，齿冠高6mm（图14-4）。标本L-00160，残破左M³后部，牙齿低冠，磨蚀深，属老年个体。标本L-00236，左M¹，咀嚼面具三个大的齿尖，前尖最大，原尖靠内后侧，较低，前后长12mm，内外宽8.9mm，齿冠高7.1mm。黑熊是熊属中的一种，化石较多，更新世地层中常有发现。我国境内的熊属化石成员计有4种：包括棕熊、洞熊、埃楚斯堪熊和黑熊。前两者体型较大，后两者体型较小。福建境内洞穴地层中出土只有棕熊和黑熊两种化石。

4. 金猫（*Felis* sp.）

牙齿5颗，其中右P₃、P4、M₁属同一个体，标本L-00154～L-00156，前臼齿齿尖尖锐，具后跟座，前后延长；M₁前后长，内外宽度较窄，咀嚼面磨蚀较深，具明显的后跟座，但很小，前后长9.5mm，内外宽3mm，齿冠高5mm（图14-5）。

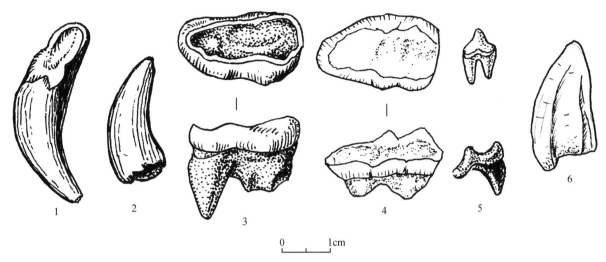

图14　食肉类（Canivora fossils from bifurcate cave）

1. 狼（*Canis lupus*），标本L-00260　2. 獾（*Meles* sp.），标本L-00256　3、4. 黑熊（*Ursus thibetanus*）：3. 标本L-00237、
4. 标本L-00238　5. 金猫（*Felis* sp.），标本L-00156　6. 金钱豹（*Panthera pardus*），标本L-00159

5. 金钱豹（*Panthera pardus*）

牙齿3颗。标本L-00159，左下犬齿，无牙根，为一幼年个体，牙侧面具长的血槽。前后长9mm，内外宽12.8mm，齿冠高21.2mm（图14-6）。标本L-00261，左下犬齿，表面染青灰色，其余性状同L-00159。标本L-00240，左下裂齿，咀嚼面刀片状，前尖高大，后尖断损，珐琅质表面具纵纹，齿表染棕黄色，前后长22mm，内外宽11.2mm，齿冠高13.5mm。

（五）长鼻类

1种。东方剑齿象（*Stegodom orientalis*），残破臼齿2件。标本L-00426可能是左M$_2$或M$_3$的外侧面，仅保存3个齿板的一侧磨蚀后的大乳突，推测牙齿长度约为130mm，宽50~55mm，余长96mm。磨蚀很深，应属老年个体（图15-1）。标本L-00428，残破右M$_3$后侧面两个齿板，每个齿板咀嚼面上的乳突较大，磨蚀后中间形成条状凹陷，且较深，推测原臼齿长度220~230mm，具有7~8个齿板。最后第二个齿板乳突数为7个；珐琅质厚为7.2mm；前后长26mm，内外宽84mm，齿冠高23.5mm，也属老年个体。

东方剑齿象是我国南方"大熊猫-剑齿象动物群"中最重要的成员之一，洞穴沉积层中常有发现，数量也较多。剑齿象属化石已发现的计有8种，时代最早记录为上新世，但兴盛时期是更新世中期。

（六）奇蹄类

2种，包括中国犀、华南巨貘。

1. 中国犀（*Rhinoceros sinesis*）

单个牙齿9颗（$M^2$3颗、右M^1、M_3、左M^1、M_1、M_3各1颗，另有1颗残破臼齿，难定其位置）。标本L-00092，右M^1，咀嚼面方形，珐琅质褶皱呈"π"形，内外缘高，中间低，前窝大，后窝小，前肋明显，后肋较小，前庭面宽，具两个嵴，齿冠较高，前后长41.4mm，内外宽47mm，齿冠高46.5mm，磨蚀中等，属成年个体（图15-2）。标本L-263，右M^2，咀嚼面方形，内侧略有破损，珐琅质褶皱呈"π"形，具一个反前刺，前庭面两个肋强大，近中面有齿带，前后长48.5mm，内外宽49.6mm，齿冠高39mm，表面染黑色（铁锰质浸染）。标本L-00093A，右M^2，前后肋大，前后窝和内窝均较大，磨蚀较浅，属少年个体，尺寸：前后长47.3mm，内外宽44.5mm，齿冠高41mm（图15-3）。标本L-00093B，同L-00093A，仅尺寸稍小。标本L-00417，左DM_2，咀嚼面"m"形，前齿嵴宽，后齿嵴窄，外侧缘高，外侧面染淡棕色，未经磨蚀，无齿根，属幼年个体，尺寸：前后长43.2mm，内外宽（前侧面）23.3mm，齿冠高30.2mm（图15-4）。标本L-00418，右M_3，咀嚼面珐琅质3个嵴，后嵴收缩，牙齿前庭面具小的皱纹，前后长38.1mm，内外宽（前侧面）20.1mm，齿冠高28.2mm。标本L-00164，左M_3，前后延长，前叶较长，几等于后叶和后跟座之长，前庭面具纵向皱纹，染棕黄色，前后长40.1mm，内外宽17.8mm，齿冠高30.2mm。

中国犀是我国南方更新世时期"大熊猫-剑齿象动物群"的重要成员之一，分布广泛，洞穴遗址中常有发现。在福建境内常见于闽西和闽西北，生存年代为更新世中-晚期，于晚更新世末期绝灭。

2. 华南巨貘（*Megatapirus augustus*）

单个牙齿2颗（右M^2、M_2各1颗）。标本L-00094，右M^2，齿面后内侧破损，咀嚼面具两个向后略弯的嵴，侧面有粗的棱嵴，内齿带发育，尺寸：前后长40.2mm，内外宽41mm，齿冠高19.5mm，磨蚀较浅，属少年个体（图15-5）。标本L-00095，右M_2，咀嚼面长方形，两个嵴较直，外侧面棱嵴不明显，前尖高大，原尖大而低，前后长34.5mm，内外宽25.8mm，齿冠高21mm（图15-6）。华南巨貘与中国犀相同，都是"大熊猫-剑齿象动物群"中的重要成员，但华南巨貘最繁盛的时期在更新世中期，晚更新世开始衰退，末期绝灭。

（七）偶蹄类

7种，包括野猪、水鹿、赤麂、小麂、山羊、獐、水牛。

1. 野猪（*Sus scrofa*）

单个牙齿14颗。标本L-00153，右M^2，咀嚼面复杂，多个瘤状突起，前齿带发育，磨蚀中等，属成年个体，前后长23mm，内外宽18.6mm，齿冠高11.8mm（图16-1）。标本L-00143，

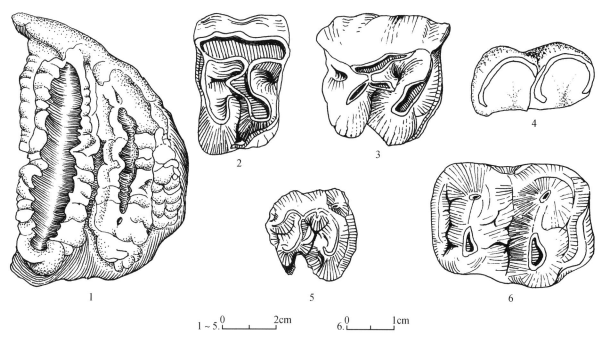

图15　支洞的长鼻类和奇蹄类（Proboscidea and perissodacttyla fossils from bifurcate cave）

1. 东方剑齿象（*Stegodom orientalis*），标本L-00426　2~4. 中国犀（*Rhinoceros sinesis*）：2. 标本L-00092、3. 标本L-00093A、4. 标本L-00417　5、6. 华南巨貘（*Megatapirus augustus*）：5. 标本L-00094、6. 标本L-00095

完整右M_3，前后延长，咀嚼面的瘤状突起已磨蚀殆尽，构成齿窝，周围略高，中间凹，表面染棕黄色，前后长39.5mm，内外宽17.6mm，齿冠高6mm。野猪是猪属中的成员，出现的时代较晚，我国的野猪化石基本上出自晚更新世，全新世以后及现在家猪则是由野猪驯养来的。

2. 水鹿（*Cervus unicolor*）

单个牙齿5颗。标本L-00161，左M^1，牙齿方形，咀嚼面结构简单，具鹿褶，外侧面有纤细的皱纹，前后长22mm，内外宽22.3mm，齿冠高18.5mm（图16-2）。标本L-00245，左M^2，咀嚼面方形，前后鹿褶大而且明显，内齿柱发达，高度为齿冠的一半，前后长23mm，内外宽23.2mm，齿冠高18.2mm。水鹿是福建境内常见的化石种，至今依然有现生种存在。

3. 赤麂（*Muntiacus muntjak*）

各类牙齿30颗（其中右$P_3$7颗）。标本L-00137，右M^3，前叶较大，后叶较小，后跟座大，向后延长，磨蚀深，属老年个体，前后长19.2mm，内外宽10.5mm，齿冠高2.8mm（图16-3）。标本L-00175，右M_1，具小的内齿柱，齿冠下部有微细褶皱，前后长15.2mm，内外宽9.2mm，齿冠高14.6mm。标本L-00176，右M_3，后外侧有一个小的鹿褶，内齿柱小，后跟座收缩，长18.1mm，内外宽9mm，齿冠高13.8mm。

赤麂化石记录不多，仅见于四川，奇和洞的赤麂化石应是目前福建境内的唯一记录。

4. 小麂（*Mantiacus reevesi*）

完整牙齿77颗，包括门齿2颗、前臼齿33颗、臼齿42颗（其中最多的是左M¹，共7颗）。标本L-00124，右M_1，牙齿小巧，咀嚼面长方形，无鹿褶，内侧面具小的齿柱，珐琅质表面有微小的皱纹，前后长10.3mm，内外宽6.5mm，齿冠高10.5mm（图16-4）。标本L-00107，咀嚼面方形，结构简单，具很小的内齿柱，前后长11mm，内外宽11.1mm，齿冠高5.5mm。小麂化石出土较多，在福建以往见于三明地区。

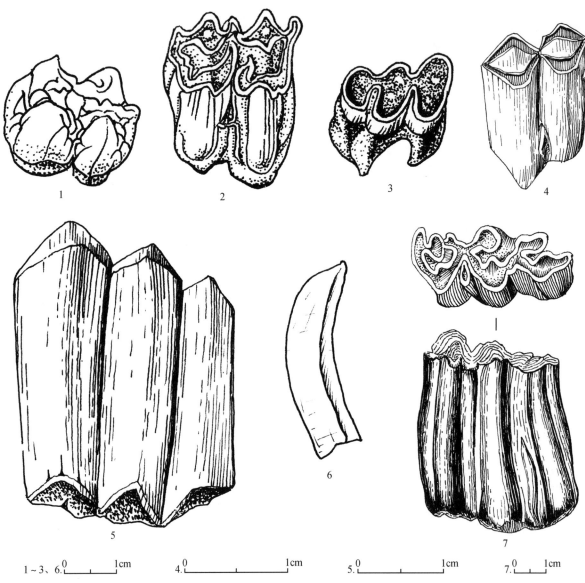

图16　支洞中的偶蹄类（Artiodactyla fossils from bifurcate cave）

1. 野猪（*Sus scrofa*），标本L-00153　2. 水鹿（*Cervus unicolor*），标本L-00161　3. 赤麂（*Muntiacus muntjak*），标本L-00137

4. 小麂（*Mantiacus reevesi*），标本L-00124　5. 山羊（*Capra* sp.），标本L-00169　6. 獐（*Hydropotes* sp.），标本L-00243

7. 水牛（*Bubalus bubalis*），标本L-00427

5. 山羊（*Capra* sp.）

牙齿7颗（前臼齿5颗、臼齿2颗）。标本L-00169，左M_2，牙齿咀嚼面长方形，珐琅质褶皱简单，前叶长而高，后叶稍低，近中面和远中面平行，无内齿柱，高冠，前后长19mm，内外宽9.5mm，齿冠高24.8mm（图16-5）。标本L-00170，左M_3，与L-00169号标本为同一个体，牙齿咀嚼面从前叶到后跟座形成较大的斜面，后跟座收缩，下部染棕黄色，前后长25.8mm，内外宽9mm，齿冠高26.7mm。

6. 獐（*Hydropotes* sp.）

左上C两颗。标本L-00243，獠牙状，外侧面弧形，具纵向裂痕，内侧面较平，断面三角形，较长（高33.4mm），顶部迅速收缩。底部前后长10.2mm，宽6.7mm。獐属化石在福建境内洞穴中常有发现，但数量有限，其个体较小，无角（图16-6）。

7. 水牛（*Bubalus bubalis*）

牙齿2颗（左$M_3$1颗，残破乳臼齿1颗）。标本L-00427，左M_3，牙根不存在，保存齿冠。牙齿高冠，咀嚼面长方形，具两个叶和一个后跟座，前叶高大，后跟座低，但延长；咀嚼面形成向后倾斜的嚼面，磨蚀较浅，内齿柱大而且高向上抵达牙面，前后长42.8mm，内外宽27mm，齿冠高56.2mm（图16-7）。

二、动物群性质与比较

奇和洞中的两个支洞晚更新世地层保存尚好，都出土哺乳动物化石，但以南支洞尽头岩壁上存留的地层中化石种类较多。洞内出土的哺乳动物化石标本共221件，种类20种，分别是翼手类1种（占5%）、灵长类1种（占5%）、啮齿类3种（占15%）、食肉类5种（占25%）、长鼻类1种（占5%）、奇蹄类2种（占10%）和偶蹄类7种（占35%），构成一个较大的动物群落，是至今所知龙岩地区出土哺乳动物化石最多的洞穴类型化石地点。

从整体观察，奇和洞洞内出土的哺乳动物群属于典型的更新世时期我国南方最为广布的"大熊猫-剑齿象动物群"范畴。支洞动物群种类的多样化在某种程度上表明当时当地具有较好的生态环境，也是生态相对稳定的佐证。动物群中绝灭种有硕猕猴、东方剑齿象、中国犀和华南巨貘4种，占20%；当地已经不存在的种（地方消失种）有无颈鬃豪猪和野生水牛2种，占10%，两者相加，现今当地已经不存在的种类6种，占动物群总数的30%；其余14种均为现生种，百分比为70%。在福建省境内，这个动物群无论在种类上和绝灭种百分比还是与现生种比例上，与将乐岩仔洞动物群相当[9]，但次于明溪剪刀墘地点的动物群[10]。正是温暖湿润的气候条件下才能形成比较庞大的动物群落[11]。从福建境内已知的第四纪动物群系列对比看，奇和洞东南支洞哺乳动物群可能生存在晚更新世中期亚间冰期阶段[12][13]，时代略晚于明溪剪刀墩山地点（120.7ka BP），早于武平猪仔笼洞地点（30ka BP）[14]。

近年来龙岩地区出土哺乳动物化石地点全部出自洞穴类型，除奇和洞外，另有7个较重要化石地点，分别是：武平猪仔笼洞、元丰洞、狮岩洞，连城石谷仓洞和石燕洞，上杭无名洞和光定洞。以上洞穴出土的哺乳动物群全部都可归于"大熊猫-剑齿象动物群"范畴，但时代上有较大差异，其中以连城石谷仓洞动物群时代最早，可能属于中更新世，其次是奇和洞支洞动物群（晚更新世中期），再次是武平猪仔笼洞动物群等5个地点，地质时代为晚更新世晚期。

奇和洞东南支洞动物群以食肉类和偶蹄类占优势，各类哺乳动物数量和最少个体数统计可见表1。根据最少个体数统计，其中以无颈鬃豪猪（9）最多，其次是小鹿和赤麂（7），再次是中华竹鼠（4）。最少个体数的多寡通常反映当时当地各类动物种群的大小，种群越大，化石的出现率必然越高。动物群中食肉类种数比例较高（25%），最少个体数比例（10.9%）略高于正常水平（≤8%），暗示生态环境可能出现不正常现象，也有可能是埋藏因素或是采集的缺陷才导致食肉类最少个体数在动物群中的比例失调（表1）。

表1 奇和洞东南支洞哺乳动物化石数量及最少个体数统计

（Quantity statistics and least individual of mammals from southeast bifurcate cave in Qihe Cave Site）

位置 种类	上下颌骨（件）	牙齿（件）	数量（件）	最少个体数
1. 普氏蹄蝠（Hipposideros pratti）	7		7	3
2. 硕猕猴（Macaca robustus）		9	9	2
3. 黑鼠（Rattus rattus）	2	2	4	2
4. 中华竹鼠（Rhizomys sinesis）		19	19	4
5. 无颈鬃豪猪（Hystrix subcristata）		18	18	9
6. 狼（Canis lupus）		1	1	1
7. 獾（Meles sp.）		1	1	1
8. 黑熊（Ursus thibetanus）		4	4	2
9. 金猫（Felis sp.）		5	5	1
10. 金钱豹（Panthera pardus）		3	3	1
11. 东方剑齿象（Stegodom orientalis）		2	2	2
12. 中国犀（Rhinoceros sinesis）		9	9	3
13. 华南巨貘（Megatapirus augustus）		2	2	1
14. 野猪（Sus scrofa）		14	14	3
15. 水鹿（Cervus unicolor）		5	5	1
16. 水牛（Bubalus bubalis）		2	2	1
17. 小鹿（Mantiacus reevesi）		77	77	7
18. 赤麂（Muntiacus muntjak）		30	30	7
19. 山羊（Capra sp.）		7	7	2
20. 獐（Hydropotes sp.）		2	2	2
数量与最少个体数统计	9	212	221	55

第四章　第一期文化遗存

第一节　概　　述

　　奇和洞遗址第一期文化遗存包含第7层顶部的3处石铺活动面、第6层文化层、2个灰坑和2条排水沟等遗迹。出土遗物包括打制石制品412件、骨针坯件2件、骨刀坯件1件，刻划石1件，无陶器出土，另出土哺乳动物化石标本54件，种类12种，以及大型骨骼、碎骨和烧骨等。年代测定为17000～13000a BP，文化面貌属新、旧石器时代过渡阶段。

　　奇和洞遗址洞口大厅的第7层顶部发现3处石铺活动面遗迹。该层属于河流相堆积物，分布范围较广，从洞内一直延伸至洞外，隐伏于灶头溪左岸第一级阶地底部，时代为晚更新世末期，总体看地层呈东高西低缓坡状。自从该层形成后，洞内经历了一段较长的停顿期，上面无新的沉积覆盖物，层面逐渐作为洞内的古地表。当第一批古人类来到奇和洞时，洞内地表凹凸不平，为了选择适合居住和活动的部位，先民对古地表进行一番平整，并在地表的低洼处采用石块、泥沙和烧土作了铺垫，形成了一个可供居住和活动的地面（DM）。奇和洞遗址发掘区内共揭露3处石铺活动面遗迹，分别位于T1、T2、T5探方之内。另外，还有灰坑、排水沟遗迹和少量动物化石出土。

　　奇和洞遗址第6层文化遗存主要集中在T2探方的西部和中部，揭露的文化层和遗迹包括第6A、第6B、第6C和第6D四个文化小层和H12、H13两个灰坑，文化遗物较丰富，既有数量较多的人工石制品、红烧土、炭粒、煤矸石，也有哺乳动物牙齿、大型骨骼、碎骨和烧骨，其中夹杂大量花岗岩和砂岩砾石，无陶片伴出。石制品包括非工具类的石核、石片和断块，工具类有砍砸器、刮削器、石锤、石砧等；器形以中型为主，石器工业属南方"砾石石器传统"。第6文化层是第一期古人类在奇和洞生活期间生产、生活所留下来的各类遗物形成的堆积层。

第二节　遗　　迹

一、石 铺 地 面

石铺地面遗迹（编号DM）共有3处，均位于第7层的顶部。

1. DM1活动面

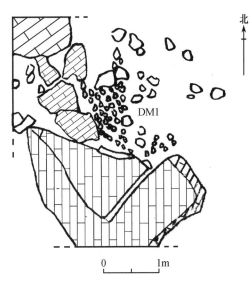

图17　DM1活动面（Inhabit surface DM1）

开口于T1③B层之下，平面观略呈圆形，表层为黑色、黄色黏土羼杂的火烧硬面，结构致密、坚硬，占据整个探方的大部分，面积约16m²，地面中间稍鼓起，周围略低。在探方的东北部叠压于第4层灰白色钙板层之下，其余部位叠压于第3B层之下。T1的南侧有一巨块石灰岩盘踞，限制了活动空间。探方的东北部有一黑灰色灰烬堆，应属火膛遗迹；在东隔梁下部有一近南北走向的水沟；西面有数块较大石灰岩块围绕活动面间隔排列，高出地面约10cm，可能是古人有意所为，南面巨石下部紧挨着活动面的一侧有三块较扁平的砾石紧贴于灰岩石壁上，其中一块倒在活动面上（图17；彩版八，1）。

2. DM2活动面

即洞内北部T2探方内的石铺地面，铺石系拣自河滩，磨圆度较高。根据分布范围判断，应是人工特意采用砾石铺垫而成，其间杂有大量青灰色细砂，石铺地面显得结构致密、坚硬，地面南北低、中间略高，该地面的南侧边缘另发现一排水沟。T2探方中揭露出的活动面（图18）几乎遍及整个探方，石块和泥沙的铺垫大致顺着地势进行，整个地面略呈东高西低的缓坡状；东部叠压于F2下，西部叠压于第6D层之下，西部南侧被一灰岩巨石占据，地面东西长大于3m，为最低处，其他的地面比较平，巨石的北缘有一东西向的排水沟（G2），地面仅稍加平整处理，可能利用该面作为加工石器的场所，而后期则成为弃物区，故层面上散布有时代较晚的石制品、炭粒、煤矸石、动物化石和人类牙齿等。

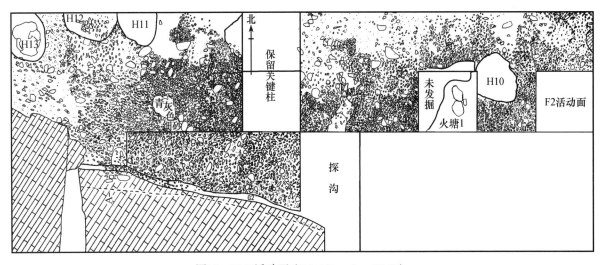

图18　DM2活动面（Inhabit surface DM2）

3. DM3活动面

位于T5探方北部的无名洞洞口地带，并延伸至洞内，但未经发掘，故东西两端界限不清。该活动面叠压于第6层之下（图19），采用砾石通垫一至两层，然后在其上铺垫黏土质砂，北、南边界清楚；但东、西两侧的延伸部分尚未发掘，因此界限不清。揭露的面积约10m²。该活动面上散落有少量石制品和动物化石，未见陶片。

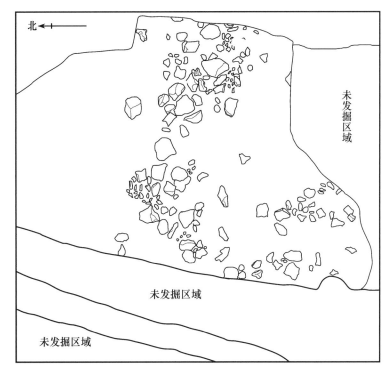

图19　DM3活动面（Inhabit surface DM3）

二、灰　坑

灰坑，2个（H12和H13），均开口于第6D层之下。

H12，位于T2探方的西北部第6D层下，一部分叠压于探方北壁之下，东部被H11所打破。平面略呈椭圆形，弧壁，底的东部略平，西部圆底。口部长径92cm，短径50cm，口距地表125cm，底距地表147cm，坑深22cm（图20）。坑内堆积为灰褐色黏土夹杂灰黑色斑点黏土，局部分布有细的黄砂，结构疏松。坑的西部堆积有比较杂乱的砂岩细、中砾石。

H13，位于T2探方的西北角第6D层下，一部分叠压于探方的北壁和东壁之下。平面略呈方形，弧壁，底略平。口部长径84cm，短径60cm，口距地表138cm，底距地表164cm，坑深26cm（图21）。坑内堆积为灰褐色黏土夹杂灰黑色斑点黏土，结构疏松，内含有少量的砂岩细砾，坑底的南部置一钟乳石。

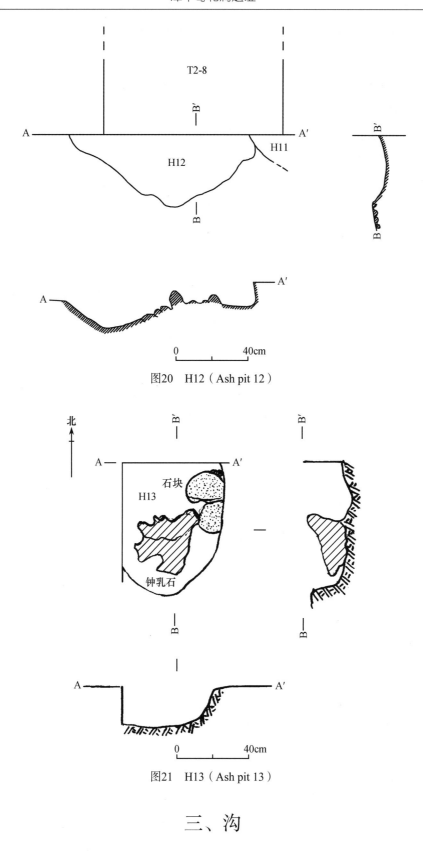

图20　H12（Ash pit 12）

图21　H13（Ash pit 13）

三、沟

排水沟2条（G1和G2），分别位于T1和T2探方内。

　　G1，位于T1东北部，开口于第2B层下，南部被H2所打破，北部叠压于探方北隔梁之下，平面为长条形，略呈南北走向，口大底小，壁斜，底较平，口距地表70cm，底距地表144cm，沟口长160cm，宽90cm，沟深74cm（图22）。沟内堆积物为黑褐色黏土，结构较疏松。内出土有石锛2件、石锤2件、石核1件、石片3件。从沟内堆积和出土遗物分析，G1从第一期文化开始始终都存在。

　　G2，位于T2探方南部靠巨岩下斜底处，开口于第6D层下，平面为长条形，东西走向，沟长440cm，宽20～40cm，深20cm（图23），口大底小、弧壁。沟内堆积物为砂质黏土，土为灰褐色，局部夹杂黄色黏土颗粒，质地西部较疏松，东部较紧密，夹杂有碎块、断块、石片、砂岩细砾、烧土颗粒和动物骨骼。

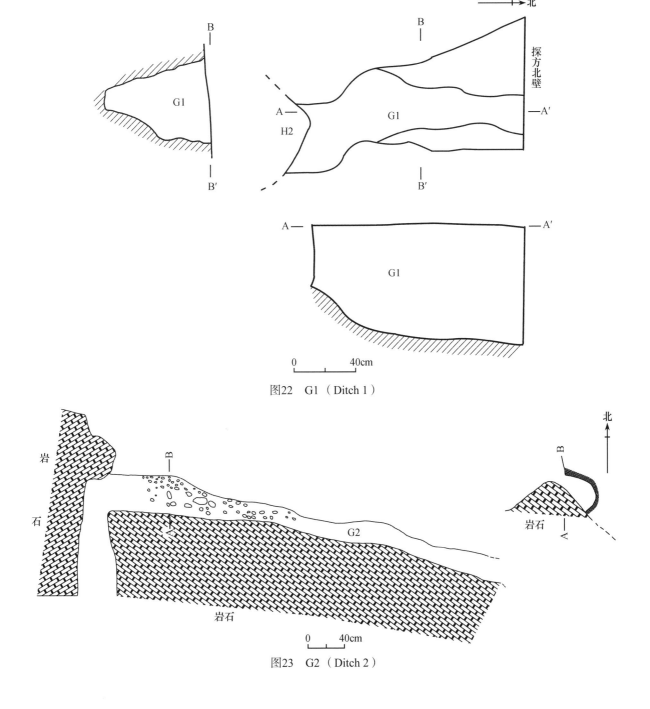

图22　G1（Ditch 1）

图23　G2（Ditch 2）

第三节　第6层遗物

　　第一期文化的遗物包含活动面、第6层及灰坑的出土物，遗物较丰富，计有打制石器412件、骨制品3件、装饰艺术品1件、哺乳动物化石12种，以及大量木炭、煤矸石、红烧土、灰烬等，无陶片伴出。

　　奇和洞遗址各文化期出土的石制品，实际上包括打制石器和磨制石器两个大类。第一期文化层仅有打制石器，未出土磨制石器。打制石器是指制作工具过程中只采用石锤进行加工、修理的石质工具，无需经过磨制；自第二期文化起均出土有磨制石器，磨制石器需要经过磨制阶段，在磨制器物之前预先对原料进行整型，加工形成坯件后再将坯件磨制，或部分磨制或通身磨制（粗磨或细磨），或者只在自然成形石刃部磨制。打制石器和磨制石器尽管都使用石锤进行预先加工，但因制作目标不同，所以预制的部位和方法不同，从而形成互异的工具类型。表2所列是两者之间的差别，以下涉及的石制品将根据此表进行划分。

　　　　表2　打制石器和磨制石器的分类（Systematics of striking stone tools and grinding stone tools）

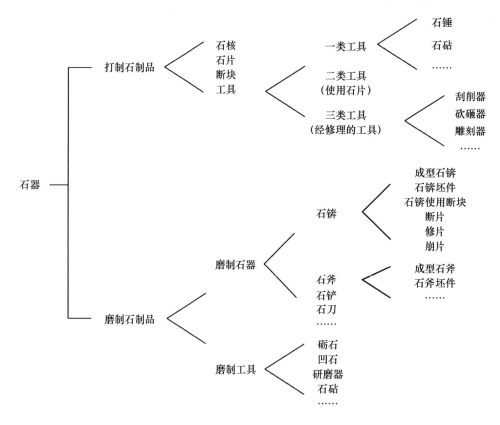

　　第一期文化出土的打制石器均出自第6层，共412件，类型包括石核、石片、断片、断块、石锤、石砧、砍砸器、刮削器和雕刻器等。石器制作技术以锤击法为主，砸击法少见，未见碰砧法。制作石制品的原料种类繁多，以细砂岩和砂岩为主，原料来自奇和洞西侧奇和溪（灶头

溪）河漫滩上的砾石层，磨圆度普遍良好。现按4个小层（自下而上为6D、6C、6B、6A）分别记述于下。

一、第6D层石制品

（一）简况

第6D层出土的石制品共57件，有石核、石片、断块和工具4种；工具包括一类、二类和三类工具，原料种类达10种，按照所占的比例，从多到少排列为：细砂岩、砂岩、脉石英、粉砂岩、石英砂岩、石英岩、花岗岩、钾长花岗岩、钠长花岗岩和页岩。原料以细砂岩居多（26件），占石制品总数的45.6%；其次是砂岩和脉石英（各7件），均占12.3%，其余仅17件，占29.8%（图24）。

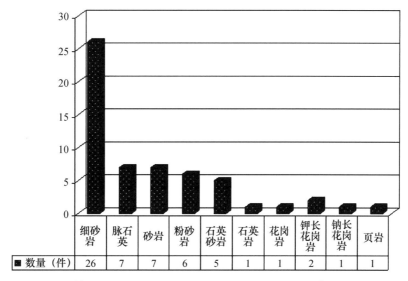

	细砂岩	脉石英	砂岩	粉砂岩	石英砂岩	石英岩	花岗岩	钾长花岗岩	钠长花岗岩	页岩
■ 数量（件）	26	7	7	6	5	1	1	2	1	1

图24　第6D层石器原料柱状图（Artifact materials from ⑥D level）

总体看，制作石制品的原料质量良莠不齐，但适于制作工具或进行剥片的原料如细砂岩、砂岩、粉砂岩、石英岩等占多数；脆性大、纯度差、节理较发育的原料如钾长花岗岩、钠长花岗岩、页岩等所占比例较少，且多数为断块或一类工具（图25）。

（二）石制品的分类描述

1. 石核

6件。均为双台面锤击石核，原料以脉石英居多，长46.5~88.6mm，平均 69.8mm；宽37.4~128.6mm，平均82.6mm；厚23.0~113.8mm，平均66.9mm；重56.0~1155.0g，平均554.7g。全部为自然台面，台面角52.5°~110.0°，剥片方式为对向的4件，转向的2件，剥片面

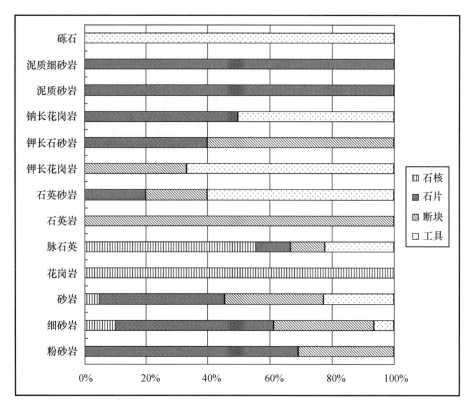

图25　第6D层打制石器原料分类柱状图（Systimatics of artifact materials from ⑥D level）

2 ~ 4个，明显的剥片疤有2 ~ 9个，使用率较低。

　　标本2011ZQT2-3⑥D：44，长46.5mm，宽72.9mm，厚84.0mm，重272.0g。原料为灰白色花岗岩，形状扁平，具2个台面，4个剥片面。A台面为自然面，有2个剥片面，为同向剥片。AⅠ剥片面，台面角96.5°，有2个剥片疤；AⅡ剥片面，台面角98.0°，有1个剥片疤。B台面位于A台面的对侧，为节理面，有2个剥片面，亦为同向剥片。BⅠ剥片面，台面角90.5°，有3个剥片疤；BⅡ剥片面，台面角85.0°，有3个剥片疤。剥片方式为对向剥片。石皮（风化面）面积约占石核表面的30%，原料的节理发育，不利于剥片，虽可继续剥片，但废止使用（图26-1）。

2. 石片

　　26件。均为锤击石片。根据石片完整程度分完整石片和断片。

　　完整石片，22件，长16.2 ~ 78.4mm，平均40.2mm；宽17.2 ~ 58.7mm，平均36.3mm；厚3.5 ~ 31.9mm，平均10.4mm；重2.0 ~ 100.0g，平均19.2g。原料以细砂岩为主。长宽比平均为1.2。人工台面9件，自然台面13件。人工台面仅1件属于有疤台面，其余均为打制台面。石片角40.0° ~ 117.2°，平均81.1°。石片背面均为自然面的有5件，均为石片疤的有4件，既有石片疤又有自然面的有13件（图27）。背面石片疤与石片剥片同向的居多，其次为转向，对向、复向最少。

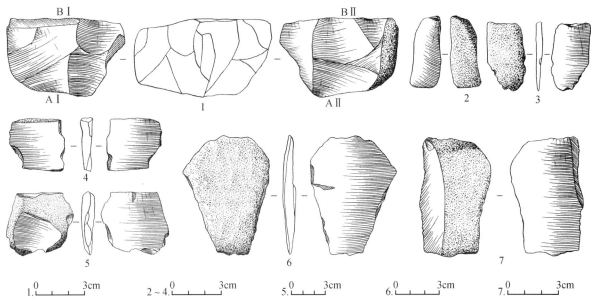

图26　第6D层的石核与石片（Cores and flakes from ⑥D level）

1. 双台面石核（2011ZQT2-3⑥D：44）　2. 左边断片（2011ZQT2-15⑥D：3）　3～6. 完整石片（2011ZQT2-16⑥D：13、
2011ZQT2-12⑥D：23、2011ZQT2-16⑥D：9、2011ZQT2-24⑥D：7）　7. 近端断片（2011ZQT2-12⑥C：43）

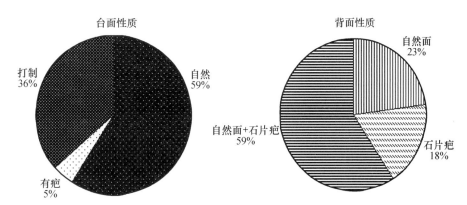

图27　第6D层完整石片台面和背面性质（Platform of integral flake and back characteristic from ⑥D level）

根据台面与背面的性质可分6种类型。

Ⅰ台面背面均为自然面的有3件。标本2011ZQT2-24⑥D：7，长78.4mm，宽57.7mm，厚9.5mm，重44.0g，原料为青灰色细砂岩，自然台面，石片角55.5°，背面为自然面。劈裂面半椎体平坦，无同心波，放射线清晰，边缘折断（图26-6）。

Ⅱ自然台面，背面为石片疤的3件。标本2011ZQT2-16⑥D：55，长16.2mm，宽26.1mm，厚4.2mm，重2.0g。原料为灰黑色细砂岩。自然台面，台面长4.2mm，宽23.3mm，石片角50.0°。背面有3个石片疤，石片疤与石片剥片方向为复向。劈裂面半椎体平，无同心波，放射线清晰。边缘有疤。

Ⅲ自然台面，背面既有自然面也有石片疤的有7件。标本2011ZQT2-12⑥D：23，长31.7mm，宽31.7mm，厚6.6mm，重8.0g。原料为青黑色细砂岩。自然台面，台面长6.6mm，宽26.7mm，石片角97.2°。背面有2个石片疤，石片疤与石片剥片方向为同向。劈裂面半椎体微凸，无同心波，放射线清晰。边缘折断（图26-4）。

Ⅳ人工台面，背面为自然面的1件。标本2011ZQT2-16⑥D：13，长40.6mm，宽22.4mm，厚4.2mm，重6.0g。原料为深灰色粉砂岩。打制台面，台面长4mm，宽18.2mm，石片角97.5°。劈裂面半椎体平坦，放射线清晰，无同心波。边缘有疤（图26-3）。

Ⅴ人工台面，背面为石片疤的1件。标本2011ZQT2-26⑥D：68，长29.4mm，宽52.8mm，厚14.8mm，重20.0克。原料为青灰色石英砂岩。打制台面，台面长12.6mm，宽34.1mm，石片角102.5°。背面有4个石片疤，石片疤与石片剥片方向为对向。劈裂面微凸，放射线清晰，无同心波。边缘折断。

Ⅵ人工台面，背面既有自然面也有石片疤的6件。标本2011ZQT2-16⑥D：9，长52.7mm，宽58mm，厚11.4mm，重36.0g，原料为深灰色细砂岩，打制台面，台面长9.0mm，宽35.1mm，石片角75.6°。背面有1个石片疤，石片疤与石片剥片方向为对向。劈裂面半椎体平坦，无同心波，放射线清晰。边缘有疤（图26-5）。

断片，4件。长34.6～67.5mm，平均42.2mm；宽21.0～45.5mm，平均32.1mm；厚4.4～16.9mm，平均9.4mm；重3.0～53.0g，平均19.5g。原料以细砂岩为主。断片中并无明显人为截断的情况，为自然断裂。根据石片的断裂方式分为横向和纵向断裂，包括左边和近端。

左边断片，2件。标本2011ZQT2-15⑥D：3，长42.6mm，残宽21.0mm，厚9.3mm，重8.0g。原料为灰黑色细砂岩。自然台面，石片角92.6°。背面为自然面，劈裂面微凸，放射线清晰，无同心波。侧缘有疤（图26-2）。

近端断片，2件。标本2011ZQT2-12⑥C：43，残长67.5mm，宽43.1mm，厚16.9mm，重53.0g。原料为灰色石英砂岩。自然台面，台面长16.9mm，宽33.7mm，石片角84.3°。打击点集中，半锥体微凸，放射线清晰，无同心波。背面有石片疤，边缘锋利（图26-7）。

3. 断块

11件。长34.0～97.2mm，平均64.1mm；宽21.2～74.2mm，平均宽40.6mm；厚5.8～36.2mm，平均14.8mm；重5.0～247.0g，平均65.7g。原料以粉砂岩、砂岩居多。形状不规则，自然面占石器表面面积平均约为40%。有解理面的占断块总数的54.5%，表明断块的形成很大程度上与石料解理发育有关，也可能是剥片时造成的自然断裂，还可能是在石器制造过程中的废品。

4. 一类工具

仅1件，标本2011ZQT2-15⑥D：12，长122.8mm，宽55.9mm，厚51.0mm，重477.0g。原料为灰色石英砂岩，石质较好。形状近似长条形，便于把握。石锤两端均经过使用，A端有使用造成的小剥片和麻点，B端有麻点（图28-1）。

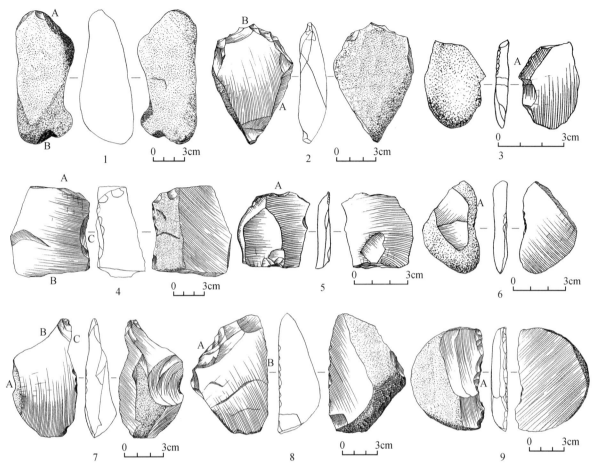

图28　第6D层的工具（Artifacts from ⑥D level）

1. 石锤（2011ZQT2-15⑥D：12）　　2、5. 三类单凸刃刮削器（2011ZQT2-15⑥D：4、2011ZQT2-15⑥D：83）

3. 三类单直刃刮削器（2011ZQT2-12⑥D：41）　4. 三类单凹刃砍砸器（2011ZQT2-3⑥D：6）　6. 二类单凹刃刮削器

（2011ZQT2-8⑥D：14）　7. 三类单尖刃刮削器（2011ZQT2-11⑥D：29）　8.三类单直刃砍砸器（2011ZQT2-23⑥D：35）

9.三类单凹刃刮削器（2011ZQT2-8⑥D：19）

5. 二类工具（使用石片）

1件，标本2011ZQT2-8⑥D：14，长50.7mm，宽32.4mm，厚8.2mm，重18.0g。原料为灰色细砂岩，呈羽状。背面有2个石片疤，自然面约占背面面积的65%。A处凹刃为直接使用石片锋利的侧缘，在刃缘两面均有细小的鱼鳞状使用崩疤，推测加工对象为硬质物体。刃长13.8mm，刃角74.5°（图28-6）。

6. 三类工具

12件，包括刮削器和砍砸器。

刮削器，共7件，全部为单刃，以片状毛坯居多。根据刃的形状分为直、凸、凹和尖刃。

直刃，1件，标本2011ZQT2-12⑥D：41，长39.1mm，宽27.9mm，厚6.7mm，重6.0g。原料为青黑色细砂岩，片状毛坯，石片经过反向修理，打掉台面，随后在A处由下而上修出直刃，修疤深而密，刃缘较平齐。刃长16.8mm，刃角84.5°（图28-3）。

凸刃，3件，长41.1～88.9mm，平均长62.9mm；宽28.0～61.2mm，平均宽43.0mm；厚7.4～21.6mm，平均厚15.2mm；重10.0～123.0g，平均重55.7g。细砂岩、砂岩、石英砂岩各1件，均为片状毛坯。修疤较深，修理方法应为硬锤修理。正、反、复向各1件。修疤包括鱼鳞状和阶梯状。刃缘长35.5～74.9mm，刃角25.0°～85.0°。

标本2011ZQT2-15⑥D：83，长41.1mm，宽39.8mm，厚7.4mm，重10.0g。原料为青灰色细砂岩，石质细腻，片状毛坯。对石片的底缘进行正向修理，形成A处凸刃，在背面有1～2层鱼鳞状修疤。刃部修理精细，修疤细密、排列整齐，刃缘平齐。刃长35.5mm，刃角25°～40°。刃缘中部有使用形成的折断（图28-5）。

标本2011ZQT2-15⑥D：4，长88.9mm，宽61.2mm，厚21.6mm，重123.0g。原料为灰黄色砂岩。片状毛坯。A处为石片侧缘，被截去，形成钝厚的把手，易于把握。B处为石片另一侧缘，经过反向多次修理，形成凸刃，在劈裂面有2层鱼鳞状和阶梯状的修疤，另背面有少量单层鱼鳞状修疤，修疤深，刃缘不平齐，刃长74.9mm，刃角85.0°（图28-2；彩版一一，2）。

凹刃，1件，标本2011ZQT2-8⑥D：19，长84.7mm，宽62.1mm，厚15.3mm，重84.0g。原料为青黑色细砂岩，片状毛坯。A处经过正向修理，形成凹刃，在背面有2层鱼鳞状修疤。修疤较深，刃缘不平齐，刃长82.1mm，刃角40.2°（图28-9）。

尖刃，2件，长87.4～89.1mm，平均88.3mm；宽50.0～68.2mm，平均59.1mm；厚24.8～36.9mm，平均30.9mm；重85.0～161.0g，平均123.0g。细砂岩和砂岩各1件，片状和块状毛坯各1件。修疤较深，修理方法应为硬锤修理，均为复向修理，修疤包括鱼鳞状和阶梯状。双直边和直凹边各1件，尖刃上有使用形成的痕迹。

标本2011ZQT2-11⑥D：29，长89.1mm，宽50.0mm，厚24.8mm，重85.0g。原料为青黑色细砂岩，片状毛坯。A处为毛坯石片的台面，以此为把手。B处经过单面正向修理，C处经过反向修理，在两面均有鱼鳞状修疤。B、C两边相交于一角，形成尖刃。尖刃因使用形成折断（图28-7）。

砍砸器，5件。均为单刃。块状毛坯居多，根据刃的形状分为直刃和凹刃。

直刃，4件，长96.8～120.4mm，平均105.3mm；宽65.2～82.2mm，平均73.5mm；厚29.3～57.2mm，平均38.7mm；重186.0～476.0g，平均333.8g。原料包括细砂岩、砂岩和钾长花岗岩。修疤较深，修理方法应为硬锤修理。正向修理2件，复向、反向各1件。修疤包括鱼鳞状和阶梯状，刃缘长58.8～86.7mm，刃角50.0°～65.0°。标本2011ZQT2-23⑥D：35，长99.4mm，宽65.2mm，34.0mm，重186.0g。原料为青灰色细砂岩，片状毛坯。A处经过反向、多次修理，在劈裂面有多层鱼鳞状修疤，形成钝厚的把手，易于把握。把手的对侧B处为刃的位置，利用毛坯石片锋利的底缘，未经加工直接使用，在背面有零星、单层、不连续崩疤，刃长59.6mm，刃角55.0°（图28-8）。

凹刃，1件，标本2011ZQT2-3⑥D：6，长85.5mm，宽76.5mm，47.7mm，重400.0g。原料为灰白色脉石英，片状毛坯。A、B两处为截断面，推测是人为截断，取合适的尺寸。C处经过两面修理，两面均有单层鱼鳞状修疤，刃长53.2mm，刃角80.0°（图28-4）。

（三）第6D层石器工业的基本特征

原料种类多样，品质良莠不齐，按所占比例多少排列，包括细砂岩、砂岩、脉石英、粉砂岩、石英砂岩、石英岩、花岗岩、钾长花岗岩、钠长花岗岩和页岩。

根据标本的最大长度，大致可将石制品划分为小型（≤30mm）、中型（>30mm、≤70mm）、大型（>70mm、≤150mm）、特大型（>150mm）4个等级。总体来看，属于中型的数量最多，占52.6%；其次为大型，占31.6%；再次是小型，占15.8%；无特大型。通过分类统计来看：石核多为大型；石片多为中型；工具以大型居多，其次为中、小型（表3）。

表3　第6D层石器大小分类统计表（Systematics and statistics of artifact sizes from ⑥D level）

长度　　　类型	≤30		30~70		70~150		>150	
	N	%	N	%	N	%	N	%
石核	0	0	2	3.5	4	6.9	0	0
石片	9	15.8	16	28.0	1	1.8	0	0
断块	0	0	8	14.0	3	5.3	0	0
一类工具	0	0	0	0	1	1.8	0	0
二类工具	0	0	1	1.8	0	0	0	0
三类工具	0	0	3	5.3	9	15.8	0	0
总计	9	15.8	30	52.6	18	31.6	0	0

注：测量长度为石器的最大长，单位mm；"N"代表件数，"%"代表所占石器总数的百分比。

石制品类型丰富，包括石核、石片、断块和工具4大类，其中以石片数量最多，占总量的45.6%；其次是工具，占24.6%；再次是断块，占19.3%；石核最少，占10.5%。工具类型包括石锤、刮削器和砍砸器（图29）。

石核：从石核的原料来看，多数原料质地较差，个别原料较好。石核的尺寸大小中等，平均长69.8mm，宽82.6mm，厚66.9mm，重554.7g。石核多呈现扁平状和不规则状。

从剥片方法来看，均采用锤击法剥片，全部为双台面石核。台面均为自然面，无人工台

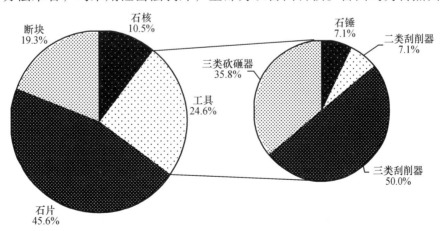

图29　石器类型比例图（Proportion of artifact types）

面，平均台面角86.6°。从剥片方式分析，以对向者居多，其次是转向。从剥片数量来看，石核的台面均2个，剥片面有2～4个，剥片疤最多的9个，不见高效石核。

根据观察，石制品制造者基本上就近选择较大的、体厚的，或者扁平的砾石进行剥片，这种材料或可延长使用寿命。石核毛坯多采用大的形状不规则的砾石，不经过预制，直接以自然面为台面进行剥片，推测可能是获得原料极易的缘故；另外砾石的表面较平坦，可以直接利用该面作为台面进行剥片。由于石核的原料不甚理想，节理发育，因此对石料使用的程度有限，石核台面、剥片面、剥片疤均不多，石核使用率亦不高，所以大多未被用尽即被废弃。

石片：完整石片占石片总数的84.6%。完整石片的尺寸多为中型，平均长度40.2mm，宽36.3mm，厚10.4mm，重9.2g。长宽比平均为1.2。大多形状规则，呈羽状、三角形、梯形或方形。剥片方法为锤击法。自然台面居多，占完整石片总数的59.1%；其余为人工台面，其中绝大多数为打制台面。根据背面石片疤的情况可见，同向剥片法最多，占35.3%。

可以推测，当时人们多数以自然面为台面进行直接剥片，这与石核的台面性质相一致，剥下的石片背后为自然面。随着剥片不断深入，开始出现人工台面，石片背面也以自然面和石片疤相结合居多，背面均为石片疤的亦占一定比例。

一类工具：仅1件石锤。选用长条形砾石，体积尺寸大小适中易于把握，原料为石英砂岩，有一定的硬度和韧性。石锤两端均有使用痕迹，其中一端有少量小型崩疤和麻点，另一端仅有麻点。根据使用痕迹来看，此石锤使用率不高。

二类工具：仅1件，为单凹刃刮削器。尺寸属于中型，重量亦比较合适，手感好。根据刃角的五个等级，刮削器刃角的等级为陡，角度较大，远大于一般二类工具的刃角。

三类工具：尺寸以大型为主，类型包括刮削器和砍砸器，其中刮削器数量最多，占三类工具总数的58.3%。

刮削器毛坯以片状为主，均属单刃。根据刃形统计来看，以凸刃居多，其次为尖刃，直、凹刃最少。砍砸器毛坯以块状居多，均属单刃，其中凸刃数量最多，其次为凹刃。修疤较深，应为硬锤修理；软锤修理的未见。复向修理居多，其次是正向，反向的最少。工具修理包括修刃、修把手和修形。三种修理选择其一、其二或者均进行修理皆有。有1件只修把手，刃部直接使用石片锋利边缘。修疤形态以鱼鳞状为主，阶梯状少量。根据刃角的五个等级，刮削器刃角的等级为陡，平均74.0°；砍砸器刃角等级亦为陡，平均61.0°（表4）。

根据以上描述，可见三类工具的制作流程亦分为毛坯选择、预先规划等步骤。

表4　石器三类工具修理情况（Tool repair of classification C）　　（单位：件）

类型 \ 项目	毛坯		修理方向			修疤形态			修疤层数			修理目的		
	片状	块状	正	反	复	鱼鳞状	阶梯状	鱼鳞状+阶梯状	1	2	≥3	刃	形	把手
刮削器	6	1	2	2	3	5		2	4	2	1	7	2	2
砍砸器	2	3	2	1	2	3	1	1	2	1	2	4	1	1
小计	8	4	4	3	5	8	1	3	6	3	3	11	3	3
百分比（%）	66.7	33.3	33.3	25.0	41.7	66.7	8.3	25.0	50.0	25.0	25.0	64.8	17.6	17.6

二、第6C层的石制品

（一）简况

第6C层出土的石制品共100件，包括石核、石片、断块和工具。工具包括一类、二类和三类工具，原料种类多达12种，按照所占的比例，从多到少排列为：砂岩、细砂岩、粉砂岩、泥质粉砂岩、脉石英、花岗岩、钾长花岗岩、泥质砂岩、钾长石砂岩、石英砂岩、钙质粉砂岩和石灰岩（表5）。其中以砂岩居多，占石器总数的31.0%；其次是细砂岩和粉砂岩，各占17.0%和16.0%；再次为脉石英，占6.0%。原料种类丰富，大部分种类较适合制作石器。石核、石片和断块的原料大多是砂岩或细砂岩，工具则以花岗岩、钾长石砂岩、砂岩和细砂岩为主（表6、图30）。

表5　第6C层石器原料统计表（Statistics of artifact materials from ⑥C level）

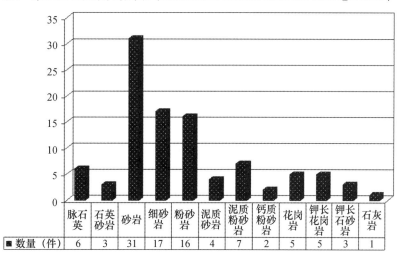

	脉石英	石英砂岩	砂岩	细砂岩	粉砂岩	泥质砂岩	泥质粉砂岩	钙质粉砂岩	花岗岩	钾长花岗岩	钾长石砂岩	石灰岩
■数量（件）	6	3	31	17	16	4	7	2	5	5	3	1

表6　第6C层石器原料分类统计表（Systematics and statistics of artifact materials from ⑥C level）　（单位：件）

原料 类型	脉石英	石英砂岩	砂岩	细砂岩	粉砂岩	泥质砂岩	泥质粉砂岩	钙质粉砂岩	花岗岩	钾长花岗岩	钾长石砂岩	石灰岩	总计
石核	2	1	6		1					2			12
石片	1		7	8	4	2		1		1		1	25
断块	2	1	16	7	11	2	7	1	2	2	1		52
工具	1	1	2	2					3		2		11
小计	6	3	31	17	16	4	7	2	5	5	3	1	100

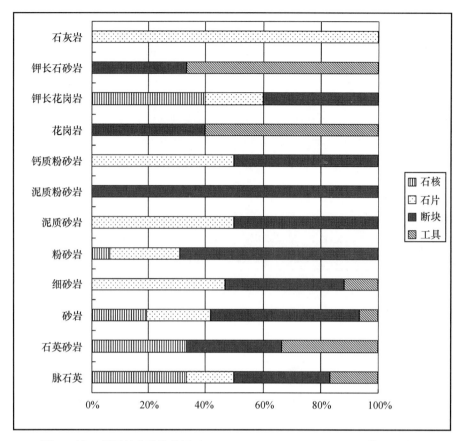

图30 第6C层原料分类柱状图（Systematics of raw materials from ⑥C level）

（二）第6C层打制石器的分类描述

1. 石核

12件。均为锤击石核。根据台面数量分为单台面和多台面石核。

单台面，9件，长26.5～90.1mm，平均67.0mm；宽37.0～82.3mm，平均64.5mm；厚29.3～54.8mm，平均40.9mm；重41.0～420.0g，平均237.3g。人工台面2件，打制、有疤各1件；其余均为自然台面。台面角75.5°～107.4°，剥片方式均为同向。剥片面1～3个，明显的剥片疤有1～7个。

标本2011ZQT2-16⑥C：39，长90.0mm，宽93.8mm，厚51.8mm，重512.0g。原料为浅红色钾长花岗岩，形状不规则。A为自然台面，以此为台面围绕石核一周进行同向剥片，产生3个剥片面。AⅠ剥片面台面角95.6°，有1个石片疤，疤长23.5mm，宽54.09mm。AⅡ面台面角80.5°，有1个石片疤，疤长50.0mm，宽83.5mm。AⅢ剥片面台面角98.5°～107.4°，有2个剥片疤，最大片疤长35.0mm，宽65.0mm。石皮面积约占石核表面的60%，使用率不高（图31-1；彩版一〇，1）。

双台面，3件。长45.1～108.9mm，平均71.6mm；宽32.3～64.1mm，平均43.1mm；厚

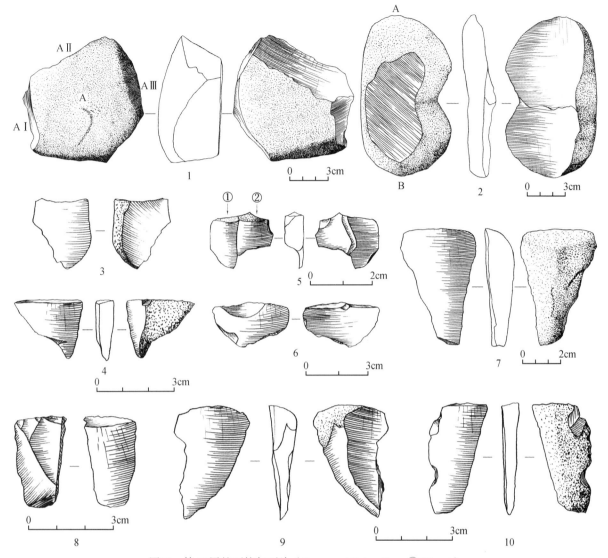

图31　第6C层的石核与石片（Cores and flakes from ⑥C level）

1.单台面石核（2011ZQT2-16⑥C：39）　2.双台面石核（2011ZQT2-11⑥C：6）　3.远端断片（2011ZQT2-7⑥C：25）
6.近端断片（2011ZQT2-12⑥C：58）　8.右边断片（2011ZQT2-7⑥C：62）　4、5、7、9、10.完整石片（2011ZQT2-7⑥C：63，
2011ZQT2-16⑥C：72，2011ZQT2-16⑥C：73，2011ZQT2-15⑥C：58，2011ZQT2-12⑥C：36，2011ZQT2-7⑥C：61）

17.7～20.8mm，平均19.3mm；重35.0～188.3g，平均92.1g。打制台面1件，其余均为自然台面。台面角75.5～86.5°。对向剥片2件，交互1件。剥片面2个，明显的剥片疤有2～8个。

标本2011ZQT2-11⑥C：6，长108.9mm，宽64.1mm，厚19.4mm，重188.3g。原料为灰色砂岩，形状不规则，2个台面，2个剥片面。A台面为自然台面，台面角86.5°，有1个剥片疤，疤长62.1mm，宽55.7mm。B台面位于A台面的对侧，自然台面，台面角85.5°，有1个剥片疤，片疤长45.5mm，宽52.3mm，剥片方式为对向剥片。石皮面积约占石核表面的40%，节理面占20%。原料的节理发育，显然不利于剥片（图31-2）。

2. 石片

25件。均为锤击石片。根据石片的完整程度分为完整石片和断片。

完整石片，18件。长20.4~76.5mm，平均39.9mm；宽14.1~66.1mm，平均36.3mm；厚4.0~17.3mm，平均9.4mm；重1.3~58.0g，平均15.7g。原料以细砂岩和砂岩居多。人工台面5件，自然台面13件。人工台面以打制台面居多，其次为有疤台面。石片角58.6°~130.0°，平均93.8°。石片背面均为石片疤的有9件，既有石片疤又有自然面的有6件，均为自然面的有3件（图32）。背面石片疤数量最多有6个，背面石片疤与石片剥片同向的居多，其次为转向。

根据石片的台面与背面性质分为6类。

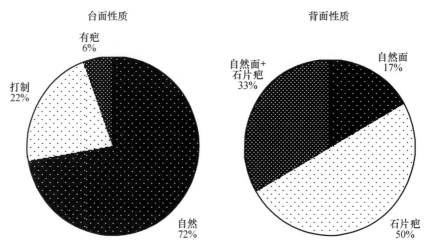

图32 第6C层完整石片台面与背面性质（Platform of flake and back characteristics from ⑥C level）

Ⅰ台面、背面均为自然面的有2件。标本2011ZQT2-15⑥C：58，长64.5mm，宽44.2mm，厚16.0mm，重38.0g，原料为棕红色细砂岩，自然台面，台面长15.0mm，宽40.6mm，石片角68.7°，背面为自然面，劈裂面半椎体平坦，无同心波，放射线清晰。边缘折断、有疤（图31-7）。

Ⅱ自然台面，背面为石片疤的8件。标本2011ZQT2-16⑥C：72和2011ZQT2-16⑥C：73两件可拼合，拼合后全长27.2mm，宽30.2mm，厚9.1mm，重2.1g，自然台面，石片角96.5°，背面有4个石片疤，石片疤与石片剥片方向为同向，劈裂面半椎体凸，无同心波，放射线清晰。边缘有疤（图31-5）。

Ⅲ自然台面，背面既有自然面也有石片疤的3件。标本2011ZQT2-12⑥C：36，长43.2mm，宽28.7mm，厚10.2mm，重8.0g。原料为深灰色细砂岩，自然台面，台面长8.2mm，宽27.3mm，石片角69.5°。背面有2个石片疤，石片疤与石片剥片方向为转向。劈裂面半椎体微凸，无同心波，放射线清晰。边缘有疤（图31-9）。

Ⅳ人工台面，背面为自然面的仅1件。标本2011ZQT2-7⑥C：61，长41.1mm，宽23.4mm，厚6.7mm，重8.0g。原料为灰色砂岩。打制台面，台面长7.2mm，宽17.2mm，石片角102.4°。劈裂面半椎体平坦，放射线清晰，无同心波。边缘有疤（图31-10）。

Ⅴ人工台面，背面为石片疤的1件。标本2011ZQT2-7⑥C：40，长48.5mm，宽66.1mm，厚16.2mm，重9.0g。原料为灰白色脉石英，打制台面，台面长15.2mm，宽50.1mm，石片角95.5°。背面有2个石片疤，石片疤与石片剥片方向为同向，劈裂面微凸，放射线清晰，无同心波，边缘钝厚。

Ⅵ人工台面，背面既有自然面也有石片疤的3件。标本2011ZQT2-7⑥C：63，长21.5mm，宽26.1mm，厚6.8mm，重14.0g。原料为青灰色粉砂岩，打制台面，台面长6.0mm，宽26.0mm，石片角96.5°。背面有1个石片疤，石片疤与石片剥片方向为转向，劈裂面半锥体微凸，无同心波，放射线清晰。边缘有疤（图31-4）。

断片，7件。长20.3~69.5mm，平均32.8mm；宽18.0~42.8mm，平均32.1mm；厚4.7~33.0mm，平均12.2mm；重5.0~96.0g，平均19.9g。原料以砂岩为主，根据断裂方式分为横向和纵向断裂，包括近端、远端和右边断片。

近端断裂的3件。标本2011ZQT2-12⑥C：58，残长20.3mm，残宽37.3mm，厚8.0mm，重7.0g，原料为黑灰色砂岩，有疤台面，台面长8.1mm，宽20.0mm，石片角70.0°。打击点集中，半锥体凸，放射线清晰，无同心波。背面为石片疤，边缘有疤（图31-6）。

远端断裂的3件。标本2011ZQT2-7⑥C：25，残长26.1mm，残宽22.0mm，厚4.7mm，重5.0g，原料为灰色粉砂岩，放射线清晰，无同心波，侧缘有锋利（图31-3）。

右边断裂的1件。标本2011ZQT2-7⑥C：62，长33.1mm，宽18.0mm，厚10.0mm，重7.0g，原料为灰色砂岩，打制台面，石片角105.4°。背面均为石片疤，劈裂面微凸，放射线清晰，无同心波，侧缘锋利（图31-8）。

3. 断块

52件。长18.1~134.5mm，平均76.3mm；宽17.5~76.6mm，平均47.1mm；厚2.5~50.7mm，平均26.6mm；重2.0~322.0g，平均56.6g。原料较杂，包括细砂岩、粉砂岩、砂岩、脉石英、石英砂岩、钾长花岗岩、钾长石砂岩、泥质砂岩、泥质粉砂岩、钙质粉砂岩和化岗岩等。断块形状不规则，自然面占表面面积的平均值约为30%。有节理面的占断块总数的67.3%，表明断块的形成在很大程度上与石料节理发育有关，也可能是剥片时造成的自然断裂或是在石制品制造过程中丢弃的废品。

4. 一类工具

6件，均为石锤。根据完整程度分为完整石锤和残余断块。

完整石锤，5件。按照形状再分为条状和圆形。

条状的4件，长95.5~136.0mm，平均121.7mm；宽60.6~90.0mm，平均78.6mm；厚45.2~54.7mm，平均49.4mm；重419.0~781.0g，平均620.8g。原料为花岗岩和钾长石砂岩，均属两端使用的石锤。

标本2011ZQT2-16⑥C：25，长95.5mm，宽60.6mm，厚54.7mm，重419.0g。原料为浅红色

花岗岩，石质粗糙，形状为长条形，粗细适中，便于手握。石锤两端均经过使用，有因使用而造成的麻点和小崩裂痕（图33-1）。

圆形的1件，标本2011ZQT2-15⑥C：53，长144.7mm，宽142.3mm，厚63.0mm，重1480.0g。原料为灰色石英砂岩，质地较细腻；一面扁平，另一面凸起，整体大致呈饼形。器身侧面一周有1/2曾经使用过，其上遗有因使用而造成的麻点和崩疤。其余部分未见使用痕迹，应为手部把握部分（图33-2）。

5. 二类工具

刮削器。1件。标本2011ZQT2-16⑥C：12，长50.4mm，宽33.3mm，厚16.3mm，重32.0g。原料为灰色砂岩，背面有1个石片疤，自然面约占背面面积的95%。A处直刃为直接使用石片锋利的底缘，在刃缘两面均有零星、细小的鱼鳞状使用疤，刃长41.1mm，刃角48.3°（图33-3）。

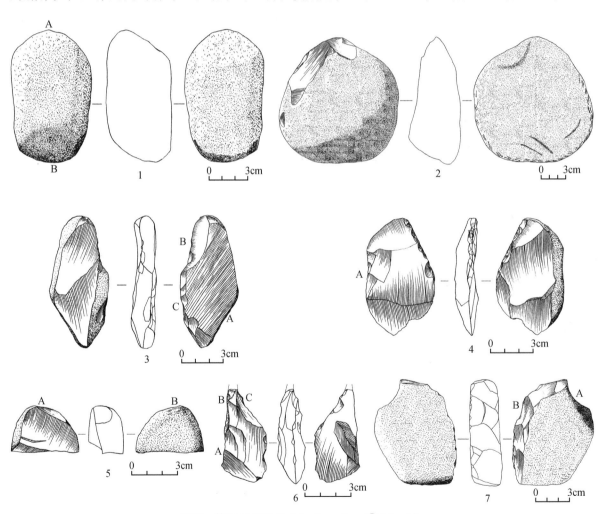

图33　第⑥C层的工具（Artifacts from ⑥C level）

1、2.石锤（2011ZQT2-16⑥C：25、2011ZQT2-15⑥C：53）　3.二类单直刃刮削器（2011ZQT2-16⑥C：12）

4.三类单凹刃刮削器（2011ZQT2-11⑥C：87）　5.三类单直刃刮削器（2011ZQT2-15⑥C：52）　6.三类单尖刃刮削器

（2011ZQT2-16⑥C：75）　7.三类单凸刃砍砸器（2011ZQT2-15⑥C：40）

6. 三类工具

包括刮削器和砍砸器，计4件。

刮削器，3件，均为单刃。根据刃的形状分直、凹和尖刃3种。

直刃刮削器，1件。标本2011ZQT2-15⑥C：52，长79.0mm，宽48.1mm，厚19.4mm，重23.0g。原料为灰黑色细砂岩，片状毛坯。A处经过反向修理，在劈裂面上具有2层鱼鳞状的修疤，以此减薄器身，为修形。B处直刃经过两面修理，在两面均有多层阶梯状修疤。刃缘不平齐，侧视扭曲，刃长44.5mm，刃角75.0°。刃缘两面有细小崩疤，表明曾经使用过（图33-5）。

凹刃刮削器，1件。标本2011ZQT2-11⑥C：87，长87.5mm，宽41.2mm，厚16.5mm，重68.0g。原料为灰色细砂岩，块状毛坯，一面为自然面和石片疤，另一面属节理面。A处为圆钝自然面，未经修理即可把握。B处凹刃经过单面修理，有单层鱼鳞状修疤，刃缘较平齐，刃长31.3mm，刃角50.0°。刃部经过使用，刃缘两面均有大小不一、零星分布的使用疤。C处经两面修理，在两面均有1～2层鱼鳞状修疤，此处为修形，使得器形变得更为规整（图33-4）。

尖刃刮削器，1件。标本2011ZQT2-16⑥C：75，长40.7mm，宽22.2mm，厚11.1mm，重15.0g。原料为白色脉石英。片状毛坯。A处为毛坯石片的台面，以此作为把手。B处经过单面正向修理、C处经过两面修理，在两面均有单层鱼鳞状修疤。2个直边在前端交汇成一角，形成尖刃。尖刃因使用造成折断，2个侧边均有因使用而产生的细小疤痕（图33-6）。

砍砸器，1件。标本2011ZQT2-15⑥C：40，长88.8mm，宽67.7mm，厚27.3mm，重254.0g，原料为青灰色砂岩，以扁平砾石作毛坯。根据砾石形状可以确定把手位置，A处为弧形扁平砾石面，无需修理即可作为把手。与把手相对应的则是刃部位置。B处凸刃两面经过细致修理，有3层鱼鳞状修疤。修疤较浅，排列整齐，刃缘平齐。刃长115.1mm，刃角74.8°。该砍砸器经过使用，在刃缘的两面均有细小、零星的崩疤（图33-7）。

（三）第6C层石器工业的基本特征

原料种类多样，包括砂岩、细砂岩、粉砂岩、泥质粉砂岩、脉石英、花岗岩、钾长花岗岩、泥质砂岩、钾长石砂岩、石英砂岩、钙质粉砂岩和石灰岩，质地普遍较好。除了1件石灰岩外，其原料与6A、6B层石制品的原料高度一致，均来自河床，就近取材。

根据标本的最大长度，大致可将石器划分为小型（≤30mm）、中型（＞30mm、≤70mm）、大型（＞70mm、≤150mm）、特大型（＞150mm）4个等级。总体来看，小、中、大型皆有，无特大型，其中以中型居多，占石器总数的57.0%；其次是大型，占23.0%；小型最少，占20.0%。通过分类统计表明：石核多为中、大型，石片、断块多为中、小型，工具均为大、中型（表7）。

通过比较，第6C层石器的尺寸以中型居多，明显小于6A层，且无特大型。以上特点与6B层石器尺寸较一致；另外，6C层小型石器数量与6A、6B层相比有明显增多。

表7　第6C层的石器大小分类统计表（Systematics and statistics of artifacts from ⑥C level）

长度\n类型	≤30		30~70		70~150		>150	
	N	%	N	%	N	%	N	%
石核	1	1.0	5	5.0	6	6.0	0	0
石片	11	11.0	13	13.0	1	1.0	0	0
断块	8	8.0	36	36.0	8	8.0	0	0
一类工具	0	0	1	1.0	5	5.0	0	0
二类工具	0	0	1	1.0	0	0	0	0
三类工具	0	0	1	1.0	3	3.0	0	0
总计	20	20.0	57	57.0	23	23.0	0	0

注：测量长度为石器的最大长，单位mm；"N"代表件数，"%"代表所占石器总数的百分比。

石器类型丰富，包括石核、石片、断块和工具。断块数量最多，占总量的52.0%；其次是石片，占25.0%；再次是石核，占12.0%；工具最少，占11.0%。工具类型包括石锤、刮削器和砍砸器，石锤数量居多（图34）。

第6C层石器类型与第6A、6B层的大致相同，但是各类型所占的比例稍有不同，主要体现在断块数量明显增多，工具数量却显著下降。

石核：原料较杂，包括钾长花岗岩、石英砂岩、粉砂岩、脉石英和砂岩，以砂岩占多数，这些原料均见于第6A、6B层中。第6C层石核平均长68.1mm，宽59.1mm，厚35.5mm，重201.0g。尺寸介于后层石核的尺寸之间，比第6A层的石核稍小，却大于第6B层的。

从剥片方法来看，第6层全部采用锤击法剥片，单台面居多，双台面较少，不见多台面石核；自然台面占绝大多数，人工台面极少；人工台面包括打制的和有疤的。单台面均采用同向剥片法，双台面石核则采用转向、对向剥片法。石核的台面有1~2个，剥片面有1~3个，剥片疤最多有7个。高效石核（石核的剥片面大于等于3个）的数量只占石核总数的8.3%。

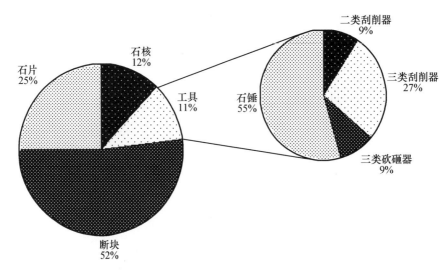

图34　第6C层石器类型比例图（Proportion of artifact types from ⑥C level）

　　总体看来第6C层石核的制造策略与第6A、6B层的相似，比如，使用锤击法剥片，砾石不经预制就直接剥片，不同在于石核的使用率较低，台面数量少，无多台面石核，高效石核的比例很少，产片率亦低，大多数石核未经充分利用即被废弃，另外在石核中有近1/3的原料是钾长花岗岩和脉石英，这两种原料节理特别发育，不利于剥片，因此导致使用率低。

　　石片：均为锤击石片，未见砸击者。完整石片占石片总数的72.0%，且尺寸多属中型，平均长39.9mm，宽36.4mm，厚9.4mm，重15.7g。长宽比平均为1.2。大多属石片的形状不规则，呈羽状、三角形或条形。自然台面居多，占完整石片总数的77.8%；其余为人工台面，以打制台面居多。根据背面石片疤的情况可见，同向剥片法最多，其次为转向。完整石片台面与背面的性质与石核台面性质及剥片方式完全统一。

　　一类工具：均为石锤，外观条状和圆形，均经过使用。石料均选择硬度、质地、韧性和磨圆度均较好的砂岩，根据石锤形状的不同，使用痕迹出现的位置亦不同。条形石锤使用痕迹出现在顶部和器身两面，而圆形石锤则出现在器身侧边；使用痕迹有崩疤或麻点（表8）。

表8　第6C层石锤使用痕迹情况统计表（Systematics of use trace of stone hammers from ⑥C level）

编号	形状		痕迹部位			痕迹种类		
	条状	圆形	端部	面部	侧边	石片疤	麻点	凹坑
2011ZQT2-16⑥C：25	√		√				√	
2011ZQT2-7⑥C：32	√		√			√	√	
2011ZQT2-11⑥C：92	√		√			√		
2011ZQT2-15⑥C：9	√		√		√		√	
2011ZQT2-15⑥C：53		√	√			√	√	
2011ZQT2-16⑥C：76	√		√	√		√	√	

　　二类工具：仅1件，为单直刃刮削器，尺寸属于中型，刃角48.3°，等级属中等。

　　三类工具：尺寸均为大、中型，以大型为主，类型包括刮削器和砍砸器（表9）。刮削器数量最多，占三类工具总数的75.0%。刮削器毛坯以片状为主，块状的仅1件，为砾石。均为单刃，刃形包括直刃、凹刃和尖刃，不见凸刃。砍砸器为单凸刃，块状毛坯。刮削器刃角的等级为中等，平均62.5°；砍砸器刃角等级为陡，平均74.8°。三类工具的刃缘明显大于二类工具。从制作流程看大致与第6A、6B层的相同。

表9　第6C层石器三类工具修理情况（Tool repair of classification C of ⑥C level）（单位：件）

类型＼项目	毛坯		修理方向	修疤形态		修疤层数		修理目的		
	片状	块状	复	鱼鳞状	阶梯状	1	≥3	刃	形	把手
刮削器	2	1	3	2	1	2	1	3	2	0
砍砸器		1	1	1			1	1	0	0
小计	2	2	4	3	1	2	2	4	2	0
百分比（%）	50.0	50.0	100.0	75.0	25.0	50.0	50.0	66.7	33.3	0

修理方向仅见复向，而第6A层则以正、反向为主，复向较少；第6B层虽以复向为主，但正、反向均占一定比例。

根据修理目的可知，三类工具均经过修刃，有半数经过修形，却未见修把手。不见修把手的原因可能是因为直接利用砾石圆钝的自然面作为把手，而无需再进行修理的缘故。三类工具修刃的数量较多，甚至有全部修刃的。

三、第6B层的打制石器

（一）简况

第6B层出土的石制品共101件，包括石核、石片、断块和工具。工具可分一类、二类和三类。原料种类丰富，多达13种，且均较适合制作石器。按照所占的比例，从多到少排列为：细砂岩、砂岩、粉砂岩、脉石英、钾长花岗岩、钾长石砂岩、石英砂岩、泥质细砂岩、钠长花岗岩、花岗岩、石英岩、泥质砂岩和砾石（表10）。利用的原料以细砂岩和砂岩居多，各占石器总数的30.7%和21.8%；其次是粉砂岩和脉石英，各占12.9%和8.9%。在选材上可能有一定标准，即根据石质属性的不同来制作不同种类的石器：石核的原料多选用脉石英、细砂岩，石片和断块多为细砂岩、砂岩和粉砂岩，一类工具多选用钾长花岗岩，二类、三类工具多为细砂岩和砂岩（表11、图35）。

表10　第6B层石器原料统计表（Systematic of artifact materials from ⑥B level）

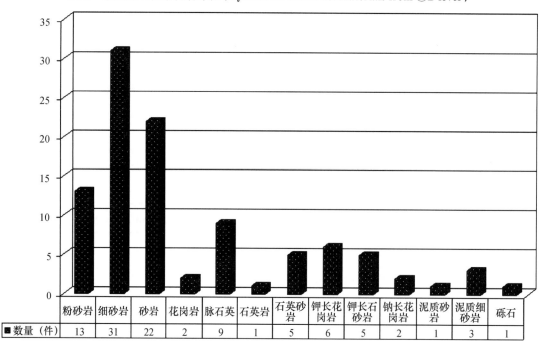

■数量（件）	粉砂岩	细砂岩	砂岩	花岗岩	脉石英	石英岩	石英砂岩	钾长花岗岩	钾长石砂岩	钠长花岗岩	泥质砂岩	泥质细砂岩	砾石
	13	31	22	2	9	1	5	6	5	2	1	3	1

表11　第6B层石器原料分类统计表（Systematics and statistics of artifact materials from ⑥B level）　（单位：件）

原料类型	粉砂岩	细砂岩	砂岩	花岗岩	脉石英	石英岩	石英砂岩	钾长花岗岩	钾长石砂岩	钠长花岗岩	泥质砂岩	泥质细砂岩	砾石	总计
石核		3	1	2	5									11
石片	9	16	9		1		1		2	1	1	3		43
断块	4	10	7		1	1	1	2	3					29
工具		2	5		2		3	4		1			1	18
小计	13	31	22	2	9	1	5	6	5	2	1	3	1	101

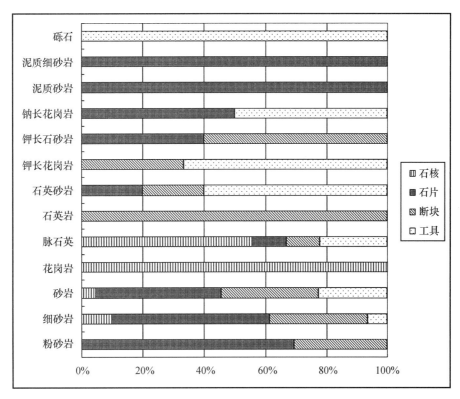

图35　第6B层原料分类柱状图（Raw materials systematic from ⑥B level）

（二）打制石器的分类描述

1. 石核

11件，均为锤击石核。原料以脉石英和细砂岩居多，可根据石核台面的数量分为单、双和多台面。

　　单台面，3件，长36.6～93.9mm，平均60.2mm；宽33.1～55.4mm，平均41.8mm；厚20.4～33.6mm，平均28.1mm；重28.0～163.0g，平均90.4g。均为自然台面。台面角82.5°～116.5°。剥片方式均为同向，剥片面1个，明显的剥片疤有1～7个不等。

　　标本2011ZQT2-15⑥B：79，长50.1mm，宽33.1mm，厚20.4mm，重28.0g。原料为浅黄色脉石英，外观呈楔形，自然台面，台面长20.9mm，宽21.1mm。同向剥片，有2个剥片面。AⅠ剥片面台面角82.5°～116.5°，有3个石片疤，最大石片疤长45.5毫米，宽17.2毫米。AⅡ面台面角86.5°，有1个石片疤，疤长39.0mm，宽29.5mm（图36-1）。

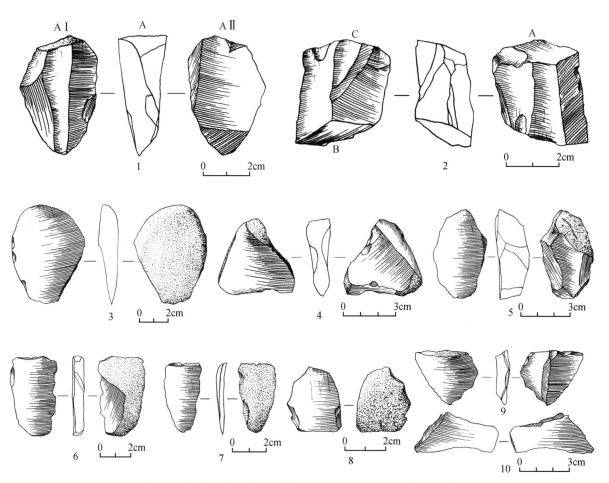

图36　第6B层的石核与石片（Cores and fakes from ⑥B level）

1. 单台面石核（2011ZQT2-15⑥B：79）　2. 多台面石核（2011ZQT2-15⑥B：62）　5. 砸击石片（2011ZQT2-15⑥B：27）

3、4、6～10. 锤击石片（2011ZQT2-7⑥B：23、2011ZQT2-16⑥B：8、2011ZQT2-8⑥B：11、2011ZQT2-15⑥B：85、2011ZQT2-15⑥B：88、2011ZQT2-15⑥B：47、2011ZQT2-15⑥B：117）

　　双台面，3件，长54.5～100.5mm，平均78.8mm；宽38.0～74.5mm，平均60.8mm；厚36.5～51.2mm，平均45.1mm；重35.0～382.7g，平均193.2g。

　　打制台面，1件，其余均为自然台面，台面角81.5°～114.5°。剥片方式为转向2件，交互1件；剥片面2个，明显的剥片疤有2～4个。

　　标本2011ZQT2-15⑥B：37，长100.5mm，宽74.5mm，厚47.5mm，重382.7g。原料为白色

脉石英，具2个台面，自然的和打制的各1个。自然台面的台面角81.5°，有3个石片疤，最大石片疤长41.5mm，宽41.2mm。以先前剥下的石片疤为台面进行剥片的台面角为82.5°，有1个石片疤，疤长27.2mm，宽44.8mm。石核原料解理发育，核体有多处解理面，因此并未经行充分剥片即被废弃。

多台面，5件，长81.4～99.7mm，平均95.5mm；宽37.6～116.5mm，平均68.5mm；厚23.2～59.2mm，平均47.4mm；重83.0～908.0g，平均382.4g。打制台面的4件，1件不明，其余均为自然台面，台面角78.0°～104.0°。剥片方式为复向的3件，转向的2件，剥片面3～7个，明显的剥片疤有5～19个。

标本2011ZQT2-15⑥B：62，长39.5mm，宽32.9mm，厚20.5mm，重26.7g。原料为白色脉石英。形状不规则。有3个台面，3个剥片面。根据剥片疤打击点和完整程度可知石核的剥片流程：首先对A台面进行剥片，台面被破坏，性质不明。有4个剥片疤，最大剥片疤长28.6mm，宽17.1mm。随后随后调转核体，对B台面进行剥片。B台面位于A台面的对侧，为打制台面，台面角84.5°。有3个剥片疤，最大剥片疤长22.5mm，宽15.1mm。最后对C台面剥片，以A台面的剥片疤为台面，台面角78.0°～80.5°。有2个剥片疤，最大剥片疤长17.5mm，宽17.5mm。该石核有3个台面，3个剥片面，共9个剥片疤，采用转向剥片方式，使用率较高（图36-2）。

2. 石片

43件。根据剥片方法分为锤击石片和砸击石片两种。

锤击石片，42件。根据石片的完整程度再分完整石片和断片。

完整石片，37件，长18.7～84.6mm，平均51.7mm；宽21.0～148.0mm，平均84.5mm；厚4.0～78.0mm，平均44.6mm；重3.0～177.8g，平均46.3g。原料以细砂岩为主，其次为砂岩。人工台面9件，自然台面28件。人工台面以打制台面居多，其次为有疤台面。石片角50.0°～122.3°，平均89.3°。石片背面均为石片疤的有13件，既有石片疤又有自然面的有15件，均为自然面的有9件（图37）。背面石片疤数量多达10个。背面石片疤与石片剥片同向的居多，其次为转向，对向、复向最少。

根据石片的台面与背面性质可分为6类。

Ⅰ台面，背面全为自然面的7件。标本2011ZQT2-7⑥B：23，长64.8mm，宽51.1mm，厚11.7mm，重42.0g。原料为黄褐色砂岩，台面呈弧形，石片角75.5°。劈裂面半椎体平坦，无同心波，放射线清晰，边缘有疤（图36-3）。

Ⅱ自然台面，背面是石片疤的13件。标本2011ZQT2-15⑥B：47，长31.0mm，宽36.0mm，厚8.0mm，重5.0g。原料为灰黄色砂岩，自然台面，台面长7.0mm，宽29.0mm，石片角111.3°。背面有2个石片疤，石片疤与石片剥片方向为同向。劈裂面半椎体凸，无同心波，放射线清晰，边缘锋利（图36-9）。

Ⅲ自然台面，背面既有自然面也有石片疤的8件。标本2011ZQT2-16⑥B：8，长38.7mm，宽47.0mm，厚12.1mm，重19.0g。原料为深灰色细砂岩，自然台面，台面长12.0mm，宽

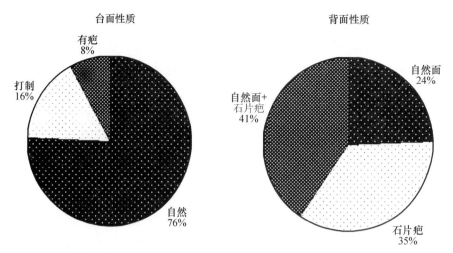

图37　第6B层石核与石片图解（diagram of cores and flacks from ⑥B level）

47.0mm，石片角117.5°；背面有5个石片疤，石片疤与石片剥片方向为转向；劈裂面半椎体微凸，无同心波，放射线清晰，边缘锋利（图36-4；彩版一〇，3）。

Ⅳ人工台面，背面为自然面的2件。标本2011ZQT2-15⑥B：85，长38.0mm，宽23.0mm，厚4.0mm，重5.4g。原料为青灰色细砂岩，打制台面，台面长4.1mm，宽18.2mm，石片角60.0°。劈裂面半椎体平坦，无同心波，放射线清晰，边缘有疤（图36-7）。

Ⅴ人工台面，背面既有自然面也有石片疤　7件。标本2011ZQT2-8⑥B：11，长49.8mm，宽31.1mm，厚7.1mm，重12.0g。原料为灰色细砂岩。有疤台面，台面长4.3mm，宽28.2mm，石片角93.5°。背面有1个石片疤，石片疤与石片剥片方向为转向。劈裂面半椎体平坦，无同心波，放射线清晰。边缘有疤（图36-6）。

断片，5件。长21.2～45.1mm，平均29.0mm；宽22.6～50.5mm，平均3.5mm；厚4.1～10.2mm，平均7.5mm；重4.2～18.0g，平均9.7g。原料以细砂岩和砂岩为主，断裂方式为横向，分为近端石片和远端石片。

近端石片，3件。标本2011ZQT2-15⑥B：88，残长30.1mm，残宽26.5mm，厚4.1mm，重4.2g。原料为青灰色细砂岩，打制台面，台面长3.9mm，宽21.4mm，石片角94.5°。打击点散漫，半锥体平坦，放射线清晰，无同心波；背面为自然面，边缘有石片疤（图36-8）。

远端石片，2件，标本2011ZQT2-15⑥B：117，残长21.2mm，残宽50.5mm，厚6.9mm，重9.2g。原料为青灰色砂岩，放射线清晰，无同心波，背面均为石片疤，侧缘较锋利（图36-10）。

砸击石片，1件。标本2011ZQT2-15⑥B：27，长53.3mm，宽32.2mm，厚20.1mm，重1.61g。原料为白色脉石英，外观呈椭圆形，刃状台面，顶部、底部均有砸击痕迹。劈裂面微凹，放射线清晰，无同心波，背面有石片疤、自然面和节理面（图36-5）。

3. 断块

29件。长21.0～117.1mm，平均69.1mm；宽12.4～68.7mm，平均52.6mm；厚度

3.7～32.2mm，平均36.5mm；重3.0～197.0g，平均25.2g。原料较杂，包括细砂岩、粉砂岩、砂岩、脉石英、石英岩、石英砂岩、钾长花岗岩和钾长石砂岩，形状不规则，自然面占断块表面面积平均约为40%；其中有节理面的占总数的41.3%，这表明断块的形成在某种程度上与石料节理发育有直接关系，也许有可能是剥片时由于力度不当造成的自然断裂，或者是在制作过程中产生的废品。

4. 一类工具

共7件，均为石锤。根据形状分条形和圆形两种。

条形，2件。长114.0～122.0mm，平均118.0mm；宽78.0～82.0mm，平均80.0mm；厚50.0～52.0mm，平均51.0mm；重593.0～734.0g，平均663.5g。原料为砾岩和钾长花岗岩各1件，均属两端使用石锤。

标本2011ZQT2-15⑥B：11，长122.0mm，宽82.0mm，厚52.0mm，重734.0g。原料为浅红色钾长花岗岩，石质硬度较大，外观长条形，粗细适中，便于把握。A端经过使用，形成1个长71.1mm，宽38.2mm的大片疤；B端亦有经使用形成的麻点。器身两面有因砸击而形成的凹坑疤。该件石核器身两端、两面均布有较多的使用痕迹，推测是一件经过长期使用的石锤（图38-2）。

圆形，5件。长87.0～113.0mm，平均110.1mm；宽72.0～84.0mm，平均89.9mm；厚39.0～54.2mm，平均46.8mm；重275.0～578.0g，平均434.7g。原料包括钾长花岗岩、钠长花岗岩、脉石英和砂岩4种，使用痕迹分布于侧周边。

标本2011ZQT2-15⑥B：9，长87.0mm，宽82.4mm，厚54.2mm，重534.0g。原料为浅黄色钠长花岗岩，砾石表面圆滑。器身侧边一周均经过使用，留有因使用而造成的麻点（图38-1）。

5. 二类工具

3件，均为单刃刮削器。根据刃的形状分直刃和凸刃。

直刃，1件。标本2011ZQT2-15⑥B：54，长40.0mm，宽74.3mm，厚24.0mm，重47.0g。原料为青灰色细砂岩，呈梯形，毛坯为中间断片。A处直刃为直接使用的锋利侧缘，在刃缘两面均有零星且细小的鱼鳞状使用疤，刃长32.8mm，刃角52.6°（图38-5）。

凸刃，2件。长35.0～63.6mm，平均49.3mm；宽34.5～35.6mm，平均35.1mm；厚7.1～9.8mm，平均8.5mm；重8.0～21.0g，平均14.5g。原料有钾长花岗岩和砂岩两种，刃缘长度47.8～58.1mm，刃角35.6°～52.4°。

标本2011ZQT2-11⑥B：19，长63.6mm，宽35.6mm，厚9.8mm，重21.0g。原料为棕红钾长花岗岩，呈羽状。A处凸刃为直接使用的边锋利边缘，在刃缘两面均有零星和细小的鱼鳞状使用疤。破裂面的使用疤痕远多于背面，可见工具使用时是背面更多地接触加工对象。刃长58.1mm，刃角52.4°（图38-3）。

6. 三类工具

三类工具计8件，包括刮削器和砍砸器。

刮削器，5件。均为单刃。根据刃的形状分直、凸和尖刃。

直刃，1件，标本2011ZQT2-11⑥B：1，长75.0mm，宽54.0mm，厚20.0mm，重67.0g。原料为灰黑色砂岩。毛坯为断块，一面是平坦节理面，另一面为砾石面。A处经过两面加工，在两面均有2层阶梯状修疤，修出折断面以减薄器身，易于把握；利用自然形成的锋利边缘直接使用，在砾石面也有单层阶梯状使用疤，疤痕集中且深，排列整齐，推测是曾经长时间加工过硬质物体而形成的[15]（图38-6）。

凸刃，2件。长37.0～44.0mm，平均40.5mm；宽36.0～76.0mm，平均56.0mm；厚20.0mm；重37.0～77.0g，平均57.0g。原料为石英砂岩和砂岩，块状、片状毛坯各1件。修疤较深，采用硬锤修理，反向、复向修理各1件。修疤既有鱼鳞状，也有阶梯状。刃缘长34.0～65.0，刃角48.0°～55.0°，其中1件有明显的使用痕迹。

标本2011ZQT2-7⑥B：100，长37.0mm，宽36.0mm，厚20.0mm，重37.0g。原料为浅褐色石英砂岩，毛坯为断块，形状规整，易于把握；Ⅰ面为自然面和石片疤，Ⅱ面为节理面，A处亦为节理面，无需修形和修把手，仅在B处进行单面修理形成凸刃，在Ⅱ面有2层鱼鳞状修疤，修疤深，刃缘较为平齐。刃长34.0mm，刃角54.5°。刃缘有使用痕迹（图38-4）。

尖刃，2件。长43.0～53.0mm，平均48.0mm；宽28.0～44.4mm，平均36.2mm；厚17.0～17.1mm，平均17.1mm；重20.0～32.0g，平均26.0g。原料仅细砂岩和脉石英，块状、片状毛坯各1件。修疤较深，修理方法采用硬锤修理。正向、复向修理各1件，修疤为阶梯状，刃角72.5°～73.5°，尖部均有明显的使用痕迹。

标本2011ZQT2-15⑥B：34，长53.0mm，宽44.4mm，厚17.1mm，重32.0g。原料为青灰色细砂岩，片状毛坯。底部A处为人为截断的断面，以便作为把手。B、C两个边均经过精细的正向修理，在背面有2层阶梯状修疤，2个侧边相交，形成尖角，刃角73.5°。尖刃器经过使用，在尖部有使用痕迹，劈裂面存在2个细小的折断面，根据观察推测，除尖刃外，构成尖角的2个侧边也可使用。刃缘均不平齐，B刃为直刃，C处为凹刃（图38-7）。

砍砸器，3件。均为单刃。根据刃部形状又分直刃和凸刃。

直刃，1件，标本2011ZQT2-7⑥B：87，长112.5mm，宽86.0mm，厚47.0mm，重321.0g，原料为浅黄色石英砂岩，块状毛坯。根据砾石形状，圆钝部位可作为把手，即A处。把手的对侧B有剥下1个石片的疤痕，使之形成凸刃，刃缘经过使用，在两面均有鱼鳞状使用疤。修疤深且大，推测是曾经加工过硬质物体而产生的大片崩疤。刃长66.44mm，刃角74.0°。刃部经过使用，磨损严重，推测必是经过长时间使用的结果（图38-8）。

凸刃，2件。长92.0～128.0mm，平均110.0mm；宽78.0～117.5mm，平均97.8mm；厚34.0～46.8mm，平均40.4mm；重49.0～564.8g，平均306.9g。原料仅有砂岩和石英砂岩。修疤较深，采用硬锤修理，正向、反向修理各1件。修疤为鱼鳞状，刃缘长69.0～180.0mm。其中1

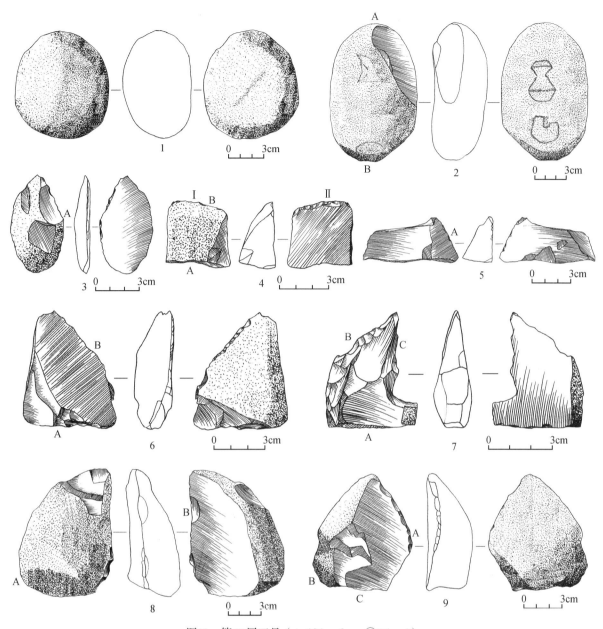

图38　第6B层工具（Artifakes from ⑥B level）

1、2. 石锤（2011ZQT2-15⑥B：9、2011ZQT2-15⑥B：11）　3. 二类单凸刃刮削器（2011ZQT2-11⑥B：19）

4. 三类单凸刃刮削器（2011ZQT2-7⑥B：100）　5. 二类单直刃刮削器（2011ZQT2-15⑥B：54）

6. 三类单直刃刮削器（2011ZQT2-11⑥B：1）　7. 三类单尖刃刮削器（2011ZQT2-15⑥B：34）

8. 三类单直刃砍砸器（2011ZQT2-7⑥B：87）　9. 三类单凸刃砍砸器（2011ZQT2-7⑥B：104）

件刃缘因使用形成折断面，另1件刃角86.5°。

　　标本2011ZQT2-7⑥B：104，长92.0mm，宽78.0mm，厚34.0mm，重49.0g。原料为灰蓝色砂岩，块状毛坯。根据砾石形状确定把手位置，B处为圆钝平滑的砾石面，可作为把手。刃缘位于把手的对侧，于一面剥去1个石片疤，A处再经过单面修理，形成凸刃，修疤深，刃缘不平齐，刃长69.0mm，刃角86.5°。C处经过复向修理，以便修薄器身，经过修形器身较规整（图38-9）。

（三）第6B层石器工业的基本特征

原料种类多样，计有细砂岩、砂岩、粉砂岩、脉石英、钾长花岗岩、钾长石砂岩、石英砂岩、泥质细砂岩、钠长花岗岩、花岗岩、石英岩、泥质砂岩和砾石13种，多数种类质地较好。

根据标本的最大长度，大致可将石制品划分为小型（≤30mm）、中型（>30mm，≤70mm）、大型（>70mm，≤150mm）、特大型（>150mm）4个等级。总体来看，小、中、大型皆有，未见特大型，其中以中型者居多，占石器总数的59.4%；其次是大型，占25.7%；小型最少，占14.9%。通过分类统计可知：石核、石片多为中型；工具均为大、中型（表12）。第6B层石制品的尺寸明显小于第6A层。

表12 第6B层石器大小分类统计表（Systematics and statistics of artifact materials from ⑥B level）

长度 类型	≤30		30~70		70~150		>150	
	N	%	N	%	N	%	N	%
石核	1	1.0	7	6.9	3	3.0	0	0
石片	11	10.9	28	27.7	4	4.0	0	0
断块	3	3.0	18	17.8	8	7.8	0	0
一类工具	0	0	0	0	7	6.9	0	0
二类工具	0	0	3	3.0	0	0	0	0
三类工具	0	0	4	4.0	4	4.0	0	0
总计	15	14.9	60	59.4	26	25.7	0	0

注：测量长度为石器的最大长，单位mm；"N"代表件数，"%"代表所占石器总数的百分比。

石器类型较多，包括石核、石片、断块和工具；其中石片数量最多，占总量的42.6%；其次是断块，占28.7%；再次是工具，占17.8%；石核最少，只占10.9%。工具类型有石锤、刮削器和砍砸器（图39）。

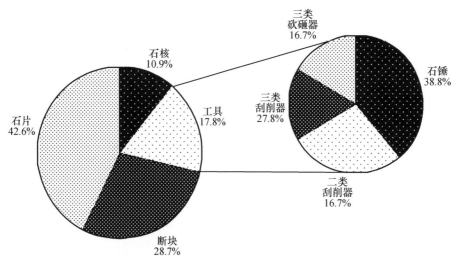

图39 第6B层石器类型比例图（Artifact types from ⑥B level）

石核：原料有脉石英、细砂岩、砂岩和花岗岩4种，以脉石英最多，平均长55.6mm，宽54.6mm，厚42.0mm，重150.8g。属于中型，形状多不规则。剥片方法均采用锤击法，单、双和多台面均有，以多台面居多。自然台面占绝大多数，人工台面较少，其中人工台面均为打制台面。从剥片方式来看，双台面石核采用转向剥片法居多；多台面石核采用复向剥片法居多。剥片数：石核的台面有1～4个，剥片面有1～7个，剥片疤最多的达19个。高效石核（石核的剥片面大于等于3个）数量占石核总数的63.6%，表明石核的利用率较高。

第6B层石核利用策略是不经预制，直接剥片；通过调转核体、变换台面来提高使用效率，表现在台面数量增加，高效石核的比例较高，产片率高，大多属石核经过充分利用。

石片：根据剥片方法的不同分为锤击石片和砸击石片，其中绝大多数为锤击石片。完整石片占石片总数的88.4%。完整石片的尺寸多为中型，平均长44.6mm，宽46.0mm，厚12.9mm，重25.5g。长宽比平均为1.0。大多数形状较规则，呈羽状、三角形、梯形或方形。自然台面居多，占完整石片总数的76.3%，其余为人工台面，其中打制台面居多。根据背面石片疤判断，同向剥片法最多。

第6A层虽然未见砸击石核，但砸击石片的出现表明砸击剥片方法的存在。

一类工具：均为石锤，且经过使用，其石料主要选择硬度、质地、韧性和磨圆度均较好的砂岩。根据石锤形状的不同，使用痕迹出现的位置亦不同（表13）：条形石锤使用痕迹多出现在顶部和器身两面；而圆形石锤则出现在器身侧边。使用痕迹包括石片疤、麻点或凹坑，如标本2011ZQT2-15⑥B：11的两面均有因砸击而造成的深达5mm的凹坑，这是砸击剥片方法确实存在的又一例证。

表13　第6B层石锤使用痕迹情况统计表（Statistics of use trace of stone hammers from ⑥B level）

编号	形状		痕迹部位			痕迹种类		
	条状	圆形	端部	面部	侧边	石片疤	麻点	凹坑
2011ZQT2-15⑥B：11	√		√	√		√		√
2011ZQT2-15⑥B：12	√		√			√	√	
2011ZQT2-15⑥B：9		√			√	√		
2011ZQT2-16⑥B：12		√			√	√	√	
2011ZQT2-15⑥B：60		√			√	√	√	
2011ZQT2-15⑥B：28		√			√	√	√	
2011ZQT2-11⑥B：214		√			√	√	√	√

二类工具：类型均为单刃刮削器，包括直刃和凸刃，尺寸属于中型，根据刃角的五个等级，确定刮削器刃角的等级为中等，平均46.9°。

三类工具：尺寸以大、中型为主，类型有刮削器和砍砸器。

刮削器数量多，占三类工具总数的62.5%。刮削器毛坯以断块为主，均为单刃。刃形包括直刃、凸刃和尖刃，其中凸刃、尖刃数目相当，不见凹刃。砍砸器亦以块状毛坯为主，均为单刃，包括直刃和凸刃，凸刃较多。根据刃角的五个等级，刮削器刃角的等级为中等，平均53.8°；砍砸器刃角等级为陡，平均80.3°。三类工具的刃缘明显大于二类工具。

（四）第6B层工具的制作流程（表14）

选择毛坯：毛坯以块状者居多，占三类工具总数的62.5%，其中刮削器的块状毛坯均为断块，而砍砸器均为砾石。采用因节理、用力不当或其他原因形成的断块作为毛坯，稍加修理即可使用，这体现了工具制造者对石料有着灵活运用和节约的思维。

表14　第6B层三类工具修理情况统计表（Statistics of tool repair of classification C of ⑥B level）（单位：件）

项目 类型	毛坯			修理方向			修疤形态			修疤层数			修理目的		
	片状	块状		正	反	复	鱼鳞	阶梯	鱼鳞+阶梯	1	2	≥3	刃	形	把手
		断块	砾石												
刮削器	2	3		1	1	3	1	3	1	2	3		4	1	2
砍砸器	1		2		1	1	2		1	2		1	3	1	
小计	3	3	2	2	2	4	3	3	2	4	3	1	7	2	2
百分比（%）	37.5	37.5	25.0	25.0	25.0	50.0	37.5	37.5	25.0	50.0	37.5	12.5	63.6	18.2	18.2

预先规划：在工具修理之前，工具制造者首先根据目标和毛坯的特点，对工具制作进程进行整体规划，首先确定刃部位置，再对器物整体形态进行设计。值得一提的是三类刮削器毛坯主要选用断块，目的是利用断块锋利的边缘作为加工刃部，它只需稍加修理或无需修理；刃部确定之后再修出圆钝的易于把握的把手。

修刃、修形和修把手的有机结合：主要是修刃，修理方向以复向居多，正、反向也各占一定比例，特意修形和修把手的情况较少，这与制作者偏爱扁平且较为规则的石片、砾石或断块作为制作工具的毛坯有关。

四、第6A层石制品

（一）简况

打制石器共154件，包括石核、石片、断块和工具[16][17]。工具包括一类、二类和三类，原料种类共有14种。按照所占的比例，从多到少排列为：细砂岩、砂岩、钾长花岗岩、粉砂岩、钾长石砂岩、泥质砂岩、泥质细砂岩、泥质粉砂岩、石英砂岩、脉石英、钠长花岗岩、钙质粉砂岩、石英细砂岩、石英岩。以细砂岩和砂岩居多，各占石器总数的46.1%和23.4%；其次是钾长花岗岩和粉砂岩，各占9.1%和7.8%，其余10种不及14%（表15）。

表15　第6A层石器原料分类统计（Systematics and statistics of artifact materials from ⑥A level）（单位：件）

类型＼原料	细砂岩	砂岩	粉砂岩	泥质砂岩	泥质细砂岩	泥质粉砂岩	钾长花岗岩	钾长石砂岩	钠长花岗岩	钙质粉砂岩	脉石英	石英砂岩	石英细砂岩	石英岩	总计
石核	5	2		1			3								11
石片	32	15	3		1	1	8	3		1		1	1		66
断块	22	9	8					2				1		1	43
工具	12	10	1	2			3	2	1		1	1	1		34
小计	71	36	12	3	1	1	14	7	1	1	2	3	1	1	154

总体看来，石制品原料品质良莠不齐，适于制作工具和进行剥片的原料，如细砂岩、砂岩、粉砂岩、泥质岩、石英岩等占多数；而脆性大、纯度差、节理发育的原料，如钾长花岗岩、钾长石砂岩、脉石英等数量占少数，大多为断块、一类工具或石片（图40）。以下对石制品进行分类描述。

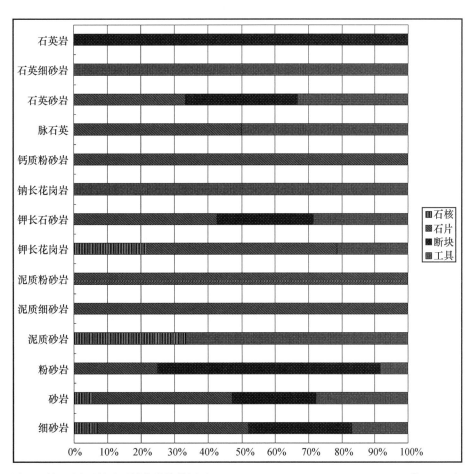

图40　第6A层石制品原料分类柱状图（Systematics of artifact raw materials from ⑥A level）

（二）第6A层打制石器分类描述

1. 石核

11件，均为锤击石核，原料以细砂岩居多。根据石核台面的数量分为双台面和多台面，未见单台面。

双台面，7件，长71.0～122.2mm，平均95.1mm；宽48.4～125.1mm，平均79.7mm；厚23.1～57.6mm，平均40.6mm；重83.0～642.0g，平均299.0g。打制台面和打制台面与自然台面相结合的各1件，其余均为自然台面，台面角63.5°～115.5°。剥片方式为交互的3件，转向的2件，复向和对向的各1件；剥片面2～3个，明显的剥片疤有2～26个。

标本2011ZQT2-12⑥A：12，长71.0mm，宽75.5mm，厚57.6mm，重295.0g。原料为青灰色细砂岩，形状不规则；2个台面，2个剥片面。A台面为自然台面，台面角79.3°，有1个剥片疤，片疤长35.2mm，宽36.4mm。B台面位于A台面的左后方，打制台面，台面角86.0°，有1个剥片疤，片疤长35.2mm，宽47.8mm。剥片方式为转向剥片。剥片疤仅2个，且台面角仍可继续剥片，但原料的节理发育，不利于再剥片。推测该件石核的废弃与节理有关（图41-1）。

标本2011ZQT2-12⑥A：3，长113.2mm，宽119.4mm，厚36.2mm，重642.0g。原料为青灰色砂岩，外观呈扁盘形，有2个台面和2个剥片面。A台面为自然台面，台面角73.5°～100.2°，有16个剥片疤，最大剥片疤长70.1mm，宽97.7mm。B台面位于A台面的另一面，台面性质为自然面与打制台面相结合，台面角111.2°～114.5°，有10个剥片疤，最大剥片疤长47.2mm，宽42.2mm。部分剥片疤尾端呈阶梯状，推测与剥片力度不当或节理发育有关。剥片方式为复向剥片。此石核虽仅有2个台面，但有多达26个剥片疤，由此可见石核的利用率较高

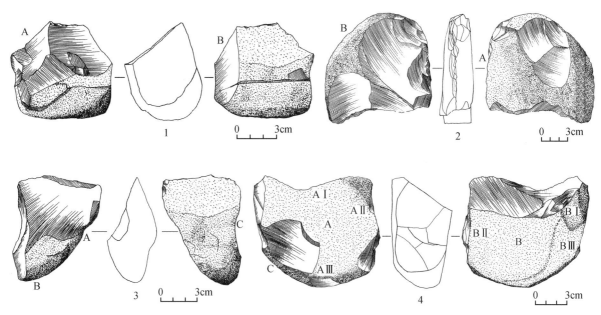

图41　第6A层的石核（Cores from ⑥A level）

1、2. 双台面（2011ZQT2-12⑥A：12、2011ZQT2-12⑥A：3）　3、4. 多台面（2011ZQT2-23⑥A：14、2011ZQT2-11⑥A：5）

（图41-2；彩版一〇，2）。

多台面，4件。长28.5～56.5mm，平均39.0mm；宽32.9～88.4mm，平均58.4mm；厚20.5～77.0mm，平均48.5mm；重26.7～433.0g，平均161.5g。打制台面1件，其余均为自然台面，台面角77.6°～109.9°。剥片方式为转向的1件，其余均为复向，剥片面3～7个，明显的剥片疤有3～16个。

标本2011ZQT2-23⑥A：14，长81.4mm，宽70.2mm，厚40.3mm，重162.0g。原料为青灰色细砂岩，形状为扁平三角形，有3个台面，均为自然台面；产生3个剥片面。根据3个剥片面打击点和剥片疤的完整程度可推断石核的剥片顺序：先对A台面进行剥片，台面角95.4°。有1个剥片疤，剥片疤长122.1mm，宽46.2mm，随后调转核体，对B台面进行剥片。B台面位于A台面的右下侧，台面角107.2°，有1个剥片疤，剥片疤长49.0mm，宽27.7mm。最后对C台面剥片，C台面位于A的对侧，台面角84.1°，有1个剥片疤，剥片疤长23.7mm，宽56.4mm（图41-3）。

标本2011ZQT2-11⑥A：5，长99.7mm，宽116.5mm，厚57.1mm，重908.0g。原料为黄色细砂岩，形状为扁平柱状体。有3个台面，均为自然台面；产生7个剥片面。根据7个剥片面打击点和剥片疤的完整程度可推断石核的剥片顺序：先对A台面进行剥片，有3个剥片面。AⅠ剥片面，台面角99.2，有1个剥片疤，片疤长47.1mm，宽47.1mm；AⅡ剥片面，台面角77.6°，有1个剥片疤，片疤长32.0mm，宽69.3mm；AⅢ剥片面，台面角109.9°，有1个剥片疤，剥片疤长27.6mm，宽21.4mm；随后调转核体，对B台面进行剥片。B台面位于A台面的对侧，有3个剥片面。BⅠ剥片面，台面角105.3°，有5个剥片疤，最大片疤长18.9mm，宽27.2mm；BⅡ剥片面，台面角98.3°，有3个剥片疤，最大片疤长21.2mm，宽37.2mm；BⅢ剥片面，台面角115.1°，有1个剥片疤，剥片疤长21.4mm，宽36.2mm。最后对C台面剥片，C台面位于A的下方，台面角105.2°，有1个剥片疤，剥片疤长37.2mm，宽60.4mm。总观该石核的剥片过程，制作者融合了同向剥片、对向剥片和转向剥片于一体，尽可能地进行剥片，以获得更多石片。核体上3个台面，7个剥片面，共有至少16个剥片疤，可见该石核利用率相当高（图41-4）。

2. 石片

66件。全部为锤击石片。根据石片完整程度可分为完整石片和断片。

完整石片，52件。长10.0～85.2mm，平均36.8mm；宽5.0～68.2mm，平均34.1mm；厚4.0～40.0mm，平均10.9mm；重1.0～77.0g，平均15.4g。原料以细砂岩为主，其次为砂岩。属人工台面的有12件，自然台面的有40件。人工台面以打制台面居多，其次为线状、点状台面，石片角62.3°～134.2°，平均98.8°。石片背面均为石片疤的有18件，既有石片疤又有自然面的有27件，均为自然面的有7件（图42）。背面石片疤数量多的竟达17个。背面石片疤与石片剥片同向的居多，其次为转向，对向、复向最少。

根据台面与背面的性质可以分为6种类型：

Ⅰ台面、背面均为自然面的有5件。标本2011ZQT2-23⑥A：19，长49.1mm，宽39.7mm，厚15.4mm，重34.0g。原料为灰黑色细砂岩，台面长14.1mm，宽33.2mm，石片角119.1°。劈裂

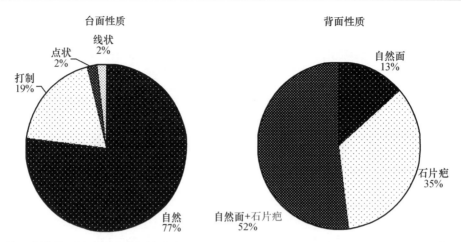

图42　第6A层完整石片台面和背面性质（Platform of integral flake and back characteristic from ⑥A level）

面半椎体凸，无同心波，放射线清晰，边缘锋利（图43-4）。

Ⅱ自然台面、背面为石片疤的12件。标本2011ZQT2-23⑥A：18，长46.0mm，宽44.0mm，厚19.0mm，重19.0g。原料为青黑色细砂岩，台面长21.0mm，宽43.0mm，石片角114.5°，背面有6个石片疤，石片疤与石片剥片方向为对向；劈裂面半椎体凸，无同心波，放射线清晰，边缘钝厚（图43-6）。

Ⅲ自然台面、背面既有自然面也有石片疤的23件。标本2011ZQT2-28⑥A：27，长49.0mm，宽59.0mm，厚19.0mm，重39.0g。原料为青黑色细砂岩，台面长19.0mm，宽36.0mm，石片角107°，背面有1个石片疤，石片疤与石片剥片方向为同向；劈裂面半椎体平坦，无同心波，放射线清晰，边缘有疤（图43-7）。

Ⅳ人工台面、背面为自然面的2件。标本2011ZQT2-8⑥A：44，长48.2mm，宽25.2mm，厚8.2mm，重11.0g。原料为棕色钾长石砂岩，打制台面，台面长11.7mm，宽22.7mm，石片角134.2°。劈裂面半椎体平坦，无同心波，放射线清晰，边缘有疤。

Ⅴ人工台面、背面为石片疤的6件。标本2011ZQT2-7⑥A：63，长39.1mm，宽20.2mm，厚16.1mm，重6.0g。原料为青黑色细砂岩，打制台面，台面长12.2mm，宽17.8mm，石片角93.4°，背面有8个石片疤，石片疤与石片剥片方向为转向。劈裂面半椎体平坦，无同心波，放射线清晰，边缘锋利（图43-3）。

Ⅵ人工台面、背面既有自然面也有石片疤的4件。标本2011ZQT2-27⑥A：42，长27.3mm，宽49.2mm，厚12.2mm，重33.0g。原料为青黑色细砂岩。打制台面，台面长12.2mm，宽33.8mm，石片角114.8°，背面有2个石片疤，石片疤与石片剥片方向为转向。劈裂面半椎体凸，无同心波，放射线清晰，边缘有疤（图43-5）。

断片，14件。长14.0～86.4mm，平均37.0mm；宽22.0～89.0mm，平均39.7mm；厚4.0～24.3mm，平均9.8mm；重1.4～119.0g，平均29.5g。原料以细砂岩为主，其次为钾长花岗岩。石片的断裂方式包括横向断裂和纵向断裂，可分左边、右边、近端和远端断片。

左边断片，4件。标本2011ZQT2-28⑥A：13，残长28.0mm，残宽31.0mm，厚10.0mm，重

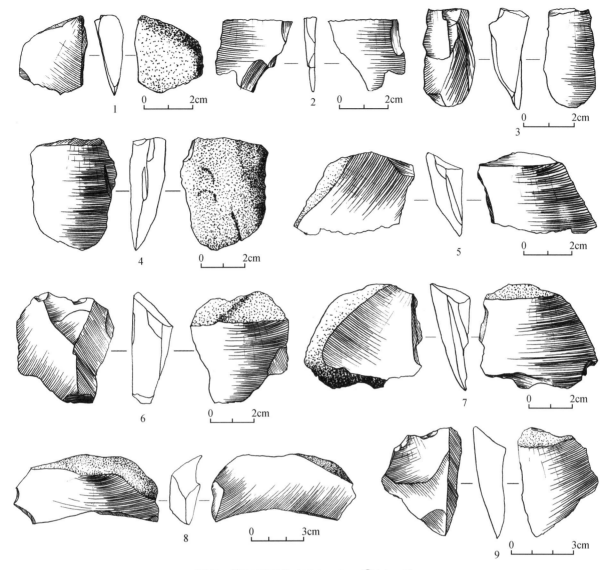

图43　第6A层石片（Flakes from ⑥A level）

1. 左边断片（2011ZQT2-28⑥A：13）　2. 远端断片（2011ZQT2-7⑥A：62）　3～7. 完整石片（2011ZQT2-7⑥A：63、
2011ZQT2-23⑥A：19、2011ZQT2-27⑥A：42、2011ZQT2-23⑥A：18、2011ZQT2-28⑥A：27）
8. 近端断片（2011ZQT2-16⑥A：24）　9. 右边断片（2011ZQT2-27⑥A：67）

9.0g。原料为灰黑色细砂岩，自然台面，台面长9.6mm，宽26.1mm，石片角91.2°。打击点散漫，半锥体平坦，放射线清晰，无同心波，背面为自然面，侧缘折断（图43-1）。

右边断片，1件。标本2011ZQT2-27⑥A：67，残长51.2mm，残宽36.2mm，厚15.5mm，重19.0g。原料为灰色细砂岩，有疤台面，台面长15.8mm，宽27.2mm，石片角108.6°。打击点散漫，半锥体平坦，放射线清晰，无同心波，背面均为石片疤，侧缘有疤（图43-9；彩版一〇，4）。

近端断片，7件。标本2011ZQT2-16⑥A：24，残长36.0mm，残宽80.0mm，厚16.0mm，重54.0g。原料为灰色砂岩，自然台面，台面长20.2mm，宽70.1mm，石片角112.0°。打击点集中，半锥体凸，放射线清晰，无同心波，背面均为石片疤，侧缘有折断和石片疤（图43-8）。

远端断片，2件。标本2011ZQT2-7⑥A：62，残长28.7mm，残宽28.7mm，厚5.1mm，重3.0g。原料为灰黑色粉砂岩，放射线清晰，无同心波，背面均为石片疤，侧缘有石片疤（图43-2）。

断片中并无明显人为截断的情况，全部属自然断裂，推测和剥片时力度不当有关。断片数量较少，可能和原料品质较好有关，也可能和制作者者的技术纯熟有关。

3. 断块

43件。长18.4～129.1mm，平均49.2mm；宽11.3～92.4mm，平均32.7mm；厚2.6～43.2mm，平均9.1mm；重0.8～492.0g，平均36.9g。原料中以细砂岩和砂岩居多，其次为粉砂岩、钾长砂岩、石英砂岩和石英岩。形状多不规则，自然面占断块表面面积平均约为30%，有节理面的占断块总数27.9%。表明断块的形成在一定程度上与石料节理发育有关，也可能是剥片时由于力度不当造成的自然断裂，或者是在制作过程中出现的废品。

4. 一类工具

14件，包括石砧、石锤和砺石。

石砧，1件。标本2011ZQT2-8⑥A：53，长199.0mm，宽122.0mm，厚49.7mm，重166.0g。原料为灰蓝色砂岩，毛坯为扁平砾石。A面平，无使用痕迹，推测此面为与地面的接触面。B面有因使用造成的横断面呈"V"形的痕迹，此面即是与加工对象的接触面（图44-6；彩版一二，2）。

石锤，8件。根据石锤形态的不同分条状和圆形。

条状，6件。长95.0～151.0mm，平均119.4mm；宽57.0～68.1mm，平均64.8mm；厚27.1～65.1mm，平均47.7mm；重26.0～740g，平均456.7g。原料以砂岩为主，其次为石英砂岩和钾长花岗岩。单端使用和两端使用的数量相当，使用痕迹多为崩疤和点状坑痕迹。

标本2011ZQT2-15⑥A：1，长107.0mm，宽57.0mm，厚41.0mm，重374.0g。原料为浅黄色砂岩，石质硬度大，形状长条形，便于把握。A端经过使用，形成崩疤和麻点；B端未见明显使用痕迹，此端应为手持的把手。此件石锤使用痕迹明显，且体积重量大小适中，既可用于对石核剥片，也可用于工具的修理（图44-3；彩版一二，1）。

圆形，2件。长95.0～113.0mm，平均104.0mm；宽91.0～100.0mm，平均95.5mm；厚51.0～58.0mm，平均54.5mm；重552.0～994.0g，平均773.0g。原料包括泥质砂岩和钠长花岗岩。使用痕迹分布于侧边一周。

标本2011ZQT2-15⑥A：9，长113.0mm，宽100.0mm，厚58.0mm，重994.0g。原料为青灰色泥质砂岩，质地较细腻，形状近圆形，器身侧边一周均经过使用，留有使用造成的麻点和崩疤（图44-1）。

砺石，5件。长49.0～116.1mm，平均79.4mm；宽24.0～71.0mm，平均58.6mm；厚11.0～36.2mm，平均30.0mm；重20.5～219.0g，平均121.1g。原料以砂岩居多，其次为钾长石砂岩。

标本2011ZQT2-11⑥A：18，长77.0mm，宽63.4mm，厚36.2mm，重146.0g。原料为棕红色

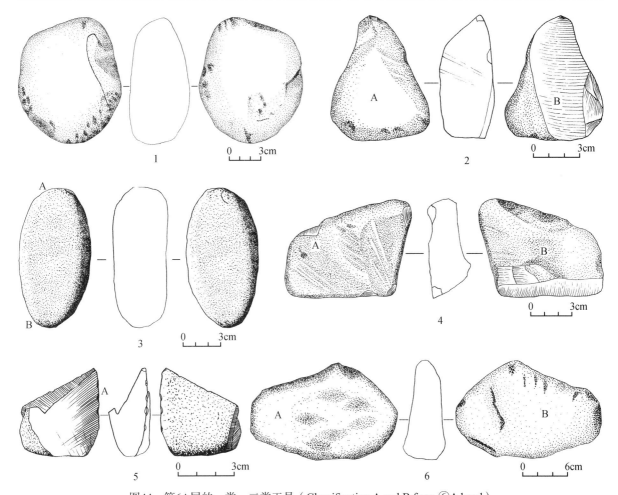

图44　第6A层的一类、二类工具（Classification A and B from ⑥A level）

1、3. 石锤（2011ZQT2-15⑥A：9、2011ZQT2-15⑥A：1）　2、4. 砺石（2011ZQT2-11⑥A：18、2011ZQT2-15⑥A：28）

5. 二类单直刃刮削器（2011ZQT2-32⑥A：12）　6. 石砧（2011ZQT2-8⑥A：53）

砂岩，外观呈三角形。A面的A处有2道长31.1mm，宽2.1mm，深1.0mm的磨制痕迹。根据痕迹初步推测所加工的工具应是骨针或骨锥。B面经过打制，形成较为平坦的面（图44-2）。

标本2011ZQT2-15⑥A：28，长84.0mm，宽71.0mm，厚33.0mm，重130.0g。原料为棕黄色砂岩，外观为梯形，使用痕迹布满器身；A面有10道、B面有4道细长且截面呈"V"形的磨制痕迹。根据痕迹推测所加工的工具为骨针或骨锥（图44-4）。

5. 二类工具

使用石片，3件。均为单直刃刮削器，长36.0~44.0mm，平均39.1mm；宽24.1~50.2mm，平均40.1mm；厚6.1~19.0mm，平均12.6mm；重6.0~41.0g，平均26.7g。原料有细砂岩和石英细砂岩，刃缘长度17.3~43.0mm。刃角25.6°~40.0°。

标本2011ZQT2-32⑥A：12，长44.0mm，宽46.0mm，厚19.0mm，重33.0g。原料为深灰色石英砂岩，背面为自然面。A处直刃为直接使用石片锋利的边缘，在刃缘两面均有零星、细小的鱼鳞状使用疤，刃长43.0mm，刃角30.0°（图44-5）。

6. 三类工具

三类工具共17件，包括刮削器、砍砸器和雕刻器。

刮削器，12件。根据刃的数量分为单刃和双刃。

单刃，8件。根据刃的形状再分直、凸和凹刃。

直刃，4件，长49.3～72.3mm，平均57.7mm；宽29.2～62.0mm，平均46.4mm；厚13.0～23.2mm，平均19.2mm；重20.0～71.1g，平均48.2g。原料3种：细砂岩、脉石英和钾长花岗岩，属片状毛坯的3件，块状毛坯的1件；修疤较深，硬锤修理，反向修理的2件，复向、正向修理的各1件。修疤均为鱼鳞状，刃缘长度21.1～37.5mm，刃角28.0°～61.2°，其中2件有明显的使用痕迹；1件的刃部为直接使用石片锋利的刃缘，但未经修理。

标本2011ZQT2-23⑥A：22，长56.3mm，宽36.4mm，厚17.1mm，重39.0g。原料为灰褐色细砂岩，片状毛坯，对石片的1个侧边进行反向修理，形成A处凸刃，在劈裂面有2层鱼鳞状修疤，修疤深，刃缘不平齐。刃长36.3mm，刃角50.1°（图45-1）。

凸刃，2件，长56.3～71.0mm，平均63.7mm；宽36.4～49.0mm，平均42.7mm；厚5.0～17.1mm，平均11.1mm；重25.0～39.0g，平均32.0g。原料一件为细砂岩另一件为钾长石砂岩，均为片状毛坯，修疤较深，硬锤修理，修理方式均为反向，修疤包括鱼鳞状和阶梯状，刃缘长36.3～70.2mm，刃角25.5°～50.1°。1件有明显的使用痕迹；1件的刃部为直接使用石片锋利的刃缘，未经修理。

标本2011ZQT2-28⑥A：23，长56.0mm，宽51.0mm，厚23.2mm，重17.0g。原料为黑褐色细砂岩，片状毛坯，在石片的1个侧边进行反向修理，形成A处直刃，在劈裂面有2层鱼鳞状修疤，刃部修理精细，修疤深，刃缘较为平齐。刃长37.4mm，刃角59.5°，刃缘背面有使用痕迹（图45-2）。

凹刃，2件。长33.1～66.0mm，平均50.0mm；宽38.4～92.0mm，平均65.2mm；厚9.0～23.0mm，平均16.0mm；重13.0～135.0g，平均74.0g。原料是细砂岩和泥质砂岩，均为片状毛坯，修疤较深，硬锤修理，正向、反向修理各1件，修疤均为鱼鳞状，刃缘长15.5～63.3mm。刃角50.1°～68.2°。1件有明显的使用痕迹；1件的刃部为直接使用石片锋利的刃缘，未经修理。

标本2011ZQT2-3⑥A：18，长66.0mm，宽92.0mm，厚23.0mm，重135.0g。原料为浅黄色泥质砂岩，片状毛坯。B处经过反向修理，修去多余部分，使得器形规整。A处凹刃为毛坯石片锋利的底缘，在两面均有零星、细小的使用疤，背面的疤痕较多，推测劈裂面直接接触加工对象。刃长63.3mm，刃角68.2°（图45-4；彩版一一，1）。

双刃，4件。根据刃的形状分为凸凹刃、直凸刃和直凹刃。

凸凹刃，1件，标本2011ZQT2-3⑥A：27，长90.0mm，宽57.0mm，厚22.0mm，重117.0g。原料为深灰色细砂岩，块状毛坯，经过两面修理，修出2个不平齐的刃缘和把手。A处凹刃长46.5mm，刃角73.6°；B处凸刃长30.2mm，刃角56.5°；2个刃均有使用痕迹。C处圆钝，便于把握（图45-5）。

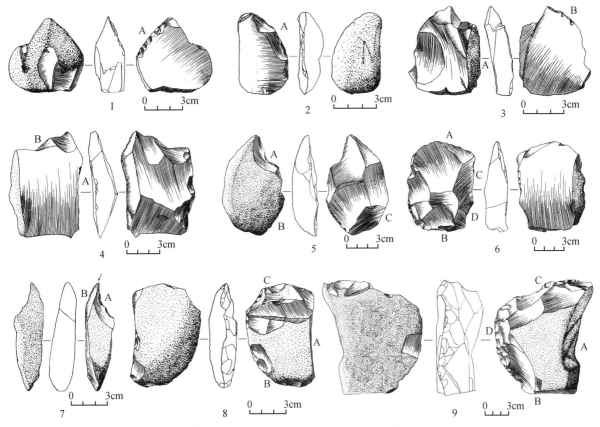

图45　第6A的三类工具（Classification C from ⑥A level）

1.单直刃刮削器（2011ZQT2-23⑥A：22）　2.单凸刃刮削器（2011ZQT2-28⑥A：23）　3.直凸刃刮削器（2011ZQT2-27⑥A：66）

4.单凹刃刮削器（2011ZQT2-3⑥A：18）　5.凸凹刃刮削器（2011ZQT2-3⑥A：27）　6.直凹刃刮削器（2011ZQT2-28⑥A：39）

7.雕刻器（2011ZQT2-28⑥A：21）　8、9.单凸刃砍砸器（2011ZQT2-7⑥A：69、2011ZQT2-10⑥A：1）

直凸刃，1件，标本2011ZQT2-27⑥A：66，长64.2mm，宽53.1mm，厚21.0mm，重50.5g。原料为青灰色细砂岩，片状毛坯。A处直刃为直接使用毛坯石片的底缘，在背面有细密的崩裂疤，刃长32.1mm，刃角46.3°。B处凸刃经过反向修理，在劈裂面有2层鱼鳞状修疤，刃长27.6mm，刃角51.2°（图45-3）。

直凹刃，2件，长64.2～87.1mm，平均75.7mm；宽53.1～68.1mm，平均60.6mm；厚21.0～23.6mm，平均22.3mm；重50.5～126.0g，平均88.3g。原料均为细砂岩，片状毛坯，修疤较深，硬锤修理。修理方式均为反向，修疤均为鱼鳞状。刃缘长21.4～29.0mm，刃角45.2°～65.7°。其中的1件有明显的使用痕迹。

标本2011ZQT2-28⑥A：39，长87.1mm，宽68.1mm，厚23.6mm，重126.0g。毛坯石片背部均为修理疤痕，由边缘朝向中部剥片，使器形呈现龟背状。A、B两处经过反向修理，截取多余部分后两端几近平行，使器形更加规整。两个刃均直接使用毛坯石片的锋利底缘；两面均有零星、细密的使用疤。C处直刃长29.0mm，刃角45.2°；D处凹刃长21.4mm，刃角59.4°（图45-6；彩版一一，3）。

砍砸器，砍砸器共4件，均为单刃，块状毛坯。根据刃的形状分直刃和凸刃。

直刃，1件，标本2011ZQT2-12⑥A：24，长128.2mm，宽61.2mm，厚52.1mm，重416.3g。原料为黑色粉砂岩。把手部分利用砾石圆钝的自然面，未经过修理。把手的对侧为刃缘，经过单面修理修出直刃，刃缘平齐。刃长118.1mm，刃角69.5°。

凸刃，3件，长53.0～114.0mm，平均86.3mm；宽55.4～122.4mm，平均86.3mm；厚24.0～57.7mm，平均40.7mm；重133.0～1182.0g，平均519.0g。原料有细砂岩和钾长花岗岩，修疤较深，硬锤修理，正向修理的2件，复向修理的1件。修疤或鱼鳞状或阶梯状，刃缘长65.0～164.3mm，刃角69.5°～71.2°。其中1件有明显的使用痕迹。

标本2011ZQT2-10⑥A：1，长114.0mm，宽122.4mm，厚57.7mm，重1182.0g。原料为深灰色细砂岩，毛坯是厚度较大的砾石。制作程序是先确定把手部位，A处为砾石天然的钝厚侧面，易于把握；然后确认刃缘部位，B处凸刃位于把手对侧，经过单向修理，刃缘较精细，形成多层鱼鳞状和阶梯状修疤，修疤很深，刃缘不平齐，侧视呈扭曲状。刃长118.1mm，刃角69.5°。刃缘经过使用，其上遗有细密的使用疤。C处亦经过单面修理，有多层鱼鳞状和阶梯状修疤；D处为截断面。C、D两处修理的目的显然是为了修形。此件工具制作精细，制作流程充分体现了制造者对原料的规划与设计的智慧。该标本是工具中制作最为精良的一件，其复杂的修理流程明显区别于其他砍砸器的修理（图45-9；彩版一一，4）。

标本2011ZQT2-7⑥A：69，长53.0mm，宽81.0mm，厚24.0mm，重133.0g。原料为灰色细砂岩，毛坯为扁平的砾石。A处为人为截断面，形成钝厚的边缘，易于把握。B处经过两面修理，有2层鱼鳞状修疤，器形规整。C处凸刃经过单面修理，有多层鱼鳞状和阶梯状修疤，预先打薄器身、再次修出刃缘，修疤深，刃缘不平齐，呈不规则锯齿状。刃长70.2mm，刃角71.1°（图45-8）。

雕刻器，1件，标本2011ZQT2-28⑥A：21，长85.0mm，宽25.0mm，厚20.0mm，重43.0g。原料灰黑色细砂岩，毛坯为断块。A处经过单面加工，修出较陡的平面，以此作为台面再行纵向打击，打下雕刻器小片；B处则是雕刻器小面（图45-7）。此件雕刻器和通常所见的雕刻器在形态上似有差别。一般认为雕刻器与旧石器时代晚期原始雕刻艺术品或骨角制品有关[18]，但不尽然，因为在尚未出现艺术品之前的旧石器时代早中期遗址中不乏有雕刻器出土。

（三）第6A层石器工业的基本特征

原料种类多样，共有14种，按照所占比例多寡排列：细砂岩、砂岩、钾长花岗岩、粉砂岩、钾长石砂岩、泥质砂岩、泥质细砂岩、泥质粉砂岩、石英砂岩、脉石英、钠长花岗岩、钙质粉砂岩、石英质细砂岩、石英岩。原料质地良莠不齐，但多数适应于制作石器。

根据标本的最大长度，大致将石制品划分为小型（≤30mm）、中型（>30mm，≤70mm）、大型（>70mm，≤150mm）、特大型（>150mm）4个等级。总体来看，4个等级皆有，以中型者数量最多，占51.3%；其次为大型，占26.6%；再次是小型，占20.8%；特大型极少，仅占1.3%。通过分类统计来看：石核均为大型；石片多为中型；工具以大型居多，其次为中型和特大型（表16）。

表16　第6A层石器大小分类统计表（Systematics and statistics of tool sizes from ⑥A level）

长度\n类型	≤30		30~70		70~150		>150	
	N	%	N	%	N	%	N	%
石核	0	0	0	0	11	7.1	0	0
石片	25	16.3	38	24.7	3	1.9	0	0
断块	7	4.5	28	18.2	7	4.5	1	0.6
一类工具	0	0	1	0.6	12	7.9	1	0.6
二类工具	0	0	3	1.9	0	0	0	0
三类工具	0	0	9	5.9	8	5.2	0	0
总计	32	20.8	79	51.3	41	26.6	2	1.3

注：测量长度为石器的最大长，单位mm；"N"代表件数，"%"代表所占石器总数的百分比。

　　打制石器类型包括石核、石片、断块和工具。石片数量最多，占总量的42.9%；其次是断块，占27.9%；再次是工具，占22.1%；石核最少，占7.1%。工具类包括石锤、石砧、砺石、刮削器、砍砸器和雕刻器6种（图46）。

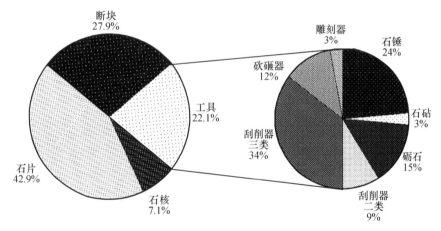

图46　第6A层石器类型比例图（Proportion of artifact types from ⑥A level）

　　石核：既包括适合于剥片的细砂岩、砂岩和泥质砂岩，也包括石质较差的钾长花岗岩；尺寸普遍较大，平均长95.7mm，宽77.2mm，厚45.3mm，重356.5g。石核多呈现扁平状和不规则状。剥片方法均采用锤击法；双台面与多台面各占一定比例，其中以双台面石核居多，自然台面占绝大多数，人工台面极少，其中人工台面均为打制台面，平均台面角98.5°。剥片方式：双台面石核采用交互剥片法居多；多台面石核采用复向剥片法居多。剥片数量：石核的台面有2~3个，剥片面有2~7个，剥片疤最多的达26个。高效石核（石核的剥片面大于等于3个）[19]数量占石核总数的36.4%。

　　显然，制作者就近从溪涧中的砾石层选择较大的、体厚的，或者扁平的砾石，这种石核毛坯多呈不规则状，在不经过预制和去除石皮的情况下就直接以自然面作为台面进行剥片。通过观察表明，选取的砾石都具有或大或小平坦的面，制作者以此平面直接作为台面进行剥片。另外，原料形状不同，采取的剥片方式也随之不同，如扁平的砾石偏向于采用交互法，而形状不规则的砾石多采用复向的剥片方式，有时制作者频繁调转核体，变换台面，寻找合适的台面角和剥片面进行剥片，以便获得更多石片。除了一些原料质地较差、剥片困难的钾长花岗岩外多数石核的使用率较高。根据原料的各项属性采用不同的利用策略，是利用石料的规划性和能动性的具体表现。

石片：完整石片占石片总数的78.8%，尺寸多为中、小型，平均长36.8mm，宽34.1mm，厚10.9mm。重15.4g，长宽比平均为1.19。大多数石片形状规则，呈羽状、三角形、梯形或方形。剥片方法均为锤击法，但自然台面居多，占完整石片总数的77.0%；其余为人工打制台面。根据背面石片疤情况可知，同向剥片法最多，占65.5%，推测制作者多数以砾石面为台面进行直接剥片，这与石核的台面性质相一致。随着剥片增多，台面也出现了人工台面，石片背面以自然面和石片疤相结合的居多，背面均为石片疤的亦占一定比例。

一类工具明显地经过选料和使用两个阶段：①选料：主要选择硬度、质地、韧性和磨圆度均较好的砂岩。根据需要甄选石料的形状：石砧选用扁平的较厚砾石；石锤选用长条形或圆形砾石。石锤的重量、体积多数较大，推测应为剥片石锤。②石砧、石锤和砺石上均有明显的使用痕迹，其中石锤和砺石的使用痕迹较多。条形石锤半数为双端石锤，圆形石锤主要利用周边的侧面，石锤的使用率普遍较高（表17）。砺石表面均保存着清晰的、细长的磨制痕迹，有的多者达14道，表明当时人们在此地生活期间也充分利用砺石磨制其他工具，尤其是骨质工具。

表17　第6A层石锤使用痕迹情况统计表（Statistics of use trace of stone hammers from ⑥A level）

编号	形状		痕迹部位			痕迹种类		
	条状	圆形	端部	面部	侧边	石片疤	麻点	凹坑
2011ZQT2-15⑥A：1	√		√				√	
2011ZQT2-24⑥A：3	√		√				√	
2011ZQT2-6⑥A：5	√		√				√	√
2011ZQT2-12⑥A：16	√		√				√	
2011ZQT2-32⑥A：8	√		√			√	√	
2011ZQT2 32⑥A：2	√		√				√	
2011ZQT2-15⑥A：9		√			√	√	√	
2011ZQT2-16⑥A：15		√			√	√	√	

二类工具：类型只有单直刃刮削器，尺寸属于中型，平均长39.1mm，宽40.1mm，厚12.6mm，重26.7g。这样的尺寸在重量和手感上均较合适。根据刃角的五个等级[20]标准，刮削器刃角的等级属斜，平均31.8°，可见二类工具的刃缘为锋利的石片边缘，可不加修理而直接被使用。

三类工具：尺寸以大、中型为主类型，包括刮削器、砍砸器和雕刻器，其中刮削器数量最多，占三类工具总数的70.6%。

刮削器毛坯以片状为主，单刃数量最多，占三类工具数量的66.7%；其次为双刃。根据刃形统计，以直刃居多，其次为凹刃，凸刃最少，不见尖刃。砍砸器毛坯均为块状，均为单刃，其中凸刃数量最多。修疤较深，应为硬锤修理；软锤修理的未见；正向、反向修理的数目相当，复向修理较少。修刃为修整刃缘形状和刃角，经过修理的刃缘一面或两面大多有多层修疤，刃缘不平齐或侧视锯齿状。修形：为了规范器形的大小、形状，通常在工具的顶端或底部留有人为截断的断面；把手通常由单面或两面进行，修理出圆钝的缘，以便于把握。修疤形态以鱼鳞状为主，阶梯状的少见。修形、修把手和修刃的修疤大小不同，根据修疤大小的五个等级标准，修形和修把手的修疤属大型，而修刃的修疤多属中、小型，由此体现出制作者在工具修理过程中的顺序性和规划性。根据刃角的五个等级，刮削器刃角的等级为中等，平均53.9°；砍砸器刃角等级为陡，平均70.1°。三类工具的刃缘明显大于二类工具（表18）。

表18　第6A层石器三类工具修理情况（Tool repair of classification C of ⑥A level）　　（单位：件）

类型 \ 项目	毛坯		修理方向①			修疤形态			修疤层数			修理目的		
	片状	块状	正	反	复	鱼鳞状	阶梯状	鱼鳞状+阶梯状	1	2	≥3	刃	形	把手
刮削器	10	2	3	7	2	10	2		7	4	1	9	5	1
砍砸器		4	3		1		1	2	1		2	4	3	1
雕刻器	1		1			1					1	1	1	
小计	11	6	7	7	3	11	3	2	8	5	3	14	9	2
百分比（%）	64.7	35.3	41.2	41.2	17.6	68.7	18.8	12.5	50.0	31.3	18.7	56.0	36.0	8.0

（四）三类工具的制作流程

根据以上所述三类工具的基本特点，可归纳其制作流程如以下4个步骤。

选择毛坯①。根据不同的目标工具选取不同类型的毛坯，刮削器的毛坯绝大多数为石片，砍砸器的毛坯均为有一定厚度的砾石。在制作工具之前根据工具类型的不同选择不同的毛坯；刮削器主要用于"切、割、刮、削"，故尺寸、体积均不宜过大；砍砸器则需要较大的毛坯以便发挥其重量和体积的优势。

预先规划。工具修理之前制作者先根据毛坯的特点和目标对工具进行整体规划，既确定刃的位置，还对把手的位置和器物整体形态进行设计，例如毛坯性质的选择，毛坯尺寸大小的选择，刃部位置的选择。

修刃、修形和修把手的有机结合。根据毛坯的情况和对毛坯的规划进行选择性修理，即选择性地修刃、修形和修把手。本层石器修形包括断面和修疤；修把手情况较少，多数利用砾石

---

①　毛坯为片状的工具，正向修理指由劈裂面向背面进行修理，反向修理反之，复向修理指修理方向无规律。毛坯为块状的工具，正向修理指由平的一面向不平的一面进行修理，反向修理反之，复向修理指修理方向无规律。

圆钝的自然面。三类工具经过修形或修把手而不修刃部，直接使用石片锋利边缘作为刃的情况也有出现，占三类工具数量的17.6%。刮削器中凹刃占一定比例。凹刃刮削器被认为是用来修制木、竹类的工具，也是抛光的理想工具。奇和洞所在的环境有充裕的竹，凹刃刮削器可以用来加工各种用于渔猎、采集的工具。

修理方向以正向与反向居多，尤其是刮削器的修理方向多数为反向。不论何种性质的毛坯，工具修理方向的原则为由平而光滑的一面向不平的一面修理，这样可以在使用工具时以平的一面接触加工对象，以此减少摩擦。本层刮削器的毛坯以片状居多，这是由于石质和原料的原因，劈裂面并不光滑，而背面大多依然保留下来的自然面却十分光滑。因此，人们选择由背面向劈裂面进行反向修理方式，这是制作者对石质原料采取的特殊应对策略。

五、骨　制　品

第一期文化出土的骨制品3件，均为坯件。骨针坯件2件，其中1件尖头部有经轻磨的痕迹，另一件为骨刀坯件，均属于未成型骨器。标本分别是2011ZQT2-8⑥A：21和2011ZQT2-8⑥D：20。两件标本均准备磨制的部位是较尖的一头。

标本2011ZQT2-8⑥D：21，采用中等体型哺乳动物的肢骨作原料，先经砸击使骨骼破裂之后挑选其中的一段再截去后部作为坯件，坯件的一头较尖，另一头较平齐，头部经过初磨，尖端较光滑。坯件全长26.15mm，后端最宽8.24mm，骨壁厚4.05mm，重2g（图47-1）。另一件标本2011ZQT2-8⑥D：20，采用禽类锁骨的一段作为骨坯，但未经磨制，坯件长27.6mm，后部最宽6.9mm，重2g（图47-2；彩版一三，1）。

标本2011ZQT2-23⑥D：4，骨刀坯件，采用中等体型哺乳动物的肋骨，将两头截去，再在一个侧边缘进行粗加工作为坯件，该侧边缘可见连续而且细小的修理痕迹，坯件表面呈黑色，似经过烧烤。坯件长35.5mm，最宽20.3mm，最窄16.9mm。刃缘较直，锋利，刃缘长26.89mm，重5g（图47-3；彩版一三，2）。

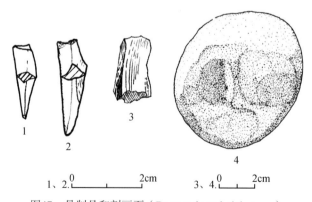

1、2.　　　0　　　　　　2cm　　　　3、4.　　　0　　　　　　2cm

图47　骨制品和刻画石（Bone tods and nick stone）

1、2. 骨针坯件（2011ZQT2-8⑥D：21、2011ZQT2-8⑥D：20）　3. 骨刀坯件（2011ZQT2-23⑥D：4）

4. 刻画石（2011ZQT2-15⑥C：55）

六、艺　术　品

出土于第6C层，为一人面形的刻划石，标本2011ZQT2-15⑥C：55，石料为棕红色钾长石砂岩，质地较细腻，外观大致呈椭圆形饼状，最大直径78.6mm，最小直径68mm，最厚19.1mm，最薄16.2mm，重104.3g。上、下两个面及边缘均经过粗磨。上面（背面）微微凸起，采用石质工具凿刻出人面形的大致轮廓，显示出具有凹陷的两眼、鼻、嘴和突出的鼻梁；两眼中间"⌒"刻痕最深。从整体看来，比较粗糙，但却自然且生动；标本的一侧附着有黑褐色铁锰质薄膜。下面（底面）经过磨制而呈较平整的面，一侧的边缘凿去一部分，深3～6mm不等，与磨平的底面构成"V"形的边缘，意图不明（图47-4；彩版一四）。

七、哺 乳 动 物

（一）简况

第6层出土的哺乳动物化石数量不多，但石化程度较高，绝大多数为单个牙齿。标本共54件，种类12种，包括食虫类1种（鼩鼱）、翼手类1种（普氏蹄蝠）、灵长类1种（猕猴）、啮齿类4种（小家鼠、黑鼠、红背䶄鼠、中华竹鼠）、食肉类3种（赤狐、鼬、金钱豹）、偶蹄类2种（小鹿、鹿）。另有大型骨骼、碎骨和烧骨。

大型骨骼系指长度超过30mm，且大致可以分辨其骨骼所属位置的标本。第一期文化层出土的大型骨骼共有133件，占遗址出土的全部大型骨骼中的3.73%。大型骨骼确定的位置如下：头骨1件，下颌骨4件，脊椎骨1件，肩胛骨2件，肋骨无，肱骨6件，桡骨连带尺骨21件，股骨3件，胫骨连带腓骨无，指骨11件，蹄2件，具人工打击痕迹的骨片9件，无人工打击痕迹的骨片61件。根据观察，具人工打击痕迹和无人工打击痕迹的较大型骨片，绝大多数为胫骨，这表明胫骨具有较长的骨体，尺寸大小、骨壁厚度以及硬度可能更加适合于制作骨器。

第一文化期出土的碎骨共计1598件，根据骨骼风化程度轻的、中等的和严重的三个级别标准划分，1598件碎骨中风化程度属于轻的有317件，占19.8%；风化程度中等的1144件，占71.6%；风化程度严重的137件，占8.6%。总体看，除了第6A层的风化程度严重外，第6B、6C、6D层3个小层碎骨的风化程度以中等级别为主，少量属于轻度风化级别。在843件烧骨中，属于哺乳动物的有793件，占94.1%；属于鸟禽类的有50件，占5.9%。烧骨可能显示居住在奇和洞的先民食用动物时采用烧烤的方法，并且以小型哺乳动物为主。

（二）分类记述

1. 食虫类

1种。鼩鼱（*Sorex* sp.），标本2件，残破左、右下颌骨各1件，上带M_1-M_3，标本

2012ZQT2-24⑥A：93，臼齿前尖小，前叶大于后叶，三角座"V"字形，后尖退化，臼齿齿列长7.9mm，颌骨厚1.2mm（图48-2）。

2. 翼手类

1种。普氏蹄蝠（*Hipposideros pratti*），标本1件，标本2012ZQT2-24⑥A：94，右下颌骨，上带M_1-M_3，前叶大，后叶稍小，内外齿尖锐利，咀嚼面呈"W"形，齿带发育，臼齿齿列长7.9mm，颌骨壁厚1.4mm（图48-1）。

现生的蹄蝠属共有7个种，但生存在龙岩地区的蹄蝠属成员只有两种：即大蹄蝠和普氏蹄蝠，从个体看普氏蹄蝠种稍小，大蹄蝠稍大。普氏蹄蝠广泛分布于我国南方以及东南亚一带，最南可抵达印度尼西亚，是一种典型的昼伏夜出的穴居动物。现生的普氏蹄蝠在龙岩地区比较繁盛，是相对庞大的种群。我国以往发现的普氏蹄蝠化石不多，仅见于周口店猿人遗址等地点。

3. 灵长类

1种。猕猴（*Macaca mulatta*），牙齿3颗（右下C、左下C各1颗，左$M_1$1颗。标本2011T2-7⑥A：90，左下犬齿。犬齿大，根部粗，前后长（前庭面-舌面距离，下同）7mm，内外宽（近中面-远中面距离，下同）8.2mm，齿冠高11.8mm。可能是雄性个体的犬齿。标本2011T2-7⑥A：68，左下M1，咀嚼面近方形，四尖，前尖大于后尖，近中面和远中面齿带不发育。前后长10.5mm，内外宽8.3mm，齿冠高5mm（图48-3）。猕猴化石在我国多有发现，计有硕猕猴、安氏猕猴和猕猴三种，时代均为更新世。

4. 啮齿类

4种。小家鼠、红背鼯鼠、中华竹鼠、豪猪。

小家鼠（*Mus musculus*），1件右下颌骨，标本2011T2-24⑥A：95，上带I、M_1和M_2，M_3脱落，M_1大，前后延长，内外收缩，M_2小，M_3退化，齿尖钝，M_1和M_2长4mm，下颌骨骨壁厚2.2mm（图48-4）。以往发现的小家鼠化石不多，主要见于华北地区，时代均为晚更新世末。

黑鼠（*Rattus rattus*），标本6件（残破左、右上颌骨各2件，残破左、右下颌骨各1件）。基本上带有三个臼齿，其中1件连带下门齿。标本2012T2⑥A：106，残破右下颌骨，下门齿长而细，向前伸出，前庭面染淡黄色；第一臼齿大，第二臼齿变小，下齿列长13mm（图48-5）。黑鼠是常见的化石种，但时代较晚，一般都出现在更新世晚期。

红背鼯鼠（*Petaurista petautista*），1颗左M^2，标本2011ZQT2-8⑥C：86，牙齿冠面呈方形，外侧面三个齿尖突出，但较钝，内侧面具小的棱峭，咀嚼面齿沟较深，中部盆状，牙齿前后长6mm，内外宽6mm，齿冠高4.3mm，重0.2g（图48-6）。鼯鼠化石种有低冠鼯鼠和沟齿鼯鼠，见于华北和华南，时代均为更新世，未见更早者。我国的现生鼯鼠属计有6种，基本上分布在华南和西南地区，在福建境内，仅有红背鼯鼠1个种。红背鼯鼠分布很广，从华南向南

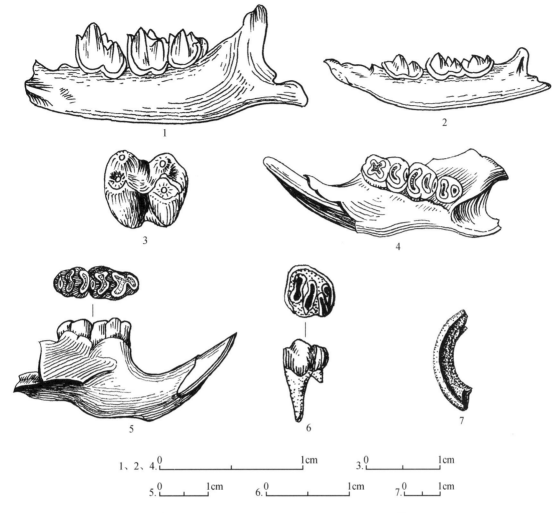

图48　第6层哺乳动物化石 I（Mammalian fossils from ⑥ level）
1. 普氏蹄蝠（*Hipposideros pratti*），标本2012ZQT2-24⑥A：94　2. 鼩鼱（*Sorex* sp.），标本2012ZQT2-24⑥A：93
3. 猕猴（*Macaca mulatta*），标本2011T2-7⑥A：68　4. 小家鼠（*Mus musculus*），标本2011T2-24⑥A：95　5. 黑鼠（*Rattus*
rattus），标本2012T2⑥A：106　6. 红背鼯鼠（*Petaurista petautista*），标本2011ZQT2-8⑥C：86　7. 中华竹鼠（*Rhizomys*
sinensis），标本2011ZQT2-11⑥C：54

一直延伸到东南亚各国和南太平洋各岛屿，喜栖于海拔1500～2400m之间的阔叶林或针叶林中。

中华竹鼠（*Rhizomys sinensis*），均为单个牙齿，共29颗，其中臼齿7颗（包括左右M_1各2颗，左右M_2、M_3各1颗）、门齿22颗（包括右下I 8颗、左下I 12颗、右上I 2颗）。竹鼠属牙齿退化，齿式为1·0·0·3/1·0·0·3，门齿板状，最前端铲形，前侧面（前庭面）呈棕黄色或淡黄色，第一臼齿近三角形，第二臼齿近圆形，第三臼齿退化，后侧具小的齿摺。标本2011ZQT2-11⑥C：54，右上门齿，弯曲度较大，前端铲形，长14.8mm，前后长4.2mm，内外宽4.8mm（图48-7）。下门齿较直，尺寸同上门齿。中华竹鼠是我国南方更新世地层中最常见的化石种之一，至今依然广泛分布于各地。

5. 食肉类

3种。赤狐、鼬、金钱豹。

赤狐（*Vulpus vulpus*），1颗左上C，标本2011ZQT2-12⑥C：58，上部细长，齿尖锐利，齿冠高10.6mm；齿根单根，长19.7mm，重1g（图49-1）。我国发现的狐属化石较多，有三种：即普通狐、沙狐和鸡骨山狐，时代为晚更新世。

鼬（*Mustela* sp.），牙齿3颗：左上、下C和左P_4各1颗。标本2011ZQT2-12⑥A：33，左下犬齿，牙齿细小，长10.2mm，前后长3mm，内外宽3.8mm，牙齿珐琅质表面具有纵向细的皱纹，齿根较长9.8mm。标本2011ZQT2-12⑥D：86，牙齿小巧，咀嚼面4个瘤状突起，后附尖发达，前后长7.8mm，内外宽5.1mm，齿冠高5.5mm。齿根2个，细，长5.5mm，重1g（图49-2）。龙岩地区现生的鼬属有3种：即青鼬、黄腹鼬和黄鼬，从尺寸看以青鼬最大，黄腹鼬最小，该标本可能是黄鼬。

金钱豹（*Panthera pardus*），1颗右上C，标本2011ZQT2-15⑥C：76。牙齿粗壮，齿尖磨损，珐琅质表面具明显的纵向沟纹，牙齿上部前后长11mm，内外宽11mm；齿根粗壮，大部分断损，横断面扁圆形，两径分别为8mm和13mm，重3g（图49-4）。

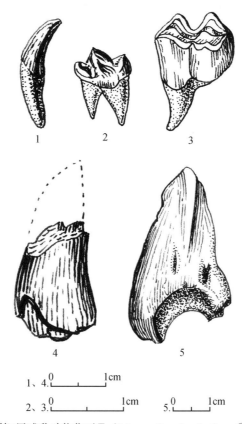

1、4.$\begin{array}{c}0\quad\quad 1cm\end{array}$

2、3.$\begin{array}{c}0\quad\quad\quad 1cm\end{array}$ 5.$\begin{array}{c}0\quad\quad 1cm\end{array}$

图49　第6层哺乳动物化石Ⅱ（Mammalian fossils from ⑥ level）

1. 赤狐（*Vulpus vulpus*），标本2011ZQT2-12⑥C：58　2. 鼬（*Mustela* sp.），标本2011ZQT2-12⑥D：86

3. 小麂（*Muntiacus reevesi*），标本2011T2-6⑥A：15　4. 金钱豹（*Panthera pardus*），标本2011ZQT2-15⑥C：76

5.鹿（*Cervus* sp.），标本2011T2-16⑥B：105

6. 偶蹄类

2种。小麂、鹿。

小麂（*Muntiacus reevesi*），各类牙齿8颗。标本2011T2-6⑥A：15，右M$_1$，咀嚼面褶皱简单，无鹿褶，舌面具小刺状的内齿柱，前后长9.1mm，内外宽6.2mm，齿冠高6.8mm（图49-3）。标本2011T2-6⑥A：19，右M$_2$，牙齿珐琅质表面光滑，外侧面有小皱纹，尺寸小，前后长9.8mm，内外宽6.3mm，齿冠高6.9mm。地史上鹿属化石最早出现于上新世，我国境内已发现的小麂化石时代多为晚更新世。

鹿（*Cervus* sp.），1件前右侧蹄，标本2011T2-16⑥B：105，底面较平，背面隆起，中部有一嵴贯穿前后，外侧有两个神经孔，后侧关节面与趾骨连接面宽大。后侧面宽27mm，高17.5mm，蹄前后长43mm（图49-5）。

第四节　小　结

奇和洞洞口存在的第7层和第6层地层一直延伸到洞内，并形成洞内地表，根据分布情况判断，地层属于河流相沉积物，时代属晚更新世晚期。第一期文化揭露出的遗迹计有第7层顶部的3处石铺地面、第6层2个灰坑和2条排水沟；第6层出土的遗物包括412件石制品、3件骨器坯件（其中1件刃部具轻磨痕迹）、1件艺术品（刻画石），可鉴定的哺乳动物化石标本54件12种。

纵观第一期文化的石制品，可从制作工艺、石器工业特征和工业类型属性三方面进行探讨。

一、关于石制品的制作工艺

奇和洞遗址第一期出土的石器具有数量大、器类多、特征鲜明等特点。石制品总数412件，包括石核、石片、断块和工具，工具类有石砧、石锤、砺石、刮削器、砍砸器和雕刻器。现按照选料、剥片、修理的工艺流程步骤小结于下。

（一）原料的获取与选择

石器原料是史前人类制造工具和从事生产和生活活动最基础的物质资料。史前人类使用工具以获得食物，然而工具的制作有一个完整的操作链，即从寻找石料开始，经过选材、剥片、加工、定型几道工序，因此石材的质地、数量和获得难易程度，对人类制作石器工艺的流程、技术的发挥，石器形态和工业特征有着极大的影响和制约，尤其表现在石器工业整体特征上。Andrefsky曾经提出过"原料影响论"，认为石料的品质和数量在很大程度上影响了石器的特点[21]；王幼平也认为石器原料的多寡与质量的好坏，会直接影响到石器加工技术的发挥，进而影响到石器工业的整体面貌[22]，他还认为，优质原料的缺乏常被作为解释中国旧石器文化独特性的一剂良方[23]。实际上人类对石料的利用程度以及开发规律又反过来揭示着该人类群体的石器制作水平和对所处生态环境的适应能力[24]。因此，人们对原料获取和选择的策略，一方面体现了自然因素，另一方面也体现了文化因素。

1. 原料的获取

旧石器时代人类制作石器的原料来源无非有3种：即采集、开采和交换。采集是最早、最广泛和最基本的原料开发方式，更多地就近取材，随用随取。而开采对于史前人类来说当然有一定难度，就目前所知，这样的地点发现较少，已有报道的如广东西樵山遗址[25][26]、香港黄地峒遗址[27]和福建漳州莲花池山遗址[28]等；交换则是随着人类迁徙与交流速率不断提高而产生的。就奇和洞第一期石制品的原料来看，种类多达18种，包括细砂岩、砂岩、钾长花岗岩、粉砂岩、钾长石砂岩、泥质砂岩、泥质细砂岩、泥质粉砂岩、石英砂岩、脉石英、花岗岩、钠长花岗岩、钙质粉砂岩、石英细砂岩、石英岩、石灰岩、页岩和砾岩。石制品的尺寸以中型（>30mm，≤70mm）居多，其次为大型（>70mm，≤150mm），特大型（>150mm）亦可见，由此可以判断制作石制品的原料尺寸应以大型为主。石器自然面多呈青黑色、青灰色、灰褐色，磨圆度高，可见原料尺寸较大、而且是经过充分冲磨的河滩砾石。

奇和洞遗址地处福建省中部戴云山西南麓，中、低山围绕，小型山间盆地点缀，溪河纵横，洞口也有小溪经过，自北向南流淌；周围出露大片中生代和古生代地层以及侏罗纪岩浆岩，岩石性质与第一期石制品原料具有高度一致性，如此说明第一期文化的主人在奇和洞内活动期间就从溪涧的河漫滩上捡取砾石作为制作石器的原料。

2. 原料的选择和使用

18种原料中并非全都适于制作石器。通常的理解是制作打制石器理想的原料硬度应大于6度，而且要有一定的脆性和韧性。据统计，第一期文化石制品中原料占多数的是细砂岩和砂岩，两者共占石器总数的59.8%（图50），表明当时人类对原料的选择已有强烈的倾向性。这不仅因为在遗址周围有现成大量易得的细砂岩和砂岩，更大程度上看还是因为这两种石料颗粒较细、结构较致密、节理不发育、硬度大、脆性和韧性适中，故是制作各种打制石器的最佳选择。

石制品类型对原料需求的选择：为了剥片时显示有效性和剥下石片的品质，石核一般选择细砂岩、砂岩、粉砂岩、泥质砂岩、石英砂岩、石英岩等优质原料，与之相符合的石片和断块也以这些原料居多；而石锤中花岗岩、钾长花岗岩和钠长花岗岩则占多数；砺石以中颗粒砂岩最多，这种材料更适合于磨制；砍砸器中脉石英和钾长花岗岩所占比例有所增加，尤其是硬度大的脉石英。

不同类型石器所选取原料的尺寸和形状有别：石核通常选用尺寸大、厚度大、重量大、形

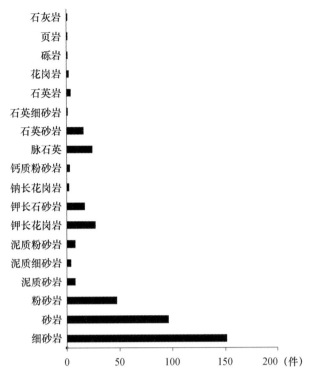

图50　第一期文化石制品原料柱状图（Artifact raw materials of first cultural phase）

状或方形或条状或扁平的砾石；石锤则选用长条形、圆形且大小适中、易于把握的砾石作为原料；石砧更多地选用一面或两面扁平的岩块；砺石的原料更多是三角形。

（二）石片的打制

石片的打制是制作工具过程中不可或缺的一环，石片数量亦是各石器类型数量中最多的。尽管在整个石器制作工艺流程中多数石片被废弃，但石片的打制仍然处于承上启下的阶段，有举足轻重的意义。

1. 剥片方法

通过对石核和石片的分析，剥片方法以直接锤击法为主，砸击法偶见，不见间接剥片法。虽然全部44件石核中未见砸击石核，但在完整石片中发现1件标本可确定是砸击石片，说明砸击剥片法确实存在。由于原料的属性，锤击石片大多打击点散漫，劈裂面半椎体平，无同心波，放射线清晰，外观呈羽状和扇形等规则形状，且都长大于宽。

2. 石核台面的数量和剥片方式

根据台面的数量，将石核分为单台面、双台面和多台面，以双台面居多，占石核总数的50.0%；其次是单台面，占30.0%；多台面最少，占20.0%。台面数量直接决定剥片面的数量和石片产出率，在一定程度上表明石核使用率的高低。

剥片方式（图51）从多到少排列为：同向、转向、对向、复向和交互剥片方式，这与石核台面的数量与剥片方式的选择直接相关。其中单台面石核均为同向剥片，双台面多数采用转向、对向剥片，而多台面则以复向剥片居多（表19）。

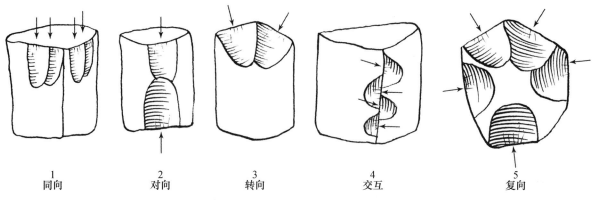

1　　　　　　　　2　　　　　　　　3　　　　　　　　4　　　　　　　　5
同向　　　　　　对向　　　　　　转向　　　　　　交互　　　　　　复向

图51　剥片方式示意图（Fashion on produce flakes）

表19　石核台面的数量和剥片方式统计（Statistics of platform number and method）　　　（单位：件）

剥片方式 \ 台面数量	同向	转向	对向	复向	交互	总计
单台面	12					12
双台面		7	7	1	5	20
多台面		2		6		8
小计	12	9	7	7	5	40

3. 台面性质与背面性质

从石核的台面看，自然台面居多数，约占70%；从完整石片的台面看，自然台面比例更多，约占75%。占少数的人工台面中，打制台面居多，有疤台面少见。通过完整石片背面疤的观察得知，背面既有石片疤也有自然面的占多数，背面均为自然面和均为石片疤的数目大约相当。

倘若单独分析台面性质和背面性质，则所获得的信息量有限，但如果把两者联系起来考虑，会发现台面、背面的性质实际上与石核的剥片程度有关。在石核剥片过程中，随着剥片进程的不断进行，自然台面面积会变得越来越少，石片背面保留的自然面也会随着缩小。显而易见，对天然砾石进行剥片时，剥下的第1个石片自然是自然台面，其背面必然是自然面；随后的剥片可能既有自然面又有石片疤；再往后的剥片，背面的自然面面积减少，石片疤面积增大；直至最后石片背面全为石片疤。不断减少的自然面导致人工台面出现的可能性增加。

在石片的6种类型中，最多的是自然台面、背面既有石片疤也有自然面这一类，可以说明当时人类对石核的剥片仍处在初级阶段，直接从平坦自然面进行剥片，不刻意去除石皮，也不苛求预制台面，造成石核的剥片率不高。也许因为受到原料质地和剥片技术的影响，以及鉴于原料的易得且多，或是周围物质资源极为丰富，促使生活在这里的人类在使用原料上似乎并不十分经济。另外，根据大小分类来看，石片的尺寸为中偏小型，与刮削器的尺寸相符合。制作者从石核上剥下尺寸大小合适的石片，然后再根据需要直接使用石片或进行进一步修理。

（三）一类工具的选择与使用

一类工具类型包括石砧、石锤和砺石。

1. 石砧

选取砂岩砾石作为原料，没有经过加工而直接使用；尺寸大、形态扁平。由于石砧一般是置于地面上使用，扁平的面朝下容易固定，也便于使用；朝上的一面亦较平坦，其上使用遗留下来痕迹的横断面均呈"V"形。

2. 石锤

全部为锤击石锤，用于打片和修理，选取的原料有砂岩、花岗岩，没有经过特意加工而直接使用，这些原料硬度大、韧性好，在石锤使用过程中不易产生崩疤或断裂。尺寸绝大多数为大型，重量适中，形状为长条形和圆形，这样的石锤手感好，既可用于石核剥片，又可用于工具修理。石锤使用率较高，不同形状石锤的使用部位不同：长条形石锤通常用其一端或两端；圆形石锤则使用其周边。遗留的使用痕迹有石片疤、麻点和凹坑，可以推测石锤在作为锤击的工具之余，可能也用于砸击。

3. 砺石

选取原料为砂岩，多数未经过加工而直接使用。标本2011ZQT2-15⑥A：28的一面经过打制，形成平坦的面。这同石砧的使用一样，砺石也是置于地面上使用，一面扁平是为了便于放置；尺寸为中、大型，形状规则，多呈三角形或四边形；器身遗留磨制痕迹最多达14道，痕迹细长且截面呈"V"形，据此推测加工的工具应为骨针或骨锥一类的骨制品。

（四）二类工具的选择与使用

二类工具均为刮削器。二类工具刮削器直接使用石片自然的和锋利的边缘，不经过第二步加工，尺寸、重量中等，刃形以凸、直刃居多，刃角小于50°。由于未经修理，此类工具的形状和石片并无多大差别。需要探讨的是，石片"修"与"不修"，如何取舍？二类工具某种程度体现了人类在制作工具过程中的灵活性。石片是否需要进一步修理，取决于石片与人们想象中目标工具的差距。假设需要刃缘锋利的工具，如刃角较小的刮削器，当石片本身形状已经相当规整，大小合适，又有便于把握的把手，那么，石片就会瞬间成为二类工具。如果石片本身形状不规整，长度或宽度过大，又没有圆钝的把手部分，那么修理即成为必要，使用者就会截去多余的部分，使之器形规整并修出便于把握的部分。如若需要刃角较大的工具，如刃角较大的刮削器、砍砸器或其他对形状、刃角另有要求的工具类型时，石片就必须再行修理，通过正向、反向、复向、错向或交互法修出所需要的刃角，或将不平齐的石片边缘修整平齐，或将平齐的石片边缘修成曲折形，更有"S"形刃和齿状刃的出现。

（五）三类工具的制作

三类工具以刮削器和砍砸器居多，雕刻器仅1件，且特征并不鲜明。

观察刮削器和砍砸器，其制作流程如下：工具修理通常的步骤是修形、修把手和修刃，实际上其顺序并不完全固定，有时也会发生变化或是省去其中某个步骤。修刃的目标是刃缘形状和刃角；修形则是规范器形的大小和形状。通常在工具的顶端或底部留有人为截断的断面，修把手多从单面或两面修理出圆钝部分以便于把握。修疤形态以鱼鳞状为主，阶梯状少量。修形、修把手和修刃的修疤大小各不相同，根据修疤大小的五个等级，修形和修把手的修疤大，而修刃的修疤多属于中、小型。

1. 刮削器

刮削器是第一期文化中工具的主体，数量最多，占三类工具总数的65.9%，原料以细砂岩和砂岩为主；片状毛坯占刮削器总数的70.4%；由于刮削器的功能为"切、割、刮、削"，所以不论片状、块状毛坯，尺寸均属中型，表面具有圆钝的砾石面，在工具修理时可以省却修把手的步骤。标本2011ZQT2-3⑥A：27，凹凸刃刮削器，以砾石为毛坯，先由Ⅱ面向Ⅰ面进行复向修理，出现平坦的面，并有6个明显的石片疤，此为修形。由于砾石自然面原本就是圆钝的，易于把握，因此省去修把手的步骤。修刃是由Ⅰ面向Ⅱ面进行的，修出凹刃的形状后留下2个石片疤，A处凹刃和B处凸刃（图52-1）即可使用。同理，标本2011ZQT2-16⑥C：52，单直刃刮削器，块状毛坯，也是先经过修形，得到两个平整的面后再进行修刃。但这件工具的直刃A处经过两面、反复、精细地修理，把刃缘修得钝厚，推测是因为需要大角度的刃缘而特意修理的（图52-2）。

片状毛坯的刮削器在制作工艺流程上并无多大差别，如标本2011ZQT2-15⑥A：34，单尖刃刮削器，片状毛坯，A处进行截断，留下笔直的断面，这是对毛坯尺寸和形状的调整，属于修形；在B、C两边由劈裂面向背面进行加工，两边交汇形成尖刃；利用毛坯石片的自然台面作为把手，省却了修把手工序（图52-3）。标本2011ZQT2-12⑥D：4，端刮器，片状毛坯，通过A处修形，B处反向、多次修理刃部，最后得到1件器形规整、修理精致的端刃刮削器（图52-4）。

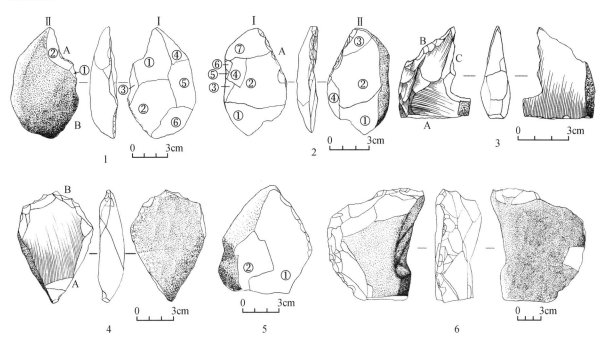

图52　三类刮削器与砍砸器制作示意图（Making method of scraper and chpper-chopping tools）

1、2.块状毛坯的刮削器（2011ZQT2-3⑥A：27、2011ZQT2-16⑥C：52）　3、4.片状毛坯的刮削器（2011ZQT2-15⑥A：34、2011ZQT2-12⑥D：4）　5、6.砍砸器（2011ZQT2-7⑥B：104、2011ZQT2-10⑥A：1）

2. 砍砸器

砍砸器属于重型工具，重量一般超过200g，通常以其钝厚曲折的刃口和厚重的器身起到砍砸、锤砸等多种用途，既可用来加工生活资料，还可用来制作竹、木类工具以及砸坚果等。本层中砍砸器数量少于刮削器，占三类工具总数的31.7%；以块状毛坯为主，占砍砸器总数的76.9%；尺寸为大型，最重达1182.0g；作为权宜工具，在制作工序上显得较为简单、粗糙，但也可见个别修理相当精美的标本。标本2011ZQT2-10⑥A：1与2011ZQT2-7⑥B：104，同样是块状毛坯制作的单凸刃砍砸器，由于修理精细程度不同，最后成品的形态差之千里。标本2011ZQT2-7⑥B：104，在一面打下2个剥片疤，再在石片疤的边缘上进行简单修理，仅单层修疤，既不修形也不修刃（图52-5）。而标本2011ZQT2-10⑥A：1，选择有陡直自然面的砾石，把该面设计为把手部位，然后在把手对侧修出凸刃，刃缘经过多次、反复的修理，修疤层数至少3层，修疤深且大。除此之外还将器身顶部和底端进行第二步加工，截取多余的部分，修理整形后成为第一期文化石制品中的一件"精品"（图52-6）。

纵观工具制作的整个流程，从砾石到工具成器，其主要经历过程如图53所示：①首先是对原料进行岩性、尺寸、重量和形状的选择；②从石核上剥下石片，根据目的选择合适的石片直接使用或以此作为毛坯；③直接采用石锤进行加工，实现所需工具的制作。

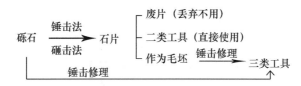

图53　工具制作工艺流程示意图（General view of technological process）

二、石器工业特征

通过制作流程的剖析，石器的工业特征可扼要归纳以下几个方面。

原料种类多样，共有18种，而且大部分是适宜于制作工具的原料。在福建境内，除三明万寿岩船帆洞遗址下文化层（26种）外，奇和洞第6层石制品是采用原料最多的。原料的多样性往往决定了工具类型的多样化和获取食物资源的多来源。

石器尺寸四型均有，其中以中型的居多，占总数的54.9%；其次是大型，小型再次，特大型最少。通过分类统计来看：石核多为大型，石片、断块多为中型，工具均为大、中型（表20）。工具尺寸大小在某种程度上看与采集和狩猎对象有关。

表20　石器大小分类统计表（Systematics and statistics of artifact sizes）

长度 类型	≤30		30~70		70~150		>150	
	N	%	N	%	N	%	N	%
石核	2	0.5	14	3.4	24	5.8	0	0
石片	56	13.6	95	23.1	9	2.2	0	0
断块	18	4.4	90	21.9	26	6.3	1	0.2
一类工具			2	0.5	25	6.1	1	0.2
二类工具			8	1.9	0	0	0	0
三类工具			17	4.1	24	5.8	0	0
总计	76	18.5	226	54.9	108	26.2	2	0.4

注：测量长度为石器的最大长，单位mm；"N"代表件数，"%"代表所占石器总数的百分比。

石制品类型多样，在石核、石片、断块和工具中，以石片数量最多，占总量的38.8%；其次是断块，占32.8%；其次是工具，包括石锤、石砧、砺石、刮削器、砍砸器和雕刻器（图54），占18.7%；石核最少，占9.7%。

石核的选用：石核的原料既包括适合剥片的细砂岩、砂岩和泥质砂岩，也包括石质较差的钾长花岗岩；砾石外观多呈现扁平状和不规则状，尺寸普遍较大。

剥片方法：均采用锤击法，双台面最多，其次是单台面，多台面石核最少。自然台面占绝大多数，人工台面少，均为打制台面，平均台面角90°。

剥片方式：单台面石核均为同向剥片，双台面多数采用转向、对向剥片，而多台面以复向剥片居多。

剥片数量：石核的台面有2~3个，剥片面有2~7个，剥片疤最多的达26个。高效石核数量

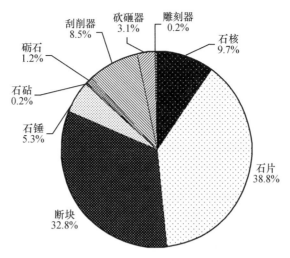

图54 石器类型比例图（Proportion of artifact types）

占石核总数约45%，石核使用率较高。

石片，完整石片占石片总数的81.2%。完整石片的尺寸多为中、小型，长宽比平均约为1.2，大多形状规则，呈羽状、三角形、梯形或方形。剥片方法以锤击法为主，砸击法个别。自然台面居多，占完整石片总数的66.2%；其余为人工台面，其中打制台面居多，有疤较少。根据背面石片疤石片的情况可见，同向剥片法最多，比例可超70%。

一类工具，经过选料和使用两个阶段：

①石料主要选择硬度、质地、韧性和磨圆度均较好的砂岩。根据需要甄选石料的形状，不同工具选择的倾向性不同。一类工具重量一般偏重，磨圆度也较好，就近选材。②石砧、石锤和砺石上均有明显使用痕迹，其中石锤和砺石的使用痕迹较多。条形石锤半数为双端石锤，圆形石锤的侧面一周均经过使用，表明石锤的使用率较高，也说明当时制作者在此地生产生活时间较长。

二类工具，均为单刃刮削器，尺寸属于中型，手感较好，以直刃居多，次是凸刃，凹刃少。根据刃角的五个等级，刮削器刃角的等级为斜，平均44.8°，最小的刃角仅22.5°。可见二类工具的刃缘大多在石片的边缘，且较锋利。

三类工具的制作流程：

①选择毛坯：根据不同的目标工具选取不同类型的毛坯，刮削器的毛坯绝大多数为石片，砍砸器的毛坯均为有一定厚度的砾石。由此可知在制作工具之前，人们已经可以根据工具类型的不同选择不同的毛坯。②预先规划：工具修理之前，制作者先根据毛坯的特点和目标，对工具进行整体规划，既确定刃部的位置，还对把手的位置和器物整体形态进行设计。③修刃、修形和修把手的有机结合：根据毛坯的情况和对毛坯的规划进行选择性修理，即选择性地修刃、修形和修把手。本层石器修形包括断面和修疤；特意修把手情况较少，多数利用砾石圆钝的自然面。三类工具经过修形或修把手而不修刃部，直接使用石片锋利边缘作为刃的情况也有出现。

虽然工具的修理有精细和粗糙之分，但是在功能发挥上却是一样的：简单修理的权宜工具具有省时省力的特点，作为临时使用的工具，即修即用、即用即弃；而经过精细修理的工具虽费时费力且制作失败率很高，但是可以获得特殊刃形或达到某种功能。二者各司其职，只有功能区分，并无高低之分。

三、工业类型属性

在讨论石器的工业属性之前，需要对工业的定义有所了解。它是指"几个时代相当、内涵相仿的并有一定时空代表性器物组合的集合体"[29]，或指"时代和性质相近的多个组合的集合体"。一个地区可以有主工业类型，工业类型还可以细分为多个亚型，而石器工业通常以石器的生产技术为划分标准。在中国北方，存在着"一套直接打击的、以小石制品为主的跨时代多个组合构成的主工业"[30]，即北方小石器工业。通常认为南方存在的是以大型砾石砍砸器为特点、工具加工简单、粗糙，即所谓"南方砾石工业"，它的典型特征包括：原料主要是砂岩、石英岩等；石核利用率低，绝大多数为自然台面；打片和加工石器均以锤击法为主；石器尺寸大；工具毛坯多为块状，加工粗糙、简单，多数保留砾石面；工具类型以大型砾石砍砸器为主，手斧占一定比例，工具组合为砍砸器、尖状器（包括大三棱尖状器）、刮削器、手斧和石球等。

反观奇和洞遗址，不论是所在地理位置还是所处自然环境，都属于中国南方，更重要的是从石器的工业特征上，尤其是从石器尺寸和剥片技术来看，基本符合南方砾石工业的文化特征。因此，认为奇和洞遗址第一期的石器工业为南方砾石工业是合理的。但另外的某些特征令我们不得不感到奇和洞遗址的旧石器有不同的风格。当与广东[31][32]、广西[33]、贵州诸遗址石器工业相对比时，不难发现奇和洞遗址的旧石器工业特征显现出许多不同之处：如刮削器所占比例较大，工具毛坯以片状为主，部分工具修理精细程度高，缺手斧，尖刃器数量少，特别是工具的制作工艺和工具组合相距甚远。

其实，范雪春等曾经根据旧石器的加工、类型、工具组合和遗址类型等差别，将"红土文化带"划分为："湘鄂川带"、"苏皖带"、"闽浙赣带"、"桂粤海带"[34]，福建省所在的"闽浙赣"亚带，原料以脉石英、砂岩和凝灰岩为主，工具的组合表现在大、中、小器物均存在，刮削器、尖状器和砍砸器是主要工具类型，手镐是其特色工具，偶尔存在手斧和薄刃斧。奇和洞遗址旧石器其实是在南方砾石主工业下存在的一种具有地域性特征的工业亚型。广袤的秦岭—江淮山地—淮河分界线以南的中国南方地区，不同区域环境的差异必然会导致这种情况的出现。

再者，在与福建境内其他旧石器时代遗址的石器工业特征相对比时，也不难发现奇和洞遗址的石器工业特征"独树一帜"。在石器原料和工具组合上与漳州莲花池山遗址[35]、漳州西郊洋尾山地点群[36]和晋江深沪湾旧石器晚期遗址[37]完全不同，工具毛坯的选择与将乐旧石器地点[38]差别很大，工具修理精细程度与三明万寿岩旧石器遗址[39]和永安黄衣垄遗址[40]也不尽相同。福建是多山、丘陵、小盆地互相错落的地区，不同的地貌单元、自然环境变异甚大，这显然对于旧石器时代文化和制作工具工艺的交流和传播起到阻隔作用，也一定程度上造成福建境内旧石器工业亚类型的多样化。其实，影响石器工业特征的因素远不止如此，例如漳州莲花池山遗址出土的石制品几乎都采用脉石英和水晶作原料，故在制作工艺上形成独特的加工方法。福建乃至中国南方各地石器工业框架的完善、发展序列缺环的补足、石器工业类型的划分都期待今后解决。

尽管奇和洞第一期文化仅仅出土2件骨针毛坯和1件骨刀坯件，但这标志着居住在奇和洞的先民已经开始进入磨制骨器的初始阶段，这种工艺的出现显然与当时当地自然环境因素有关。

旧石器时代晚期磨制骨器的出现象征着人类社会的一大进步，由于磨制骨器的特殊功能，至使人类在适应环境和开发利用自然资源上得到更多的好处。根据已有报道，欧亚大陆许多地方都有发现，其采用的原料基本上是动物的骨骼、牙齿和角，并经过精选及特殊加工而成。在我国的辽宁海城小孤山遗址、贵州穿洞和猫猫洞等地曾有较多发现[41][42]。奇和洞遗址第6文化层仅出土3件坯件，虽尚无出土定型的磨制工具，但是从3件坯件也足以窥视当时人类对动物骨骼的初始认识。动物的肢骨，尤其是哺乳动物的肢骨，通常具有较大的坚硬性和弹性，而且所需的材料也容易获得，他们可以从猎获动物取其肉食的同时充分利用本来可能被丢弃的骨骼。通常在加工骨器时，需要按照需要来挑选不同骨壁厚度的动物骨骼，正如大型骨骼的骨壁较厚，可以用来制作较大的骨器，比如骨铲、骨棒、骨锥或骨质标枪头等；骨壁厚度中等或较薄厚度的骨片则用来制作骨针、骨箭镞、骨匕等。一般说来，磨制骨器的制作工序比较复杂，都要经过砍、劈、截形后，从中挑选适宜的骨片，再进行粗修理，最后经历仔细磨制成型等几道工序。奇和洞遗址其他文化层出土的多种磨制骨器将在以下章节中记述。

值得提及的是艺术品（刻划石）的出土。刻画石，可归于艺术品的范畴。旧石器时代晚期艺术品的出现标志着人类行为和思想意识达到比较成熟的水平，欧洲奥瑞纳及以后的文化期中不乏出土有在骨骼、角和石块上雕刻的艺术品，尽管我国这类标本罕见，但也有个别精美的雕刻品，如河北兴隆县出土的1件鹿角雕刻艺术品。该件艺术品的原材料是赤鹿的一段眉枝，角的表面刻有波浪、"8"字形和直、斜、弧三组刻画纹饰，并涂抹赤铁矿粉，年代13ka BP，可能是狩猎者本身的生活写照[43]。奇和洞遗址出土的该件艺术品和河北兴隆县的鹿角雕刻在时代上相近，故意义重大。

奇和洞第一期文化层中伴生的可鉴定哺乳动物标本数量54件，种类12种，包含翼手类、灵长类、啮齿类、食肉类和偶蹄类6个大类，但缺乏奇蹄类；动物体型属于中等和小型，大型的极少，显示出在末次冰期尚未结束的条件下，相对干凉的山地灌丛生态环境不利于奇蹄类的栖息，但也有可能是缺少水生动物标本的出土。不利的生态环境，使得那时居住在奇和洞的先民只能更多地以采集植物性食物作为主要生活来源，兼以捕捉小型动物作为补充，偶尔也狩猎中型哺乳动物。各种动物数量和最少个体数可见表21。诚然，由于受到生态条件的限制，他们不得不把更多的时间耗费在寻觅食物的事情上，或有可能他们是一个人数并不很多的"游群"，当在奇和洞季节性落脚时，充分利用奇和洞周围丰富的石质原料制作工具，在资源相对匮乏的"斑块"中获取食物以维持生计[44]。

表21　第6层哺乳动物标本数量、最少个体数统计

（ Quantity statistics and least individual of mammals from from ⑥ level in Qihe Cave Site ）

位置 种类	上颌骨 （件）	下颌骨 （件）	牙齿 （件）	其他 （件）	数量 （件）	最少个体数
1. 鼩鼱（ Sorex sp. ）		1			1	1
2. 普氏蹄蝠（ Hipposidros pratti ）		1			1	1
3. 猕猴（ Macaca mulatta ）			3		3	1
4. 小家鼠（ Mus musculus ）		1				1
5. 黑鼠（ Rattus rattus ）	4	2			6	2
6. 红背鼯鼠（ Petaurista petautista ）			1		1	1
7. 中华竹鼠（ Rhizomys sinensis ）			29		29	12
8. 赤狐（ Vulpus vulpus ）			1		1	1
9. 鼬（ Mustela sp. ）			3		3	2
10. 金钱豹（ Panthera pardus ）			1		1	1
11. 小麂（ Muntiacus reevesi ）			8		8	3
12. 鹿（ Cervus sp. ）				1		1
数量与最少个体数统计	4	5	46	1	54	27

第五章 第二期文化遗存

第一节 概 述

第二期文化包含第4、第5两个文化层和3个火塘遗迹，主要出露于T2的西部，面积约20m²，文化堆积层东薄西厚，东侧呈缓坡状堆积，西面低洼处接近水平状。第4层为灰白色灰烬钙质胶结层（类似钙板层），结构较疏松；第5层为褐色土层，含大量红烧土和灰烬，结构松散。第4和第5两个文化层均属于废弃物堆积区，层面高度略低于F2居住面，测定年代为130000～10000a BP，重要的遗迹有火塘和红烧土堆。

第二期文化出土的遗物比较丰富，计有石制品213件，磨制石器7件、磨制工具10件、陶片266件、骨制品8件、人类牙齿3颗，以及较多动物骨骼。其中可鉴定的哺乳动物标本98件，种类18种，包括翼手类2种、灵长类1种、啮齿类4种、食肉类6种、偶蹄类5种，另有一定数量的鸟禽类骨骼、水生螺、蚌、龟鳖类，另有大型骨骼、碎骨和烧骨等。第二期文化最大的特点是出土少量夹砂陶片，这是福建地区目前发现的最早陶器残片。

第二节 遗 迹

第二期文化共发现火塘3个。火塘2开口于第4层之下；火塘1、3均开口于第5层之下。

火塘1

位于T2北部，开口于第5层下，口距地表57cm，底距地表65cm（图55-1）。火塘不完整，残存面略呈半圆形，敞口，近平底，壁有青灰色烧结面，内填深灰色土，夹杂大量红灰色烧土颗粒、木灰烬和夹砂灰烬，结构疏松，呈坑状堆积。

火塘2

位于T2北部，开口于第4层下。平面呈不规则方形，斜直壁，平底，剖面呈不规则方形（图56）。堆积物主要为黄色黏土质砂，夹红烧土，较纯净，质地松软，未烧结成块；出土石片、石器以及螺壳和少量哺乳动物碎骨。

火塘3

位于T2北中部，开口于第5层下，打破第6A层，平面略呈不规则圆形，南侧大北侧小，斜

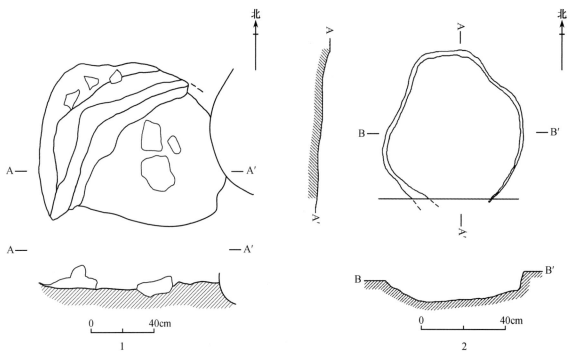

图55　第5层火塘1和火塘3（Cookstove 1 and 3 from ⑤ level）

1. 火塘1　　2. 火塘3

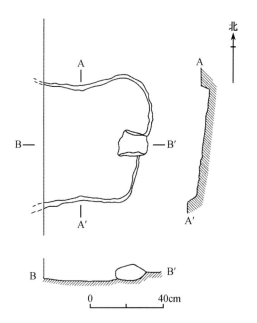

图56　第4层火塘2（Cookstove 2 from ④ level）

直壁，平底，呈不规则方形（图55-2）。火塘中充填灰白色灰烬，结构疏松，底和壁与周边土质、土色区别分明，其中夹有钙质结核和砾石。

第三节　遗　　物

一、打 制 石 器

（一）第5层石制品

共213件，其中206件出自地层，7件来自火塘3。石制品类型包括石核、石片、断块、石料和工具；工具包括一类、二类和三类工具。来自火塘3的7件石器类型包括石片、断块和石锤。原料种类多达14种，按照所占的比例，从多到少排列为：细砂岩、砂岩、钾长花岗岩、脉石英、钾长砂岩、粉砂岩、钾长岩、花岗岩、石英砂岩、闪长岩、石英岩、方解石、石灰岩、泥质粉砂岩。其中以细砂岩和砂岩居多，各占石器总数的38.5%和28.2%（图57）。

总体看来，石制品原料质地参差不齐，但适合制作工具或进行剥片的原料，如细砂岩、砂岩、粉砂岩、脉石英、石英岩等约占总数的85%。不同类型石器选取原料的倾向性也不同，如石片和工具的原料多为细砂岩、砂岩、粉砂岩和钾长花岗岩等；石核、石片和断块原料的选择则较为广泛（图58）。下面对石器进行分类描述。

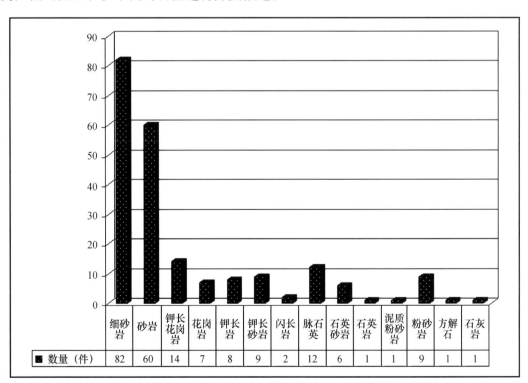

■ 数量（件）	细砂岩	砂岩	钾长花岗岩	花岗岩	钾长岩	钾长砂岩	闪长岩	脉石英	石英砂岩	石英岩	泥质粉砂岩	粉砂岩	方解石	石灰岩
	82	60	14	7	8	9	2	12	6	1	1	9	1	1

图57　第5层石器原料种类柱状图（Artifact materials from ⑤ level）

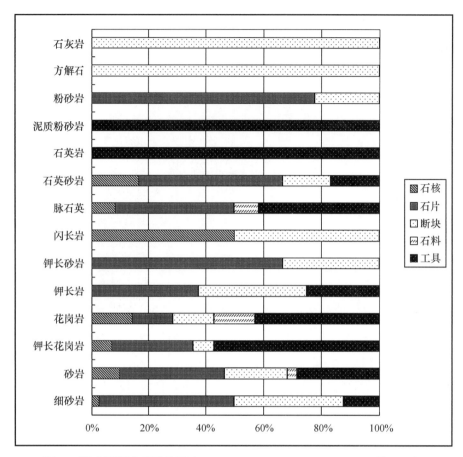

图58　第5层原料分类柱状图（Systimatics of artifact materials from ⑤ level）

1. 石制品分类描述

（1）石核

13件。根据剥片方法分为砸击石核和锤击石核。

砸击石核，1件。标本2011ZQT2-7⑤：16，长54.0mm，宽56.1mm，厚33.9mm，重83.0g。原料为白色脉石英。4个台面，均为刃状台面，A、B一组，C、D一组。根据打击点的位置和剥片疤的完整程度可知，首先以A、B为台面进行砸击，石核两面均有剥片，剥片形状呈鱼鳞状和阶梯状，较大剥片疤有12个，小崩疤无法计数；再转动核体90°，以C、D为台面进行砸击剥片，石核两面均有鱼鳞状和阶梯状剥片疤，较大片疤6个，小崩疤无法计数。石核较大且明显的剥片疤超过18个，可见原料为脉石英的砾石采用砸击剥片法较为合适，易于提高石核的使用率和成功剥片率（图59-1；彩版一六，1）。

锤击石核，12件。原料以砂岩居多。根据石核台面的数量分为单、双和多台面。

单台面，2件。长69.6～108.4mm，平均89.0mm；宽33.6～47.9mm，平均40.8mm；厚21.3～21.6mm，平均21.5mm；重52.0～107.0g，平均79.5g。均为自然台面。台面角80.0°～110.0°。采用同向剥片方式，剥片面1～2个，明显的剥片疤有2个，石核使用率不高。

标本2011ZQT2-16⑤：14，长69.6m，宽33.6mm，厚21.3mm，重52.0g。原料为深灰黑色细

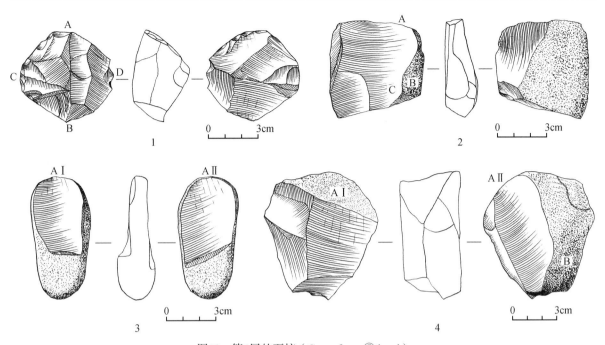

图59　第5层的石核（Cores from ⑤ level）

1. 砸击石核（2011ZQT2-7⑤：16）　2. 锤击多台面石核（2011ZQT2-27⑤：10）　3. 锤击单台面石核（2011ZQT2-16⑤：14）

4. 锤击双台面石核（2011ZQT2-15⑤：43）

砂岩。A为自然台面，长9.3mm，宽19.0mm，有2个剥片面。AⅠ剥片面，台面角80.0°，有1个剥片疤，疤长45.2mm，宽30.2mm。AⅡ剥片面，台面角100.0°，有1个剥片疤，疤长52.4mm，宽32.8mm。此石核采用同向剥片，共2个剥片疤，使用率低（图59-3）。

双台面　8件。长58.0～84.3mm，平均70.7mm；宽38.4～80.4mm，平均58.5mm；厚16.4～45.4mm，平均29.7mm；重56.0～242.0g，平均141.6g。自然台面居多；人工台面中以打制台面居多，有疤台面较少。台面角75.0°～110.0°。转向剥片方式5件，对向3件。剥片面2～4个，剥片疤最多仅9个，石核使用率亦不高。

标本2011ZQT2-15⑤：43，长84.3mm，宽74.9mm，厚40.4mm，重230.2g。原料为浅黄色钾长花岗岩。2个台面，3个剥片面。A为自然台面，长40.3mm，宽70.2mm，有2个剥片面。AⅠ剥片面，台面角120.0°，有1个剥片疤；AⅡ剥片面，台面角75.0°，3个剥片疤，最大长69.1mm，宽38.0mm。B亦为自然台面，位于A台面右后侧，台面长40.1mm，宽75.3mm，台面角81.0°。有4个剥片疤，最大剥片疤长30.9mm，宽29.1mm。此石核采用转向剥片，共有8个较大剥片疤，在所有石核中使用率较高（图59-4；彩版一五，1）。

多台面，2件。长50.2～57.2mm，平均53.7mm；宽53.0～56.3mm，平均54.7mm；厚17.8～19.6mm，平均18.7mm；重50.0～66.0g，平均58.0g。人工台面居多，均为打制台面，自然台面少。台面角70.0°～115.0°。剥片方式均为复向，剥片面3～4个，剥片疤最多6个，石核使用率不高。

标本2011ZQT2-27⑤：10，长57.2mm，宽56.3mm，厚17.8mm，重66.0g。原料为灰色石英砂岩。3个台面，3个剥片面。A为自然台面，长9.5mm，宽46.9mm，台面角100.0°，有1个剥

片疤，在随后剥片过程中被打破，剥片疤残长56.0mm，宽42.6mm。B亦为自然台面，位于A台面的后侧，台面长40.3mm，宽20.7mm，台面角70.0°。有3个剥片疤，最大疤长33.3mm，宽38.8mm。最后C台面是以A台面剥下的石片疤为台面，继续剥片，台面角80°。有1个剥片疤，疤长18.0mm，宽47.8mm。该石核采用复向剥片，共有5个剥片疤（图59-2；彩版一五，2）。

（2）石片

90件。根据剥片方法分为砸击石片和锤击石片。

砸击石片，3件，长29.0~54.2mm，平均40.6mm；宽16.7~31.8mm，平均21.9mm；厚2.3~11.0mm，平均6.3mm；重1.0~18.0g，平均7.3g。均为刃状台面，台面角55.0°~65.0°。原料以脉石英居多，这种原料较适合采用砸击剥片法进行剥片，本层唯一一件砸击石核原料亦是脉石英。

标本2011ZQT2-11⑤：5，长54.2mm，宽31.8mm，厚11.0mm，重18.0g。原料为白色脉石英。台面A、B位置相对，均为刃状台面，台面角约55.0°。石片两面均有砸击剥片过程中产生的劈裂疤，也有由于原料节理发育产生的节理面和阶梯状剥片疤（图60-4；彩版一六，2）。

锤击石片，87件。根据石片完整程度分为完整石片和断片。

完整石片，76件，长5.2~125.4mm，平均41.7mm；宽8.0~94.2mm，平均39.8mm；厚3.2~29.3mm，平均10.0mm；重1.0~259.0g，平均23.1g。长、宽比平均1.1。原料以细砂岩为主，其次为砂岩。人工台面36件，自然台面40件。人工台面以打制台面居多，其次为有疤、线状和点状台面。石片角30.0°~130.0°，平均89.5°。石片背面均为自然面的有9件，均为石片疤

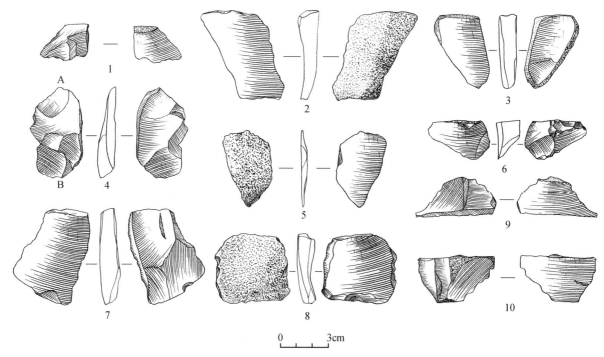

图60　第5层的石片（Flakes from ⑤ level）

1. 右边断片（2011ZQT2-8⑤：43）　　2、3、5~8.完整锤击石片（2011ZQT2-28⑤：25、2011ZQT2-8⑤：35、

2011ZQT2-8⑤：29、2011ZQT2-11⑤：12、2011ZQT2-15⑤：50、2011ZQT2-12⑤：7）　4.砸击石片（2011ZQT2-11⑤：5）

9.近端断片（2011ZQT2-15⑤：48）　10.远端断片（2011ZQT2-23⑤：9）

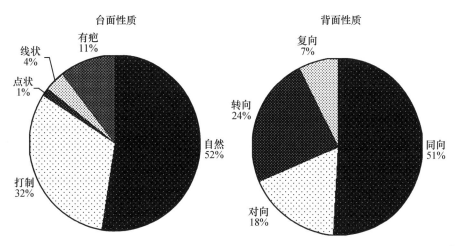

图61　第5层完整锤击石片台面和背面性质（Platform of integral flake and back characteristic from ⑤ level）

的有25件，既有石片疤又有自然面的有42件（图61）。背面石片疤数量多的超过10个。背面石片疤与石片剥片同向的居多，其次为转向，对向、复向最少。

根据台面与背面的性质可分6种类型。

Ⅰ 台面、背面均为自然面的5件。标本2011ZQT2-8⑤：29，长46.0mm，宽30.3mm，厚3.4mm，重6.0g。原料为深青灰色砂岩。自然台面，石片角60°。背面均为自然面。劈裂面半椎体微凸，无同心波，放射线清晰。边缘有疤、折断（图60-5）。

Ⅱ 自然台面，背面为石片疤的11件。标本2011ZQT2-11⑤：12，长23.6mm，宽37.8mm，厚14.3mm，重9.0g。原料为灰色细砂岩。自然台面，台面长14.2mm，宽29.6mm，石片角90°。背面石片疤超过10个，石片疤与石片剥片方向为转向。劈裂面半椎体凸，无同心波，放射线清晰，边缘有疤（图60-6）。

Ⅲ 自然台面，背面既有自然面也有石片疤的24件。标本2011ZQT2-8⑤：35，长44.4mm，宽38.9mm，厚11.6mm，重20.0g。原料为灰黑色砂岩。自然台面，台面长11.1mm，宽27.9mm，石片角100°。背面有2个石片疤，石片疤与石片剥片方向为对向。劈裂面半椎体平坦，无同心波，无放射线，边缘钝厚（图60-3；彩版一五，3）。

Ⅳ 人工台面，背面为自然面的4件。标本2011ZQT2-28⑤：25，长53.1mm，宽51.7mm，厚12.6mm，重24.0g。原料为灰黑色细砂岩。打制台面，台面长11.7mm，宽34.1mm，石片角88°。背面为自然面。劈裂面半椎体内凹，无同心波，放射线清晰，边缘锋利（图60-2）。

Ⅴ 人工台面，背面为石片疤的14件。标本2011ZQT2-15⑤：50，长57.3mm，宽47.5mm，厚12.6mm，重30.2g。原料为灰黄色花岗岩。打制台面，台面长8.3mm，宽27.2mm，石片角105°。背面有4个石片疤，石片疤与石片剥片方向为复向。劈裂面半椎体微凸，无同心波，放射线清晰，边缘有疤（图60-7）。

Ⅵ 人工台面，背面既有自然面也有石片疤的18件。标本2011ZQT2-12⑤：7，长42.0mm，宽45.3mm，厚12.7mm，重27.0g。原料为灰黑色粉砂岩。打制台面，台面长5.1mm，宽25.4mm，石片角110°。背面有2个石片疤，石片疤与石片剥片方向为同向，自然面约占背面面积的80%。劈裂面半椎体凸,无同心波,放射线清晰,边缘有疤(图60-8)。

断片,11件,长19.4～57.7mm,平均32.0mm;宽24.7～72.4mm,平均46.1mm;厚7.2～28.8mm,平均12.4mm;重5.0～115.0g,平均22.6g。其中7件断面为人为截断,据推测是制造者根据需要的尺寸截断石片直接使用或作为毛坯再进一步修理。原料根据石片的断裂方式分为横向和纵向断裂,包括近端、远端和右边断片。

近端,5件。标本2011ZQT2-15⑤:48,残长22.9mm,残宽50.8mm,厚12.7mm,重10.9g。原料为灰色砂岩。自然台面,台面长7.4mm,宽16.9mm,石片角110°。打击点集中,半锥体凸,放射线清晰,无同心波。背面均为石片疤,侧缘有折断(图60-9)。

远端5件。标本2011ZQT2-23⑤:9,残长28.3mm,残宽47.0mm,厚13.2mm,重15.0g。原料为红褐色钾长砂岩。放射线清晰,无同心波。背面既有石片疤也有自然面。通过断面观察,折断为人为造成(图60-10)。

右边,1件。标本2011ZQT2-8⑤:43,残长22.3mm,残宽31.4mm,厚7.2mm,重5.0g。原料为灰黑色砂岩。打击点集中,半锥体微凸,放射线清晰,无同心波。背面均为石片疤。通过断面观察,折断为人为造成(图60-1)。

(3)断块

58件。长20.9～115.1mm,平均47.6mm;宽10.9～93.3mm,平均35.9mm;厚2.0～81.2mm,平均12.8mm;重1.0～631.3g,平均重44.3g。原料选择较广泛,以细砂岩和砂岩居多,另有钾长花岗岩、花岗岩、钾长岩、钾长砂岩、闪长岩、石英砂岩、粉砂岩、方解石和石灰岩。断块形状不规则,自然面占表面面积平均约为30%。有解理面的占断块总数的91.4%,表明断块在很大程度上与石料节理发育有关,也可能是剥片时由于力度不当造成的自然断裂,还可能是在石器制造过程中的废品。

(4)石料

4件。长80.3～140.9mm,平均长122.8mm;宽85.1～147.6mm,平均宽112.6mm;厚44.0～74.2mm,平均厚63.7mm;重907.0～1841.0g,平均重1385.3g。原料为砂岩、脉石英和花岗岩。均为大尺寸、重量大、磨圆好的砾石,表面并无使用痕迹和剥片疤,且此3种原料是制作工具的常见原料,推测是作为制造石器的石料被搬运到洞内。

(5)一类工具

22件,均为石锤。长63.7～137.8mm,平均长107.7mm;宽27.3～105.3mm,平均宽75.0mm;厚60.3～200.0mm,平均厚40.8mm;重907.0～1185.0g,平均重652.4g。原料有花岗岩、细砂岩、砂岩、钾长花岗岩和钾长岩;形状有扁圆形、扁长形、长条形、四边形、三角形和不规则形状,其中前3种占多数。使用痕迹多分布在器身的一端、两端或侧边,痕迹类型有剥片、凹坑和麻点,可见石锤的功能可能不仅用于石核剥片或工具修理,也可能用于砍砸或琢击[45]。

标本2011ZQT2-28⑤:13,长63.7mm,宽27.3mm,厚10.9mm,重440.0g。原料为红褐色细砂岩,砾石表面较平,形状长条形,器身一端经过使用,遗有少量麻点。此件石锤使用痕迹较少,使用率低(图62-4;彩版一八,2)。标本2011ZQT5⑤:26,长136.5mm,宽55.0mm,厚32.0mm,重370.0g。原料为灰色砂岩,砾石表面较平,形状扁长形,器身两端经

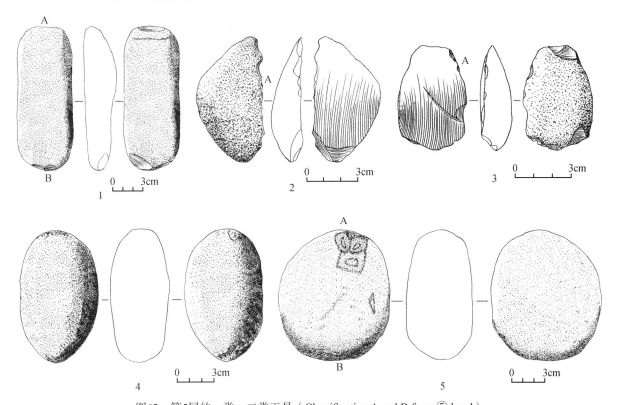

图62　第5层的一类、二类工具（Classification A and B from ⑤ level）
1、4、5. 石锤（2011ZQT5⑤：26、2011ZQT2-28⑤：13、2011ZQT2-6⑤：50）　2. 二类单直刃刮削器（2011ZQT2-28⑤：10）
3. 二类单凸刃刮削器（2011ZQT2-24⑤：53）

过使用，A端有1个剥片疤，B端的两面各有2个剥片疤（图62-1）。标本2011ZQT2-6⑤：50，
长113.1mm，宽101.5mm，厚48.7mm，重742.0g。原料为灰黄色花岗岩，砾石表面较平，形状
为扁圆形，器身两端经过使用，A端有凹坑，深3～4mm，B端有使用造成的麻点（图62-5）。

（6）二类工具

6件，均为单刃刮削器，根据刃的形状分直刃和凸刃。

直刃，4件，长37.5～82.0mm，平均长61.0mm；宽24.0～74.6mm，平均宽46.2mm；厚
11.0～18.7mm，平均厚15.6mm；重17.0～59.0g，平均重42.8g。原料为细砂岩的3件，脉石英的
1件，刃缘长27.7～64.9mm，刃角25.5°～47.2°。

标本2011ZQT2-28⑤：10，长72.0mm，宽39.3mm，厚18.7mm，重54.0g，原料为深灰色细
砂岩，背面为自然面。A处直刃为直接使用石片锋利的底缘，在背面有大小不一、连续4个
使用疤，其中2个大且深，推测是加工硬质物体时遗留下来的。刃长52.6mm，刃角47.2°（图
62-2；彩版一七，1）。

凸刃，2件，长54.2～55.1mm，平均长54.7mm；宽32.8～36.4mm，平均宽34.6mm；厚
10.1～17.0mm，平均厚13.6mm；重20.0～28.0g，平均重24.0g。砂岩、钾长花岗岩各1件。锤击
石片、砸击石片毛坯各1件。刃缘长47.5～51.0mm，刃角45.0°～55.0°。

标本2011ZQT2-24⑤：53，长54.2mm，宽36.4mm，厚17.0mm，重28.0g。原料为深灰色
砂岩。背面既有自然面也有小块石片疤。A处凸刃为直接使用石片锋利的底缘，在刃缘两面

均有零星、大小不一的鱼鳞状使用疤，劈裂面有1个较大崩疤，刃长47.5mm，刃角45.0°（图62-3）。

（7）三类工具

20件，包括刮削器和砍砸器。

刮削器，14件，均为单刃。根据刃形分为直刃、凸刃、凹刃和尖刃。

直刃，6件。长54.7~78.9mm，平均长68.2mm；宽32.4~56.5mm，平均宽43.1mm；厚5.9~40.2mm，平均厚19.2mm；重14.0~115.0g，平均重62.8g。原料以砂岩居多。片状毛坯3件；块状毛坯2件，其中1件为利用砸击石核。正向、复向修理各2件，错向1件。刃缘长24.7~65.4mm，刃角50.0°~75.0°。

标本2011ZQT2-16⑤：18，长63.9mm，宽56.5mm，厚25.3mm，重107.0g。原料为灰黑色砂岩。片状毛坯，呈方形。A处经过反向截断，保留毛坯石片的近端，断面陡直。以毛坯石片侧做刃缘，未修理。B处直刃刃长50.0mm，刃角53.3°。刃缘两侧均有细密、不连续鱼鳞状使用疤（图63-2；彩版一七，2）。

凸刃，5件，长53.9~78.7mm，平均长63.5mm；宽44.1~58.3mm，平均宽49.2mm；厚12.7~22.0mm，平均厚18.0mm；重44.0~72.0g，平均重56.2g。原料以细砂岩居多。片状毛坯3件，块状毛坯1件。正向修理3件，反向1件。刃缘长28.1~55.6mm，刃角42.6°~61.0°。

标本2011ZQT2-15⑤：3，长53.9mm，宽45.7mm，厚21.7mm，重54.0g。原料为褐色砂岩。块状毛坯，形状不规则。由一面向另一面打下1个剥片疤，以石片疤边缘A当做刃缘，未修理。刃长48.8mm，刃角51.5°。刃缘两侧均有细密、鱼鳞状使用疤（图63-3）。

标本2011ZQT2-6⑤：15，长57.1mm，宽47.3mm，厚22.0mm，重66.0g。原料为深灰色细砂岩。片状毛坯，形状呈方形。A处经过正向截断，保留毛坯石片的远端，减短器身的长度。利用石片侧缘和底缘直接使用。B处凸刃刃长39.1mm，刃角58.4°。刃缘背面有细小、不连续的鱼鳞状疤。工具使用时劈裂面接触加工对象，推测加工对象为软质物体（图63-1）。

凹刃，1件。标本2011ZQT2-7⑤：9，长67.4mm，宽62.1mm，厚42.5mm，重157.0g。原料为黑色细砂岩。块状毛坯，呈方形。选取一个较小砾石，随意进行剥片，然后在A处打下1个较大阶梯状石片疤，疤长40.7mm，宽67.2mm。再打下2个石片疤，使得刃缘有2个明显的凹缺。刃长20.8mm，刃角75.0°。刃缘一侧有细密、不连续鱼鳞状使用疤。这种形状的刃缘应是特意修成的，推测用于加工圆形物体，如刮圆木或骨管（图63-4）。

尖刃，2件，长47.1~74.8mm，平均长61.0mm；宽36.3~40.6mm，平均宽38.5mm；厚18.4~19.3mm，平均厚18.9mm；重36.0~43.0g，平均重39.5g。原料均为脉石英。片状、块状毛坯各1件，块状毛坯为锤击石核。正向、复向修理各1件。刃角上均有使用造成的小折断面，刃角73.0°~95.0°。

标本2011ZQT2-28⑤：30，长74.8mm，宽40.6mm，厚18.4mm，重43.0g。片状毛坯，劈裂面平坦，为节理面。A处经过正向修理，在背面留下2层鱼鳞状修疤。B处直边经过正向修理，减薄刃缘，在背面有2层鱼鳞状和阶梯状修疤，边缘不平齐。C处直边较陡，尖部和靠近尖部的位置经过正向修理，在背面有2层鱼鳞状修疤，边缘较平齐。尖刃上有使用造成的小折断面和

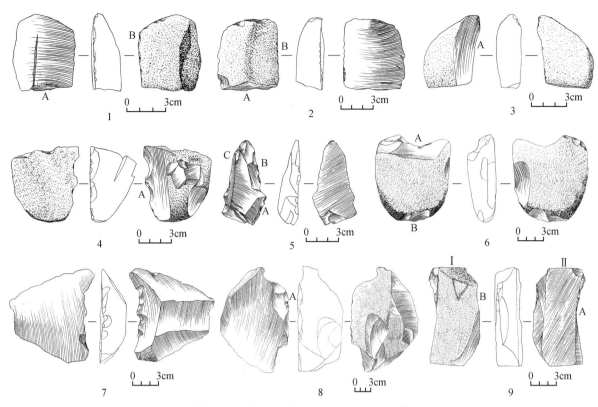

图63　第5层的三类工具（Classification C from ⑤ level）

1、3. 单凸刃刮削器（2011ZQT2-6⑤：15、2011ZQT2-15⑤：3）　2.单直刃刮削器（2011ZQT2-16⑤：18）

4.单凹刃刮削器（2011ZQT2-7⑤：9）　5.单尖刃刮削器（2011ZQT2-28⑤：30）　6.凸凹-凸刃砍砸器（2011ZQT2-24⑤：61）

7.单凹刃砍砸器（2011ZQT2-6⑤：57）　8.单凸刃砍砸器（2011ZQT2-12⑤：75）　9.单直刃砍砸器（2011ZQT2-4⑤：1）

细小疤痕。刃角73.0°（图63-5；彩版一七，3）。

　　砍砸器，6件。根据刃的数量分单刃和双刃。

　　单刃，5件，分为直刃、凸刃和凹刃。

　　直刃，3件。长73.2～110.0mm，平均长90.7mm；宽60.5～78.9mm，平均宽68.9mm；厚31.8～50.1mm，平均厚43.6mm；重280.6～337.0g，平均重306.5g。原料为脉石英、石英砂岩、钾长花岗岩各1件，均为块状毛坯。复向修理2件，正向1件。刃缘60.3～67.4mm，刃角75.0°～95.0°。

　　标本2011ZQT2-4⑤：1，长110.0mm，宽60.5mm，厚31.8mm，重280.6g。原料为棕红色石英砂岩。一面为节理面，一面为自然面。A处为人为截断的陡直折断面，边缘上侧经过修理，为修把手。B处直刃经过两面修理，在两面均有1～2层修理疤，刃缘不平齐。刃长60.3mm，刃角95.0°（图63-9）。

　　凸刃，1件。标本2011ZQT2-12⑤：75，长183.0mm，宽123.0mm，厚82.3mm，重1374.1g。原料为棕红色钾长花岗岩，块状毛坯。器身一面经过复向修理，另一面剥下较大石片疤，减薄器身。随后在较为薄锐的A处进行单面修理，形成凸刃，刃缘不平齐。刃长115.1mm，刃角65.0°。经过使用，刃缘两面均零星分布长约10mm的崩疤（图63-8）。

　　凹刃，1件。标本2011ZQT2-6⑤：57，长104.9mm，宽97.9mm，厚30.0mm，重204.0g。原

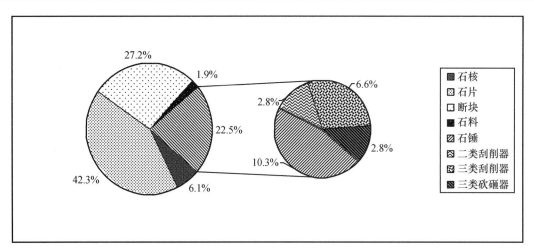

图64　第5层石器类型比例图（Proportion of artifact types from ⑤ level）

料为褐黄色钾长花岗岩，片状毛坯。毛坯尺寸、重量均较大，作为砍砸器较为适合。将石片毛坯本就呈凹形的底缘经过正向修理，调整刃角，刃缘不平齐，在背面有单层鱼鳞状修疤。刃长60.0mm，刃角62.0°。经过使用，刃缘两面均零星分布使用疤（图63-7）。

双刃，1件。标本2011ZQT2-24⑤：61，长96.5mm，宽86.9mm，厚33.9mm，重395.0g。原料为灰绿色砂岩砾石。块状毛坯。由较平的一面向圆弧的一面进行修理，有2层鱼鳞状和阶梯状修疤，形成A处凸凹刃。虽为1个刃，但刃缘形状特殊，由连续的凸、凹刃构成，刃缘较平齐。刃长107.4mm，刃角100°。刃缘两侧均有使用留下的崩疤。A刃对侧B处，未经过修理，直接使用砾石边缘进行砍砸，在两面均有较大使用疤。刃长75.3mm，刃角75.0°（图63-6；彩版一八，1）。

2. 石器工业基本特征

原料选择广泛，但倾向性明显。种类多达14种，包括细砂岩、砂岩、钾长花岗岩、脉石英、钾长砂岩、粉砂岩、钾长岩、花岗岩、石英砂岩、闪长岩、石英岩、方解石、石灰岩、泥质粉砂岩。由于原料质地差异较大，故多选择细砂岩和砂岩，二者占总数的66.7%。

根据标本的最大长度，大致将石制品划分为小型（≤30mm）、中型（>30mm，≤70mm）、大型（>70mm，≤150mm）、特大型（>150mm）4个等级。总体来看，四型皆有，中型数量最多，占53.9%；其次为大型，占26.8%；再次是小型，占18.3%；特大型极少，仅占1.0%。通过分类统计来看：石核均为中、大型；石片、断块多为中型；石料均为大、特大型；工具以大型居多，其次为中型和特大型（表22）。

石器类型多样，包括石核、石片、断块、石料和工具。石片数量最多，占总量的42.3%；其次是断块，占27.2%；再次是工具，占22.5%；石核和石料最少。工具类型包括石锤、刮削器和砍砸器（图64）。

石核：从原料来看，多数为质地较好的细砂岩、砂岩、脉石英和石英砂岩，少数质地较差如花岗岩、钾长花岗岩和闪长岩。尺寸为中、大型，平均长69.9mm，宽55.0mm，厚27.1mm，重114.7g；形状有长条形、扁平状、四边形、方形和不规则形。

表22　石器大小分类统计表（Systematics and statistics of tool sizes）

类型 长度	≤30		30~70		70~150		>150	
	N	%	N	%	N	%	N	%
石核	0	0	7	3.3	6	2.8	0	0
石片	30	14.1	54	25.2	6	2.8	0	0
断块	9	4.2	40	18.8	9	4.2	0	0
石料	0	0	0	0	3	1.4	1	0.5
一类工具	0	0	1	0.5	21	9.9	0	0
二类工具	0	0	4	1.9	2	1.0	0	0
三类工具	0	0	9	4.2	10	4.7	1	0.5
总计	39	18.3	115	53.9	57	26.8	2	1.0

注：测量长度为石器的最大长，单位mm；"N"代表件数，"%"代表所占石器总数的百分比。

剥片方法以锤击法为主，砸击法为辅。锤击石核中以双台面居多，单、多台面较少。自然台面占绝大多数，占台面总数的65.4%；人工台面均为打制台面，平均台面角89.0°。

剥片数量：石核的台面有1~3个，剥片面有1~4个，剥片疤最多的有9个。

综合来看，制作者就近选择较大的、体厚的，或者扁平的砾石进行剥片，不经过预制，很少去除石皮，即直接以自然面为台面进行剥片，推测可能是原料较易获得的原因。另外，砾石的磨圆度良好，常具有平坦的表面，可以直接利用平坦面作为台面进行剥片而无需预制。除锤击单台面石核均采用长条形的原料外，双台面和多台面石核原料形状的选择并无明显的倾向性。高效石核数量少，剥片疤少，石核的台面角及核体厚度依然可以继续进行剥片，可见石核的利用率偏低，从石核的剥片过程看随意性较大，表明奇和洞人利用石料时缺乏规划性和节约性。

石片：从原料和剥片方法来看，石片与石核的特征基本一致，以锤击石片为主，砸击石片少。锤击的完整石片占石片总数的87.4%。完整石片的尺寸多为中、小型，平均长41.7mm，宽39.8mm，厚10.0mm，重23.1g，长宽比平均为1.1。大多形状规则，多呈羽状、三角形、梯形或方形。自然台面居多，占完整总数的52.6%；其余为人工台面，其中打制台面居多。根据背面具有石片疤的情况判断，以同向剥片法最多，占51.0%。通过与石核的比较发现，锤击石核的人工台面比例较石片的人工台面要少，因此石片中应有相当一部分是工具修理过程中产生的修片，而非石核的剥片。

一类工具的选料和使用：①石料主要选择硬度、质地、韧性和磨圆度均较好的砾石，原料以砂岩、钾长花岗岩居多，其次是细砂岩、花岗岩和钾长岩；砾石形状多数较规则，呈扁圆形、扁长形、长条形、四边形或三角形。②石锤器身上有明显的使用痕迹，且痕迹多分布在两端或侧边一周，痕迹类型包括剥片疤、凹坑和麻点。

二类工具：类型均为单刃刮削器，包括直刃和凸刃，这两种刃形符合石片边缘和底缘的自然形态；尺寸多为中型，平均长59.5mm，宽42.4mm，厚14.9mm，重36.5g，这样的尺寸、重量均比较合适，手感较好。根据刃角的五个等级，刮削器刃角的等级为斜，平均45.3°，刃缘平齐、锋利。

三类工具：尺寸以大、中型为主，特大型仅1件，类型包括刮削器和砍砸器，其中刮削器数量较多，占三类工具总数的70.0%。

刮削器毛坯以片状为主，均为单刃。根据刃形统计，以直刃居多，其次为凸刃、尖刃，凸刃最少。砍砸器毛坯绝大多数为块状，单刃居多，凸刃数量多，修疤较深，应为硬锤修理；软锤修理未见。正向修理最多，复向其次，反向、错向最少。修刃为修整刃缘形状和刃角，刃部修理简单，多数在刃缘一面有1~2层修疤。修把手的情况仅出现1例。修形出现较普遍，通常采取截断的方式，而非修疤，可见制作者已熟练掌握截断技术。根据刃角的五个等级，刮削器刃角的等级为中等，平均59.0°；砍砸器刃角等级为陡，平均78.0°。三类工具的刃缘明显大于二类工具，砍砸器的刃角大于刮削器（表23）。

表23　三类工具修理情况统计表（Statistics of tool repair of classification C）　　　　（单位：件）

项目 类型	毛坯		修理方向				修疤形态			修疤层数		修理目的		
	片状	块状	正	反	错	复	鱼鳞状	阶梯状	鱼鳞+阶梯状	1	2	刃	形	把手
刮削器	9	5	7	3	1	3	2	4	8	6	8	9	11	0
砍砸器	1	5	3			3	2	1	3	2	4	6	3	2
小计	10	10	10	3	1	6	4	5	11	8	12	15	14	2
百分比（%）	50.0	50.0	50.0	15.0	5.0	30.0	20.0	25.0	55.0	40.0	60.0	75.0	70.0	10.0

根据以上描述，可归纳三类工具的制作流程：

①选择毛坯。根据不同的目标工具选取不同类型的毛坯，刮削器的毛坯绝大多数为石片，砍砸器的毛坯均为有一定厚度的砾石。

②预先规划：第5层的工具在这方面体现并不明显，故器形多不规整。

③简单的修刃、修形和修把手的有机结合。工具的修理显得简单，用截断的方式选取合适的部分，即可投入使用；或者简单修理刃部，不修把手，很少顾及工具使用的舒适度。工具的权宜性体现得淋漓尽致，虽加工存在随意性，但却能大大提高工具的制作效率。

（二）第4层石制品

第4层出土的石制品共27件，其中19件出自地层，8件来自火塘2。石器类型包括石片、断块和工具；工具包括石锤、石砧和砍砸器。来自火塘2的8件石器类型包括石片和断块。原料种类仅6种，按照所占的比例，从多到少排列为：细砂岩、砂岩、粉砂岩、石英砂岩、钾长砂岩和花岗岩。其中以细砂岩和砂岩居多，各占石器总数的37.1%和33.3%。

总体看来，原料选择的倾向性表现为高品质原料的集中选用和不同类型石器选料的倾向。适合制作工具或进行剥片的原料，如细砂岩、砂岩、粉砂岩和石英砂岩等占总数超过70.0%。

石片、断块原料多为细砂岩和砂岩，而工具的原料集中在砂岩、石英砂岩、钾长砂岩和花岗岩（表24）。下面对石器进行分类描述。

表24　石器原料分类统计表（Systematics and statistics of artifact materials） （单位：件）

原料 类型	细砂岩	砂岩	粉砂岩	石英砂岩	钾长 砂岩	花岗岩
石片	3	2	2	1		
断块	7	4	2			
石锤		3		1		
石砧						1
砍砸器					1	
小计	10	9	4	2	1	1
百分比（%）	37.1	33.3	14.8	7.4	3.7	3.7

1. 石器分类描述

（1）石片

8件。均为锤击石片。根据石片完整程度分为完整石片和中段断片。

完整石片，7件。长21.0～78.3mm，平均长44.3mm；宽21.7～75.6mm，平均宽45.9mm；厚4.4～25.0mm，平均厚11.0mm；重1.0～73.0g，平均重28.1g。长宽比平均1.1。原料包括细砂岩、砂岩、粉砂岩和石英砂岩。人工台面2件，自然台面5件。人工台面均为打制台面。石片角60.0°～120.0°，平均82.4°。石片背面均为自然面的有2件，均为石片疤的有3件，既有石片疤又有自然面的有2件。背面石片疤数量最多5个。背面石片疤与石片剥片复向的居多，转向、对向、同向各1件。

根据台面与背面的性质可以分为5种类型：

Ⅰ 台面、背面均为自然面，1件。标本2011ZQ火塘2：1，长78.3mm，宽60.3mm，厚8.5mm，重54.0g。原料为红褐色粉砂岩。自然台面，石片角60°。背面均为自然面。劈裂面半椎体平，无同心波，有放射线。边缘折断。

Ⅱ 自然台面，背面为石片疤，2件。标本2011ZQT5④：5，长57.3mm，宽59.0mm，厚25.0mm，重73.0g。原料为灰白色石英砂岩。台面为节理面，台面长24.7mm，宽54.5mm，石片角80°。背面石片疤3个，石片疤与石片剥片方向为复向。劈裂面半锥体微凸，无同心波，有放射线。边缘钝厚（图65-1；彩版一五，4）。

Ⅲ 自然台面，背面既有自然面也有石片疤，2件。标本2011ZQT2-23④：2，长31.2mm，宽25.9mm，厚5.2mm，重1.0g。原料为褐灰色粉砂岩。自然台面，台面长2.6mm，宽21.5mm，石片角70°。背面有2个石片疤，石片疤与石片剥片方向为转向。劈裂面半锥体平坦，无同心波，有放射线。边缘折断。

Ⅳ 人工台面，背面为自然面，1件。标本2011ZQT5④：13，长45.1mm，宽75.6mm，

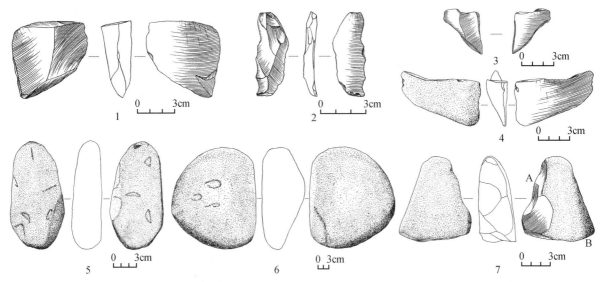

图65　第4层的石器（Artifacts from ④ level）
1、2、4.锤击完整石片（2011ZQT5④：5、2011ZQT2-20④：1、2011ZQT5④：13）　3.中段断片（2011ZQT2-24④：2）
5.石锤（2011ZQT5④：67）　6.石砧（2011ZQT5④：43）　7.三类单直刃砍砸器（2011ZQT5④：48）

厚18.5mm，重47.6g。原料为灰褐色砂岩。打制台面，台面长18.0mm，宽73.8mm，石片角86.8°。背面为自然面。劈裂面半锥体微凸，无同心波，有放射线。边缘钝厚（图65-4）。

Ⅴ人工台面，背面为石片疤，1件。标本2011ZQT2-20④：1，长52.9mm，宽21.7mm，厚6.6mm，重8.0g。原料为浅灰色细砂岩。打制台面，台面长3.0mm，宽8.5mm，石片角90°。背面有4个石片疤，石片疤与石片剥片方向为复向。劈裂面半锥体微凸，无同心波，放射线清晰。边缘有疤（图65-2）。

中段断片，1件。标本2011ZQT2-24④：2，残长36.7mm，宽33.7mm，厚8.3mm，重10.0g。原料为灰黑色细砂岩。根据2个断面的情况推测，此断片的形成可能是人为截断。背面可见2个石片疤，石片疤与石片剥片方向为同向。劈裂面半锥体平，无同心波，放射线清晰。边缘折断（图65-3）。

（2）断块

13件。长20.6～94.6mm，平均长50.5mm；宽15.0～68.2mm，平均宽35.8mm；厚3.2～30.8mm，平均厚11.3mm；重1.0～106.8g，平均重30.9g。原料包括细砂岩、砂岩和粉砂岩。形状不规则，自然面占石器表面面积平均约为30%，有节理面的占断块总数的84.6%，有2件有明显的人为截断痕迹。表明断块很大程度上与石料节理发育有关，也可能是剥片时的自然断裂，还可能是在石器制造过程中的废品或副产品。

（3）一类工具

5件。包括石锤和石砧。

石锤，4件。长125.9～165.7mm，平均长140.1mm；宽69.1～111.6mm，平均宽94.3mm；厚31.2～41.8mm，平均厚37.9mm；重442.3～860.4g，平均重668.2g。原料多为砂岩。形状有扁圆

形、长条形和扁平状。使用痕迹多分布在器身一端、两端或侧边一周，痕迹类型为剥片、凹坑和麻点。

标本2011ZQT5④：67，长133.7mm，宽69.1mm，厚37.6mm，重442.3g。原料为灰绿色石英砂岩，砾石一面平、一面弧。形状为长条形。器身两端均经过使用，两端均有使用造成的麻点（图65-5）。

石砧，1件。标本2011ZQT5④：43，长202.8mm，宽176.1mm，厚90.0mm，重2400.0g。原料为浅红色花岗岩，砾石一面较平、一面凸起，表面风化严重。使用痕迹仅出现在较平的一面，于中间部位有几处密集的凹坑。由于另一面凸起，推测在使用这件石砧时曾采取用土或沙固定的方法，从而确保其放置平稳。根据使用痕迹判断此件石砧使用率不高（图65-6）。

（4）三类工具

1件。为单直刃砍砸器。标本2011ZQT5④：48，长86.6mm，宽75.8mm，厚39.2mm，重320.1g。原料为浅棕色钾长砂岩，块状毛坯。根据修疤的完整程度和打破关系可知此件工具的制作流程：首先从平坦的一面向有弧度的另一面进行修理，修出直刃。于A处有2层鱼鳞状修疤，修疤较大，长、宽均超过30.0mm。再调转器身，于B处采取截断的方法，打出陡直的断面，从而调整工具尺寸。刃长64.4mm，刃角80.0°（图65-7）。

2. 石器工业特征

原料种类仅6种，按照所占的比例，从多到少排列为：细砂岩、砂岩、粉砂岩、石英砂岩、钾长砂岩和花岗岩。原料选择的倾向性表现为高品质原料的集中选用和不同类型石器选料的不同。

根据标本的最大长度，大致将石器划分为小型（≤30mm）、中型（>30mm，≤70mm）、大型（>70mm，≤150mm）、特大型（>150mm）4个等级。总体来看，四型皆有，中型数量最多，占44.5%；其次为大型，占29.6%；再次是小型，占18.5%；特大型极少，仅占7.4%。通过分类统计来看：石片、断块多为中型；工具以大型居多，其次为特大型（表25）。

表25　石器大小分类统计表（Systematics and statistics of artifact sizes）

类型 长度	≤30		30~70		70~150		>150	
	N	%	N	%	N	%	N	%
石片	2	7.4	5	18.5	1	3.7	0	0
断块	3	11.1	7	26.0	3	11.1	0	0
一类工具	0	0	0	0	3	11.1	2	7.4
三类工具	0	0	0	0	1	3.7	0	0
总计	5	18.5	12	44.5	8	29.6	2	7.4

注：测量长度为石器的最大长，单位mm；"N"代表件数，"%"代表所占石器总数的百分比。

石器类型包括石片、断块和工具。断块数量最多，占总量的48.1%；其次是石片，占29.6%；工具最少。工具类型包括石锤、石砧和砍砸器（图66）。

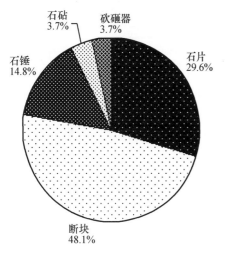

图66　第4层石器类型比例图
（Proportion of artifact types from
④ level）

石片：均为锤击石片，可知剥片方法为锤击法，不见其他剥片方法。锤击完整石片占石片总数的87.5%。完整石片的尺寸多为中、小型，平均长44.3mm，宽45.9mm，厚11.0mm，重28.1g。长宽比平均为1.1。原料以细砂岩和砂岩居多，大多形状规则。自然台面居多，占完整石片总数的71.4%，其余均为打制台面。根据背面石片疤的情况可见，各种剥片法数量较为平均。

一类工具：综合看来，一类工具分为选料和使用两个阶段：

①石料主要选择硬度、质地、韧性和磨圆度均较好的砾石。石锤的原料为砂岩和石英砂岩，形状规则，呈扁圆形、长条形和扁平状。石砧原料为花岗岩，尺寸为特大型，呈圆形。②石锤器身上有明显的使用痕迹。使用痕迹多分布于两端部分和侧边一周，痕迹类型包括剥片疤、凹坑和麻点。石砧的使用痕迹位于器身的一面。

三类工具：仅1件单直刃砍砸器，尺寸大。块状毛坯，修理方式为复向，经过修刃和修形，修疤2层，制作流程简单。

综上所述，本层石器从原料选择、剥片方法、剥片方式、工具的制作流程和石器类型来看，均与第5层石器的工业特征一致。

二、磨 制 石 器

第二期文化层的磨制石器共7件，包括成型石锛2件、石锛坯件1件、石锛使用残断3件及修片1件；另有磨制工具10件（砺石3件、石砧7件），均出自于第5层。石料是磨圆度较高，且较扁平的砂岩或粉砂岩砾石，多数稍加修理后磨制成器，少数未经加工直接磨制，类型简单。

石锛7件，其中成型石锛2件，石锛坯件1件、石锛使用断块3件、修片1件。

成型石锛，2件。标本2011ZQT2-16⑤：13，原料为灰色细砂岩砾石。利用天然砾石在一端磨制成刃部。器形厚重，平面略呈梯形，刃部略宽于顶部，中部及顶部都残存原砾石面，顶部破损，断面呈椭圆形。正面经过细致的磨制，光滑而平坦；背面凸弧，有不规则琢痕，仅近刃部经过磨制；刃部呈圆弧形，有使用过程中崩落的小片疤，刃缘较锋利。长11.6cm，宽4.4cm，厚2.5cm，重263g（图67-1；彩版一九，2）。标本2011ZQT2-16⑤：11，原料为灰色钾长石砂岩。平面呈长方形，顶部有因断裂而崩落的片疤，正面微凸弧，背面微弧，弧刃较钝。两侧和刃部均有使用过程中崩落的片疤。长8.5cm，宽4.2cm，厚1.9cm，重119g（图67-2；彩版一九，1）。

石锛坯件，1件。标本2011ZQT2-24⑤：5，原料为灰色细砂岩。平面近梯形，背面为解理面，腹面破裂面较整齐，打击痕较明显，半锥体不明显；一侧有加工修理时形成的浅宽型片

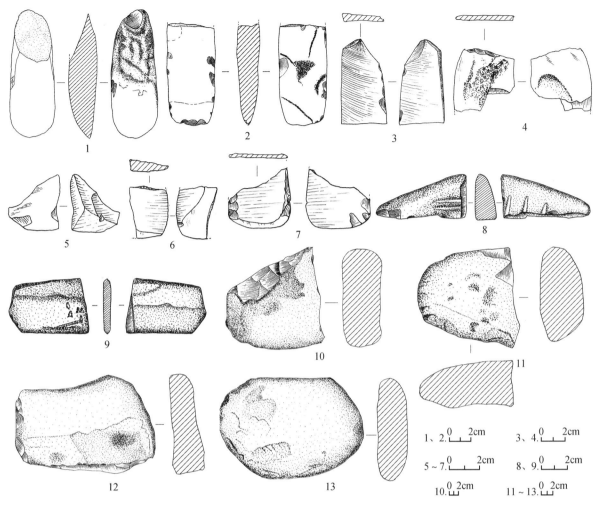

图67　第二期文化出土的磨制石器（Polish stone tools from second cultural phase）

1、2.石锛（2011ZQT2-16⑤：13、2011ZQT2-16⑤：11）　3.石锛坯件（2011ZQT2-24⑤：5）　4～6.断块（2011ZQT2-16⑤：4、
2011ZQT2-11⑤：9、2011ZQT2-12⑤：18）　7.修片（2011ZQT2-15⑤：46）　8、9.砺石（2011ZQT2-32⑤：4、
2011ZQT2-27⑤：9）　10～13.石砧（2011ZQT2-6⑤：52、2011ZQT2-6⑤：74、2011ZQT2-7⑤：12、2011ZQT2-6⑤：56）

疤。器身未经磨制。长6.7cm，宽3.7cm，厚0.7cm，重27g（图67-3）。

　　石锛使用残断，3件。标本2011ZQT2-16⑤：4，原料为灰黄色泥质砂岩。远端残缺，近端有修坯过程中遗留的浅宽形重叠疤痕，两面粗磨，两面中心遗留有不规则形和半椭圆形琢痕，琢痕浅而粗糙。破裂面观察不到打击疤痕。残长4.9cm，残宽5cm，厚3cm，重20g（图67-4）。标本2011ZQT2-11⑤：9，原料灰色细砂岩。一面保留磨面，腹面破裂面不整齐，因是质地之故，破裂面观察不到打击疤痕，背面凸弧，磨面光滑，侧面有两处小的使用疤痕。残长3.4cm，宽3.2cm，厚1.2cm，重8克（图67-5）。标本2011ZQT2-12⑤：18，原料为灰色细砂岩。近端和一侧断裂，远端保留小块刃部，两面细磨，光滑，单面弧刃、刃缘锐利，破裂面观察不到打击点。残长3.5cm，宽2.4cm，厚0.6cm，重10g（图67-6）。

　　修片，1件。标本2011ZQT2-15⑤：46，原料为灰色砂岩。近端残断，背面为节理面，两侧遗留有浅宽型重叠疤痕，破裂面观察不到打击疤痕。该器物估计是二次修理或改型器物过程中所形成的修片。残长3.7cm，宽4cm，厚0.3cm，重5g（图67-7）。

三、磨制工具

（一）砺石

3件。以下记述2件标本。

标本2011ZQT2-32⑤：4，原料为黄色粉砂岩。两侧残缺，两面分别有磨砺留下的2道和3道凹槽痕，凹槽间隔相当，槽内光滑。两侧断面遗留有断痕及剥片疤。长7cm，宽3.4cm，厚2.2cm，重30g（图67-8；彩版一九，3）。标本2011ZQT2-27⑤：9，原料为棕红色砂岩砾石。一侧残缺，两面较平，均见磨砺痕迹和因风化而剥落的疤痕，其中一面粗磨，另一面细磨。粗磨面遗有啄痕和细条形刻划纹。长4.3cm，宽6.3cm，厚0.6cm，重19g（图67-9）。

（二）石砧

7件。石料为磨圆度中等且较扁平的砂岩或花岗岩类砾石。砾石一面作为工作面使用，一般遗留有散漫或比较集中因砸击产生的啄痕；另一面为支垫面，较平整，一般为砾石自然面；器身一般都较厚重，外观不规整。以下记述4件标本。

标本2011ZQT2-6⑤：52，原料为肉红色钾长花岗岩。砾石磨圆度中等，一侧残断，工作面中部位置遗留有因砸击而形成的两处密集啄痕。啄痕长5～6cm，标本长21cm，宽20cm，厚8.4cm，重4446g（图67-10）。标本2011ZQT2-6⑤：74，原料为青灰色砂岩。磨圆度中等，横剖面近椭圆形，一侧残断，近断面处遗留有大的浅宽型崩疤，工作面有因使用而形成的8处浅而粗糙的啄痕，器身局部黏附有钙质胶结物。长17cm，宽16cm，厚7.4cm（图67-11）。标本2011ZQT2-7⑤：12，原料为肉红色钾长花岗岩。器形厚重，一侧残断，相对的一侧遗有浅宽片疤。工作面有两处浅而粗糙的啄痕，长3～6cm，最深处0.4cm，器身局部附着有钙质胶结物。标本长15.4cm，宽22.3cm，厚5.7cm，重6539克（图67-12）。标本2011ZQT2-6⑤：56，原料为灰色砂质泥岩，器身厚重。两个面均有使用痕迹，底面中部有散漫啄痕；工作面遗留有粗糙的椭圆形啄痕，啄痕长3～8cm。标本长15.7cm，宽22.9cm，厚5.1cm，重5736克（图67-13）。

四、陶　器

第二期文化共出土陶片266件，基本上出土于第5层（表26），陶片质地以夹砂陶为主，比例占总量的97.74%。根据所掺和砂粒的粗细，又可区分为夹粗砂（Φ≥3mm）、夹中砂（1mm＜Φ＜3mm）、夹细砂（Φ≤1mm）三类，判断主要以观察断面为主，若有一粒砂满足上述条述，便可将其归类[①]。在所有夹砂陶中，夹细砂陶比重稍大，所占比例为40%；夹粗砂陶占

---

① 《马祖亮岛岛尾遗址群发掘及"亮岛人"修复计划》，第30页。

28.84%；夹中砂陶占31.15%；泥质罕见，仅6片，泥质陶胎质细腻，较薄（图68）。

从陶器颜色（依据MUNSELL土色表）来分析，第二期文化出土的陶器主要有红色、灰色、灰黑色、红黄色、红褐色等，其中以灰陶为大宗，占总数的31.20%，其次是红色、灰黑色和红褐色，所占比例分别为19.55%、17.29%和12.41%，黄色、浅黄色、深灰色陶片的数量较少（图69）。

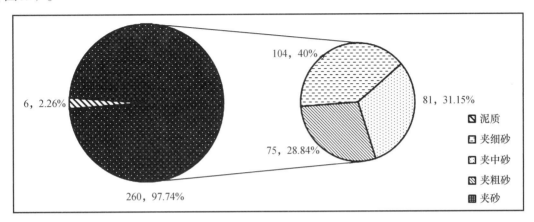

图68　奇和洞遗址第二期文化出土陶片质地分类图（Systematic on texture of pottery fragments from second cultural phase）

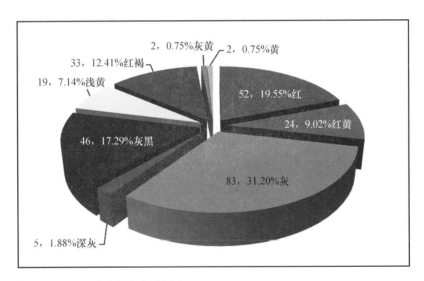

图69　奇和洞遗址第二期文化出土陶片颜色分类图（Systematic on color of pottery fragments from second cultural phase）

通过对陶片形态的观察发现，第二期文化陶器的制法主要是手制，有些陶片和口沿的断面呈"⌒"形，可见口沿与器身又是单独制成而后拼接在一起，而口沿内壁又留有细细的痕迹，口沿部位经过修整。器身的制法以泥条盘筑法为主，制成坯后，内外壁均用手抹泥浆将其抹平，然后施纹。在施纹时，内壁通常会用某些表面呈条形的物体垫牢，方便其在外壁施纹，因此，有的陶片内壁留下了这些垫物的痕迹。陶胎大多数较疏松，除口沿唇部外，胎厚，平均厚度为0.7厘米，最厚的达1.1厘米。

本期文化的装饰方法与纹饰都较简单，陶片中素面占多数，纹饰主要是采用刻划与压印的方式，戳印较少见。刻划是在器表刻划深浅粗细不同的条纹，还有平行条纹、交错条纹等。压印可以分两种：一是在器表压印，常见条纹、锯齿纹、波浪纹、辐射状细线纹；二是在口沿面上压印，常见的是压印缺口，使口沿呈锯齿状，还有在口沿内外压印凹窝，使口沿呈花口。压印多组合纹饰。纹饰方面，以刻划条纹为主，其次是压印的锯齿纹，还有组合纹饰，常见的组合纹饰为锯齿纹与条纹、锯齿纹与辐射状细线纹（表27）。

表26　第二期文化陶片统计表（Pottery fragments of second cultural phase）　（单位：件）

陶质 颜色* 数量 纹饰	夹砂							泥质			合计	百分比
	红	红黄	灰	深灰	灰黑	浅黄	红褐	灰黄	红	黄		
刻划条纹	2	3	1	2	1	13	2				24	9.02%
刻划平行条纹		3	12		8		8				31	11.65%
粗条纹					1						1	0.38%
指甲压印纹					1						1	0.38%
压印锯齿纹		1			1						2	0.75%
刻划交错条纹					1						1	0.38%
戳点纹							1			1	2	0.75%
口沿压印花口							1				1	0.38%
口沿面压印锯齿状							1				1	0.38%
锯齿+平行条纹			1				1				2	0.75%
锯齿+辐射状细线纹		1									1	0.38%
口沿面锯齿+辐射状细线纹				1							1	0.38%
素面	48	17	68	2	33	6	19	2	2	1	198	74.44%
合计	50	24	83	5	46	19	33	2	2	2	266	100%
百分比	97.74%							2.26%				

* 陶片颜色的分类依据MUNSELL土质土色表。

表27　第二期文化出土陶片纹饰统计表（Statistics of adornments of potteries from second cultural phase）（单位：件）

装饰手法	纹饰	数量	合计	百分比
刻划	条纹	24	57	21.43%
	平行条纹	31		
	交错条纹	1		
	粗条纹	1		
压印	指甲纹	1	5	1.88%
	锯齿纹*	2		
	花口	1		
	口沿面锯齿状	1		
戳印	圆点纹	2	2	0.75%

续表

装饰手法	纹饰	数量	合计	百分比
组合纹饰**	锯齿+平行条纹	2	4	1.50%
	锯齿+辐射状细线纹	1		
	口沿面锯齿+辐射状细线纹	1		
素面		198	198	74.44%
合计		266		100%

* 未统计组合纹饰中的锯齿纹。

** 只单独统计组合纹饰中的锯齿纹。

由于陶器皆为碎片，保留的仅是口沿与腹片，没有可修复的完整器，具体的底部形态难以得知，但出土了一件陶片中部厚，四周较薄，弧度较大，可能是底部，给我们提供了圜底器的可能材料。从少数器物的口沿可分辨陶器器形主要有釜、盆、罐、钵。

陶釜，共1件。标本2011ZQT2-12⑤：25，浅黄色夹砂陶，砂粒粗大，陶胎为浅黄色，较紧密，质地较硬，敞口，圆唇，素面。口径12cm，残高1.5cm，厚0.2～0.6cm（图70-1）。

陶盆，共2件。标本2011ZQT2-12⑤：16，红褐色夹砂陶，口沿部分内外经手指连续按压成凹窝，使口沿形呈花瓣状，俯视下口沿面呈波浪形。器形较大，残片基本没有弧度，口径不详，由于烧成温度的关系，使口沿上部呈红褐色，下部呈灰黑色，素面。残长4.3cm，宽4.2cm，厚0.7cm（图70-4；彩版二〇，1）。标本2011ZQT2-6⑤：24，红褐色夹砂陶，砂粒粗，表面为红褐色，内壁为灰黑色，陶胎呈灰色，胎质较疏松，口沿下装饰有戳印的圆点纹，圆点纹上下两排平行，其间戳印的圆点形成曲折状，圆点直径0.4厘米，排列紧密，间隔小，戳点纹下未发现明显纹饰。内壁较光滑，残留有一些条状痕迹，敞口，圆唇。口径21.6cm，残高8.6cm，厚0.9cm（图70-5；彩版二〇，2）。

陶罐，共5件。标本2011ZQT2-24⑤：70，灰黑色夹砂陶，陶质紧密，较坚硬。口沿内外经过手抹泥浆处理，较光滑。敞口，圆唇。口径12.2cm，残高2.6cm，厚0.2～0.7cm（图70-3）。标本2011ZQT2-11⑤：28，夹粗砂深灰陶，胎为灰黑色，较疏松，质地较为坚硬，表面有辐射状的压印细线纹，口沿面上压印缺口，形成锯齿状，内壁有些条状印痕与凹痕是某种垫物所留。敞口，圆唇，口径28.6cm，残高2.7cm，厚0.2～0.8cm（图70-6；彩版二一，1）。标本2011ZQT2-24⑤：3，红褐色夹砂陶，砂粒粗，胎灰色，较疏松，质地略硬。口沿面上压印缺口，呈锯齿状，残留的口沿上未发现明显的纹饰。口微敛，尖唇。口径30cm，残高2.8cm，厚0.8cm（图70-11；彩版二一，2）。标本2011ZQT2-12⑤：69，灰黑色夹砂陶，砂粒粗，陶质疏松，胎较薄，内外壁有些地方呈浅黄色。微敞口，圆唇。口径18.8cm，残高2.4cm，厚0.3～0.4cm（图70-7）。标本2011ZQT2-12⑤：29，残留口沿部分，颈部以下皆残。浅黄色夹砂陶，砂粒细，胎质致密，口沿中部略微向外鼓出，敛口，圆唇。口径15cm，残高2cm，厚0.4cm（图70-2）。

除上述可以依据口沿辨定的器形外，此期文化还出土一些具有典型特征的陶片。标本2011ZQT2-28⑤：6，灰黑色夹砂陶，砂粒粗，质地较致密，略硬，表面有较规整的刻划平行条纹，残长7.1cm，宽4.7cm，厚0.85cm（图70-10）。标本2011ZQT2-12⑤：42，灰黑色夹砂

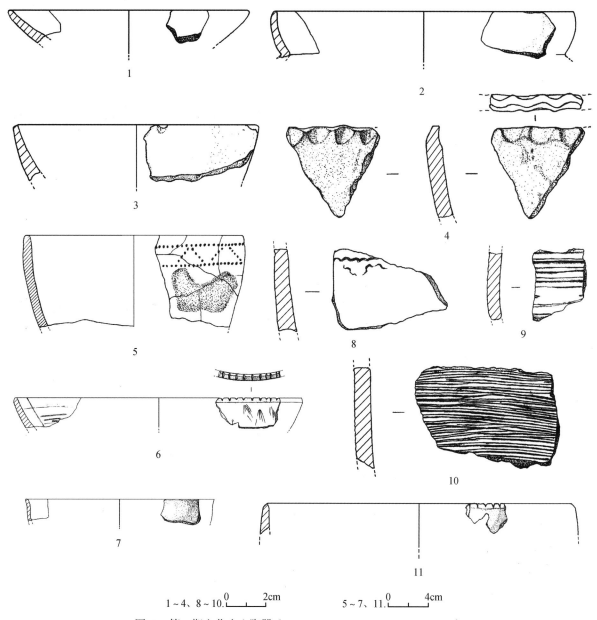

图70　第二期文化出土陶器（Potteries from second cultural phase）

1.陶釜（2011ZQT2-12⑤：25）　2、3、6、7、11.陶罐（2011ZQT2-12⑤：29、2011ZQT2-24⑤：7、2011ZQT2-11⑤：28、
2011ZQT2-12⑤：69、2011ZQT2-24⑤：3）　4、5.陶盆（2011ZQT2-12⑤：16、2011ZQT2-6⑤：24）　8.波浪纹与锯齿纹陶片
（2011ZQT2-12⑤：42）　9.粗条纹陶片（2011ZQT2-24④：4）　10.刻划平行条纹陶片（2011ZQT2-28⑤：6）

陶，砂粒粗，陶质疏松，表面压印有一组波浪形纹饰和呈"〈"字形的零星压印锯齿纹，残长5.4cm，宽3.9cm，厚0.8cm（图70-8）。标本2011ZQT2-24④：4，夹粗砂，表面颜色不均，灰色夹杂浅红色，刻划平行粗条纹，内壁平整，厚0.7厘米（图70-9）。标本2011ZQT2-15⑤：38，红黄色夹砂陶，砂粒粗，陶质疏松。表面有较规整的刻划平行条纹（彩版二一，3）。

综上所述，第二期文化出土的陶器以泥条盘筑法制做陶器，火候不高，胎质疏松，不致密、易碎。以釜、罐、钵、盆等为主要器形，陶器的装饰简单，纹饰品种较少，以某一两种纹饰为主，是目前为止福建省发现时代最早的陶片，具有原始陶器的特征。

五、骨 制 品

第二期文化遗物中的骨器总共8件，其中第5层7件、第4层1件，类型比较简单，仅有骨锥、骨针、坯件和打击骨器4种类型。在多数情况下制作骨器的原料难以确定其动物骨骼的属种，仅能根据骨壁的厚薄判断动物的大致体型。

（一）第5层骨制品

共7件，包括骨锥、骨针、骨锥坯料和打击骨器4种。

1. 骨锥

2件。标本2011ZQT2-23⑤：23，残，现有保存的骨锥仅约为原来长度的一半，保存部分表面均经磨制，磨制痕迹细小，加工较精细，纵向和斜向两组磨痕均清楚可见，由于风化的原因，器身表面局部变得模糊不清；骨锥的头部呈钝尖状，保存良好，且显得十分光滑；器身靠前部位置的横断面近圆形，后部断缺，断面椭圆形。保存长度25.2mm，最宽6.8mm，重1g（图71-1）。另一件标本2011ZQT2-23⑤：25，仅保存前端，后部断损，断面椭圆形，保留部分不及原有长度之半。通身磨制，斜向磨痕清楚；头部相当尖锐而且细长，表明加工相当精致。保存长度24.5mm，最宽6mm，重1g（图71-2）。制作骨锥的骨骼骨壁较厚，应是采用较大型哺乳动物的骨骼加工的。

2. 骨针

1件。标本2011ZQT2-8⑤：1，由小型哺乳动物肢骨经砸击后形成尖状骨坯，再经磨制尖头而成，磨制的长度为12mm，针体后部未经磨制，可见骨表质和骨腔壁。整体看，器物较细长，长29.1mm，最宽5.5mm，骨壁厚2.5mm，重0.5g（图71-3）。

3. 尖刃器

1件。标本2011ZQT2-12⑤：21，以较大型哺乳动物桡骨经砸击而成的一小段骨片作为加工的坯料，骨片前后两端均经修制形成较尖的头部，一头正尖，一头斜尖，但因中度风化，一些修理痕迹和骨表质部分消失。全长55.0mm，宽13.1mm，骨壁厚度6.2mm，重29克（图71-4；彩版二二，3）。此尖刃器可能作为复合工具之用。

4. 骨锥坯料

3件。标本2011ZQT2-24⑤：4，由相对较小体型哺乳动物骨骼经砸击形成的骨片作骨坯，一头尖状一头钝，尖端稍经磨制，初磨部分仅限于刃部。长38mm，最宽9mm，骨壁厚3mm，

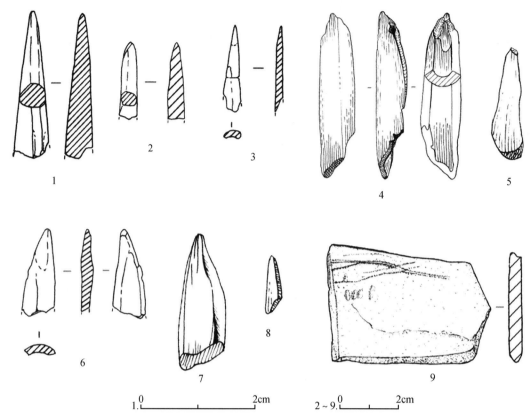

图71　第4层和5层的骨制品和刻画石（Bone tools and nick stone from ④ and ⑤ levels）
1、2. 骨锥（2011ZQT2-⑤：23、2011ZQT2-23⑤：25）　3、8. 骨针（2011ZQT2-8⑤：1、2011ZQT2-20④：2）
4. 尖刃器（2011ZQT2-12⑤：21）　5~7. 骨锥坯件（2011ZQT2-24⑤：4、2011ZQT2-16⑤：12、2011ZQT2-32⑤：2）
9. 线条刻画石（2011ZQT2-27⑤：9）

重1.3g（图71-5）。标本2011ZQT2-16⑤：12，截取较小型哺乳动物管状骨的一小段，并在前端敲出一个尖头，再在骨表面、骨腔面和棱缘上进行初磨，初磨长度13mm，但尚未完成骨锥的全程制作，故归入坯料类。此外，坯料鼓起的表面遗有两道较深的刻划痕迹，可能是无意识的刻痕。坯料长28.9mm，骨壁厚度2.8mm，重2g（图71-6）。标本2011ZQT2-32⑤：2，采用中等体型哺乳动物的胫骨，经过打击后选取其中的一小段窄骨片，骨片前端有一个斜面形成的尖端，但尚未进行第二步加工，骨表质和骨腔壁均可见及。坯料长43mm，宽13mm，骨壁厚4mm，重3g（图71-7；彩版二二，4）。

（二）第4层骨制品

仅骨针1件。标本2011ZQT2-20④：2。该骨针坯料是利用小型哺乳动物的管状骨经砸击后选取的小骨片作毛坯，而后再进行磨制完成的。现存的骨针大部分已断损，遗留的仅是尖头部。尖端部位略呈弧形，较钝，均有磨制痕迹，表面光滑，后侧仍然保留骨腔面，但骨腔面的侧缘也有磨制痕迹。骨针保存长度18mm，最宽处5mm，骨壁厚2.5mm，重0.3g（图71-8）。

六、线条刻画艺术品

1件，出自第5层。标本2011ZQT2-27⑤：9，泥质细砂岩，薄板状，外观呈不等边五角形，两个侧边几相等，各长50mm；下面（底边）宽39.2mm，前面是由17mm和18mm两边形呈120°的夹角，厚5.4mm。岩石表面可见大量绢云母，一面（底面）为岩石的自然面（解理面），另一面（背面）和两侧边均有初磨痕迹；底边先由石质工具划割后再行掰断，痕迹清楚，截面较平整。背面左下角刻划有5条长短不一的线条，下面较宽且深，向上渐渐变细且浅，刻划最长34.7mm，最短16.6mm，刻划痕最宽7.2mm，最窄4mm；中下部凿刻有8个凹坑，5个较宽深，3个较窄浅，最大的凹坑2mm×2.3mm，最小的凹坑1.2mm×1.4mm（图71-9）。

七、哺 乳 动 物

（一）简况

第二文化期出土的可鉴定哺乳动物标本共98件，种类18种，包括翼手类2种（中华鼠耳蝠和普氏蹄蝠），灵长类1种（猕猴），啮齿类4种（小家鼠、黑鼠、中华竹鼠和豪猪），食肉类6种（家犬、赤狐、豺、青鼬、黄鼬和金钱豹），偶蹄类5种（野猪、鹿、小鹿、甘南鬣羚和水牛），哺乳动物种类和数量比第一期文化有明显增加。出土的大型骨骼有289件，占遗址出土大型骨骼总数的8.2%。大型骨骼中包括头骨5件，下颌骨3件，脊椎骨1件，肋骨3件，肱骨4件，桡骨连带尺骨14件，股骨4件，胫骨连带腓骨无，指骨30件，蹄和爪无，具有人工打击或砸击的骨片9件，无人工打击或砸击的骨片178件。从数量上看，第二期文化出土的大型骨骼多于第一期文化，但相同的是缺少胫骨，可能也是因用于制作骨器的缘故。在大型骨骼289件中属于鸟禽类的骨骼29件，占10%；具有人工打击或砸击的骨片9件，仅占3%；表明利用骨片制作骨制品的较少。碎骨共2266件，其中风化程度较轻的541件，占23.9%；风化程度中等的1428件，占63.0%；风化程度严重的297件，占13.1%。

（二）第5层哺乳动物

第5层出土的哺乳动物骨骼较少，基本上呈半石化状态，大多数是单个牙齿，少见较好的颌骨，可鉴定标本共67件，种类14种，包括翼手类2种（普氏蹄蝠、中华鼠耳蝠），灵长类1种（猕猴），啮齿类4种（小家鼠、黑鼠、中华竹鼠和豪猪），食肉类4种（家犬、赤狐、豺和黄鼬），偶蹄类3种（野猪、小鹿、鹿）。大型骨骼275件（其中属于哺乳动物的有247件，占89.8%；鸟禽类28件，占10.2%；具人工打击或砸击的骨片9件，占3.3%）。碎骨2142件，轻度风化的505件，占23.6%；中度风化的1340件，62.6%；重度风化的297件，占13.8%。烧骨1011

件，其中属于哺乳动物的895件，占88.5%；鸟禽类116件，占11.5%；具有人工打击或砸击的骨片9件，占0.9%。分类记述如下。

1. 翼手类

2种。

普氏蹄蝠（*Hippasideros pratti*），标本5件，其中左下颌骨3件，右下颌骨2件，均残破，上带部分牙齿。标本2011ZQT2-6⑤：69，为一残破的左下颌骨，上面带有不全的齿列（P_2-M_3）。普氏蹄蝠下颌骨的齿式为2·1·2·3，特征是：牙齿排列紧密，犬齿较大，P_2较小，且位于齿列之外，臼齿咀嚼面呈三尖，珐琅质褶皱为"W"形，齿尖锐利，内侧面有齿带但不甚发育，牙齿从前到后逐渐变小，标本齿列长度9.8mm（图72-1）。

中华鼠耳蝠（*Myotis brandui*），左下颌骨2件，其上均带有齿列，标本2011ZQT2-24⑤：95，P_4高，臼齿齿尖低，颌骨厚1.1mm，臼齿齿列长5.8mm（图72-2）。中华鼠耳蝠个体很小。现生鼠耳蝠亚科中共有23种，但仅有大足鼠耳蝠、华南水鼠耳蝠和中华鼠耳蝠3种生存在龙岩地区，中华鼠耳蝠则是其中分布最广的种，其喜栖息于山地，在洞穴里过冬。

2. 灵长类

1种。猕猴（*Macaca mulatta*），单个牙齿9颗，包括门齿、前臼齿和臼齿。标本2011ZQT2-28⑤：34，左M^2，磨蚀较浅，年轻个体，咀嚼面具有四个齿尖，前尖大，向前突出，后附尖较小，前后长10.6mm，内外宽8.7mm，齿冠高5.8mm（图72-3）。标本2011ZQT2⑤：3，左M^3，前叶高大，后跟座收缩，磨蚀较浅，也属年轻个体，牙齿前后长11.5mm，内外宽7mm，齿冠高8.3mm。标本2011ZQT2⑤：33，右M_1，牙齿小巧，磨蚀较深，前后长7mm，内外宽5.2mm，齿冠高3.4mm，可能属于成年雌性个体。9颗牙齿分属于不同个体，根据牙齿尺寸比较可知，第5层出土的猕猴个体大小要比通常所见的偏小，推测应是生态环境造成的。

现生的猕猴属共有6个种：短尾猴、熊猴、台湾猴、北豚尾猴、猕猴和藏酋猴。从个体大小看，猕猴在该属中的个体属于中等者，通常体重7~10kg；熊猴最小，藏酋猴最大，体重达10~15kg。生活在中国大陆的猕猴有两个亚种，一个是海南亚种，仅局限在海南岛；另一个亚种主要生存在华南地区，但最北可延伸到山西的中条山。猕猴在地质历史中出现较晚，最早的化石记录是陕西蓝田公王岭蓝田猿人遗址[46]，年代约距今百万年。我国华南地区洞穴类型的更新世地层堆积物中常有猕猴化石出土。

3. 啮齿类

4种。

小家鼠（*Mus musculus*），2件略有破损的右下颌骨，均保存有完整齿列。标本2011ZQT2-

16⑤：27，保存门齿、M_1及M_2，M_3脱落。水平支保存较好，上升支断损，下颌骨不延长，犬齿前伸，细窄但长，臼齿中M_1大，M_2较小，从遗留的齿孔看，M_3最小，咀嚼面珐琅质褶皱与褐家鼠相似，齿尖不发育，齿列长5.5mm，颌骨很薄，仅1.1mm（图72-4）。小家鼠是小鼠属（*Mus*）中的重要成员，该属共有3个种，仅小家鼠1种生存在福建境内。小家鼠主要分布在我国华南地区、印支半岛及东南亚各岛屿，个体虽小但种群十分庞大，喜栖息于草丛或矮树林环境，以果实和粮食为生。

黑鼠（*Rattus rattus*），共24件，包括残破的上颌骨8件、残破的下颌骨16件，大部分带有齿列（C-M_3）。标本2011ZQT2-24⑤：96，门齿细长，前庭面常染淡黄色，前伸，上下均以第一臼齿最大，第三臼齿最小，且有退化现象，水平支底面呈缓弧形，上升支偏低、较短而且较宽，水平支长23～24mm，齿列长度8～9mm（图72-5）。

中华竹鼠（*Rhizomys sinensis*），3件：1件残破左下颌骨，2颗右下门齿。标本2011ZQT2-6⑤：74，残破左下颌骨，M_1断损，保存M_2-M_3，无前臼齿，牙齿低冠，咀嚼面外侧具两个褶和内侧的一个褶，臼齿中以M_1最小，椭圆形，前侧面圆钝，后侧面较平。M_2大致呈圆形，M_3较大。标本磨蚀程度较深，应属老年个体，齿列长12mm，颌骨较厚（5.2mm）（图72-6）。现生竹鼠属共有3个成员，其中的两个种至今生存在福建境内，即银星竹鼠和中华竹鼠。这两种竹鼠分布的地域都较广，但主要集中在华南和西南地区，中华竹鼠在四川、甘肃和陕西南部也少有分布。该种多活动在繁茂的松、竹林里，常挖掘地洞深藏。地质历史中竹鼠包括低冠竹鼠和竹鼠两个属，低冠竹鼠出现在上新世，而竹鼠属则生活在第四纪。

豪猪（*Hystrix brachyura*），1颗左M^2，标本2011ZQT2-5⑤：1，牙齿表面风化程度较深，珐琅质基本脱落，暴露齿质。牙齿近圆形咀嚼面磨蚀程度很浅，属幼年个体。前后长7.4mm，内外宽7.8mm，齿冠高16.8mm（图72-7）。豪猪属的现生种有2个：豪猪和扫尾豪猪，后者分布于喜马拉雅山南麓和东南麓，而豪猪则分布在华南及秦岭等地，主要栖息于丛林或农田边部。

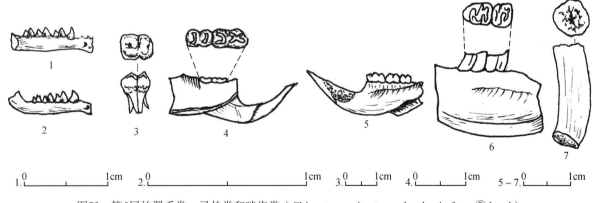

图72　第5层的翼手类、灵长类和啮齿类（Chiroptera, primates and rodentia from ⑤ level）

1.普氏蹄蝠（*Hipposideros pratti*），标本2011ZQT2-6⑤：69　2.中华鼠耳蝠（*Myotis brandui*），标本2011ZQT2-24⑤：95

3.猕猴（*Macaca mulatta*），标本2011ZQT2-28⑤：34　4.小家鼠（*Mus musculus*），标本2011ZQT2-16⑤：27

5.黑鼠（*Rattus rattus*），标本2011ZQT2-24⑤：96　6.中华竹鼠（*Rhizomys sinensis*），标本2011ZQT2-6⑤：74

7.豪猪（*Hystrix brachyura*），标本2011ZQT2-5⑤：1

4. 食肉类

4种。

家犬（*Canis familiaris*），1件。标本2011ZQT2-28⑤：32，残破左上颚骨，连带小片颚骨，上带M^1（图73-1）。M^{1}前附尖明显，原尖大，但低，内伸，前后长6mm，内外宽8.2mm，齿冠高3.1mm。M^{2}脱落，但齿孔可见，很小。家犬臼齿的尺寸和珐琅质厚度都明显小于现代狼的牙齿。

赤狐（*Vulpus vulpus*），标本3件。右上C、左P$_3$、P$_4$各1件。标本2011ZQT2-12⑤：23，左P$_4$，齿尖尖锐，前附尖小，后跟座较大，但较低，牙齿外表面具有细小的皱纹，齿根两个，前后长9.2mm，内外宽4.3mm，齿冠高7mm（图73-2）。标本2011ZQT2⑤：73，右上C，齿尖锐利、较窄，内侧面可见不甚发达的齿带，前后长5mm，内外宽3mm，齿冠高8.3mm。我国境内现生的狐属只有两个种，一种是分布在青藏高原的藏狐，另一种是广适性的赤狐，几乎遍布全国各地，福建山区普遍生存有广适性的狐狸。

豺（*Cuon aupinus lepturus*），牙齿2颗。属于同一个体的左M$_1$和P$_4$，标本2011ZQT5⑤：23，左M$_1$，牙齿保存良好，前叶较低，后叶高大，薄片状，锐利，切割型；后跟座发达，牙齿前后长24.5mm，内外宽9.1mm，齿冠高19.5mm（图73-3）。P$_4$齿尖高而且尖锐，第二尖小，后跟座明显，前后长13.2mm，内外宽6.2mm，齿冠高11mm。豺属化石共有两种，即疑豺和似北豺，时代均为更新世。现生种豺是分布很广的动物，欧亚大陆均有其踪迹，我国南方都基本上属乐氏亚种。

黄鼬（*Mustela sibirica*），标本3件。残破左下颌骨，右P$_3$、右上C各1件。标本2011ZQT2-16⑤：26，残破左下颌骨，上带P$_3$和P$_4$，P$_3$小，P$_4$大，齿尖锐利，后跟座不发达。P$_4$尺寸：前后长5.5mm，内外宽3mm，齿冠高3.2mm（图73-4）。黄鼬是鼬属中的重要成员，个体较大，虽小于青鼬，但大于黄腹鼬，通常体重在500~1200g，我国东部地区闽浙赣均有分布，向北可达西伯利亚，多生存在500m以上的山区，以小型动物、鼠类、蜥蜴和小家禽为食。

5. 偶蹄类

3种。

野猪（*Sus scrofa*），1颗右DP^4。标本2011ZQT2-12⑤：76，咀嚼面略有破损，牙面瘤状突起，构造复杂，珐琅质厚，前后长17.2mm，内外宽13.5mm，齿冠高11.3mm（图73-5）。我国更新世地层中常见野猪化石，分布也很广，华南洞穴也出土过大量化石或骨骼。现生野猪比化石野猪尺寸稍小，属广适性动物。

小麂（*Muntiacus reevesi*），标本10件。包括右M$_1$ 3颗、M$_2$、M$_3$各1颗、左P$_2$、M$_2$各2颗、左后外侧蹄1件。标本2011ZQT2-28⑤：35，左M$_1$，高冠，珐琅质较薄，表面光滑，磨蚀面呈新月形，具刺状外齿柱，外侧面鹿褶小，前叶大于后叶，前后长12mm，内外宽7.8mm，齿冠高13mm（图73-6）。标本2011ZQT2⑤：35，左M^2，方形，牙面磨蚀程度较深，前后长

10.2mm，内外宽11mm，齿冠高4.2mm。牙齿有火烧痕迹，可能是烧烤后的遗弃物。我国境内现生的麂属共有4个种：即黑麂、贡山麂、赤麂和小麂。黑麂主要分布在长江三角洲一带；贡山麂只局限于云南西部；赤麂分布在华南；小麂生存的地域较广，向北延伸可到达太行山南麓。

鹿（*Cervus* sp.），1颗左M_2，略有破损。标本2011ZQT2-23⑤：50，咀嚼面简单，磨蚀较深，前庭面具小的鹿褶和纵纹，前后长20.5mm，内外宽18.2mm，齿冠高10.8mm（图73-7）。龙岩地区现生的鹿类包括梅花鹿、毛冠鹿和水鹿3种，从标本的尺寸看，可以排除属于水鹿的可能性，但因材料少，难以确定属梅花鹿或者毛冠鹿。

除上述哺乳动物各类外，还出土保存较好的鲤科（Cyprinidae）喉齿1颗，标本2011ZQT2⑤：47，咀嚼面浅盆状，尺寸较大，长17mm，宽11.5mm（图73-8）。第5层各动物种的数量和最少个体数列于表28。

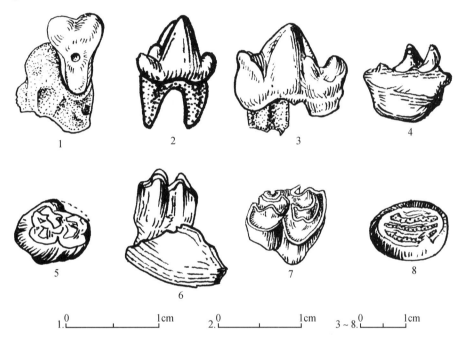

图73　第5层的食肉类和偶蹄类（Canivora and artiodactyla from ⑤ level）

1. 家犬（*Canis familiaris*），标本2011ZQT2-28⑤：32　2. 赤狐（*Vulpus vulpus*），标本2011ZQT2-12⑤：23

3. 豺（*Cuon aupinus lepturus*），标本2011ZQT5⑤：23　4. 黄鼬（*Mustela sibirica*），标本2011ZQT2-16⑤：26

5. 野猪（*Sus scrofa*），标本2011ZQT2-12⑤：76　6. 小麂（*Muntiacus reevesi*），标本2011ZQT2-28⑤：35

7. 鹿（*Cervus* sp.），标本2011ZQT2-23⑤：50　8. 鲤科（Cyprinidae），标本2011ZQT2⑤：47

第5层出土的大型骨骼275件，分属于头骨5件，下颌骨3件，脊椎骨1件，肩胛骨无，肋骨4件，肱骨8件，桡骨连带尺骨14件，股骨4件，胫骨连带腓骨无，指骨30件，蹄和爪无，具有人工打击或砸击的骨片9件，无人工打击或砸击的骨片169件，以及鸟禽类骨骼28件。其中保存较好的是肱骨、桡骨和指骨，头骨和肋骨十分破碎。

表28　第5层哺乳动物标本数量、最少个体数统计

（ Quantity statistics and least individual of mammals from ⑤ level ）

种类　　　　位置	上颌骨（件）	下颌骨（件）	牙齿（件）	其他（件）	统计（件）	最少个体数
1. 普氏蹄蝠（ *Hipposidros pratti* ）		5			5	3
2. 中华鼠耳蝠（ *Myotis brandui* ）		2			2	2
3. 猕猴（ *Macaca mulatta* ）			9		9	2
4. 小家鼠（ *Mus musculus* ）		2			2	2
5. 黑鼠（ *Rattus rattus* ）	8	16			24	9
6. 中华竹鼠（ *Rhizomys sinensis* ）		1	2		3	2
7. 豪猪（ *Hystrix brachyura* ）			1		1	1
8. 家犬（ *Canis familiaris* ）	1				1	1
9. 赤狐（ *Vulpus vulpus* ）			3		3	1
10. 豺（ *Cuon aupinus lepturus* ）			2		2	1
11. 黄鼬（ *Mustela sibirica* ）		1	2		3	2
12. 野猪（ *Sus scrofa* ）			1		1	1
13. 小鹿（ *Muntiacus reevesi* ）			10		10	3
14. 鹿（ *Cervus* sp. ）				1	1	1
标本数量统计及最少个体数	9	27	30	1	67	31

（三）第4层哺乳动物

第4层出土的哺乳动物较少，可鉴定标本31件、种类11种，包括翼手类2种（中华鼠耳蝠、普氏蹄蝠），啮齿类4种（小家鼠、黑鼠、中华竹鼠、豪猪），食肉类2种（青鼬、金钱豹），偶蹄类3种（水牛、甘南鬣羚、小鹿）。出土的大型骨骼14件（其中属于哺乳动物的13件，鸟禽类的1件），碎骨124件（其中轻度风化的36件，占29%；中度风化的88件，占71%），烧骨71件（其中属于哺乳动物的62件，占87%；属于鸟禽类的9件，占13%；无人工打击痕迹骨片）。另有人类牙齿1颗（右I^1）和龟腹甲2片。分类记述如下。

1. 翼手类

2种。

普氏蹄蝠（ *Hipposidros pratti* ），左下颌骨1件，标本2011ZQT2④：26，残破，上带P$_4$-M$_3$，前臼齿高而窄，齿尖尖锐，臼齿从前到后逐渐变小，M$_3$退化，颌骨厚度2.1mm，齿列长11.8mm（图74-1）。

中华鼠耳蝠（ *Myotis brandui* ），1件左下颌骨，标本2011ZQT2④：27，上带M$_2$-M$_3$，臼齿齿尖较低，前叶大，后叶小，内侧面具小的齿带，齿列长5.9mm，颌骨很薄，仅1.2mm（图74-2）。

2. 啮齿类

4种。

小家鼠（*Mus musculus*），1件残破右下颌骨。标本2011ZQT2-16④：28，牙齿脱落，仅存留水平支的一段，残长13mm，颌骨厚2.8mm，水平支底面呈缓弧状，门齿的齿孔较高（图74-3）。

黑鼠（*Rattus rattus*），标本7件。包括残破右下颌骨1件、残破左上颌骨2件、残破右上颌骨1件，右$M_1$1、左M_2、M_3各1颗。上、下第一臼齿（M1）最大，近中面呈弧形，远中面大于近中面，珐琅质褶皱向后弯曲，第三臼齿最小。标本2011ZQT2-23④：29，残破左上颌骨，上带M^1-M^3，齿列长11.8mm（图74-4）。

中华竹鼠（*Rhizomys sinensis*），牙齿6颗（右下门齿2颗、左下门齿4颗）。标本2011ZQT2④：30，左下门齿，较直，最前端铲形，前庭面染棕黄色，前后长5.5mm，内外宽4.8mm，横断面三角形（图74-5）。

豪猪（*Hystrix brachyura*），牙齿3颗。分别为右$M_3$1颗，左、右下门齿各1颗。标本2011ZQT2④：8，右下门齿，长而宽，前端稍收窄，呈缓弧状，前庭面染有棕黄色。标本2011ZQT5④：2，右M_3，咀嚼面构造复杂，边缘珐琅质较高，中部稍低，磨蚀后具多个珐琅质圈，外侧面齿沟深，横断面近圆形，前后长9mm，内外宽7.2mm，齿冠高13.8mm（图74-6）。

3. 食肉类

2种。

青鼬（*Martes fravigula*），残破左下颌骨1件。上带P_3-M_1，标本2011ZQT2④：35，P_2及M_2脱落，遗留齿孔。第二前臼齿遗留的齿孔明显很小，且位于偏外侧的位置上，第二臼齿齿孔小；P_3小于P_4，无后尖；P_4大，齿尖锐利；M_1前叶低，后叶高，外侧缘刀片状，前后长7mm，内外宽2.5mm，齿冠高4.2mm；颌骨厚6.1mm，颌骨高11.5mm（图74-7）。青鼬属于貂属的成员，现生貂属共有3个种，另两个种是石貂和紫貂，石貂分布在西北，紫貂分布在东北。青鼬个体较大，体重可达0.8～2.8kg，主要分布于华东和华南地区，一般栖息于200m以上山区的密林中。

金钱豹（*Panthera pardus*），右上C1颗。标本2011ZQT2④：12，风化程度较深，牙齿根部珐琅质已部分脱落。犬齿粗大，表面具明显纵沟纹，前后长10.2mm，内外宽8.2mm，齿冠高15mm（图74-8）。

4. 偶蹄类

3种。

水牛（*Bubalus bubalis*），右$DP_3$1颗。标本2011ZQT2④：41，咀嚼面长方形，齿冠高，珐琅质甚厚，珐琅质褶皱较复杂，具四个向内弯曲的褶皱，前后长15.8mm，内外宽14.2mm，齿冠高30.8mm（图74-9）。水牛种在我国境内常有发现，更新世时期是南方"大熊猫-剑齿象动物群"中的重要成员之一,从更新世早期一直延续至今,但在龙岩地区已无野生种存在。

甘南鬣羚(*Naemorhdus caudatus*),牙齿5颗(右M$_1$、M$_2$、DM$_1$,左M$_1$、P$_2$各1颗)。鬣羚下臼齿咀嚼面长方形,珐琅质构造简单,只遗有小的齿柱痕迹,近中面和远中面大致呈平行。标本2011ZQT2④:2,左M$_1$,内侧面光滑,前庭面染淡黄色,前后长18mm,内外宽10.2mm,齿冠高26.3mm(图74-10)。标本2011ZQT2④:25,右M$_1$,前叶正常,后叶收缩,珐琅质表面光滑,前后长16mm,内外宽9.8mm,齿冠高13.2mm。

小麂(*Muntiacus reevesi*),标本4件。左角残段1件,牙齿3颗(右M$_1$、P^2、P^{3}各1颗)。标本2011ZQT2-23④:5,左角一段,角小型,角尖断损,角柄不存,角的遗留长度为15.5mm,角表面具宽而且深的纵沟,角环完好,近圆形,两径分别为11.5mm和12.4mm(图74-11)。标本2011ZQT2-16④:43,右M$_2$,近中面宽,外侧面具小的皱纹,前后长11.2mm,内外宽7.3mm,齿冠高4.9mm(图74-12)。

各种动物种的数量和最少个体数列于下表29。

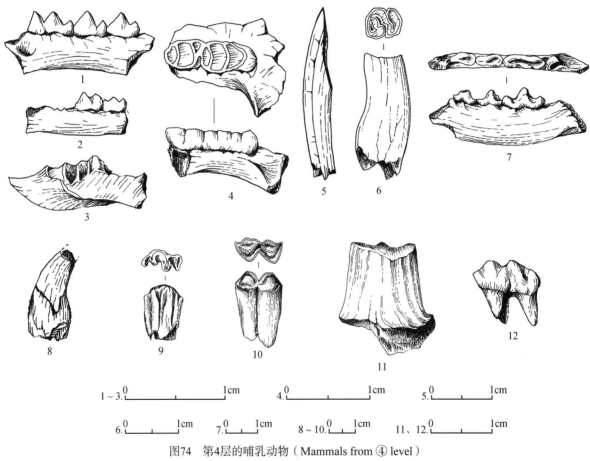

图74 第4层的哺乳动物(Mammals from ④ level)

1. 普氏蹄蝠(*Hipposidros pratti*),标本2011ZQT2④:26 2. 中华鼠耳蝠(*Myotis brandui*),标本2011ZQT2④:27 3. 小家鼠(*Mus musculus*),标本2011ZQT2-16④:28 4. 黑鼠(*Rattus rattus*),标本2011ZQT2-23④:29 5. 中华竹鼠(*Rhizomys sinensis*),标本2011ZQT2④:30 6. 豪猪(*Hystrix brachyura*),标本2011ZQT5④:2 7. 青鼬(*Martes fravigula*),2011ZQT2④:35

8. 金钱豹(*Panthera pardus*),标本2011ZQT2④:12 9. 水牛(*Bubalus bubalis*),标本2011ZQT2④:41 10. 甘南鬣羚(*Naemorhdus caudatus*),标本2011ZQT2④:2 11. 小麂(*Muntiacus reevesi*),标本2011ZQT2-23④:5 12. 小麂(*Muntiacus reevesi*),标本2011ZQT2-16④:43

表29　第4层哺乳动物标本数量、最少个体数统计

（ Quantity statistics and least individual of mammals from ④ level ）

种类 位置	上颌骨 （件）	下颌骨 （件）	牙齿 （件）	其他 （件）	统计 （件）	最少个体数
1. 中华鼠耳蝠（ Myotis brandui ）		1			1	1
2. 普氏蹄蝠（ Hipposidros pratti ）		1			1	1
3. 小家鼠（ Mus musculus ）		1			1	1
4. 黑鼠（ Rattus rattus ）	3	1	3		7	2
5. 中华竹鼠（ Rhizomys sinensis ）			6		6	2
6. 豪猪（ Hystrix brachyura ）			3		3	1
7. 青鼬（ Martes fravigula ）		1			1	1
8. 金钱豹（ Panthera pardus ）			1		1	1
9. 水牛（ Bubalus bubalis ）			1		1	1
10. 甘南鬣羚（ Naemorhdus caudatus ）			5		5	2
11. 小麂（ Muntiacus reevesi ）			3	1	4	1
标本数量统计	3	5	22	1	31	14

第四节　小　　结

　　第二期文化期包括第5、第4两个文化小层和3个火塘遗迹。第5层为褐色土层，含大量红烧土和灰烬，结构也较松散；火塘位置约在T2的西部，占据面积大约20m²；3个火塘均属废弃物区堆积物。第4层堆积物为灰白色灰烬胶结层，外观似钙板层，结构较疏松，属洞顶滴水后逐渐胶结形成的。

　　第二期文化出土人类牙齿3颗（左上第一、第二门齿和右上第一门齿各1颗）。

　　第二期文化层出土的石制品共240件，其中除少量具有轻度磨制痕迹外，大多数为打制品。石制品原料种类多达14种，以细砂岩和砂岩为主，石料主要选择硬度、质地、韧性和磨圆度均较好的砾石；以中型的数量最多，类型多样，石核台面一般具1~4个工作面，剥片疤最多的有9个，石核的利用率偏低，从剥片过程看，打片的随意性较大，缺乏规划性和节约性。总体看来，石制品从原料的选择、剥片的方法、剥片的方式、工具的制作流程以及石器类型等方面，第5层和第4层的工业特征一致。

　　第二期出土的磨制石制品数量较少，器形较小。器类简单，主要有石锛、砺石、石砧等。

　　磨制石器仅有石锛，数量较少。石锛均采用自然形状与石锛形状大体相近的砾石作为原料，两侧经过简单的修形，未见二次加工。通体粗磨，仅在刃部精磨。刃部一般开于背面，其从背面中部即向刃缘方向凸弧，凸弧面光滑。从背部观，整个石锛呈舌状，从正面观，整个石锛呈楔状。我们将之称为"背弧刃石锛"。从石锛的坯件、断块、修片看，石锛的选材有较大

的随意性，制作也比较粗糙。

磨制工具有砺石和石砧。砺石均是小型砺石，一般砺石的磨砺面不大，有些还有数道磨砺凹槽痕，可能这些砺石主要用来磨砺小型器物（石器、骨器等）。

第5层出土的陶器全部属于残片，未见完整器物，根据少数器物的口沿可分辨的器形主要有釜、盆、罐和钵。第二期文化出土的陶片共266件，根据所掺的砂粒的粗细，又可区分为夹粗砂、夹中砂、夹细砂三类，以夹细砂陶为主，具有典型特征的陶片是灰黑色夹砂陶，砂粒较粗，质地较致密，略硬，表面较规整地刻划平行条纹。陶器颜色主要有红色、灰色、灰黑色、红黄色、红褐色等，其中以灰陶占较大比例。

第二期文化陶器的基本特征可归纳如下：以泥条盘筑法制做陶器，火候不高，胎质疏松，不致密，以釜、罐、钵、盆等圜底器为主要器形，陶器的装饰简单，纹饰品种较少，以某一两种纹饰为主，具有早期陶器的特征。

第二期文化层出土的骨器共8件：包括第5层7件、第4层1件。骨制品的类型比较简单，仅有骨锥、骨针、坯件和打击骨器4种类型。根据骨制品所采用的骨骼骨壁厚度判断，骨器基本采用中等或较小体型动物的骨骼制作而成。第二期文化层出土的骨制品表明这个时候已经有了比较成熟的磨制骨器的工艺，而这种工艺要比制作石质工具耗费更多的时间和需要更高的技能[47][48]。磨制骨器的出现，标志着居住在奇和洞的先民在获取生活资料尤其是食物方面有了更多的工具类型和手段[49]。

在人类文化发展进程中，艺术先于文字，而刻划则先于艺术。哲学评论家朱狄在谈及旧石器时代艺术品时强调："艺术是具有多种特质的、单纯化了的客体，虽然早期艺术品和工具一样由物质材料构成，但与工具不同。早期艺术的物质材料的特质已被融化在形象之中。"旧石器时代的艺术品带有明显的创作意识的痕迹，其构成形象的主要因素是模仿，这种模仿是从大自然的事物或具体形象中得来的，而且这种模仿最先是用线条加以表示的。旧石器时代的艺术品不是用来使用的，而是用来鉴赏的。正因为如此，早期艺术不同于人类制作的工具。线条刻划是人类的又一重大进步，由刻划走向艺术，最终创造文字。

我国旧石器时代遗址中出土过许多在骨骼、角或石块上的刻划痕迹，也许大多数刻划痕迹并非有意识所为，但不可否认，其中存在一些代表某种含义的刻划[50]。正因为如此，我们至今还很难理解早期人类刻划线条的含义[51]。黄万波等在重庆奉节县兴隆洞中曾发现1件保存较好的剑齿象门齿，珐琅质表面上有两组刻划痕迹，经研究他们认为这些刻划痕迹是人类所为，并包含某种意思[52]。由此看来，奇和洞遗址第5层出土的刻画石具有重要意义。

第二期文化层出土的可鉴定哺乳动物标本共98件，种类18种，包括翼手类2种（中华鼠耳蝠和普氏蹄蝠），占11.1%；灵长类1种（猕猴），占5.6%；啮齿类4种（小家鼠、黑鼠、中华竹鼠和豪猪），占22.2%；食肉类6种（家犬、赤狐、豺、黄鼬、青鼬和金钱豹），占33.3%；偶蹄类5种（野猪、小鹿、鹿、甘南鬣羚和水牛），占27.8%。第4层和第5层出土的大型骨骼共189件、碎骨2266件、烧骨1082件，其中属于鸟禽类的骨骼154件，具有人工打击痕迹的骨片18件，骨骼的各类别数量对比可见图75、图76。

第二期文化与第一期文化相比较，出土的哺乳动物种类已有明显增加，尤其是较大体型动

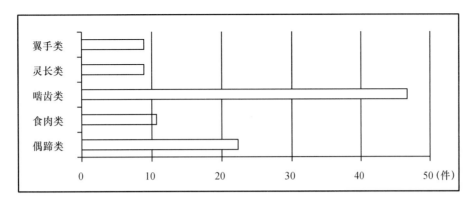

图75　第二期文化层哺乳动物各大类标本数量对比
（Contrast of quantity of mammal specimen from second cultural phase）

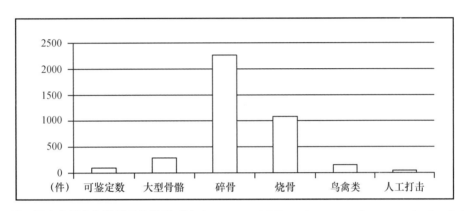

图76　第二期文化层中各类别骨骼数量对比（Contrast of different bone types from second cultural phase）

物如金钱豹、鬣羚和水牛的出现，以及某些种类数量的增加，预示着生态环境已经有了新的转机[53]。当时恰好处在末次冰期过后，新一轮间冰期刚刚到来的时节，全球气候逐渐朝向温暖的方向过渡，自然环境开始改善，植被的复苏、森林面积的扩大，使得哺乳动物有了更多发展空间[54]。根据统计，黑鼠出土数量达到31件，最少个体数为11；小鹿数量14件，最少个体数为4，显示出黑鼠和小鹿的种群数量在该时期呈现急剧增大的趋势，并由此成为居住在奇和洞的先民重要的肉食来源。值得注意的是，家犬的存在标志着第二期文化开始出现驯养业，表明人类从此结束了完全依靠自然界获取食物的时代，开始用自身的智慧改良野生动物，开创新的物质来源。陶器的存在同时证明先民已经在奇和洞过着较稳定的洞居生活。

第六章　第三期文化遗存

第一节　概　述

　　奇和洞第三文化期包含第3A、3B、3C层三个文化层及遗迹。出土的遗物有：打制石器、磨制石器、陶片、骨制品、装饰艺术品、无脊椎动物动物和脊椎动物遗骨等；遗迹有：第3C层下开口的房址F2、F2地面上的柱洞、灶、火塘和排水沟等，年代测定为距今10000～7000a BP。第三期文化是奇和洞文化发展最为顶盛的时期，其居住地面不仅经过精心处理，而且面上还有建筑。精磨的石器、风格独特的陶器纹饰以及艺术品的出现，充分体现出当时在奇和洞居住的先民具备较高的制作工具水平和审美情趣。本期文化可再分为早、晚两个阶段。

　　早段：包含第3C层和F2。出土遗物包括两具较完整的成年人颅骨、部分肢骨及牙齿（彩版四一、彩版四二），打制石器165件、磨制石器14件、磨制工具33件、陶片718件、骨制品16件、哺乳动物15种，以及鸟禽类、螺、蚌、蟹、鱼类和龟鳖类等。

　　晚段：包含第3B层和第3A层，继续使用F2，未发现新遗迹。出土遗物有人骨（一具残破幼年头骨、若干牙齿）、打制石器281件、磨制石器96件、磨制工具70件、陶片2798件、骨制品42件、装饰艺术品7件、哺乳动物33种，以及鸟禽类、溪螺、田螺、岩螺、蛤、蚌、蟹、鱼类和龟鳖类等。

第二节　遗　迹

　　第三期文化遗迹主要有房址、柱洞、灶。

一、房址（编号：F2）

　　房址（F2）（图77；彩版八，2）：位于T1、T2两个探方的东部，T3探方之内，开口于第3C层之下，因未全部揭露，所以仅仅观察到房址的一部分居住面、灶残留烧结面、11个比较完整的柱洞（D1～D11）以及部分堆积，房址整体的分布范围不详，从已有的发掘情况判断，F2应为地面起居柱洞建筑，平面略呈长方形，门向朝洞口。堆积物主要分布在居住面的西侧和北侧，土色呈灰褐色，质地比较紧密，薄厚不均，厚度10～15cm，内含物比较丰富，其中有较多

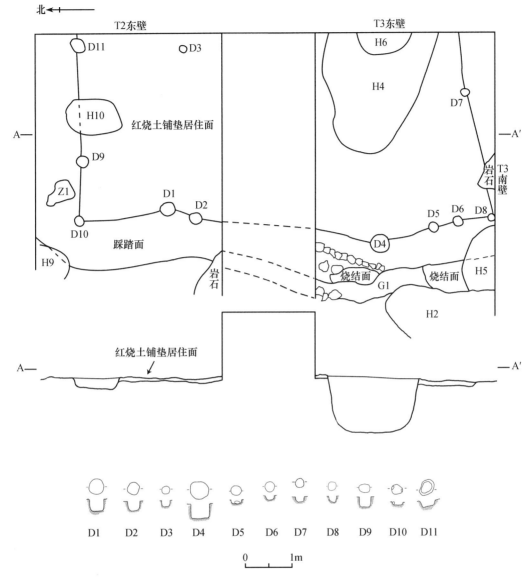

图77　第三期文化层的房基居住面及柱洞（Inhabit floor and pillar hole from third cultural phase）

的红、灰色烧土颗粒，细、中、粗砾石，自然断块、断片，少量石制品和骨制品，陶器口沿、腹部残片、穿孔陶片，以及轻度、中度、重度风化的各种水生及陆生动物骨骼、牙齿、烧骨等。另外，在西北部还发现一块经火烤过的灰褐色木骨泥墙块。

居住面除被T3内的H4、H6及T2内的H10、H9破坏之外，其余保存较好，周边揭露有部分踩踏面。居住面总体自东向西、自南向北倾斜。从揭露后的F2居住面观察，表面比较粗糙，但相对比较平整，表面铺一层砂质黏土，经火烤呈红褐色，中南部表面较硬，北部较为疏松，火烤地面厚度约2cm。

二、柱洞（D）

11个，间隔不等，排列基本有序，横剖面圆形或椭圆形，纵剖面呈筒状或"U"形。

D1位于房子的西北部，平面近圆形，剖面呈筒形，底微平，口径26cm，洞深26cm。填土为黑色砂质黏土，结构疏松，内含有少量的砂岩颗粒（彩版九，1）。

D2位于房子的西北部，平面略呈圆形，剖面呈"U"形，圜底，口径22cm，洞深19cm。填土为黑色砂质黏土，结构疏松，内含少量砂岩颗粒。

D3位于房子的东南部，平面略呈圆形，剖面呈筒形，底微平。口径20cm，洞深21cm。填土为黑色砂质黏土，结构疏松，内含少量砂岩颗粒。

D4位于房子的西南部，平面略呈圆形，剖面近筒形，平底。口径42cm，洞深32cm。填土为黑色沙质黏土，结构疏松，内含少量砂岩颗粒。

D5位于房子的西南部，平面略呈圆形，剖面近筒形，底微凹，口径28cm，洞深10cm。填土为黑色砂质黏土，结构疏松，内含少量砂岩颗粒，洞底部放置一石块。

D6位于房子的西南部，平面呈圆形，剖面呈"U"形，口径26cm，洞深12cm。填土为黑色沙质黏土，结构疏松，内含少量的砂岩颗粒。

D7位于房子的东部，平面呈圆形，剖面呈筒形，底较平，口径20cm，洞深12cm。填土为黑色沙质黏土，结构疏松，内含少量的砂岩颗粒。

D8位于房子的西南部，平面呈椭圆形，剖面呈筒形，底较平，长径22cm，短径20cm，洞深16cm。填土为黑色砂质黏土，结构疏松，内含少量砂岩颗粒。

D9位于房子的东部，平面呈圆形，剖面略呈"U"形，底部呈坡形，口径30cm，洞深22cm。填土为黑色砂质黏土，结构疏松，内含少量砂岩颗粒。

D10位于房子的西北部，平面呈圆形，剖面呈筒形，底部较平，口径22cm，洞深8cm。填土为深灰色砂质黏土，结构疏松，内含少量烧土颗粒和灰烬。

D11位于房子的东北部，平面呈圆形，剖面呈筒形，底部较平，长径34cm，短径28cm，洞深17厘米。填土为灰黑色砂质黏土，结构疏松，内含少量细、中砾石。

另外，在F2居住面的西部（T3的西北角）发现为了加固和保护居住面而用石块砌成的长170cm，宽50cm的护坡。在F2居住面的西部（T3的东部）发现一南北走向长250cm，宽35～50cm的灰沟（编号G1），灰沟平面呈长条形，剖面呈"U"形。沟内为黑褐色砂质黏土，水平状堆积，结构较疏松，内出土有石锛2件、石锤2件、石核1件、石片3件。

初步推测，由于此溶洞比较大，又坐东朝西，所以冬天日照不是很充足，因此当时人们为了抵御冬天的寒冷以及夏天的潮湿，对房基采用了层层堆垫、平整、踩踏、加固措施，然后对地面进行火烤，最后立柱建房。虽然观察不到门道，但门向理应朝西（洞口方向）。另外从堆积物中发现有木骨泥墙块，故推测房子的四壁可能采用木骨泥墙。房子西侧发现的灰沟推测可能是当时为了排水之用。

三、灶

灶（Z1）位于房子的西北部，仅残存底部一部分红褐色烧结面，不规则形，圜底，长80cm，宽50cm，烧结面上有厚约3cm灰褐色黏土，出土少量动物碎骨、烧骨、夹砂灰色陶片和石片（图78；彩版九，2）。另外在F2西侧D4西北侧有一质地较硬的红色烧结面，呈长条形，长80cm，宽30cm，可能是另一个灶遗迹。

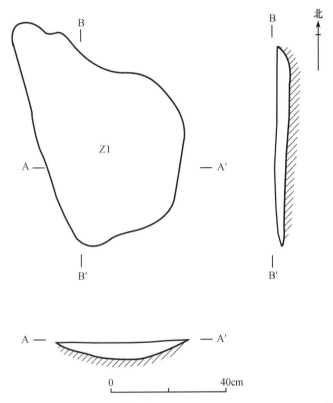

图78　第三期文化层灶遗迹（Cook stove from third cultural phase）

第三节　第三期文化早段遗物

第三期文化早段遗物包括第3C层、F2和柱洞、灶、沟等遗迹内的出土物。第三期早段的遗物十分丰富，除1件基本完整的人类颅骨、1件不完整的人类颅骨和部分肢骨外，还有打制石器165件、磨制石器16件、陶片718件、骨制品16件、装饰艺术品2件、哺乳动物19种，以及螺类（溪螺427件、田螺18件）、蚌、蟹、鱼类、两栖类和爬行类等。

一、打制石器

打制石器共168件，其中3件根据修理流程的分析，判定可能属于更早时期的脱层石制品，故给予剔除，因此打制石器共计165件，其中108件出自地层，4件出自H11，53件出自F2。石器类型包括石核、石片、断块和工具；工具分一类、二类和三类。来自H11的4件石制品为石片和刮削器；来自F2的53件石器类型较多，包括石核、石片、断块、石锤、刮削器和砍砸器。

（一）石器分类描述

1. 石核

13件，均为锤击石核。根据台面的数量分为单台面和双台面。

单台面，4件。长66.1～160.5mm，平均长103.2mm；宽67.5～168.9mm，平均宽102.4mm；厚42.0～95.8mm，平均厚69.4mm；重354.0～2963.0g，平均重1191.5g。形状不规则，均为自然台面，台面角82.0°～105.0°，采用同向剥片方式，剥片面1～3个，明显的剥片疤最多7个，多数石核使用率不高。

标本2011ZQT2扩③C：55，长109.5m，宽93.5mm，厚78.0mm，重903.0g。原料为浅黄色钾长花岗岩，1个台面，3个剥片面，自然台面长69.5mm，宽66.8mm。AⅠ剥片面，台面角105.0°，有1个剥片疤；AⅡ剥片面，台面角90.0°，1个剥片疤；AⅢ剥片面，台面角100.0°，5个剥片疤，最大剥片疤长47.5mm，宽47.6mm。该石核采用同向剥片，共有7个较大剥片疤，使用率较高（图79-1；彩版二三，1）。

双台面，9件。长45.5～196.0mm，平均长108.7mm；宽46.4～128.8mm，平均宽75.8mm；厚21.7～57.8mm，平均厚44.0mm；重90.0～2500.0g，平均重718.5g。自然台面居多，其中1个为节理面，人工台面仅1个。台面角70.0°～120.0°。转向剥片居多，其次为对向，剥片面2～3个，剥片疤最多的14个，多数石核使用率不高。

标本2011ZQT2扩③C：223，长80.5m，宽46.4mm，厚47.0mm，重206.2g。原料为深灰色砂岩。2个台面，3个剥片面。A为自然台面，长41.8mm，宽38.7mm，有2个剥片面。AⅠ剥片面，台面角87.0°，有1个剥片疤；AⅡ剥片面，台面角85.0°，5个剥片疤，最大长66.7mm，宽43.5mm。B亦为自然台面，位于A台面后侧，台面长31.8mm，宽58.2mm，台面角96.2°，有8个剥片疤，最大剥片疤长34.7mm，宽43.2mm。此石核采用转向剥片，共有14个较大剥片疤，使用率较高（图79-2）。

2. 石片

82件，均为锤击石片。根据石片完整程度分为完整石片和断片。

完整石片，69件。长1.3～119.0mm，平均长37.0mm；宽8.5～94.5mm，平均宽41.2mm；厚2.8～30.2mm，平均厚10.5mm；重0.5～216.0g，平均重24.5g。长宽比平均0.9。原料以细砂岩和砂岩居多。69件中人工台面36件，自然台面33件。人工台面以打制台面居多，其次为有疤、线状和点状台面。石片角50.0°～130.0°，平均84.0°。石片背面均为自然面的有8件，均为石片疤的有16件，既有石片疤又有自然面的有45件（图80）。背面石片疤数量多的超过10个。背面

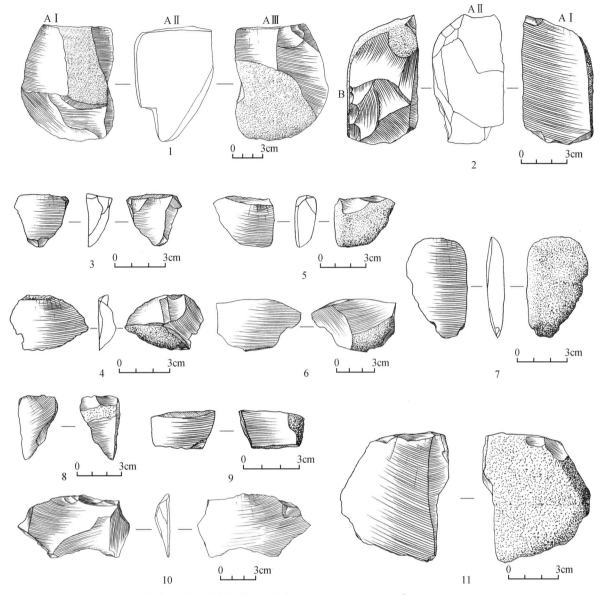

图79　第3C层石核与石片（Cores and flakes from ③C level）

1. 锤击单台面石核（2011ZQT2扩③C：55）　2. 锤击双台面石核（2011ZQT2扩③C：223）　3～5、7、10. 完整锤击石片
（2011ZQT2扩③C：133、2011ZQT2-7③C：30、2011ZQT2扩③C：220、2011ZQT2扩③C：206、2011ZQT2扩③C：6）
6. 远端断片（2011ZQT2-28F2：24）　8. 右边断片（2011ZQT2扩③C：246）　9. 中间断片（2011ZQT2-7③C：26）
11. 左边断片（2011ZQT2扩③C：195）

石片疤与石片剥片同向的居多，其次为转向，对向、复向最少。

根据台面与背面的性质可以分为6种类型：

Ⅰ台面、背面均为自然面　7件。标本2011ZQT2扩③C：206，长57.8mm，宽36.2mm，厚10.3mm，重20.0g。原料为灰色细砂岩。自然台面，石片角50.0°。背面均为自然面。劈裂面半锥体平坦，无同心波，放射线清晰。边缘有疤（图79-7）。

Ⅱ自然台面，背面为石片疤　5件。标本2011ZQT2扩③C：133，长30.0mm，宽32.2mm，

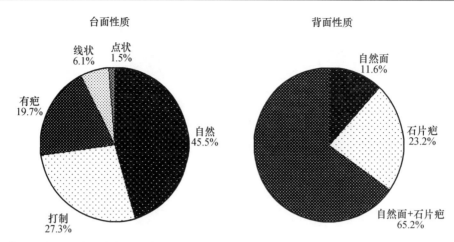

图80　第3C层完整锤击石片台面和背面性质（Platform of integral flake and back characteristic from ③C）

厚14.4mm，重17.0g。原料为白色脉石英。台面为节理面，台面长14.9mm，宽30.6mm，石片角84.0°。背面有4个石片疤，石片疤与石片剥片方向为同向。劈裂面半锥体平坦，无同心波，放射线清晰。边缘钝厚（图79-3）。

Ⅲ自然台面，背面既有自然面也有石片疤　21件。标本2011ZQT2-7③C：30，长32.0mm，宽45.6mm，厚10.1mm，重10.4g。原料为灰黑色砂岩。自然台面，台面长5.3mm，宽19.8mm，石片角90.0°。背面有3个石片疤，石片疤与石片剥片方向为同向。劈裂面半锥体凸，无同心波，放射线清晰。边缘有疤、折断（图79-4）。

Ⅳ人工台面，背面为自然面　1件。标本2011ZQT2扩③C：211，长44.8mm，宽32.1mm，厚7.1mm，重12.0g。原料为灰色细砂岩。打制台面，台面长5.1mm，宽23.4mm，石片角87.5°。背面均为自然面。劈裂面半椎体平坦，无同心波，放射线清晰。边缘折断。

Ⅴ人工台面，背面为石片疤　11件。标本2011ZQT2扩③C：6，长52.1mm，宽94.5mm，厚12.1mm，重53.0g。原料为深灰色砂岩。有疤台面，台面长7.6mm，宽76.1mm，石片角80.0°。背面有4个石片疤，石片疤与石片剥片方向为复向。劈裂面半锥体凸，无同心波，放射线清晰。边缘有疤、折断（图79-10）。

Ⅵ人工台面，背面既有自然面也有石片疤　24件。标本2011ZQT2扩③C：220，长32.6mm，宽29.3mm，厚14.4mm，重20.0g。原料为浅灰色砂岩。打制台面，台面长9.4mm，宽31.4mm，石片角120.0°。背面有2个石片疤，石片疤与石片剥片方向为同向。劈裂面半锥体微凸，无同心波，放射线清晰。边缘有锋利（图79-5；彩版二三，4）。

断片，13件。长17.9～74.4mm，平均长42.4mm；宽20.66～5.2mm，平均宽40.5mm；厚6.5～21.2mm，平均厚13.1mm；重2.0～93.9g，平均重27.9g。其中7件断面为人为截断，推测是作为二类工具直接使用或三类工具的毛坯。原料根据石片的断裂方式分为横向和纵向断裂，包括中间、远端、左边和右边断片。

中间，1件。标本2011ZQT2-7③C：26，长19.1mm，宽33.4mm，厚12.5mm，重10.0g。原料为灰色细砂岩。背面有1个石片疤，石片疤与石片剥片方向为同向。劈裂面半椎体平坦，无同心波，放射线清晰。边缘有疤（图79-9）。

远端，5件。标本2011ZQT2-28F2：24，长40.0mm，宽65.2mm，厚12.9mm，重35.0g。原料为青灰色细砂岩。背面有3个石片疤，石片疤与石片剥片方向为转向。劈裂面半锥体平坦，无同心波，放射线清晰。边缘折断。根据断面的情况，此断片的形成应为人为截断（图79-6）。

左边，2件。标本2011ZQT2扩③C：195，长74.4mm，宽64.7mm，厚21.2mm，重93.9g。原料为灰色细砂岩。有疤台面，台面残长13.6mm，宽38.8mm，石片角105.0°。背面有2个石片疤，石片疤与石片剥片方向为同向。劈裂面半锥体平坦，无同心波，放射线清晰。边缘折断。根据断面的情况，此断片的形成应为人为截断（图79-11）。

右边，5件。标本2011ZQT2扩③C：246，长42.1mm，宽26.9mm，厚8.7mm，重7.8g。原料为灰色细砂岩。有疤台面，台面残长7.1mm，宽22.5mm，石片角65.0°。背面有3个石片疤，石片疤与石片剥片方向为对向。劈裂面半锥体凸，无同心波，放射线清晰。边缘折断。根据断面的情况，此断片的形成应为人为截断（图79-8）。

3. 断块

29件。长19.2～136.9mm，平均长73.4mm；宽12.2～118.6mm，平均宽58.3mm；厚2.5～57.4mm，平均厚23.9mm；重1.0～648.0g，平均重154.6g。原料包括细砂岩、砂岩、粉砂岩、钾长花岗岩、泥质砂岩、花岗岩和脉石英。形状不规则，自然面占石器表面面积平均约为40%，有节理面的占断块总数的93.1%，有2件有明显的人为截断痕迹。表明断块绝大多数情况与石料的节理发育有关，或为剥片时的自然断裂，还可能是在石器制造过程中的废品或副产品。

4. 一类工具

17件，均为石锤。长80.4～150.0mm，平均长113.4mm；宽53.3～109.8mm，平均宽77.6mm；厚29.1～75.7mm，平均厚49.2mm；重193.0～1230.0g，平均重634.3g。原料包括花岗岩、细砂岩、砂岩、钾长花岗岩、钾长砂岩、泥质砂岩、泥质灰岩和石英砂岩。形状有扁圆形、扁长形、长条形、圆形、椭圆形、三角形和不规则形状。使用痕迹多分布在器身一端、两端、侧边、器身一面或两面，痕迹类型为剥片、凹坑和麻点，以前两者出现居多。

标本2011ZQT22扩③C：75，长93.7mm，宽69.1mm，厚46.4mm，重410.0g。原料为浅黄色花岗岩，形状为一面凸起、一面平坦。器身A端的一面经过使用，有1个剥片疤。平坦一面的中间有直径约18.0mm的凹坑，应为砸击造成的痕迹（图81-1）。标本2011ZQT2扩③C：89，长104.3mm，宽65.6mm，厚35.0mm，重335.0g。原料为灰色泥质砂岩，形状为扁长形。器身A端的一面经过使用，有4个剥片疤和1个节理面，B端两面均有凹坑。此件石锤两端三面均经过使用，使用痕迹多，使用率较高（图81-2；彩版二七，1）。

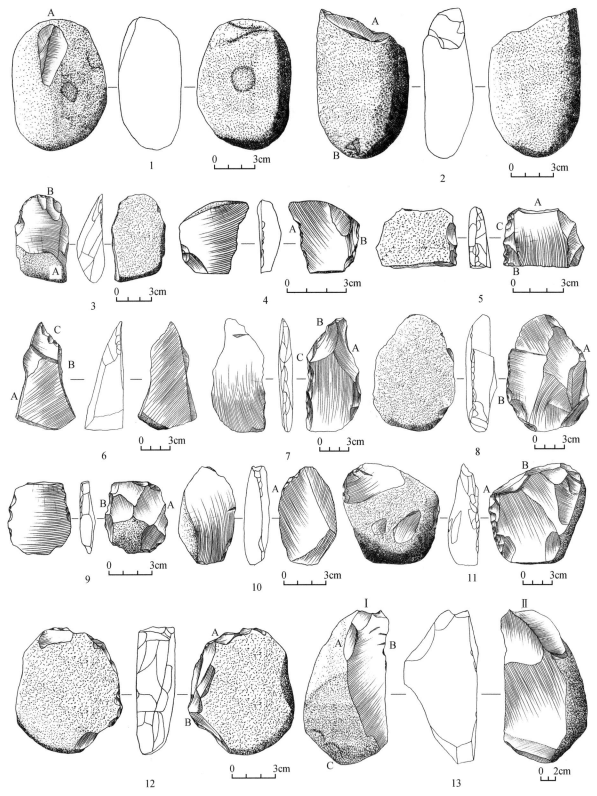

图81　第3C层及F2出土工具（Artifacts from ③C and F2 levels）

1、2. 石锤（2011ZQT22扩③C：75、2011ZQT2扩③C：89）　　3、7. 三类单凸刃刮削器（2011ZQT3F2：1、2011ZQT2扩③C：9）

4、5. 三类单直刃刮削器（2011ZQT2-4③C：9、2011ZQT2-35F2：9）　　6. 三类单尖刃刮削器（2011ZQT2-12：H11：32）

8、11. 三类单凸刃砍砸器（2011ZQT2-24F2：31、2011ZQT2扩③C：73）　　9. 二类双凸刃刮削器（2011ZQT2-32F2：42）

10. 二类单凸刃刮削器（2011ZQT22扩③C：191）　　12. 三类双刃砍砸器（2011ZQT2扩③C：82）

13. 三类单直刃砍砸器（2011ZQT2③C：180）

5. 二类工具

3件，均为刮削器。单刃2件，均为凸刃；双刃1件。

单凸刃，2件。长68.5~81.3mm，平均长74.9mm；宽41.2~90.0mm，平均宽65.6mm；厚18.3~24.3mm，平均厚21.3mm；重53.0~205.0g，平均重129.0g。原料均为砂岩。刃缘长62.8~118.7mm，刃角53.0°~62.5°。

标本2011ZQT22扩③C：191，长68.5mm，宽31.2mm，厚18.3mm，重53.0g。背面既有节理面也有石片疤。A处凸刃为直接使用石片锋利的底缘，在刃缘两面均有不连续鱼鳞状使用疤。刃长62.8mm，刃角53.0°（图81-10）。

双凸刃，1件。标本2011ZQT2-32F2：42，长47.4mm，宽42.9mm，厚10.5mm，重22.0g。原料为灰黄色石英砂岩。直接使用石片的2个侧缘，2个刃缘在劈裂面一侧均有使用痕迹。A处凸刃，刃长32.3mm，刃角50.0°；B处凸刃，刃长28.4mm，刃角55.0°（图81-9）。

6. 三类工具

21件，包括刮削器和砍砸器。

刮削器　14件，均为单刃。根据刃的形状分为直、凸和尖刃。

直刃，10件。长35.0~127.0mm，平均长58.0mm；宽32.3~71.4mm，平均宽46.2mm；厚6.5~24.0mm，平均厚14.2mm；重9.0~185.0g，平均重53.5g。原料以细砂岩居多。块状毛坯1件，其余均为片状。复向修理5件，正向2件，反向3件。刃缘长20.2~76.4mm，刃角40.0°~85.0°。

标本2011ZQT2-4③C：9，长36.4mm，宽35.9mm，厚12.0mm，重12.6g。原料为灰黑色砂岩。片状毛坯。将毛坯石片的一个侧缘B进行两面修理，于劈裂面有2层鱼鳞状修疤，于背面有4层阶梯状修疤。经过修理此处变得钝厚，便于把握。A处直刃为直接利用毛坯的另一侧缘，刃长25.9mm，刃角40.0°。刃缘一面零星分布不连续、细小的使用痕迹（图81-4）。

标本2011ZQT2-35F2：9，长35.0mm，宽47.2mm，厚13.3mm，重29.0g。原料为黑色细砂岩。片状毛坯。将毛坯石片的2个侧缘A、B进行人为截断，形成2个平行的陡直断面；B处另进行反向修理，在劈裂面有单层鱼鳞状和阶梯状修疤，将毛坯修成合适的尺寸。再对毛坯石片的台面C处进行两面修理，在两面均有单层鱼鳞状修疤，形成直刃。刃缘不平齐，刃长31.6mm，刃角50.0°。因使用，在刃缘两面零星分布不连续、细小的崩疤，疤痕深，推测加工的对象为硬质物体（图81-5）。

凸刃，3件。长72.0~111.7mm，平均长90.1mm；宽45.8~96.6mm，平均宽65.7mm；厚13.2~23.8mm，平均厚17.1mm；重92.0~137.0g，平均重116.7g。原料均为砂岩。毛坯均为片状。正向修理2件，反向1件。刃缘长45.8~85.7mm，刃角45.0°~63.4°。

标本2011ZQT2扩③C：9，长111.7mm，宽54.8mm，厚14.2mm，重92.0g。将毛坯石片的台面A处进行正向修理，在背面有2层鱼鳞状修疤，即为把手部位。B处经过人为折断，截去多余的部分，规整器形。A处的对侧C处为毛坯石片的底缘，经过正向修理，在背面有2层鱼鳞状和阶梯状修疤，形成较不平齐的凸刃。刃长85.7mm，刃角63.4°（图81-7；彩版二三，6）。

标本2011ZQT3F2：1，长35.0mm，宽72.0mm，厚23.8mm，重137.0g。于毛坯石片的台面A处进行反向修理，修去侧缘，在劈裂面有2层鱼鳞状和阶梯状修疤，规整器形。将毛坯底缘的部分进行反向修理，在劈裂面有2层鱼鳞状修疤，形成端凸刃。刃缘较平齐，刃长45.8mm，刃角45.0°。因使用在刃缘两面零星分布细小的疤痕，推测加工的对象为软质物体（图81-3）。

尖刃，1件。标本2011ZQT2-12：H11：32，长107.4mm，宽60.9mm，厚39.1mm，重208.5g。原料为浅红色钾长花岗岩。块状毛坯，毛坯的两面均为节理面。A、B两处均经过修理，形成2个陡直的断面，器形规整，到此修形结束。再于C处经过正向修理，形成直边，在一侧有2层鱼鳞状和阶梯状修疤。1个直边与1个断面相交，形成尖刃。刃缘较平齐，刃角58.0°（图81-6）。

砍砸器，7件。根据刃的数量分为单刃和双刃。毛坯均为块状。

单刃，6件。根据刃的形状分为直刃和凸刃。

直刃，2件。长66.7～209.8mm，平均长170.7mm；宽85.1～120.1mm，平均宽102.6mm；厚71.5～106.0mm，平均厚88.8mm；重704.0～2540.0g，平均重1622.0g。均为复向修理。刃缘100.2～154.5mm，刃角60.0°～65.0°。

标本2011ZQT2③C：180，长209.8mm，宽120.1mm，厚106.0mm，重2540.0g。原料为灰色砂岩。根据石片疤的完整程度可知工具的制作流程：首先选择大尺寸的砾石，从Ⅰ面向Ⅱ面进行剥片，在Ⅱ面有4个大剥片疤。在Ⅰ面A处进行修理，剥下4个剥片疤。两面修理形成直刃B，刃缘平齐，刃长154.5mm，刃角65.0°。刃缘的对侧C处为磨圆度较好的砾石表面，未经修理，直接作为把手（图81-13；彩版二六，1）。

凸刃，4件。长66.7～112.0mm，平均长87.9mm；宽56.0～95.1mm，平均宽76.3mm；厚26.5～51.8mm，平均厚34.4mm；重224.05～409.0g，平均重305.8g。原料为砂岩、石英砂岩、细砂岩。复向修理3件，正向1件。刃缘31.91～130.8mm，刃角50.0°～86.5°。

标本2011ZQT2扩③C：73，长83.8mm，宽72.7mm，厚26.5mm，重224.0g。原料为青灰色砂岩。选取扁平的砾石，于边缘处进行多次正向修理，在一面有3层鱼鳞状和阶梯状修疤。A处凸刃刃缘钝厚极不平齐，刃长130.8mm，刃角86.5°。经过砍砸使用，刃缘一侧有大小不一、不连续分布的崩疤（图81-11；彩版二五，3）。标本2011ZQT2-24F2：31，长112.0mm，宽81.2mm，厚30.2mm，重248.0g。原料为灰色细砂岩。沿砾石边缘一周进行向心修理，器身一面有1～3层鱼鳞状和阶梯状修疤，使得一面凸起，呈龟背状。A处稍钝厚，便于把握。A处对侧即为凸刃B，经过正向修理，在一侧有2层连续排列的鱼鳞状修疤。刃缘较平齐，刃长68.2mm，刃角50.0°（图81-8）。

双刃，1件，标本2011ZQT2扩③C：82，长85.0mm，宽75.0mm，厚31.9mm，重379.0g。原料为深灰色砂岩。选取扁平的砾石，于边缘A处先剥下1个大石片疤，然后对刃缘进行多次正向修理，形成凸刃，刃缘一面有3层鱼鳞状和阶梯状修疤。刃缘极不平齐，刃长73.6mm，刃角85.0°。随后在B处剥下4个较大石片疤，再对刃缘进行多次两面修理，形成凸刃，刃缘两面均有2～3层鱼鳞状和阶梯状修疤。刃缘陡直，刃长96.1mm，刃角95.0°。此工具经过使用，2个刃缘上均有砍砸造成的崩疤（图81-12；彩版二六，2）。

（二）打制石器工业特征

原料选择广泛，但倾向性高，在12种原料中按所占比例，从多到少排列为：细砂岩、砂岩、钾长花岗岩、粉砂岩、花岗岩、脉石英、钾长石砂岩、石英岩、石英砂岩、泥质砂岩、泥质灰岩和石灰岩（图82）。

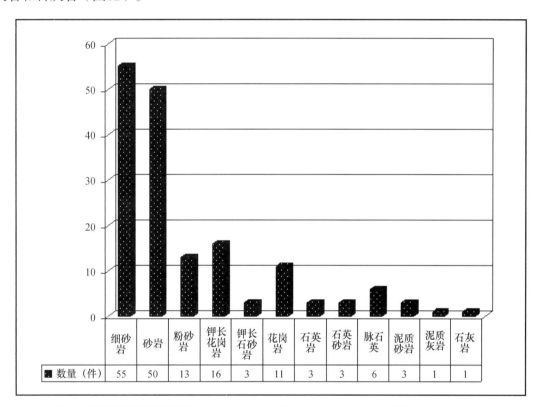

图82　打制石器原料柱状图（Systematic of artifact raw materials from ③C and F2 levels）

由于品质存在差异，大多选择细砂岩和砂岩，二者占总数的63.6%。不同类型石器选取原料的倾向性明显，石片、断块和工具多以细砂岩、砂岩和粉砂岩为原料；而石核的石料则较为广泛（表30）。

根据标本的最大长度，大致将石器划分为小型（≤30mm）、中型（>30mm，≤70mm）、大型（>70mm，≤150mm）、特大型（>150mm）4个等级。总体来看，四型皆有，中型数量最多，占40.7%；其次为大型，占32.1%；再次是小型，占24.8%；特大型最少，仅占2.4%。通过分类统计，石核以大型居多；石片以小、中型居多；断块多为中、大型；石锤均为大型；二类工具以中型居多；三类工具多为大、中型（表31）。

石器类型丰富，包括石核、石片、断块和工具，其中以石片数量最多，占总量的49.7%；其次是工具，占24.8%；再次是断块，占17.6%；石核数量最少。工具类型包括石锤、刮削器和砍砸器，前两者数量相当，占工具总数的41.5%，砍砸器占17.1%。

石核：从原料看以细砂岩和钾长花岗岩居多，尺寸多大型，平均长107.0mm，宽84.0mm，厚51.8mm，重864.0g。形状有不规则形、扁平状和盘状，其中单台面均为不规则形，双台面多为扁平状。

表30　打制石器原料分类统计表（Systematic and statistics of artifact raw materials）

类型＼原料	细砂岩	砂岩	粉砂岩	钾长花岗岩	钾长石砂岩	花岗岩	石英岩	石英砂岩	脉石英	泥质砂岩	泥质灰岩	石灰岩	总计
石核	3	1		4		1	2		1	1			13
石片	35	24	10	4	1	3	1		3			1	82
断块	8	10	2	3	1	2			2	1			29
工具	9	15	1	5	1	5		3		1	1		41
总计	55	50	13	16	3	11	3	3	6	3	1	1	165

表31　石器大小分类统计表（Systematic and statistics of artifact sizes）

类型＼长度	≤30		30~70		70~150		>150	
	N	%	N	%	N	%	N	%
石核	0	0	2	1.2	8	4.8	3	1.8
石片	40	24.2	39	23.7	3	1.8	0	0
断块	1	0.6	15	9.1	13	7.9	0	0
一类工具	0	0	0	0	17	10.4	0	0
二类工具	0	0	2	1.2	1	0.6	0	0
三类工具	0	0	9	5.5	11	6.7	1	0.6
总计	41	24.8	67	40.7	53	32.1	4	2.4

注：测量长度为石器的最大长，单位mm；"N"代表件数，"%"代表所占石器总数的百分比。

剥片方法均采用锤击剥片法。锤击石核中以双台面居多，单台面较少，不见多台面。自然台面占绝大多数，占台面总数的95.5%；人工台面均为打制台面，平均台面角89.1°。

剥片数量：石核的台面有1~2个，剥片面有1~3个，剥片疤最多的有11个，石核剥片率普遍较低。

综合来看，制作者通常就近选择较大的、体厚的，或者扁平的砾石进行剥片。绝大多数不经预制，直接以自然面为台面进行剥片，表明原料来源充足。双台面石核原料形状的选择有明显倾向性，以扁平状居多。高效石核数量少，剥片疤少，超过10个剥片疤的石核仅3个，而且石核的台面角及核体厚度均可继续进行剥片，可见石核的利用率低。

石片：从原料和剥片方法来看，石片与石核的特征一致，原料以细砂岩和砂岩居多，剥片方法为锤击法。完整石片占石片总数的85.4%。完整石片的尺寸多为中、小型，平均长37.0mm，宽41.2mm，厚10.5mm，重24.5g。长宽比平均为0.9。大多形状规则。人工台面居多，占完整石片总数的54.5%，其中打制台面居多，其次为有疤、线状和点状；其余为自然台面，占45.5%。根据背面石片疤石片的情况可见，同向剥片法最多，占63.3%。

通过与石核的比较表明，锤击石核的人工台面比例较石片的人工台面要少得多，因此石片中应有相当一部分是工具修理过程中产生的修片，而非石核的剥片，而且根据完整锤击石片的台面和背面性质可知，有10个石片尺寸为小型、宽大于长、台面为有疤或线状台面、台面尺寸小、打击点集中、半锥体凸、背面均为石片疤或有石片疤，可以推测其为工具修理过程中产生的修片。

一类工具，一类工具经过选料和使用两个阶段：

①石料主要选择硬度、质地、韧性和磨圆度均较好的砾石。原料选择倾向性较低，以花岗岩和砂岩居多，还包括细砂岩、钾长花岗岩、泥质砂岩、泥质灰岩、钾长石砂岩和石英砂岩。砾石形状多数规则，呈扁圆形、扁长形、长条形、圆形和椭圆形。②石锤器身上有明显的使用痕迹。使用痕迹多分布于一端、两端、侧边一周、器身一面或两面，痕迹类型包括剥片疤、凹坑和麻点。

二类工具，类型均为刮削器，包括单直刃和双凸刃，这两种刃形符合石片边缘和底缘的自然形态，尺寸多为中型，平均长65.7mm，宽58.0mm，厚17.7mm，重93.3g。根据刃角的五个等级，刮削器刃角的等级为中等，平均55.1°，刃缘平齐、锋利。

三类工具，尺寸以大、中型为主，特大型仅1件，类型包括刮削器和砍砸器。其中刮削器数量最多，占三类工具总数的66.7%。刮削器毛坯以片状居多，均为单刃。根据刃形统计，以直刃居多，其次为凸刃、尖刃。砍砸器毛坯均为块状，单刃居多，凸刃数量最多。

修疤较深，应为硬锤修理；软锤修理未见。正向修理最多，复向其次，反向、错向最少。修刃为修整刃缘形状和刃角，刃部修理简单，多数在刃缘一面有1~2层修疤。修把手的情况较少。修形出现较普遍，通常采取截断或锤击修理的方式。根据刃角的五个等级，刮削器刃角的等级为中等，平均60.9°；砍砸器刃角等级为陡，平均74.6°。三类工具的刃缘明显大于二类工具，砍砸器的刃角大于刮削器（表32）。

表32　三类工具修理情况统计表（Statistics of repair of classification C artifacts）（单位：件）

类型＼项目	毛坯		修理方向				修疤形态			修疤层数			修理目的		
	片状	块状	正	反	错	复	鱼鳞状	阶梯状	鱼鳞+阶梯状	1	2	≥3	刃	形	把手
刮削器	13	1	4	3		7	3	2	9	3	4	4	12	8	3
砍砸器		7	1			6	2		5	2	1	4	6	3	1
小计	13	8	5	3		13	5	2	14	5	8	8	18	11	3
百分比（%）	61.9	38.1	23.8	14.3	0	61.9	23.8	9.5	677.7	23.8	38.6	38.6	85.7	52.4	14.3

根据以上描述，可见三类工具的制作流程：

①选择毛坯。根据不同的目标工具选取不同类型毛坯倾向性愈加强烈，刮削器的毛坯绝大多数为石片，砍砸器的毛坯均为尺寸较大的砾石。

②预先规划。第三期文化早段的工具在这方面体现并不明显，虽修理过程简单，但工具器形却较为规整。

③简单修刃、修形和修把手有机结合。工具的修理显得简单但效率较高，用截断或锤击修理的方式规整器形后即可使用，较少关注把手部位的舒适度，而着重刃部的修理。

二、磨制石器

第三期文化早段的磨制石器14件，包括石锛10件（成型石锛5件、坯件3件、使用断块2件）、石匕2件、石镞1件、石刀1件；磨制工具33件，包括研磨器3件、砺石15件、石砧15件。

（一）石锛

石锛，10件，磨制成型的石锛5件、石锛使用断块2件、石锛坯件3件。

1. 成型石锛

5件。根据平面及截面形状，分A、B两型。

A型，3件，外观呈梯形。

标本2011ZQT2-12③C：1，原料为深灰色砂岩砾石。两侧及两面有加工修理过程中遗留的大小、深浅不一的重叠疤痕，个别片疤的打击点清楚；背面保留的砾石面上有粗磨痕迹，局部黏附有钙质胶结物。背面微凸弧，腹面较平，单面弧刃。刃缘有使用过程中崩落剥离的小片疤。长8.5cm，宽3.5cm，厚1.1cm，重40g（图83-1；彩版二七，3）。标本2011ZQT2-24F2：5，原料为深灰色细砂岩。由砾石直接磨制而成，器身较厚重，腹面微凹，背面凸弧，保存原砾石面，仅局部有磨痕；刃部细磨，楔形，单面弧刃，刃缘锋利。刃部有使用崩疤。长8.5cm，宽5.3cm，厚2.7cm，重195g（图83-2）。标本2011ZQT2-23F2：1，原料为青灰色细砂岩。器形较小，扁平状，通体粗磨，刃部细磨，背部依然保留砾石面。单面弧刃，刃部较钝，两侧均有小的崩落片疤。腹背两面局部黏附有钙质胶结物。长8.9cm，宽3.2cm，厚1.3cm，重32g（图83-3；彩版二八，3）。

B型，2件，外观和横断面为长方形。

标本2011ZQT2-24F2：4，原料为棕红色钾长石砂岩。通体磨制，较规整，腹背两面均较平，背面附着有钙质胶结物，刃部楔形，单面直刃，微弧，刃缘有使用疤。长5.2cm，宽3.7cm，厚0.6cm，重24g（图83-4）。标本2011ZQT2-27F2：20，原料为灰色细砂岩。平面呈长方形，顶部残断，两面和两侧有加工修理过程中遗留的片疤。刃部较锋利。残长5.3cm，宽4.2cm，厚0.9cm。重34g（图83-5）。

2. 石锛使用残断

计2件。标本2010ZQT2扩③C：70，原料为浅灰色泥岩。器身较薄，可能是由打制石器崩落的石片改制而成。腹面为剥片疤，背面磨痕明显，顶部残缺，单面弧刃，刃缘锐利。刃缘有使用疤。长3.6cm，宽3.4cm，厚1cm，重9g（图83-6）。标本2011ZQT2-27F2：39，原料灰色粉砂岩，长方形，顶部及器身大部分已残断，仅保存刃部。两面粗磨，刃部细磨，单面斜刃，刃部锋利，一侧有加工修理片疤，刃缘有使用疤。长3cm，宽3.5cm，厚0.6cm，重10g（图83-7）。

3. 石锛坯件

计3件。标本2011ZQT2扩③C：71，原料为青灰色粉砂岩，顶部残断，两面均有打片疤痕，未见磨制痕迹，根据外观判断属石锛坯件。长10cm，宽5.6cm，厚1.1cm，重84g（图83-8；彩版二八，1）。标本2011ZQT2-31F2：16，原料为灰色石灰岩。平面呈长方形，两侧有加工修理过程中遗留的片疤，两面大多有打制的剥片痕迹，刃部粗磨，刃缘锋利，为石锛的坯件。长5cm，宽3.7cm，厚1cm，重24g（图83-9）。标本2011ZQT2-24F2：30，原料为灰色细砂岩。平面呈长方形，两侧有加工修理过程中遗留的片疤，背面为剥片断裂面。刃部残断。为石锛的坯件。长9.4cm，宽4.7cm，厚1.9cm，重80g（图83-10）。

（二）石刀

1件（标本2011ZQT2扩③C：76）。原料为深灰色泥质砂岩石片。以石片边缘作台面进行初加工后再磨制成器。原石片破裂面前端经过磨制，背面为砾石面，单面直刃，刃缘较钝，刃部有使用痕迹。残长5.6cm，宽3.4cm，厚0.6cm，重13g（图83-11）。

（三）石匕

2件。标本2010ZQT2扩③C：61，原料为深灰色泥质砂岩。一端残断，仅存锋部。外观近三角形，两面均粗磨，刃缘较钝。残长5.6cm，宽3.4cm，厚0.6cm，重13g（图83-12）。标本2011ZQT2-24F2：3，原料为灰色细砂岩。器形较小，扁椭圆形，背面微平、腹面微凹，两面均经粗磨，刃部细磨，单面弧刃，刃缘锋利；两侧有加工过程中遗留的重叠片疤，刃部一侧有使用疤。长6.2cm，宽2.9cm，厚0.8cm，重21g（图83-13）。

（四）石镞

1件（标本2011ZQT2-16③C：1）。原料为青灰色砂岩石片。锋尖和铤部均残断，推测应

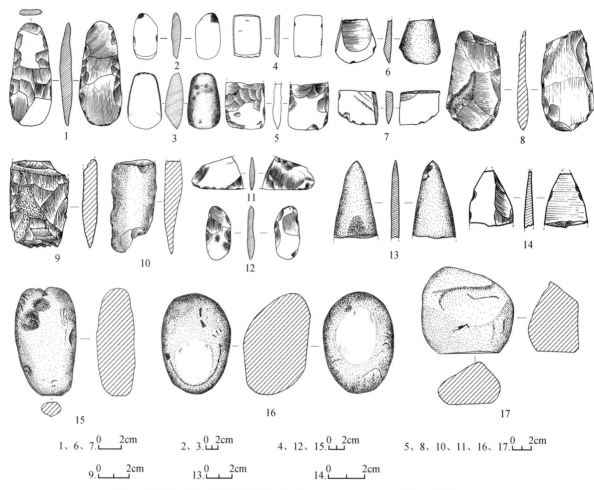

图83　第三期文化早段磨制石器（Polish stone tools from ③C and F2 levels）

1～5. 石锛（2011ZQT2-12③C：1、2011ZQT2-24F2：5、2011ZQT2-23F2：1、2011ZQT2-24F2：4、2011ZQT2-27F2：20）
6、7. 断块（2010ZQT2扩③C：70、2011ZQT2-27F2：39）　8～10.坯件（2011ZQT2扩③C：71、2011ZQT2-31F2：16、
2011ZQT2-24F2：30）　　11. 石刀（2011ZQT2扩③C：76）　12、13. 石匕（2010ZQT2扩③C：61、2011ZQT2-24F2：3）
14. 石镞（2011ZQT2-16③C：1）　15～17. 研磨器（2011ZQT2-11③C：1、2011ZQT2扩③C：68、2011ZQT2扩③C：148）

为柳叶形。两面扁平、无脊，一面为破裂面未见磨制，另一面磨制比较光滑。两侧面有加工修理片疤，残长2.9cm，宽2.3cm，厚0.5cm，重3g（图83-14；彩版三一，3）。

三、磨制工具

共计33件，包括研磨器3件、砺石15件、石砧15件。

（一）研磨器

3件，所选原料均为从河滩捡来的中度磨圆的砾石。一般有1～3个研磨面。标本2011ZQT2-11③C：1，原料为深灰色粉砂岩。长椭圆形，器身厚重，通体为砾石自然面，一端有三角形研磨面，磨面光滑、平坦。长13cm，宽7.6cm，厚4.8cm，重834g（图83-15）。标本2011ZQT2扩③C：68，原料为深灰色粉砂岩，椭圆形，器身厚重，通体为砾石自然面，两侧各有椭圆形研磨面，磨面光滑、平坦。最长10.4cm，厚6.5cm，重707g（图83-16）。标本2011ZQT2扩③C：148，原料为浅黄色砂岩。不规整，器身厚重，通体为砾石自然面。周边共有3个研磨面，磨面光滑、平坦。最长9.4cm，厚5cm，重522g（图83-17）。

（二）砺石

计15件。形状各异，大小不等，多数存在不同程度的残缺，推测是在使用过程中造成的。原料均为砂岩类岩石。

标本2010ZQT2-27F2：29，原料为灰黄色砂岩。外观为不规则形，横断面为三角形。三个面各有一磨砺凹面，凹面间具有棱脊。长8.1cm，宽7.2cm，厚4.3cm，重153g（图84-1）。标本2011ZQT2扩③C：31，原料为灰黄色石英砂岩。外观梯形，一个面有弧形磨砺凹面。长10.4cm，宽7.2cm，厚3.4cm，重262g（图84-2）。标本2010ZQT2-24F2：71，原料红褐色钾长石砂岩，残段，外形不规整，横断面三角形。三面均有磨砺凹面。残长5.5cm，宽4.8cm，厚0.9cm，重20克（图84-3）。标本2011ZQT2-28F2：12，原料为红褐色钾长石砂岩，不甚规整，横断面三角形，三面均有凹形磨面。长7.8cm，宽5.5cm，厚2cm，重60g（图84-4）。标本2011ZQT1③C：24，原料为砖红色砂岩，略呈三角锥体，三个锥面中有两个凹面，其上有大量磨擦痕迹。长15.3cm，宽8.8cm，厚3.1cm，重261g（图84-5）。标本2011ZQT2扩③C：59，原料为灰黄色石英砂岩，外观长方形，器身厚重，一面有凹形磨面。长15.4cm，宽11.6cm，厚7.6cm，重1826g（图84-6）。标本2011ZQT2扩③C：16，原料为灰色砂岩。不甚规整，一个面有长方形磨砺凹面，其上具大量磨擦痕迹。长10.8cm，宽9cm，厚5.5cm，重619g（图84-7）。

（三）石砧

计15件。形状多不甚规整，原料为花岗岩类或砂岩类砾石，质地较粗糙，工作面均有敲击或砸击遗留下来的大小不等的琢痕，一般底面为自然砾石面，但有些底面也有少量琢痕。

标本2011ZQT2-4③C：1，原料为浅红色钾长花岗岩。工作面平滑，中部有大量麻点状散漫琢痕。长26.2cm，宽22.8cm，厚8.6cm，重8660g（图84-8）。标本2011ZQT2-4③C：5，原料为灰褐色钾长花岗岩，外形不规则，工作面中部遗留有粗糙的散漫琢痕。长26.1cm，宽22.5cm，厚8.2cm，重8660g（图84-9）。标本2011ZQT2-27F2：38，原料灰褐色钾长花岗岩，器身厚重，一侧残断，两面均经使用，撞击疤明显，其中一面圆形状琢痕，另一面不规则形琢痕，琢痕长4～6cm。标本长39.3cm，宽18.5cm，厚12.6cm，重11279g（图84-10）。标本2011ZQT2扩③C：56，原料为褐色钾长花岗岩，器身厚重，一侧残断，另一侧遗留有大块剥片疤。工作面琢痕散漫。长21cm，宽19.2cm，厚8.4cm，重7200g（图84-11）。标本2011ZQT2-4F2：23，原料为灰黄色花岗岩，器身厚重，一面较平，中部遗有散漫琢痕；另一面有3个不

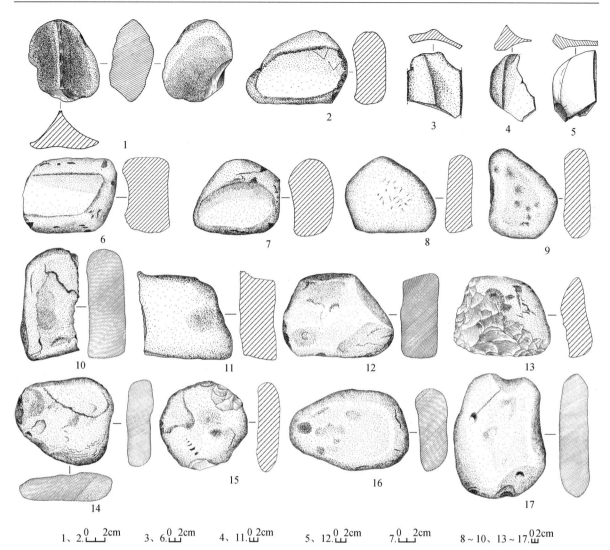

1、2.└─┘2cm　　3、6.└─┘2cm　　4、11.└─┘2cm　　5、12.└─┘2cm　　7.└─┘2cm　　8～10、13～17.└─┘2cm

图84　第三期文化早段砺石和石砧（Holystones and anvil stones from ③C and F2 levels）

1～7.砺石（2010ZQT2-27F2：29、2011ZQT2扩③C：31、2010ZQT2-24F2：71、2011ZQT2-28F2：12、2011ZQT1③C：24、
2011ZQT2扩③C：59、2011ZQT2扩③C：16）　8～17.石砧（2011ZQT2-4③C：1、2011ZQT2-4③C：5、2011ZQT2-27F2：38、
2011ZQT2扩③C：56、2011ZQT2-4F2：23、2011ZQT2-31F2：31、2011ZQT2-28F2：13、2011ZQT2扩③C：52、2011ZQT2-
24F2：25、2011ZQT2-27F2：37）

规则粗糙的凹坑，凹坑最深0.4cm。长20.8cm，宽15.2cm，厚6.7cm，重3284g（图84-12）。标本2011ZQT2-31F2：31，原料为灰色砂岩。石砧一面凸，一面微凹。凸面一侧存在椭圆形和半圆形琢痕。琢痕长3～6cm，最深0.3cm。凹面为砾石面。长30.6cm，宽24.4cm，厚8cm（图84-13）。标本2011ZQT2-28F2：13，原料为灰黄色花岗岩，石砧椭圆形，两面中部微凹，工作面遗有4个不规则琢痕，琢痕最深0.5cm，另一面有浅而粗糙的散漫琢痕。长30.6cm，宽26.9cm，厚9.1cm（图84-14）。标本2011ZQT2扩③C：52，原料为灰色细砂岩。工作面中部有密集麻点和圆形小凹痕和片疤，另一面保持砾石面。直径24.8cm，厚6.2cm，重6575g（图84-15）。标本2011ZQT2-24F2：25，原料为红褐色钾长花岗岩。器身厚重。工作面有5个椭圆形或不规则琢痕，浅而粗糙，琢痕最长4～8cm，最深0.3cm，另一面为砾石面。长21.2cm，宽22.8cm，厚

9.2cm（图84-16）。标本2011ZQT2-27F2：37，原料为褐色钾长花岗岩。器身硕大，一面凸，一面较平，表面较光滑，似经初加工。工作面遗留有长3.5cm、深0.4cm的凹窝，凹窝底部和坑壁残留有赤色颜料痕迹，根据观察，此器可能作为碾磨赤铁矿粉末之用。底面中部也有大量麻点状琢痕，两侧边有对称的圆形孔，孔径约3.5cm，深3.5cm，可能是加工时遗留的钻痕，两面均有烟熏黑色痕迹。长38.2cm，宽30cm，厚9.2cm（图84-17）。

四、陶　器

第三期文化早段是指第3C层和第3C层下的遗迹F2包含的文化内涵。

出土陶器残片共433件，其中夹砂陶所占比例为99.54%，泥质陶仅2件，占0.46%（表33）。夹砂陶中以夹粗砂陶为主，其次是夹中砂，夹细砂最少，三者所占夹砂陶的比例分别为58.00%、29.70%和12.30%。夹粗砂陶胎质疏松，孔隙大，质地较脆，夹中砂与夹细砂陶胎较致密，质地也较粗砂陶硬。颜色上，以褐色系陶片为主流，所占比例为48.04%。灰色系与灰黑色系、红色系紧跟其后，所占比例依次为14.09%、13.16%、11.55%。此四者为这一时期陶器的优势陶色，此外还有少量的橙色与橙黄色陶片，但由于火候的关系，陶器残片表面的呈色多不均匀（图85）。

纹饰方面：从目前所收集的陶片资料来分析，素面247件，有纹饰的186件。本层陶器的装饰方法有压印、刻划、穿孔、戳印几种，纹饰主要有压印条纹、锯齿纹、指甲压印辐射状细线纹、刻划纹、戳印圆圈纹、绳纹等，这一时期的纹饰多以组合形式集中出现于口沿外表，盛行在器物的唇面上压印锯齿状的缺口。从数量而言，压印纹陶片比刻划纹陶片多得多，可知压印成为当时饰纹的主要手法，刻划、戳印等成为辅助方式。在压印纹当中，压印条纹所占比例最高，其次是锯齿纹。压印的锯齿纹绝大多数是以组合纹饰的形式出现在陶器的口沿上，多排分布，整齐而清晰，常与指甲压印的辐射状细线纹一起出现。另外，还有一类是与压印的条纹一起出现在器物的腹部，锯齿纹的压印并非成排分布，而是呈"＜"字形散布在陶器上，并且叠印于条纹之上。除了单一的饰纹方法外，组合纹饰也占有一席之地，有多达6种不同的组合，常见的组合纹饰为压印条纹与压印锯齿纹组合，压印条纹、锯齿纹与戳印圆圈纹组合，压印锯齿纹与压印指甲状辐射细线纹组合，这些组合纹饰内容丰富，装饰精美考究，成为当时陶器的典型特征（图86）。

第3C层出土的皆为陶器残片，未发现完整器，也无法修复得到完整器物，但从出土的少部分口沿和一些典型的陶片可以窥探这一时期陶器的特征。器形主要有盆、罐等。

陶罐，7件。皆残存口沿部分。

标本2010ZQT2扩③C：257，夹粗砂灰褐陶，胎质掺和大量砂粒，致密，陶质较坚硬，唇面上有压印短斜线，口沿外刻划平行条纹，内壁呈浅褐色，凹凸不平，无痕迹。敞口，尖唇，口径9.8cm，残高2.1cm，厚0.3～0.6cm（图87-1）。标本2011ZQT2-7③C：19，夹粗砂浅

表33　第三期文化早段陶片统计表（Statistics of pottery fragments from ③C and F2 levels）

陶质 颜色 数量 纹饰	夹砂									泥质		合计
	灰色	灰黄	红	褐	灰黑	灰褐	橙黄	橙	红褐	黄	褐	
压印锯齿纹	4	1		8				1				14
压印条纹	8	2	1	73	13	24	3					124
绳纹		1	1	1								3
粗绳纹					1							1
刻划纹	2		2							1		5
刻划交错条纹		1			1							2
绳纹								2				2
刻划条纹	2			3	3			2				10
刻划大方格纹					1							1
交错压印条纹				2								2
指甲压印纹				1								1
戳印圆圈纹				2								2
戳印纹	1											1
压印不规则条纹				1								1
穿孔				3								3
*组合1				3	1							4
**组合2				2								2
***组合3				3								3
****组合4				1								1
*****组合5				1								1
******组合6				3								3
素面	44	25	46	37	39	17		17	21		1	247
合计	61	30	50	144	57	42	4	22	21	1	1	433
	431									2		
百分比	99.54%									0.46%		100%

注：　*组合1：压印条纹+锯齿纹；

　　　** 组合2：戳印圆圈纹+压印条纹；

　　　*** 组合3：压印锯齿纹+指甲压印辐射状细纹；

　　　**** 组合4：刻划平行条纹+口沿面压印；

　　　***** 组合5：刻划细线纹+戳印纹；

　　　****** 组合6：压印锯齿+压印条纹+戳印圆圈纹。

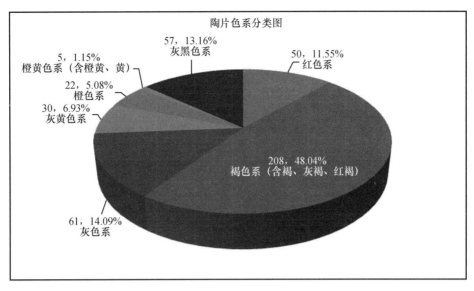

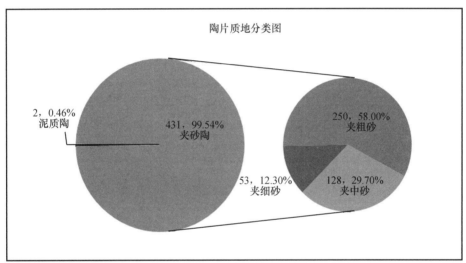

图85 第3C层陶质色系与质地分类图（Systematics of ceramic colour series and texture from ③C level）

黄色陶，表面附着黑色。胎为浅黄色，致密，陶质较坚硬。唇面不平，口沿外壁零星戳印点纹，未见其他纹饰。内壁平滑无痕迹。敞口，尖圆唇，口径8cm，残高2.4cm，胎厚0.2～0.8cm（图87-2）。标本2010ZQT2扩③C：256，夹粗砂橙黄陶，胎呈黄色，唇面压印短斜线，外壁装饰组合纹饰，都为压印纹，先压印平行的条纹，然后在中部压印两排锯齿纹，纹饰已经模糊，微敞口，领较高，方唇。口径26cm，残高6.6cm，厚0.6cm（图87-4）。标本2010T2扩③C：253，夹粗砂灰陶，外壁为灰色，内壁局部灰色，局部灰白色，胎灰黑色，较薄，胎质比较致密。外壁唇缘至肩部压印条纹，口沿上为斜向，肩部为竖向，二者之间有交错。敞口，溜肩，口径不详，长宽约3.6cm，厚0.5cm（图87-8）。标本2009ZQT1③C：243，夹粗砂灰黄陶，胎为灰色，不致密，质地较疏松，口沿外附着褐色，内壁呈灰色，外壁刻划平行的斜向条纹，在颈部还有戳印的椭圆形凹窝，戳印的凹窝是后于刻划的条纹产生的。在唇面还压印了短斜线，形成浅浅的缺口。敞口，束颈，领稍高。口径10.8cm，残高3.1cm，最厚位于颈部，达

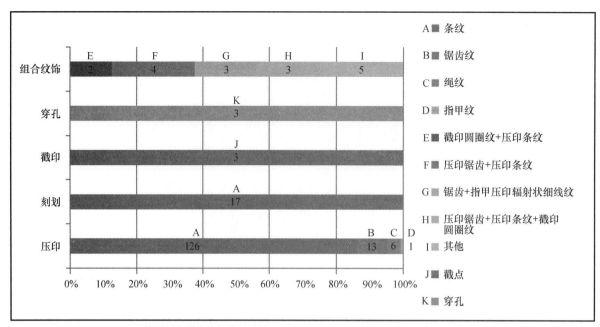

	A■ 条纹
	B■ 锯齿纹
	C■ 绳纹
	D■ 指甲纹
	E■ 戳印圆圈纹+压印条纹
	F■ 压印锯齿+压印条纹
	G■ 锯齿+指甲压印辐射状细线纹
	H■ 压印锯齿+压印条纹+戳印圆圈纹
	I■ 其他
	J■ 戳点
	K■ 穿孔

1. 第3C层陶器纹饰构成图（Systematic of pottery decoration from ③C level）

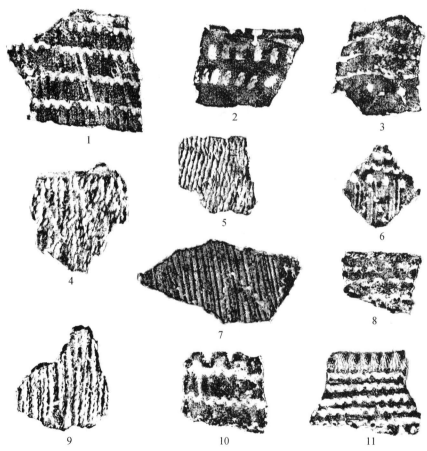

2. 第3C层陶器纹饰拓片（Rubbing from ③C and F2 levels）

（1、8、10.压印锯齿纹　2.戳印纹　3.戳印波浪纹　4、5、9.细绳纹　6.压印条纹、戳印圆圈纹与压印锯齿纹
7.压印条纹与压印锯齿纹　11.指甲压印辐射状纹与压印锯齿纹）

图86　第三期文化早段纹饰构成图及拓片（Pottery decoration and rubbing from ③C and F2 levels）

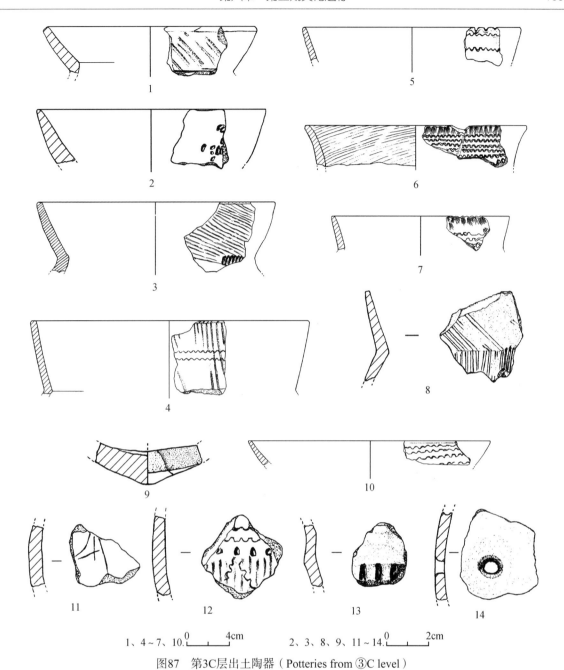

1、4～7、10.[0 ___ 4cm]　　2、3、8、9、11～14.[0 _ 2cm]

图87　第3C层出土陶器（Potteries from ③C level）

1～4、6～8.陶罐（2010ZQT2扩③C：257、2011ZQT2-7③C：19、2009ZQT1③C：243、2010ZQT2扩③C：256、
2010ZQT2扩③C：245、2011ZQT2-15③C：8、2010T2扩③C：253）　5、10.陶盆（2010ZQT2扩③C：246、
2011ZQT2-8③C：44）　9.圜底器底（2011ZQT2-7③C：7）　11.刻划陶片（2010ZQT2扩③C：247）　12.组合纹饰陶片
（2010ZQT2扩③C：248）　13.戳印纹陶片（2010ZQT2扩③C：258）　14.穿孔陶片（2010ZQT2扩③C：37）

0.5cm，平均厚度为0.4cm（图87-3）。标本2011ZQT2-15③C：8，夹粗砂褐陶，胎质不致密，
陶质疏松，口沿外为组合纹饰，上部为两排指甲压印的辐射状细线纹，接着压印三排锯齿纹，
唇面上压印出锯齿状缺口，最下方弧度略往外（图87-7）。标本2010ZQT2扩③C：245，夹粗
砂深褐色陶，胎质不够致密，陶质较疏松，口沿外纹饰分为三组，最上部是先用手摁压出凹窝
后用指甲压印出辐射状的细线纹，中部是5排压印的锯齿纹，压印规整清晰，最下方是戳印的

圆圈纹，仅存2个，圆径0.3cm，唇面上还压印出短斜线，使唇面形成浅浅的锯齿状，口沿装饰华丽，考究。口沿内壁还残留有规则的条状痕迹，可能是压印外部纹饰时垫在内部的物体所留，敞口，圆唇。残高3.6cm，厚0.6cm（图87-6；彩版三四，1）。

陶盆，皆为口沿，2件。

标本2010ZQT2扩③C：246，夹粗砂灰陶，胎质较疏松，质地偏硬，口沿外壁压印两排锯齿纹，唇面上被压印出深深的缺口，宽约0.3cm，深约0.3cm，使沿面呈锯齿状，敞口，圆唇。口径20.8cm，厚0.6cm（图87-5）。标本2011ZQT2-8③C：44，夹粗砂灰陶，胎与质地均疏松，口沿外压印四排据齿纹，纹饰已经模糊，内壁为灰黑色，无痕迹，内外壁都经细泥抹平处理，敞口。圆唇，口径23cm，残高2.2cm，厚0.3～0.6cm（图87-10）。

圜底器，1件。

标本2011ZQT2-7③C：7，圜底器器底，夹粗砂红陶，外壁偏褐色，附着黑色物质，内壁红色，中部略凹，与之对应外壁向外略凸，中部厚，两侧稍薄，为一圜底器的底部，中部厚1cm，两侧厚0.9cm（图87-9）。

除上述可辨器形的口沿外，还有些陶片颇具特色，纹饰多样，具有时代特征，一并叙述如下。

标本2010ZQT2扩③C：247，外壁褐色，抹光，内壁深褐色，质地较为疏松。抹光外壁上表有纤细刻划痕迹，胎厚0.5cm（图87-11）。标本2010ZQT2扩③C：248，夹粗砂褐陶，胎灰色，略疏松，陶质较疏松，内外壁平坦，外壁饰组合纹饰，上部为两排压印锯齿纹，中间为单排的戳印圆圈纹，之下为压印平行条纹，再在该条纹之上压印了锯齿纹，此锯齿纹零星分布，一组为两条，互呈“>”字形。长3.5cm，厚0.5cm（图87-12）。标本2010ZQT2扩③C：258，夹砂灰陶，砂粒中等大小，胎质致密，质地较坚硬，陶片上薄下厚，表面下部现存三个长方形的戳印凹坑，戳印方向斜向下，末端还残留戳印时留下的小泥疙瘩，戳印的工具应该是管状物体。内壁较平整，长2.8cm，宽2.6cm，厚0.4～0.6cm（图87-13）。标本2010ZQT2扩③C：37，夹砂灰陶，砂粒中等大小，胎为黑色，疏松，质地疏松。外壁中间偏下方有一穿孔，孔径0.6cm，系陶片烧成后单面钻成，此外无其他纹饰，断面呈“⌒”形凹槽，长宽约3.6cm，厚0.4～0.5cm（图87-14）。

F2为开口第3C层下房址居住面，共出土陶片285件，以夹粗砂为主，纵观F2出土的陶器残片，在陶质、制法、装饰方面与第3C层所出土有较大的共性，仅略有差别。有少数的陶器胎致密，火候高，陶质坚硬，口沿有明显且规整的轮修痕迹，从出土的陶器口沿分析，主要器形有罐、盆、钵等。

罐，5件。罐的口沿形式较丰富多样。标本2011ZQT2-28F2：7，夹粗砂红陶，胎质较疏松，火候高，质地较硬，可见明显的轮制痕迹，在颈部刻划散乱的条纹，敞口，圆唇，颈部以下残，残高3cm，厚0.7cm（图88-1；彩版三四，4）。标本2011ZQT2-28F2：8，夹细砂褐色陶，胎较细密，质地较坚硬，外壁有两组纹饰，先压印相对平行的斜向条纹，后压印四排锯齿纹，锯齿纹之间距离相差无几，约1cm，压印规整，精细，口沿下方断面呈“⌒”形凹槽，敞口，尖圆唇，唇面上压印出缺口，口径22cm，厚0.6cm，残高4.5cm（图88-2）。标本2011ZQT2-24F2：2，夹粗砂灰陶，胎质疏松，灰色，质地略硬，敞口，束颈，溜肩，唇略尖，肩部以下有纹饰，似条纹又似绳纹，内壁深灰色，经过抹平，较光滑，口径19.8cm，残高3.5cm，厚0.3～0.6cm（图88-3；彩版三四，2）。标本2011ZQT2-27F2：5，夹细砂灰褐色陶，胎质细密，质地坚硬，可见明显的轮旋痕迹，内壁平滑，火候高，侈口，颈部残，口径12cm，胎厚0.3cm（图88-6）。标本2011ZQT2-40F2：7，夹细砂深褐色陶，胎质致密，陶质坚硬，火候高，外表有用尖状物戳印的条状凹坑，口沿经过手捏，形成类似附加堆纹的样子，口沿面压成锯齿状缺口，内壁红褐色，光滑，口径11.8cm，胎厚0.6cm（图88-5）。

盆，1件。标本2011ZQT2-23F2：23，夹细砂灰黑陶，胎中偶见夹白云母碎片，胎灰黑，致密，陶质较硬，内壁可见明显的轮旋痕迹，外壁无纹饰，只在唇面上压印出锯齿状缺口。微敞口，圆唇，口径24.3cm，厚0.7～0.8cm（图88-7）。

钵，6件。标本2011ZQT2-24F2：13，夹细砂黑褐色陶，胎致密，质地坚硬，火候高，外壁饰两排戳印纹，戳印纹呈椭圆形，戳印较浅，方向为正面向下戳印，边缘比中间深，每个戳纹中间都有另外的窄窄的凹窝，戳纹工具可能是树枝一类，钵内壁光滑有刮痕。唇面压印出缺口，呈锯齿状，敛口，圆唇，口径16.6cm，胎厚0.5cm（图88-4；彩版三六，3）。标本2011ZQT2-28F2：41，夹中砂灰陶，还夹有较多云母小碎片，胎疏松，质地较脆，口沿厚薄不均，内壁可看出经过刮平的痕迹，外表压印条纹，敛口，方唇，口径12.2cm，厚0.5cm（图88-8）。标本2011ZQT2-28F2：42，夹细砂灰黑陶，胎灰色致密，陶质坚硬，外表面有三列戳印纹，为由若干个戳印而成的细长方形组成，现存9个，内壁光滑平整，直口，方唇，口径16cm，厚0.2～0.5cm（图88-12）。标本2011ZQT2-28F2：43，泥质橙色陶，胎质细腻致密，质地较坚硬，外部压印条纹，较凌乱，无规律，内壁光滑，口微敛，口径14.4cm，残高2cm，厚0.4cm（图88-9）。标本2011ZQT2-32F2：21，夹细砂灰黑陶，胎为灰黑色，致密，质地较坚硬，残断呈凹槽状。口沿外部为组合纹饰，上部为三排波浪纹，波浪纹通过戳印的小点构成，下方为3个戳印的圆圈纹，纹饰精细，内壁平滑，有残留条状衬物痕迹。敛口，弧腹，口径15cm，胎厚0.3～0.6cm（图88-10）。标本2011ZQT2-31F2：1，夹细砂灰黄色陶，内壁灰黑色，胎疏松，呈灰黑色，口沿外壁有刻划条纹，直口微敛，弧腹，腹部以下残，口径15.8cm，残高1.7cm，厚0.4cm（图88-11；彩版三六，6）。

五、骨　制　品

共16件，其中第3C层13件、F2层3件，包括骨锥、骨匕、骨簪和坯件4种类型。

（一）第3C层骨制品

13件，有骨锥、骨匕和坯件3种类型。

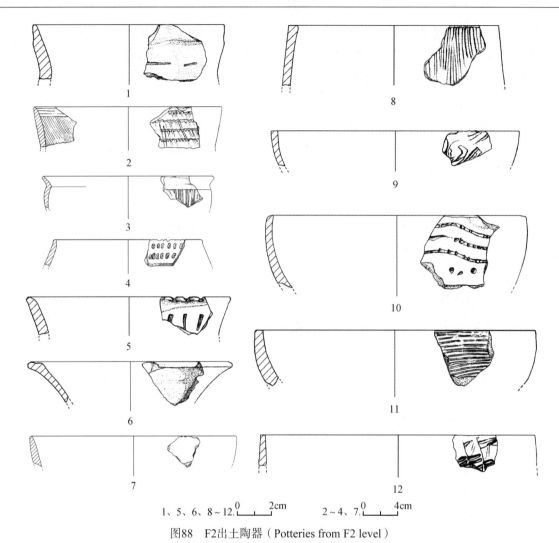

图88　F2出土陶器（Potteries from F2 level）

1~3、5、6. 陶罐（2011ZQT2-28F2：7、2011ZQT2-28F2：8、2011ZQT2-24F2：2、2011ZQT2-40F2：7、2011ZQT2-27F2：5）

4、8~12. 钵（2011ZQT2-24F2：13、2011ZQT2-28F2：41、2011ZQT2-28F2：43、2011ZQT2-32F2：21、2011ZQT2-31F2：1、

2011ZQT2-28F2：42）　7. 盆（2011ZQT2-23F2：23）

1. 骨锥

2件。标本2011ZQT2扩③C：241，保存骨锥中部的残段，通体磨制，可见斜向磨痕，表面光滑，横断面略呈圆形。该残段可能是使用时折断的。残长18mm，最大径6mm，重1g（图89-1）。标本2010ZQT2扩③C：14，由小型哺乳动物管状骨经砸击后选取的长条状骨片初加工而成的骨锥，具火烧痕迹，磨制仅限于头部和部分骨表面，磨制部分的长度为11mm，锥体后部未经加工，仍然保存原有的骨表面及骨腔面。标本全长24mm，最宽5.5mm，骨壁厚2.8mm，重1克（图89-2）。

2. 骨匕

2件。标本2010ZQT2扩③C：41，由大型哺乳动物骨骼砸击后的较大骨片制作而成，头部

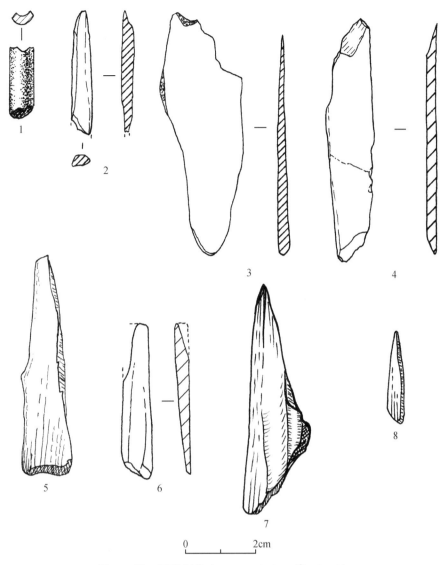

图89　第3C层骨制品（Bone tools from ③C level）

1、2. 骨锥（2011ZQT2扩③C：241、2010ZQT2扩③C：14）　3、4. 骨匕（2010ZQT2扩③C：41、2010ZQT2扩③C：27）

5~7. 骨锥坯件（2011ZQT2扩③C：30、2010ZQT2扩③C：242、2011ZQT2扩③C：33）　8. 骨针坯件（2011ZQT2-7③C：22）

有初磨痕迹，一个侧边具较薄的刃，似有使用迹象。长67.8mm，中后部最宽23.8mm，骨壁厚7.1mm，重8g（图89-3）。标本2010ZQT2扩③C：27，为选取较小哺乳动物的胫骨骨片作坯料，虽未见加工，但前部的侧刃较薄，可直接使用。长66.2mm，宽13.7mm，骨壁厚3mm，重4g（图89-4）。

3. 骨锥坯件

5件。标本2011ZQT2扩③C：235，由小型哺乳动物管状骨砸击形成的骨片做坯料，尖端未经加工，骨片经过火烧，长23mm，最宽11mm，骨壁厚3.2mm，重0.5克。标本2011ZQT2扩③C：30，采用中等体型哺乳动物骨骼经打击而成的较大骨片做坯料，表面可见骨表质及骨腔壁，未见第二步加工痕迹，长60mm，最宽12.3mm，骨壁厚4.3mm，重5g（图89-5）。标本2010ZQT2扩③C：242，由小型哺乳动物管状骨经砸击选出的长条形骨片做坯料，具火烧痕迹，未见加工，长43.3mm，宽9.5mm，骨壁厚2mm，重2g（图89-6）。标本2011ZQT2扩③C：33，为中等体型哺乳动物的胫骨经砸击的骨片，具火烧痕迹，骨片的一侧沿骨质纤维断裂，另一侧斜向劈开，故在前端形成一尖头，可作为较大的骨锥坯件，长63.2mm，最宽22.2mm，骨壁厚4.4mm，重6克（图89-7）。标本2011ZQT2扩③C：25，由小型哺乳动物管状骨砸击后的小骨片做坯件，外形大致为长三角形，尖头具火烧痕迹，但未见进一步加工，长32.2mm，宽10.2mm，骨壁厚2.5mm，重2g。

4. 骨针坯件

4件。标本2011ZQT2-7③C：22，骨片细长，经过火烧表面呈黑色，从痕迹判断应是砸击形成的小骨片，后部具有加工痕迹，头部细长，尖锐，但未经磨制，标本长26mm，最宽3.4mm，重0.1g（图89-8）。标本2011ZQT2扩③C：240，同一位置出土砸击条状小骨片3件，体细长，一端均具长的尖头，分别以a、b、c编号，其中两件经过火烧，3件的尖端部位均未经第二步加工。长度分别为24.2mm，31.5mm和28.8mm。

（二）F2骨制品

3件。骨锥、骨匕和骨簪各1件。

1. 骨锥

1件。标本2011ZQT2-24F2：1，是在砸击较小体型哺乳动物管状骨后选取其中一件小片制作，但尚未最终完成，只有尖头部经过初磨，头部十分尖锐，表面较光滑。磨制部分的长度约3mm，后部未经磨制，依然保留原有的骨表面及骨腔面。全长31.8mm，后部最宽22.1mm，骨壁厚2.2mm，重0.9克（图90-1）。

2. 骨匕

1件。标本2011ZQT2-27F2：2，为截取较小哺乳动物胫骨的一段，再经打制而成，外表保留原有的骨质表皮，显得较光滑，骨腔较小，内侧可见骨质纤维；加工部位仅在刃端，前端和侧缘经过打制，刃口斜，薄且锋利，刃部似有使用痕迹。长41mm，宽12mm，骨壁厚3mm，重4克（图90-2）。

3. 骨簪

1件。标本2011ZQT2-27F2：3，可能是截取中等体型哺乳动物尺骨的一段再进行加工而成，现存标本的一侧已经断损，残留部分约为原来的1/2，残余部分约有2/3经过磨光，磨制长

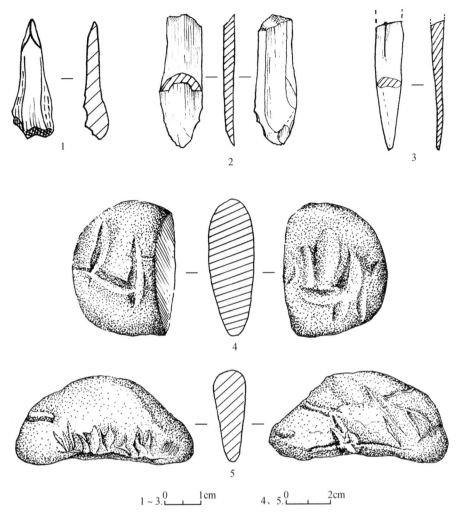

图90　F2和第3C层骨制品和刻画石（Bone tools and nick stone from ③C and F2 levels）
1.骨锥（2011ZQT2-24F2∶1）　2.骨匕（2011ZQT2-27F2∶2）　3.骨簪（2011ZQT2-27F2∶3）
4、5.刻画石（2010ZQT2-27F2∶42、2010T2-11③C∶107）

度29mm，尖端部位经过特别磨制，至今保存良好，尖锐，骨表磨制加工均仔细，显得十分光滑，且具油脂光泽感；中间部位磨制略逊于头部，背面依然保留原有的骨骼凹面；两侧缘也经磨制，也很光滑。总体看来器物加工十分精细，可能是因长期被使用而折断的。余长41mm，最宽7mm，重2g（图90-3）。

六、艺　术　品

刻画石2件，出自F2层和第3C层各1件。

标本2010ZQT2-27F2∶42，出土于第3C层底部的F2层，为一件具刻划条痕的石块，原料为棕红色泥质绢云母钾长石粗砂岩，大半圆饼状，直径61.5mm，弦长57mm，最厚24mm，重63.2g。石块周边较整齐，显然经过精心修理，两面和周围以及弦面都经过磨制，弦面平齐但略斜，斜向磨痕清晰可见，标本横断面呈透镜状；上、下两个微凸的面均采用硬质工具分别刻画出两组简单图案，可能属于符号。较凸的一面（背面）刻有"人"形符号和下面的不等长弧线符号，刻画痕迹宽窄和深浅不一，"人"字形的刻痕分别是：左刻痕"／"长29mm，最宽10mm，最深5mm；右刻痕"＼"长21.1mm，最宽7.2mm，最深3mm；其下为两道并排略弯的"//"和一道"＜"刻划，痕迹较浅。稍平的一面（腹面）刻有三条痕迹较深的直线，中间宽而且深，两头较窄且较浅，大致组成"∏"形符号，右竖杠刻画条痕长32mm，最宽6.5mm，最深6mm；左竖杠条痕长29mm，最宽32.6mm，最深5mm；上部横杠条痕长32mm，最宽7mm，最深6mm（图90-4）。两面刻划符号所要表达的意思未解，但可以肯定的是两组符号都是先民为了表达某种含义而刻画的。

标本2010T2-11③C：107，刻画石，出自第3C层，原料为淡黄色泥岩，外观半圆形，底面为自然面，较平，背面略凸，似有初磨痕迹，其上沿边缘有3组刻画痕迹，从左向右分别为3、4、4条直线，左边3条直线刻痕长11.04mm，各宽1mm；中间刻痕4条刻痕斜向，放射状，最长15mm，最短6mm，最宽2.8mm，最窄2mm；右边4条刻痕最长10.2mm，最短6.5mm，最宽1.8mm，最窄0.7mm。底面（自然面）近直径边缘有一条长达31.8mm的较深砍痕，可能是为了掰断而做；中间部位有7条密集重叠的斜线刻画痕迹，但较浅。由于出土位置紧邻人类颅骨，疑是陪葬品。标本长76mm，宽38mm，厚15mm，重44g（图90-5）。

七、哺乳动物

（一）简况

第三期早段出土的哺乳动物数量较大，包括可鉴定的标本154件、种类15种，其中出自第3C层的可鉴定的标本126件，种类14种；大型骨骼280件、碎骨3017件、烧骨908件，风化程度中等偏轻，故标本保存状态较好；出自F2层的可鉴定的标本28件、种类12种，风化程度中等，标本保存状态稍差，另有大型骨骼416件、碎骨1414件、烧骨924件。

（二）第3C层哺乳动物记述

第3C层出土的哺乳动物标本共126件，种类14种，包括翼手类1种（普氏蹄蝠），灵长类1种（猕猴），啮齿类3种（黑鼠、中华竹鼠、豪猪），食肉类5种（家犬、赤狐、黄腹鼬、鼬、金猫），偶蹄类4种（赤麂、小麂、甘南鬣羚、山羊）；大型骨骼280件（其中属于哺乳动物的235件，占84%；属于鸟禽类的45件，占16%）；碎骨3017件，风化程度中等偏轻；烧骨908件（其中属于哺乳动物的793件，占87%；属于鸟禽类的115件，占13%，具有人工打击或砸击的骨片180件，约占20%）。另有残破河蚌3件、蟹1件、鳖腹甲1件、鱼骨1件、人类牙齿1颗（右I^2）。

1. 翼手类

1种，普氏蹄蝠（*Hipposidros pratti*），3件左下颌骨。标本2009ZQT1-③C：5，残破左下颌骨，上升支断缺，保存水平支长20.6mm，齿列长9.8mm。臼齿咀嚼面珐琅质呈"W"形结构，齿尖尖锐而高，下颌骨很薄，仅2mm（图91-1）。

2. 灵长类

1种，猕猴（*Macaca mulatta*），材料共23件，包括残破右上颌骨2件，左、右下颌骨各1件，各类牙齿19颗，分别是门齿4颗、犬齿2颗、前臼齿7颗和臼齿6颗。

标本2011ZQT2扩③C：50，残破右上颌骨，上带C-M³，犬齿大而尖锐，底部较粗，内侧面磨蚀较深；M²最大，方形，前后长11.5mm、9.6mm，齿冠高6.1mm；C-M³齿列长29.1mm，重11g，咀嚼面磨蚀中等，为一雄性壮年个体（图91-2）。标本2011ZQT2扩③C：220，残破右上颌骨，上带M¹-M³，M¹最小，M³最长，M¹-M³齿列长27.4mm，重8g（图91-3）。标本2011ZQT2扩③C：239，残破右下颌骨，上带P₂-M₁，联合部宽大，犬齿及P₁缺失，遗留齿孔，

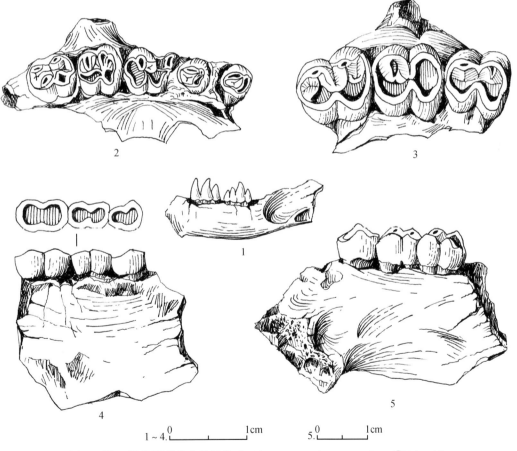

图91　第3C层的翼手类和灵长类（Chiropetera and premates from ③C level）

1. 普氏蹄蝠（*Hipposidros pratti*），标本2009ZQT1-③C：5　2～5. 猕猴（*Macaca mulatta*）：2. 标本2011ZQT2扩③C：50，

3. 标本2011ZQT2扩③C：220，4. 标本2011ZQT2扩③C：239　5. 标本2011ZQT2扩③C：230

M$_2$前后长7.1mm，内外宽4.1mm，以下颌骨厚11.2mm（图91-4）。标本2011ZQT2扩③C：230，残破左下颌骨，上带P$_2$-M$_2$，M$_2$前后长9.5mm，内外宽8mm，磨蚀深，属雌性老年个体（图91-5）。

3. 啮齿类

3种。

黑鼠（*Rattus rattus*），材料较多，共计54件，包括基本完整的头骨1件、残破右上颚骨3件、残破左上颚骨4件、大致完整的右下颌骨27件、左下颌骨19件。标本2010ZQT2扩③C：49，为基本完整的头骨，颚骨及顶骨较平，前后长34.9mm，左右宽15.4mm，门齿向内下方微弯，长11mm，宽2mm。门齿至臼齿间齿缺很长，达17mm，M^{1}大，M^{2}稍小，M^{3}最小，磨蚀程度中等，齿列长16mm（图92-1）。下颌骨多少比较完整，部分上升支破损，下臼齿略比上臼齿小，结构相同。标本2011ZQT2③C：11，不完整左下颌骨，保存前半部，上带C-M$_3$，犬齿细长，臼齿齿列长10.4mm，M$_1$长宽分别为4.1mm、2.6mm；颌骨厚5.6mm（图92-2）。

黑鼠属共有6种12个亚种，在龙岩地区的现生该属有两种，即黑鼠和黄胸鼠。黑鼠是适应能力极强的啮齿动物，故分布很广，种群庞大，小溪河涧的潮湿地带或村落附近是它们主要活动场所。

中华竹鼠（*Rhizomys sinensis*），不完整的右下颌骨1件，标本2011ZQT2-3③C：2，M$_1$最小，M$_3$最大，中沟窄，贯穿前后，齿列长12mm，M$_2$前后长4mm，内外宽3.8mm，齿冠高

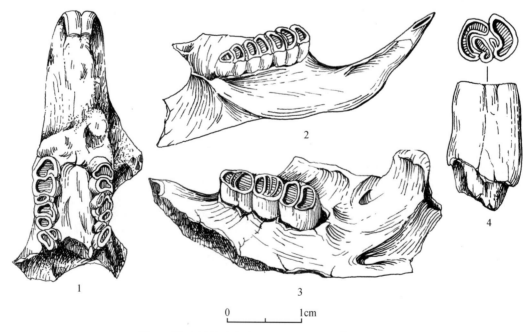

图92　第3C层的啮齿类（Rodentia from ③C level）

1、2. 黑鼠（*Rattus rattus*）：1.标本2010ZQT2扩③C：49，2.标本2011ZQT2③C：11　3.中华竹鼠（*Rhizomys sinensis*），标本2011ZQT2-3③C：2　4.豪猪（*Hystris brachyura*），标本2010ZQT2③C：265

3.5mm，水平支底面平，与上升支呈垂直交角，颌骨厚4.3mm（图92-3）。

豪猪（*Hystris brachyura*），2件（残破门齿、左M$_2$各1件）。门齿保存外侧面，珐琅质较厚，外侧面宽，表面染深黄色，具纵向细纹。标本2010ZQT2③C：265，左M$_2$，尺寸较大，断面呈椭圆形，咀嚼面珐琅质褶皱向后弯曲，内外侧中沟较深，前后长8mm，内外宽7.1mm，齿冠高10.3mm（图92-4）。

4. 食肉类

5种。

家犬（*Canis familiaris*），标本5件：包括左I^2、M^1、M^2、P^3，右M^{2}各1件。标本2010ZQT2③C：8，左P3，齿尖锐利，后跟座较小，前后长12.1mm，内外宽7.2mm（图93-1）。

赤狐（*Vulpus vulpus*），1件，左下犬齿。标本2011ZQT2扩③C：36，牙齿细长，齿尖锐利，珐琅质具细密纵纹，前后长4.5mm，内外宽2.3mm，齿冠高9.1mm（图93-2）。

黄腹鼬（*Mustela kathiah*），2件（残破下颌骨、左下犬齿各1件）。标本2011ZQT2扩③C：238，残破右下颌骨，上带C-M$_2$，犬齿与前白齿间较距大，犬齿细而尖锐，P$_1$和P$_2$均小，P$_3$大于P$_4$，M$_1$后叶大而且高，M2退化，齿列长27mm，颌骨薄，厚2.8mm，高6.6mm（图93-3）。

黄腹鼬体型较小，通常体重约200g，骨骼的最大特点是颌骨很薄，内外侧平。主要分布在我国华南地区，丛林为其活动地带，以鸟类、昆虫、蜥蜴和蛙为食。我国境内以往未见化石种的有关报道。

鼬（*Mustela* sp.），残破右下颌骨1件。标本2011ZQT2扩③C：43，上带I$_3$-M$_1$，门齿小，犬齿短粗，P$_1$豆状，前尖低、后跟座大，M$_1$咀嚼面破损，齿列长25.4mm，下颌骨厚6.4mm（图

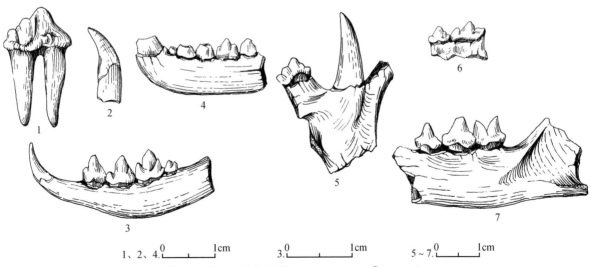

1、2、4.┣━━━━━┫0　　　1cm　　　3.┣━━━━━┫0　　　1cm　　　5～7.┣━━━━━┫0　　　1cm

图93　第3C层的食肉类（Canivora from ③C level）

1.家犬（*Canis familiaris*），标本2010ZQT2③C：8　2.赤狐（*Vulpus vulpus*），标本2011ZQT2扩③C：36　3.黄腹鼬（*Mustela kathiah*），标本2011ZQT2扩③C：238　4.鼬（*Mustela* sp.），标本2011ZQT2扩③C：43　5～7.金猫（*Catopuma temminckii*）：5.标本2011ZQT2扩③C：45（1），6.标本2011ZQT2扩③C：45（2），7.标本2011ZQT2扩③C：45（3）

93-4）。标本2011ZQT2③C：7，残破左下颌骨，上带P$_3$及P$_4$，M$_1$咀嚼面破损，特征同上。该标本可能属于黄鼬。

金猫（*Catopuma temminckii*），3件：残破左右上颚骨各1件、残破左下颌骨1件。标本2011ZQT2扩③C：45（1），残破左上颚骨，上带犬齿和P^2，犬齿细长，珐琅质表面具细纹，齿长17mm；第一前臼齿前尖退化，后跟座发达，前后长6mm，内外宽3mm、1mm，齿冠高4.3mm（图93-5）。标本2011ZQT2扩③C：45（2），残破右上颌骨，上带P^{3}及裂齿，第三前臼齿后跟座发达，前尖小，裂齿长12.5mm，原尖靠前、内伸，豆状，后叶大，但小于前叶及中叶之和（图93-6）。标本2011ZQT2扩③C：45（3），左下颌骨，上带P$_3$-M$_1$，下裂齿刀片状、薄，后叶大于、高于前叶，前后长7.2mm，内外宽3mm，齿冠高7.5mm，M$_1$以下颌骨厚6.2mm（图93-7）。以上3件标本出土位置相同，表面颜色相近，可能同属一个个体。

金猫（*Catopuma*）和野猫（*Felis*）属于不同种类，后者大多分布在华北和西北，金猫则分布在我国华中、华南及东南亚密林区，体型较野猫大，体重在9～16kg，擅长夜出捕食鼠类、鸟类甚至袭击小型鹿类或家畜。

5. 偶蹄类

4种。

赤麂（*Muntiacus muntjak*），2件。标本2011ZQT2扩③C：232，左角，保存部分角干、角环及角柄，从残留迹象判断，角较短，略斜，角干表面具细的纵沟；角环大，断面近圆形，两径分别为17.6mm和16.5mm，角柄长62.5mm，侧扁，两径分别为17mm和9.2mm（图94-1）。标本2011ZQT2③C：26，残破左下颌骨，带M$_3$，水平支后缘宽大，M$_3$具小的齿柱，前后长15mm，内外宽7.6mm，齿冠高12.0mm（图94-2）。标本2011ZQT2扩③C：23，残破右下颌骨，带P$_2$-M$_1$，齿列长31mm。

赤麂与小麂同属，但赤麂个体大于小麂，主要栖于山地森林深处；而小麂更适活动在开阔的有松、橡树林地带。

小麂（*Muntiacus reevesi*），共有标本24件，包括右角2件、残破右下颌骨2件、左下颌骨2件、各类牙齿16颗、蹄2件。标本2011ZQT2③C：51（1），为保存基本完整的右角及角环，角柄仅保留一小节，角尖圆钝且较光滑，下部具稀疏纵沟但深，角环近圆形，有较大的瘤状突起，两径分别为12mm、13mm，角直向上伸，角环厚5mm。角环至角尖长21mm（图94-3）。另一件右角稍小，标本编号2011ZQT2③C：51（2），角尖断缺，角环至角尖长14mm，角柄横断面呈椭圆形，两径分别为8.1mm和7.2mm，重2克（图94-4）。标本2011ZQT2扩③C：35，残破右下颌骨，仅遗留中部，上带P-M$_1$，列齿长42.3mm，M$_1$尺寸最大，长10.1mm，宽7.4mm，高8.5mm，M$_1$下部颌骨厚8.3mm（图94-5）。

甘南鬣羚（*Capricornis milneedwardsii*），标本4件。残破右角1件，属同一个体的残破左M$_1$、M$_2$、M$_3$各1件。标本2010ZQT2扩③C：234，角尖和角下部断损，残余的角干部分可见向后微微弯曲，角粗大，角表面具粗的断断续续的纵沟，角的靠下部两径分别为前后长28mm和

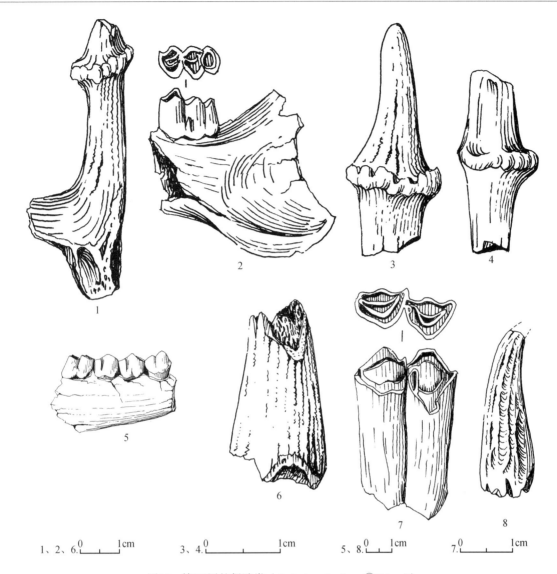

图94　第3C层的偶蹄类（Artiodactyla from ③C level）

1、2. 赤鹿（*Muntiacus muntjak*）：1. 标本2011ZQT2扩③C：232　2. 标本2011ZQT2扩③C：26　3～5. 小鹿（*Muntiacus reevesi*）：
标本2011ZQT2③C：51（1）　4. 标本2011ZQT2③C：51（2）　5. 标本2011ZQT2扩③C：35　6、7. 甘南鬣羚（*Capricornis*
milneedwardsii）：6. 标本2010ZQT2扩③C：234　7. 标本2009ZQT2③C：1　8. 山羊（*Capra* sp.），标本2011ZQT2③C：12

左右宽25mm（图94-6）。标本2009ZQT2③C：1，左M$_2$保存相对较好，咀嚼面珐琅质褶皱简单并向外倾斜，后叶内侧略有破损，无外齿柱，前后长18.7mm，内外宽9.7mm，齿冠高28.5mm（图94-7）。

甘南鬣羚是鬣羚属中的一种，广适性，体型较大，体重约100kg，在我国境内基本上分布在北纬40°以南地区。鬣羚属计有3个种，其他两种台湾鬣羚仅在中国台湾，尼泊尔鬣羚限于尼泊尔和中国西藏。鬣羚属成员通常生活在林区或有悬崖处，靠树叶为食，一般是独居者。分布在龙岩地区的还有斑羚中的中华鬣羚，但双角和体型要比甘南鬣羚小得多。

山羊（*Capre* sp.），左角1件。标本2011ZQT2③C：12。左角角尖断损，前侧突出，角微向后弯；底部稍宽，前后长19.6mm，左右宽25.2mm，内侧面较平，外侧面缓弧形，具稀疏但深的纵沟，角保留长度60.2mm，推测全长应为66mm（图94-8）。

第3C层各动物种的数量和最少个体数统计见表34。

表34　第3C层哺乳动物标本数量、最少个体数统计

（ Quantity statistics and least individual of mammals from ③C level ）

位置 种类	上颌骨 （件）	下颌骨 （件）	牙齿 （件）	其他 （件）	统计 （件）	最少个体数
1. 普氏蹄蝠（Hipposidros pratti）		3			3	2
2. 猕猴（Macaca mulatta）	2	2	19		23	4
3. 黑鼠（Rattus rattus）	8	46			54	27
4. 中华竹鼠（Rhizomys sinensis）		1			1	1
5. 豪猪（Hystris brachyura）			2		2	1
6. 家犬（Canis familiaris）			5		5	2
7. 赤狐（Vulpus vulpus）			1		1	1
8. 黄腹鼬（Mustela kathiah）		1	1		2	1
9. 鼬（Mustela sp.）		1			1	1
10. 金猫（Catopuma temminckii）	2	1			3	1
11. 赤麂（Muntiacus muntjak）		1		1	2	1
12. 小鹿（Muntiacus reevesi）		4	16	4	24	3
13. 甘南鬣羚（Capricornis milneedwardsii）			3	1	4	2
14. 山羊（Capra sp.）				1	1	1
标本数量统计及最少个体数	12	60	47	7	126	48

（三）F2哺乳动物记述

F2层面上的哺乳动物较少，共有种类12种，数量28件，包括翼手类1种（普氏蹄蝠），灵长类1种（猕猴），啮齿类2种（黑鼠、豪猪），食肉类4种（家犬、赤狐、黄鼬、金猫），偶蹄类4种（家猪、赤麂、小鹿、甘南鬣羚）。另有大型骨骼416件，具有人工打击或砸击的130件；碎骨1414件，风化程度为中等偏重；烧骨924件（属于哺乳动物的886件，属于鸟禽类的38件，具有人工砸击或打击的92件）。还有龟腹甲1件、人类牙齿1颗（右I¹）。

1. 翼手类

1种，普氏蹄蝠（Hippasideros pratti），标本1件。标本2011ZQT2-24F2：58，残破右下颌骨，上带M₁、M₂，牙齿咀嚼面呈"W"形，齿尖尖锐，内齿带发育，颌骨厚2.3mm（图95-1）。

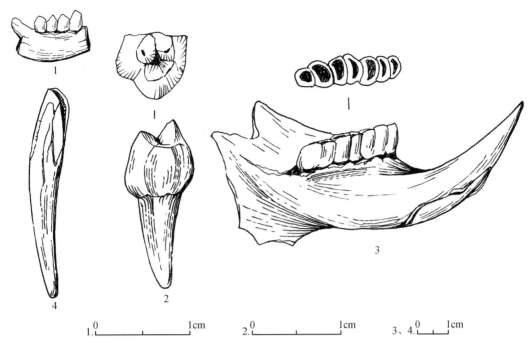

图95　F2中的翼手类、灵长类和啮齿类（Chiroptera, premates and rodentia from F2 level）
1. 普氏蹄蝠（*Hippasideros pratti*），标本2011ZQT2-24F2：58　2. 猕猴（*Macaca mulatta*），标本2011T2-28F2：40
3. 黑鼠（*Rattus rattus*），标本2011ZQT2-32F2：27　4. 豪猪（*Hystrix brachyura*），标本2011ZQT2-27F2：27

2. 灵长类

1种，猕猴（*Macaca mulatta*），标本1件，标本2011T2-28F2：40，右P_2，咀嚼面齿尖3个，原尖低，前尖和后尖均发达，前后长7.9mm，内外宽7.8mm，齿冠高9.2mm（图95-2）。

3. 啮齿类

2种（黑鼠、豪猪）。

黑鼠（*Rattus rattus*），共11件，包括残破右上颌骨2件、左上颌骨3件、右下颌骨4件、左下颌骨2件。标本2011ZQT2-32F2：27，左下颌骨，上带M_1-M_3，门齿细尖，向前上方伸出，M_1长，但小于M_2和M_3的长度，M_3收缩，齿列长22.1mm，水平支底面弧形，上升支宽大，后部分破损（图95-3）。

豪猪（*Hystrix brachyura*），1颗完整的右下门齿，标本2011ZQT2-27F2：27，牙齿长，前端铲形，前庭面无染色，宽7.4mm，牙冠长24.7mm，舌面窄，牙根长42.4mm（图95-4）。

4. 食肉类

4种（家犬、赤狐、黄鼬、金猫）。

家犬（*Canis familiaris*），1件，左侧股骨头，标本2011ZQT2-23F2：26。股骨头近半圆，头凹大而深，股骨颈短，股骨头两径分别为21mm和21.3mm（图96-1）。

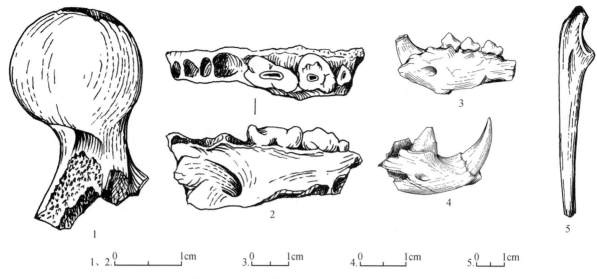

图96　F2的食肉类（Canivora from F2 level）

1. 家犬（*Canis familiaris*），标本2011ZQT2-23F2：26　2. 赤狐（*Vulpus vulpus*），标本2011ZQT2-24F2：66

3. 黄鼬（*Mustela sibirica*），标本2011ZQT2-28F2：38　4、5. 金猫（*Catopuma temminckii*）：4.标本2011ZQT2-23F2：19

5. 标本2012ZQT2-24F2：59

赤狐（*Vulpus vulpus*），1件残破右上颌骨，上带P^4-M^2，标本2011ZQT2-24F2：66，P^{4}外观近三角形，齿冠低，前尖小，原尖大而且钝；M^{1}略小于P^4，方形，齿尖钝；M^{2}退化，齿列长16.6mm（图96-2）。

黄鼬（*Mustela sibirica*），1件残破右下颌骨，上带C-P$_4$，标本2011ZQT2-28F2：38，犬齿侧扁，齿尖钝，P$_1$脱落，前臼齿齿冠较低，前尖不发育，后跟座明显很大，前臼齿齿列长17.5mm，颌骨厚6.3mm（图96-3）。

金猫（*Catopuma temminckii*），3件，右下颌骨、右尺骨各1件，右上犬齿1颗。标本2011ZQT2-23F2：19，残破右下颌骨，上带犬齿和P$_3$，齿缺9mm，犬齿齿尖尖锐，略向内弯，根部较粗；P$_3$单尖，外观三角形，前后长6.1mm，内外宽3.8mm，齿冠高5.2mm；颌骨厚6.5mm，高9.8mm（图96-4）。标本2011ZQ-28T2-F2：39，右上犬齿，略弯曲，齿尖锐利，齿根粗壮，前后长3.5mm，内外宽4.1mm，齿冠高11mm。标本2011ZQT2-24F2：59，右尺骨，尺骨结节和尺骨头略有破损，其余保存完好，尺骨突小，半月切迹宽大，冠状突大而且突出；骨干直，内外侧面间具棱嵴并下延至骨干中部，骨干上部两径分别为5.5mm和13mm（图96-5）。

5. 偶蹄类

4种（家猪、赤麂、小麂、甘南鬣羚）。

家猪（*Sus familiaris*），1件略有破损的左DP$_3$，标本2011ZQT2-32F2：48，风化程度较深，珐琅质薄，部分脱落，咀嚼面多个瘤状突起，但较小，前后长16mm，内外宽10.8mm，齿冠高11.2mm（图97-1）。

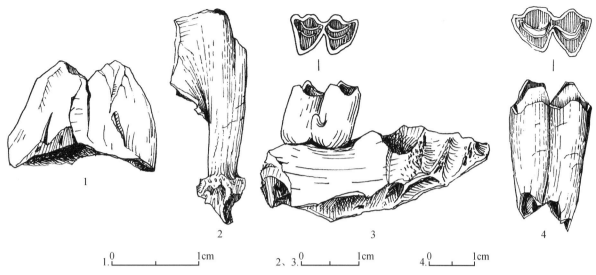

图97 F2的偶蹄类（Artiodactyla from F2 level）

1. 家猪（*Sus familiaris*），标本2011ZQT2-32F2：48 2. 赤麂（*Muntiacus muntjak*），标本2011ZQT2-20F2③A：61

3. 小麂（*Muntiacus reevesi*），标本2011ZQT2-24F2：24 4. 甘南鬣羚（*Capricornis milneedwardsii*），标本2011ZQT2-24F2：63

赤麂（*Muntiacus muntjak*），1件残破右角，标本2011ZQT2-20F2③A：61，角尖和角干不存，保存角环及角柄，并连带少部分顶骨。角环较粗，椭圆形，两径分别为14.5mm和16mm；角柄两径分别为9.8mm和11mm（图97-2）。

小麂（*Muntiacus reevesi*），5件。标本2011ZQT2-24F2：24，残破左下颌骨，上带M$_2$，臼齿结构简单，内侧面具小齿柱，前后长11.1mm，内外宽6.9mm，齿冠高8.8mm（图97-3）。

甘南鬣羚（*Capricornis milneedwardsii*），1件左下第二臼齿。标本2011ZQT2-24F2：63，牙齿咀嚼面长方形，高冠，近中面和远中面大致平行，前后叶之间的齿沟深，无齿柱，前后长18.2mm，内外宽11.1mm，齿冠高28.9mm（图97-4）。

F2文化层哺乳动物种、数量和最少个体数统计可见表35；第三文化期早段各类骨骼对比见图98。

表35 F2哺乳动物种类数量、最少个体数统计（Quantity statistics and least individual of mammals from F2）

种类与位置	上颌骨（件）	下颌骨（件）	牙齿（件）	其他（件）	统计（件）	最少个体数
1. 普氏蹄蝠（*Hipposideros pratti*）		1			1	1
2. 猕猴（*Macaca mulatta*）			1		1	1
3. 黑鼠（*Rattus rattus*）	5	6			11	4
4. 豪猪（*Hystris brachyura*）			1		1	1
5. 家犬（*Canis familiaris*）				1	1	1
6. 赤狐（*Vulpus vulpus*）	1				1	1
7. 黄鼬（*Mustela sibirica*）		1			1	1
8. 金猫（*Catopuma temminckii*）		1	1	1	3	1

续表

种类与位置	上颌骨（件）	下颌骨（件）	牙齿（件）	其他（件）	统计（件）	最少个体数
9. 家猪（*Sus familiaris*）			1		1	1
10. 赤麂（*Muntiacus muntjak*）				1	1	1
11. 小麂（*Muntiacus reevesi*）		1	3	1	5	1
12. 甘南鬣羚（*Capricornis milneedwardsii*）			1		1	1
统计	6	10	8	4	28	15

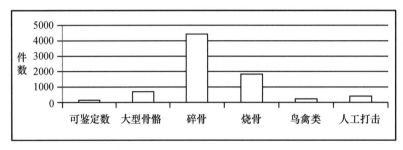

图98　第三期文化早段各类骨骼对比（Contrast on different bone types from ③C and F2 levels）

第四节　第三期文化晚段遗物

第三期文化晚段遗物包括第3B层和第3A层两个文化层的出土物：计有残破人类幼年颅骨及肢骨和牙齿、打制石器281件、磨制石器96件、陶片2780件、骨制品42件、装饰艺术品7件、哺乳动物标本723件（种类33种）、大型骨骼2450件、碎骨3983件、烧骨2083件、螺类2518件（溪螺、田螺及岩螺），以及数量较多的蚌、蛤、蟹、鱼类、两栖类和爬行类等。第三期文化层全部标本超过15000件。

打制石器

共281件，类型有石核、石片、断块和工具4大类。工具包括石锤、刮削器和砍砸器。第3B层130件中来自Z1的有5件，其余均出自文化层。第3A层151件，均出自文化层。下面分层、分类描述。

一、第3B层打制石器

1. 石核

6件，均为锤击石核。根据台面的数量分为单台面和多台面。

单台面，1件，标本2010ZQT2③B：207，长69.0mm，宽108.9mm，厚103.8mm，重840.0g。原料灰黑色砂岩，外观呈盘状。根据剥片疤的完整程度可以推测石核的预制和剥片程序：选用尺寸大、体厚的砾石，先沿砾石边缘进行向心修理，将台面修理得较为平整，同时调整石核的台面角。台面最多有3层鱼鳞状石片疤，台面角100.0°。经过预制后进入剥片阶段，有1个剥片面，采用同向剥片方式，有6个剥片疤，最大疤长46.4mm，宽77.32mm。此件石核经过台面预制，使用率较高，能较好地体现剥片过程中显现的聪慧（图99-7）。

多台面，5件。长83.7～140.8mm，平均长88.8mm；宽63.0～114.3mm，平均宽79.7mm；厚44.3～90.0mm，平均厚57.9mm；重235.0～664.0g，平均重424.6g。

标本2010ZQT2③B：134，长89.1m，宽114.3mm，厚49.3mm，重664g。原料灰白色砂岩。外观呈扁四边形。3个台面，均为自然台面，共3个剥片面。A台面，台面角87.0°，有11个剥片疤，最大长39.2mm，宽45.2mm。B台面位于A台面对侧，台面角95.0°。有2个剥片疤，最大剥片疤长36.5mm，宽31.2mm。C台面位于A台面的左后侧，台面角95.0°，有1个剥片疤，疤长31.2mm，宽60.2mm。此石核采用转向剥片，共有14个较大剥片疤，使用率较高；但核体较厚，台面角仍适合继续剥片（图99-8；彩版二三，2）。

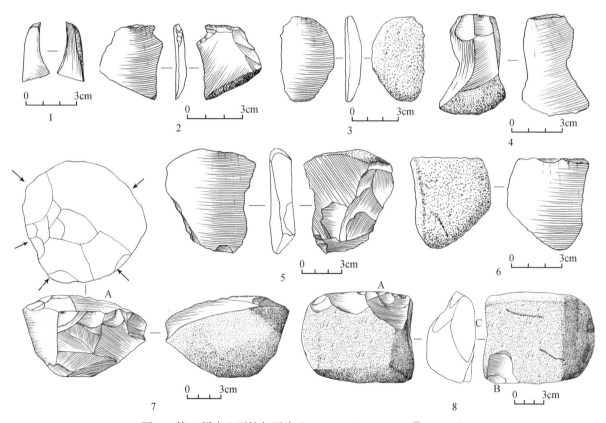

图99　第3B层出土石核与石片（Cores and flakes from ③B level）

1. 左边断片（2009ZQT1③B：14）　2、3、5. 完整锤击石片（2009ZQT1③B：13、2010ZQT2③B：238、2010ZQT2③B：196）

4. 右边断片（2010ZQT2③B：213）　6. 远端断片（2010ZQT2③B：172）　7. 单台面石核（2010ZQT2③B：207）

8. 多台面石核（2010ZQT2③B：134）

2. 石片

52件，均为锤击石片。根据石片的完整程度分为完整石片和断片。

完整石片，43件，长17.9～102.2mm，平均长44.5mm；宽7.5～80.1mm，平均宽38.0mm；厚4.2～22.8mm，平均厚10.3mm；重2.0～133.0g，平均重22.2g。根据台面与背面性质可分6种类型。

Ⅰ台面：背面均为自然面，8件。标本2010ZQT2③B：238，长52.5mm，宽34.7mm，厚10.2mm，重20.0g。原料为浅红色砂岩，自然台面，石片角70.0°。背面均为自然面，劈裂面半椎体平坦，无同心波，放射线清晰，边缘钝厚（图99-3）。

Ⅱ自然台面，背面为石片疤，6件。标本2010ZQT2③B：138，长23.8mm，宽34.9mm，厚6.8mm，重5.0g。原料为灰黑色砂岩。自然台面，台面长6.2mm，宽31.4mm，石片角95.0°。背面有3个石片疤，石片疤与石片剥片方向为转向。劈裂面半椎体凸，无同心波，放射线清晰，边缘折断。

Ⅲ自然台面，背面既有自然面也有石片疤，13件。标本2010ZQT2③B：196，长76.0mm，宽67.6mm，厚19.4mm，重82.0g。原料为浅棕色钾长岩，自然台面，台面长9.3mm，宽64.5mm，石片角80.0°。背面有9个石片疤和节理面，石片疤与石片剥片方向为复向。劈裂面半椎体平坦，无同心波，放射线清晰，边缘折断（图99-5）。

Ⅳ人工台面，背面为自然面，4件。标本2010ZQT2③B：258，长19.9mm，宽25.8mm，厚6.2mm，重2.8g。原料为灰黑色砂岩。有疤台面，台面长5.4mm，宽23.1mm，石片角130.0°。背面为自然面。劈裂面半椎体平坦，无同心波，放射线清晰，边缘有疤。

Ⅴ人工台面，背面为石片疤，1件。标本2010ZQT2扩③B：62，长44.2mm，宽15.8mm，厚5.5mm，重3.2g。原料为灰黑色砂岩。点状台面，石片角90.0°。背面有2个石片疤，石片疤与剥片方向为同向。劈裂面半椎体平坦，无同心波，放射线清晰，边缘折断。

Ⅵ人工台面，背面既有自然面也有石片疤，11件。标本2009ZQT1③B：13，长40.4mm，宽35.0mm，厚7.2mm，重6.0g。原料为浅黄色页岩。打制台面，台面长4.0mm，宽35.2mm，石片角115.0°。背面有超过10个石片疤，石片疤与石片剥片方向为转向。劈裂面半椎体微凸，无同心波，放射线清晰。边缘有疤（图99-2）。

断片，9件。长18.0～80.0mm，平均长40.5mm；宽16.0～83.5mm，平均宽37.2mm；厚2.7～36.1mm，平均厚11.1mm；重0.8～275.0g，平均重39.5g。其中3件断面为人为截断，推测是作为二类工具直接使用或三类工具的毛坯。根据石片断裂方式分为横向断裂和纵向断裂，包括远端、左边和右边断片。

远端，5件。标本2010ZQT2③B：172，残长51.6mm，宽49.1mm，厚11.0mm，重28.0g。原料为灰黑色砂岩。背面为自然面。劈裂面半椎体平坦，无同心波，放射线清晰，边缘锋利（图99-6）。

左边，2件。标本2009ZQT1③B：14，残长34.0mm，宽16.1mm，厚7.1mm，重2.0g。原料为浅黄色泥灰岩。自然台面，台面残长5.1mm，宽5.0mm，石片角115.0°。背面有石片疤和自然面。劈裂面半椎体凸，无同心波，放射线清晰（图99-1）。

右边，2件。标本2010ZQT2③B：213，残长56.5mm，宽40.0mm，厚5.8mm，重16.0g。原料为灰黑色砂岩。自然台面，台面残长5.3mm，宽21.7mm，石片角110.0°。背面有石片疤和自然面。劈裂面半椎体微凸，无同心波，放射线清晰，边缘锋利（图99-4）。

3. 断块

52件。长15.2～120.8mm，平均长43.0mm；宽16.0～93.6mm，平均宽32.7mm；厚2.5～37.2mm，平均厚9.0mm；重1.0～588.1g，平均重30.0g。原料绝大多数为砂岩。形状不规则，自然面占石器表面面积平均约为30%，有节理面的占断块总数的92.5%，有2件具有明显的人为截断痕迹。其中有6件原料为薄层砂岩，原料的解理呈层状，在石核剥片或石器制作的过程中薄片状的断块顺层形成。这种形制的断块呈片状，大小合适，宜作为工具的毛坯。

4. 一类工具

14件，均为石锤，原料以花岗岩和钾长花岗岩居多。长97.2～285.0mm，平均长138.6mm；宽41.2～101.2mm，平均宽75.7mm；厚22.0～73.6mm，平均厚47.7mm；重222.0～1005.0g，平均重681.3g。标本2010ZQT2③B：10，长114.3mm，宽77.8mm，厚55.5mm，重643.0g。原料为浅红色钾长花岗岩，形状为椭圆形。器身A端经过使用，有长约15mm的凹坑。根据使用痕迹可知此件石锤使用率不高（图100-2）。标本2010ZQT2③B：188，长149.3mm，宽78.0mm，厚51.3mm，重869.0g。原料为灰黄色粉砂岩，形状为长条形。器身A端经过使用，有1个石片疤，疤长86.5mm，宽42.3mm。B端有2个剥片疤。根据使用痕迹可知该石锤使用率较高（图100-1）。

5. 三类工具

6件，刮削器和砍砸器各3件。

刮削器，3件，均为单直刃。长45.9～91.2mm，平均长61.6mm；宽18.6～64.4mm，平均宽41.5mm；厚5.4～34.8mm，平均厚17.3mm；重4.6～215.5g，平均重79.7g。

标本2010ZQT2③B：189，原料为浅黄色泥灰岩，块状毛坯。先将砾石进行两面加工，以剥片疤的边缘A处为直刃，对其从下而上进行单面修理；刃缘一侧有2层鱼鳞状和阶梯状修疤，修疤深。刃缘不平齐，侧视呈扭曲状，推测此刃形是特意修理的。刃长64.1mm，刃角65.0°。随后将B、C两处进行截断，形成2个几近平行的断面，以便控制工具的尺寸，规整器形。最后在刃缘的对侧D处再采用截断的方式，形成利于把握的钝厚断面。工具经过试用，故在刃缘两面均遗有零星细小的使用疤。此件工具的修理流程体现出修刃、修形和修把手的完美结合，长

91.2mm，宽64.4mm，厚34.8mm，重215.5g（图100-3；彩版二四，2）。

砍砸器，3件，均为单刃，直刃、凸刃和凹刃各1件。

直刃，1件，标本2010ZQT2③B：23，长92.3mm，宽68.8mm，厚17.4mm，重295.0g。原料为褐色砂岩，片状毛坯。将毛坯石片的侧缘A进行反向修理，劈裂面具2层、重叠排列的阶梯状修疤，形成直刃。刃缘较平齐，刃长56.1mm，刃角60.4°。有使用痕迹，刃缘磨损，变得圆钝（图100-5；彩版二五，4）。

凸刃，1件。标本2010ZQT2③B：22，长116.5mm，宽91.2mm，厚62.1mm，重939.0g。原料为灰黑色砂岩。块状毛坯，扁平四边形。Ⅰ、Ⅱ面均为节理面。A处经过两面修理，在Ⅰ面有3层阶梯状修疤，Ⅱ面有2层鱼鳞状修疤，形成凸刃。刃缘不平齐，刃长73.9mm，刃角80.0°。经过砍砸使用，刃缘磨损，变得圆钝（图100-6；彩版二五，2）。

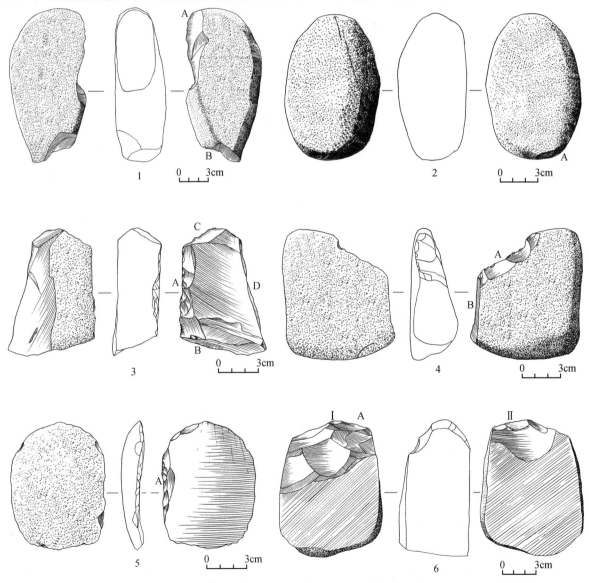

图100　第3B层出土工具（Artifacts from ③B level）

1、2. 石锤（2010ZQT2③B：188、2010ZQT2③B：10）　3. 单直刃刮削器（2010ZQT2③B：189）

4. 单凹刃砍砸器（2010ZQT2③B：50）　5. 单直刃砍砸器（2010ZQT2③B：23）　6. 单凸刃砍砸器（2010ZQT2③B：22）

凹刃，1件。标本2010ZQT2③B：50，长98.2mm，宽84.6mm，厚38.5mm，重433.0g。原料为灰黑色石英砂岩，块状毛坯，呈扁平状。在砾石边缘A处由一面向另一面进行单向修理，有单层鱼鳞状修疤，形成凹刃，刃缘较平齐，刃长52.5mm，刃角77.5°。经过砍砸使用，在刃缘一面有零星、细小的崩疤（图100-4；彩版二五，1）。

二、第3A层打制石器

1. 石核

2件，均为双台面锤击石核。长99.7mm；宽82.3～86.3mm，平均宽84.3mm；厚38.1～40.7mm，平均厚39.4mm；重370.0～477.0g，平均重423.5g。

标本2009ZQT1③A：18，长99.7m，宽82.3mm，厚38.1mm，重370g。原料为灰色花岗岩。2个台面，均为自然台面，共2个剥片面。A台面，台面角90.0°，有1个剥片疤，疤长44.3mm，宽76.8mm。B台面位于A台面右后侧，台面角90.0°，有5个剥片疤，最大剥片疤长61.2mm，宽61.3mm。该石核采用转向剥片，共有6个较大剥片疤（图101-7）。

2. 石片

75件，均为锤击石片。根据石片的完整程度分为完整石片和断片。

完整石片，59件。长7.7～146.8mm，平均长35.2mm；宽16.4～80.4mm，平均宽37.4mm；厚2.8～62.0mm，平均厚10.1mm；重0.5～224.0g，平均重19.8g。根据台面与背面性质可分6种类型。

Ⅰ台面、背面均为自然面，9件。标本2009ZQT1③A：323，长48.8mm，宽36.0mm，厚9.7mm，重12.0g。原料为棕红色砂岩，自然台面，石片角40.0°。背面为自然面。劈裂面半椎体平坦，无同心波，放射线清晰，边缘有疤、折断（图101-9）。

Ⅱ自然台面，背面为石片疤，7件。标本2010ZQT2③A：22，长30.4mm，宽40.1mm，厚12.2mm，重10.0g。原料为灰黑色砂岩，自然台面，台面长9.1mm，宽40.6mm，石片角95.0°。背面有1个石片疤，石片疤与石片剥片方向为同向。劈裂面半椎体凸，无同心波，放射线清晰，边缘有疤（图101-5）。

Ⅲ自然台面，背面既有自然面也有石片疤，14件。标本2010ZQT1③A：345，长67.1mm，宽53.7mm，厚14.4mm，重42.0g。原料为灰黑色砂岩，自然台面，台面长15.0mm，宽33.2mm，石片角85.0°。背面有2个石片疤和自然面，石片疤与石片剥片方向为同向。劈裂面半椎体平坦，无同心波，放射线清晰。边缘有疤（图101-8）。

Ⅳ人工台面，背面为自然面，3件。标本2009ZQT1③A：324，长37.0mm，宽20.0mm，厚7.9mm，重2.0g。原料为黑褐色砂岩。打制台面，台面长5.7mm，宽12.0mm，石片角95.0°。背面为自然面。劈裂面半椎体凸，无同心波，放射线清晰。边缘有疤（图101-3）。

Ⅴ人工台面，背面为石片疤，18件。标本2010ZQT2扩③A：183，长20.8mm，宽

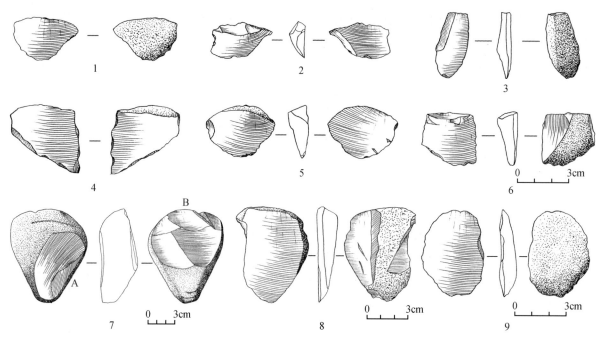

图101　第3A层出土石核与石片（Cores and flakes from ③A level）

1. 远端断片（2009ZQT1③A：419）　2、3、5、6、8、9.完整锤击石片（2010ZQT2扩③A：183、2009ZQT1③A：324、2010ZQT2③A：22、2009ZQT1③A：28、2010ZQT1③A：345、2009ZQT1③A：323）　4.近端断片（2010ZQT1③A：341）

7.锤击双台面石核（2009ZQT1③A：18）

34.2mm，厚8.9mm，重5.0g。原料为青灰色砂岩。有疤台面，台面长9.6mm，宽34.8mm，石片角115.0°。背面有2个石片疤，石片疤与石片剥片方向为转向。劈裂面半椎体凸，无同心波，放射线清晰，边缘有疤（图101-2；彩版二三，3）。

Ⅵ人工台面，背面既有自然面也有石片疤，6件。标本2009ZQT1③A：28，长30.0mm，宽30.5mm，厚11.6mm，重9.0g。原料为灰黑色砂岩，打制台面，台面长9.7mm，宽26.4mm，石片角90.0°。背面有3个石片疤和自然面，石片疤与石片剥片方向为转向。劈裂面半椎体凸，无同心波，放射线清晰。边缘有疤、折断（图101-6）。

断片，16件。长6.2～48.2mm，平均长25.1mm；宽13.8～71.5mm，平均宽32.5mm；厚2.2～28.4mm，平均厚8.9mm；重1.0～91.0g，平均重11.7g。其中8件断面为人为截断，占断片总数的50.0%，推测是作为二类工具直接使用或三类工具的毛坯。根据石片的断裂方式分为横向断裂和纵向断裂，包括近端、远端、中间和左边断片。

近端，标本2010ZQT1③A：341，残长37.4mm，宽40.2mm，厚7.0mm，重10.0g。原料为棕红色钾长砂岩。自然台面，台面残长6.6mm，宽37.2mm，石片角60.0°。背面有1个石片疤，石片疤与石片剥片方向为同向。劈裂面半椎体平坦，无同心波，放射线清晰。边缘折断、有疤（图101-4）。

远端，标本2009ZQT1③A：419，残长24.4mm，宽36.5mm，厚5.0mm，重5.0g。原料为灰黑色砂岩。背面为自然面。劈裂面半椎体平坦，无同心波，放射线清晰。边缘有疤。根据断面的情况，此断片的形成应为人为截断（图101-1）。

中间，标本2010ZQT2③A：27，残长29.3mm，宽55.7mm，厚13.7mm，重17.8g。原料为灰色砂岩。背面有5个石片疤，石片疤与石片剥片方向为转向。劈裂面半椎体平坦，无同心波，放射线清晰。边缘锋利。根据断面的情况，此断片的形成应为人为截断。

左边，标本2010ZQT1③B：348，残长29.3mm，宽24.4mm，厚13.9mm，重10.0g。原料为灰色砂岩。打制台面，台面残长12.73mm，宽23.2mm，石片角80.0°。背面为自然面。劈裂面半椎体平坦，无同心波，放射线清晰。边缘有疤。

3. 断块

38件。长62.3～188.0mm，平均长126.7mm；宽49.1～105.6mm，平均宽78.5mm；厚29.1～69.5mm，平均厚45.4mm；重200.0～1225.0g，平均重644.3g。原料绝大多数为砂岩。形状不规则，自然面占石器表面面积平均约为30%，有节理面的占断块总数的86.8%，有2件有明显的人为截断痕迹。同第3B层的断块一样，其中有4件原料亦为薄层砂岩。

4. 一类工具

24件，均为石锤。长97.2～285.0mm，平均长138.6mm；宽41.2～101.2mm，平均宽75.7mm；厚22.0～73.6mm，平均厚47.7mm；重222.0～1005.0g，平均重681.3g。原料以砂岩、花岗岩和钾长花岗岩居多。标本2009ZQT2③A：4，长153.0mm，宽65.3mm，厚38.4mm，重396.0g。原料为灰褐色砂岩，形状近三角形。器身两面均有剥片疤，这些片疤并非使用形成，应为打制形成。3处有使用痕迹，其中2处位于器身两端，1处位于侧边。A处有6个石片疤，B处4个，C处2个。根据使用痕迹可知此件石锤使用率较高（图102-4）。标本2010ZQT2扩③A：162，长99.5mm，宽94.6mm，厚54.8mm，重720.0g。原料为灰色泥质砂岩，形状为圆形。两端和器身两面均有使用痕迹。器身两面的中部较为平坦，均有砸击形成较集中的凹坑。A端的一面有3个较大剥片疤，B端的一面有3个较小剥片疤。根据使用痕迹可知此件石锤使用率较高（图102-3；彩版二六，3）。

5. 二类工具

2件，均为单直刃刮削器。长72.1～93.8mm，平均长83.0mm；宽18.6～89.7mm，平均宽71.1mm；厚20.2～21.7mm，平均厚21.0mm；重56.0～152.0g，平均重104.0g。标本2010ZQT2③A：9，长72.1mm，宽52.4mm，厚20.2mm，重56.0g。原料为灰黑色砂岩。利用石片的锋利底缘为直刃，刃缘锋利，刃长47.6mm，刃角40.0°。刃缘两面均有少量鱼鳞状使用疤（图102-6；彩版二三，5）。

6. 三类工具

10件，刮削器6件，砍砸器4件。

刮削器，6件，均为单刃。原料以砂岩居多，根据刃的形状分直刃、凸刃和尖刃。

直刃，4件。长31.2～86.5mm，平均长55.5mm；宽31.5～95.6mm，平均宽50.4mm；厚5.8～22.7mm，平均厚13.1mm；重12.0～114.0g，平均重42.4g。标本2010ZQT2扩③A：244，长49.0mm，宽40.2mm，厚22.7mm，重29.0g。原料为灰黑色砂岩。片状毛坯。先将毛坯进行人为截断，形成A处笔直的断面，规整器形。再将石片毛坯的边缘进行错向修理，形成直刃，在劈裂面和背面均有单层、连续的鱼鳞状修疤。B处直刃刃缘较平齐，刃长49.0mm，刃角60.0°（图102-2）。

凸刃，1件。标本2009ZQT1③A：418，长38.7mm，宽38.0mm，厚6.2mm，重7.0g。原料为蓝灰色砂岩。片状毛坯。先将毛坯进行人为截断，形成A处笔直的断面，规整器形。再将石片毛坯的边缘进行反向修理，形成凸刃，在劈裂面有单层、连续的鱼鳞状修疤。B处凸刃刃缘较平齐，刃长41.0mm，刃角50.0°。刃缘一面均有少量鱼鳞状、极小的使用疤（图102-1）。

尖刃，1件。标本2010ZQT2扩③A：205，长70.0mm，宽37.4mm，厚14.7mm，重32.0g。原料为青灰色细砂岩。片状毛坯。先将毛坯进行人为截断，形成A处笔直的断面，截取多余的

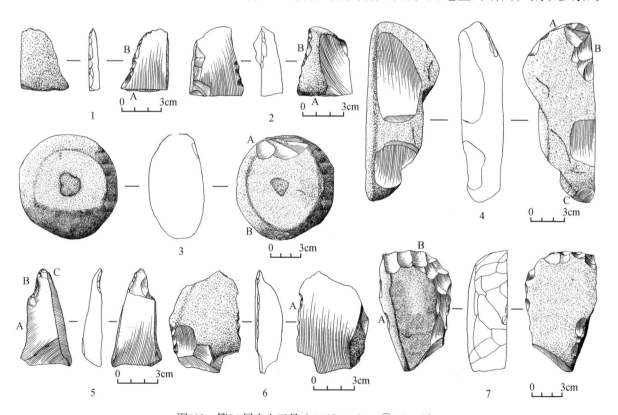

图102　第3A层出土工具（Artifacts from ③A level）

1. 三类单凸刃刮削器（2009ZQT1③A：418）　2. 三类单直刃刮削器（2010ZQT2扩③A：244）　3、4. 石锤
（2010ZQT2扩③A：162、2009ZQT2③A：4）　5. 三类单尖刃刮削器（2010ZQT2扩③A：205）
6. 二类单直刃刮削器（2010ZQT2③A：9）　7. 三类单凸刃砍砸器（2009ZQT1③A：19）

部分。再于B处进行两面修理，在劈裂面和背面均有2层鱼鳞状修疤，形成凹边。C处经过反向修理，在劈裂面有单层鱼鳞状修疤，形成直刃。2个边交汇于一角，形成尖刃，刃角70.0°。尖刃刃缘上有使用形成的细小疤痕（图102-5；彩版二四，1）。

砍砸器，4件，均为单凸刃。长73.1～115.4mm，平均长87.8m；宽45.2～70.8mm，平均宽60.5mm；厚20.7～39.3mm，平均厚32.2mm；重153.3～451.0g，平均重238.5g。

标本2009ZQT1③A：19，长115.4mm，宽70.8mm，厚39.3mm，重451.0g。原料为浅黄色凝灰岩，块状毛坯，两面平坦，有一定厚度。A处为砾石自然的圆钝边缘，经过简单的两面修理，作为把手。把手对侧B处为刃部，沿砾石边缘进行单向修理，在刃缘一面有3层排列整齐、较为平齐的鱼鳞状或平行的条状修疤；刃缘两面局部经过修理，在刃缘另一面也有少量2层鱼鳞状修疤，刃缘平齐，刃长141.2mm，刃角80.0°，其上有砍砸形成的小崩疤（图102-7）。该件砍砸器器形规整，修理精细，刃缘平齐，修疤较浅平，不仅显示出石器制作者的高超技艺，也体现了在工具制造过程中的设计理念。另外，根据工具把手和刃缘的位置可以推测此件工具的制作者或使用者习惯左手，极具特色（彩版二四，3）。

三、第三期文化晚段打制石器工业特征

原料选择广泛，但倾向性较高。根据统计岩石种类多达18种，按所占的比例从多到少排列：砂岩、花岗岩、细砂岩、石灰岩、石英砂岩、泥质砂岩、石英岩、钾长花岗岩、粗砂岩、脉石英、泥灰岩、钾长砂岩、泥岩、辉绿岩、粉砂岩、辉长石、凝灰岩和钾长岩（图103）。

原料质地差别较大，适合制作石器的原料如砂岩、花岗岩、细砂岩、石英砂岩等占大多数。不同类型石器选取原料的倾向性不同，如石核、石片和断块的原料多为砂岩和花岗岩；工具原料的选择较为广泛，尤其是石锤，原料中花岗岩和钾长花岗岩的比例较高（表36）。

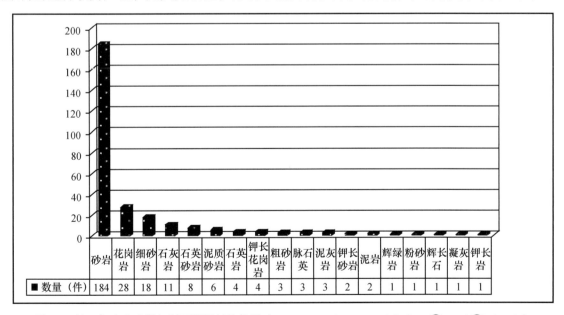

图103 第三期文化晚段打制石器原料柱状图（Systematic of raw materials from ③A and ③B levels）

根据标本的最大长度，可将石制品划分为小型（≤30mm）、中型（>30mm，≤70mm）、大型（>70mm，≤150mm）、特大型（>150mm）4个等级。总体看四型皆有，以中型数量最多，占47.0%；其次为小型，占28.1%；再次是大型，占22.4%；特大型最少，仅占2.5%。通过分类统计，石核以大型居多；石片和断块以中、小型居多；石锤以大型、特大型居多；二类工具均为大型；三类工具多为大、中型（表37）。

表36 打制石器原料分类统计表（Systematic of artifact raw materials） （单位：件）

原料类型	砂岩	花岗岩	细砂岩	石灰岩	石英砂岩	泥质砂岩	石英岩	钾长花岗岩	粗砂岩	脉石英	泥灰岩	钾长砂岩	泥岩	辉绿岩	粉砂岩	辉长石	凝灰岩	钾长岩	总计
石核	4	2			2														8
石片	93	5	13	5	2	2	2			1	2	1	1						127
断块	67	6	4	6		1	2			2		1	1						90
工具	20	15	1		4	3		4	3			1		1	1	1	1	1	56
总计	184	28	18	11	8	6	4	4	3	3	3	2	2	1	1	1	1	1	281

表37 石器大小分类统计表（Systematic and statistics of artifact sizes）

长度 类型	≤30		30~70		70~150		>150	
	N	%	N	%	N	%	N	%
石核	0	0	2	0.7	6	2.2	0	0
石片	52	18.5	67	23.8	8	2.8	0	0
断块	27	9.6	55	19.6	8	2.8	0	0
一类工具	0	0	1	0.4	30	10.7	7	2.5
二类工具	0	0	0	0	2	0.7	0	0
三类工具	0	0	7	2.5	9	3.2	0	0
总计	79	28.1	132	47.0	63	22.4	7	2.5

注：测量长度为石器的最大长，单位mm；"N"代表件数，"%"代表所占石器总数的百分比。

石器类型较多，包括石核、石片、断块和工具，其中石片数量最多，占总量的45.2%；其次是断块，占32.0%；再次是工具，占19.9%；石核数量最少，仅占2.8%。工具类型包括石锤、刮削器和砍砸器，其中石锤数量占工具总数的67.9%，刮削器占19.6%，砍砸器占12.5%。

石核，从原料来看，砂岩4件，花岗岩和石英砂岩各2件，尺寸多为大型，长45.7~140.8mm，平均长89.1mm；宽63.0~114.3mm，平均宽84.5mm；厚38.1~103.8mm，平均厚59.0mm；重235.0~840.0g，平均重476.3g。形状有不规则、扁平状和盘状。

剥片方法：采用锤击剥片法。锤击石核中以多台面居多，双台面较少，单台面仅1件。平均台面角92.6°。自然台面占绝大多数，占台面总数的78.3%；其中2件为节理面。人工台面多为打制台面，另外有疤、修理台面各1件。该件石核的修理台面是奇和洞遗址出土的石核中唯一的1件。

剥片数量：石核的台面有1～5个，剥片面有1～6个。剥片疤最多的有24个，每件石核剥片疤平均9个。超过半数的石核剥片率较高。

剥片方式：转向剥片法居多，其次是复向，同向最少。台面的数量与剥片方式有直接关系，单台面石核采用同向剥片，双台面石核均采用转向剥片，而多台面石核多数采用复向剥片方式。

综合上述，制作者对剥片数量和质量有着较高要求，虽然通常选择大尺寸、体厚或者扁平的砾石进行剥片，多数情况下不经过预制，直接以自然面为台面进行剥片，但也出现去除石皮、调整台面角的打制台面和精细预制台面的情况。可见剥片技术的进步和对剥片质量要求已有进一步提高，通过调转核体来增加台面数量，提高石核的使用率，从而增加剥片的数量。

石片，从原料和剥片方法来看，石片与石核的特征一致，原料以细砂岩和砂岩居多，剥片方法为锤击法。锤击完整石片占石片总数的59.3%。尺寸多为中、小型，长77.0～146.8mm，平均长39.6mm；宽7.5～80.4mm，平均宽37.6mm；厚2.8～62.0mm，平均厚10.3mm；重0.5～224.0g，平均重21.1g。长宽比平均为1.1。形状多不规则，自然台面居多，占完整石片总数的55.9%，其中6件为节理面。人工台面占44.1%，打制台面居多，其次为有疤、线状和点状。根据背面石片疤石片的情况，可见同向剥片法最多，占55.8%；其次是转向、对向和复向（图104）。

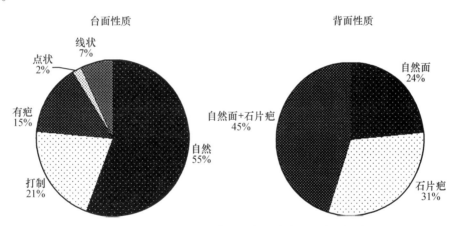

图104　第三期文化晚段完整锤击石片台面和背面性质

（Platform of integral flake and back characteristic from ③A and ③B levels）

石片与石核的比较：石片的原料种类更广泛，锤击石核的人工台面比例较石片的人工台面要少得多。完整石片中有12件具有以下修片特征：尺寸小型，宽大于长，台面为有疤、线状和打制台面，台面尺寸小、打击点集中，半椎体凸，背面均为石片疤或有石片疤，可以推测这些是在工具修理过程中产生的废片。

一类工具，均为石锤，占工具总数的67.9%，是工具类型中最多的。一类工具在选料和使用过程中存在两个阶段。

①石料主要选择硬度、质地、韧性和磨圆度均较好，形状较为固定的砾石，尺寸多大型，长62.3～285.0mm，平均长131.1mm；宽41.2～05.6mm，平均宽77.5mm；厚22.0～73.6mm，

平均厚46.3mm；重200.0~1225.0g，平均重670.6g。原料选择倾向性明显，即砂岩、花岗岩和钾长花岗岩。砾石形状多数规则，呈圆形、椭圆形、长条形、三角形和四边形，个别形状不规则。

②石锤器身有明显使用痕迹。使用痕迹多分布于一端、两端、侧边一周、器身一面或两面，痕迹有剥片疤、凹坑和麻点。根据痕迹的密度和深度判断，石锤的使用率普遍较低。

二类工具，均为单直刃刮削器，尺寸为大型，长72.1~93.8mm，平均长83.0mm；宽53.4~89.7mm，平均宽71.1mm；厚20.2~21.7mm，平均厚21.0mm；重56.0~152.0g，平均重104.0g。按五个等级划分，刃角等级为斜，平均42.5°，刃缘平齐锋利。

三类工具，刮削器和砍砸器两种，尺寸大、中型，刮削器多于砍砸器，占56.3%。刮削器原料以砂岩居多，毛坯以片状居多，块状仅1件，均为单刃。据刃形统计，以直刃居多，凸刃、尖刃各1件，刃缘多数不平齐，刃角22.0°~70.0°，平均54.3°，等级为中等。修疤较深，应为硬锤修理；反向修理最多，其次为复向、正向和错向。从修理目的分析，修刃最多，修形其次，修把手的情况出现最少。

砍砸器原料有细砂岩、砂岩、凝灰岩、钾长岩、花岗岩和石英砂岩，其中以砂岩居多，毛坯以块状居多，片状仅1件，均为单刃。据刃形统计，以凸刃居多，直刃、凹刃各1件；刃缘多数较平齐，刃角60.4°~90.0°，平均76.8°，刃角等级为陡；修疤较深，应为硬锤修理；复向修理最多，其次为正向和反向。从修理目的看，修刃最多，修形和修把手较少（表38）。

表38　三类工具修理情况统计表（**Statistics of repair of classification C artifacts**）　（单位：件）

类型 \ 项目	毛坯		修理方向				修疤形态			修疤层数			修理目的		
	片状	块状	正	反	错	复	鱼鳞状	阶梯状	鱼鳞+阶梯状	1	2	≥3	刃	形	把手
刮削器	8	1	1	4	1	3	7			3	4	1	8	5	2
砍砸器	1	6	2	1		4	5	1	1	2	3	2	7	1	1
小计	9	7	3	5	1	7	12		3	7	7	3	15	6	3
百分比（%）	56.3	43.7	18.8	31.3	6.3	43.6	74.9	6.3	18.8	40.6	40.6	18.8	93.8	37.5	18.8

四、第三期文化晚段磨制石制品

第三期文化晚段出土的磨制石制品包括磨制石器和磨制工具。磨制石器96件，有石斧15件（成型石斧11件、使用断块3件、坯件1件），石锛70件（成型石锛17件，坯件9件，使用断块12件，断片、修片、崩片32件），石铲1件，石匕6件，石刀1件，石凿2件，石网坠1件；磨制工具70件，包括研磨器2件，凹石4件，砺石36件，石砧28件。

石斧

成型石斧11件、使用断块3件、坯件1件。原料有砂岩、泥灰岩和灰岩等，砾石磨圆度较高、硬度中等，形状长条或扁平，磨制前均经初略加工，大致成型后再在较宽、较薄的部位磨出刃部，个别利用砾石薄端直接磨制成刃。

根据器物形状分A、B两型。

A型：9件，外观梯形，根据横断面的不同分Ⅰ、Ⅱ两式。

Ⅰ式：3件，横断面椭圆形，器身厚重。

标本2010ZQT2扩③A：3，原料为灰色泥灰岩。通体细磨，表面光滑，顶部和两侧分别有加工修理遗留的相互重叠大小不一的片疤，局部黏附有钙质胶结物。两面凸弧，双面弧刃，刃缘锋利，刃的一侧有使用过疤。长14cm，宽7.2cm，厚4.1cm，重570.9g（图105-1；彩版二九，4）。标本2010ZQT2扩③A：1，原料为灰色灰岩。通体粗磨，顶部和两侧遗有加工的重叠片疤，双面弧刃，刃部细磨、锋利，刃缘有使用疤。长14.2cm，宽7.1cm，厚2.7cm，重309.9克（图105-2；彩版二九，1）。标本2009ZQT1③B：4，原料为灰色泥质砂岩。两侧及两面均有加工过程中遗留的大小、深浅不一的片疤，双面弧刃，刃部细磨，刃缘有使用疤。长12.3cm，宽7.1cm，厚2.2cm，重264g（图105-3；彩版二九，2）。

Ⅱ式：6件，横断面呈长方形，器身扁平。

标本2010ZQT2扩③A：98，原料为灰黑色灰岩。顶部残断，两侧有加工遗留的大小、深浅不一的片疤。刃部细磨光滑，双面弧刃，刃缘锋利，刃缘有使用疤。长12.3cm，宽5.2cm、厚1.8cm，重138.1g（图105-4）。标本2009ZQT1③A：380，原料为灰色泥质砂岩。器身扁平，只在局部有粗磨，两面均有打片剥落的痕迹，两侧有加工过程中形成的浅宽形片疤，刃缘较钝。长11cm，宽4cm，厚0.9cm，重52g（图105-5）。标本2011ZQT2扩③B：32，原料为灰黑色泥灰岩。顶部一侧残缺，两侧有修理疤。双面弧刃，刃缘较钝，刃部有使用过程中崩落的片疤。长7.7cm，宽4.1cm，厚1.6cm，重51g（图105-6）。标本2010ZQT2-16③A：101，原料为灰黑色泥质砂岩。顶部略有残缺，两面粗磨，且有修理疤，刃部细磨，双面弧刃，刃缘锋利。刃部有使用疤。长9.1cm，宽3.8cm，厚0.6cm，重29g（图105-7）。标本2010ZQT2扩③A：62，原料灰黄色泥灰岩，顶部残断，两侧有加工遗留的连续重叠片疤。两面微弧，通体磨制，表面光滑。双面弧刃，刃缘锋利，有使用痕迹。长8.1cm，宽5.8cm，厚1.8cm，重107.6g（图105-8）。标本2011ZQT2-12③B：1，原料为灰色细砂岩。顶部残断，两侧遗有加工痕迹，背面局部保留有砾石面，并黏附有钙质胶结物。背面微弧，弧刃，刃缘较钝，未加磨制。长12.6cm，宽5.7cm，厚1.9cm，重183g（图105-9；彩版三〇，1）。

B型：2件，外观呈长方形。

标本2010ZQT2扩③A：108，原料为灰色泥灰岩。顶部及两侧面有大量修疤，个别片疤打击点清楚。两面均细磨，表面光滑，刃部残缺。长7.9cm，宽4.2cm，厚1.9cm，重108.2g（图105-10）。标本2009ZQT2③B：3，原料为灰色泥灰岩。顶部残缺，器身较扁，顶部残断，两侧及周边均经加工，两面粗磨，刃缘细磨，单面弧刃，刃缘锋利，有使用痕迹。长7.8cm，宽4cm，厚1cm，重44g（图105-11；彩版二九，3）。

石斧使用断块，3件。

标本2011ZQT2扩③B：35，原料为灰黑色砂岩。顶部残断，两侧遗有加工修理疤痕，背面微凸，双面弧刃，刃部磨制精细，刃缘锋利。长3cm，宽3.4cm，厚0.6cm，重138g（图105-12）。标本2010ZQT2扩③B：5，原料为灰黑色灰岩。顶部残断，一侧有加工修理片疤，另一侧有因断裂而形成的崩疤。腹面微弧，双面弧刃，刃部磨制精细，刃缘锋利。长5.3cm，宽5cm，厚1.3cm，重42g（图105-13）。标本2010ZQT2扩③B：30，原料为褐色砂岩。顶部残断，背面为砾石面，另一面为破裂面，破裂面粗磨，两面局部附有钙质胶结物，两侧均有修理疤。刃部细磨，双面弧刃，刃部有使用痕迹。长6.2cm，宽4.3cm，厚1.0cm，重31g（图105-14）。

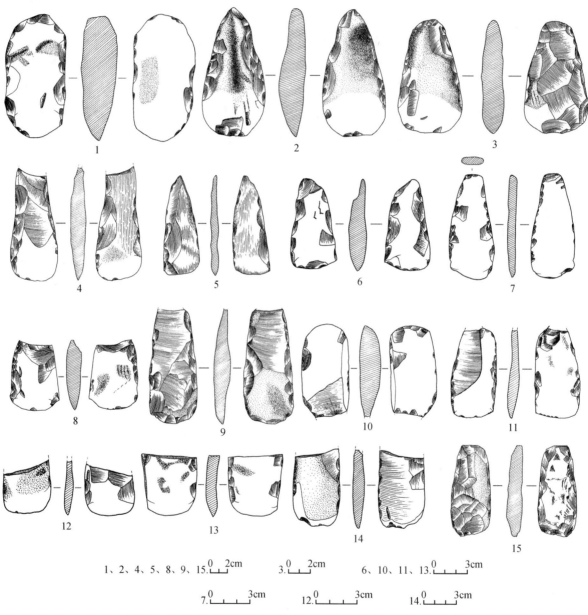

图105　第三期文化晚段石斧（Stone axes from ③B and ③A levels）

1～11. 石斧（2010ZQT2扩③A：3、2010ZQT2扩③A：1、2009ZQT1③B：4、2010ZQT2扩③A：98、2009ZQT1③A：380、2011ZQT2扩③B：32、2010ZQT2-16③A：101、2010ZQT2扩③A：62、2011ZQT2-12③B：1、2010ZQT2扩③A：108、2009ZQT2③B：3）　12～14. 使用断块（2011ZQT2扩③B：35、2010ZQT2扩③B：5、2010ZQT2扩③B：30）

15. 坯件（2011ZQT2扩③B：38）

石斧坯件，1件。标本2011ZQT2扩③B：38，原料为泥质砂岩。两面和周边均有加工的浅宽形片疤，背面有粗磨痕迹，刃部修理精细但未经磨制。长10.1cm，宽5.6cm，厚2.0cm，重106g（图105-15；彩版三〇，2）。

石锛

共70件，包括磨制成型石锛17件，使用断块12件，坯件9件，以及断片、修片、崩片31件。原料有砂岩、泥质砂岩、凝灰岩和页岩等，外形扁圆状，硬度相对较低。石锛加工多以砾石边缘作为台面，采用锤击法进行修理，再经磨制成器；大多数细磨，个别粗磨；坯件器身布满崩疤，未经磨制；有12件石锛刃部残断，推测是在使用过程中破裂的，故归入使用断块类。另有32件具人工磨面的断片、修片和崩片，其中部分未见打击疤痕，多数遗有锤击疤，半锥体较明显，推测是在再次加工修理或更改器物时造成的，有些或是质地因素在使用过程中崩落的。

成型石锛

17件，根据器形可分为A、B、C三型。

A型，2件，平面呈长方形。

标本2011ZQT2③A：2，原料为深灰色砂岩。弧顶，背面凸，腹面较平，腹面和一侧有加工形成的重叠片疤；两面局部细磨，余为砾石风化面。单面微弧刃，刃缘较钝，有使用疤。长14.4cm，宽5.0cm，厚3.1cm，重303.6g（图106-1）。标本2009ZQT2③A：1，原料为深灰色泥灰岩。顶部略残，背面微凸；两面粗磨，侧缘遗留大小、深浅不一的重叠片疤；器身局部附有钙质胶结物。单面弧刃，刃缘有使用疤。长12.2cm，宽4.6cm，厚2.7cm，重为248g（图106-2；彩版二八，2）。

B型，7件，平面呈三角形。

标本2010ZQT2③B：13，原料为深灰色泥灰岩。两侧经修理，遗有小片疤。背面微弧，腹面较平，通体磨制，表面光滑，直刃，较钝，刃缘有使用疤。长4.2cm，宽3.3cm，厚0.8cm，重22g（图106-3）。标本2009ZQT1③A：439，原料为灰色石英砂岩。两侧遗浅宽形片疤，除刃部外器身未见磨痕，刃部较直，刃缘较钝。长5.2cm，宽3.6cm，厚0.9cm，重11g（图106-4）。标本2010ZQT2扩③A：14，原料为浅灰色灰岩。顶部残断，两面较平，粗磨，两侧均有锤击疤，局部附有钙质胶结物。单面弧刃，刃部细磨，刃缘锋利，有使用疤。长5.8cm，宽4.0cm，厚1.1cm，重30g（图106-5）。标本2011ZQT2扩③B：34，原料为灰色泥灰岩。通体磨制光滑，边缘可见修理疤。背面微凸，腹面微凹。单面弧刃，刃缘较锋利，有使用疤。长6.3cm，宽4.1cm，厚0.7cm，重27g（图106-6；彩版二八，4）。标本2010ZQT1③A：164，原料为灰色细砂岩。顶部残断，两面较平，细磨；单面弧刃，刃部细磨、光滑，刃缘锋利。长5.5cm，宽3.8cm，厚1.0cm，重24g（图106-7）。标本2009ZQT1③A：381，原料为泥灰岩。顶部微弧，边缘有大量修理疤。背面凸，腹面较平，两面粗磨，刃部细磨，单面弧刃，刃缘有使用疤。长7.1cm，宽4cm，厚1.2cm，重36克（图106-8；彩版二七，2）。标本2009ZQT1③A：163，原料为灰色泥灰岩。边缘有加工形成的重叠片疤。弧顶，两面较平，通体粗磨，刃部细磨，单面弧刃，刃缘锋利，有使用疤。长5.5cm，宽3.8cm，厚1.0cm，重18g（图106-9）。

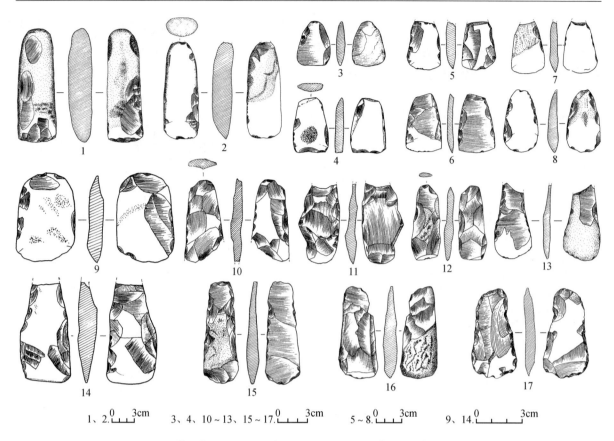

1、2. ┕0━━3cm┘　　3、4、10～13、15～17. ┕0━━3cm┘　　5～8. ┕0━━3cm┘　　9、14. ┕0━━3cm┘

图106　第三期文化晚段石锛（Stone adzes from ③B and ③A levels）

1. 2011ZQT2③A：2　2. 2009ZQT2③A：1　3. 2010ZQT2③B：13　4. 2009ZQT1③A：439　5. 2010ZQT2扩③A：14

6. 2011ZQT2扩③B：34　7. 2010ZQT1③A：164　8. 2009ZQT1③A：381　9. 2009ZQT1③A：163　10. 2009ZQT1③A：23

11. 2011ZQT2扩③B：39　12. 2009ZQT1③A：385　13. 2011ZQT2扩③B：33　14. 2009ZQT1③A：382　15. 2009ZQT2③B：4

16. 2009ZQT2③B：2　17. 2009ZQT1③A：4

C型，8件，平面呈梯形。

标本2009ZQT1③A：23，原料为灰色泥灰岩。刃部残断，弧顶，器身遗有大量修理疤，个别疤痕打击点明显。两面有粗磨痕迹。长7.9cm，宽3.9cm，厚1.1cm，重29.5g（图106-10）。标木2011ZQT2扩③B：39，原料为灰色泥质砂岩。顶部和一侧残缺。背面微凸，腹面微凹。刃部粗磨，推测此件是由锤击石片改型的。长7.6cm，宽4.0cm，厚1.3cm，重35g（图106-11）。标本2009ZQT1③A：385，原料为灰色泥灰岩。弧顶，器身有加工过程中遗留的重叠片疤。仅刃部细磨，单面直刃，刃缘锋利，有使用疤。长7.2cm，宽2.9cm，厚1cm，重20g（图106-12）。标本2011ZQT2扩③B：33，原料为灰色砂质泥岩。顶部残断，两面和两侧均有修理疤，背面有粗磨痕迹。单面弧刃，刃缘锋利，有使用疤。长7.3cm，宽3.8cm，厚0.6cm，重27g（图106-13）。标本2009ZQT1③A：382，原料为灰色页岩。顶部残断，腹面较平，背面微弧，两侧及两面均有修理片疤。单面斜直刃，刃缘锋利，一面粗磨，另一面细磨，磨痕明显。长6.2cm，宽3.3cm，厚1.2cm，重30g（图106-14）。标本2009ZQT2③B：4，原料为灰色砂岩。器身扁平。顶部及两侧遗有大量修理疤。正面微弧，背面为打片时自然断裂面，粗磨。

弧刃，刃部加工成形，未加磨制。长9.6cm，宽3.5cm，厚1.4cm，重36g（图106-15）。标本2009ZQT2③B：2，原料为灰色石灰岩。质地较差，弧顶。器身大多为砾石风化面和断裂面。单面弧刃，刃部粗磨，刃缘较钝。长8.8cm，宽3.5cm，厚1.4cm，重52g（图106-16）。标本2009ZQT1③A：4，原料为灰色细砂岩。两面和两侧均有修理疤痕，顶部保留小块砾石面，两面粗磨，刃缘较钝，刃部有使用疤。长8.6cm，宽4.6cm，厚1.1cm，重76g（图106-17）。

石锛使用断块

12件，以下仅记述9件。

标本2010ZQT2扩③A：56，原料为泥灰岩。不规则形，顶部残断，仅残余刃部的一部分。单面弧刃，刃缘锋利，磨制精细。长3.8cm，宽3.4cm，厚0.8cm，重13g（图107-1）。标本2010ZQT2扩③B：59，原料为灰色砂岩。仅残余刃部。刃部细磨，单面斜弧刃，刃缘锋利。长3.2cm，宽2.9cm，厚0.9cm，重14g（图107-2）。标本2009ZQT1③A：377，原料为深灰色页岩。顶部残断，两面微平，粗磨，一侧和背面遗留有浅宽形片疤。弧刃，刃部细磨，刃缘锋利，并遗留有使用时崩落的片疤。长4cm，宽3.1cm，厚0.7cm，重10g（图107-3）。标本2010ZQT2扩③A：193，原料为深灰色细砂岩。顶部残断，两面均有粗磨痕迹。侧缘遗有加工过程中连续剥片的疤痕，浅宽形，刃部仅加工成形，未见磨制。长6.9cm，宽5cm，厚2cm，重85克（图107-4）。标本2010ZQT1③A：20，原料为灰色泥灰岩。顶部残断。背面为断裂面，腹面磨制精细、表面光滑，单面弧刃，刃缘锋利。长8.0cm，宽5.6cm，厚0.8cm，重66g（图107-5）。标本2010ZQT2③B：17，原料为灰色砂岩。刃部残断，顶部和两侧有浅宽形修片疤，器表粗磨，一面附有钙质胶结物。长5.8cm，宽5.3cm，厚1.8cm，重75g（图107-6）。标本2009ZQT1③A：384，原料为灰黑色泥灰岩。通体细磨，表面光滑，远端残断，破裂面不整齐。近端有加工修理重叠片疤，边缘及一面中部有不规则琢痕。残长7.7cm，宽5.1cm，厚3cm，重152g（图107-7）。标本2010ZQT2扩③A：189，原料为青灰色细砂岩。残段，仅存刃部一段，表面细磨、光滑，刃部楔形，直刃微弧，刃缘锐利。残长2.5cm，残宽2.7cm，厚0.6cm，重19g（图107-8）。标本2011ZQT2③B：61，原料为灰黑色细砂岩。残段。近端和一侧残缺，破裂面不见打击疤痕。一侧遗留有加工修理疤痕，两面中部磨面上有散漫的琢痕，刃部细磨、光滑，单面直刃，刃缘锐利。残长3.9cm，残宽1.9cm，厚0.7cm，重7g（图107-9）。

石锛坯件

9件，以下仅记述7件。

标本2010ZQT2③B：210，原料为黄色花岗岩。一侧边缘遗有加工修理片疤，表面大部分保存原砾石面，通体黏附有钙质胶结物。长8.1cm，宽4.7cm，厚2.8cm，重133g（图107-10）。标本2009ZQT1③A：376，原料为浅黄色页岩。一面细磨，边缘留有大量修理疤，刃部未见磨制。长5.1cm，宽2.6cm，厚1cm，重14g（图107-11）。标本2009ZQT1③B：1，原料为灰色砂岩。器物较小，一面为节理面，另一面大部分遗留有从腹面向背面加工修理的片疤，局部保留砾石面。从器形判断应为石锛坯件。长4.6cm，宽2.2cm，厚1.1cm，重8g（图107-12）。标本2009ZQT1③A：26，原料为灰色灰岩。背面为砾石面，腹面遗留有从背面向腹面加工修理形成的浅宽形重叠片疤。长9.7cm，宽6cm，厚2cm，重160g（图107-13）。标

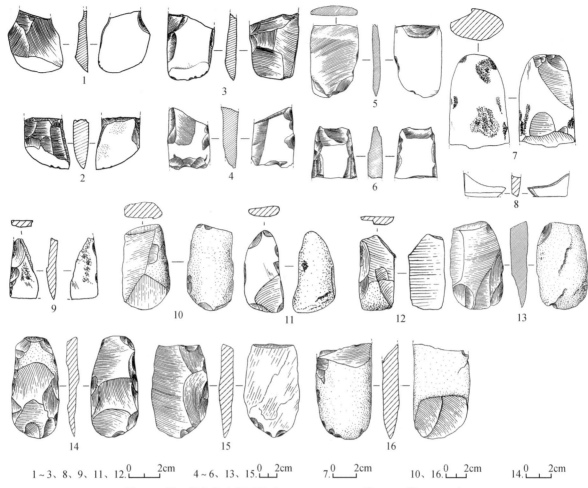

图107　第三期文化晚段石锛（Stone adzes from ③B and ③A levels）

1～9. 使用断块（2010ZQT2扩③A：56、2010ZQT2扩③B：59、2009ZQT1③A：377、2010ZQT2-16扩③A：193、
2010ZQT1③A：20、2010ZQT2③B：17、2009ZQT1③A：384、2010ZQT2扩③A：189、2011ZQT2③B：61）
10～16. 坯件（2010ZQT2③B：210、2010ZQT1③A：376、2009ZQT1③B：1、2009ZQT1③A：26、2009ZQT1③A：27、
2010ZQT2扩③A：100、2011ZQT2-16扩③A：356）

　　本2009ZQT1③A：27，原料为灰色泥质砂岩。石片毛坯，两面及两侧均遗留有加工修理的重叠片疤。长7.8cm，宽3.8cm，厚1.1cm，重40g（图107-14）。标本2010ZQT2扩③A：100，原料为灰色中粒砂岩。石片毛坯，背面为节理面，远端有修理片疤，腹面遗有由背面向腹面修理的重叠片疤。长10.5cm，宽6.5cm，厚1.5cm，重131g（图107-15）。标本2011ZQT2-16扩③A：356，原料为灰色泥质砂岩。表面大部分保留原砾石面，近端较厚，远端较薄，近、远端及一侧均遗有修理疤。长9.3cm，宽5.5cm，厚1.7cm，重110g（图107-16）。

　　断片

　　4件，以下仅记述3件。

　　标本2009ZQT1③A：2，原料为灰色泥灰岩。两端残断，破裂面不整齐，通体磨光，两侧棱和两面间磨成近90°夹角。破裂面边缘遗有崩落片疤。残长9cm，宽6.1cm，厚0.9cm，重82g（图108-1）。标本2010ZQT2扩③B：60，原料为青灰色细砂岩。远端和一侧残断，破裂面不见打击疤，一侧为修坯时遗留的片疤，两面及一侧磨面光滑。该器物可能是磨制时因质地造成的断块。长3.1cm，宽3.7cm，厚1.9cm，重22g（图108-2）。标本2009ZQT1③B：15，原料为灰黄色泥灰岩。远端残缺，破裂面不整齐，不见打击点，近端及两侧遗有修坯时形成的重叠片疤，一面细磨，另一面粗磨。该器物可能是使用过程中断裂的。残长2.8cm，宽3cm，厚0.6cm，重6g（图108-3）。

修片

12件，以下仅记述7件。

标本2010ZQT2③A：208，原料为灰黑色大理石。顶端侧面及一面细磨，表面光滑，另一面为破裂面，其上打击疤、半锥体清晰可见，通体黏附有钙质胶结物。该器物可能是第二次再加工或改形时锤击剥落的修片。长6.1cm，宽3cm，厚1cm，重25g（图108-4）。标本2010ZQT2③A：173，原料灰色细砂岩，为从已成形并已磨制好的石锛上脱落的石片。石片上依然保留小块刃部，弧刃，刃缘锐利。腹面一侧有明显的打击疤，半锥体不明显，应是质地之故，背面凸弧，磨面光滑。可能是改形器物时剥落的修片。长3.7cm，宽3.4cm，厚0.4cm，重8g。标本2009ZQT1③A：391，原料为灰色泥岩。保留少部分台面，腹面打击疤痕和半锥体较明显，背面近端有连续打击所遗留的三处浅宽形片疤，远端保存小块磨面，细磨，光滑。长2.4cm，宽2.5cm，厚0.4cm，重2g。标本2009ZQT1③B：8，原料为灰色砂岩。腹面打击疤痕及半锥体清晰可见，背面一半为光滑的磨面，另一半有修坯过程中遗留的片疤。估计是二次加工或改形器物时剥落的修片。长2.1cm，宽4.6cm，厚0.6cm，重6g。标本2009ZQT1③A：34，原料为灰色页岩。腹面为节理面，背面有1/3的磨面，磨面光滑，侧面有修理疤痕。该器物估计是对磨制好的成品器进行二次加工修理或者改形器物所锤击剥落的修片。长1.6cm，宽2.5cm，厚0.3cm，重3g。标本2009ZQT1③A：329，原料为灰色砂岩。背面有1/3磨面，磨面光滑，侧面有修理疤痕，腹面保留小的磨面台面，半锥体比较明显，该器物估计是二次加工修理时剥落的修片。长2.4cm，宽2.6cm，厚0.4cm，重2g（图108-5）。标本2010ZQT2扩③B：67，原料为灰色砂岩。远端及一面残缺，近端和一侧有加工修理片疤，一面粗磨，另一面为节理面，破裂面未见打击疤痕，该器物为磨制石器时的断片，残长3.1cm，宽3.6cm，厚0.6cm，重6.7g。

崩片

16件，以下仅记述5件。

标本2009ZQT1③B：104，原料为灰色细砂岩。器形较小，破裂面观察不到打击疤痕，背面仅存局部磨面，磨面光滑，可能是使用过程中断裂所形成的崩片。长1.2cm，宽1.4cm，厚0.1cm，重0.1g（图108-6）。标本2011ZQT2扩③A：170，原料为灰色细砂岩。仅存刃部，破裂面不见打击疤，磨面光滑，弧刃，刃缘锋利。长2.6cm，宽3.8cm，厚0.9cm，重8g。标本2009ZQT1③A：10，原料为灰色页岩。仅存刃部，磨面光滑，直刃微弧，刃缘锋利，可能是使用过程中断裂形成的崩片。长3.2cm，宽2.8cm，厚0.4cm，重4g。标本2009ZQT1③A：390，原料为灰色页岩。破裂面较整齐，应是质地之故，腹面观察不到打击疤痕及半锥体，背面微凸，磨面光滑，并遗留有3个浅宽形崩落疤痕，可能是使用过程中断裂形成的崩片。长5.2cm，宽2.2cm，厚0.5cm，重6g（图108-7）。标本2010ZQT2扩③A：58，原料为灰色泥灰岩。崩裂

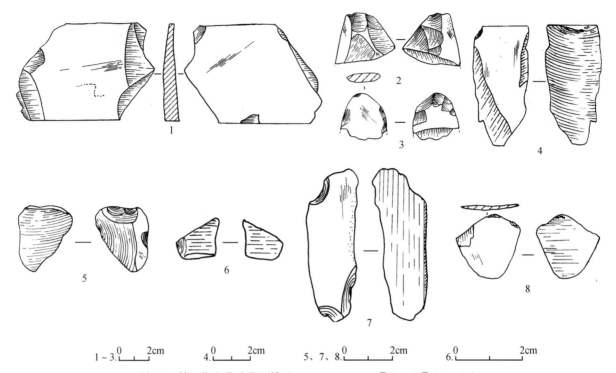

1~3. 0 2cm   4. 0 2cm   5、7、8. 0 2cm   6. 0 2cm

图108　第三期文化晚段石锛（Stone adzes from ③B and ③A levels）

1~3. 断片（2009ZQT1③A：2、2010ZQT2扩③B：60、2009ZQT1③B：15）　4、5. 修片（2010ZQT2③A：208、
2009ZQT1③A：329）　6~8. 崩片（2009ZQT1③B：104、2009ZQT1③A：390、2010ZQT2扩③A：58）

面较整齐，背面磨面光滑，破裂面观察不到打击疤，可能是使用过程中断裂形成的崩片。长2.7cm，宽2.7cm，厚0.3cm，重3g（图108-8）。

石铲

1件。标本2009ZQT1③A：10，原料为灰色泥灰岩。平面呈长方形，顶部和两侧均有复向加工而形成的重叠片疤，背面保留大面积自然风化面，刃部未经磨制。长13.7cm，宽8.2cm，厚2cm，重248g（图109-1；彩版三〇，3）。

石凿

2件。标本2011ZQT2扩③B：11，原料为灰黄色泥岩。器身呈细条状，横截面呈长方形，通体细磨，单面刃，刃缘斜成尖状，较钝，有使用过程中崩落的片疤。长9.7cm，宽3.2cm，厚1.7cm，重11g（图109-2）。标本2010T2扩③A：111，原料为灰色泥灰岩。平面呈长方形，横截面呈长方形，器身呈长条状。平顶，两面和两侧均有加工过程中遗留的大小、深浅不一的片疤，局部黏附有钙质胶结物。两面粗磨。单面弧刃，刃部细磨，刃缘锋利，有使用过程中崩落的小片疤。长9.2cm，宽2.1cm，厚1.8cm，重83.7克（图109-3；彩版三一，2）。

石匕

6件。标本2010ZQT1③A：171，原料为灰黑色砂岩。平面呈椭圆形，扁平状，顶部宽、刃部窄。表面磨制精致，表面光滑，器身局部黏附有钙质胶结物。单面弧刃，刃缘锋利。长4.1cm，宽1.8cm，厚0.6cm，重5g（图109-4；彩版三〇，4）。标本2010ZQT2扩③A：116，原

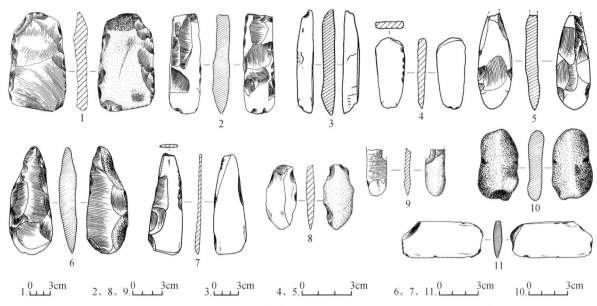

图109　第三期文化晚段磨制石器（Polish stone tools from ③B and ③A levels）

1. 石铲（2009ZQT1③A：10）　2、3. 石凿（2011ZQT2扩③B：11、2010T2扩③A：111）　4～9. 石匕（2010ZQT1③A：171、
2010ZQT2扩③A：116、2010ZQT2③A：10、2010ZQT2扩③A：33、2010ZQT2③A：8、2010ZQT2扩③B：10）

10. 石网坠（2010ZQT2③A：12）　11. 石刀（2010ZQT2扩③B：12）

料为灰色泥灰岩。平面呈长椭圆形。柄部残缺，两面粗磨。双面弧刃，刃部细磨，刃缘锋利。制作较为精细。长5.5cm，宽2.2cm，厚0.9cm，重9克（图109-5）。标本2010ZQT2③A：10，原料为泥质细砂岩，平面呈长椭圆形，柄部和器身均打制，未见磨制痕迹。单面弧刃，刃部磨制精细，刃缘锋利。长7.9cm，宽3.3cm，厚1.3cm，重量32g（图109-6）。标本2010ZQT2扩③A：33，原料为灰黑色泥灰岩石片。平面近三角形，器身扁平，柄部残断，单面直刃，刃缘锋利。长7.5cm，宽2.5cm，厚0.4cm，重10g（图109-7；彩版三一，5）。标本2010ZQT2③A：8，原料为灰黑色泥质页岩。平面近椭圆形，器身扁平，柄部残断，单面直刃，刃缘锋利。长6.2cm，宽3cm，厚0.8cm，重17g（图109-8）。标本2010ZQT2扩③B：10，原料为红色钾长岩，外观椭圆形，扁平，背面为原砾石面，柄部残断，单面直刃，刃缘锋利。长4.5cm，宽2cm，厚0.6cm，重17g（图109-9）。

石刀

1件。标本2010ZQT2扩③B：12，原料为灰黑色砂质泥岩。两端微残，通体细磨，与刃部相对的背部有窄长条形面，厚于刃面。双面直刃，刃缘较钝，有使用疤。长2.6cm，宽6.2cm，厚0.8cm，重59g（图109-11；彩版三一，1）。

石网坠

1件。标本2010ZQT2③A：12，原料为深灰色细砂岩砾石。截面略呈哑铃形，中部可见因绳索捆绑所遗留的凹槽。长5.4cm，宽3cm，厚1.2cm，重28g（图109-10）。

五、第三期文化磨制工具

砺石

36件，出自第3A层34件，出自第3B层2件；其中完整的12件，残段24件。形状各异，有三角形、椭圆形或不规整，大小不等，多为残块，原料主要为砂岩类砺石，磨圆度中等，未经加工直接使用。以下记述7件。

标本2009ZQT1③A：383，原料为灰色砂岩。平面呈三角形，扁平状，两面均作为磨砺面使用，一面较平，另一面呈浅的圆形凹坑状，中部还遗有一道因磨砺而形成的细条状凹槽，凹槽长6cm，深0.2cm。另一面遗留大小、深浅不一的重叠片疤。长6.8cm，宽10.0cm，厚2.5cm，重116g（图110-1；彩版三一，4）。标本2010ZQT2扩③A：17，原料为褐色长石砂岩。两侧残断。平面呈不规则形，两面均有磨砺形成的浅凹面，长10.5cm，宽5.5cm，厚1.9cm，重75g。标本2010ZQT2扩③A：17，原料为浅灰色砂岩。平面呈不规则形，四个面均有因磨砺使用而形成的凹面，其中两面之间的棱脊处有3道因磨砺形成的小凹槽。长5.6cm，宽11.0cm，厚2.0cm，重129g（图110-2）。标本2010ZQT2扩③A：54，原料为灰褐色砂岩，一侧残断。一面有两个较浅的磨砺凹面，两面之间的棱脊处有3道因磨砺形成的短小凹槽。长7.7cm，宽5.6cm，厚2cm，重137.9g（图110-3）。标本2011ZQT2扩③B：24，原料为灰黄色长石石英砂岩。平面呈椭圆形，较扁，两面中部均有弧形磨砺凹面，其中一面中部还遗留有一道因磨砺而形成的细条状凹槽。长6.9cm，宽5.8cm，厚3.8cm，重188g（图110-4）。标本2010ZQT2扩③A：32，原料为褐色砂岩。器身厚重，平面呈椭圆形，一侧较厚，一侧较薄，较薄的一端两面均有弧形磨砺凹面，凹面最深0.5cm。两侧遗留有浅宽形片疤。器物表面局部附着钙质胶结物。长7.5cm，宽5.5cm，厚3.2cm，重1003.8g（图110-5）。标本2011ZQT2扩③A：178，原料为浅灰色砂岩。两侧残断，平面近梯形，扁平状，两面均有弧形磨砺凹面，边缘有深浅不一的重叠片疤。长6.2cm，宽7.7cm，厚2cm，重92g（图110-6）。标本2009ZQT1③A：12，原料浅黄色砂岩。器身呈锥状，一侧残断，三面均有弧形磨砺凹面，其中一面还遗有一道因磨砺而形成的细条形凹槽。残长8.6cm，宽6cm，厚5.2cm，重141g（图110-7）。

凹石

4件，均出自第3B层。器身较厚重。

标本2011ZQT2扩③B：26，原料为褐色石英砂岩。一侧较厚，一侧较薄，一个面遗有一个重叠凹窝，另一面有3个重叠凹窝，一侧有浅宽形片疤。长11.6cm，宽9.4cm，厚5.2cm，重827g（图110-8）。标本2011ZQT2扩③B：25，原料为黄色花岗岩。一个面遗有两个圆形凹窝，另一面有1个长条形浅凹窝。长10.4cm，宽7cm，厚4.7cm，重547.4g（图110-9）。标本2010ZQT2③B：201，原料为灰黄色砂岩，两面中部分别遗有圆形凹窝和长条形凹窝。长9.6cm，宽8.4cm，厚3.6cm，重486g（图110-10；彩版三二，1）。标本2010ZQT2③B：191，原料为灰色砂岩。扁平状，表面局部风化严重，两面中部分别遗有近半圆形窝和不规则形凹

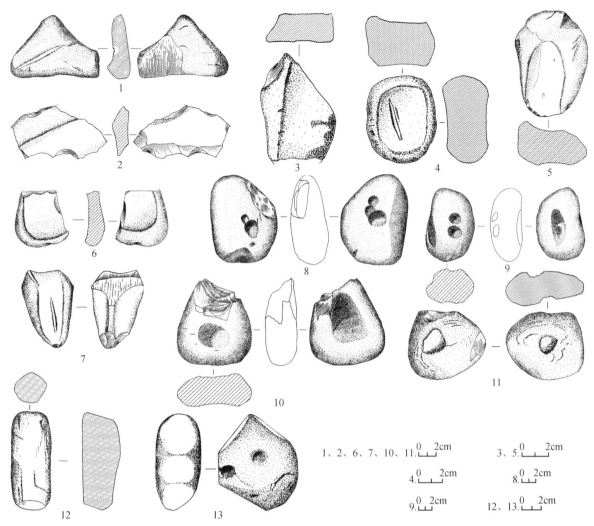

图110　第三期文化晚段磨制工具（Whetstone, concave andgrinding stone from ③B and ③A levels）

1~7. 砺石（2009ZQT1③A：383、2010ZQT2扩③A：17、2010ZQT2扩③A：54、2011ZQT2扩③B：24、2010ZQT2扩③A：32、2011ZQT2扩③A：178、2009ZQT1③A：12）　8~11. 凹石（2011ZQT2扩③B：26、2011ZQT2扩③B：25、2010ZQT2③B：201、2010ZQT2③B：191）　12、13. 研磨器（2009ZQT2-11③A：12、2010ZQT2扩③B：192）

窝，长2~3cm，深0.5~0.6cm。长7.6cm，宽9cm，厚3.7cm，重339g（图110-11）。

研磨器

2件。所选原料为从河滩捡来的中度磨圆的砾石，其研磨面有1~4个，有些研磨面上残留有红褐色、红色矿物痕迹。

标本2009ZQT2-11③A：12，原料为深灰色粉砂岩砾石。器身呈圆柱状，器身厚重，通体为砾石自然面。两端各见1个近圆形的研磨面，研磨面光滑、平坦。其中一端附着有红色颜料粉状物质。长9.8cm，重247.4g（图110-12；彩版三二，3）。标本2010ZQT2扩③B：192，原料为灰色粉砂岩砾石。平面呈椭圆形，器身厚重，通体为砾石自然面，其中一面有一浅凹窝。侧面见4个近椭圆形的研磨面，研磨面光滑、平坦。器表局部附着有红色颜料粉状物质。最长9.5cm，厚4.6cm，重468g（图110-13）。

石砧

共30件，其中第3A层12件、第3B层16件，原料均为花岗岩类和砂岩类岩石，磨圆度中等，外形略扁，一般一面为直接或间接敲击、砸击而形成的工作面，另一面为自然砾石面。以下记述11件。

标本2011ZQT2扩③A：157，原料为灰褐色钾长花岗岩，器身厚重，工作面中部和两侧面遗留有数个凹坑或不规则琢痕，琢痕最长10cm，最深0.4cm。边缘有大量崩落片疤，通体附着有钙质胶结物。长47cm，宽26.8cm，厚10.2cm，重3019g（图111-1）。标本2011ZQT2扩③B：44，原料为褐色钾长花岗岩。一侧残断。工作面中部和一侧面遗留有琢痕，长4～10cm，最深0.5cm。表面附着零散钙质胶结物。长32cm，宽31cm，厚10cm（图111-2）。标本2011ZQT2扩③B：50，原料为灰褐色花岗岩。工作面中部和两侧面均遗留有椭圆形琢痕，长24.0cm，宽34.4cm，厚8.8cm（图111-3）。标本2011ZQT2扩③B：46，原料为浅褐色钾长花

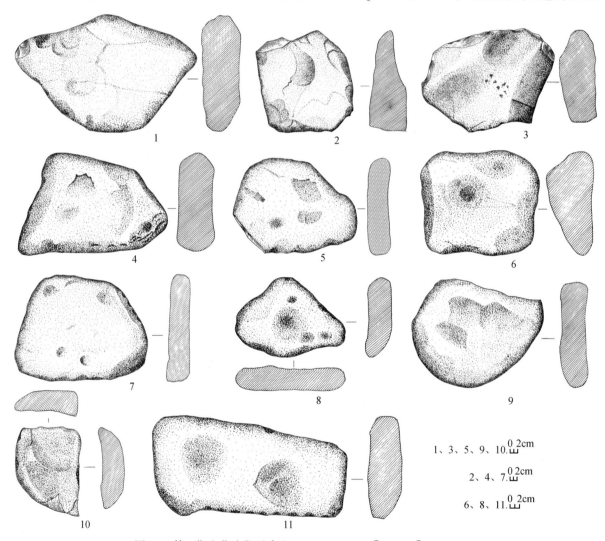

1、3、5、9、10.　⊢—⊣ 0　2cm

2、4、7.　⊢—⊣ 0　2cm

6、8、11.　⊢⊣ 0　2cm

图111　第三期文化晚段石砧（Anvil stone from ③B and ③A levels）

1. 2011ZQT2扩③A：157　2. 2011ZQT2扩③B：44　3. 2011ZQT2扩③B：50　4. 2011ZQT2扩③B：46　5. 2011ZQT2扩③B：53

6. 2011ZQT2扩③A：151　7. 2011ZQT2扩③B：43　8. 2011ZQT2扩③B：51　9. 2011ZQT2扩③A：154　10. 2011ZQT2扩③A：149

11. 2011ZQT2扩③B：41

岗岩，器身厚重。工作面中部分布有大量麻点状琢痕，边缘风化剥落现象严重。长31.0cm，宽46.5cm，厚12cm，重9350克（图111-4）。标本2011ZQT2扩③B：53，原料为浅黄色花岗岩。器身厚重，一侧残断。工作面遗留有3个浅圆形凹状琢痕，琢痕长4～8cm，最深0.4cm。底面为原砾石面，附着零散的钙质胶结物。长31.5cm，宽26.2cm，厚6.1cm，重6675g（图111-5）。标本2011ZQT2扩③A：151，器身厚重，原料为浅黄色花岗岩。工作面中部遗留有粗糙的琢痕，琢痕长8cm，表面局部黏附钙质胶结物。长21.8cm，宽24.6cm，厚10cm，重20450g（图111-6）。标本2011ZQT2扩③B：43，原料为灰褐色钾长花岗岩，器身厚重。工作面遗留有7个不规则浅状琢痕，琢痕最长5cm，最深0.4cm。底面砾石面上附着大量钙质胶结物。长32.4cm，宽41.3cm，厚7.4cm，重13450g（图111-7）。标本2011ZQT2扩③B：51，原料为灰褐色花岗岩。工作面中部及一侧面存在4个浅状圆形琢痕，琢痕长2～6cm，最深0.4cm。长17.3cm，宽23.0cm，厚5.3cm（图111-8）。标本2011ZQT2扩③A：154，原料为红褐色钾长花岗岩，一侧残断。工作面中部有3个浅的半圆形重叠琢痕，琢痕长8～11cm，最深0.4cm。长26.4cm，宽32cm，厚7cm，重6200g（图111-9；彩版三二，2）。标本2011ZQT2扩③A：149，原料为浅黄色钾长花岗岩。工作面中部有2个重叠的半圆形琢痕，琢痕长8～13cm，最深0.3cm。长21.4cm，宽16cm，厚6.2cm，重4181g（图111-10）。标本2011ZQT2扩③B：41，原料为深灰色砂岩。两面均为工作面，均有不规则琢痕。直径约10cm，最深0.3cm。长19.7cm，宽40.6cm，厚6.7cm，重11575g（图111-11）。

六、第三期文化晚段陶器

第三期文化晚段是整个奇和洞文化发展的鼎盛时期，出土陶器残片共2798件，不论是质地、陶色、纹饰还是器形数量上都较前期大大增加。

1. 陶质

晚段出土陶器的陶质有夹砂和泥质两种。夹砂陶共2750件，夹砂陶中以夹粗砂为主，共1576件，所占总数的比例为56.32%；夹中砂659件，夹细砂515件，占总数的比例分别为23.55%和18.41%。泥质陶只有48件，占总数的比例为1.72%（图112）。据分析，与早段相比，晚段的陶质发生了变化，和普通的夹砂陶不同的是，出现了磨光陶和陶胎很薄的陶片。磨光陶表面经过人为打磨，光亮，颜色灰黑色或黑色，只发现6件。陶胎薄的陶片厚度为0.2cm，最薄外还不足0.2cm，此种陶片有的夹杂很大的粗砂粒，均为素面，表面经过抹光，可见明显的抹痕，数量共有192件（图113）。

2. 陶色

陶器表面颜色变化较大，由于烧制技术的原因，使陶片表面呈现出的颜色不均匀，甚至有多种颜色，内壁颜色一般比外壁深，陶色以褐色系为主质地也较硬，褐色多不纯正，呈色从

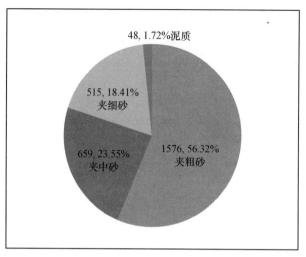

图112　第三期文化晚段陶器质地分类图（Systematic on texture of pottery fragments from ③A and ③B levels）

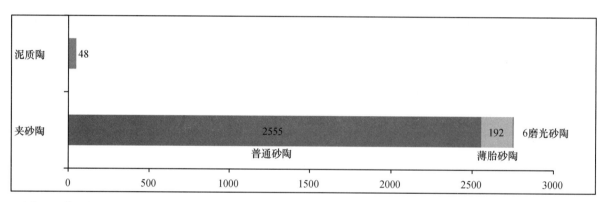

图113　第三期文化晚段夹砂陶与泥质陶分类图（Systematics of clay tempered with sand and clay pottery fragments from ③A and ③B levels）

灰褐色到黑褐色。褐色陶片数量最多，灰褐色其次，再者为红褐色，三者数量分别为1222件、597件和197件，所占比例依次为43.67%、21.34%和6.40%。灰色是这一时期较重要的颜色，有深灰色与浅灰色之分，质地也较硬，数量共有260件，所占比例为9.29%。红陶色泽较淡，属较常见的陶片，共出土94件，结合早段的陶色分析，褐、灰、红这三种陶色始终是第三期文化陶器的主要色系，尤其是褐色陶，一直占据着主流的位置（图114）。值得一提的是，灰白色陶片在晚段时期数量有所增加，特别是泥质灰白陶的数量较多，从残片和残存的口沿来看，多属盆、钵等器物。

3. 纹饰

晚段出土带纹饰的陶片共计527件，占总数的18.83%，纹饰主要装饰于器物的口沿、唇部，多以组合的形式出现，盛行口沿压印成齿状的做法，口沿外壁饰各种纹饰（图115-1）。陶器在饰纹时，内壁多会有衬物，以至于内壁留下所衬物体表面的痕迹。这些纹饰最明显直观地展现出晚段所发生的变化。纹饰种类更加丰富、精致，常见的纹饰多达二十余种。陶器的装

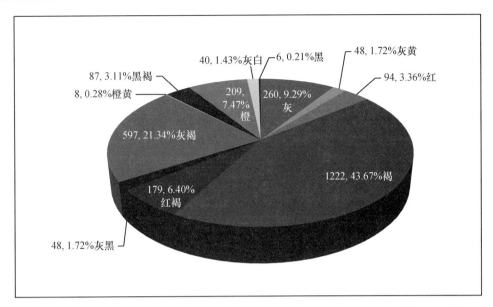

图114　第三期文化晚段陶色分类图（Systematic on color of pottery fragments from ③A and ③B levels）

饰秉承了早段的刻划、压印为主，戳印为辅的手法，并且新出现了堆饰、施衣、拍印等方式。在各类纹饰中，压印的绳纹成为了主流，绳纹有粗、细、交错等类别上的差异，数量多达314件，所占比例为11.22%。刻划纹为134件，所占比例为4.79%，刻划的方格纹数量相比于早段有所增加（图115-2）。组合纹饰也是一大特色，相互组合的纹饰种类与数量都较早段大幅增加。压印的锯齿纹、穿孔等减少，新出现刻划叶脉纹、曲折纹、针状条纹等（图116），现将新出现的纹饰择要叙述如下：

拍印方格纹　纹饰的拍印做法在早段尚未有迹象。晚段出土的拍印方格纹数量不多，拍印的方格纹小，较规整，多以斜向拍印于器物的口沿外壁。虽然尚未发现有陶拍等工具。

附加堆饰纹　独具特色的纹饰，与戳印的凹点一起出现。此类纹饰先是在口沿上堆饰出波浪形的隆起泥条或是椭球体，然后在泥条上精细地戳印与泥条宽度相仿的凹点，形成美观的有层次的典型纹饰。

按压成排凹窝纹　在口沿位置按压横竖成排的凹窝，排列整齐，使口沿表面看起来像起伏的波浪。

刻划针状或哑铃状条纹　此类纹饰是由于刻划结束时用力或收力而形成的，并不是单一出现，经常是在口沿与颈部之间的上部与下部出现，中间组合其他纹饰，以方格纹、“＝”形纹饰及波浪纹较常见。刻划纹饰时，起手重，中间至结束收力则形成针状，若是结束时用力，则形成两头粗中间细的哑铃状。

施衣　陶衣的颜色有黑色、红色及赭色，绝大部分出现于口沿的内外壁上，其他位置仅见1件，施衣的陶器胎质多细密，陶衣施在素坯之上，也有的陶衣是在涂沫于绳纹之上的。

刻划叶脉纹　刻划于口沿内壁或外壁，刻划的线条有粗细之分。

刻划曲折纹　双排，于口沿外壁用头部方形物体刻划而成，纹饰清晰规则，甚至可见其在陶坯之上移动的力道深浅。

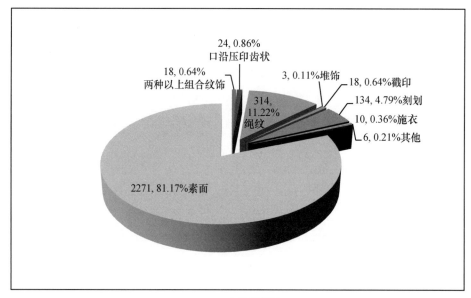

1. 各类纹饰

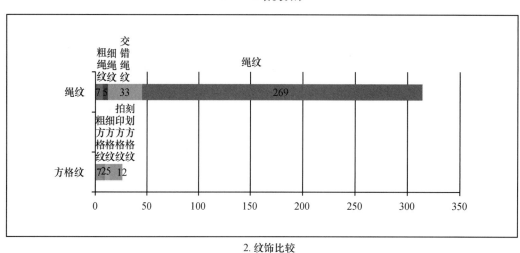

2. 纹饰比较

图115　第三期文化晚段陶器纹饰类别图（Classification of veins of pottery from ③A and ③B levels）

此外，除了在口沿外部装饰纹饰外，有的陶器底部也有纹饰，出土的一件圜底器残片底部有交错的绳纹分布。

4. 制法

晚段的陶器仍然以手制为主，器身采用泥条盘筑法，盘筑后重叠不平的地方经过手或其他较平的物体抹平，内外都留有抹平的痕迹。有的较大器物的外壁经过抹平，内壁则因为抹平外壁时手指支撑而留下指窝。大多数陶片的断面规则，呈弧形，有的断面可见"U"形的凹槽，更明显的是呈"√"形。口沿与器身为单独制作后拼接在一起，拼接后将颈部加力按压以加固连接处，留下起伏不平的凹窝，更有甚者会在颈部加筑泥条按压，如标本2009ZQT1③A：442的颈部，留下加筑泥片与按压的指窝痕迹（图117-34）。部分陶器由于颈部加固按压力大而使颈部

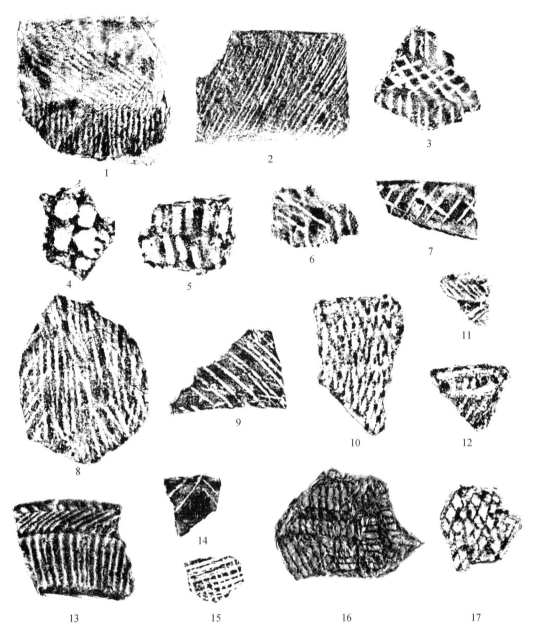

图116　第三期文化晚段纹饰拓片（Rubbing of veins of pottery from ③A and ③B levels）

1、8.绳纹　2、9.篦划纹　3.刻划划条纹与方格纹　4.拍印粗方格纹　5.戳印纹　6.刻划曲折纹　7.刻划交叉条纹　10.交错绳纹
11.篦划叶脉纹　12.附加堆纹与刻划条纹　13.刻划哑铃状条纹　14.刻划双曲折纹　15.刻划方格纹　16.压印成排凹窝纹
17.拍印网格纹

成为器物最薄处，故而出土的陶片多保留口沿，与颈部一起保存下来的却极少。口沿多经过慢轮修整，口沿规则，厚薄均匀，有些口沿的唇部下方有内凹，应该是经过特别的捏制。

　　值得一提的是，晚段的陶器可能体现出某种进步性：其一，有小部分的陶片平均厚度为0.2cm且最薄处厚度还不足0.2cm，质地较硬，厚薄均匀，胎虽多含粗砂但结构较致密。其二，少量表面被打磨光亮，有颜色呈灰黑色磨光陶的发现。据此分析，当时的人们可能已经掌握了较高水平的陶器制作方法。

5. 器形

据出土的口沿残片分析，晚段可明显辨认的器形主要是釜、罐、盆、钵，同时还出土了较多的陶器底部残片，据此可以初步得知此段陶器的基本形态，并为陶器的类型学分析提供较为充足的材料。此时期出土的陶器口部形态有敞口、敛口、直口、侈口，以敞口为主。唇多方唇与圆唇。器底暂发现圜底、平底及带乳足器三类，以目前三者发现的数量比较，圜底器占优。器物底部以素面为主，有的底部饰粗绳纹，后文将详述。现将主要的器形叙述如下。

罐　数量较多，共35件，根据口部的形态可以分成三种类型。

A型：口部较直，高领，共8件，依据唇部的形态又可分四式。

Ⅰ式：唇部向外突出，有如锤状，共4件。标本2010ZQT2扩③A：215，夹砂褐陶，胎较致密，外壁较平滑，饰两组纹饰，上下部纹饰相同，刻划条纹，起手力重，结束力轻或力重，形态有如哑铃或针状，中间则为两道为一组的刻划纹，形如"＝"号，手法与上下部的纹饰相同，颈部残缺，但根据发现的同类残片可复原其形态。口较直，高领，唇部向外突出，唇面压印齿状，口沿中间薄，两端厚，中间厚0.4cm，两端厚0.6cm，口径19.6cm（图117-2；彩版三三，5）。另有标本2010ZQT2扩③A：219与2010ZQT2扩③A：223（图117-3）形态与纹饰皆与上述器的相同，差别在表面刻划的上下两部分条纹结束时都收力，形成针状，口径也稍小，前者口径18.2cm，后者口径11.6cm。标本2010ZQT2扩③A：216，夹粗砂灰褐色，胎质疏松，外壁较平滑，内壁略有凹凸，领高6cm，器表饰两组纹饰，上部与下部为刻划的针状或哑铃状条纹，下部条纹较粗，中部则为刻划的网格纹，网格不规整，唇部向内外突出，唇面平，宽0.6cm，并刻划网格纹，口较直，束颈，颈部以下残缺，口径24.6cm，口沿中间较薄，厚0.4cm，上下较厚，厚0.7cm（图117-7；彩版三三，6）。

Ⅱ式：方唇，共2件。标本2010ZQT2扩③A：212，夹细砂，胎灰色，较致密，表面灰黄色，内壁灰色，口沿规则，慢轮修整痕迹明显，器表饰绳纹，唇面压印成齿状，口较直，方唇，口径10.8cm，厚0.4cm（图117-4）。标本2010ZQT2扩③A：238，夹粗砂橙黄陶，内壁灰褐，胎橙黄，较致密，内外较平滑，内壁可见修整时的刮痕，器表饰竖向细绳纹，口径14.6cm，方唇，唇面压印齿状已经磨损，胎厚0.5~1.1cm（图117-1）。

Ⅲ式：尖方唇，共1件。标本2009ZQT1③A：57，夹砂灰陶，外表颜色不匀，左下区域呈灰白色，胎较疏松，外壁有刻划与戳印两种纹饰，在口沿上下部刻划斜向的条纹，起手力重，结束力轻，有如针状，中部为刻划的小波浪纹，下方为两个一组的戳印凹点纹，呈半月形，共三组，组间距约1cm，下部的刻划针状纹与波浪纹间隔0.4cm，另外还刻划了两道细细的线纹。口较直，尖方唇，口径23cm，厚0.6cm（图117-6；彩版三三，2）。

Ⅳ式：圆唇，共1件。标本2010ZQT2扩③A：255，夹细砂红陶，胎质较疏松，表面有斜向的刻划条纹，相对平行，两头刻划深，中间浅，形如哑铃。因为唇面内侧压印凹窝使口沿呈齿状。口径11cm，厚0.5cm（图117-5）。

B型：敞口，依据口沿形态可以分成两个亚型Ba型与Bb型。

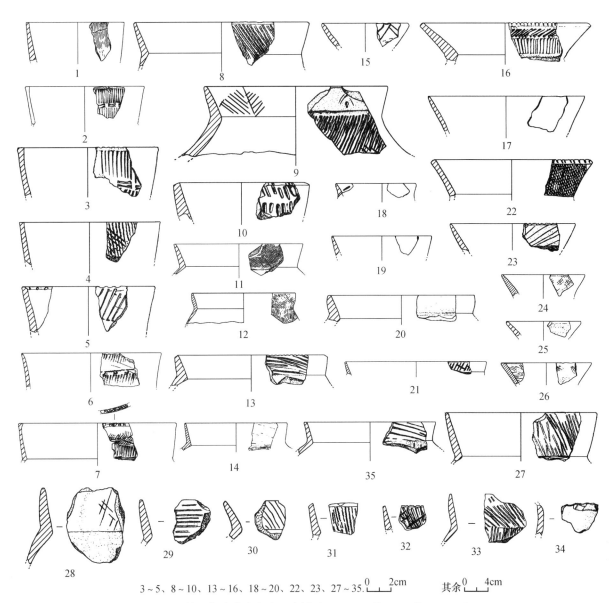

图117 第三期文化晚段出土陶罐（Jars from ③A and ③B levels）

1、4.A型Ⅱ式（2010ZQT2扩③A：238、2010ZQT2扩③A：212） 2、3、7.A型Ⅰ式（2010ZQT2扩③A：215、2010ZQT2扩③A：223、2010ZQT2扩③A：216） 5.A型Ⅳ式（2010ZQT2扩③A：255） 6.A型Ⅲ式（2009ZQT1③A：57）

8、9、12、27~29、33.Ba型Ⅰ式（2010ZQT2扩③A：239、2009ZQT1③A：55、2010ZQT2扩③B：62、2010ZQT2扩③A：237、2009ZQT1③B：118、2010ZQT2扩③A：271、2009ZQT1③A：440） 10、11、14、30.Ba型Ⅱ式（2009ZQT1③A：441、2009ZQT1③A：62、2010ZQT2扩③A：244、2009ZQT1③B：23） 13、20.Bb型Ⅰ式（2010ZQT2扩③A：246、2010ZQT2扩③A：253） 18、19、21、31、32、35.Bb型Ⅱ式（2010ZQT2扩③A：256、2010ZQT2扩③A：257、2009ZQT1③B：115、2010ZQT2扩③A：265、2010ZQT2扩③A：274、2009ZQT1③A：40） 15、17、23~25.C型Ⅰ式（2009ZQT1③A：430、2009ZQT1③B：105、2010ZQT2扩③A：224、2009ZQT1③B：113、2010ZQT2扩③A：278）

16、22.C型Ⅱ式（2009ZQT1③A：232、2009ZQT1③A：56） 26.C型Ⅲ式（2009ZQT1③B：114） 34.颈部加筑陶片（2009ZQT1③A：442）

Ba型：唇至颈的领部较高，以领中部是否鼓出可分成二式。

Ⅰ式：领中部微鼓出，共7件。标本2010ZQT2扩③B：62，夹砂灰陶，口沿砂粒较粗，颈腹部砂粒细腻，内壁颜色较外壁深，外壁颈部以上饰斜向绳纹，以下饰竖向绳纹，颈部连接处有手摁压以加固的痕迹。口沿中部向外鼓出，成最厚处。敞口，圆唇，束颈，厚0.1～0.6cm，颈部厚0.5cm，口径17.2cm（图117-12）。标本2009ZQT1③B：118，夹砂灰黄陶，外灰黄内灰黑色，胎质疏松，表面被灰色的钙质物附着，依稀可见刻划的网格纹，内壁平滑，敞口，中部稍鼓，口径不详，厚0.6～1cm（图117-28）。标本2009ZQT1③A：55，夹细砂黑褐陶，胎较致密，夹有云母小碎粒。外表饰刻划条，口沿内壁为棕色，饰刻划的叶脉纹，口沿中部微鼓出，敞口，圆唇，口径14.9cm，厚0.3～0.8cm（图117-9；彩版三三，1）。标本2009ZQT1③A：440，夹砂灰陶，胎质细腻，偶见较大的砂粒，内外壁光滑，口沿规则，中部微鼓出，外表饰两组方向相反的绳纹，敞口，圆唇，束颈，口径不详，厚0.6cm（图117-33）。标本2010ZQT2扩③A：271，夹粗砂灰褐陶，口部色较深，呈褐色，胎质疏松，质地粗糙，内外不光滑，外壁微鼓出，刻划横向平行条纹，敞口，圆唇，束颈，口径不详，厚0.6cm（图117-29）。标本2010ZQT2扩③A：237，夹粗砂施黑衣陶，胎灰色，致密，内壁平滑，口沿规则，中部微鼓，外壁先饰绳纹后施黑色陶衣，颈部有刻划一道条纹，敞口，束颈，圆唇，口径12cm，厚0.6cm（图117-27）。标本2010ZQT2扩③A：239，夹细砂灰陶，胎灰色，致密，内外壁平滑，慢轮修整痕迹明显，口沿规则，中部微鼓，器表饰绳纹，敞口，束颈，圆唇，口径14cm，厚0.5cm（图117-8）。

Ⅱ式：领中部斜直不鼓出，共4件。标本2009ZQT1③B：23，夹粗砂灰陶，胎致密，质地较硬，口沿外壁刻划平行条纹，敞口，束颈，方唇，颈部以下残缺（图117-30）。标本2009ZQT1③A：62，夹粗砂灰褐陶，胎致密，内外壁较光滑，慢轮修整痕迹明显，外壁刻划细方格纹，纹饰有磨损，颈部刻划以加固连接处。敞口、方唇。口径21.2cm，口沿最厚0.7cm，颈部厚0.9cm（图117-11；彩版三三，3）。标本2009ZQT1③A：441，夹粗砂灰黄陶，胎质疏松，内外壁都粗糙，外壁有戳印两排纹饰，戳印纹或长方形或椭圆形，力道大，印痕深，方向由口沿向腹部斜向下，排列较规则，唇面宽约0.5cm，压印成齿状，口径11.2cm，厚0.5～1.1cm（图117-10）。标本2010ZQT2扩③A：244，夹细砂橙黄陶，胎质致密，内壁可见慢轮修整痕迹，器表纹饰模糊不清。敞口，束颈，圆唇，唇部压印成齿状，口径7.7cm，口沿厚0.2cm，颈部厚0.4cm（图117-14）。

Bb型：唇至颈部之间的领矮短。据领是否鼓出分成二式。

Ⅰ式：领中部鼓出。共2件。标本2010ZQT2扩③A：246，夹粗砂灰黑色，外表附着灰色，内壁为灰黄色，灰胎，较疏松，口沿中部向外微鼓，器表刻划斜向的条纹，内壁隐约可见慢轮修整时的痕迹，敞口，方唇，唇部压印成齿状，束颈，口径12cm，厚0.6cm，颈部厚0.9cm（图117-13）。标本2010ZQT2扩③A：253，夹砂褐色，内壁色深，素面，内外都附着灰色物质，口沿规则，中部鼓出，敞口，圆唇，束颈，口沿厚0.7cm，颈厚1cm，口径12cm（图117-20）。

Ⅱ式：领中部斜直不鼓出，共6件。标本2009ZQT1③B：115，夹细砂灰陶，胎质紧密，质地较坚硬，口沿外刻划平行的短条纹后再以不连续的短线将其打断，形成交叉的刻划纹饰，内壁呈黑色，平整光滑，可见修整口沿时留的刮痕，口径23cm，厚0.3~0.6cm（图117-21；彩版三四，3）。标本2009ZQT1③A：40，夹粗砂灰陶，内壁呈灰白色，内外壁较光滑。胎质较致密，质地较硬，外表饰刻划斜条纹，颈部以下则为竖向，已模糊。口沿可见慢轮修整痕迹，颈部经过人为按压，厚薄不均。敞口，方唇，唇面压印齿状。口径10.8cm，厚0.4cm（图117-35）。标本2010ZQT2扩③A：256，夹细砂灰陶，胎质致密，口沿细小规整，无纹饰，内壁留有一长条状凹坑，颈部以下残缺。口径7.6cm，厚0.3cm（图117-18）。标本2010ZQT2扩③A：257，夹细砂灰陶，胎致密，近似泥质，偶见砂粒，外壁较光滑，内壁略粗糙。口沿薄，素面，敞口，圆唇。口径7.9cm，最厚0.4cm（图117-19）。标本2010ZQT2扩③A：265，夹细砂灰陶，口沿规整，胎质致密，略硬，器表饰细绳纹，敞口，尖方唇，厚0.4~0.6cm（图117-31）。标本2010ZQT2扩③A：274，夹细砂橙黄陶，胎致密，器表刻划交叉的条纹，局部形成方格纹，内壁较光滑，无纹饰，唇部压印成齿状。敞口，方唇，厚0.5cm（图117-32）。

C型：侈口，以唇部为标准可以分成三式。

Ⅰ式：圆唇，共5件。标本2009ZQT1③B：105，夹粗砂褐色陶，胎褐色，较致密，内外都有用手按压和抹平的痕迹，无纹饰，领高6.5cm，口径26cm，厚0.6cm（图117-17）。标本2009ZQT1③B：113，夹粗砂灰褐色陶，胎较致密，质地较坚硬，内壁有摁压痕迹，外壁饰刻划方格纹。侈口，圆唇，口径13.8cm，厚1cm（图117-24）。标本2009ZQT1③A：430，夹砂褐色陶，内外还附着黑色，胎致密，偶见较大的砂粒。外表刻划细线纹，两道一组，组成曲折形，侈口，口径7.2cm，口沿厚薄不均，最厚达0.6cm，平均厚0.3cm（图117-15）。标本2010ZQT2扩③A：224，夹细砂褐陶，胎黑色，疏松。内壁灰黑色，内外较粗糙，下方断面处呈片状，为拼接痕迹。外壁刻划细线纹，线条流畅。唇部呈齿状，口沿规整，厚薄均匀，侈口，圆唇，口径10.4cm，厚0.5cm（图117-23）。标本2010ZQT2扩③A：278，夹砂深褐色陶，胎质疏松，内外皆未见明显纹饰。侈口，圆唇，口径12.4cm，最厚0.8cm（图117-25）。

Ⅱ式：方唇，共2件。标本2009ZQT1③A：56，夹细砂灰黑色，胎质细腻，近泥质，内外光滑，口沿规整，慢轮修理痕迹清晰，器表饰交错的细绳纹，呈网状，唇面压印成齿状。断面整齐，口径12.6cm，厚0.4cm（图117-22）。标本2009ZQT1③A：232，夹细砂灰陶，外壁底部黑，内壁口沿黑，胎灰色，较致密，内外壁光滑。外表纹饰精美，为两组用尖状物刻划的细条纹，刻划条纹略平行，下手与结束时用力重，形成较深的凹痕，中间用力轻，凹痕浅，形如哑铃。上部距口沿约0.3cm开始刻划斜向的细条纹，距离0.1cm后刻划第二组竖向的条纹。唇面压印成齿状。颈部稍隆起。侈口，束颈，口径13.6cm，厚0.6cm，颈部厚1.1cm（图117-16；彩版三三，4）。

Ⅲ式：平唇，唇面宽且平，共1件。标本2009ZQT1③B：114，夹砂灰褐陶，胎质紧密，质地较硬，口沿内外有指窝，不平整，内壁有衬物留下的条状痕迹，外壁依稀可见刻划了几道斜向条纹，唇部内侧用指甲压出弧状凹痕。侈口，圆唇，唇面较宽，口径15cm，厚0.7cm（图117-26）。

釜　本段发现的釜的特征较典型，唇部下方经过手捏形成口部最薄处，使唇部略向外凸出，口沿中部微微鼓出，口沿外壁常刻划方格纹或网格纹，唇面压印成齿状，这种釜可以说是晚段的典型器物。可辨认为釜的器物共发现16件，根据口沿形态的不同分为两种类型。

A型：敞口釜，以口沿形态为标准又可以分为三式。

Ⅰ式：方唇，下方经手捏而突出，中部向外微鼓。该式釜也是晚段的典型器物，共5件。标本2010ZQT2扩③A：226，夹粗砂灰褐陶，呈色不均，局部为灰色。表面附着土黄色，胎灰黑，致密，质地较坚硬。口沿规整，厚薄均匀，中部微鼓，与颈部连接处厚，口沿的轮修痕迹明显，颈部经过按压，口沿外刻划网格纹，唇面压印成齿状。敞口，方唇，束颈。口径16cm，厚0.3～0.7cm，肩部较薄，厚约0.3cm（图118-2）。标本2010ZQT2扩③A：233，夹粗砂褐陶，胎红色，致密，内壁呈红色，局部灰黑色，内外壁皆不平整，中部向外鼓出。器表饰两组纹饰，口沿及颈肩部饰绳纹，又以剔刺纹将绳纹打断，唇面压印成齿状，敞口，圆唇，束颈，口径16.8cm，厚0.6cm（图118-3；彩版三五，3）。标本2010ZQT2扩③A：262，夹粗砂灰陶，口沿上部呈黑色，胎质疏松，外壁刻划网格纹，内壁平整，可见慢轮修整留下的平行且细微的痕迹，中部向外鼓出，唇面压印成齿状。敞口，方唇，厚0.8cm，唇面宽0.5cm（图118-7）。标本2010ZQT2扩③A：234，夹粗砂灰陶，胎质疏松，口沿较粗糙，中部微向外鼓出，颈部经过捏紧加固，颈部及口沿外壁饰刻划斜条纹，唇部压印成齿状。敞口，方唇，口径16cm，厚0.7cm（图118-4）。标本2010ZQT2扩③A：229，夹粗砂灰陶，胎灰色，疏松，内壁灰黑色，口沿规则，唇部突出，中部向外微鼓，颈部经过按压。器表刻划网格纹，唇部压印成齿状，敞口，方唇，束颈。口径15.6cm，口沿厚0.8，颈部厚1cm（图118-1；彩版三四，5）。

Ⅱ式：方唇，唇部不向外突出，中部向外微鼓，共5件。标本2010ZQT2扩③A：218，夹砂灰黄陶，局部偏红，内壁呈灰白色，胎灰色，较疏松，口沿中部微鼓，外壁饰粗绳纹，唇面压印成齿状。口径13.8cm，厚0.6cm（图118-5）。标本2010ZQT2扩③A：251，夹砂黑褐色，表面附着灰色的钙化物。胎呈浅黄色，质地较紧密，外壁刻划网格纹，网格大小不均。内壁有斜向的刮痕。敞口，方唇，束颈，口沿中部微鼓，口径14.8cm，厚0.6cm，颈部厚0.8cm（图118-6）。标本2010ZQT2扩③A：231，夹粗砂褐色陶，胎灰色，疏松，内壁呈红色。口沿规则，厚薄均匀，中部向外微鼓，口沿外壁饰篦划细纹，颈肩部饰粗绳纹，颈部深刻一道条纹，唇面压印成齿状。敞口，方唇，束颈。口径22cm，胎厚0.6cm，颈部厚0.6cm，肩部厚0.3cm（图118-11；彩版三五，2）。标本2009ZQT1③A：246，夹粗砂灰陶，胎灰色，较疏松，质地较硬。内壁较光滑，可见慢轮修整痕迹，外壁刻划斜条纹，敞口，束颈。口径22.9cm，厚0.2～0.7cm（图118-12）。标本2010ZQT2扩③A：267，夹细砂，疏松，近似泥质，外褐内灰白，可见慢轮修整时的规则刮痕，器表饰粗绳纹，唇面压印成齿状。敞口，方唇，厚0.4～0.7cm（图118-15）。

Ⅲ式：口沿中部不鼓出，斜直或弧形，2件。标本2010ZQT2扩③A：240，夹细砂红褐陶，唇部深褐色，内壁较粗糙，中间凸起，器表刻划条纹，唇部压印成齿状，敞口，方唇。口径13.2cm，厚0.5cm（图118-8）。标本2010ZQT2扩③A：277，夹砂橙黄陶，胎质疏松，器表饰绳纹，内壁附着灰色物，唇部压印成齿状，敞口，方唇，厚0.7cm（图118-9）。

B型：敞口角度大，近侈口，根据领的高低可分为二式。

Ⅰ式：领较低矮，共3件。标本2009ZQT1③B：259，泥质灰黄色，胎质细腻，口沿制作细致，光滑且规整，中部向外微鼓，口沿外壁破损，内外及唇部均抹红色陶衣，侈口，方唇，唇

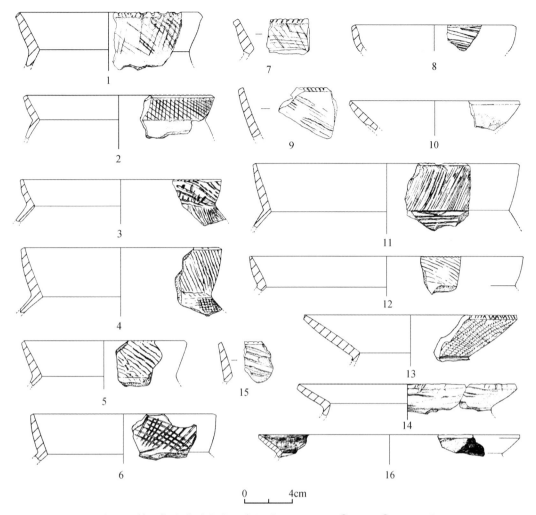

图118 第三期文化晚段出土陶釜（Kettles from ③A and ③B levels）

1~4、7.A型Ⅰ式（2010ZQT2扩③A：229、2010ZQT2扩③A：226、2010ZQT2扩③A：233、2010ZQT2扩③A：234、
2010ZQT2扩③A：262） 5、6、11、12、15.A型Ⅱ式（2010ZQT2扩③A：218、2010ZQT2扩③A：251、2010ZQT2扩③A：231、
2009ZQT1③A：246、2010ZQT2扩③A：267） 8、9.A型Ⅲ式（2010ZQT2扩③A：240、2010ZQT2扩③A：277）
10、14、16.B型Ⅰ式（2010ZQT2扩③A：260、2010ZQT2扩③A：261、2009ZQT1③B：259） 13.B型Ⅱ式（2010ZQT2扩③A：236）

部略向外突，口径22.4cm，厚0.5cm（图118-16）。标本2010ZQT2扩③A：260，夹细砂与云母碎片，近似泥质，胎质致密，内外壁较粗糙，外壁有破损，口沿中部微鼓，素面。近侈口，方唇，唇部向外突出。口径14cm，厚0.6cm（图118-10）。标本2010ZQT2扩③A：261，夹粗砂褐陶，胎较疏松，内外壁粗糙不平，器表未见明显纹饰，只见条状凹坑，唇面压印成齿状。敞口，束颈，方唇，口径约18.6cm，厚0.6cm（图118-14）。

Ⅱ式：领高，1件。标本2010ZQT2扩③A：236，夹粗砂灰褐陶，胎灰黄色，较疏松，外壁较平滑，饰交错的细绳纹，内壁粗糙，凹凸不平，口沿制作规则，可见慢轮修整痕迹，中部微鼓，唇部略向外突出，唇面不规则压印，呈齿状。侈口，方唇，口径18cm，最厚0.7cm（图118-13）。

盆 可辨认的只有2件，器表皆饰压印的锯齿纹，与早期的盆型式相似，根据口部形态可分两种类型，可供分式的资料少。

A型：敞口圆唇，共1件。

标本2009ZQT2③B：254，夹粗砂褐色陶，口沿上方呈灰褐色，下方呈褐色，胎较疏松，质地较脆，唇面压印齿状纹，口沿外壁现存三排压印锯齿纹，内壁粗糙，有内衬物留下的印痕。敞口，斜壁，口径22cm，厚0.6cm（图119-14）。

B型：敛口圆唇，1件。

标本2009ZQT1③B：36，夹粗砂灰黑陶，胎质疏松，质地脆，口沿外经过抹光后压印了多排锯齿纹，仅存两排。内壁无纹饰。口径25.8cm，厚0.7cm（图119-15）。

钵 出土共计18件，特征较鲜明，纹饰集中于器物上半部分，复杂的堆饰波浪纹或球体只出现于陶钵之上，将陶钵口沿处理成波浪状似乎是这一时段陶钵的特色。根据钵的口部形态可以分成敞口与敛口两种类型。

A型：敛口，共9件。以口部收敛的程度差别作区分，又可分成三式。

Ⅰ式：微敛口，口沿上部较直，共3件。标本2009ZQT1③B：111，夹粗砂灰褐陶，胎质较紧密，口沿规整，厚薄均匀，经过刮平后细泥抹光，残存压印锯齿纹一排，口微敛，圆唇，口径23.6cm，厚0.5cm（图119-13）。标本2009ZQT1③A：7，夹粗砂灰陶，胎质较致密，内外壁较粗糙，先在表面堆饰隆起的波浪形泥条和椭圆形球体，然后在泥条和球状堆饰上戳印圆点，圆点戳印仔细、整齐，使波浪形的泥条更加美观。口沿高低不平，口微敛，圆唇。口径17cm，厚0.5cm（图119-4；彩版三五，4）。标本2009ZQT1③A：81，夹细砂灰陶，表面附着黑色，胎灰色、细腻。内外壁抹光，较光滑，无纹饰。微敛口，圆唇。口径16cm，厚0.5cm（图119-3）。

Ⅱ式：敛口，口沿上部斜直，共2件。标本2009ZQT1③B：34，夹细砂灰黄色陶，外壁灰黄色，内壁黑色，胎为黑色，质地疏松，口沿内外都有修整时留下的刮痕迹，无纹饰，敛口，圆唇。口径18.2cm，厚0.5cm（图119-11）。标本2010ZQT2扩③A：268，夹细砂灰黑色，胎质致密，内外壁不平整，都有较粗的条状痕迹，敛口，圆唇，唇面不平，口径约30cm，厚0.8cm（图119-16）。

Ⅲ式：敛口，口沿上部弧形内敛，共4件。标本2009ZQT1③B：31，夹粗砂褐陶，胎质疏松，内外都稍经抹平。口沿近唇部用泥堆出隆起的波浪形后在之上再戳印小点，装饰细致，使波浪纹更加显眼与立体，唇面压印成齿状。敛口，圆唇，厚0.7cm（图119-17；彩版三六，1）。标本2009ZQT1③B：35，泥质灰白陶，胎灰色，较致密，内外均抹光，无纹饰。敛口，圆唇，口径22cm，厚0.4cm（图119-12；彩版三六，5）。标本2009ZQT1③A：434，夹粗砂灰褐陶，胎灰色，较疏松。外部刻划波浪纹，现存3道，下方断裂处隐约可见1道，纹饰并不整齐对称。敛口，圆唇，口径14cm，厚0.6cm（图119-2）。标本2010ZQT2扩③A：250，夹粗砂灰褐陶，胎灰色，较致密，外壁刻划细线组成的网格纹，网格不甚规则，大小不一，以大网格为主，细线平直流畅，唇部残破，厚0.5cm（图119-19）。

B型：敞口，共9件，依据唇部的不同可以分为三式。

Ⅰ式：圆唇，共5件。标本2009ZQT1③A：63，夹粗砂黑褐色，唇部黑色，外壁近口沿外用方形物体刻划两排曲折纹，中部还戳印一个方形凹痕。敞口，圆唇，弧腹，口径19cm，厚0.6cm（图119-5；彩版三五，5）。标本2009ZQT1③A：435，夹细砂褐陶，外褐内灰，胎黑色，致密，偶见云母细碎粒。内外光滑，经过慢轮修整，口沿规整，厚薄均匀，唇面高低不平。敞口，圆唇，口径18.4cm，厚0.5cm（图119-8）。标本2010ZQT2扩③A：217，夹细砂灰陶，胎灰色，较疏松，内壁黑色，平滑有凹痕，外壁近唇部戳两排圆点纹，错落排列，间距1cm后再次戳印圆点纹。敞口，圆唇，口径7.8cm，厚0.5cm（图119-1）。标本2010ZQT2扩③A：252，夹粗砂红陶，内外壁附着黑色，光滑，胎质较疏松，器表饰绳纹，口沿规则，厚薄均匀。敞口，圆唇，口径20cm，厚0.5cm（图119-9）。标本2010ZQT2扩③A：241，夹砂灰白陶，胎呈灰白色，细腻，内外都附着灰色，外壁中部有一道宽的凹弦纹，相应位置在内壁凸起。口沿规则，敞口，圆唇，口径10.6cm，厚0.4~1.1cm（图119-7；彩版三六，4）。

Ⅱ式：方唇，共2件。标本2010ZQT2扩③B：65，夹粗砂红褐陶，偶见云母碎片，胎质疏松，外红褐内黑，内不平整。外表纹饰有特色，先按压出宽约0.7cm的凹窝，然后在凹窝里用指甲之类的尖端较钝的弧状工具压印出排列整齐的小凹窝，现存横向4排，纵向3列，在陶片的左下角还有细绳纹，厚底不均，厚0.5~0.7cm（图119-18）。标本2010ZQT2扩③A：214，夹粗砂灰白陶，胎灰白色，较致密，器表近唇部以戳印的点纹组成波浪形，唇部经手捏，不规则，断面呈“U”形。敞口，唇较方，口径20cm，厚0.6cm（图119-10；彩版三六，2）。

Ⅲ式：尖圆唇，共2件。标本2010ZQT2扩③B：64，泥质橙黄色陶，胎质细腻，口沿规整，厚薄均匀，外壁有横向的刻划粗条纹，存三排。可能有施衣。敞口，尖圆唇，口径19.4cm，厚0.3cm（图119-6）。标本2010ZQT2扩③A：259，夹细砂灰陶，胎质致密，外壁饰绳纹，内壁较光滑，有斜向的条状痕迹。敞口，尖圆唇，厚0.3~0.5cm（图119-20）。

器底　出土的器物底部不多，共6件，其中圜底3件，平底2件，乳足1件。圜底的弧底略有不同，未发现圜底内凹形器底，有的圜底部饰有粗绳纹。平底器的底部近平，边缘稍高，高出的部分为挤捏而成。带柱足的底部在圜底的基础上挤捏出一个实心的乳状矮足，残高0.7cm，圜底弧底较大，仅有一个柱状足，这类器物如何放平稳以及是否具有三个或多个柱状足，不得而知。

标本2010ZQT2扩③B：63，灰褐色夹粗砂及云母片，砂粒粗大，胎疏松，灰黄色，外底在圜底的基础上，用手挤捏出一个乳状的矮足，挤捏的痕迹明显，柱状矮足为实心，略有破损，残高0.7cm（图119-21）。标本2010ZQT2扩③A：248，夹粗砂褐色陶，胎较致密，质地略硬，弧底较小，厚1.1cm，底外部饰有绳纹（图119-25）。标本2010ZQT2扩③A：249，夹粗砂灰陶，胎质疏松，内壁呈深灰色，外壁浅灰色，较光滑。底厚1.5cm，中心呈圆窝状，厚1.3cm（图119-24）。标本2010ZQT2扩③A：243，夹粗砂灰黄色陶，内外壁呈色不一，外灰黄色，内灰褐色，胎灰褐色，较紧密，内外不平，内壁有较多的凹痕与圆形凹坑，外底残存粗绳纹。平底小微内凹，底径约3cm，壁厚0.6cm（图119-22）。标本2010ZQT2扩③A：242，夹细砂黄褐色陶，内外壁呈色不一，内壁灰黑色，外壁黄褐色，胎腹壁较厚，底部边缘高出中部0.2cm，底径6.4cm，壁厚0.6cm（图119-23）。

值得一提的是2011年底对北支洞洞外进行试掘，在探方T5的第3层、第4层、第5层中出土了陶片，由于埋藏条件不如洞内，陶片零碎。此三层共出土陶片278件（图120-1），陶质

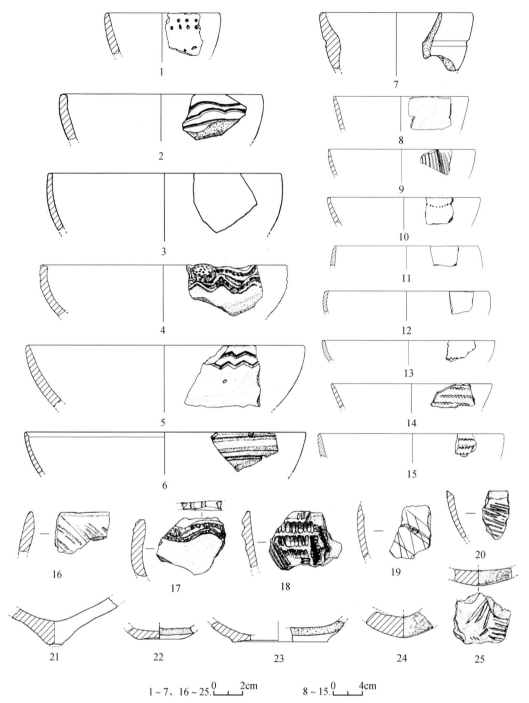

图119　第三期文化晚段出土陶盆、钵、器底（Alms bowls and basins from ③A and ③B levels）

1、5、7～9. B型Ⅰ式钵（2010ZQT2扩③A：217、2009ZQT1③A：63、2010ZQT2扩③A：241、2009ZQT1③A：435、
2010ZQT2扩③A：252）　2、12、17、19. A型Ⅲ式钵（2009ZQT1③A：434、2009ZQT1③B：35、2009ZQT1③B：31、
2010ZQT2扩③A：250）　3、4、13. A型Ⅰ式钵（2009ZQT1③A：81、2009ZQT1③A：7、2009ZQT1③B：111）

6、20. B型Ⅲ式钵（2010ZQT2扩③B：64、2010ZQT2扩③A：259）　10、18. B型Ⅱ式钵（2010ZQT2扩③A：214、
2010ZQT2扩③B：65）　11、16. A型Ⅱ式钵（2009ZQT1③B：34、2010ZQT2扩③A：268）　14. A型盆（2009ZQT2③B：254）

15. B型盆（2009ZQT1③B：36）　21. 乳状足器底（2010ZQT2扩③B：63）　22、23. 小平底（2010ZQT2扩③A：243、
2010ZQT2扩③A：242）　24、25. 圜底（2010ZQT2扩③A：249、2010ZQT2扩③A：248）

方面，胎质疏松的夹砂陶占绝对优势，泥质陶数量稀少。陶色方面，以褐色、灰色与灰黄色为主，红色为第二常见的陶色。纹饰方面，刻划纹、绳纹、方格纹、网格纹是常见的纹饰，尤其是绳纹，在这三层中所占的比例分别为15.15%、15.11%和25%，成为主流的纹饰（图120-2~图120-4）。纹饰装饰于口沿部位，唇部也见压印成齿状。器物类型方面，主要以罐、釜、钵为主，特别是罐与釜的类型与特征和洞内晚段陶器的类型相似之处颇多，如标本2011ZQT5④：8与2011ZQT5④：60，这两件釜的器形属于洞内晚段的A型Ⅰ式釜和A型Ⅱ式釜。

T5此三层出土陶片所表现的诸多特征和文化面貌与洞内晚段陶器的内涵极为相似，时代应该相同，属于第三期文化的晚段。现将出土的陶器叙述如下，参照洞内晚段的器物可以初步对其进行类型的划分。

罐 3件，敞口，圆唇或方唇，有的唇部向外卷。

标本2011ZQT5③：1，夹粗砂褐色陶，胎灰黑色，夹大量的粗砂粒，质地非常疏松，内外壁较平滑，内壁可见一些抹痕，外壁口沿及颈部有纹饰，口沿外饰刻划曲折纹。敞口，圆唇，唇外卷，束颈，溜肩，口径12cm，口沿厚0.5cm，颈部厚1cm，最薄0.2cm（图121-1）。该罐口部形态与Ba型Ⅱ式相似，但唇部向外翻卷，为洞内此型式罐所不见，可以初划分为Ba型Ⅲ式。

标本2011ZQT5④：10，夹细砂灰褐色陶，质地非常疏松，内外壁粗糙，凹凸不平。敞口，胎厚0.4~1cm（图121-8）。此器形态基本上与Ba型Ⅱ式罐相同，唯唇部残缺。

标本2011ZQT5④：68，夹细砂黑色陶，胎黑色，较致密，口沿内外表面裂开脱落，导致外壁原先的纹饰不清，仅留下一些凹痕。敞口，圆唇，束颈，厚0.2~0.7cm（图121-7）。此器与Bb型Ⅱ式形态相同。

釜 4件，敞口，方唇，唇部向外突出，口沿中部微鼓出或不鼓。可复原1件。

A型Ⅰ式：3件。标本2011ZQT5④：8，夹粗砂灰陶，胎较疏松，外壁较粗糙，内壁有衬物的痕迹，外壁通体饰纹，口沿外为刻划网格纹，肩部为竖向粗绳纹，腹部与底部为刻划粗条纹，并且在底部有交错，呈网格状。口沿内壁平滑，口沿中部向外微鼓。敞口，方唇，束颈，鼓腹，腹径最大，圜底。口径16cm，厚0.7cm（图121-4；彩版三五，1）。标本2011ZQT5④：17，夹粗砂褐陶，胎疏松，内壁呈红色，唇部呈深灰色，整个口沿粗糙，内壁可见竖向的抹痕，抹痕细密，口沿外可见横向的细密抹痕，后饰粗绳纹，唇略向外凸出，中部向外微鼓。敞口，方唇，束颈，口沿厚0.3~0.7cm，颈部厚1.1cm（图121-6）。标本2011ZQT5④：60，夹粗砂褐色陶，胎灰色，疏松，内壁经过抹平。口沿粗糙，中部向外微鼓，口沿外先饰横向的粗绳纹，近颈部刻划短线将绳纹打断。敞口，方唇，唇部略突出，束颈，厚0.3~0.9cm（图121-5）。

A型Ⅱ式：1件。标本2011ZQT5④：51，夹细砂近黑色陶，胎质致密，内外光滑，断面齐整，内外皆有脱落现象，口沿外拍印较规则的细方格纹。敞口，圆唇，束颈，口径13cm，厚0.3~0.6cm（图121-3）。

钵 1件，敛口，唇较方。形态上与洞内A型Ⅲ式钵相似。

标本2011ZQT5④：67，泥质红陶，胎致密，无纹饰，最下方略向外撇出。敛口，唇较方。口径14cm，厚0.3~0.5cm（图121-9）。

壶 1件。标本2011ZQT5④：2，夹粗砂黑色陶，胎质疏松，夹杂大量的粗砂粒，质地非

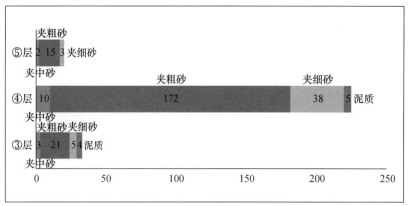

1. T5出土的陶片质地与数量

2. T5第3层陶片质地与陶色图

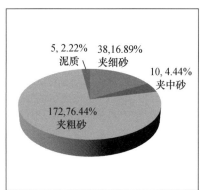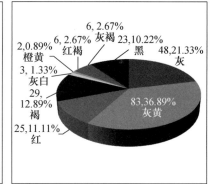

3. T5第4层陶片质地与陶色图

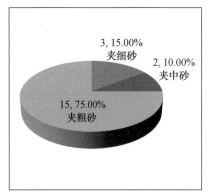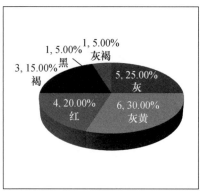

4. T5第5层陶片质地与陶色图

图120　T5各层陶质、陶色及数量图（Pottery texture, color and quantity from T5 level）

图121　T5出土第三期文化晚段陶器（Potteries from T5 level）

1、7、8.罐（2011ZQT5③：1、2011ZQT5④：68、2011ZQT5④：10）　2.壶（2011ZQT5④：2）　3.A型Ⅱ式釜
（2011ZQT5④：51）　4～6.A型Ⅰ式釜（2011ZQT5④：8、2011ZQT5④：60、2011ZQT5④：17）

9.A型Ⅲ式钵（2011ZQT5④：67）

常松脆，内外皆粗糙，内壁可见细细的弧形抹痕，外壁口沿有刻划网格纹，陶器外表剥落严重，敞口略直，中部向外鼓出。尖圆唇略外撇，束颈，高领。口径10.8cm，厚0.4cm（图121-2）。

奇和洞遗址新石器时代文化从第二期文化到第三期文化晚段，时间上从12000年前跨越至7000年前，延续时间很长。通过对这两期三段陶器的分析，可以得出这样的结论，奇和洞文化的陶器风格是一脉相承的、文化发展是延续的但阶段性特征明显。

第二期陶器质地以夹细砂陶稍多，陶色多而复杂，但以灰色较多，陶器外表呈色不均，陶器的纹饰主要采用压印、刻划、戳印手法，刻划纹、锯齿纹、戳印圆点纹、指甲压印纹是主要的纹饰，纹饰种类少，类型简单，体现了早期陶器的特征。第三期早段与晚段之间，虽然陶器质地与陶色上的变化不大，但陶器数量、陶器装饰方法、器形变化方面的重大差异体现着早晚两段之间所发生的变化。总体而言，奇和洞文化陶器自成一系，早晚之间是延续发展的，主要体现在以下几个方面。

陶质、陶色方面，陶质以夹粗砂陶为主，陶器整体粗糙不精致，虽然第二期以夹细砂陶为主，但夹粗砂与夹细砂陶之间的差别很小，到了第三期文化时期，夹粗砂陶从早段到晚段始终都处于主体地位，而且与夹中、细砂的数量相差很大。陶色以褐色与灰褐色为大宗，除此之外，陶色依旧多样，呈色不均，这是由于在烧制过程中，不能控制好火候而形成的。从整体来看，奇和洞文化陶器以粗砂陶为主，褐色、灰色、红色为主要陶色。

陶器烧制方面，第二期至第三期的陶器有几个共同的特征：陶器表面多样的颜色而且呈色不均、较疏松的陶质、内壁颜色一般比外壁要深、部分口沿的唇部近黑色，加之历年的发掘也未发现陶窑，可以推测奇和洞遗址陶器的烧成应该是在平地覆底堆烧。在制法上，以手制为主，主要采用泥条盘筑法，口沿与器身单独制成后拼接在一起，在泥条重叠的位置和口沿连接处都经细泥抹光并通过按压、刻划、加筑泥条等方法加固。器身内壁留有各种形状的衬物痕迹和指窝，口沿多规整，经过慢轮修整。

在纹饰方面，从第二期至第三期晚段，奇和洞遗址陶器的风格一脉相承，文化发展具有延续性。这两期三段的陶器装饰以刻划、压印、戳印为主要的方法，盛行在口沿的唇部压印短斜线，使唇部呈齿状，抑或是在唇部用手将其捏成花瓣状。压印的锯齿纹、刻划条纹、指甲压印纹从早到晚一直延续。

在器形方面，盆、钵、罐、釜一直是主要器物，新的器形几乎未出现，虽然第二期发现的陶器残片可供分析的材料少，但不妨碍我们从晚期的材料中推测，奇和洞文化的陶器主要是圜底器。

当然，随着文化的发展，第三期晚段出现了新的变化，纹饰种类增多，堆饰、施衣等新的装饰手法出现，纹饰更趋精美与复杂，锯齿纹逐渐淡出历史舞台，绳纹与刻划的方格纹、网格纹成为主流。施衣、堆饰波浪纹的出现说明古人的审美观念发生了变化，这与晚段出现的精美石制鱼形艺术品相佐证。陶器数量发生了天翻地覆的变化，这一时期陶器数量激增，器形也发生了变化，出现了平底器，甚至出现了带乳足的器形。陶器数量的增加从一方面说明人口增加了，人们需要更多的陶器才能满足生活的需要。器形的变化说明陶器的功能性划分更进一步细化，人们可以有针对性地对陶器进行制造。北支洞洞外的发掘似乎更加证实了这一时期文化的快速发展，达到了一个较繁荣的阶段。

北支洞T5探方第4层出土的陶器及残片是洞外晚段的主体，此时古人已经在岩棚底下生活，走向了更加广阔的空间，发现的木骨泥墙残块说明岩棚下还建造了房子等居住场所，与此同时，洞内这一时期陶器数量猛增，大量的食物残留物出土，骨器、石器等工具不论是在数量上还是制作工艺上都较第二期文化先进。

结合这几个特点分析，此时段由于气候条件好，环境优越，食物丰富，人口数量增加，人类为寻求更广阔的生存空间，走出洞穴，在洞外搭建房屋，以便于更加快捷地获取食物，满足自己的发展需求。

奇和洞遗址的发现将奇和洞文化的内涵与福建沿海壳丘头文化的内涵相互联系起来，这两种文化之间具有较多的共性。然而，在两处文化发现之前，在福建、广东沿海、台湾海峡西海岸发现了诸多的古文化遗址与前两处文化具有相似的特征。

在福建、广东沿海有广东东部的潮安陈桥[55]、海丰遗址[56]，福建沿海平潭壳丘头遗址[57][58]、金门富国墩[59]、金龟山遗址[60]、马祖亮岛遗址群[61]、闽侯白沙溪头遗址[62][63]、漳州东山大帽山遗址[64]，台湾西海岸主要是以大坌坑遗址为代表的大坌坑文化。

台湾的大坌坑文化，发现于1964年，以台北市八里乡的大坌坑遗址命名，其现知的分布范围在台湾西海岸，从北部到南部，包括台北的圆山遗址[65]、中南部台南归仁乡八甲村遗址、南部高雄凤鼻头遗址[66]，年代在距今7000～4000年之间，是台湾最早的新石器时代文化。大坌坑文化的陶器特征是：陶器多破碎，很少见完整的部分，含粗砂，色驳染，有棕、深红、黄、灰等色，器形有罐和钵，器底常见有带小孔的圈足，纹饰以粗绳纹为主，八甲村的陶器有刻划纹与贝齿印纹，绳纹较少。

粤东、闽南地区有广东潮安陈桥贝丘遗址和漳州东山大帽山遗址。陈桥贝丘遗址发现于1956～1957年，遗址出土的陶器"全是粗砂陶，有大量的粗砂料与贝壳屑和料"，"火候低，手制，全部陶器的表里面均磨光，有的在口沿边及器里、有的在颈部、有的在腹部着有赭红的彩色，其上多再饰以螺丝划纹和线纹……"[67]，陶器主要是圜底器，还有用贝壳边缘压印的锯齿状纹饰，年代大约在新石器时代早期。离潮安不远的海丰也有相似的遗物出土，"陶器的火候都很低，典型而别处罕见的陶器是篦纹陶——薄而含砂、带红色，在素面或绳纹上有不规则的波纹……刻划纹线细致，似用尖状器、梳子或贝壳所制，仅在口沿和肩上。线纹有数种：刻或印、直形、曲折而波形，有时间以小圆圈，或排列成三角形或其他几何形，有各种形状"[68]。2002年经过发掘的漳州东山大帽山遗址，出土了与壳丘头文化相似的以夹砂陶为主的陶片，陶器表面呈色不均，常见的纹饰有绳纹、压印编织纹、短线纹、指甲纹、戳印纹或是锥刺点状纹、刻划纹、附加堆纹等，口沿唇部压印成齿状，部分器物口沿饰锯齿状压印纹，弧形指甲纹成列分布，饰于肩部。盛行圜底器与圈足器，器形简单，以釜、罐、豆、盘、碗为主，遗址的年代为距今5000～4300年[69]。陶器的这些特征与壳丘头文化中的陶器有许多的相似性，但年代晚于壳丘头文化，二者之间应该具有传承关系。

平潭壳丘头遗址是福建海岛上一处古文化遗址，是奇和洞遗址发现前福建最早的新石器时代遗址，于1964年发现，1985、1986年进行考古发掘，所获得的文化遗物呈现出与昙石山文化有着明显区别的新的文化内涵，故而称之为壳丘头文化。壳丘头文化陶器以夹粗砂陶为主，火候不高，陶片破碎，表面呈色不均，以灰、灰黄、黑、红为主要陶色，器形上以圜底器和圈足器为主，罐、釜、豆等是主要器物。饰纹方法为刻划、压印、拍压、戳印，主要纹饰是拍印的麻点纹、绳纹、贝齿压印的锯齿状纹饰，有些器物的口沿唇部压印成齿状，圈足器的底部常有镂孔，年代为距今6500～5500年[70]。这种特征的陶片也见于平潭南厝场遗址。比壳丘头遗址更早发现的是金门富国墩遗址，富国墩遗址的陶片火候不高，纹饰主要是贝齿纹、指甲纹与刻划纹，与壳丘头文化的陶片共性较大。1975～1978年闽侯白沙溪头遗址的发掘又找到了与壳丘头文化相同的陶片，这个遗址分为上下两层，下层的年代在距今5000～4000年，下层出土的"少量陶片的颈上，饰篦点纹、贝齿纹，这种纹饰以前未见"，发掘报告指出"在金门富国墩、平潭南厝场和广东潮安陈桥等处贝丘遗址中都曾发现过,同台湾大坌坑文化的陶片也有某些相似之处"[71]。实际上,溪头下层出土的陶片应该源自于壳丘头文化,但此时壳丘头遗址并未发掘,溪头遗址的寻源便追溯到了广东与台湾沿海地区。

马祖亮岛遗址群2011年发现的贝丘遗址,年代距今8000年。亮岛是福建连江县马祖群岛一处小岛屿。2012年经过试掘出土了一批文化遗物,其中陶片的特征是:手制,口沿经过捏制和慢轮修整,陶片破碎,以夹砂陶为主,陶器表面颜色丰富,有黄褐、黄橙、灰、橙等色,纹饰以刻划纹、戳印纹、指甲纹、贝齿纹、绳纹、附加堆饰、篦划纹为主,纹饰只饰于口沿外壁的也占较多数。器形发现有圜底器与圈足器,圈足上有小孔。器类简单,有罐形器、钵形器、杯形器,甚至有带钮的器物出现[72]。

奇和洞遗址的发现,将福建新石器时代的年限提前至距今12000年,是目前为止福建省最早的新石器时代遗址。遗址年代跨度距今12000~7000年,时间之早、跨度之长无疑是上述几处遗址里最为突出的。上述遗址中,与奇和洞文化第三期年代较为接近的是潮安陈桥、平潭壳丘头、金门富国墩和马祖亮岛遗址。此四者陶片上的贝壳压印的锯齿纹与奇和洞遗址的做法相似度很高。奇和洞遗址的发现,使我们认识到其与壳丘头文化之间的某种联系性,除了在陶器质地、颜色等宏观信息上的相似性外,壳丘头文化中部分陶器的口沿唇部压印成齿状,这种做法是奇和洞文化第二期至第三期的一贯作风。但是,由于壳丘头文化年代稍晚,又表现出与奇和洞文化不同的因素,比如相对于奇和洞文化陶器的装饰集中于口沿外壁、纹饰种类多样,壳丘头陶器口沿外的装饰趋于统一,多道弦纹常见,纹饰装饰部位转移至肩、腹部,锯齿状的贝齿纹就是饰于肩部。圈足器的出现、六边形或四边形花口釜、罐及器物腹部还有凸棱这些特征都是奇和洞遗址所不见的。至于陶器的穿孔,不似壳丘头那样出现在圈足的底部、烧制前已经穿好孔,奇和洞文化陶器的穿孔是在陶器废片上采用单面钻的形式而成。对于这些不同的特征,我们似乎可以用壳丘头文化年代晚来解释。但为何一个福建内陆山区的遗址与一个海岛遗址具有相似性,他们之间是影响传播关系,还是在一个相似的大环境下出现的文化普遍性,这是一种巧合吗?直至亮岛遗址的发现,得以让我们再次审视这一问题。亮岛遗址的年代距今8000年,与奇和洞第三期文化的年代相互重叠,他们的关系更加密切。陶器质地以夹砂陶为主,泥质陶罕见,纹饰以刻划、压印、戳印为主,锯齿状(DWI-P3NL3-P04、P3NL2-P88)和"<"形的贝齿纹压印纹(DWI-M02-P18)似如奇和洞文化中的此类纹饰,但"<"形的贝齿纹压印纹在奇和洞文化的第二期就已经出现,同样的亮岛菱花形的口沿在奇和洞文化第二期也出现过。另有所谓的篦划纹(DWI-P3L4-P172、P206)陶片与奇和洞文化第三期的刻划针状条纹如出一辙。二者同样具有施衣陶,奇和洞的施衣颜色有红色与黑色,亮岛则为红色。同样在遗址中具有标志地位的附加堆饰纹,两处遗址均有发现,不同的是数量上的差距,奇和洞文化中只有3件而亮岛多达22件,相比起来,奇和洞遗址中更加精美与复杂。上述种种相似的文化因素在福建的山区洞穴遗址和沿海同时存在,结合上述的那几处具有相似文化因素的几处遗址来看,其间的关系似乎有些必然性的原因,恐怕不能用偶然的巧合来解释,时代如此之早的奇和洞文化到底与沿海的这几种贝丘遗址的关系如何,应值得深入研究。

另外要阐述的一个问题就是奇和洞文化的下落问题,在福建的内陆山区中,还有哪些遗址是与其同时又具有相同的文化因素。奇和洞文化的年代下限仅在距今7000年前，自此奇和洞文化便没有向更晚延伸，洞外岩棚的文化遗物说明奇和洞先民曾走出洞外，迈向更加广阔的生存空间，但是自距今7000年后，奇和洞便没有再发现古人类活动的迹象，直到唐末五代，奇和洞重新被人群利用。那么，距今7000年之后，奇和洞人走向了何处，将文化带向了何地？其中一个原因可能是因为洞口外广阔空间的活动迹象后来被破坏，无处寻踪，又或许是北边更大洞穴未发掘的原因，奇和洞文化的下落仍然存在于周边地区，调查与试掘工作的展开有望揭开这一问题。

在奇和洞文化尚未发现之前，台湾的大坌坑文化是台湾海峡两岸最早的新石器时代遗址，张光直先生也曾论述过大坌坑文化向中国大陆延伸的问题，当时认为"北到闽江流域的溪头，南到广东东部的海丰与潮安，中间包括金门富国墩与平潭"这一区域的文化与"华北仰韶文化和大汶口文化、长江中游的大溪文化、长江下游的马家浜文化和河姆渡文化平行存在"，认为其中一种可能是金门富国墩遗址是大坌坑文化向大陆延伸的一个文化类型[73]。但是壳丘头遗址的发现，张先生曾认为壳丘头文化是大坌坑文化的源头，后来的发现证明大坌文化的来源复杂，但壳丘头文化应当对大坌坑文化产生过影响。比壳丘头文化早得多的奇和洞文化的发现，应该可以对这一问题的解决提供更加丰富的资料。

七、骨　制　品

第三期文化晚段出土的骨制品共42件，出自第3B层的15件，出自第3A层的27件，类型多样，包括鱼钩、骨锥、骨针、骨簪、骨铲、骨镞、骨凿、骨匕、尖刃器和坯件10种类型，另有牙刀1件。大部分骨制品制作规整、精细、美观，显示出较高的制作工艺水平。

1. 第3B层骨制品

15件，有鱼钩1件、骨针3件、骨簪1件、尖刃器3件和坯件五个类型。

鱼钩

1件。标本2009ZQT1③B：2，采用哺乳动物管状骨的小骨片经反复磨制而成，加工精细，外形规整，尖端较长而且锐利，钩杆尾折断，断面不整齐（图122-1；彩版三八，2）。在福建境内新石器遗址中虽出土过青铜鱼钩，但未曾见到以骨质材料磨制的鱼钩，因此该件称得上是难得的精品。全长23.33mm，钩杆长16mm，杆尾宽3.36mm，钩宽8mm，钩长7.8mm，钩尖角小于30°。

骨针

3件。标本2009ZQT1③B：12，尾端残，通体磨制，但磨制不甚光滑，针体上遍布划痕，可能是人工磨制过程中产生的痕迹，尖部较圆钝，可能使用过，横断面呈椭圆形。长17mm，最大径4mm（图122-2）。标本2009ZQT2③B：103，残，由禽类的一段尺骨作坯件，通身磨制，前、后两端均断损，可能是使用时折断的。残长17.7mm，后部最宽5.8mm，厚3.5mm，可见骨腔（图122-3）。标本2009ZQT1③B：101，尾端折断，通体磨制，表面光滑，细磨痕迹清楚，前面弧形背面略平；头部重复磨制，十分尖锐，横断面半圆形。余长17.5mm，最大径5.5mm（图122-8）。

骨簪

1件，标本2009ZQT1③B：6，残，现存部分不及原有之半，通体磨制，但磨制并不精细，表面不甚光滑，可见磨制时沿骨质纤维方向延伸的竖条状痕迹及磨痕，表明磨制方向是纵向的；尖部磨制出一个较窄的斜向刃部；头部略有破损，横断面呈椭圆形。余长43mm，顶部宽10mm，尖端宽5mm，厚6mm，重2克（图122-4）。

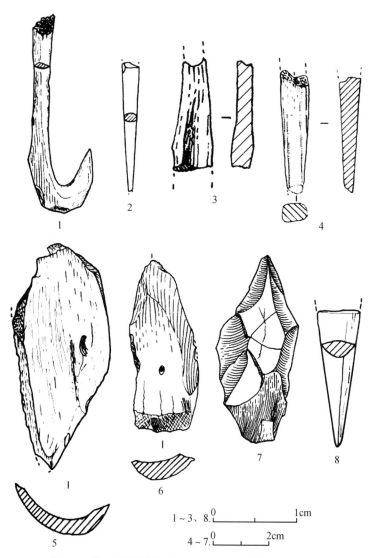

图122　第3B层骨制品（Bone tools from ③B level）

1. 鱼钩（Bone fishhook），标本2009ZQT1③B：2　2、3、8. 骨针（Bone needle），标本2009ZQT1③B：12、标本2009ZQT2③B：103、标本2009ZQT1③B：101　4. 骨簪（Bone hairpin），标本2009ZQT1③B：6　5~7. 尖刃器（Bone points），标本2009ZQT1③B：20，标本2009ZQT1③B：21、标本2009ZQT1③B：19

尖刃器

3件。

标本2009ZQT1③B：20，采用大型哺乳动物胫骨远端部位经砸击后的较大骨片，再从前端两侧稍作加工而成。骨片上保留有良好的尖端及弧形且薄的刃部，刃缘处似乎有使用痕迹，尖部的使用痕迹不明显，器物未经过磨制加工，也可作为骨匕使用。长79mm，宽33mm，骨壁厚6cm，重17g（图122-5）。标本2009ZQT1③B：21，为大型管状骨砸击后的较大骨片再修制而成，前端呈45°夹角，一侧将骨壁削薄形成锋利的刃缘，似可作为骨匕使用。长59.5mm，最宽21.3mm，骨壁厚5mm，重10克（图122-6；彩版三七，4）。标本2009ZQT1③B：19，采用大型哺乳动物胫骨后侧砸击后的较大骨片，外观大致呈菱形，中部宽，一头是呈30°夹角的尖，另一头窄但平齐，保存原有的骨表质，骨腔壁经反复修理，使两个侧边呈较锐利的刃缘。长62.2mm，最宽处27.3mm，最厚7mm，重7g（图122-7）。

坯件

7件，包括骨锥坯件2件、骨针坯件4件、骨匕坯件1件。

骨锥坯件，2件。标本2010ZQT2③B：197，原料为较大哺乳动物的胫骨近端，经过截取和打击，形成长条形的骨片作为坯件，由于打击，形成锐利的尖端，宽度略大于厚度，故既可作为尖刃器也可以作为骨锥磨制之前的坯件。长75mm，宽11mm，骨壁厚5mm，重11g（图123-1）。标本2010ZQT2扩③B：5，选取较小体型动物的骨骼经砸击后选取的骨片作毛坯，两侧有打击痕迹，头部尖锐，但未经磨制。长36mm，后端宽12mm。

骨针坯件，4件。标本2009ZQT1③B：16，选用细长的砸击骨片作毛坯，坯件头部长而尖，除尖端内侧有小部分磨制痕迹外，其余未见加工。长44mm，最宽8mm，厚3mm，重1g（图123-2）。标本2009ZQT1③B：102（1），由禽类的长骨截断的一小段作毛坯，坯件骨腔大，骨壁薄，前半部有初磨痕迹，可能是在磨制过程中断损而放弃，残余长24.0mm，后端宽6.0mm（图123-3）。另两件由小型哺乳动物骨骼经砸击选取的小骨片作毛坯，仅初加工，未磨制。标本2009ZQT1③B：102（2），头部具修理痕迹，长30.2mm，后端宽10.1mm，骨壁厚1.6mm（图123-4）。

骨匕坯件，1件。标本2010ZQT2③B：208，由小型哺乳动物骨骼砸击形成的骨片作坯件，骨片砸击痕迹明显，两侧经修理，前端尖，边侧弧形刃缘薄而锐利，有利于再加工成为骨匕。长51.8mm，最宽13.9mm，骨壁厚2.7mm，重4g（图123-5）。

2. 第3A层骨制品

共27件，包括骨锥8件、骨针2件、骨簪1件、骨铲1件、骨镞2件、骨凿2件、骨匕1件、尖刃器2件、坯件8件；其中以骨锥和坯件数量较多，另有牙刀1件。

骨锥

8件。骨锥基本上采用较大型哺乳动物的管状骨经砸击后再挑选大小、长短适宜的骨片作为坯件。选取较大型哺乳动物的骨骼，其目的在于能够确保骨锥锥体有较大的横径和长度，之

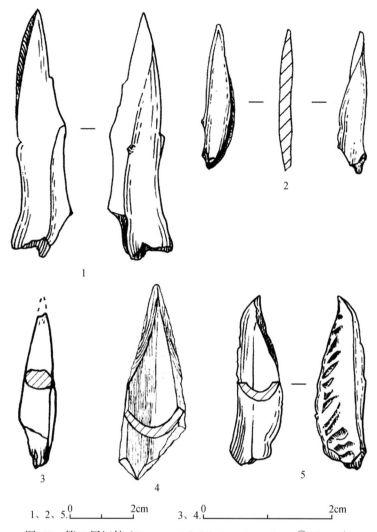

1、2、5. ├─0─────────2cm┤　　3、4. ├─0─────────2cm┤

图123　第3B层坯件（Bone semi finished products from ③B level）

1. 骨锥坯件（Bone awl semi finished product），标本2010ZQT2③B：197　2～4. 骨针坯件（Bone needles semi finished product），
标本2009ZQT1③B：16、标本2009ZQT1③B：102（1）、标本2009ZQT1③B：102（2）　5. 骨匕坯件（Bone dagger semi finished
product），标本2010ZQT2③B：208

　　后对骨坯进行初步修理，再进行磨制，偶尔也采用较小动物的骨骼。凡是经过磨制的部位都显
得圆滑，磨制相当仔细，但骨锥的磨制部位多数限于头部，个别磨制较长，未见通身磨制者。
骨锥经过磨制的部位，表面都具有比较清晰的磨痕，多数显示出斜向磨制，个别是两个方向即
斜向和纵向相结合。

　　标本2010ZQT2扩③A：94，采用经过砸击后的骨片再进行磨制加工而成，外观长条状，
尖部磨制十分精细，磨制长度约24mm，斜向磨痕清晰可见，痕迹细小，从而使尖部更加锐利
而且显得光滑，器身后半部未见磨制痕迹，依然保留原有的骨表质和骨腔壁，风化程度中等。
长52mm，宽9mm，骨壁厚4.5mm，表明属于中等体型哺乳动物的骨骼，重4g（图124-1）。
标本2009ZQT1③A：1，残，仅保存头部，一侧稍有破裂。表面光滑，反光强，尖部圆钝。表
面具轻微但清楚的纵向和斜向磨痕，头部横断面呈椭圆形。长28mm，顶宽11mm，重3g。标

本2009ZQT1③A：379，由大型哺乳动物骨骼经砸击后的较长骨片作坯件，外形不规则，加工粗糙，仅在头部约4mm有初步磨制的痕迹，其余未见加工，器物后部依然保留骨骼砸击痕迹及棱缘。长度68.5mm，后部最宽11.5mm，骨壁厚8mm，重5g（图124-2）。标本2010ZQT2扩③A：115，由中等体型哺乳动物骨骼砸击后选取的骨片加工而成。该骨锥加工前经过火烧，表面呈灰黑色。加工部位限于头部，骨表面和骨腔面均经过多次磨制而形成圆钝的尖，磨制痕迹清晰，器身未经磨制，保留原有骨骼砸击痕迹，尖端磨制长度为16～21mm；全长51.3mm，最宽11.5mm，骨壁厚4mm，重4g（图124-3）。标本2010ZQT2扩③A：51，由小型哺乳动物骨骼砸击后选取的较细骨片经磨制加工而成，磨制仅限于头部，磨制的长度15mm，尾部残断，尖头断面呈圆形，器身横断面呈三角形，器身表面遗有划痕；余长34mm，最宽6.1mm，骨壁厚3mm，重1g（图124-4）。标本2010ZQT2扩③A：173，残，采用小型哺乳动物碎骨片作坯件，骨表面和骨腔面均经过较细致的磨制，暴露出尖锐的头部，磨制长度7.8mm，磨面光滑，器物后部残缺，有火烧痕迹；残长25.6mm，最宽6.3mm，骨壁厚2.3mm，重0.3g（图124-5；彩版三七，2）。标本2010ZQT2扩③A：386，由小型哺乳动物肢骨碎片经粗加工而成，前端细长，头部经磨制，十分尖锐，后端未见磨制，保留骨表面和骨腔面；余长36mm，最宽8.5mm，骨壁厚3.2mm，重1g。标本2009ZQT1③A：174，顺骨质纤维纵向破裂而残存其半，头部残存部分的骨质表面有清楚的磨制痕迹，尖端钝。余长32.8mm，最宽6mm，重1g。

在上述8件骨锥标本中，保存最长的68.5mm，最短的25.6mm，平均长度41mm；锥体最宽的11.5mm，最窄的6.1mm；骨壁最厚的8mm，最薄的3.2mm；最重的5g，最轻的0.3g，平均2.4g。根据这些数据推算，表明骨锥最合适的大小应该是：长在40～60mm，宽在8～10mm之间，骨壁厚3～4mm，重量3～5g。大多数骨锥或因使用或因埋藏断损而残缺不全，由此可见先民对骨锥的利用率是比较高的。

骨针

2件，均断损，保留针尖和针体的一段。基本特征是细长、头部尖锐、通身磨制，针体明显小于骨锥的长与宽，针体断面近圆形或椭圆形，长度20mm以上，宽约5mm，厚2～4mm，重小于1克；针体磨制痕迹细小，但清楚可见，磨痕斜向。

标本2009ZQT1③A：24，只残留尖头的一段，尖端保存较好，有明显使用痕迹，器身皆磨制，表面较光滑，但器身有几处破裂面，可能是后期埋藏过程中造成的，后端断损，横断面呈椭圆形；残长20mm，最宽5mm，厚2mm，重0.1g（图124-6；彩版三七，1）。标本2009ZQT1③A：173，仅保存前半部，针尖十分尖锐，通体磨制，十分精细且光滑，近针尖部位横断面近圆形，后部横断面呈随圆形，尾端残断。长27mm，底宽5mm，最厚4mm，重0.2g（图124-7）。

骨簪

1件。标本2009ZQT1③A：9和2009ZQT1③A：165是出土位置不同但可拼合的两件标本，拼合后构成一件大致完整的骨簪；通体磨制，表面较光滑，两组斜向磨制痕迹清楚；两头尖部大小不同，一侧稍扁，横断面椭圆形，头部略有破损；另一侧较圆，横断面近圆形，头部保存完好，但较钝，似有使用痕迹；中部横断面圆形。两件长度分别为60.5mm和54.7mm，拼合后

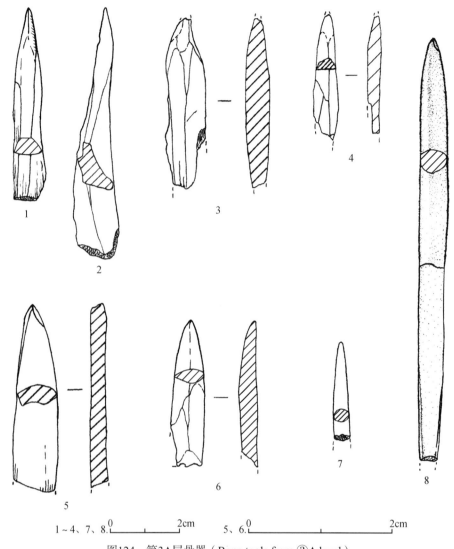

图124　第3A层骨器（Bone tools from ③A level）

1～5. 骨锥（Bone awls），标本2010ZQT2扩③A∶94、标本2009ZQT1③A∶379、标本2010ZQT2扩③A∶115、

标本2010ZQT2扩③A∶51、标本2010ZQT2扩③A∶173　6、7. 骨针（Bone needles），标本2009ZQT1③A∶24、

标本2009ZQT1③A∶173　8. 骨簪（Bone hairpin），标本2009ZQT1③A∶9、标本2009ZQT1③A∶165

复原长度约为120mm，最大横径7mm，重6g（图124-8；彩版三八，1）。

骨簪是一种多用途骨制品，既可用于装饰也可作为骨锥使用，该件的一侧头部破损应是使用的结果。

骨铲

1件。标本2010ZQT2扩③A∶96，选用大型哺乳动物骨骼，经砸击后的骨片作毛坯，再将毛坯初步加工成平齐的头部和收缩的后部；头部的骨表面和骨腔面均经过磨制加工，使之出现宽而平及圆钝的刃口，刃口长22.1mm，属双面刃，顶部再加以磨平，两个侧边的骨腔面也略加修整形成铲状；从刃部向后逐渐收缩成三角形。长50.9mm，宽25.1mm，后部宽8.8mm，骨壁厚5.6mm，重10g（图125-1）。骨铲作为生活用具，属于一种比较少见的骨制品。

骨镞

2件，均经仔细加工及磨制。

标本2009ZQT1③A：172，为双翼式箭镞。由骨骼经过砸击后选取的较薄骨片作毛坯，先修制出外形再通体磨光，表面显得很光滑；背部保留原有骨骼表面的弧度，经磨制，背部中间具一不甚明显的脊贯通前后；底面（骨腔面）被完全磨平。整体磨制加工精致，器物小巧；双翼不对称，左边较右边的倾斜、小且向后延伸；两翼向前形成的夹角约为30°；头部两侧边缘较锋利，似有使用痕迹。尖端残缺；铤部分断损，横断面长方形。铤根部错落，可能是方便顶住箭杆，利于捆绑。底面骨腔面靠两翼中间钻有一个小孔，孔径2mm，深1mm，可能是一种专属记号。骨镞余长23mm，翼宽14.1mm，厚3.5mm，重2g（图125-2；彩版三七，3）。以两翼外侧缘向前延伸的交点复原可能的长度约为40mm。标本2009ZQT1③A：410，仅保存骨镞的头部，外形为等边三角形，最前端夹角25°，外形等边三角形，底边窄，背部保留原有骨表面的弧度，底面磨平。表面呈黑色，显然经火烧过。整体磨制，光滑，断面近半圆形。头部残长14mm，最宽7mm，最厚2mm，重0.5g（图125-3）。与标本2009ZQT1③A：172比较，可能也是双翼式箭镞，只不过仅保存镞的头部。

箭镞是狩猎的必用工具，可较远距离射杀猎物。遗址存在石质箭镞和骨质箭镞，显然表明遗址主人重视这类工具的制作，把狩猎作为重要的经济活动和食物来源。

骨凿

2件，均残。

标本2010ZQT2扩③A：185，由较大体型哺乳动物的骨片经磨制而成，标本可能仅保存原件的2/3。现存部分大致呈长方形，除一侧和后部断裂面外，通体均经磨制，纵向和斜向的磨痕都清晰可见，总体看，骨凿的磨制加工相当精细，背面（骨表面）精磨出的刃口较窄；底面（骨腔面）精磨的刃口较宽，且有几道不规则的划痕，似为使用痕迹；长27mm，宽16mm，最厚5mm，重3g（图125-4；彩版三九，1）。标本2009ZQT1③A：389，只保存刃口及器身的少部分，通体磨制，表面光滑，刃口光亮，几组磨制方向均可见及，个别磨痕较粗、长。同上述标本一样，骨表面精磨的刃口较窄，骨腔面精磨的刃口较宽；残余的刃口长度为18mm，厚3.2mm，重1g（图125-5）。

骨凿也是生活工具之一，也比较少见，其存在说明遗址主人的生活是多元化的。

骨匕

1件。标本2010ZQT2扩③A：247，仅保存前端部，呈钝圆状，后部断损。由中等体型哺乳动物的骨片经简易磨制而成，加工较粗糙。骨表面未经磨制加工，最前端的背面（骨表面）和底面（骨腔面）经粗磨而出现刃部，刃缘较锋利，显得较光滑，刃口呈弧形，侧缘也有少许磨痕；余长31mm，最宽11mm，骨壁厚4.1mm，重2g（图125-6；彩版三九，2）。骨匕形制较小巧，刃口锋利，可能用于切割植物之用。

尖刃器

2件。标本2010ZQT2扩③A：128，利用中等体型哺乳动物的管状骨骨片经粗加工而成。其制作方法是截取骨片后，先在前端和两侧敲击，使之形成夹角约45°的尖刃部，然后在头部稍

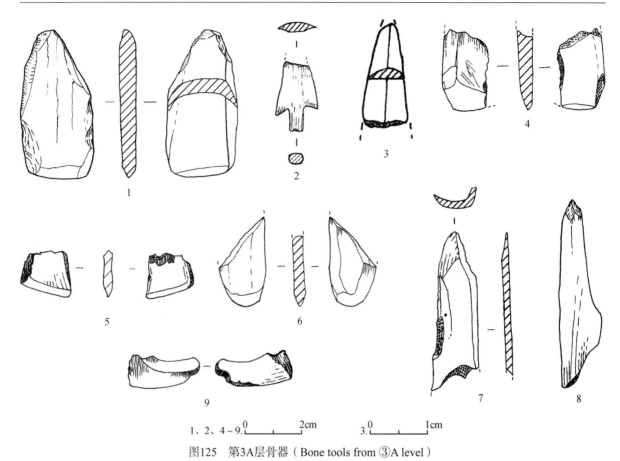

1、2、4~9.　0 　　　　　　2cm　　　　3.　0 　　　　1cm

图125　第3A层骨器（Bone tools from ③A level）

1. 骨铲（Bone shovel），标本2010ZQT2扩③A：96　2、3. 骨镞（Bone arrowhaed），标本2009ZQT1③A：172、

标本2009ZQT1③A：410　4、5. 骨凿（Bone chisel），标本2010ZQT2扩③A：185、标本2009ZQT1③A：389

6. 骨匕（Bone dagger），标本2010ZQT2扩③A：247　7、8. 尖刃器（Bone point），标本2010ZQT2扩③A：128、

标本2009ZQT1③A：17　9. 牙刀（Tooth knife），标本2009ZQT1③A：167

经火烧后再加工；中后部一侧留有一个突出的"翼"，可能是为了捆绑方便；长64.2mm，最宽13.8mm，骨壁厚4mm，重3g（图125-7）。标本2009ZQT1③A：17，由中等体型动物的骨骼砸击后的骨片加工而成，头部有明显的修理痕迹，尖头锐利，长55mm，后端宽15.5mm，骨壁厚2.5mm（图125-8）。

尖刃器更可能作为狩猎的复合器，也可用于挖掘小型块根，是一类多用途工具。

牙刀

1件。标本2009ZQT1③A：167，采用雄性獐的左上犬齿磨制而成。牙刀前窄后宽，一侧边具很薄的刃，刃长20.2mm，内侧面平，加工在外侧凸面，纵向磨痕清楚，横断面三角形，两端均已破损，可能是使用时折断的，余长26mm，最宽10.2mm（图125-9；彩版三七，5）。

坯件

共8件。坯料主要作为制作磨制工具而事先预备的骨质材料，也是一种半成品，对坯件的观察在某种程度上可以帮助复原磨制工具的先期加工过程以及可能磨制的部位。第3A层出土的8件分属于骨针、骨匕和骨铲三种坯件。骨针坯件通常选取的骨片较细长，有经初步加工修理的前端，且头部较尖锐；骨匕坯件采用中、小型哺乳动物骨骼砸击成骨片，有一定宽度，具较尖的前端和薄的侧缘，而骨铲则选用较宽的骨片，头部相对宽大，以利磨制。

骨针坯件，4件，均以小型哺乳动物或禽类骨骼经砸击后形成的骨片作坯件，但均未进行第二步加工。标本2009ZQT1③A：176，表面因经火烧而呈黑色，长32mm，最宽8mm，骨壁厚2mm，重1g（图126-1）。标本2009ZQT1③A：175，为经过火烧的禽类指骨，长38mm，最宽6mm，骨壁厚3.8mm，重1g。标本2009ZQT1③A：409，断损，残留前半部，具火烧痕迹，余长19mm，最宽4.2mm，骨壁厚1.3mm，重0.1g。标本2009ZQT1③A：177，尖头锐利，轻度风化，保持较好的骨表质及骨腔面；长28.3mm，最宽5.6mm，骨壁厚2.4mm，重0.1g（图126-2）。根据上述可见，骨针坯件的选取为窄长条骨片，长在30～40mm之间，宽度小于8mm，骨壁厚小于4mm，这种骨片方便于修理和磨制。

骨匕坯件，3件，其中2件采用小型或中等体型哺乳动物骨骼砸击后的骨片作毛坯，另一件为肋骨段，长度在30～50mm之间，头部较尖锐或钝圆，侧缘弧形，以利于磨制加工成刃口。标本2010ZQT2扩③A：34，骨片风化程度中等，长49.2mm，最宽10mm，骨壁厚3.1mm，重3g（图126-3）。标本2010ZQT2扩③A：15，轻度风化，长45mm，最宽24.8mm，骨壁厚4.1mm，重2g。标本2010ZQT2扩③A：169，以小型哺乳动物肋骨段作为坯件，薄板状，头部钝圆，侧缘弧形，似有初磨痕迹，长30.4mm，宽7.3mm，厚2.4mm，重1g（图126-4）。骨匕坯件的选取大致是长度在30mm以上，有一定宽度和厚度的骨片，以利加工。

骨铲坯件，1件。标本2009ZQT1③A：163，以大型哺乳动物骨骼砸击骨片作毛坯，保持骨腔面较大的弧形面，以便进行加工成较宽的铲形刃口，长51.8mm，前端宽24.1mm，最宽28mm，骨壁厚5.7mm，重11g（图126-5）。该骨铲坯件无论是尺寸、外形及重量，均与成形的标本2010ZQT2扩③A：96十分接近。

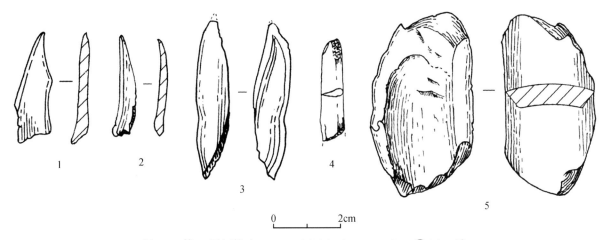

图126　第3A层坯件（Bone semi finished procucts from ③A level）

1、2. 骨针坯件（Bone needle semi finished products），标本2009ZQT1③A：176、标本2009ZQT1③A：177

3、4. 骨匕坯件（Bone dagger semi finished products），标本2010ZQT2扩③A：34、标本2010ZQT2扩③A：169

5. 骨铲坯件（Bone shovel semi finished product），标本2009ZQT1③A：163

八、第三期文化晚段装饰艺术品

第三文化期晚段出土的装饰艺术品共7件，包括第3B层3件、第3A层4件。

1. 第3B层艺术品

3件。

石质磨制鱼形胸佩饰件，标本2009ZQT1③B：3，以浅棕红色砂岩为原料，原料板状，质地粗糙，表面可见石英颗粒及白云母。根据观察，该饰件的制作步骤大致是：①先截取所需的部分，后在周边和上下两面进行磨制，使之出现鱼头形状；②再在上、下两个面进行磨制，磨制精细，磨面平坦；③然后在两个磨面上，用硬质工具刻画出鳃盖、背鳍和胸鳍，鳃盖采用上部三条斜向微弧形和下部三条直线表示，背鳍以"≶"和边缘6个缺口表示，胸鳍以"≷"和边缘两个缺口表示；④最后对钻出圆形鱼眼，眼眶外宽内窄，刻画痕迹清晰，做工精细，手法细腻，外观形象逼真，栩栩如生，显然是模仿当时捕获的鲤鱼而作。这个石质鱼形佩件可以确认是用于胸佩的装饰品，也是一件不可多得的较高质量的石质艺术品。标本全长48.82mm，宽34.33mm，眼眶外径6.76mm，眼眶内径5.00mm，背鳍长19.12mm，胸鳍长12.94mm，眼眶至鳃盖后缘长23.53mm（图127-1；彩版三九，5）。

陶质艺术品，标本2009ZQT1③B：18，出自第3B层。陶饼近圆形，前后长65mm，左右宽64mm，厚10mm，底面略凹，背面略凸。先在略凸的背面捏出人面形图案，靠上部捏有略凹的两眼、靠下部有略凹陷的嘴、中间是微凸的鼻梁；左右两侧稍微突出的部分表示双耳，捏后再烧制。由于陶饼经受长期风化而显得有些模糊，但总体看来依然不失是一件人面形陶饼艺术品（图127-5）。

线条刻画石，标本2010ZQT2③B：239，原料褐色细砂岩，薄片状，上下两个面和边缘均经仔细磨制，标本外观近三角形，一边缓弧形，另外两边为断裂面，原本片状体应较大，可能是在埋藏时发生破裂。现有标本表面光滑平坦，一面刻有9条不规则线条，最长56.0mm，最短8mm，线条较细，条痕宽0.5mm；另一面刻有3条，其中两条长36mm，另一条长6mm，中间的刻痕较深，线条宽0.55mm，其他两条痕迹较浅（图127-6）。值得注意的是该标本出土位置紧邻人类颅骨，故疑是陪葬品。

2. 第3A层装饰艺术品

4件，骨管1件、钻孔饰品2件、石质足形艺术品1件。

骨管，标本2009ZQT1③A：16，由大型禽类的后肢骨作原料，采用石质工具截去两头，截面及表面均稍经磨制。骨管可能作为一种佩饰件，骨管长42mm，骨管径11mm，骨壁厚1.5mm（图127-2；彩版三九，3）。禽类肢骨骨腔较大，似可穿线作为胸佩饰件。

钻孔饰品，2件。标本2009ZQT1③A：400，为一件牙钻孔饰品，采用野猪的左下獠牙制

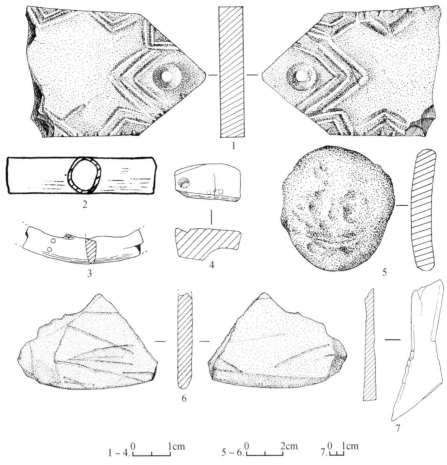

1 ~ 4. |0___1cm　　5 ~ 6. |0___2cm　　7. |0_1cm

图127　第3层装饰艺术品（Decorative arts from ③ level）

1. 石质磨制鱼形佩件（Fish shape adornment made by stone），标本2009ZQT1③B：3　2. 骨管（Bone pipe），

标本2009ZQT1③A：16　3. 钻孔牙饰（Tooth drill adornment），标本2009ZQT1③A：400　4. 指骨钻孔饰品

（Bone drill adornment），标本2009ZQT1③A：401　5. 陶质艺术品（Ceramic art），标本2009ZQT1③B：18

6. 线条刻画石（Nick stone），标本2010ZQT2③B：239　7. 石质艺术品（Stone art），标本2009ZQT1③B：39

成，后侧面部分被砸去，截面不整齐；前侧面保存完整，光滑；外观呈弧形。牙的外侧面靠上部钻有两个并排的小孔，但未穿透，两个钻孔大小相近，直径1.5 ~ 2mm；孔距2mm，其余未见人工痕迹（图127-3；彩版三九，4）。标本2009ZQT1③A：401，为一指骨钻孔饰品，材料为麂的左侧前指骨（与蹄连接的指骨），在前侧面近端偏内侧处钻有一个圆形小孔，孔径3mm，孔深2mm（未穿透），可能也是一种装饰品。标本长19.2mm，宽9.8mm，厚8.6mm（图127-4）。

石质足形艺术品，1件。标本2009ZQT1③A：39，出自第3A层，采用灰绿色泥灰岩长条形砾石加工而成。长条形砾石的一端用硬质工具截断，断面平整，作为足形底面；另一端敲击出一个斜面，其上敲击痕迹清楚，前后两侧采用琢刻法修出窄缘。在敲击的斜面和两个宽面上，均遗留有密集的纵向和斜向刻划线条。高92.5mm，上宽21.2mm，下宽37.5mm，重26.2g（图127-7）。

九、第三期文化晚段哺乳动物

第三期文化晚段（第3B层和第3A层）出土的可鉴定哺乳动物标本为各层之最，共有743件，33种；大型骨骼2450件（属于哺乳动物的2258件，占92%；鸟禽类的192件，占8%；具有人工打击或砸击的骨片1647件，占67%）、碎骨3983件、烧骨2083件。第3B层风化程度中等，第3A层风化程度中等偏重。

1. 第3B层的哺乳动物

第3B层出土的哺乳动物计有可以鉴定的各类骨骼、牙齿、牙床和蹄252件，种类21种，包括食虫类1种（鼩鼱），翼手类1种（中华菊头蝠），灵长类3种（猕猴、猴科A、猴科B），啮齿类5种（小家鼠、黑鼠、红背鼺鼠、中华竹鼠、豪猪），食肉类7种（家犬、赤狐、大灵猫、黄腹鼬、獾、金猫、金钱豹），偶蹄类4种（鹿、小麂、赤麂、小猪）。除此之外，有大型骨骼78件（包括具人工打击和砸击的骨片22件，占28%；鸟禽类4件，占5%）、碎骨1081件（风化程度属中等）、烧骨642件（其中鸟禽类147件，占23%；具人工打击和砸击的8件，占1.3%）。另有龟鳖类甲片17件、鱼鳍3件。分类记述如下。

食虫类

1种。

鼩鼱（*Sorex* sp.），标本3件：左下颌骨1件，右下颌骨2件。标本2010ZQT1③B：257，上带齿列，牙齿咀嚼面"W"形，前后长12.1mm，下颌骨骨壁显得很薄，仅有1.1mm（图128-1）。

翼手类

1种。

中华菊头蝠（*Rhinolopus sinicus*），左下颌骨3件，右下颌骨2件。标本2010ZQT2③B：257，下颌骨细长，骨壁薄，牙齿排列紧密。下颌骨齿式为2·1·3·3，P_3位于齿列之外，与P_4接触面极小，臼齿咀嚼面原尖大，后尖小，各呈"V"形，M_3后尖退化，齿列长9.8mm（图128-2）。

灵长类

3种，其中2种为未确定属种。

猕猴（*Macaca mulatta*），共63件，包括残破上颌骨3件、残破下颌骨4件，单个牙齿56颗。标本2009ZQT1③B：7，残破右上颌骨，上带P^3-M^3，臼齿四尖形，M^3最大，后叶收缩，齿列长37mm（图128-3）。标本2009ZQT1③B：5，残破右上颌骨，上带M^2和M^3，第二臼齿大，前后长9.8mm，内外宽8.7mm，齿冠高4.3mm；第三臼齿稍小，前后长9.1mm，内外宽8mm，齿冠高4mm（图128-4）。标本2011ZQT2③B：262，残破右下颌骨，保留M_3，牙齿刚刚萌出，为一幼年个体，水平支与上升支呈7°夹角，水平支厚7mm。标本2009ZQT1③B：88，右M^2，为牙齿中最大者，咀嚼面完整，近方形，前尖较宽大，尺寸：前后长9.0mm，内外宽8.9mm，齿冠高6.1mm。

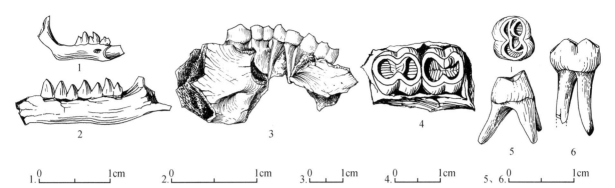

图128　第3B层食虫类、翼手类和灵长类（Insectivora, chiroptera and primates from ③B level）

1. 鼩鼱（*Sorex* sp.），标本2010ZQT1③B：257　2. 中华菊头蝠（*Rhinolopus sinicus*），标本2010ZQT2③B：257

3、4. 猕猴（*Macaca mulatta*），标本2009ZQT1③B：7、标本2009ZQT1③B：5　5. 猴科A（Cercopithecidae A），

标本2010ZQT2③B：263　6. 猴科B（Cercopithecidae B），标本2010ZQT2③B：258

猴科A（Cercopithecidae A），牙齿4颗（门齿1颗、前臼齿2颗、右M_1 1颗）。标本 2010ZQT2③B：263，右M_1，四尖齿形，前尖稍大，轮廓长方形，前后长6.8mm，内外宽 6.9mm，齿冠高4.8mm，牙齿尺寸明显小于猕猴，可能属于短尾猴（图128-5）。

猴科B（Cercopithecidae B），牙齿3颗（右M^1，左M^2、M_1各1颗）。标本 2010ZQT2③B：258，左M^2，咀嚼面四尖形，前尖高，原尖最大，前后长8mm，内外宽 5.2mm，齿冠高4.5mm，根据较小的尺寸判断可能是叶猴（图128-6）。

啮齿类

5种：小家鼠、黑鼠、红背鼯鼠、中华竹鼠、豪猪。

小家鼠（*Mus musculus*），2件残破右下颌骨。标本2010ZQT2③B：258，上带C、M_1和 M_2，门齿细，前伸，M_1和M_2长3.9mm（图129-1）。

黑鼠（*Rattus rattus*），共计114件，包括右下颌骨27件、左下颌30件、残破右上颌骨2 件、残破左右上颌骨6件，另有门齿49件。下颌骨大多数保存完整，少数略有破损，上颌骨 较破碎，带2或3个臼齿。标本2009ZQT1③B：92，右下颌骨，保存前伸的门齿和三个臼 齿，M_1小，M_2最大，M_3后缘收缩，上升支断缺。齿列长11.6mm，M_2前后长5mm，内外宽 4.1mm，齿冠高3mm（图129-2）。黑鼠既是这一动物群中数量最多的种类，也是当地现生 最大的种群。

红背鼯鼠（*Petaurista petautista*），1件，左M_2。标本2009ZQT1③B：70，咀嚼面近方形， 齿缘凸，中部凹，具中间嵴，前后长4.2mm，内外宽5mm，齿冠高2mm（图129-3），基本特 征与现生种相同。

中华竹鼠（*Rhizomys sinensis*），残破下颌骨1件。标本2009ZQT1③B：104，前后部断 损，遗留中部，上带M_2和M_3，M_1咀嚼面破损。M_2咀嚼面椭圆形，齿沟两个，较深，低冠， 前后长5.2mm，内外宽5.3mm，齿冠高3.2mm；M_3前后长5.1mm，内外宽5.0mm，齿冠高 2.5mm，颌骨残长54.2mm，水平支厚9mm（图129-5）。尺寸显示个体比现生的普通竹鼠 大些。

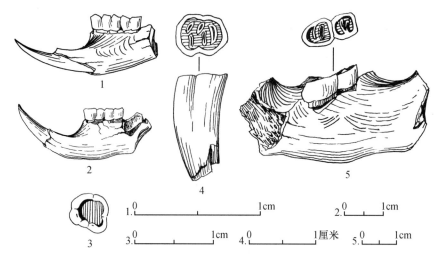

图129　第3B层啮齿类（Rodentia from ③B level）

1. 小家鼠（*Mus musculus*），标本2010ZQT2③B：258　2. 黑鼠（*Rattus rattus*），标本2009ZQT1③B：92
3. 红背鼯鼠（*Petaurista petautista*），标本2009ZQT1③B：70　4. 豪猪（*Hystris brachyura*），标本2010ZQT2扩③B：19
5. 中华竹鼠（*Rhizomys sinensis*），标本2009ZQT1③B：104

豪猪（*Hystris brachyura*），1件右M²。标本2010ZQT2扩③B：19，咀嚼面近圆形，前后长8.5mm，内外宽7mm，齿冠高11.8mm（图129-4）。

食肉类

7种：家犬、赤狐、大灵猫、黄腹鼬、獾、金猫、金钱豹。

家犬（*Canis familiaris*），共4件：左上C、左M²、残破右股骨近端、右胫骨各1件。标本2009ZQT2③B：11，左上C，齿冠面上具纵纹和血槽，较长，略弯曲，长17mm，最宽4mm，重0.5g。标本2009ZQT1③B：94，为右股骨近端，股骨头半圆形，股骨头径20mm，大转子顶面低，略高于股骨头高度，股骨颈短，内外缘发达，骨干微弯曲，骨干中部两径分别为25mm和26.1mm，骨骼经过火烧（图130-1）。右胫骨近端，标本2009ZQT1③B：93，残破右胫骨，内外髁大小相当，内髁间隆凸大于外髁间隆凸，髁间窝浅，粗隆明显，半健结节小，骨干微弯，中部两径分别为9.8mm和11mm（图130-2）。

赤狐（*Vulpus vulpus*），3件，残破左上颌骨、左P¹和P³各1件。标本2010ZQT2扩③B：4，残破左上颌骨，上带裂齿及M¹，裂齿小，齿尖钝，原尖内延，后附尖大；M1前尖突出，较钝，齿列长14.5mm（图130-3）。标本2009ZQT1③B：264，牙齿双根，左P¹长宽分别为7mm、5mm，原尖尖锐、突出，后缘圆钝，磨蚀较深，属老年个体；左P³前后延长，齿尖锐利，长11mm，宽4.1mm，齿冠高6.7mm，磨蚀较浅，为成年个体。

大灵猫（*Viverra zibetha*），左M¹1件。标本2010ZQT2③B：260，臼齿短而宽（属于横向齿），齿冠低，前尖高大而且突出，原尖靠内前侧，后附尖小但尖锐，原尖后斜、较小，中部凹。前后长5.7mm，内外宽11.4mm，齿冠高2.8mm（图130-4）。大灵猫属有两个种，大斑灵猫分布在云贵高原；大灵猫分布于长江以南热带、亚热带地区，从华东、华南一直到东南亚各岛屿都有其踪迹，主要栖息在丛林、草地或农田附近，靠捕捉鼠类、昆虫、鸟类等为食。

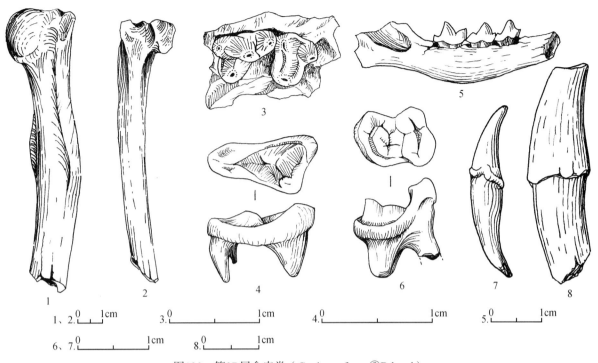

图130　第3B层食肉类（Canivora from ③B level）

1、2. 家犬（*Canis familiaris*）：标本2009ZQT1③B：94、标本2009ZQT1③B：93　3. 赤狐（*Vulpus vulpus*），
标本2010ZQT2扩③B：4　4. 大灵猫（*Viverra zibetha*），标本2010ZQT2③B：260　5. 黄腹鼬（*Mustela euersmanni*），
标本2009ZQT1③B：37　6. 獾（*Meles* sp.），标本2010ZQT2③B：72　7. 金猫（*Catopuma temminckii*），
标本2010ZQT2③B：261　8. 金钱豹（*Panthera pardus*），标本2009ZQT2③B：13

黄腹鼬（*Mustela euersmanni*），1件右下颌骨，上带P$_3$、P$_4$及M$_1$。标本2009ZQT1③B：37，前臼齿小，齿尖锐利，后跟座不明显；第一臼齿前叶较小，后叶大且较高，下颌骨前后延长且薄，颏孔1个，位于第一前臼齿以下，联合面较宽，磨蚀很浅，属幼年个体（图130-5）。P$_3$-M$_1$长17.5mm；M$_1$长6.0mm，宽1.5mm，齿冠高4mm；下颌骨长（联合面至上升支后缘）41.8mm，厚3mm。

獾（*Meles* sp.），1件。标本2010ZQT2③B：72，左M$_2$，前后延长，咀嚼面盆状，边缘齿尖锐利，前尖大，原尖较高，后跟座收缩（图130-6）。

金猫（*Catopuma temminckii*），左C$_1$1件。标本2010ZQT2③B：261，略弯曲，齿尖锐利，齿根较粗壮，齿冠高11.3mm，齿根最宽4mm，重0.5g（图130-7）。

金钱豹（*Panthera pardus*），1件右C。标本2009ZQT2③B：13，齿尖断损，牙齿粗壮，表面纵纹较深，略弯曲，齿冠高21.5mm，齿根最宽12mm，重3g（图130-8）。

偶蹄类

4种：鹿、赤鹿、小鹿、小猪。

鹿（*Cervus* sp.），共有单个牙齿6颗，分别为右P^{2}1颗、M$_2$3颗、左I^1、C$_1$各1颗。标本2010ZQT2扩③B：7，右M$_2$，咀嚼面珐琅质褶皱简单，前叶略高于后叶，鹿褶明显，前后长21mm，内外宽17mm，齿冠高26.5mm，重14g（图131-1）。从牙齿大小推测可能是水鹿。

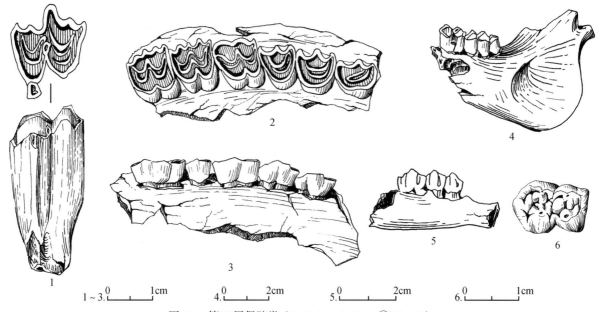

图131　第3B层偶蹄类（Artiodactyla from ③B level）

1. 鹿（*Cervus* sp.），标本2009ZQT2③B：7　2～4. 赤麂（*Muntiacus muntjak*）：标本2009ZQT2③B：96、
标本2009ZQT2扩③B：15、标本2009ZQT2③B：97　5. 小麂（*Muntiacus reevesi*），标本2009ZQT2③B：69
6. 小猪（*Sus xiaozhu*），标本2010ZQT2③B：10

赤麂（*Muntiacus muntjak*），标本34件：2件残破上颌骨，4件残破左、右下颌骨，2件侧蹄，单个牙齿26颗。标本2009ZQT2③B：96，残破上颌骨，上带P²-M³，齿列长57mm，臼齿长32.2mm，牙齿咀嚼面简单，内齿柱较小，M³后缘不收缩（图131-2）。标本2009ZQT2扩③B：15，残破左上颌骨，上带P³-M³，M3咀嚼面破损，齿列长42.8mm，臼齿内缘圆钝，内齿柱小（图131-3）。标本2009ZQT2③B：97，残破左下颌骨，上带M₂及M₃。M2前后长10.2mm、内外宽9.3mm，齿冠高10.5mm；M₃前后长15.8mm，内外宽8mm，齿冠高7.9mm，水平支后缘圆钝，与上升支交角近于垂直，上升支短（52.5mm），颌骨厚14mm（图131-4）。

小麂（*Muntiacus reevesi*），标本2件。标本2009ZQT2③B：69，残破右下颌骨前段，上带P₂-P₄，齿列长22.6mm，颌骨厚7.2mm（图131-5）。标本2009ZQT1③B：81，左M₃，中叶大，后叶小且收缩，前后长17.1mm，内外宽9.2mm。

小猪（*Sus xiaozhu*），左下M₁1件。标本2010ZQT2③B：10，咀嚼面不如野猪的复杂，瘤状突起相对小得多，中沟明显，但浅，尺寸较小，前后长14mm，内外宽9.8mm，齿冠高7.2mm（图131-6）。

第3B层出土的可鉴定哺乳动物标本252件，21种，其中偶蹄类4种，显然偏少，而食肉类7种，比例明显偏多，在正常情况下偶蹄动物种类应该多于食肉动物种类，因此第3B层这种反常现象或有可能意味着当时生态环境曾一度出现异常。在全部标本中以黑鼠材料最多（114件），其次为猕猴（63件），这表明黑鼠和猕猴的种群成为当时当地的优势种。哺乳动物各种类数量和最少个体数见表39。

表39　第3B层哺乳动物种类数量、最少个体数统计

（ Quantity statistics and least individual of mammals from ③B level in Qihe Cave Site ）

位置　　　　　种类	上颌骨（件）	下颌骨（件）	牙齿（件）	其他（件）	统计（件）	最少个体数
1. 鼩鼱（ *Sorex* sp. ）		3			3	2
2. 中华菊头蝠（ *Rhinolopus sinicus* ）		5			5	3
3. 猕猴（ *Macaca mulatta* ）	3	4	56		63	4
4. 猴科（ Cercopithecidae A ）			4		4	1
5. 猴科（ Cercopithecidae B ）			3		3	1
6. 小家鼠（ *Mus musculus* ）		2			2	2
7. 黑鼠（ *Rattus rattus* ）	8	57	49		114	30
8. 红背鼯鼠（ *Petaurista petautista* ）			1		1	1
9. 中华竹鼠（ *Rhizomys sinensis* ）		1			1	1
10. 豪猪（ *Hystris brachyura* ）		1			1	1
11. 家犬（ *Canis familiaris* ）			2	2	4	1
12. 赤狐（ *Vulpes vulpus* ）	1		2		3	1
13. 獾（ *Meles* sp. ）			1		1	1
14. 大灵猫（ *Viverra zibetha* ）			1		1	1
15. 黄腹鼬（ *Mustela euersmanni* ）		1			1	1
16. 金猫（ *Catopuma temminckii* ）			1		1	1
17. 金钱豹（ *Panthera pardus* ）			1		1	1
18. 鹿（ *Cervus* sp. ）			6		6	2
19. 赤麂（ *Muntiacus muntjak* ）	2	4	26	2	34	4
20. 小麂（ *Muntiacus reevesi* ）		1	1		2	1
21. 小猪（ *Sus xiaozhu* ）			1		1	1
统计	14	78	156	4	252	61

2. 第3A层哺乳动物

综合各个探方，第3A层出土的哺乳动物数量最多，但由于风化程度比较严重，多数以单个牙齿出现，上、下颌骨很少，且比较残破，可供鉴定的标本总数491件，种类27种，包括食虫类1种（鼩鼱），翼手类4种（中华菊头蝠、普氏蹄蝠、白腹管鼻蝠、中华鼠耳蝠），灵长类2种（猕猴、短尾猴），啮齿类6种（小家鼠、黑线姬鼠、鼯鼠、黑鼠、中华竹鼠、豪猪），食肉类8种（赤狐、黄腹鼬、青鼬、黄鼬、大灵猫、水獭、金猫、金钱豹），偶蹄类6种（野猪、家猪、水鹿、鹿、赤麂、小麂）。大型骨骼2372件（包括鸟禽类188件，占8%；具人工打击和砸击的骨片293件，占12.4%）；碎骨2902件，风化程度以中等偏重为主；烧骨1441件，其中鸟禽类374件，占26%，具人工打击和砸击的骨片234件，占16.2%。分类记述如下。

食虫类

1种，鼩鼱。鼩鼱（*Sorex* sp.），左、右下颌骨各1件。标本2009ZQT1③A：249，左下颌骨，上带I、P4-M3，前臼齿短，齿冠高，第一臼齿和第二臼齿的前叶高于后叶，三角座呈"V"字形，齿列长10.1mm（图132-1）。标本2009ZQT1③A：442，右下颌骨，齿列长9.8mm。

翼手类

4种，中华菊头蝠、普氏蹄蝠、白腹管鼻蝠、中华鼠耳蝠。

中华菊头蝠（*Rhinolopus sinicus*），左、右下颌骨4件，上带齿列。标本2009ZQT1③A：142，上带M_1、M_2和M^3，牙齿排列较紧，咀嚼面呈"W"形，齿列长6.2mm，第二臼齿较大，第三臼齿最小，有退化迹象，下颌骨较短，上升支宽大且短（图132-2）。

普氏蹄蝠（*Hipposideros pratti*），19件，包括右下颌骨12件、左下颌骨7件。颌骨长而低。标本2009ZQT2③A：193，上带P4-M2。标本2010ZQT2扩③A：444，右下颌骨，上带M_2和M_3，咀嚼面结构呈"W"形，内侧齿带发育，颌骨延长，齿列长9.6mm，上升枝较短，但较高（图132-3）。标本2009ZQT1③A：365，保存上升支，上升支宽，水平支底面缓弧形，齿列长9.8mm。

白腹管鼻蝠（*Murina leucogaster*），共13件，包括残破的右下颌骨5件、左下颌骨8件。标本2009ZQT1③A：92，左下颌骨，上带3个臼齿，前臼齿遗留根部；M_1大，M_3最小，并有退化迹象，无内齿带，臼齿齿列长8.2mm（图132-4）。管鼻蝠属共有7个种，其中有3个种至今还生存在福建境内，白腹管鼻蝠主要生存在福建中、南部，其他两种（圆耳管鼻蝠和中管鼻蝠）则分布在闽北武夷山一带。

中华鼠耳蝠（*Myotis brandui*），1件。标本2009ZQT1③A：443，右下颌骨，上带C-M_3，犬齿高，具齿带，臼齿稍低，前臼齿退化，臼齿向后逐渐缩小，齿列长11mm，颌骨尺寸较小（图132-5）。

灵长类

2种：猕猴、短尾猴。

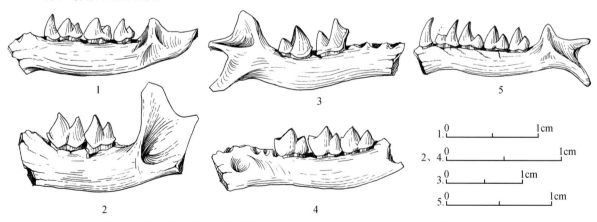

图132　第3A层食虫类和翼手类（Insectivora and chiroptera and from ③A level）

1. 鼩鼱（*Sorex* sp.），标本2009ZQT1③A：249　2. 中华菊头蝠（*Rhinolopus sinicus*），标本2009ZQT1③A：142

3. 普氏蹄蝠（*Hipposideros pratti*），标本2010ZQT2扩③A：444　4. 白腹管鼻蝠（*Murina leucogaster*），标本2009ZQT1③A：92

5. 中华鼠耳蝠（*Myotis brandui*），标本2009ZQT1③A：443

　　猕猴（*Macaca mulatta*），共计77件，包括残破上颌骨2件、残破下颌骨5件、各类牙齿70颗。标本2009ZQT1③A：378，残破左上颌骨，上带P^1-M^3，前臼齿娇小，臼齿齿尖4个，咀嚼面宽，根部窄，磨蚀浅，可能属少年个体，M^{2}最大，前后长9.2mm，内外宽6.9mm，齿冠高8mm；M^{3}发育不良，齿列长30.0mm（图133-1）。标本2011ZQT2扩③A：92，残破上颌骨，上带M^{2}和M^3，臼齿呈双棱形，各具4个尖；内外侧两个尖明显，前尖大于后尖，原尖大于次尖。M^{2}前后长10.2mm，内外宽9.6mm，齿冠高6.3mm；M^{3}的长、宽、高分别为9mm、7.8mm、5.8mm（图133-2）。标本2011ZQT2③A：114，残破左下颌骨，上带M$_1$-M$_3$，颌骨上部较厚（13mm），底部薄（5mm），颌骨高22mm，齿列长度为28.2mm。该标本牙齿的尺寸较大，可能为一雄性个体（图133-3）。标本2009ZQT1③A：6，残破右下颌骨，上带M$_1$和M$_2$，M$_3$脱落。下颌骨水平支底面较平，上升支宽且薄，向后上延伸，M$_2$大，长宽高分别为9.8mm、8.6mm、9.0mm（图133-4）。标本2011ZQT2扩③A：95，残破右下颌骨，上带M$_2$和M$_3$。标本2009ZQT1③A：395，残破右下颌骨，上带M$_2$和M$_3$，臼齿明显地大，M$_3$长宽高分别为12.13mm、7.62mm、5.85mm，应是雄性个体。

　　短尾猴（*Macaca arctoides*），1件。标本2009ZQT1③A：182，残破右下颌骨，上带C、P$_1$和P$_2$。门齿与犬齿间有小的齿缺，犬齿齿尖楔状，具小的后跟座；P$_1$前尖高大，后尖小；P$_2$臼齿化，前后长6.8mm，内外宽5.2mm，齿冠高3mm；P$_2$以下颌骨厚7mm（图133-5）。短尾猴个体和牙齿明显小于猕猴，但大于叶猴。短尾猴是猕猴属中个体较小的一种，通常体重在5~7kg之间，在地质历史上均生活在北纬30°以南地区，现生种多分布在云贵川等地，现今福建境内已无该种存在。

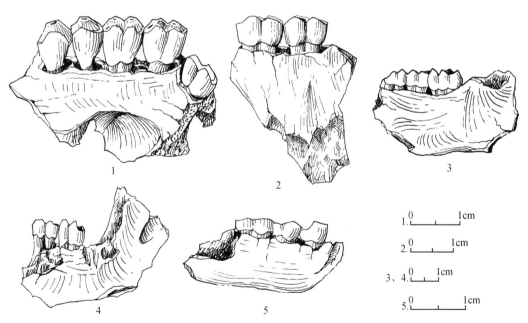

图133　第3A层灵长类（Primates from ③A level）

1~4. 猕猴（*Macaca mulatta*）：标本2009ZQT1③A：378、标本2011ZQT2扩③A：92、标本2011ZQT2③A：114、
标本2009ZQT1③A：6　5. 短尾猴（*Macaca arctoides*），标本2009ZQT1③A：182

啮齿类

6种：小家鼠、黑线姬鼠、红背鼯鼠、黑鼠、中华竹鼠、豪猪。

小家鼠（*Mus musculus*），5件，左下颌骨3件，右下颌骨2件。标本2010T2扩③A：41，上带齿列，臼齿小，齿尖不发达，第一臼齿长，从前至后逐渐变短且小，第一臼齿等于第二、第三臼齿长度之和，臼齿齿列长度4.1mm，第三臼齿后部收缩（图134-1）。标本2009ZQT1③A：96，仅存门齿，臼齿脱落，门齿前上伸出，窄细，长4.8mm。

黑线姬鼠（*Apodemus ningpoensis*），7件，残破右下颌骨5件、残破左下颌骨2件。标本2010ZQT1③A：205，保存相对较好，上带门齿及M_1，M_1嚼面上3个齿尖清楚，咀嚼面呈花瓣状，长3.02mm，门齿向前上方伸出，门齿长9.1mm（图134-2）。黑线姬鼠的7个亚种中仅一个亚种生存在龙岩地区，即*A.a. ningpoensis*，该亚种多活动在农田、草地及开阔林地。

红背鼯鼠（*Petaurista petautista*），1件。标本2011ZQT2③A：311，左M^3，齿沟较深，磨蚀深，属老年个体，牙齿前后长5.3mm，内外宽6.2mm，齿冠高2.5mm（图134-3）。

黑鼠（*Rattus rattus*），共计236件，其中残破右上颌骨12件，左上颌骨13件；右下颌骨116件，左下颌骨95件，下颌骨多数上升支破损。标本2009ZQT1③A：276，残破左上颌骨，上带臼齿齿列，连带少部分顶骨、颧骨和颌骨垂直体，咀嚼面褶皱简单，第一臼齿的长度等于第二和第三臼齿之和，M^1最大，M^3最小，齿列长10.5mm（图134-4）。标本2009ZQT1③A：252，左下颌骨，保存齿列，门齿和臼齿间齿缺较长，M_1最大，M_3小，后部收缩，下门齿长，齿列长10.2mm（图134-5）。黑鼠个体较小家鼠大得多。

中华竹鼠（*Rhizomys sinensis*），共计29件，残破上颌骨1件、残破下颌骨2件、各类牙齿26颗。标本2009ZQT1③A：294，残破上颌骨，上带M^2和M^3，M^2较大，咀嚼面近圆形，前后长

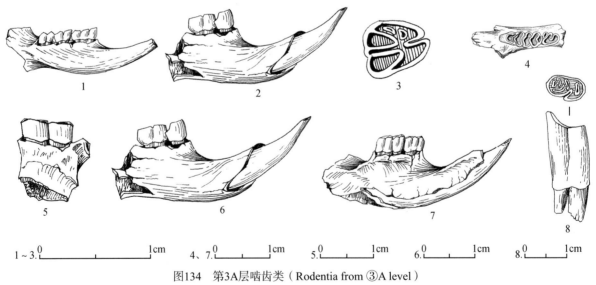

图134　第3A层啮齿类（Rodentia from ③A level）

1. 小家鼠（*Mus musculus*），标本2010T2扩③A：41　2. 黑线姬鼠（*Apodemus agrarius*），标本2010ZQT1③A：205

3. 红背鼯鼠（*Petaurista petautista*），标本2011ZQT2③A：311　4、5. 黑鼠（*Rattus rattus*）：标本2009ZQT1③A：276、

标本2009ZQT1③A：252　6、7. 中华竹鼠（*Rhizomys sinensis*）：标本2009ZQT1③A：294、2009ZQT1③A：363

8. 豪猪（*Hystrix brachyura*），标本2009ZQT1③A：120

5.5mm，内外宽5.1mm，齿冠高4mm；M3小，后缘收缩，咀嚼面齿沟浅，前后长4.8mm，内外宽4.3mm，齿冠高3mm（图134-6）。标本2009ZQT1③A：363，残破右下颌骨，上带M$_2$和M$_3$，M$_1$脱落。两个臼齿长8mm，颌骨短宽，门齿与臼齿的齿缺短，M$_2$以下颌骨厚7.1mm，上升支宽17.5mm（图134-7）。

豪猪（*Hystrix brachyura*），共6件，右M$_1$、左M^{2}各1件，左、右下门齿各2件。标本2009ZQT1③A：120，右M$_1$，咀嚼面椭圆形，外侧面齿沟宽且深，前叶前部略翘起，前后长10.9mm，内外宽8.5mm，齿冠高18.0mm，齿根短（图134-8）。标本2011ZQT2扩③A：86，右下门齿，牙齿板状，内外侧均具纵沟，磨蚀浅，属幼年个体，前后长8mm，内外宽6.5mm，齿冠高42mm。

食肉类

8种：赤狐、青鼬、黄鼬、黄腹鼬、大灵猫、水獭、豺、金钱豹。

赤狐（*Vulpus vulpus*），12件，包括残破左下颌骨2件，左M^{1}1颗、上下左右犬齿8颗、左M^{1}1颗。标本2010ZQT2扩③A：141，残破左下颌骨，上带P$_3$-M$_2$，犬齿脱落，前臼齿细小，齿尖尖锐，珐琅质表面具细的褶皱，P$_3$齿尖高，后跟座退化，P$_4$齿尖低，但宽；裂齿刀片状，较钝，后跟座扩大，M$_2$咀嚼面破损，齿列长28mm。M$_1$以下颌骨厚6mm（图135-1）。标本2010ZQT2③A：138，残破右下颌骨仅遗留P$_3$和P$_4$一段，特征与上述标本相同，但具有明显的后跟座。

青鼬（*Martes flavigula*），残破左下颌骨1件。标本2009ZQT1③A：117，上带P$_4$及M$_1$，P4较小，齿尖锐利，M$_1$前后延长，前尖低，中尖高而尖，后跟座稍大，前后长10.1mm，内外宽4.2mm，齿冠高7mm；水平支上面较平，底面缓弧形，颌骨微向内外侧面突出，颌骨厚6.8mm（图135-2）。从残余齿孔看牙齿排列较松散。

黄鼬（*Mustela sibirica*），共4件，残破右下颌骨2件，大致完整左下颌骨1件、左P$_3$1件。标本2010ZQT1③A：180，残破右下颌骨，上带犬齿及P$_1$，犬齿较短，钝尖，具不明显齿带，第一前臼齿细尖，根部有齿带，颌骨上部外侧略鼓，下部和内侧面平，颌骨厚4.3mm（图135-3）。标本2011ZQT2③A：143，大致完整的左下颌骨，缺上升支，上带C-M$_1$，犬齿较小，尖钝，根部粗；P$_3$后跟座不发育，齿尖钝；P$_4$较大，齿尖锋利，前后小尖明显；M$_1$后叶大于前叶，后跟座特别大，但小于前后叶之和；M$_2$脱落，小齿孔存在；齿列长17mm。颌骨厚4.7mm。标本2009ZQT1③A：23，残破右下颌骨，带两个前臼齿，齿尖较锐利，可能属于少年个体，略小，颌骨厚4.3mm。

黄腹鼬（*Mustela kathiah*），3件残破下颌骨。标本2010ZQT2扩③A：44，残破左下颌骨，上带P$_2$-M$_1$，前臼齿三叶，前叶发达但低，中叶宽且高，后叶小，前臼齿列长19.2mm，下颌骨厚3mm（图135-4）。标本2011ZQT2扩③A：139，残破左下颌骨，上带M$_3$，齿尖尖锐，后叶大于前叶，跟座较大，前后长4mm；颌骨厚3mm，颌骨高6mm（图135-5）。

大灵猫（*Viverra zibetha*），1件右M^1。标本2011ZQT2扩③A：401，牙齿横向，具前附尖，前尖高大，原尖在内侧靠前，外侧面向后倾斜，前后长5.8mm，内外宽11.8mm，齿冠高3.1mm（图135-6）。标本大小和特征与第3B层大灵猫特征基本相同。

水獭（*Lutra lutra*），1件左M$_1$。标本2011ZQT2③A：403，臼齿较大，前后长，低冠，前尖独立，有一横沟分开，原尖较大且向内伸，后跟座由两个附尖构成齿缘，形成盆状，牙齿前后长10.2mm，内外宽6.3mm，齿冠高4.1mm（图135-7）。水獭性喜水域，分布也很广，水獭属中的6个亚种分布在各自的地域，如东北、新疆、内蒙古、海南岛、台湾岛、西南及华东，主要以鱼类、蛙、水禽、蟹、蚌等为食。

豺（*Cuon aupinus lepturus*），1件右下犬齿。标本2009ZQT1③A：116，牙齿下部粗壮，上部迅速收缩，齿尖锐利，后侧缘具宽的齿带，前庭面有细的皱纹，牙齿根部前后长11.5mm，内外宽11.5mm，齿冠高18mm（图135-8）。

金钱豹（*Panthera pardus*），右上犬齿2颗。标本2009ZQT2T1③A：181，残破，犬齿粗壮，血槽长，珐琅质表面具纵向褶皱。标本2011T2扩③A：48，残破左M$_1$，保存后叶，珐琅质表面具细小皱纹，齿冠高21mm，刀片状，宽11.8mm（图135-9）。

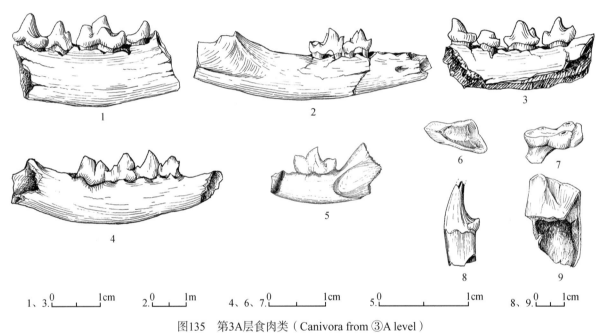

图135　第3A层食肉类（Canivora from ③A level）

1. 赤狐（*Vulpus vulpus*），标本2010ZQT2扩③A：141　2. 青鼬（*Martes flavigula*），标本2009ZQT1③A：117
3. 黄鼬（*Mustela sibirica*），标本2010ZQT1③A：180　4、5. 黄腹鼬（*Mustela kathiah*）：标本2010ZQT2扩③A：44、
标本2011ZQT2扩③A：139　6. 大灵猫（*Viverra zibetha*），标本2011ZQT2扩③A：401　7. 水獭（*Lutra lutra*），
标本2011ZQT2③A：403　8. 豺（*Cuon aupinus lepturus*），标本2009ZQT1③A：116　9. 金钱豹（*panthera pardus*），
标本2011T2扩③A：48

偶蹄类

6种：野猪、家猪、水鹿、鹿、赤麂、小麂。

野猪（*Sus scrofa*），2件。残破右M$_2$、左M^{3}各1个。标本2010ZQT2③A：136，残破左M^3，长、宽、高分别为26mm、19.2mm、17.5mm，牙齿丘形，低冠，咀嚼面具较大的瘤状突起，珐琅质厚（图136-1）。标本2009ZQT1③A：115，残破右M$_2$前叶，硕大，咀嚼面多个瘤状突起，珐琅质厚，复原的牙齿前后长约28mm，内外宽16.2mm，齿冠高12.4mm。

家猪（*Sus familiaris*），2件，残破右P$_3$、左P^{4}各1件。标本2009ZQT1③A：398，右P$_3$，后侧破损，咀嚼面瘤状突起小，珐琅质薄，复原前后长14.8mm，内外宽9.7mm，齿冠高9mm（图136-2）。标本2011ZQT2F2③A：48，左P^{4}乳齿，前后长17.6mm，内外宽12mm，齿冠高12.2mm。

水鹿（*Cervus unicolar*），残破右下颌骨1件。标本2009ZQT1③A：21，上带P$_2$-M$_1$；同一个体的右I$_3$和M$_3$脱离。牙齿高冠，珐琅质表面具细的皱纹，内齿柱较高大，P$_1$脱落，齿孔可见，但很小，从P$_2$至M$_1$牙齿尺寸逐渐增大（表40），P$_1$至联合部长70.5mm，M$_1$以下颌骨厚40mm，高29mm（图136-3）。

表40　水鹿牙齿测量（**Measurement of theeth of *Cervus unicolar***）　　　（单位：mm）

牙齿位置	前后长	内外宽	齿冠高
P2	12.9	8.3	10
P3	14.5	9.5	16.1
P4	17	11.8	18.2
M1	24.2	14.7	19
M3	30.3	16.8	27.3

福建境内洞穴类型遗址曾出土大量水鹿化石，是"大熊猫-剑齿象"动物群的重要成员，新石器时代依然十分繁盛，现今已经衰退。

鹿（*Cervus* sp.），共5件。右M$_1$、M$_2$、M$_3$后叶，左M^1、左M$_2$各1件。标本2009ZQT1③A：119，右M$_1$，咀嚼面结构似前臼齿，仅3根，可能是病态齿。标本2009ZQT1③A：122，右M$_3$的残余后叶，较大，珐琅质表面具细的褶皱。标本2011ZQT2扩③A：118，左M$_2$，咀嚼面珐琅质褶皱简单，鹿褶较强，具细的齿柱，后叶略有破损，前后长21.3mm，内外宽15mm，齿冠高20.0mm（图136-4）。标本2012ZQT2③A：39，左M^2，磨蚀深，属老年个体，具小的内齿柱，前后长17mm，内外宽15.7mm，齿冠高7mm，根据牙齿尺寸可能是梅花鹿。

赤麂（*Muntiacus muntjak*），残破下颌骨1件，单个牙齿11颗（右P$_3$2颗、P^{4}1颗、M$_1$1颗、M$_2$个1颗、M^{2}3颗；左P^{3}1颗、M$_3$2颗）。标本2010ZQT2③A：110，右上第二臼齿，咀嚼面结构简单，为鹿型齿，外侧面具大的褶皱，前后长14mm，内外宽15.1mm，齿冠高0.8mm。标本2010ZQT2③A：308，左M$_3$，前叶与中叶、中叶与后叶间的内侧面具较大的内齿柱，前后长21.5mm，内外宽10mm，齿冠高14.8mm。标本2009ZQT1③A：394，残破左下颌骨，上带M$_1$-M$_3$，咀嚼面珐琅质褶皱为新月形，齿冠后斜，具细的齿柱，臼齿齿列长28.5mm，M$_2$最宽8.8mm，M$_3$最长14.9mm，下颌骨骨壁厚10.7mm（图136-5）。赤麂牙齿尺寸大于小麂，小于水鹿。

小麂（*Muntiacus reevesi*），共计43件。包括不完整右角1件、完整右下颌骨1件、残破右下颌骨4件、右侧上下牙齿22颗、左侧上下牙齿11颗、蹄3件及滑车1件。标本2010ZQT2③A：6，右角，角环及以下断缺，角略向后弯曲，内侧面表面光滑，外侧面具细的纵纹，断面椭圆形，

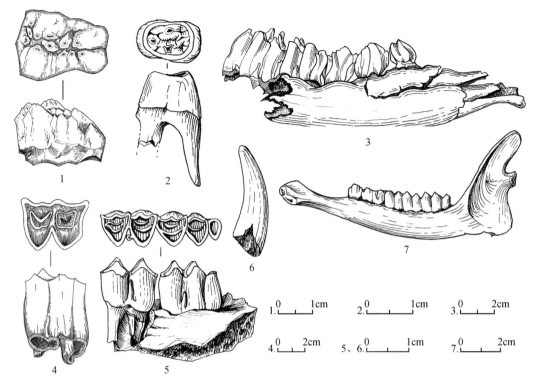

图136　第3A层偶蹄类（Artiodactyla from ③A level）

1. 野猪（*Sus scrofa*），标本2010ZQT2③A：136　2. 家猪（*Sus familiaris*），标本2009ZQT1③A：398

3. 水鹿（*Cervus unicolar*），标本2009ZQT1③A：21　4. 鹿（*Cervus* sp.），标本2011ZQT2扩③A：118

5. 赤麂（*Muntiacus muntjak*），标本2009ZQT1③A：394　6、7. 小麂（*Muntiacus reevesi*）：标本2010ZQT2③A：6、

标本2010ZQT1③A：15

角根部两径分别为7mm、8.2mm（图136-6）。标本2010ZQT1③A：15，基本完整的右下颌骨，上带犬齿、P_1至M_3，P_1不存在。犬齿小，豆状，可能是少年雌性个体，骸孔位于犬齿以下，咀嚼面磨蚀浅；水平支底面缓弧状，长11.3mm，上升支高51mm，宽49.2mm；M_1前后长10mm，内外宽7.2mm，齿冠高3.5mm；M_2前后长10.3mm，内外宽7.3mm，齿冠高8mm；M_3前后长12.5mm，内外宽6.9mm，齿冠高9.8mm，齿列长32mm。臼齿内侧面无齿柱（图136-7）。标本2009ZQT2③A：368，残破右下颌骨，上带M_1至M_3。M_1前后长、内外宽、齿冠高分别为13mm、9.1mm、13.5mm；M_2为12.2mm、6.9mm、12mm；M_3为13.8mm、6.9mm、5.2mm，齿列长36mm。标本2009ZQT2③A：394，右下颌骨，上带M_1至M_3。小麂下齿列特点是具内齿柱，M_1和M_3内侧面的内齿柱小，但明显；M_2内齿柱最大，长可达5mm。

第3A层哺乳动物种类和最少个体数见表41，哺乳动物各大类数量比较见图137。

表41　第3A层哺乳动物种类、数量及最少个体数统计

（Quantity statistics and least individual of mammals from ③A level）

种类 \ 位置	上颌骨（件）	下颌骨（件）	牙齿（件）	其他（件）	统计（件）	最少个体数
1. 鼩鼱（*Sorex* sp.）		2			2	2

续表

位置 种类	上颌骨 （件）	下颌骨 （件）	牙齿 （件）	其他 （件）	统计 （件）	最少个体数
2. 中华菊头蝠（*Rhinolopus sinicus*）		4			4	2
3. 普氏蹄蝠（*Hipposideros pratti*）		19			19	12
4. 白腹管鼻蝠（*Murina leucogaster*）		13			13	8
5. 中华鼠耳蝠（*Myotis brandui*）		1			1	1
6. 猕猴（*Macaca mulatta*）	2	5	70		77	6
7. 短尾猴（*Macaca arctoides*）		1			1	1
8. 小家鼠（*Mus musculus*）		5			5	3
9. 红背鼯鼠（*Petaurista petautista*）			1		1	1
10. 黑线姬鼠（*Apodemus ningpoensis*）		7			7	5
11. 黑鼠（*Rattus rattus*）	25	211			236	116
12. 中华竹鼠（*Rhizomis sinensis*）	1	2	26		29	4
13. 豪猪（*Hystrix brachyura*）			6		6	2
14. 赤狐（*Vulpus vulpus*）		2	10		12	2
15. 豺（*Cuon aupinus lepturus*）			1		1	1
16. 青鼬（*Martes flavigula*）		1			1	1
17. 黄鼬（*Mustela sibirica*）		3	1		4	3
18. 黄腹鼬（*Mustela kathiah*）		3			3	2
19. 大灵猫（*Viverra zibetha*）			1		1	1
20. 水獭（*Lutra lutra*）			1		1	1
21. 金钱豹（*Panthera pardus*）			2		2	1
22. 野猪（*Sus scrofa*）			2		2	1
23. 家猪（*Sus familiaris*）			2		2	1
24. 水鹿（*Cervus unicolar*）		1			1	1
25. 鹿（*Cervus* sp.）			5		5	1
26. 赤麂（*Muntiacus muntjak*）		1	11		12	3
27. 小麂（*Muntiacus reevesi*）		5	33	5	43	4
统计	28	286	172	5	491	186

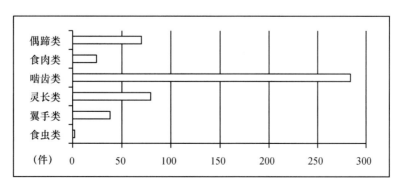

图137 第3A层哺乳动物各大类可鉴定标本数量比较（Contrast on mammal category quantity of ③A level）

第五节　小　　结

第三期文化（含早段和晚段）出土遗物十分丰富，包括2具人类颅骨、部分肢骨和牙齿，打制石器281件、磨制石器113件、陶片3498件、骨制品57件、装饰艺术品9件、哺乳动物723件33种，以及大量碎骨、烧骨（彩版四七，1）、大型骨骼、鸟禽类骨骼、螺壳（包括溪螺、田螺、岩螺）（彩版四七，2）、蚌、蟹、龟鳖、鱼类等，标本总数超过20000件。现就第三期文化打制石器的制作工艺、石器工业特征、磨制石器、骨制品和生态环境等几个方面分别简要小结如下。

一、第三期文化打制石器

（一）打制石器的制作工艺

第三期文化石制品共446件，数量较多、特征鲜明，为探讨制作流程、工艺和技术特点以及新旧石器时代打制石器继承与发展等问题提供了较好资料，极具研究价值。以下就原料选择、石片的打制、工具制作流程和工业特征几个问题进行探讨。

1. 原料的获取与选择

原料的获取：第三期打制石器原料多达18种，包括砂岩、花岗岩、细砂岩、石灰岩、石英砂岩、泥质砂岩、石英岩、钾长花岗岩、粗砂岩、脉石英、泥灰岩、钾长石砂岩、泥岩、辉绿岩、粉砂岩、辉长石、凝灰岩、钾长岩，其中以砂岩最多。捡取砾石的尺寸以中型为主，小型和大型数目相当，特大型较少；砾石自然表面细腻、或平坦或圆弧状，磨圆度较高。虽然该时期已进入新石器时代，在获取原料时，开采石料和与外界交换的情况已逐渐增加，但从原料种类、尺寸大小和磨圆度判断，显然是就近取材，这和周围地质地貌相契合，但不排除利用岩石露头自行开采的可能性。

原料的选择和使用：石制品原料虽广泛，但倾向性较高，主要表现在原料选择着重砂岩类。由于长时间制作打制石器的经验积累，制作者对不同原料的质地、特性已成竹在胸，因此原料选择的倾向性十分明显，如砂岩类（砂岩、细砂岩、粉砂岩、石英砂岩、泥质砂岩）的比例过半，其他如石英岩、泥质灰岩、花岗岩、钾长花岗岩等优质原料的利用率也较高（图138）。

不同类型石器原料选择的倾向不同，主要表现在种类和形状上：石核多以砂岩、花岗岩、钾长花岗岩、花岗岩、细砂岩、石英砂岩、泥质砂岩、石英岩等大型或特大型砾石为原料，形状较规则或扁平状；石片和断块通过石核剥片产生，因此原料与石核类似，工具原料则以大中型砂岩、细砂岩、钾长花岗岩和花岗岩为主（表42）。

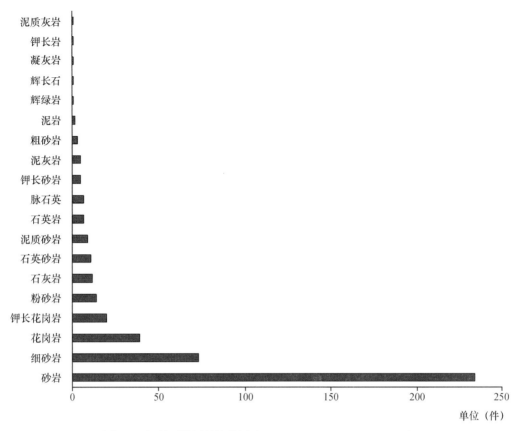

图138　打制石器原料柱状图（Systematic of artifact materials）

表42　打制石器原料分类统计（Systematic of artifact materials）　　（单位：件）

原料类型＼原料类型	砂岩	花岗岩	细砂岩	石灰岩	石英砂岩	泥质砂岩	石英岩	钾长花岗岩	粗砂岩	脉石英	泥灰岩	钾长砂岩	泥岩	辉绿岩	粉砂岩	辉长石	凝灰岩	钾长岩	泥质灰岩	总计
石核	5	3	3		2	1	2	4		1										21
石片	117	8	48	6	2	2	3	4		4	2	2	1		10					209
断块	77	8	12	6		2	2	3		2	2	2	1		2					119
工具	35	20	10		7	4		9	3		1	1		1	2	1	1	1	1	97
总计	234	39	73	12	11	9	7	20	3	7	5	5	2	1	14	1	1	1	1	446

2. 石片的打制

剥片方法：基本上采用直接锤击法，不见砸击法和碰砧法，也不见间接剥片法。原料的属性特征和采用的剥片方法决定石片大多具有打击点散漫、劈裂面半椎体平、无同心波、放射线清晰等特征；石片多呈羽状、扇形、四边形形状，多数石片长略大于宽。

石核台面数和剥片方式：石核有单、双台面和多台面，以双台面最多，占52.4%；单、多台面数量相当。高效石核比例占52.4%，剥片疤超过10个的有6件，说明部分石核的使用率高，但从总体来看石核使用率较低。剥片方式从多到少排列为转向、同向、复向、对向。石核台面数与剥片方式的选择直接相关：单台面石核均采用同向剥片；双台面以转向为主，对向为辅；多台面以复向为主，转向为辅（表43）。

表43 石核台面的数量和剥片方式统计（Statistics of core platforms and knapping patterns） （单位：件）

台面数量 ＼ 剥片方式	同向	转向	对向	复向	总计
单台面	5				5
双台面		8	3		11
多台面		2		3	5
合计	5	10	3	3	21

台面性质与背面性质：从完整石片的台面看，自然台面与人工台面数量基本持平。人工台面中以打制台面居多，其次为有疤、线状和点状。根据对完整石片背面疤的观察可知，背面既有石片疤也有自然面的占绝大多数，其次背面均为石片疤，背面为自然面的数量最少。剥片程度统计表明，自然台面和人工台面数目基本相当，背面有石片疤的石片比例高达81.3%。从完整石片的6个类型看，人工台面、背面既有石片疤也有自然面和自然台面、背面既有石片疤也有自然面的两类石片数量最多。由此可见，制作者对石核的剥片并非停留在初级阶段，而是通过去除石皮、调整台面角、修理台面等方式提高原料使用率；但其也有可能是随着工具修理的深入而产生的废片。

"修片"数量的增加：本书将工具最后修理阶段产生的石片称之为"修片"，其他石片均称"剥片"。所谓"修片"，表现出的基本特性是：尺寸小型或微型；多数宽大于长；台面小或根本不见（打制、有疤、点状、线状台面）；打击点集中；半椎体凸；背面均为石片疤或有石片疤。"剥片"系指石核的剥片和大型工具修理初期产生的石片以及石核修理前期产生的石片。具有明显"修片"特征的石片共有22件，这种"修片"在第一期文化和第二期文化中均未曾见到，但并不代表这类石片在两期文化中不存在，或有可能与工具修理较为粗糙简单或者修片特征不突出从而难以分辨有关。

第三期文化遗物中突现"修片"，且占完整石片数的12.9%，这不仅与工具修理技术的发展、少部分工具修理精细化程度较高有关，也许也是磨制石器毛坯打制过程中产生的废片。由于打制石器工具最后修理阶段产生的石片和磨制石器毛坯打制产生的石片在大小、形状、石片特征诸方面均难以区分，因此不排除把磨制石器毛坯打制过程中产生的废片当作打制石器修片的可能性。

断片形成原因：断片形成原因无非人力或自然形成两种，原料质地较差、节理发育，剥片时力度不当都会形成自然断裂或人为截断。根据对断片断面的观察，有10件断片是人为截断的，占45.5%。断片有时可以不经修理直接使用或作为三类工具的毛坯进一步修理，体现出制作者对毛坯石片尺寸和器形的设计与改造理念。

3. 石锤的选择与使用

现今奇和洞附近河漫滩上的石料大小不一、分选度较差，形状多不规则，磨圆度中等，但第一阶地砾石层中的砾石却与第三期文化层中的石料大致相同，由此可知原料应来自该阶地砾石层，并经过精挑细选。

石锤原料的选择标准是硬度大、质地较细、韧性好、脆性适中、磨圆度好和形状较为规则，其中仅有1件形状不规则的砾石经过简单修理。石锤的原料有12种之多，主要集中在砂岩、花岗岩、钾长花岗岩、石英砂岩和粗砂岩；尺寸以大型居多，长62.3～285.0mm，平均长125.6mm；宽41.2～109.8mm，平均宽77.5mm；厚22.0～75.7mm，平均厚47.2mm；重193.0～1230.0g，平均重659.4g。部分尺寸中等，推测可能是用于修理工具的石锤；尺寸大型或特大型的石锤作为剥片石锤。形状较规则的占石锤总数的92.7%，以椭圆形和长条形居多，次为圆形、扁圆形、三角形、四边形和扁长形。椭圆和长条形砾石既保存原有自然状态，也是作为石锤使用的最佳形状，利于手握进行锤击或砸击。

石锤形状不同使用时形成的痕迹位置也不同。长形石锤（长条形、扁长形）使用痕迹位于端部；圆形石锤（圆形、椭圆形、扁圆形）使用痕迹位于端部、侧边和上下对应的面上；三角形和不规则形石锤使用痕迹则位于端部、侧边和面上；四边形的多位于端部和侧边。使用时形成的疤痕种类有石片疤、麻点和凹坑3种。根据统计，石片疤出现的频率最高、其次是凹坑，麻点出现的情况较少。推测石锤的功能以锤击为主，砸击、琢击为辅[74]。

4. 二类工具的选择与使用

二类工具类仅刮削器1种。这类工具是直接使用石片，故未经修理。从原料、尺寸、形状、刃缘形态，以及刃角来看都和石片特征相吻合。原料以砂岩居多；尺寸中、大型；形状较规则；刃缘形态为石片边缘、底缘的自然形态；直刃或凸刃；刃缘平齐，较锋利，多数小于50°；刃角等级为斜。

5. 三类工具的修理

工具类型有刮削器和砍砸器两种，修理工序包括修形、修把手和修刃，步骤先后随机，选择其一、其二或三者均有。

刮削器：刮削器是第三期文化中工具的主体，数量最多，占三类工具总数的60.0%。原料以砂岩居多；尺寸多中型，平均长66.7mm，宽49.4mm，厚15.8mm，重71.4g。片状毛坯占90.5%，块状毛坯仅2件；工具表面保留的圆钝自然面可以减少修把手的步骤，以提高制作效率。

修刃：从工具修理目的的统计，修刃的情况最多，也是修理步骤最基本的环节。修刃注重对刃形的改造和对刃角的调整，根据加工对象修出不同形态的刃缘（如直、凸、凹、尖刃）和不同状态的刃部（如平齐、不平齐、扭曲），进而得到不同等级的刃角（斜、中等）。标

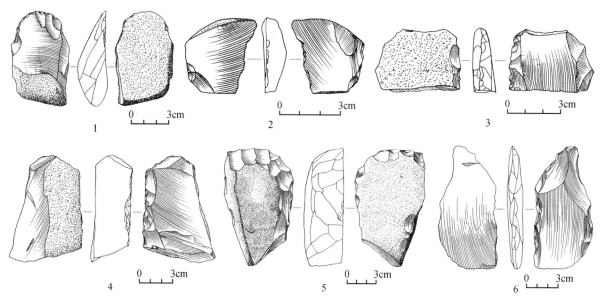

图139 第三期文化的三类工具（Classification C artifacts from third cultural phase）

1、6. 单凸刃刮削器（2011ZQT3F2：1、2011ZQT2扩③C：9） 2～4. 单直刃刮削器（2011ZQT2-4③C：9、2011ZQT2-35F2：9、2011ZQT2③B：189） 5. 单凸刃砍砸器（2009ZQT1③A：19）

本2011ZQT3F2：1，将毛坯底缘进行反向修理，修出较平齐的端凸刃，刃角45.0°。这种刃形一般认为更多用于处理动物皮下脂肪（图139-1）。标本2011ZQT2扩③C：9，将毛坯石片的底缘正向修理，把薄而锋利的底缘修成不平齐的凸刃，刃角63.4°（图139-6）。标本2011ZQT2-4③C：9，未修理刃部，直接使用毛坯石片锋利的直边（图139-2）。工具是否修刃、修何种刃、刃角度数如何，均取决于所要加工的对象。

修形：修形是截去毛坯多余的部分，以便规范器形的大小和形状。随着打制技术的不断提高，第三期文化层打制石器工具的修形方式主要为人为截断，以便构成较陡直的断面。标本2011ZQT2③B：189，在刃部修理完毕后，特意将顶、底两端人为截断，修成两个几近平行的断面，目的是规整器形（图139-4）。标本2011ZQT2-35F2：9，修理刃部之后也在顶、底两端人为截断，使之形成两个互相平行的断面。可见当时截断技术已经十分成熟（图139-3）。

修把手：鉴于原料均为磨圆度较高的砾石，表面保留较多自然面可作为把手，这是制作者充分利用其性质的表现，因此修把手步骤出现的频率就较低。标本2011ZQT2③B：189，采用人为截断的方法，打出有利于把握的钝厚断面（图139-4）。2011ZQT2-4③C：9，将毛坯石片的台面反向修理，修成圆钝的边缘作为把手（图139-2）。

砍砸器：占三类工具总数的40.0%，原料以砂岩居多，岩石种类比刮削器多；尺寸多为大型，平均长103.6mm，宽78.2mm，厚42.4mm，重533.4g；块状毛坯占总数的92.9%，片状毛坯仅1件；工具表面保留的圆钝自然面的面积较大。

砍砸器修理流程和刮削器的修形与修把手的情况较为一致，但修刃却有较大差异。砍砸器中修刃数占92.9%，以单刃最多，单刃中以凸刃居多，其次为直刃；刃缘多平齐，平均刃角75.6°，等级为陡。砍砸器和刮削器在修刃上的差别主要是由功能决定的。作为权宜性工具的砍砸器，经过精细修理的很少。第三期文化打制石器砍砸器经过精细修理的"精品"仅1件。

标本2009ZQT1③A：19，砾石自然的圆钝边缘经过简单的两面修理，作为把手。把手的对侧即是刃部；沿砾石边缘进行单向修理，刃缘一面有3层排列整齐、较为平齐的鱼鳞状或平行的条状修疤；刃缘也经过局部修理；另一面也有2层鱼鳞状修疤，刃缘平齐，刃长141.2mm，刃角80.0°。刃缘上有砍砸使用形成的小崩疤。该件工具器形规整，修理精细，刃缘平齐，修疤较浅平，既显示了制作者的高超技艺，也体现出工具制造过程中的设计理念。另外，根据工具把手和刃缘的位置，可以推知该件工具的制作者或使用者是左力手，极具特色（图139-5）。

纵观工具制作流程，从砾石到工具成器经历的过程如图140所示，步骤如下：①原料的选择（包括岩性、尺寸、重量和形状）；②采用石锤直接对砾石进行硬锤修理，实现从砾石到工具的转变；③先利用砾石剥下石片，再根据目的选择大小、厚度合适的石片，或直接使用或作为毛坯再加工。

图140　第三期文化工具制作工艺流程示意图（General view of technological process from third cultural phase）

6. 石器的工业特征

通过对打制石器制作工艺的探讨，不难看出晚段与早段的石器工业特征具有高度一致性，表现在：

（1）原料选择广泛，利用的倾向性较高，种类18种，以砂岩居多。

（2）石器尺寸参差不齐，四型皆有，但以中型最多，小型和大型数目相当，特大型最少。石核以大型居多；石片和断块以中型居多；石锤以大型居多；二类工具多为中、大型；三类工具多为大、中型。早段石器中大型数量大于小型，晚段大型数量少于小型。早段的石片和断块尺寸明显大于晚段，但晚段的石锤和二类工具尺寸比早段的大。

（3）石器类型包括石核、石片、断块和工具。石片数量最多，占总量的47.3%；其次是断块，占26.9%；再次是工具，占21.7%；石核最少，只占4.1%。工具类型较少，仅见石锤、刮削器和砍砸器，其中早段工具所占比例高于晚段。

（4）石核：石核原料既包括适合剥片的砂岩、泥质砂岩、细砂岩、石英砂岩和石英岩，也包括石质较差的钾长花岗岩和花岗岩；尺寸多为大型或特大型，外形多呈扁平和不规则状。早段石核尺寸明显大于晚段。

剥片方法：均采用锤击法，双台面最多，单台面和多台面数目相当；自然台面占多数；人工台面少，以打制台面居多。晚段出现1件修理台面的石核。平均台面角91.4°。

剥片方式：从多到少排列为转向、同向、复向和对向剥片方式。单台面石核均为同向剥片，双台面多数采用转向、对向剥片，而多台面则以复向剥片为主。

剥片数量：石核的台面有1~4个，剥片面有1~4个，剥片疤超过10个的仅6件，高效石核数量占石核总数约38.1%，虽然部分石核使用率高，但从总体来看石核使用率偏低。

（5）石片：完整石片占石片总数的81.8%。完整石片尺寸多中、小型，长宽比平均约为1.1；大多形状规则，呈羽状、三角形、梯形或方形；剥片方法均为锤击法。

完整石片的台面多数为自然面，但与人工台面数量大致相当。人工台面中以打制台面居多，其次为有疤、线状和点状。晚段的完整石片人工台面比例高于早段，说明晚段的石核剥片和工具修理程度高于早段。

通过对完整石片背面疤的观察可知，背面既有石片疤也有自然面的占大多数，其次是背面均为石片疤，背面全部为自然面的数量最少；背面有石片疤的石片比例高达81.3%。

完整石片中修片占有一定比例，推测与工具修理技术的发展、少部分工具修理精细化程度较高有关，或者其中存在磨制石器毛坯打制过程中产生的废片。

（6）石锤：原料通常硬度较大、质地较细、韧性好、脆性适中、磨圆度高和形状较为规则的砾石，有1件形状不规则的砾石经过简单修理。原料种类多，计有砂岩、花岗岩、钾长花岗岩、石英砂岩和粗砂岩。尺寸以大型居多，形状较规则，多椭圆形和长条形。石锤主要用于剥片，部分用于修理。使用痕迹分布位置多在端部、侧边或器身面部。不同形状的石锤使用痕迹的位置亦不同。使用时出现的疤痕种类有石片疤、麻点和凹坑3种；个别使用率较高，总体使用率偏低。

（7）二类工具：均为单刃刮削器，原料多砂岩；尺寸中到大型；形状较规则；刃缘形态有直刃和凸刃；刃缘平齐，较锋利，刃角多数小于50°，等级为斜。晚段工具的尺寸大于早段，刃角小于早段。

（8）三类工具的制作流程：①选择毛坯，刮削器和砍砸器毛坯的选择倾向性加强，刮削器的毛坯多数为片状，而砍砸器的毛坯多数为块状。②预先规划，工具修理之前都按照毛坯的特点和制作目标对工具进行整体规划，既确定刃部位置，还对把手位置和器物整体形态进行设计。③修刃、修形和修把手有机结合。根据毛坯的情况和对毛坯的规划进行选择性修理，包括修刃、修形和修把手。修刃的比例最高，刃部是工具修理重要的步骤和目标；修形主要采用人为截断的方式；修把手情况较少，多数直接利用砾石圆钝的自然面。三类工具经过修形或修把手而不修刃部，直接使用石片锋利边缘作为刃的情况较少出现。

工具修理有精细有粗糙，虽在制作效率、成功率及使用周期上各有利弊，但从功能上看并无多大差别。修理精细的工具固然符合人类审美、赏心悦目的感觉，但"粗糙和简单"的工具看似简陋，却不乏工具制造者的聪明智慧。

二、第三期文化磨制石器

第三期磨制石制品较第二期的数量要多，器类也较之丰富。磨制石器包括石锛、石斧、石匕、石镞、石刀、石铲、石凿、石网坠8种；磨制工具包括研磨器、砺石、石砧、凹石4种。其中石斧、石铲、石网坠、石凿、凹石是第三期文化晚段新出现的。石锛、石斧、石匕、砺石、研磨器、凹石是该期比较有特征的器类。

石锛选材仍以自然砾石为主，但相当一部分打制成预制坯件，然后经过修形和二次加工后磨制而成。石锛的形制比第二期要多，背弧刃石锛依然是主流器形，但类型较第二期文化多，不仅有第二期文化相似的长条形，也出现了短方形此类石锛。除背弧刃石锛外，还有方形石锛，此类石锛四周方整，刃部也开于正面，背面平坦，与背弧刃石锛差别较大。还有一部分因自然形状近似石锛，故在刃缘稍加磨制即开始使用，很难归纳为何型石锛。

报告中所称石斧，依然沿用传统的以双面刃作为划分标准。奇和洞遗址出土石斧一般器身较厚重，选材与加工方法基本与石锛差别不大，只是形制变化比石锛要少，但出现了通体精磨且形制较规整的器形，大多石斧是顶部宽度小于刃部宽度，推测可能是便于手握使用。

石匕器身较小，形制扁平，器身中部以下两侧及刃部形成"U"状锋利的刃缘。顶部一般窄小，类似箭镞的梃部，但大多已残断。

无论第二期还是第三期，石刀都发现不多，但从第三期石刀看，形制更加规整，制作方法也较成熟。

砺石有小型砺石和大型砺石两类，小型砺石基本延续第二期的特征，而大型砺石的器身较厚重，外观不规整，磨砺面的面积也较大。

研磨器和凹石是第三期新出现的器类。这两类应是与其他器物结合使用的磨制工具。有些研磨器的磨砺面或凹石的凹窝表面附着有红褐色或红色矿物，这为我们探索这些器类的功能提供了宝贵的资料。

可以看出，奇和洞第二期文化到第三期文化的磨制石器总体特征基本一致，器类大体相似，制作工艺差异较小。从奇和洞第二期文化到第三期文化出土磨制石器的器类、数量、形制变化等方面看，它们应是逐步发展的过程，表明它们之间应存在明显的直接承袭关系。

综上所述，我们对奇和洞第二、三期文化出土磨制石器的特征总结以下三个方面：

第二、三期磨制石器的器身都较厚重，并大多都保留着砾石面，精细磨制的石器不多，反映出这些器物的原始性。根据对奇和洞遗址周边石料的调查，大多数制作石器的岩石原料在奇和洞附近的奇和溪河漫滩都能找到。这表明当时人们一直都就近取材进行磨制石器制作。

第二、三期磨制石器大多直接利用自然砾石本身和石锛、石斧等器物形状相似的特点，只对较薄的一端进行加工、再磨制成刃而成器，有些甚至未顾及其基本形状，对刃部稍加磨制即使用；有些则是沿砾石四周先打制成型而后再对各面进行磨制并最终成器。当然，也存在通过预制坯件，进行修形加工并磨制的石器，但其在所有石器的所占比例并不大。即使有些经过简单修形加工的器物，一般刃部都经过细磨，但器身细磨的比例较小。说明当时对刃部的细致加工和实用要求要远高于对整个器身精美程度的要求，显然人们对石器的实际使用价值更加重视。总之，奇和洞磨制石器不论是选材还是在制作上随意性较强，所有磨制石器注重实用性和便利性，未形成一定的规制。

大多数磨制石器的刃缘都遗留有使用过程中崩落的片疤，并且石锛、石斧等器类在使用或制作过程中出现的断块、修片、崩片等数量，要远多于成型石器，一定程度上也反映出该器类的使用率较高，制作过程中成器率较低。

三、第三期文化陶器

以第3C为代表的第三期文化早段的陶器共出土残片433件，其中夹砂陶所占比例为99.54%；夹砂陶中以夹粗砂陶为主，陶胎质疏松，孔隙大，质地较脆，夹中砂和夹细砂陶胎较致密，质地也较硬。在颜色上以褐色系陶片为主流，占比为48.04%；灰色系与灰黑色、红色系系所占比例依次为14.09%、13.16%、11.55%，此四者为这一时期陶器的优势陶色，此外还有少量的橙色与橙黄色陶片，但由于火候的关系，陶器残片表面的呈色多不均匀。

第三期晚段出现新的变化，纹饰种类增多，堆饰、施衣等新的装饰手法出现，纹饰更趋精美与复杂，锯齿纹逐渐退出历史舞台，绳纹与刻划的方格纹、网格纹成为主流。施衣、堆饰波浪纹的出现说明了古人的审美观念发生了变化，这与晚段时期出现精美的石质鱼形艺术品相佐证。陶器数量激增，器形也发生了变化，既出现平底器，也出现带乳足的器形，从另一个方面说明人口增加，需要更多陶器才能满足生活的需要。器形的变化显示出陶器功能性划分更进一步细化，可以有针对性地对陶器进行制造。

四、第三期文化骨制品

共58件，其中早段16件（包括骨锥3件、骨针1件、骨匕2件、骨簪1件、坯件9件）；晚段42件（包括骨锥8件、骨针5件、骨簪2件、骨镞2件、骨凿2件；鱼钩、骨铲、骨匕各1件；尖刃器5件；坯件15件）。骨制品类型多样，制作精致，外观规整，表现出较高的工艺水平。据观察，骨器制作工艺流程是：①选材：根据工具的需求选用不同部位的骨骼，器物较大的采用较大型动物的股骨和肱骨；多数则利用中小体型哺乳动物的骨骼，尤其是骨体较长、韧性较大、骨壁厚度适中的胫骨，通过砸击或打击后挑选长的骨片作为坯件。②修整定型，把突出部位截断或敲击，然后在骨片前后两端或两侧进行初加工，使之成为适合的器形。③磨制，主要在刃部进行仔细的磨制，磨向单向或双向，磨痕较细，但比较清晰。骨器的大量出现表明该期先民已经掌握更多的手段获取更多的食物和其他生活资料，装饰艺术品尤其是鱼形胸饰佩件除表明磨制技术的成熟外，同时还显示出先民模仿自然实物超乎想象的能力。

五、第三期文化生态环境

第三期文化正当全球气候进入最佳时期，在温暖湿润和生态环境稳定的条件下，各类动物呈现急剧增加的趋势，无脊椎动物螺、蚌、蟹和鱼类、两栖类、龟鳖类大量繁衍，中小体型哺乳动物扩展，体型较大的哺乳动物也随之增加，动物群落成员达到33种，包括食虫类1种、翼手类5种、灵长类4种、啮齿类6种、食肉类10种、偶蹄类7种，构成庞大的群落和完整的食物链，为奇和洞居民提供充足的食物资源（图141）。

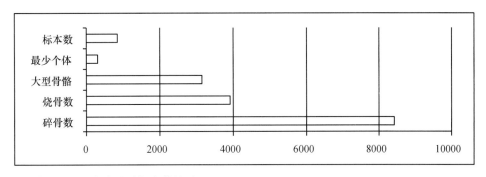

图141　第三期文化各类骨骼标本数量（Quantity of diverse specimen of bones from third cultural phase）

第三期文化各种遗物显示出居住在奇和洞的先民在良好的生态环境下过着充足的物质生活，并开始进行动物驯养，制作多样化的陶器、骨质工具以及装饰艺术品的时代。根据归纳统计得知，这个时期是奇和洞文化发展的高峰期。

六、第三期文化经济形态

奇和洞遗址第二、三期文化是奇和洞文化发展的顶盛期，气候也是最佳期，生态环境也是最好时期。从发掘揭露的遗迹和出土遗物分析，当时人们活动空间扩大，并修房建屋过着定居生活，出土遗物的丰富，反映了人口明显增加。其经济形态总的仍然是以采集经济为主兼有渔猎经济。根据地层淀粉颗粒分析，有根茎类淀粉类存在，是否说明有了原始栽培植物的可能；出土动物家犬、家猪的出现，是否说明蓄养业的出现，这些问题均有待将来深入探讨。

第七章 讨 论

奇和洞遗址是福建省境内近期发现的最重要的史前遗址之一，它的重要性主要表现在洞口大厅的文化期从旧石器时代末期至新石器时代早期、新石器时代中期，除揭露多个遗迹外，出土的文化遗物既有打制石器、磨制石器、陶器、骨制品和装饰艺术品，又有大量伴生动物，包括水生无脊椎动物螺、蚌、蚬、蟹；脊椎动物鱼类、两栖类和爬行类，以及37种哺乳动物，全部标本统计数字超过30000件。遗物数量之大，类型之多，在福建境内目前实属罕见。奇和洞遗址可分为四个大文化期：第一期文化，包括第7、第6文化层，为旧、新石器时代过渡期；第二期文化，包括第5、第4、第3C文化层和F2遗迹，为新石器时代早期；第三期文化，包括第3B层和第3A层，为新石器时代早、中期；第四期文化，包括第2文化层和F1，为唐宋明清时期。根据^{14}C测定，四个文化期年代分别为：17～12 ka BP、12～10ka BP、10～7 ka BP 和 <1.5 ka BP。

第一节 各文化期的基本性质

一、第一期文化

最重要的遗迹是揭露出3处石铺地面（均位于第7层的顶部）、2个灰坑和2条水沟；遗物计有打制石器412件、骨制品3件、刻画石1件、可鉴定哺乳动物化石标本54件（种类12种），以及有一定数量的大型骨骼、碎骨和烧骨等。石铺地面是最早一批前来奇和洞居住的先民根据洞口大厅地表凹凸不平和潮湿条件而采取的人工行为，他们从河漫滩捡取磨圆度较高的砾石铺在地面，再填上砂土以便于居住生活，灰坑即是先民用来烧烤食物的灶坑，朝向洞外的水沟遗迹是洞内时断时续溢水的通道。

在旧石器时代末期，史前人类采用石质原料制作工具作为从事生产和生活最基本的手段，先民利用石质工具挖掘块根、茎类，采集种子类或狩猎动物以获得食物。工具的制作有其明确的操作链，从寻找石料开始，经过选材、剥片、加工、定型几道工序，因此石材的质地、数量和获得的难易程度，都会影响石器工艺流程、技术发挥和石器组合，尤其表现在石器工业整体特征上。先民对石料的利用程度和开发方式在某种程度上也反映出石器制作者工艺水平以及对采集、狩猎活动范围内的"斑块"的适应能力；制作石器的类型、工具组合以及规范程度都是文化因素的具体体现。由于自然环境和地质因素的差异，不同地区形成互异的制作工艺和工具组合，我国南、北两个大区不同的文化传统就是环境差异的显现；同在一个大区内石质原料资源多寡和优劣程度，也会影响工具制作水平的发挥和工具组合的不同。

第一期文化出土的打制石器虽然数量较多，符合我国南方"砾石石器工业"的总体特征，但却缺乏常见的手斧、尖状器和薄刃斧等类型，工具组合反映了先民主要依靠采集为主狩猎为辅的生活方式[75]，他们在奇和洞只是季节性居住，利用周边18种比较适用的岩石，制作出"权宜性工具"组合，这也是和福建境内其他遗址有所不同之处，特别是组合中刮削器所占比例较大、工具毛坯以片状为主、部分工具修理精细程度较高的特点，具有工具制作的自身特殊模式和方法[76][77]。在福建境内已经发现的史前遗址中，利用原料程度差别生产石制品相当明显，如漳州市北郊莲花池山遗址石制品采用的原料几乎只是脉石英和水晶两种，更多用砸击方法生产石片[78]；永安贡川黄衣垄遗址石制品原料8种，石英质岩石占到一定比重，因此砸击法出现较多[79]；三明万寿岩船帆洞遗址下文化层原料27种，但岩石硬度大的较少[80]，和奇和洞遗址一样，砂岩类、花岗岩类和泥灰岩类岩石作原料制作石制品更适宜采用锤击法。

第一期文化层出土2件骨针毛坯和1件骨刀坯件，尽管未见定型骨器，但却标志着居住在奇和洞的先民开始进入磨制骨器的初始阶段，也暗示着他们对动物骨骼已经有了基本认识，能够利用哺乳动物骨骼制作骨器，懂得挑选不同骨壁厚度的动物骨骼，尤其是利用骨骼的坚韧性和可制作性。伴生动物较少是由当时生态环境决定的，文化层出土的可鉴定哺乳动物化石标本56件，种类12种，基本上属于中小体型。根据葛威等从地层中提取的微体植物遗存进行的分析表明，旧石器时代末期居住在奇和洞的先民采集蕨类、芋属和葛属（约占67%）作为淀粉食物的主要来源，种子类食物（占33%）次之。先民在获取植物性食物的同时，偶尔也捕捉小型哺乳动物和鸟禽类作为肉食的来源。1件刻画石的出土，证明他们的思维和意识形态已达到一定高度。

二、第二期文化

包括3个火塘遗迹和第5、第4两个文化层，出土打制石器240件，磨制石器7件，陶器残片266片，骨制品8件，装饰艺术品1件，可鉴定哺乳动物标本98件、种类18种，另有少量鸟禽类和其他水生动物。

打制石器的岩石材料计有14种。石制品不论是原料的选择、剥片的方式方法、工具制作流程以及石器组合等方面均与第一期文化层大同小异，显示出过渡时期先民依然继承了旧石器时代末期制作石质工具的基本操作方法。先民们充分利用当地丰富的岩石材料，随用随取，而不计较原料的消耗[81]，显示出工具制作过程中的粗犷行为。

磨制石器7件，完整石锛仅有2件。以砂岩类岩石为原料，未经修形直接磨制，器形大小中等，刃缘较钝，刃部遗有使用痕迹；另有砺石和石砧，可能用于制作工具或砸击坚果之垫石。

陶器以泥条盘筑法制做，火候不高，胎质疏松而不致密，以釜、罐、钵、盆等圜底器为主要器形，器表装饰简单，纹饰品种较少，多以某一两种纹饰为主要，具有早期陶器的总体特征。

骨器8件，类型简单，仅有骨锥、骨针、尖刃器及坯件4种类型，但此时已有成型骨器，着重细磨刃部，个别通身磨制，坯件基本上采用中、小体型动物骨骼，先敲击或砸击后选取长而窄的骨片作为坯件，略经修理再进行磨制，技术工艺初显。

哺乳动物种类18种，包括翼手类2种、灵长类1种、啮齿类4种、食肉类6种、偶蹄类5种，哺乳动物种类和个体数量比第一文化期有明显增多，当时恰好处在末次冰期过后，间冰期刚刚到来时节，全球气候朝着温暖的方向过渡，自然环境开始改善，植被复苏，森林面积扩大，哺乳动物有了较好的生存环境和更多的发展空间。

第二文化期最明显的特征是陶器的制作、驯养业的出现和磨制骨器的进一步发展，此时先民已有了更多获取食物的手段，从而结束了完全依靠自然界恩赐的时代，他们用自身的智慧改良野生动物，开创新的肉食来源。先民已经能够在奇和洞定居，过着比较稳定的洞居生活。

三、第三期文化

第三期文化可分为早段和晚段。

早段包括第3C层、F2和柱洞、灶、沟等遗迹；晚段包括第3B、第3A层及两层下开口的遗迹。早期文化出土遗物丰富，有打制石器165件、磨制石器14件、磨制工具33件、陶片718件、骨制品16件、刻画石2件；可鉴定的哺乳动物标本154件、种类15种，螺类（溪螺427件、田螺18件），以及蟹、鱼、龟鳖等。晚段包括第3A层和第3B层，出土遗物有打制石器281件、磨制石器96件、磨制工具69件、陶片2798件、骨制品42件、装饰品艺术品7件；可鉴定的哺乳动物标本743件、种类33种，螺类（溪螺2577件、田螺105件、岩螺28件），以及河蚌、溪蛤、蟹、鱼类、龟鳖和蛇，另有大量碎骨、烧骨和大型骨骼等。第三期文化的总体特征介绍如下。

1. 打制石器

446件，工具组合和功能与前两期相比虽无多大变化，但选取的原料更加广泛，石器组合中以石片最多，占总量的47.3%；工具数量早段多于晚段。剥片方法均为锤击法，以转向和同向最多，台面1~4个、剥片面1~4个、剥片疤大多少于10个；修刃、修形和修把手有机结合，修刃比例较高；加工粗、细兼有；制作工具目标清楚，工艺流程更加规范，器形更加规整，显示出对工具的要求更高。

2. 磨制石器

110件，原料以砂岩、泥灰岩、石灰岩和页岩为主，以扁圆形或扁长条形和高磨圆度砾石为原料，大多数先修理后再磨制，类型多样化，大部分制作精致，外形规整，刃部磨制十分精细，多数器物刃部遗留有使用痕迹，表明磨制石器的使用率较高。

磨制工具102件，原料以砂岩类为主，形状不规整，多数两面具磨制痕迹，或凹坑或凹槽，磨痕清晰，少部分凹坑底部黏附赤红色，可能是用来磨制赤铁矿粉。

3. 陶器残片

3516件，第三期文化的夹粗砂陶从早段到晚段始终都处于主体地位，而且与夹中、细砂的数量差很大，陶色以褐色与灰褐色为大宗，陶色多样，呈色不均，从整体来看，奇和洞文化的陶器以粗砂陶为主，褐色、灰色、红色陶为主要陶色。自第三期晚段起陶器的制作发生新的变化，纹饰增多，堆饰、施衣等新的装饰手法出现，纹饰更趋精美与复杂，以绳纹、刻划方格纹、网格纹为主流。施衣、堆饰波浪纹的出现表明古人的审美观念发生了变化，这与晚段出现精美的石质鱼形艺术品相佐证。陶器数量激增，器形发生变化，证明人口增加，需要多种陶器才能满足生活需要，这也表明这一时期文化的快速发展达到相当繁荣的阶段。

4. 骨制品

58件，类型多样，制作精致，外观规整，具美感，表现出较高的工艺水平。骨器制作工艺流程清晰，都经过选材、修整定型、磨制三个步骤，磨向单向或双向，磨痕较细、较清晰。其中鱼钩、骨镞、骨匕和骨刀的制作表明当时已具备很高的工艺水平。

5. 装饰艺术品

9件，其中早段2件、晚段7件，包括石质磨制鱼形胸佩饰1件、骨管1件、钻孔装饰品2件、陶质人面形艺术品1件、刻画石3件、足形艺术品1件。除钻孔饰件外，其他装饰艺术品均经初磨后再刻画或装饰，显示出制作者对产品的精心和重视，尤其是鱼形胸饰佩件的制作显示出先民模仿自然实物的能力超乎人们的想象。

6. 动物群

动物群落庞大，种类34种。包括食虫类1种、翼手类4中、灵长类4种、啮齿类6种、食肉类12种、偶蹄类7种，以及数以千计的水生动物，表明那时生态环境良好，动物繁衍，为史前人类提供了丰富的食物资源。

7. 生态环境

第三期文化总体看生态环境良好，晚段早期从鱼钩和鱼形饰件的制作反映出当时先民在生产活动中渔猎占有重要地位；而晚段晚期则更多注重狩猎、驯养活动和农耕。那时先民已经步入耕作，驯养，制作多样化的陶器、骨质工具以及装饰艺术品的时代，他们具有较高的审美观和制作各种工具的技能，从而过着比较富庶的洞穴定居生活。

各期不同类型标本数量统计和比较见表44。

表44　各期标本总量及其对比（Species quantity and contrast of different levels）　　　（单位：件）

文化层	第3A层	第3B层	第3C层	F2	第4层	第5层	第6层	支洞	统计
打制石器	151	130	112	53	27	213	412	0	1098
磨制石器	64	32	6	8	0	7	0	0	117
研磨器	1	1	3	0	0	0	0	0	5
砺石	34	2	7	8	0	3	0	0	54
石砧	12	16	5	10	0	7	0	0	50
凹石	0	4	0	0	0	0	0	0	4
陶器陶片	2299	499	148	285	19	247	0	0	3497
骨制品	27	15	13	3	1	7	3	0	69
装饰艺术品	4	3	1	1	0	1	1	0	11
哺乳动物（种数）	27	21	14	12	11	14	12	23	46
哺乳动物（件数）	491	252	126	28	31	67	54	231	1280
大型骨骼	2372	78	280	416	14	275	133	5	3573
碎骨	2902	1081	3017	1414	124	2142	1598	0	12278
烧骨	1441	642	908	924	71	1011	843	0	5840
统计	9799	2776	4626	3150	287	3980	3044	236	27877

注：各层出土的无脊椎动物、鸟禽类、龟鳖类、鱼类、人骨和洞外T5出土的陶片均未计入表中。

第二节　原料性质及其利用

奇和洞遗址各文化层出土的石质工具包括打制石器和磨制石器，在原料的利用上显示出自身的特殊性，石质原料的岩石类型较为广泛，计有变质岩、火成岩、脉岩、喷发岩和沉积岩5个大类，这些原料几乎都出自遗址周边的中、晚三叠纪、晚侏罗纪地层和附近火成岩体经过搬运、堆积和冲磨形成的具有较高磨圆度的砾石。对被利用的岩石种类进行统计，发现共有23种，不同岩石的硬度、基本性质以及制作工具的适宜度可见表45。23种岩石中应用在打制石器上的有18种，应用在磨制石器和磨制工具的有11种，打制石器、磨制石器及磨制工具均被应用的有10种。属于硬度大的岩石类明显较少，这类岩石实际使用率很低；硬度中等的火成岩类和沉积岩中的砂岩类利用率较高；砂岩和细砂岩是打制石器适宜度最高的原料；砂岩和钾长花岗岩在磨制石器和磨制工具中出现率最高；不适宜制作工具的岩石种类不多，只有钾长岩、砾石、石灰岩和页岩4种，实际使用率很低，这是居住在奇和洞的先民对当地地质条件的一种适应，正是这种原因，才导致奇和洞遗址石器工业整体面貌和福建境内其他遗址存在较大差别。

表45　奇和洞遗址文化层石制品原料性质、适宜度与制作工具的主要类型

（ Material characteristics, suitabilities and types of artifacts from different levels of Qihe Cave Site ）

岩石类型	序号	岩石	硬度与强度	适宜度	适宜制作的主要工具类型
变质岩类	1	石英岩	硬度7.5，坚硬、脆	理想	各类工具
火成岩类	2	花岗岩	硬度5，韧性中等	一般	大型石器、磨制石器、磨制工具
	3	钾长花岗岩	硬度5，韧性中等	一般	大型石器、磨制石器、磨制工具
	4	钠长花岗岩	硬度5，韧性中等	一般	大型石器、磨制石器、磨制工具
	5	闪长岩	硬度5，韧性中等	一般	大型石器、磨制石器
	6	钾长岩	硬度4.5，易断裂	不宜	极少采用
脉岩类	7	辉绿岩	硬度5.5，韧性较好	适宜	大中小型石器
	8	辉长岩	易断5.5，韧性较好	适宜	大中小型石器
	9	脉石英	硬度8，坚硬、脆	适宜	大中小型石器
喷发岩类	10	凝灰岩	硬度6.5，韧性大	理想	中小型石器
沉积岩类	11	砾岩	硬度5，易破裂	不宜	垫石
	12	石英砂岩	硬度6.5，韧性较好	适宜	大中小型石器
	13	钾长石砂岩	硬度5.5，韧性中等	一般	垫石
	14	砂岩	硬度6，韧性较大	理想	大中小型石器、磨制石器及磨制工具
	15	细砂岩	硬度6，韧性较大	理想	大中小型石器、磨制石器
	16	粉砂岩	硬度5.5，韧性中等	适宜	大中小型石器、磨制石器
	17	泥质细砂岩	硬度5，韧性中等	适宜	大中小型石器
	18	泥质粉砂岩	硬度5，韧性中等	一般	磨制石器
	19	钙质粉砂岩	硬度5.5，韧性中等	适宜	大中小型石器、磨制石器
	20	页岩	硬度3，韧性差	不宜	极少采用
	21	石灰岩	硬度4，韧性中等	不宜	少用
	22	泥灰岩	硬度4，韧性中等	适宜	磨制石器
	23	方解石	硬度3，韧性差	不宜	极少采用

　　在福建境内已经发现的史前遗址中，利用原料的情况差别相当明显，比如漳州市北郊莲花池山旧石器时代遗址，打制石器使用的原料几乎只采用脉石英和水晶两种岩石[82]，这是因为莲花池山遗址周围仅有大片花岗岩和晶洞花岗岩出露，岩体脉岩发育，脉石英和水晶原料容易获得，因而缺乏适合制作石器的其他原料，使得石制品原料在选择上过于单一，况且脉石英和水晶硬度很大，性脆，采用锤击方法难以取得理想效果，因此更多地采用砸击方法生产石片，再以脉石英片状毛坯进行加工成器。永安贡川黄衣垄遗址的石制品原料仅8种，其中变质岩类岩石（石英岩、铁质石英岩）占较大比例，因此砸击方法生产石片的出现率也就偏高；三明万寿岩船帆洞遗址下文化层原料27种，是福建境内旧石器时代遗址中使用岩石类型最多的，但大多数岩石的硬度中等或偏低，除个别石英岩和铁质石英岩外，砂岩类岩石占绝大多数，这和奇和洞遗址比较相近。倘若利用砂岩类、花岗岩类和泥灰岩类作为原料，无论是生产石片还是加工修理，更适合于采用锤击法，尤其是砂岩类岩石，修刃和修形更加便捷，把握性也较高；花

岗岩类和砂岩类表面比较粗糙，同样适合制作磨制石器和作为磨制工具使用，这也是遗址文化层中这两类岩石出现率高的原因。

第三节　骨器制作工艺及其意义

旧石器时代晚期磨制骨器的出现象征着人类社会在工具改革中的一大进步，由于磨制骨器的特殊功能，至使人类在适应环境和开发利用自然资源上得到更多的利好。根据已有报道，欧亚大陆许多旧石器时代晚期遗址已有不少发现[83-86]，其原料基本上是采用动物尤其是哺乳动物的骨骼、牙齿和角，并经过精心挑选坯料和进行特殊加工而成。在我国，虽然磨制的骨制品出土数量偏少，但个别遗址如辽宁海城小孤山遗址、贵州猫猫洞、穿洞遗址则出土有较多骨器。奇和洞遗址第6文化层出土的2件骨针坯件和1件骨刀坯件，尽管属于非成型工具，但是足以证明当时居住在奇和洞的先民已经开始进入磨制骨器的初始阶段，这种工艺的出现显然与当时当地自然环境因素有关[87]，至少他们已经对动物骨骼有了更多认识。动物的肢骨，尤其是哺乳动物的肢骨，具有较大的硬度和弹性，而且所需的材料也容易获得，先民们可以从猎获动物取其肉食的同时充分利用本来可能被丢弃的骨骼。

奇和洞遗址出土的骨制品总共69件，类型多样，除常见的骨锥、骨针、骨铲、骨簪和尖刃器外，还有鱼钩、骨匕、骨镞、骨凿等类型及坯件（表46）。通过对这些骨制品的观察，可以看出，在制作骨制品之前，都需要按照其所需要制作工具的大小来挑选不同骨壁厚度的动物骨骼，因为大型骨骼的骨壁较厚，可以用来制作较大的骨器，比如骨铲、骨棒、骨锥或骨质标枪头，一些不宜磨制的较大骨片，则经修理头部可直接作为尖刃器使用；骨壁厚度中等或较薄厚度的骨片，则用来制作骨针、骨镞和骨匕之类的物件；鸟禽类骨骼骨腔较大，骨壁较薄，劈裂容易，适合用于制作骨针。一般说来，磨制骨器的制作工序比较复杂，都要经过选料、砍、劈后，从中挑选适宜的骨片，再经过截形和粗修理，最后仔细磨制成型甚至表面加以装饰。

坯料是选择制作骨制品的基础，作为制作磨制工具而事先预备的骨质材料，也是一种半成品。对坯件的观察，在某种程度上可以帮助复原磨制工具的先期加工过程以及可能磨制的部位。第3A层出土有属于骨针、骨匕和骨铲三种坯件，骨针坯件通常选取的骨片较细窄，并经过专门加工使其头部更加尖锐以利于磨制；骨匕坯件选用中、小型哺乳动骨骼经砸击后的骨片，但前端需要有一定的宽度，且具有较薄的侧缘；而骨铲则选用体型较大的动物骨骼，砸击后具有一头较宽的骨片，骨壁厚度相对也较大，以利于磨制。曲彤丽等在论述德国旧石器时代晚期骨角器制作工艺时提到，生产骨角器通常都要经过选材、开料、整形加工甚至装饰等工序。奇和洞遗址出土的大量碎骨中，除大部分是食用后的丢弃物外，有一些可能就是制作骨器坯件时的废料。

表46 奇和洞遗址骨制品统计表（Statistics of bone tools） （单位：件）

层位 类型	第3A层	第3B层	第3C层	F2	第4层	第5层	第6层	小计
骨锥（Bone awl）	8		2	1		2		13
骨针（Bone needle）	2	3			1	1		7
骨簪（Bone hairpin）	1	1		1				3
骨铲（Bone shovel）	1							1
骨镞（Bone arrowhead）	2							2
骨凿（Bone chisel）	2							2
骨匕（Bone dagger）	1		2	1				4
鱼钩（Bone fishhook）		1						1
尖刃器（Bone point）	2	3				1		6
坯件（Semi finished）	8	7	9			3	3	30
数量统计	27	15	13	3	1	7	3	69

奇和洞遗址第二期文化层出土的8件骨制品，充分表明那时已经有了比较成熟的磨制工艺，但这种工艺必然要比制作石质工具耗费更多的时间和需要更高的技能。我国出土的骨制品从旧石器时代末期起才有所增多[88]，新石器时代的骨器已成为比较普遍的工具。磨制骨器的出现，标志着居住在奇和洞的先民在获取生活资料尤其是食物方面有了更多的工具类型和手段。随着时代的进步、交流的增加，骨制品的制作向更高的水平发展。骨器的制作工艺水平以及类型的多寡和当时当地环境、动物来源都有着密切关系，奇和洞第三期文化出土的骨制品反映出当时当地哺乳动物种类的兴盛和种群的庞大，材料足以供给先民制作骨器。笔者还注意到：居住在奇和洞的先民更多地利用中、小体型哺乳动物的胫骨作为材料制作骨器，这是因为在哺乳动物各类骨骼中，以胫骨的骨体最长、骨壁厚度也较均匀，且富有韧性和弹性以及坚硬等诸特点，无疑是制作骨器的最好部位。奇和洞遗址出土的大型骨骼中，各类骨骼较多，唯独缺乏胫骨，猜想这种现象应与利用其制作骨制品有关。第三期文化制作的骨器量多质佳，表明此时制作工艺已经达到相当高的水准，比如鱼钩制品不仅头部尖锐细长，而且外观规整，和骨镞一样都不失为精品。

史前人类根据其目的需求去选择不同动物的骨骼以及骨骼的不同部位，然后采用不同方法制作不同类型的器物。曲彤丽等还认为，地理环境、人群的食物需求、消费的不同、资源供给程度甚至文化传统的差别，都会导致制作、使用骨质工具和对骨质工具依赖程度的差异。因此，对骨制品的深入研究，将有利于进一步了解史前时期人类社会生活、行为特征和习俗。

第四节 装饰艺术品探讨

很早以前我们对于旧石器时代是否存在艺术品几乎是一无所知。自从1834年世界上第一件旧石器时代艺术品在欧洲发现算起，至今仅仅180年的历史，早期艺术品的系统研究也不过只有50年，更加有效的研究手段和测年方法才刚刚开始。事实上，旧石器时代晚期人类制作工具的水平已经超乎人们的想象，那个时候人类在改进工具的同时，已经有了丰富的生活内容，磨制骨器技术的成熟加速了艺术的发展进程，在制作骨质工具的过程中，早期人类懂得力求尽善尽美，并在磨制骨器工具的表面施加装饰，或者线条刻画，或者施以图案，目的是为了给人以美的感受[89]，这也是艺术思维在制作工具中的一种体现。据有关报道，从欧洲旧石器时代晚期奥瑞纳文化期起，人类已经开始进入艺术创作时代，而且那些意识创作的大多数，是在哺乳动物的骨骼、牙齿、角以及石块上进行的，它的主要表现形式既有线条刻画和形象刻划，也有雕刻、雕塑、彩绘和岩画等。我国旧石器时代遗址出土的装饰艺术品不多，到新石器时代早期数量有所增加，有关研究报告甚少。奇和洞遗址出土11件装饰艺术品，虽然数量有限，但也不乏精品，值得进一步加以探讨。

奇和洞遗址装饰艺术品的制作工艺计有线条刻画，形象刻画、雕刻、烧制和钻孔，类型多样，几乎所有装饰艺术品在刻画、雕刻或钻孔之前，都将坯件先进行磨制，有的初磨，有的细磨，以利于下一步工艺程序，说明制作者对器物制作的重视程度。标本出土层位从第6层至第3层，年代越晚，标本数量越多，制作工艺水平越高。旧石器时代末期的刻画石是一种简单的刻画，到新石器时代早期的装饰艺术品已有较高的工艺水平，显示出先民已经具备较高的艺术鉴赏力和审美观。

哲学评论家朱狄在论及早期艺术时指出："艺术是具有多种特质的、单纯化了的客体，虽然早期艺术品和工具一样由物质材料构成，但却与工具不同。早期艺术的物质材料的特质已被融化到形象之中。"[90]旧石器时代的艺术品明显带有创作意识的痕迹，它的构成形象主要因素是模仿，这种模仿是从大自然诸多事物中或者是从具体形象中得来的，同时这种模仿最初是用线条加以表示的。

早期装饰艺术品不同于史前人类制作的工具，因为它不是用来使用的，而是用来鉴赏的，旧石器时代人类在艺术创作的同时就已经认识到形象和客观事物具有知觉上的同一性。早期艺术创作是一种原发性能力，这种能力对于人类思维发展有着重要意义，这也是导致后来人类审美意识产生的根本原因。没有争议的人类最早艺术创作出现在法国西南部靠近西班牙的拉费拉西遗址奥瑞纳文化层出土的彩绘和在石板上刻画的动物图像，年代距今35000年前。距今18000~10000年前期间，艺术品基本上以人像和动物为主题，岩画、洞穴彩绘、雕刻作品和装饰品已经在许多地方盛行起来，分布范围甚广，除法国和西班牙外，德国、奥地利、意大利、瑞士、捷克、斯洛伐克、乌克兰、俄罗斯等国都有发现；非洲纳米比亚南部阿波罗2号洞穴的彩画年代距今27000年前，另一个遗址出土的用鸵鸟蛋皮制成的串珠艺术品年代距今38000年前；在非洲的撒哈拉沙漠里也发现过有岩块上的彩画，年代距今约20000年前；澳大利亚发现的岩画最早年代为距今20000多年前；北美地区用赤铁矿粉调制作为颜料的岩石彩画年代大约为10000年前[91]。

早在20世纪30年代初，裴文中在发掘周口店山顶洞遗址时就已经发现过一批装饰品、艺术品，包括用哺乳动物骨骼和鸟类管状骨磨制而成的物件，还有用动物牙齿及贝壳经穿孔而成的饰品[92]；宁夏水洞沟遗址也发现有数十件钻孔鸵鸟蛋壳串珠装饰品[93]；辽宁海城小孤山遗址出土有一批骨制品，包括钻孔贝壳和牙齿，特别是其中的三件骨针，分别用象牙、动物骨骼制成，针眼采用对钻，钻通[94]。尽管该器物主要作为工具使用，但不失也是一种工艺品，其加工技术水平可与欧洲梭鲁特、马格德林期文化的钻孔艺术相媲美。另外，小孤山遗址出土的标枪头和鱼叉，型制对称美观，制作水平同样是十分高超的，也是一种装饰艺术。

在我国旧石器时代遗址中，出土的骨骼或角的表面上经常发现有刻画痕迹。这些刻画痕迹存在两种可能性：一种并不是早期人类有意识刻画的，或者说是随意的；另一种即是有意识刻画的。人类有意识在骨骼或角的表面上刻画，可以理解是为了表达某种含义，但其含义我们至今并不能完全能够理解[95]，正如近代个别少数民族在木头上刻画作为一种记号那样。1989年河北省兴隆县文物管理所王峰在一次野外调查中，从一个开采石灰岩现场炸出的第四纪沉积物中除发现野马、野驴、披毛犀、赤鹿等大量化石外，还有一件采用鹿角的一段眉枝制作的雕刻艺术品，角表雕刻有三组图案，包括波浪纹、横竖斜纹和交错纹等，表面用赤铁矿粉涂抹，雕刻图案也许是大自然景观的写照[96]，北京大学实验室^{14}C测定，年代为13.2ka BP。2001年黄万波等在重庆奉节县兴隆洞中发现1件保存较好的剑齿象门齿，表面有两组刻痕，一组6条，另一组4条，刻痕粗犷，清晰可辨，被认定是人工所为，或是代表某种含义[97]。我国著名岩画学家盖山林在阴山调查时发现属于凿刻的数十万幅岩画，凿刻对象主要是人物和动物，其中不乏动物形象，包括虎、豹、狼、双峰驼、北山羊、藏羚、野马、野驴、赤鹿、梅花鹿、四不象鹿等40多种，盖山林认为阴山岩画的年代从旧石器时代晚期起一直延续到明清[98]；历史时期的岩画分布更广，题材更加多样化，几乎遍及全国。

艺术创作是人类独有的行为。早期的艺术创作是人类思维、创意和模仿大自然的一种表现形式。在人类文化发展进程中，语言早于艺术，艺术源于线条刻画，艺术的发展才最终导致文字的产生。早期艺术是人类文化宝库中最重要的组成部分之一，处在人类文化的摇篮时代[99]。我国有关史前时期装饰艺术品的研究还相当薄弱，仅仅处在初始阶段，究其原因，除了出土数量有限外，很有可能是在过去发掘过程中疏忽了遗物表面的蛛丝马迹。在我国，有关早期艺术品研究的迫切性已经提到日程上来，它不仅是史前考古的重要内容，也是揭示早期人类思维能力和创造能力的重要指标和钥匙。

第五节 遗址形成过程与埋藏学研究

任何一个史前遗址或遗物，一旦被遗弃之后，毫不例外地经历风化、破坏、搬运、积聚和掩埋等过程；这种过程与遗址或遗物所处的位置、当地的生态环境因素存在密切关系。洞穴类型的遗址或遗物，由于洞内条件，包括水流的长期性或间断性、洞顶岩体稳定性和坍塌程度，以及洞内干湿情况导致化学风化作用强弱等因素，都会遭受比洞外更加复杂的过程，倘若是洞内原地埋藏的遗址，通常能够获取更多可资研究的信息。因此，尽力复原洞穴形成过程和进行埋藏学研究显得更加重要，它可为我们揭示人类选择居住的条件、生活情景和适应生存环境等问题提供比较全面的资料。奇和洞遗址是一个原地埋藏且保存较好的遗址，复原其形成过程和埋藏因素，将有利于揭示史前人类在洞内居住期间的某些生活片段。

一、奇和洞形成过程与史前人类的选居

奇和洞是从晚更新世早期开始发育的，当时正处在里斯—玉木间冰期（相当于S_1时期）[100]，由于降水的增强，山体地表水沿着石灰岩岩层的裂隙通过渗透、溶蚀后逐渐形成宽大的水平洞，并作为洞内北、南两个较大支洞和东面三个较小支洞排泄洞内溢水的通道，水流经由现洞口的北侧流入灶头溪（图142-1）。洞内最早的第一次沉积轮廻从晚更新世早期开始，并在洞底沉积了近300cm厚、粒度中等、磨圆度良好的砾石层，这就是奇和洞内最早的积淀物；接着是在静水环境下形成厚33cm的砂质黏土层，在停顿期间洞内不断钙质淋漓作用下砂质黏土层表面逐渐胶结成第一钙板层；之后，又一次快速堆积含砾石砂层，使洞底堆积物厚度累计达到400cm。晚更新世中期的第二次轮廻是从洞内第2层砾石堆积层开始的，水流方向和前期相同，洞内空间略有扩大（图142-2），砾石层切割第一次轮廻堆积物，鉴于水流作用时大时小，砾石层之上随即覆盖了约200cm厚的黏土、黏土质砂和砂质黏土互层，并结束了晚更新世中期的沉积，随后有一段较长时间区域性堆积停顿期。黏土质砂层中出土有20种哺乳动物化石，组成我国南方常见的"大熊猫—剑齿象动物群（*Ailulopoda-Stagodon Fauna*）[101]，两个轮廻都是在温暖湿润的山地森林环境下完成的。奇和洞洞内动物群在时代上晚于福建明溪剪刀墘山哺乳动物群（118ka BP），早于福建武平猪仔笼洞动物群（30ka BP），表明洞内第一轮廻和第二轮廻沉积物时代分别为晚更新世早期和中期。

大约在晚更新世晚期之初，随着末次冰期到来，地区性新构造运动的隆起[102]，石灰岩岩体不断抬升，水流持续下切洞底，原有堆积在水流通道上的物质大部分被冲走，遗留的部分便悬挂在洞壁之上。流水在洞内重新切割洞底，并把携带的物质再次在洞底沉淀，从而开始了第三次轮廻的沉积，其动因主要来自南、北两个支洞流出的水和携带的沉淀物，其物质成分多为杂色砂质黏土和灰绿色黏土质砂。根据堆积物中少含块砾、多细粒成分判断，当时洞内流水一度增大，并逐渐向洞口靠南侧方向移动，最终从洞口南壁排出（图142-3）。堆积后的杂色砂质黏土和灰绿色黏土质砂层两个层位均从洞内朝洞口和洞外方向呈较大角度倾斜，并与洞外第一阶地后缘相连接。短暂的停滞期，使洞内构成一个从洞内向洞外倾斜的洞底，这就是最初洞口大厅的地表面。

洞穴一直是史前时期人类作为居住地点的首选。当末次冰期高峰（18ka BP）过后，奇和洞周边的生态环境开始转化，植被复苏、动物群落逐渐增大，大约距今17000年前后，第一批先民迁徙到此，凭借周围丰富的石料，他们在洞内季节性居住，但仅局限于洞口偏北已经垫高的位置，活动范围约占洞口总面积的五分之一，潮湿并凹凸不平的洞内环境，使他们不得不平整地面并从河滩拣取磨圆度较高的砾石铺在地面上以利生活和制作工具，开始以采集为主狩猎

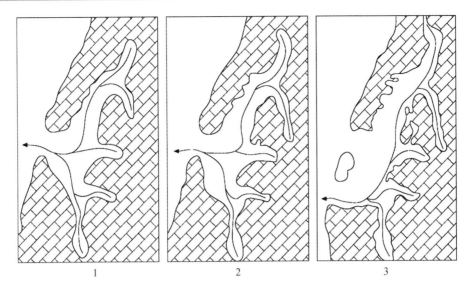

图142 洞内水流动向（Water flowing direction in the cave）
1. 洞内水流从洞口北侧排出 2. 水流继续从洞口的北侧排出 3. 水流南移并从南侧排出

为辅的穴居生活。这就是在这个范围内食物残渣、动物骨骼、加工残品相对集中，并互相叠覆的原因，并形成了奇和洞洞口最早的旧石器文化层。随着时间的流逝，大约在末次冰期结束，新的间冰期刚刚到来时，全球气候普遍转暖，降水也随之增加，加剧了石灰岩岩体的不稳定性，石灰岩裂隙不断扩大导致洞顶岩块的坍塌，加上洞内溢水携带的物质慢慢覆盖了居住面，迫使第一批古人放弃了在奇和洞的居住。

第二批先民选择在奇和洞定居的时间大约在距今12000年前后，居住的范围有了明显扩大，向洞内东、南部延伸，占据洞口总面积大致二分之一。在第二批先民居住期间，奇和洞周边环境继续向好的方向发展，植被的恢复和动物种类的增加，让他们过着采集和狩猎并重的生活，在洞内他们把第一批古人居住的位置作为丢弃残渣的垃圾坑，这也是在这个位置上出土第二期遗物（包括动物骨骼和石制品废料）较多的原因。当第5层被覆盖后，洞内再次有较长时间沉积间断期，在堆积物的表面形成了一层薄薄的钙板即第4层。

第三批先民再次来到奇和洞定居的时间在距今10000年前后，此时全球气候已经转暖，生态环境得到全面恢复，动植物开始大量繁殖，为史前人类提供了充足的物质来源。正是这个时候，居住在奇和洞的先民开始走向鼎盛的时期。族群人数的增加、工具的革新、磨制石器和磨制骨器数量的增加，表明先民们已经有了更多获取食物资源的手段，熟练掌握制作工具的技能，采用复合工具捕猎，过着以狩猎为主、采集为辅的富足生活，与此同时，他们还制作装饰艺术品和刻记符号，表达所思所想。直至距今7000年前，全球气候进入最佳时段，丰沛的降水促使石灰岩体裂隙再一次扩大，洞顶巨石大规模坍塌，居住面也被洞内流水浸漫和沉积物覆盖，这个已有数千年居住历史的奇和洞，最终被放弃，直到唐宋以后洞口才又被利用起来。

二、骨骼的风化与埋藏

（一）碎骨的观察

碎骨是各类动物的骨骼由于人类的砸击、动物的啃咬，或者在自然条件下遭受风化形成的破裂或分解的结果。在通常情况下，除部分碎骨外，大多数难以辨别其所属的物种，较大骨骼有时可以确定具体部位。在奇和洞遗址出土的大量碎骨中，少数碎骨可以观察到啮齿类动物的啃咬痕迹，但大部分则属于人工敲击的结果；其中一些是在食用过程中形成的，也有一些是在制作骨器砸击骨片时形成的。被列入碎骨的样本，表明已经是先民的废弃物。这些废弃物在被沉积物完全掩埋之前，它们都会停积在地表上，无论停积时间或长或短，都经受各种因素包括人为的、动物的破坏，或者物理的、化学的风化作用[103]。

不同时期的碎骨，其破坏和风化程度不尽相同。碎骨往往可以反映一个遗址在被遗弃之后暴露于地表以及被掩埋的全过程：暴露在地表的时间越长，所经受的物理或化学的风化就越强烈，完全被掩埋之后同样也会遭受到地下水、细菌的腐蚀和破坏作用，掩埋时间越长，碎骨的变化就越大。

奇和洞遗址出土的碎骨数量很大而且十分破碎，多数碎骨的直径小于5cm。尽管这些碎骨难以确定其动物属种，但其中的一部分依然可以辨认出骨骼类别，这对于探索遗址主人狩猎对象和制作骨器时所需何种骨骼等问题有所帮助。奇和洞遗址出土的碎骨和它所处的自然条件、洞穴流水作用以及暴露于地表时间的长短密切相关。在洞内，碎骨的风化与洞外风化因素的最大区别在于化学风化因素大于物理风化。

根据碎骨表面残留痕迹的观察，可以判断奇和洞遗址出土的碎骨形成的主要原因是古人所为，为了敲骨吸髓或制作骨质工具，先民对管状骨（肱骨、桡骨、尺骨、股骨和胫骨等）进行砸击、劈裂，形成较多碎骨；一些不宜用于制作骨质工具的非管状骨骼（肋骨、肩胛骨、指骨等），在被丢弃后再经物理风化而发生崩裂。化学风化的侵蚀作用是骨骼腐烂的主要因素；碎骨被掩埋后，水及其携带物质的浸染往往会造成在骨骼表面黏附钙质或铁锰质薄膜。至于人类的踩踏、啮齿类的啃咬，都会加剧骨骼的破碎过程。一些风化程度较轻的骨骼，表面仍然保留比较完整的骨表质；遭受一定时间风化的碎骨，表面保留有部分骨表质，或多或少存在纵向裂纹，部分骨质纤维裸露；风化程度严重的，骨表质缺失，骨质纤维裸露；最初骨骼破碎时的棱角也因长期磨蚀而消失，外观具腐朽感，并有沿着骨质纤维方向的破裂痕。本书参照A. K.Behrensmeyer和尤玉柱有关的研究成果[104][105]，将奇和洞遗址出土碎骨的风化程度划分为三个等级：①轻度风化；②中度风化；③重度风化。按照这种划分，奇和洞遗址各层出土的碎骨数量比较（图143）和不同风化级别数量统计见表47。

奇和洞遗址出土碎骨的风化程度大致以中等级别为主，第6B层碎骨的风化程度最严重，碎骨表面除了暴露大片骨质纤维外还布满腐蚀孔，多数碎骨甚至因铁锰质浸染而呈现黑色、黑褐色或棕褐色，显然该层骨骼暴露在地表的时间不仅较长，而且所经受的物理和化学双重风化程

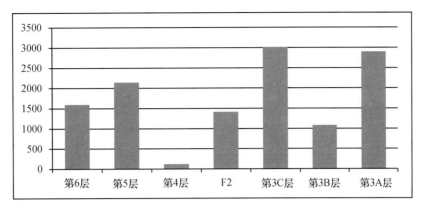

图143 各层碎骨数量比较（Comparison of bone fragments of different levels）

度也较深，当碎骨被掩埋之后又再次受到其他物质的浸染。风化程度中等或偏重的（如第3B层和F2）碎骨，骨表质部分已经被破坏，缺乏光泽感，或多或少暴露出骨质纤维；风化程度中等偏轻的，如第3C层，碎骨表面依然保留较多的骨表质，表面少有裂纹，略具光泽感，不见铁锰质浸染等现象，说明该层骨骼暴露在地表的时间较短并较早地被掩埋起来。

表47 各层碎骨分类统计（Classification and Statistics of fragment bones from different levels）

（单位：件）

层位	碎骨总数量	轻度风化数	中度风化数	重度风化数	风化程度
第3A层	2902	0	2335	567	中等偏重
第3B层	1081	2	1024	55	中等
F2	1414	808	414	192	中等偏重
第3C层	3017	1041	1777	199	中等偏轻
第4层	124	36	88	0	中等偏轻
第5层	2142	505	1340	297	中等
第6A层	851	220	578	53	中等偏轻
第6B层	32	0	1	31	严重
第6C层	331	72	214	45	中等
第6D层	384	25	351	8	中等
统计	12278	2709	8122	1447	中等

（二）烧骨的观察

烧骨是史前人类烧烤动物取其肉食后剩余的破碎骨骼残渣。经过烧烤过的骨骼，通常表面呈现灰黑色、黑色、黑褐色，甚至青灰色，烧烤时间过长的碎骨表面都呈现青灰色，经过烧烤的碎骨有着较强的抗风化能力从而能够更好地保存下来。对奇和洞遗址各层出土的烧骨进行统计表明（图144、表48），奇和洞遗址出土的烧骨总数5840件，其中属于鸟禽类的有849件，约

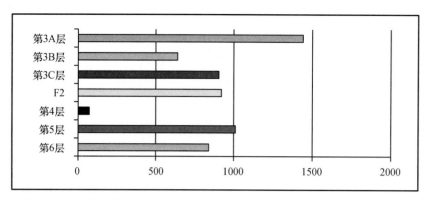

图144　各层烧骨数量比较（Comparison of burning bones of different levels）

占14%；属于哺乳动物的有4998件，约占85%；另有1%是水生动物（螺、蚌、鱼和爬行类）；部分烧骨的表面可见人工敲击痕迹，数量522件，占烧骨数量的9%。根据对烧骨的观察，基本上可以判断，在哺乳动物骨骼中以小体型的动物占较大比例，说明当时先民用来烧烤并食用的大多数是啮齿类、翼手类和鸟禽类；但其中啮齿类多于翼手类和鸟禽类，而大中体型动物的骨骼在烧骨中所占比例很少。总体趋势是年代越晚烧骨数量越多，大中体型动物的烧骨也随之增多。一些烧骨可以鉴定出动物的骨骼部位，如啮齿类的头骨残片、肱骨、胫骨、股骨、肋骨段；鸟禽类的长骨、肋骨、翼骨等，但却难以确认其种的归属。不同文化层烧骨数量相差甚大，烧骨越多表明先民食物结构中肉食的比例越高，对动物的依赖程度越大。可以肯定的是，捕捉啮齿类和射猎鸟禽类并直接烧烤食用，是第三批先民最重要的经济活动和食物来源之一。

表48　各层烧骨数量比较（**Comparison of burning bones of different levels**）　　（单位：件）

层位	烧骨总数	脊椎动物骨骼	鸟禽类骨骼	具人工砸击痕迹
第3A层	1441	1067	374	234
第3B层	642	495	147	8
F2	924	886	38	92
第3C层	908	793	115	180
第4层	71	62	9	0
第5层	1011	895	116	9
第6A层	694	644	50	0
第6B层	0	0	0	0
第6C层	132	132	0	8
第6D层	17	17	0	0
统计	5840	4991	849	522
比例	100%	85%	14%	9%

（三）大型骨骼的观察

遗址出土的大型骨骼数量3568件，包括哺乳动物的管状骨（股骨、胫骨、腓骨、肱骨、桡骨和尺骨）、非管状骨（头骨、下颌骨、脊椎骨、肋骨、跖骨、掌骨、跟骨、髌骨和耳骨）、鸟禽类的较大骨骼长骨和锁骨，以及不能确定位置的较大骨片（大于5cm）。可鉴定属种的下颌骨、牙齿和角的标本以及少量鱼类、两栖类和爬行类骨骼均未计入表中。

统计数据（图145、表49）显示，在大型骨骼中胫骨的数量最少，其次是股骨和肱骨，这三类骨骼保存程度也较差。由于胫骨骨干长度较大，骨壁厚度适中，有利于用来制作骨器；股骨和肱骨也有较长的骨干，但骨壁较厚，只能用于制作较大型的骨器。胫骨、股骨和肱骨的数量较少，表明这些部位的骨骼大多数已被用来制作骨制品坯料。不可鉴定属种的下颌骨不少，

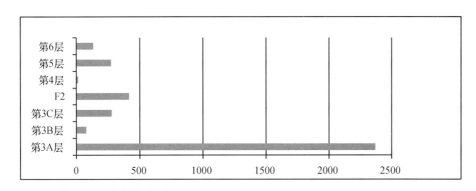

图145 各层大型骨骼数量比较（Comparison of large bones quantity from different levels）

表49 各层大型骨骼数量比较（Comparison of large bones quantity from different levels） （单位：件）

层位	第3A层	第3B层	F2	第3C层	第4层	第5层	第6A层	第6B层	第6C层	第6D层	数量	保存
头骨	28	0	4	3	0	5	0	0	1	0	41	残破
下颌骨	49	37	25	33	0	3	4	0	0	0	151	较好
脊椎骨	8	0	5	4	0	1	2	0	1	0	21	较好
肩胛骨	3	0	2	1	3	0	0	0	1	1	11	残破
肋骨	52	0	18	5	0	4	0	0	0	0	79	残破
肱骨	2	4	3	1	1	8	2	0	4	0	25	残破
桡骨、尺骨	23	2	7	2	0	14	10	0	11	0	69	较好
股骨	2	0	4	4	0	4	1	0	2	0	17	残破
胫骨、腓骨	0	0	2	1	0	0	0	0	0	0	3	残破
指骨、跟骨	60	5	2	21	0	30	0	1	10	5	134	较好
蹄、爪	20	1	9	2	0	0	0	0	2	0	34	较好
人工骨片	293	22	130	9	0	9	1	0	8	0	472	明显
骨片	1644	3	178	149	9	169	56	0	5	0	2213	破裂
鸟禽骨	188	4	27	45	1	28	5	0	0	0	298	较好
骨骼数量	2372	78	416	280	14	275	81	1	45	6	3568	/

但上颚骨却罕见，究其原因可能是先民偏爱食用动物脑髓的结果。少数骨骼表面存在啮齿动物啮咬痕迹，这种啮咬痕迹基本上分布在骨骼的边缘，而且具有上下对称、宽而浅的特征，痕迹较小的应是被鼠类啮咬，痕迹较大的则是被竹鼠或豪猪啮咬。大型骨骼风化程度三个级别都存在，但以中度风化为主，表面均不见搬运或冲磨痕迹，是原地埋藏的另一佐证[106]。除人工砸击和敲击的骨片外，无人工痕迹的骨骼或多或少存在顺着骨质纤维方向破裂的现象，这是骨骼暴露在洞内时因潮湿引起的物理和化学风化造成的。

　　统计数据还表明，哺乳动物群落的组成基本上以中小体型动物为主体，时间越晚，大体型动物比例越多；文化层出土的大型骨骼越多，表明狩猎活动的比重越高。大型骨骼的保存状态、破损程度又和先民食用、利用骨骼制作骨质工具的多寡密切相关。人工骨片是指骨骼或骨片表面上具有明显的人工砸击或打击痕迹的骨片，具人工痕迹的骨片越多，表明先民更多地利用骨骼制作骨质工具。第3A层大型骨骼数量最多，共有2372件，各类骨骼也较齐全，具有人工砸击或打击的骨片数量也最多，显然该时期先民的狩猎活动对于他们的物质生活具有重要地位，也显示出他们已具备较高的狩猎技能，既能捕猎较大体型的动物，又能充分利用可能被丢弃的骨骼作为制作骨质工具的材料。

三、哺乳动物种群动态分析

　　一个遗址出土的动物种类通常是当时当地动物群落的缩影，但并不完全；在非人为作用自然条件下，不同类别动物和不同体型动物之间存在着合理的比例，才能构成相对稳定的食物链，倘若某一环节出现偏差就可能会导致地区性失调；动物群落中通常存在一种或几种优势种，并是该地区生态环境下数量最多的种群，其也往往是史前人类最主要的狩猎对象。

　　奇和洞遗址文化层从旧石器时代末期的第6层起到新石器时代早期的第3A层，出土的哺乳动物数量和最少个体数呈现由少到多的趋势。在经历近10000年的时间中，奇和洞周边从末次冰期高峰刚过的动物种类较少、种群较小、以小体型动物为主的生态环境，逐渐向哺乳动物种类增加、种群不断扩大、不同体型动物并存的良好生态环境发展，这正好符合关于全球古气候格局从更新世晚期到全新世环境演变的有关论述[107]。种类兴衰和数量的增减在奇和洞遗址不同层位中有鲜明的反映，但第6层至第3A层哺乳动物种类呈现出增加的趋势（图146）。

　　根据对第三期文化层哺乳动物种类和最少个体数量的统计，显示出该时期哺乳动物群由34

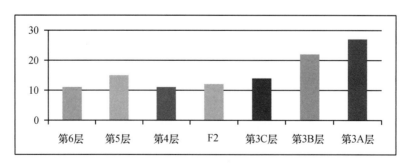

图146　各层哺乳动物种数比较（Comparison of quantity of mammal species）

种组成，且以中小体型动物占优势，大型动物也有一定比例。食虫类和翼手类7种，占20.6%；
啮齿类6种，占17.6%；灵长类3种，占8.8%；食肉类10种，占29.5%；偶蹄类8种，占23.5%；
动物群属于小体型的17种、中体型的12种、大体型的5种。单从哺乳动物种类看，食肉类比例
超常，大于正常生态环境下的比例（5%～8%），在一般情况下食肉类种数过多，可能会导致
当地食物链发生异常，只有在其他动物特别是被捕食动物足够庞大，才能使这种异常得以平
衡，第3A层的哺乳动物结构正是这样。

最少个体数统计（图147）在某种程度上反映了当时当地哺乳动物群落不同种类的种群动
态，也预示着先民狩猎的主要对象。第一期文化层（第6层）标本数54、个体数27；其中黑鼠
标本数6、最少个体数2；中华竹鼠标本数29、最少个体数12；猕猴标本数3、最少个体数1；小
麂标本数8、最少个体数3。第二期文化层（第5层和第4层）标本数98、个体数45；其中黑鼠标
本数31、最少个体数11；中华竹鼠标本数9、最少个体数4；猕猴标本数9、最少个体数2；小麂
标本数14、最少个体数4。第三期晚段文化层（第3B～3A层）标本数743、个体数247；其中黑
鼠标本数350、最少个体数146；中华竹鼠标本数30、最少个体数5；猕猴标本数140、最少个体
数10；小麂标本数45、最少个体数5。第三期早段文化层（第3C层和F2）标本数154、个体数
63；其中黑鼠标本数65、最少个体数31；中华竹鼠标本数1、最少个体数1；猕猴标本数24、最
少个体数5；小麂标本数29、最少个体数5。可见最少个体数随着时间的推移逐渐增多，特别是黑
鼠、猕猴和小麂3个种群，其数量从第一期到第三期呈现急剧增加的趋势，显然这3种动物在距今
7000年前种群数量达到高峰期，成为当时当地的优势种；而竹鼠却相反，呈减少趋势，也许意味
着一度繁盛的竹林出现衰退现象。第三期后一阶段（第3A层，距今7000年前），动物群种类和
种群数量达到高峰，大体上接近现代当地动物群和生态环境，大中小体型动物数量和比例趋于正
常（图148），反映出当时当地的生态环境和全球一样已经步入自末次冰期以来的最佳时期。

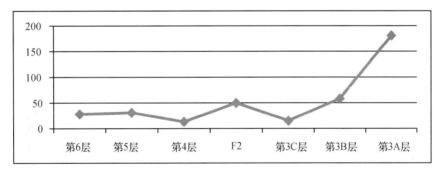

图147 各层哺乳动物种最少个体数（Comparison of least individual quantity from different levels）

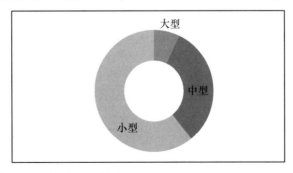

图148 第3A层不同体型哺乳动物数量比较（Comparison of different sizes of mammal from ③A level）

四、几个问题的讨论

奇和洞洞内结构简单，虽然地层堆积相对复杂，但层序清楚，文化层均未遭受严重破坏，出土的遗物十分丰富，遗物表面痕迹清晰，为研究埋藏学提供了较好条件。以下就几个问题进行讨论。

（一）埋藏机理

埋藏机理通常是指一个遗址、遗物或生物体（个体或群体）被废弃或死亡后，是否被及时掩埋起来，或者由于经过介质的搬运而发生位移；它们在暴露于地表的时间内，遭受哪些因素的风化和破坏及其程度，最后才被埋藏起来。就地埋藏的属于原地埋藏类型；经过搬运、位移的属于异地埋藏类型。埋藏、遗物的保存状态，受到地质、地理和环境诸因素的影响；洞内和洞外条件不同，遭受的物理或化学的风化也不同，因此直接影响考古信息的获取。奇和洞遗址三期文化都是由洞内间断性流水作用及其携带的物质在缓慢淤积状态下被覆盖的，故出土的遗物依然保留在原有的位置上，表面无任何搬运或冲磨痕迹，多数遗物或多或少附着钙质或受铁锰质浸染，从断裂的器物和动物骨骼多件可以拼合以及大量翼手类和啮齿类下颌骨保存完好看，都是原地埋藏的。洞内虽出现过短期较大流水，局部地段受到轻微破坏的迹象，但并不影响文化层主体。大约距今7000年前，气候转暖，降水增大，石灰岩体不稳定因素加大，洞顶巨石的坍塌和洞内水流携带物质渐渐覆盖了文化层，使奇和洞三个文化层最终被全部掩埋起来。至此，洞内又有一段较长时间停止新的沉积，原有的沉积层因而得以保存至今。

（二）生态环境的复原

漳平市地处中、南亚热带交界，现今植被覆盖率高达70%以上，植被类型有亚热带针叶林、阔叶林、灌草丛、草丛和竹林等，但多数属次生林，原生林和季风常绿阔叶林分布较少，蕨类、裸子和被子植物种类繁盛，多达179科599属1301种，在分布上具明显的地带性。海拔800m以下丘陵区以毛竹林和经济林为主，800m以上中、低山区为常绿阔叶林和次生针阔叶林，1300～1500m以上为亚热带灌草丛。现存无脊椎动物和脊椎动物有300余种，哺乳动物81种，但缺乏奇蹄类，隶属南亚热带动物群落[108]。奇和洞附近低山地带以次生针阔叶林、杉木林、马尾松林和温性竹林为主，丘陵地带多季风常绿阔叶林。从距今7000年前以来，生态环境基本上是延续的、比较稳定的；末次冰期以后，原本更新世晚期存在的大熊猫、剑齿象、中国犀、巨貘等已经消失，全新世早期曾经出现的野生短尾猴、小猪和水牛现已无踪可寻。自17000年前以来奇和洞一带生态环境经历了如下三次较大自然变迁：

距今17～12ka BP：即第一期文化层（第6层），哺乳动物12种，成员有食虫类1种（鼩鼱），翼手类1种（普氏蹄蝠），灵长类1种（猕猴），啮齿类4种（小家鼠、黑鼠、红背䶄鼠、中华竹鼠），食肉类3种（赤狐、鼬、金钱豹），偶蹄类2种（小麂、鹿）。动物群成员大多数体型较小，个别中等体型，缺乏大型动物，无脊椎动物和水生动物也极少，表现出当时正是末次冰期高峰期刚刚过去，处于干冷气候条件下的灌丛—草原生态环境。

距今12～10ka BP：即第二期文化层（第4、5层），哺乳动物18种，成员包括翼手类3种（普氏蹄蝠、南蝠、鼠耳蝠），灵长类1种（猕猴），啮齿类4种（小家鼠、黑鼠、中华竹鼠、豪猪），食肉类6种（家犬、赤狐、豺、黄鼬、青鼬、金钱豹），偶蹄类4种（水牛、小麂、鹿、甘南鬣羚）；另有为数不多的龟、鳖、鸟禽类和螺类。体现出末次冰期已经结束，生态环境开始朝着好的方向发展，原生林逐步得到恢复，呈现出温偏干气候条件下的森林—灌丛生态环境。

距今10～7ka BP：即第三期文化层（第3层），脊椎动物兴盛，哺乳类增至34种，多硬骨鱼类、爬行类（蛇、龟、鳖）和鸟禽类；无脊椎动物溪螺、田螺、平卷螺数以千计，另有河蚌、河蟹等。这一时期动物种类繁多，数量庞大，呈现出良好的生态环境；哺乳动物成员多喜栖森林条件。这个时期是全新世以来的最佳气候期（大西洋期），温暖湿润、降水充沛，山地原始森林茂盛。自此之后，奇和洞遗址的生态环境一直延续至今，动植物群落无明显变化（表50、表51）。

表50 不同时期哺乳动物种类、数量、最少个体数对比

（ Contrast of species quantity and least individual of mammal of different levels ）

种类 \ 层位	第3A层	第3B层	F2	第3C层	第4层	第5层	第6层	支洞
1. 鼩鼱（Sorex sp.）	▲	▲					▲	
2. 中华菊头蝠（Rhinolopus sinicus）	▲	▲						
3. 白腹管鼻蝠（Murina leucogaster）	▲							
4. 中华鼠耳蝠（Myotis brandui）	▲				▲	▲		
5. 普氏蹄蝠（Hipposideros pratti）	▲		▲	▲	▲	▲	▲	▲
6. 硕猕猴（Macaca cf. Robustus）								▲
7. 猕猴（Macaca mulatta）	▲	▲	▲	▲		▲	▲	
8. 短尾猴（Macaca thibetana）	▲							
9. 猴科A（Cercopithecidae A）		▲						
10. 猴科B（Cercopithecidae B）		▲						
11. 小家鼠（Mus musculus）	▲	▲			▲	▲	▲	
12. 黑鼠（Rattus rattus）	▲	▲	▲	▲	▲	▲		
13. 黑线姬鼠（Apodemus agrarius）	▲							
14. 红背鼯鼠（Petaurista petautista）	▲	▲					▲	
15. 中华竹鼠（Rhizomis sinensis）	▲	▲		▲	▲	▲	▲	▲
16. 无颈鬃豪猪（Hystrix subcristata）								▲
17. 豪猪（Hystrix brachyura）	▲	▲	▲	▲	▲	▲		
18. 家犬（Canis familiaris）		▲	▲	▲		▲		

续表

种类 \ 层位	第3A层	第3B层	F2	第3C层	第4层	第5层	第6层	支洞
19. 狼（*Canis lupus*）								▲
20. 赤狐（*Vulpus vulpus*）	▲	▲	▲	▲		▲	▲	
21. 豺（*Cuon aupinus lepturus*）	▲					▲		
22. 黑熊（*Ursus thibetanus*）								▲
23. 青鼬（*Martes flavigula*）	▲				▲			
24. 獾（*Meles* sp.）		▲						▲
25. 黄腹鼬（*Mustela kathiah*）	▲	▲		▲				
26. 黄鼬（*Mustela sibirica*）	▲		▲	▲		▲	▲	
27. 大灵猫（*Viverra zibetha*）	▲	▲						
28. 水獭（*Lutra lutra*）	▲							
29. 金猫（*Catopuma temminckii*）		▲	▲	▲				
30. 金钱豹（*Panthera pardus*）	▲	▲			▲		▲	▲
31. 东方剑齿象（*Stegodon oreitalis*）								▲
32. 中国犀（*Rhinoceros sinensis*）								▲
33. 华南巨貘（*Megatapirus augustus*）								▲
34. 野猪（*Sus scrofa*）	▲					▲		
35. 小猪（*Sus xiaozhu*）		▲						
36. 家猪（*Sus familiaris*）	▲		▲					
37. 水鹿（*Cervus unicolar*）	▲							▲
38. 鹿（*Cervus* sp.）	▲	▲				▲	▲	
39. 赤麂（*Muntiacus muntjak*）	▲	▲	▲	▲				▲
40. 小麂（*Muntiacus reevesi*）	▲	▲	▲	▲	▲	▲	▲	▲
41. 鬣羚（*Capricornis milneedwardsii*）			▲	▲	▲			
42. 山羊（*Capra* sp.）				▲				▲
43. 獐（*Hydropotes* sp.）								▲
44. 水牛（*Bubalus bubalus*）					▲			▲
各层种类数统计	27	21	12	14	11	14	12	20
各层标本件数统计	470	253	28	124	30	67	56	228
各层最少个体数统计	181	58	15	50	13	31	28	55

表51　生态环境变化与不同时期动物群比较（Fauna and environment of different period）

文化期	年代（ka BP）	种数量	小型	中型	大型	其他	生态环境
第一期	10～7	13	6	4	3	少量龟、禽	灌丛—草原，较干凉
第二期	12～10	18	7	7	4	少量龟、鸟禽、螺	森林—草原，温偏干
第三期	16～12	34	17	12	5	大量鱼、龟鳖、两栖、蛙、螺、鸟禽	山地原始森林，温暖湿润
现代	—	81	59	17	5	大量鱼、龟鳖、两栖、蛙、螺、鸟禽	山地次生林，温暖湿润

（三）遗址主人的物质生活和精神生活

对遗物、骨骼表面痕迹、破碎和风化程度、动物群组成等因素综合分析，大致可以推测出第一期先民在奇和洞的居住时间以及制作工具的场所。他们从灶头溪河漫滩上（相当于现今的第二级阶地砾石层）拣取砾石，并在洞口打制石器，因而出土的石制品大多属于初级产品，另有为数不多的动物残渣，加上生态环境的限制，他们群体人数并不多，只是季节性居住，并过着以采集为主狩猎为辅的"搜寻型"原始生活[109]；主要依靠采集根茎类（如蕨类、芋类、葛类）和种子类（如小麦族、高粱属、薏苡属和驯化稻）植物性食物维持生计；捕捉啮齿类（如黑鼠和竹鼠）等小型动物补充肉食来源。那时已经出现的初级刻画艺术品表明这时先民有意识地在石块上刻画形象，以表达某种思维。

第二期先民到奇和洞居住期间人数有了增加，洞口大厅占用面积也有所扩大。正当冰期结束，间冰期刚刚来临，周边生态环境有了较大改观，在森林—草原环境得到恢复和动植物总量增加的条件下，先民除了采集植物性食物（根茎类和种子类）外，狩猎经济已经占据相当大的比重。在食物结构中，烧烤动物获取肉食改善生活已经成为重要的饮食方式；他们开始制作原始陶器、磨制石器和骨器，进一步改革工具，获取更多的自然物质资源。在这个时期，先民也许已经学会驯养，家犬和家猪可能是他们最早驯养的两种动物；制作装饰艺术品随之成熟起来，表明这时先民已经懂得在石块上刻画以表达他们的思想意识。

第三期先民在奇和洞定居的人数明显增加，居住范围继续扩大，几乎占用洞口大厅的四分之三。新的间冰期到来，全球性步入回暖时期，山地森林繁茂，降水增大。在气候温暖湿润的自然条件下，多种哺乳动物、鸟禽类及鱼、龟鳖、蛇、螺、蚌、蛤、蟹大量繁衍，良好的生态环境，充足、稳定的食物来源，为先民提供了富庶的生活条件。从动物遗骨的种类和数量判断，狩猎经济已经占据首要地位，工具的改进，石镞、骨镞的出现，表明他们狩猎技术水平有了很大提高，除继续捕捉小体型啮齿类（如黑鼠）、中体型灵长类（如猕猴）、食肉类（狐和鼬等）及食草类（赤麂和小麂）作为肉食来源外，也猎获较大动物，如豹、野猪、水鹿等。哺乳动物最少个体数统计结果显示以黑鼠最多，反映当时该物种的种群极为庞大；数以千计的螺壳表明是先民重要的食物，在2577件溪螺中有1447件壳体顶部都有敲击过的痕迹（占56%）；105件田螺中有81件壳体顶部经敲击过（占77%），说明奇和洞人对这种食物的偏好。数量较多、具有砸击痕迹骨骼的存在，反映奇和洞人既敲骨吸髓，也利用较大动物的骨骼生产骨质工具（骨簪、骨铲、尖刃器等）和利用较小骨骼制作生活用具（骨针、骨锥、骨匕等）。烧骨数以千计，表明主人是地道的熟食者；在利用动物资源和制作多样化工具上，奇和洞人工艺水平已经达到了更高层次；凹石和陶器表面的毛蚶壳压印纹暗示着地处深山老林的先民，已经和沿海地区建立了某种联系和交流。研磨器凹坑中存在的赤色粉末痕迹，可能暗示他们已应用赤铁矿研磨原料，以便装饰陶器或代表某种迷信色彩，采用赤铁矿粉末装饰器物以往曾见于周口店山顶洞和河北兴隆。装饰品（鱼形饰件、骨管、钻孔饰品）和艺术品（刻画石）的出现，不仅反映奇和洞人已有强烈的审美意识，而且也标志着先民思想意识进一步深化。显然，奇和洞第三期居住者是一个"收集型"的新石器时代早期聚落人群。

（四）奇和洞遗址的埋藏类型

史前人类曾经居住的地点和他们所创造的物质、非物质文化，只有在适当的条件下才能得以保存。任何一个遗址在被遗弃之后，无一例外地要经历风化、破坏或搬运、堆积和掩埋过程，奇和洞遗址也同样经历了这些过程。当遗物被遗弃直至被掩埋后，都会再次受到各种因素的影响而发生变化。通过埋藏学研究，初步揭示出史前人类选择奇和洞居住的动因是当时当地具有相对较好的生态环境，可在较好的物质条件下进行各种生产活动和生活，创造出与生态环境相关联的文化。通过对洞内地层成因及地层物质组成、出土物表面的观察，以及哺乳动物骨骼的分类统计，表明奇和洞遗址各个文化层位被遗弃的器物、骨骼等都是在原地沉积和被掩埋的，几乎所有遗物表面均无搬运痕迹，部分器物可以拼合，从而确定奇和洞遗址是一个经历复杂过程的原地埋藏类型的洞穴遗址[110]。

参 考 文 献

［1］ 漳平地方志编撰委员会编.漳平县志.北京：生活·读书·新知三联书店，1995：1-852.

［2］ 地矿部福建地质矿产勘探开发局.福建地质图（1：50000）.福州：福建地图出版社，1993.

［3］ 中国科学院古脊椎动物与古人类研究所.中国古脊椎动物化石手册.1989：1-645.

［4］ 西蒙·赫森著.哺乳动物骨骼和牙齿鉴定方法指南.侯彦峰，马萧林译.北京：科学出版社，2012：1-117.

［5］ Nowak R M, John D. Paradiso, Mammals of the world. The Johns Hopkins Univesity Prees, 1983: 929-1305.

［6］ Smith A T, Yan X. Mammals of China. Princeton and Oxford: Princeton Univ. Press, 2008: 1-544.

［7］ B.格洛莫娃著.哺乳动物大型管状骨检索表.刘后贻译.北京：科学出版社，1960：1-162.

［8］ 范雪春，郑国珍.福建第四纪哺乳动物化石考古发现与研究.北京：科学出版社，2006：1-203.

［9］ 范雪春，诰华，彭菲.将乐岩仔洞试掘简报.福建文博，2003，（2）：1-7.

［10］ 尤玉柱，蔡保全.福建更新世地层、哺乳动物与生态环境.人类学学报，1996，15（4）：337-345.

［11］ 李炎贤.我国南方第四纪哺乳动物的划分和演变.古脊椎动物与古人类，1981，10（1）：67-76.

［12］ 黄万波.中国晚更新世哺乳动物群//参加第十三届国际第四纪大会论文集.北京：科学出版社，1991：44-54.

［13］ 计宏祥.华南第四纪哺乳动物群的划分问题.古脊椎动物与古人类，1977，14（1）：59-66.

［14］ 范雪春，王银平，等.福建武平猪仔笼洞发掘报告.南方文物，2012，（1）：38-44.

［15］ 高星，沈辰.石器微痕分析的考古实验研究.北京：科学出版社，2008：61-83.

［16］ 张森水.中国旧石器文化.天津：天津科学技术出版社，1987：1-301.

［17］ 陈全家.吉林镇赉丹岱大坎子发现的旧石器.北方文物，2001，（2）：1-7.

［18］ 王益人，王建.下川雕刻器研究.文物世界，1998，（3）：25-49.

［19］　李锋. 甘肃庄浪徐家城旧石器遗址初步研究. 北京：中国科学院大学硕士学位论文，2010：99-115.

［20］　李炎贤，蔡回阳. 贵州白岩脚洞石器的第二步加工. 江汉考古，1986，（2）：56-64.

［21］　Andrefsky Jr W. Lithic-Macroscopic Approaches to Analysis. Cambridge: Cambridge University Press, 1998.

［22］　王幼平. 试论石器原料对华北旧石器工业的影响//迎接二十一世界的中国考古学国际学术讨论会论文集. 北京：科学出版社，1998：75-85.

［23］　王幼平. 试论环境与华北晚期旧石器文化. 北京大学学报，1990，（1）：113-120.

［24］　高星. 周口店第15地点石器原料开发方略与经济形态研究. 人类学学报，2001，20（3）：186-200.

［25］　杨式挺. 试论西樵山文化. 考古学报，1985，（1）：9-32.

［26］　李松生. 西樵山考古研究的发展. 中山大学学报，1990，（4）：75-79.

［27］　吴伟鸿，王宏，潭惠忠，等. 香港深涌黄地峒遗址试掘简报. 人类学学报，2006，25（1）：56-67.

［28］　范雪春，彭菲，陈子文，等. 福建漳州莲花池山旧石器遗址发掘简报//董为. 第十届中国古脊椎动物学学会论文集. 北京：海洋出版社，2006：217-232.

［29］　张森水. 中国北方旧石器工业分类初探. 文物春秋，1991，（1）：34-42.

［30］　张森水. 中国北方旧石器工业的区域渐进与文化交流. 人类学学报，1990，9（4）：322-333.

［31］　曾祥旺. 广东河源灯塔镇发现的旧石器. 南方文物，1996，（3）：1-5.

［32］　广东省博物馆. 广东东兴的旧石器. 古脊椎动物与古人类，1960，2（1）：61-62.

［33］　Hou Y M, Potts R, Yuan B Y, et al. Mid-Pleistocne Acheulean-like Stone Technology of the Bose Basin, South China. Science, 2000, 287(5458): 1622-1626.

［34］　福建博物院. 莲花池山遗址——福建漳州旧石器遗址发掘报告（1990—2007）. 北京：科学出社，2013：1-150.

［35］　福建博物院. 莲花池山遗址——福建漳州旧石器遗址发掘报告（1990—2007）. 北京：科学出社，2013：1-150.

［36］　范雪春. 福建漳州旧石器调查报告. 人类学学报，2005，（1）：25-30.

［37］　范雪春，吴金鹏，黄运明，等，福建晋江深沪湾潮间带旧石器遗址. 人类学学报，2011，（3）：59-66.

［38］　福建博物院，将乐县博物馆. 将乐县发现旧石器时代石制品. 福建文博，2004，（2）：8-12.

［39］　福建省文物局，福建博物院，三明市文物管理委员会. 福建三明万寿岩旧石器时代遗址. 北京：文物出版社，2006：1-181.

［40］　陈子文，李建军. 福建永安黄衣垄旧石器遗址发掘报告. 人类学学报，2008，1（1）：24-32.

［41］ 曹泽田. 猫猫洞的骨器和角器研究. 人类学学报，1982，（1）：36-42.

［42］ 毛永琴，曹泽田. 贵州穿洞遗址1979年发现的磨制骨器的初步研究. 人类学学报，2012，31（4）：335-343.

［43］ 尤玉柱，王峰. 河北兴隆发现的鹿角雕刻艺术//纪念裴文中诞辰90周年论文集. 北京：科学出版社，1992：75-80.

［44］ 陈胜前. 中国晚更新世—早全新世过渡时期狩猎采集者的适应变迁. 人类学学报，2006，25（3）：195-207.

［45］ 谢光茂，林强. 广西百色革新桥遗址石器制作工艺研究. 南方文物，2014，（4）：56-73.

［46］ 吴汝康，吴新智，张森水. 中国远古人类. 北京：科学出版社，1989：1-409.

［47］ 黄慰文，张镇洪，傅仁义，等. 海城小孤山的骨制品和装饰品. 人类学学报，1986，5（3）：259-266.

［48］ 黄蕴平. 小孤山骨针的制作和使用研究. 考古，1993，（3）：260-268.

［49］ 曲彤丽，Conard N J. 德国旧石器时代晚期骨角器研究及启示. 人类学学报，2013，32（2）：169-181.

［50］ 李国宏. 海底化石探秘. 武汉：武汉大学出版社，2012：1-198.

［51］ 尤玉柱. 山西峙峪旧石器时代骨雕的初步研究//中国第四纪地质与环境. 北京：海洋出版社，1982：198-202.

［52］ 黄万波，徐志强. 重庆奉节兴隆洞第二次发掘简报. 龙骨坡史前文化志，2002，（4）：22-28.

［53］ Huang W B. Quaternary Mammalian Faunas and Climatic Variations in Eastern China. Curr. Res. Pleistocene, 1985: 96-100.

［54］ 徐钦琦. 晚更新世以来的气候变迁与地球轨道. 地层学杂志，1981，5（3）：226-230.

［55］ 广东省文物管理委员会. 广东潮安的贝丘遗址. 考古，1961，（11）：577-584.

［56］ 杨式挺. 建国以来广东新石器时代考古略述. 学术研究，1985，（5）：67-72.

［57］ 范雪春，焦天龙，罗莱，等. 2004年平潭壳丘头遗址发掘报告. 福建博物，2009，（1）：1-15.

［58］ 林公务. 福建平潭壳丘头遗址发掘简报. 考古，1991，（7）：587-600.

［59］ 林公务. 福建沿海的史前考古与早期海洋文化. 福建文博，2012，（1）：44-48.

［60］ 陈仲玉. 试论中国东南沿海史前的海洋族群. 考古与文物，2002，（2）：38-42.

［61］ 陈仲玉，邱鸿霖. 马祖亮岛岛尾遗址群发掘与“亮岛人”修复计划. 连江县文化局，2013.

［62］ 郑金星，陈龙. 福建闽侯白沙溪头新石器时代遗址第一次发掘简报. 考古，1980，（4）：289-295.

［63］ 林公务，王振镛，林秉亮. 闽侯沙溪遗址第二次发掘报告. 考古学报，1984，（4）：459-501.

［64］　范雪春，林公务，焦天龙. 福建东山县大帽山贝丘遗址的发掘. 考古，2003，（12）：19-31.

［65］　臧振华著. 台湾大坌坑文化的年代及其来源. 林建红译. 南方文物，1997，（2）：116-121.

［66］　钟礼强. 昙石山文化的生产方式与邻省区同期原始文化的异同. 南方文物，1993，（1）：60-63.

［67］　广东省文物管理委员会. 广东潮安的贝丘遗址. 考古，1961，（11）：577-584.

［68］　杨式挺. 建国以来广东新石器时代考古略述. 学术研究，1985，（5）：67-72.

［69］　范雪春，林公务，焦天龙. 福建东山县大帽山贝丘遗址的发掘. 考古，2003，（12）：19-31.

［70］　林公务. 福建平潭壳丘头遗址发掘简报. 考古，1991，（7）：587-600.

［71］　郑金星，陈龙. 福建闽侯白沙溪头新石器时代遗址第一次发掘简报. 考古，1980，（4）：289-295.

［72］　陈仲玉，邱鸿霖. 马祖亮岛岛尾遗址群发掘与"亮岛人"修复计划. 连江县文化局，2013.

［73］　张光直，戴国华. 中国沿海地区的农业起源. 农业考古，1984，（2）：52-57.

［74］　谢光茂，林强. 广西百色革新桥遗址石器制作工艺研究. 南方文物，2014，（4）：56-73.

［75］　中国科学院古脊椎动物与古人类研究所. 贾兰坡旧石器时代考古论文集. 北京：文物出版社，1984.

［76］　王幼平. 更新世环境与中国南方旧石器文化发展. 北京：北京大学出版社，1997.

［77］　李英华，包爱丽，侯亚梅. 石器研究的新视觉：技术—功能研究法——以观音洞遗址为例. 考古，2011，（9），58-70.

［78］　尤玉柱. 漳州史前文化. 福州：福建人民出版社，1991：1-170.

［79］　陈子文，李建军. 福建永安黄衣垄旧石器遗址发掘报告. 人类学学报，2008，27（1）：23-32.

［80］　福建文物局，福建博物院，三明市文物管理委员会办公室. 三明万寿岩旧石器时代遗址. 北京：文物出版社，2006：1-185.

［81］　陈淳. 旧石器研究：原料、技术及其他. 人类学学报，1996，15（3）：268-275.

［82］　福建博物院. 莲花池山遗址——福建漳州旧石器遗址发掘报告（1990—2007）. 北京：科学出版社，2013.

［83］　Bar-Yosef O. The Upper Paleolithic Revolution. Annual Review of Anthropology, 2002, 31: 363-393.

［84］　中国科学院古脊椎动物与古人类研究所. 贾兰坡旧石器时代考古论文集. 北京：文物出版社，1984：160-180.

［85］　李超荣. 王府井东方广场遗址骨制品研究. 人类学学报，2004，23（1）：13-33.

［86］ 王鹏. 试论偏翼镞的用途——史前人类是否认知光的折射？. 人类学学报，2012，31（3）：228-237.

［87］ Gai P. Recent Progress of Upper Paleolithic Research in China//The Pleistocene Perspective, Vol.2. London: Allen and Unwen. 1996: 1-7.

［88］ 安家瑗. 华北地区旧石器时代的骨、角器. 人类学学报，2001，20（4）：319-330.

［89］ 奥克莱 K P. 石器时代文化. 周明镇，译. 北京：科学出版社，1965：1-94.

［90］ 朱迪. 原始文化研究. 北京：生活·读书·新知三联书店，1988：1-405.

［91］ 高星. 新世纪的中国旧石器考古学：迈向世界舞台的中心. 龙骨坡史前文化志，2001，（1）：46-49.

［92］ 中国科学院古脊椎动物与古人类研究所. 裴文中科学论文集. 北京：科学出版社，1990：1-388.

［93］ 高星，王惠民，关莹. 水洞沟旧石器考古的新进展与新认识. 人类学学报，2013，32（2）：121-132.

［94］ 黄慰文，张镇洪，傅仁义，等. 海城小孤山的骨制品和装饰品. 人类学学报，1986，5（3）：259-266.

［95］ 尤玉柱. 峙峪遗址刻划符号初探. 科学通报，1982，27（16）：1008-1010.

［96］ 尤玉柱，王峰. 河北兴隆发现的鹿角雕刻艺术. 纪念裴文中诞辰90周年论文集. 北京：科学出版社，1992：75-80.

［97］ 黄万波，徐志强. 重庆奉节兴隆洞第二次发掘简报. 龙骨坡史前文化志，2002，（4）：22-28.

［98］ 盖山林. 阴山岩画. 北京：文物出版社，1989.

［99］ 尤玉柱. 中国旧石器时代之艺术及其比较//黄海沿岸环境及文化国际学术讨论会文集. 汉城：汉阳大学校出版社，1992：71-75.

［100］ 刘东生，等. 中国黄土研究新进展. 中国第四纪研究，1990，（1）：1-9.

［101］ 黄万波. 中国晚更新世哺乳动物群//中国科学院古脊椎动物与古人类研究所. 参加第十三届国际第四纪大会论文集. 1991：44-54.

［102］ 梁名胜，张吉林. 中国海陆第四纪对比研究. 北京：科学出版社，1991.

［103］ 尤玉柱. 动物考古的若干方法. 考古与文物，1986，（2）：95-101.

［104］ Behrensmeyer A K. Taphonomic and Ecologic Information from Bone Weathering. Paleobiology, 1978, 4 (2) : 150-162.

［105］ 尤玉柱. 史前考古埋藏学概论. 北京：文物出版社，1989：1-262.

［106］ Gifford D P, Cruz S. Taphonomy Speciment, Lake Turkana. Nat. Geo. Soc.1982, (3): 419-427.

［107］ 尤玉柱. 中国动物群及人类文化的古气候变迁记录. 中国气候变化及其影响. 北京：海洋出版社，1992：178-190.

［108］ 中国科学院《中国自然地理》编辑委员会. 中国自然地理（总论）. 北京：科学出版

社，1985：1-412.

［109］ Binford L R. Hunter-gatherer Settlement Systems and Archaeological Site Formation. American Antiquity, 1980, 45: 2-20.

［110］ 尤玉柱. 居址与非居址——关于旧石器时代遗址的分类. 山西大学学报，1985，（2）：97-101.

附　　录

福建漳平奇和洞发现的新石器时代早期人类头骨

吴秀杰、范雪春、李史明、高星、张亚盟、方园、邹阿强、陈军

中国全新世人骨材料比较丰富，从1万年前至今，各个时期都有重要的遗址发现，这对探讨现代中国人群的起源、演化和迁徙问题起到了非常重要的作用。目前，已发表和报道的新石器时代的人类遗址虽然有多处，但其年代多集中在距今7000～5000年之间，距今10000年左右的保存完好的人骨材料非常罕见，目前报道的只有广西柳江大龙谭鲤鱼嘴[1]、北京东胡林人[2]和广西桂林甑皮岩[3]。广西的隆林人和云南的蒙自人虽然年代在1万年左右，但其头骨保存不完整，缺失部分很大[4]。福建地区目前发现的最早的人骨标本是位于闽侯昙石山的新石器时代晚期的人类遗骸[5]，奇和洞人类遗骸是迄今为止福建地区发现的最早的人类遗骸，它为探讨华南地区全新世早期人类体质特征及更新世晚期向新石器时期转换阶段人类体质特征的变异提供了重要的参考资料。

奇和洞为一喀斯特溶洞，位于福建省漳平市象湖镇灶头村，地理坐标为北纬25° 30′ 02.7″，东经117° 39′ 15.8″，海拔442m。奇和洞包含一个主洞和两个支洞，主洞洞口朝西，洞口宽26米，高4.5米，洞厅深16米。2008年第三次全国文物普查时在主洞洞壁的胶结物中发现了哺乳动物化石，此后，福建博物院、龙岩市文化广电新闻出版局和漳平市博物馆组建了联合发掘队，对奇和洞进行了多次考古发掘。在主洞洞厅中部的文化层中出土了大量的动物化石、打制和磨制石器、磨制骨器、艺术饰品、陶器及人骨材料等。AMS-^{14}C年代测定结果显示，文化层的年代为距今17000～7000年前[6]。2011年1月在文化层的第3层发现了人类遗骸

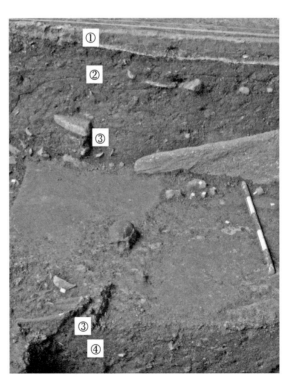

图1　奇和洞文化层剖面（图示人骨材料发现位置）

（图1），直接提取的人骨骼样本的测年结果显示奇和洞人的年代为距今9500年左右，为新石器时代早期。经鉴定，人骨属于3个个体，根据出土的时间顺序，分别命名为奇和洞Ⅰ号、Ⅱ号和Ⅲ号：Ⅰ号个体为一个幼儿头骨残片，由于破损严重，没有保存下来；Ⅱ号个体为一成年女性破碎的头骨碎片及部分头后骨；Ⅲ号个体为较为完整的男性头骨及其下颌骨（彩版四〇、彩版四一）。

一、材料和方法

表1　使用的与奇和洞Ⅲ号对比的标本材料

	标本组	地理位置	年代	数据来源
更新世晚期	柳江	广西柳江	距今6.7万年	[7]，[8]
	山顶洞	北京周口店	距今2.7万年	[9]，[10]
新石器时代南方组	昙石山	福建闽侯	距今5500～4000年	[5]
	鲤鱼嘴	广西柳州大龙潭	距今11000年	[1]
	甑皮岩	广西桂林	距今9000～7500年	[11]
	鲤鱼墩	广东湛江	距今7000～6000年	[12]
	河姆渡	浙江余姚	距今7000年	[13]
	河宕	广东佛山	距今4000年	[14]
	尉迟寺	安徽蒙城	距今4800～4500年	[15]
新石器时代北方组	贾湖	河南舞阳	距今8500～7500年	[16]
	小孤山	辽宁海城	距今5100～4800年	[17]
	石固	河南长葛	新石器时代早期	[18]
	姜家梁	河北阳原	距今6850年	[17]
	西夏侯	山东曲阜	距今6500～4300年	[19]
	柳子镇	陕西华县	距今7100～5700年	[20]
	庙子沟	内蒙察右前旗	距今5000～5500年	[17]

本文的研究材料为2011年发现的保存较为完整的奇和洞Ⅲ号头骨和下颌骨，标本来自龙岩市博物馆。为探讨奇和洞人与更新世晚期及新石器人群之间的关系，本文选取头骨保存完整的更新世晚期柳江人[7]、山顶洞101号标本[8]、新石器南方组（昙石山、鲤鱼嘴、甑皮岩[9]、鲤鱼墩[10]、河姆渡[11]、河宕[12]、尉迟寺[13]）和新石器北方组（贾湖[14]、小孤山[15]、石固[16]、姜家梁、西夏侯[17]、柳子镇、庙子沟）的头骨数据作为对比，表1为本文使用的与奇和洞Ⅲ号头骨对比的标本材料。在对比的新石器标本组中，所取数据为男性个体的平均值。鉴于柳江等对比标本只有头骨，参照近年来中国更新世晚期、新石器人骨的保存情况及研究状况，本文选取头骨的10项测量性状和6项测量指数进行分析，这些测量值和指数大体反应出脑颅、面颅的大小和形状。脑颅部分的测量性状包括颅长、颅宽、耳上颅高和最小额宽；面颅部分的测量性状包括上面高、颧宽、眶高、眶宽、鼻宽和鼻高；测量指数为颅指数、颅长-耳高

指数、颅宽-耳高指数、上面指数、眶指数和鼻指数。用SPSS软件对17个遗址的头骨数据进行测量数据和测量指数的多变量主成分分析，探讨奇和洞Ⅲ号头骨同更新时期人类及新石器南北方居民体质特征的异同。

　　为准确获取奇和洞头骨的颅容量，使用保存在中国科学院古脊椎动物与古人类研究所的高分辨率工业CT机（450kV）对奇和洞Ⅲ号头骨进行扫描，CT扫描的原始数据通过中国科学院高能物理研究所开发的重建软件将扫描的信息转换成二维影像，应用Mimics 16.0（Leuven: Materialise NV）可视化三维图像处理软件对二维图像进行重组和颅内模3D复原。CT扫描参数为：电压450kV，管电流1.5mA，扫描间距0.5mm，像素0.2mm。

二、形态特征观察

　　奇和洞Ⅲ号为保存较为完整的头骨和下颌骨（图2），标本呈黄褐色，略石化，头骨除两侧颞骨、两侧颧突、左侧上颌体及部分基底部缺失外，其他部位基本保存。颅骨较大、骨壁较薄，骨表面肌线和肌嵴发育显著，额结节不显著，眶上缘钝厚，颧弓粗壮，枕外隆突发育显著，初步鉴定为男性个体。

　　头骨前面观（图2A），眉弓凸度中等，眉间突度不明显，鼻根点的部位略有凹陷，鼻骨隆起程度较低，眶上缘较薄，梨状孔较宽，鼻前棘略有隆起，眼眶近长方形，犬齿窝凹陷明显，面部扁平；顶面观（图2B），头骨呈卵圆形，最宽处位于头骨中三分之一处，无矢状嵴，冠状

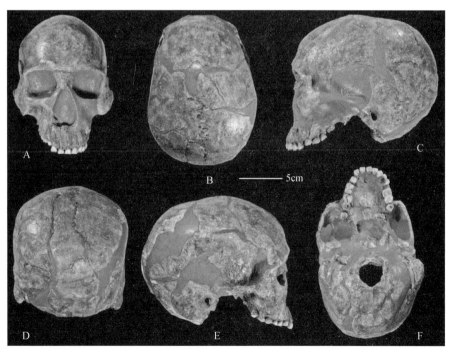

图2　奇和洞Ⅲ号头骨

A.前面观　B.顶面观　C.左侧面观　D.后面观　E.右侧面观　F.底面观

缝愈合，矢状缝、人字缝清晰可见，额结节不显著；侧面观（图2C、图2E），额骨圆隆，颞上线发育，颧骨宽大而外展，乳突较大，无角圆枕，上齿槽突度较弱，顶骨最高点位于前囟点附近；后面观（图2D），颅壁呈垂直形，颅骨顶部呈圆弧形，最宽处位于头骨上三分之一处；底面观（图2F），枕圆枕浅薄微现，从枕骨大孔后缘到上项线，枕外脊明显，齿弓呈抛物线形，上颌16颗牙齿保存完整，右侧第一、第二前臼齿，第三臼齿，左侧第二、第三臼齿龋病严重，特别是两颗右前臼齿，几乎腐蚀掉大半个牙齿。

头骨冠状缝、人字缝人字点段、星点段已经愈合，矢状缝前囟段愈合[18]，奇和洞Ⅲ号骨缝尚未完全愈合。牙齿磨耗观察分级采用美国学者 Smith 对狩猎-采集和农业类型的古代居民牙齿磨耗差别制定的 8 级标准[19]：上颌骨两侧门齿齿质大片状暴露，但围绕齿冠的环状釉质仍完整存在，磨耗级别为Ⅴ级；两侧前臼齿齿质暴露区完全融合，但环绕四周的釉质环仍完整，磨耗级别为Ⅵ级。综合骨缝愈合程度和牙齿磨耗级别，推测Ⅲ号个体的死亡年龄为35岁左右。

奇和洞Ⅲ号下颌骨总体观显得纤细，齿槽缘与下颌基底缘大致平行。顶面观（图3A），下颌骨颏部呈圆形，无下颌圆枕（图3B）；左侧门齿、侧门齿、犬齿、两个前臼齿保存完好，三个臼齿有龋病，特别是第二臼齿，只残留部分齿根；右侧门齿、犬齿、两个前臼齿保存完好，侧门齿、第三臼齿生前断裂只保留齿根，第一臼齿磨耗严重并齿根暴露，第二臼齿生前脱落。右侧面观（图3C），冠突保存完整，髁突缺失，下颌联合部基底前突明显，下颌角外翻。左侧面观（图3D），冠突、髁突缺损，下颌角外翻。两侧颏孔位于第二前臼齿和第一臼齿之间、上齿槽缘和下颌基底部中间位置。

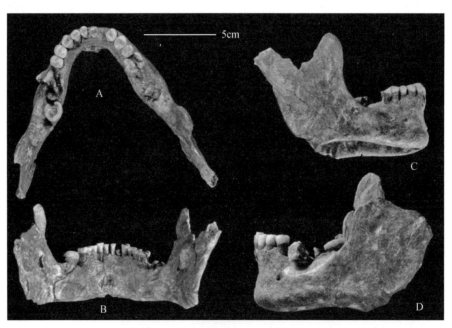

图3　奇和洞Ⅲ号下颌骨
A.上面观　B.后面观　C.右侧面观　D.左侧面观

三、颅容量和脑形态特征

　　奇和洞Ⅲ号头骨较为完整，本文采用虚拟复原颅内模法对其颅容量进行测量。图4为采用高分辨率的CT技术和Mimics图形处理软件三维重建出虚拟的头骨和颅内模。根据复原的颅内模，测得其颅容量为1737cm³。因为脑和颅骨之间包含有血管、神经、脑脊液和脑膜，所以测得的颅容量比实际上的脑量要略微大一些，其差值在5%左右[20]，去掉5%，奇和洞Ⅲ号的脑量大约为1650cm³。

　　颅内模可以反映出脑表面的大体形态特征，从复原的颅内模提供的信息来看，奇和洞人的脑呈卵圆形（图4B），底部保存完整（图4C），最大宽处在中1/3处，脑高较大（图4D），额叶、顶叶、颞叶宽阔圆隆，枕叶呈半圆形，枕叶向后突起，小脑向中间收缩（图4E），奇和洞人脑除脑量较大以外，其他形态特征同现代人基本一致。

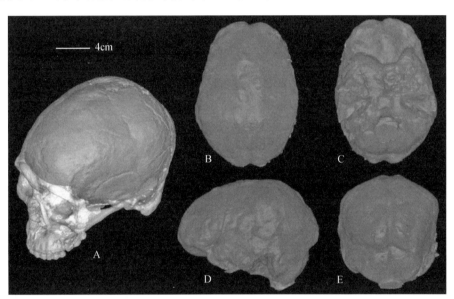

图4　奇和洞Ⅲ号头骨和颅内模三维虚拟重建

A.头骨和颅内模透视观　B.颅内模顶面观　C.颅内模底面观　D.颅内模左侧面观　E.颅内模后面观

四、数　据　分　析

（一）数值分析

　　表2为奇和洞Ⅲ号头骨及其对比的更新世晚期、新石器时代人类头骨的测量值。从脑颅来看，奇和洞Ⅲ号的颅长为193.6mm，明显大于新石器北方各组的颅长（166.5～185.1mm），而与柳江（189.3mm）、山顶洞101（204.0mm）和新石器南方组（变异181.4～198.0mm）接近。

表2 奇和洞Ⅲ号头骨及其对比标本测量值（mm）及指数比较

时代	标本组	颅长	颅宽	耳上颅高	最小额宽	上面高	颧宽	眶高	眶宽	鼻宽	鼻高	颅指数	颅长耳高指数	颅宽耳高指数	上面指数	眶指数	鼻指数
晚更新世	柳江	189.3	142.2	114.5	95.2	65.9	136.0	28.7	42.0	26.8	45.8	75.1	60.5	80.5	48.5	68.3	58.5
	山顶洞	204.0	143.0	113.0	107.0	74.5	143.0	31.5	48.5	32.0	58.0	70.1	55.4	79.0	52.1	64.9	55.2
新石器南方	奇和洞	193.6	136.5	115.1	88.4	76.6	138.6	33.9	39.2	29.4	57.7	70.5	59.5	84.3	55.3	86.5	51.0
	昙石山	189.7	139.2	120.3	91.0	68.0	135.6	33.4	43.3	29.5	51.9	73.4	63.4	86.4	50.1	77.1	56.8
	鲤鱼嘴	192.0	131.6	118.0	90.0	74.6	134.0	33.8	40.4	26.0	51.0	68.5	61.5	89.7	55.7	83.7	51.0
	甑皮岩	191.1	140.3	121.5	94.1	63.9	137.5	35.0	43.3	27.6	53.0	73.4	63.6	86.6	46.5	80.8	52.1
	鲤鱼墩	185.0	136.8	118.0	94.5	69.2	141.5	34.1	46.2	33.1	56.6	73.9	63.8	86.3	48.9	73.8	58.5
	河姆渡	198.0	144.0	130.2	99.0	72.5	147.0	32.0	44.0	28.0	56.5	72.7	65.8	90.4	49.3	72.7	49.6
	河宕	181.4	132.5	117.8	91.5	67.9	130.5	39.1	42.5	26.7	51.9	73.0	64.9	88.9	52.0	92.0	51.4
	尉迟寺	185.3	137.4	123.5	92.1	67.0	133.8	34.9	42.2	27.7	53.8	74.2	66.6	89.9	50.1	82.7	51.5
新石器北方	贾湖	181.0	150.0	121.9	93.5	77.5	137.5	33.8	42.0	27.8	57.5	82.9	67.3	81.3	56.4	80.5	48.3
	小孤山	185.0	142.8	122.1	89.7	61.3	140.5	34.2	43.6	23.7	47.9	77.2	66.0	85.5	43.6	78.4	49.5
	石固	166.5	129.0	116.0	93.3	79.0	137.0	35.0	42.0	26.2	53.7	77.5	69.7	89.9	57.7	83.3	48.8
	姜家梁	178.1	136.8	118.7	88.1	71.4	135.5	33.9	39.8	27.6	53.5	76.8	66.6	86.8	52.7	85.2	51.6
	西夏侯	176.2	143.9	122.2	93.9	72.0	139.4	34.2	44.0	27.7	57.1	81.7	69.4	84.9	51.6	77.7	48.5
	柳子镇	178.8	140.7	120.0	94.3	75.2	133.9	33.5	42.9	28.5	53.5	78.7	67.1	85.3	56.2	78.1	53.3
	庙子沟	174.0	135.9	115.6	89.1	69.4	136.5	33.4	42.3	26.6	52.4	78.1	66.4	85.1	50.8	79.0	50.8

颅宽为136.5mm，最小额宽为88.4mm，略小于晚更新世组，而与新石器其他各组没有显著差异。耳上颅高为115.1mm，与柳江（114.5mm）、山顶洞101（113.0mm）接近，小于新石器其他各组。

从面颅来看，奇和洞Ⅲ号的面部高而显狭窄，上面指数为55.3，上面高76.6mm，位于新石器各组的上限，大于柳江（65.9mm）和山顶洞（74.5mm）；颧宽138.6mm，与新石器对比组的均值（137.2mm）接近，大于柳江的136.0mm，而小于山顶洞的143.0mm。中眶型，左眶高33.9mm，左眶宽42.0mm；右眶高34.2mm，右眶宽43.3mm。鼻骨宽阔而低矮：鼻指数为51.0，鼻根指数为28.1。

下颌骨呈长狭形，下颌骨长108mm，下颌髁突间宽119mm，下颌骨指数为90.8。两侧髁孔位于第二前臼齿和第一臼齿之间。右侧髁孔处下颌联合高30.0mm，髁孔距齿槽上缘14.9mm，髁孔距齿槽下缘15.1mm。髁孔处下颌体厚12.3mm，下颌骨高厚指数41.0。奇和洞Ⅲ号下颌骨的测量数据与其他新石器时代人类下颌骨的体质特征基本相似[21]。

（二）头骨测量性状主成分分析

使用表3中10项头骨测量性状的数据进行主成分分析。从主成分因子负荷及贡献率来看（图5、表3），第一主成分（PC 1）和第二主成分（PC 2）对变量信息的贡献率分别为38.0%和18.6%，其中最小额宽、颧宽和眶宽在PC 1中具有较大的因子载荷，山顶洞、河姆渡、鲤鱼墩因其眶后额部较宽，面部较宽和眼眶较高而分布在图5的右侧；上面高和鼻高在PC 2中具有较大的因子载荷，奇和洞和石固因其上面部较高和较大的鼻高而位于图5的上部，柳江和小孤山和头骨因具有低矮的上面和较小的鼻高从而位于图5的下部。

表3　奇和洞头骨及对比组10项测量数值主成分分析因子负荷

	PC 1	PC 2
颅长	0.636	−0.261
颅宽	0.601	−0.434
耳上颅高	0.146	−0.409
最小颅宽	0.861	0.022
上面高	0.159	0.792
颧宽	0.797	−0.142
眶高	−0.501	0.343
眶宽	0.764	−0.083
鼻宽	0.682	0.469
鼻高	0.554	0.669

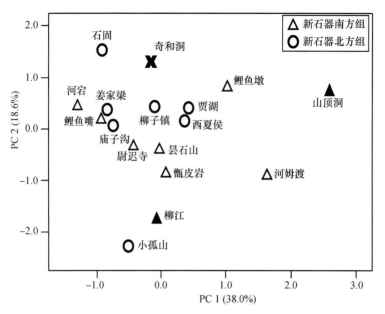

图5　奇和洞Ⅲ号头骨与更新世晚期及新石器时代人头骨10项测量数值主成分分析二维坐标分布图

（三）头骨测量指数主成分分析

对表2中的6项测量指数变量进行主成分分析。从主成分因子负荷及贡献率来看（图6、表4），第一主成分（PC 1）和第二主成分（PC 2）对变量信息的贡献率分别为44.0 %和23.9 %，其中颅长-耳高指数、上面指数和鼻指数在PC 1中具有较大的因子载荷，更新世晚期柳江和山顶洞组因其颅长-耳高指数和上面指数较小，鼻指数较大而分布在图6的左方；颅指数和颅宽-耳

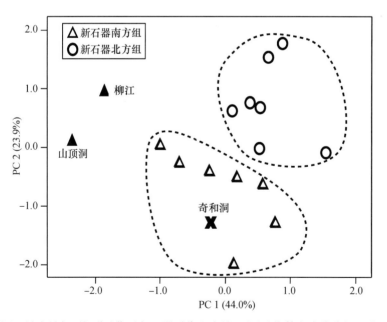

图6　奇和洞Ⅲ号头骨与更新世晚期及新石器时代人头骨6项测量指数主成分分析二维坐标分布图

高指数在PC 2中具有较大的因子载荷，奇和洞和多数新石器南方组因其具有较小的颅指数和颅宽-耳高指数而位于图6的下方。

表4 奇和洞头骨及对比组6项测量指数主成分分析因子负荷

	PC 1	PC 2
颅指数	0.497	0.859
颅长-耳高指数	0.851	0.375
颅宽-耳高指数	0.617	−0.589
眶指数	0.380	−0.096
鼻指数	0.746	−0.445
上面指数	−0.767	0.019

五、结 论

奇和洞遗址的年代跨越更新世末期—全新世早期，自2008年发现以来，文化遗物丰富，发现了大量石制品、骨制品、陶片等，奇和洞发现的骨制鱼钩和带绳索捆绑痕迹的石网坠制作精美，表明当时人类的制作工具、捕鱼的水平已经很高。奇和洞Ⅲ号头骨的发现，对于探讨当时人类的体质特征有着非常重要的意义。

（一）奇和洞Ⅲ号保留的部分原始特征

山顶洞、柳江等更新世晚期人类化石的体质特征虽然已经显示出现代人的形态特点，但还保留有若干原始特征，如头骨粗硕、头很长、眉弓发达、眼眶低矮、颅容量较大，属于正在形成中的蒙古人种。脑量的变化是人类演化的一个重要特点，更新世晚期颅容量的变异范围为 $1300 \sim 1750 \text{cm}^3$，柳江人的颅容量为 1567cm^3 [22]，山顶洞101号的颅容量为 1500cm^3 [23]。现代人脑量的平均值为 1390cm^3，变异范围为 $1140 \sim 1600 \text{cm}^3$ [24][25]，但也有极端个体脑量接近 2000cm^3。

奇和洞Ⅲ号为35岁左右男性个体的头骨，其体质特征已经充分具备现代人类头骨的绝大部分形态特征，如骨壁较薄、眉间不突出、鼻梁低矮、鼻棘弱小、颧骨大而突出、上面扁平、下颌纤细等，但同时还保留少量更新世晚期人类的原始特征，如头很长、颅容量较大。奇和洞Ⅲ号的颅长193.6mm，颅容量 1736cm^3，脑量 1650cm^3，大于现代人变异范围的上限，接近更新世晚期人类。

（二）新石器早期人类头骨的变异

根据对已有化石的研究并结合对比近代—现代人群体质特征，一般认为现代人群体质特征形成的时间大约在晚更新世晚期向新石器早期的过渡阶段，这时的人类已经分布到了非洲、亚洲、欧洲、美洲及大洋洲的广泛区域，并逐渐分化为不同的区域性群体[26]。一些学者根据分布区域及体质特征的不同，把现代人群分成不同的人种类型，即蒙古人种、欧罗巴人种、尼格罗人种、澳大利亚人种，我国新石器时代的古代居民，同属于蒙古人种类型[27]，但由于为适应不同的环境条件，又形成了不同的体质类型。一些学者提出，我国新石器时代居民的体质特征以长江为界分为南、北两大地区类型[28]，长江以南的居民表现为宽的鼻部和较矮的上面部，而长江以北的居民表现为较高的上面部和较高的眶部[29]。

从本文的研究来看，奇和洞Ⅲ号头骨的形态兼有南、北方居民及更新世晚期人类的混合特点，其面部高而狭窄、中眶型、鼻骨宽阔而低矮、颅骨长而大，距今1万年左右的新石器时代居民头骨的变异较大，这可能也是过渡时期人类的一个表现特点。

（三）头骨形状的时代和地区性差异

本文研究发现，更新世晚期人类与新石器组有时代差异：更新世晚期人类具有较小的颅长-耳高指数和上面指数，而新石器时代人类具有较大的颅长-耳高指数和上面指数；新石器南方、北方人群有地区差异：相对于北方组，南方组具有相对较小的颅指数和颅宽-耳高指数。奇和洞人距离新石器南方人群距离最近，其次为新石器北方组，距离更新世晚期柳江、山顶洞人较远。时代差异大于地区间的差异。

（四）奇和洞人龋齿所反映的食物结构

通常认为龋齿与食物中的碳水化合物有关，古人类龋病基本都发现在以植食性或杂食性为主的标本中，以植食性为主的巨猿、大熊猫、猛犸象等动物也被报道有龋齿出现[30]。全新世人群中，以农耕经济为主的人群龋齿的发病率高于以狩猎—采集经济类型为主的人群[31][32]。奇和洞人上颌、下颌牙齿龋病严重，从伴生的陶片、骨器、用火痕迹等来看，当时人类已经知道储存粮食，推测奇和洞人的经济模式主要以农耕为主。

参 考 文 献

[1]　刘文，罗安鹄，朱芳武，等. 柳州大龙潭鲤鱼嘴新石器时代遗址的人骨. 广西民族研究，1994，（3）：22-37.

[2]　周国兴，尤玉桂. 北京东胡林村的新石器时代墓葬. 考古，1972，（6）：11-15.

[3]　张子模，漆招进，朱芳武，等. 桂林甑皮岩新石器时代遗址的人骨. 广西民族研究，1994，（3）：1-21.

[4]　Curnoe D, Ji X P, Herries A I R, et al. Human Remains from the Pleistocene-Holocene Ttransition of Southwest China Suggest A Complex Evolutionary History for East Asians. PLoS ONE, 2012, 7(3): e31918.

[5]　韩康信，张振标，曾凡. 闽侯县石山遗址的人骨. 考古学报，1976，（1）：121-129.

[6]　福建省博物院，龙岩市文化与出版局. 福建漳平市奇和洞史前遗址发掘简报. 考古，2013，（5）：7-19.

[7]　吴汝康. 广西柳江发现的人类化石. 古脊椎动物与古人类，1959，1（3）：109-118.

［8］　吴新智. 周口店山顶洞人化石的研究. 古脊椎动物与古人类，1961，（3）：181-203.

［9］　张银运，王令红，董兴仁. 广西桂林甑皮岩新石器时代遗址的人类头骨. 人类学学报，1977，15（1）：4-13.

［10］　李法军，王明辉，冯孟钦，等. 鲤鱼墩新石器时代居民头骨的形态学分析. 人类学学报，2013，32（3）：302-318.

［11］　韩康信，潘其风. 浙江余姚河姆渡新石器时代人类头骨. 人类学学报，1983，2（2）：124-131.

［12］　韩康信，潘其风. 广东佛山河宕新石器时代晚期墓葬人骨. 人类学学报，1982，1（1）：42-52.

［13］　张君，韩康信. 尉迟寺新石器时代墓地人骨的观察与鉴定. 人类学学报，1998，17（1）：22-31.

［14］　陈德珍，张居中. 早期新石器时代贾湖遗址人类的体质特征及与其他地区新石器时代人和现代人的比较. 人类学学报，1998，17（3）：191-210.

［15］　吴秀杰，傅仁义，黄慰文. 辽宁海城小孤山新石器时代人类头骨研究. 第四纪研究，2008，28（6）：1081-1089.

［16］　陈德珍，吴新智. 河南长葛石固早期新石器时代人骨的研究. 人类学学报，1985，4（3）：205-214.

［17］　颜訚. 西夏侯新石器时代人骨的研究报告. 考古学报，1973，（2）：91-126.

［18］　吴汝康，吴新智，张振标. 人体测量方法. 北京：科学出版社，1984.

［19］　Smith H. Patterns of Molar Wear in Hunter-gatherers and Agriculturalists. Am. J. Phys. Anthropol, 1984, 63: 39-56.

［20］　Weidenreich D F. Observations on the form and Proportions of the Endocranial Casts of Sinanthropus Pekinesis, Other Hominids and the Great Apes: A Comparative Study of Brain Size. Pal Sin N S D, 1936, 7: 1-50.

［21］　吴定良. 南京北阴阳营新石器时代晚期人类遗骸（下颌骨）的研究. 古脊椎动物与古人类，1961，（1）：49-54.

［22］　吴秀杰，刘武，董为，等. 柳江人头骨化石的CT扫描与脑形态特征. 科学通报，2008，53（13）：1570-1575.

［23］　吴新智. 周口店山顶洞人化石的研究. 古脊椎动物与古人类，1961，（3）：181-203.

［24］　Leigh S R. Cranial Capacity Evolution in Homo Erectus and Homo Sapiens. Am J phys Anthropol, 1992, 87: 1-13.

［25］　Rightmireg P. Brain Size and Encephalization in Early to Mid-Pleistocene Homo. Am J Phys Anthropol, 2004, 124: 109-123.

［26］　Coon C S. The Origin of Races. New York: Knopf, 1962.

［27］　吴汝康. 今人类学. 安徽：科学技术出版社，1991.

［28］　张振标. 现代中国人体质特征及其类型的分析. 人类学学报，1988，7（4）：314-323.

［29］　Wu X J, Liu W, Bae C. Craniofacial Variation between Southern and Northern Neolithic and Modern Chinese Populations. Int. J. Osteoarchaeol, 2012, 22: 98-109.

［30］　吴秀杰，金昌柱，蔡演军，等. 广西崇左智人洞早期现代人龋病及牙槽骨异常. 人类学学报，2013，32（2）：133-143.

［31］　朱芳武，卢为善. 桂林甑皮岩新石器时代遗址居民的龋病. 人类学学报，1997，16（4）：271-273.

［32］　何嘉宁. 中国北方古代人群龋病及与经济类型的关系. 人类学学报，2004，23（增刊）：61-70.

奇和洞遗址打制石器及相关问题的研究

王晓阳

奇和洞遗址堆积层连续，测定年代17～7ka BP，分为三个文化期：第一期年代为17～13ka BP，即旧石器时代末期；第二期年代为12～10ka BP，处在新、旧石器时代过渡期；第三期年代为10～7ka BP，处于新石器时代早期。遗址的文化遗物丰富多样且富有地域特色，尤其是出土的大量打制石器，极具研究价值。奇和洞遗址报告中已对各期打制石器的工业特征进行了归纳总结，也对石器制作工艺流程进行了探讨，不难看出奇和洞遗址打制石器的继承与发展趋势（表1）。本文旨在对比基础上探寻各期打制石器工业特征的异同、遗址打制石器的整体面貌和发展趋势，运用文化生态学机理，试图阐明导致这种技术层面上变化发展的相关动因。

表1　各期打制石器的继承与发展趋势

	第一期	第二期	第三期
年代（距今）	17000～13000年（旧石器时代末期）	12000～10000年（新、旧石器时代过渡期）	10000～7000年（新石器时代早期）
地层	第6层	第4、5层	第3层
打制石器数量（件）	412	240	446
原料种类	18种，包括细砂岩、砂岩、钾长花岗岩、粉砂岩、钾长砂岩、石英砂岩、脉石英、花岗岩、石英岩、石灰岩、泥质砂岩、泥质细砂岩、泥质粉砂岩、钠长花岗岩、钙质粉砂岩、石英细砂岩、页岩和砾岩，以细砂岩居多	14种，包括细砂岩、砂岩、钾长花岗岩、脉石英、钾长砂岩、粉砂岩、花岗岩、石英砂岩、石英岩、石灰岩、钾长岩、闪长岩、方解石、泥质粉砂岩，以细砂岩居多	18种，包括砂岩、花岗岩、细砂岩、石灰岩、石英砂岩、石英岩、钾长花岗岩、脉石英、钾长砂岩、粉砂岩、泥质砂岩、粗砂岩、泥灰岩、泥岩、辉绿岩、辉长石、凝灰岩和钾长岩，以砂岩居多
原料来源	就近采集		
石器类型	石核、石片、断块和工具	石核、石片、断块、石料和工具	石核、石片、断块和工具
石器尺寸	中型居多，其次大型、小型，特大型最少	中型居多，其次大型、小型，特大型最少	中型居多，大型、小型数目相当，特大型最少
剥片方法	锤击法为主，砸击法为辅	锤击法为主，砸击法为辅	锤击法
石核	双台面居多，自然台面居多，人工台面均为打制台面；平均台面角90°；单台面为同向，双台面转向、对向，多台面复向；高效石核45%，使用率不高	双台面居多，自然台面居多，人工台面均为打制台面；平均台面角89°；单台面为同向，双台面转向、对向，多台面复向；剥片数量少，使用率很低	双台面居多，自然台面居多，人工台面除1件修理台面，其余均为打制；平均台面角91.4°；单台面为同向，双台面转向、对向，多台面复向；高效石核38.1%，使用率低，但个别石核使用率高

	第一期	第二期	第三期
完整石片	完整占81.2%，尺寸中、小型，长宽比平均1.2；大多形状规整，自然台面占66.2%，人工台面以打制居多，其次为有疤；背面既有石片疤又有自然面的居多，其余两种数量相当；石核剥片与工具修理处于初级阶段，对原料的利用并不经济	完整占87.2%，尺寸中、小型，长宽比平均1.1；大多形状规整，自然台面占52.6%，人工台面以打制居多，其次为有疤、线状、点状；背面既有石片疤又有自然面的居多，全疤其次，自然最少；石核剥片与工具修理比第一期深入，对原料利用率也比第一期高	完整占81.8%，尺寸中、小型，长宽比平均1.1；大多形状规整，自然台面与人工台面数量相当；这一期晚段人工台面数量超过自然台面；人工台面以打制居多，其次为有疤、线状、点状；背面既有石片疤又有自然面的居多，全疤其次，自然最少；石核剥片与工具修理比第二期深入，对原料利用率也比第二期高，修片凸现
断片	无明显人为截断的痕迹	66.7%与人为截断有关	45.5%形成原因与人为截断有关
工具类型	石锤、石砧、刮削器、砍砸器、雕刻器	石锤、石砧、刮削器、砍砸器	石锤、刮削器、砍砸器
石锤	砂岩、花岗岩、钾长花岗岩的大型砾石，未经修理；长条形、圆形、三角形、四边形、不规则；不同形状痕迹部位不同；痕迹3种，使用率较高	砂岩、钾长花岗岩的大型、特大型砾石，未经修理；扁圆形、扁长形、长条形、四边形、三角形、不规则；不同形状痕迹部位不同；痕迹3种，普遍使用率较低	砂岩、花岗岩、钾长花岗岩的大型砾石，有1件经过简单修理；椭圆形、长条形、圆形、扁圆形、三角形、四边形、扁长形、不规则；不同形状痕迹部位不同；痕迹3种，普遍使用率较低
二类工具	均为刮削器，尺寸中型；多单刃，双刃少；直、凸刃居多；刃角小于50°，等级为斜		
三类刮削器	尺寸中型；片状居多，占70.4%；单刃占85.2%，其余为双刃；直刃32.3%，凸刃29.0%，凹刃22.6%，尖16.1%；修刃出现比例85.2%，修形37%，修把手22.2%；刃多数不平齐，刃角20°～145°，平均58.7°，中等；复向修理40.8%，反37%，正22.2%	尺寸中型；片状居多，占64.3%，均为单刃；直刃42.9%，凸刃35.7%，凹刃7.1%，尖14.3%；修刃78.6%，修刃出现比例64.3%，未见修把手；刃多数较平齐，刃角42.6°～95°，平均62.6°，中等；正向修理50.0%，反复各21.4%，错7.1%	均为单刃；片状居多，占90.5%，尺寸中型；直刃71.4%，凸刃19.0%，尖9.5%；修刃出现比例90.5%，修形57.1%，修把手9.5%；刃多数不平齐，刃角22°～85°，平均59.6°，中等；反向修理38.1%，复33.3%，正23.8%，错4.8%
三类砍砸器	尺寸大型；块状居多，占85.7%；单刃居多，占85.7，余为双刃；直、凸刃各占46.2%，凹刃7.6%；修刃92.4%，形38.5%，把手7.4%；刃多数不平齐，刃角50°～86.5°，平均68.4°，中等；正向修理46.2%，复38.5%，反15.4%	尺寸大型；块状居多，占76.9%；均为单刃；直刃50%、凸25.0%，凹刃12.5%，凸凹12.5%；修刃100.0%，形42.9%，把手14.3%；刃多数不平齐，刃角60°～115.1°，平均76.6°，陡；正向修理42.9%，复57.1%	尺寸大型；块状居多，占92.9%；单刃居多，占92.9，其余为双刃；凸刃73.3%、直20.0%，凹刃6.7%；修刃92.9%，形28.6%，把手14.3%；刃多数较平齐，刃角50°～95°，平均75.6°，陡；复向修理71.4%，正21.4%，反7.1%
修理目的	修形多为修疤，少量人为截断；三种修理有机结合充分	修形绝大多数为截断；三种修理有机结合少	修形多为截断，少量修疤；三种修理有机结合少

一、打制石器工业特征的继承

　　根据第一期打制石器工业类型所属与中国北方、南方旧石器工业以及福建省内已知旧石器的石器工业特征对比，第一期打制石器属于中国南方"砾石石器传统"，但却和广东、广西、贵州等地的石器工业相比，显现出"非典型性"特征：主要表现在刮削器所占比例较大，工具毛坯以片状为主，部分工具修理精细程度较高，缺手斧、手镐、薄刃斧等重型工具，尖刃刮削器或砍砸器数量也较少。

　　纵观第二期和第三期的打制石器，虽然该时期已然进入新石器时代，磨制石器也开始繁荣发展，但打制石器的工业特征在许多方面却继承着古老的"传统"。

　　（1）原料选择的多样性、重复性与倾向性。三个文化期打制石器原料种类分别达18、14和18种，以下10种原料在各期均有重复出现：细砂岩、砂岩、钾长花岗岩、粉砂岩、钾长砂岩、石英砂岩、脉石英、花岗岩、石英岩和石灰岩。它们中的大多数品质较为优良，适合制作石器，其中以细砂岩和砂岩所占比例最高，超过总数的60%，说明生活在奇和洞的先民在很长时间里对这两种原料具有倾向性，同时不同类型的石器选择原料的种类亦不同。

　　（2）石器尺寸以中型居多，其次为中型和小型，特大型最少。石核、石锤、砍砸器多为大型，石片、断块多为中、小型，刮削器多为中型。

　　（3）根据原料的选择、石器尺寸大小和砾石的磨圆程度，结合遗址周边地质、地貌的相关情况可以判定，古人制作石器的原料大多来自遗址周围溪、河的河漫滩砾石，即就近取材。

　　（4）石核的打制方法以锤击法为主，其中以双台面石核居多，自然台面占多数，人工台面中以打制台面占多数。台面数量与剥片方式有直接联系：单台面石核均采用同向剥片法；双台面采用转向、对向剥片法；多台面则采取复向剥片法，平均台面角90.0°左右，石核使用率普遍不高。

　　（5）石片打制方法同石核一致，即以锤击法为主，大多形状规整。完整石片占石片总数的比例均超过80%，体现出先民剥片技术较为纯熟。自然台面居多，人工台面中以打制台面占多数，平均石片角90.0°左右。

　　（6）石锤的原料以砂岩、花岗岩、钾长花岗岩等大型砾石居多，形状大多较规则，有长条形、圆形、三角形或四边形。不同形状石锤的使用部位与使用痕迹分布位置不同，使用痕迹包括石片疤、凹坑和麻点3种。

　　（7）二类工具仅有刮削器，尺寸以中型居多；单刃多，双刃少。刃形以直、凸刃居多，刃角多数小于50°，等级为斜。

　　（8）刮削器毛坯以片状为主，单刃居多，次为双刃。刃形包括直、凸、凹和尖。刃缘状态包括平齐、较平齐和极不平齐，刃角20°～145°，平均60°左右，等级为中等。修理方式包括正、反、复和错向。修理目的包括修刃、修形和修把手，其中修刃比例最高，其次是修形，修把手情况较少出现。

　　（9）砍砸器毛坯块状多于片状，单刃居多，次为双刃；刃形有直、凸、凹和凸凹刃。刃缘状态包括平齐、较平齐和极不平齐，刃角50°～115.1°，平均75°左右，等级为陡。修理方式有正、反和复向。修理目的包括修刃、修形和修把手，其中修刃比例最多，其次是修形，修把手情况较少出现。

二、打制石器工业特征的发展趋势

进入新石器时代之后，尤其是第三期，奇和洞遗址的打制石器表现为在中国南方砾石工业体系内的阶段性变化。这不仅对于研究福建旧石器时代到新石器时代打制石器制作工艺的继承与发展有着重要意义，而且也为探索人类行为、先民生计策略、组织模式以及与自然环境之间的关系提供了珍贵资料。

（1）原料选择，砂岩所占比例逐渐增加，优质原料逐渐减少。

虽然各期均包括10种主要原料，但各期所占比例有较大差别（图1）。第一期与第二期原料均以细砂岩居多，而到第三期可见砂岩"异军突起"，所占比例大大超过细砂岩。再观其他原料的变化趋势，粉砂岩、钾长砂岩、石英砂岩、脉石英到第三期亦明显减少；而花岗岩和石灰岩的数量却大大增加。由此可见，在原料选择上，第二期基本表现为继承；第三期的明显变化趋势是原料主体由砂岩代替细砂岩，优质原料比例有所下降。

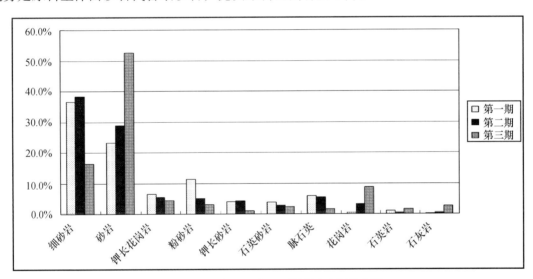

图1　各期打制石器主要原料所占比例柱状图

（2）根据石器类型的分类统计可知（图2），除石料仅在第二期出现外，石器类型种类较一致，包括石核、石片、断块和工具，且各类石器所占比例从多到少排列均为石片、断块、工具、石核。

从第一期到第三期，石器类型所占比例变化趋势为石核与断块小幅减少；工具基本维持在20%；石片比例逐渐增加，尤其到第三期增加幅度较大。

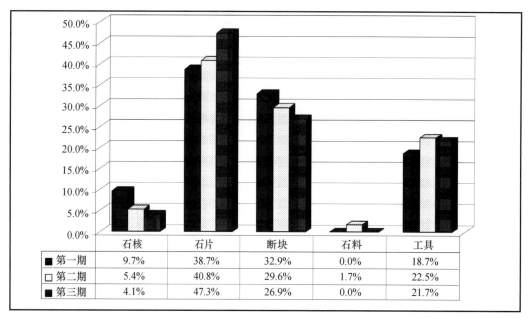

	石核	石片	断块	石料	工具
■ 第一期	9.7%	38.7%	32.9%	0.0%	18.7%
□ 第二期	5.4%	40.8%	29.6%	1.7%	22.5%
■ 第三期	4.1%	47.3%	26.9%	0.0%	21.7%

图2　各期各类石器所占比例柱状统计图

（3）从石器尺寸看，进入第三期大型和特大型较之前有小幅增加。尺寸属于大型的石器数量增加体现在石核和石锤上；特大型石器主要体现在石锤和石核上，少量体现为砍砸器。石核与石锤相对应的尺寸增加是合理的，更大尺寸的石核自然需要较大的石锤，这完全符合剥片规律。

（4）剥片方法从锤击法为主砸击法为辅转变为只有单一的锤击法。

（5）到第三期，石核台面性质发生变化，体现在出现修理台面。前两期石核的人工台面均为打制台面，到第三期晚段，发现有1件经过精心预制修理的单台面石核。该件石核一改之前以平坦的石皮为台面进行直接剥片，或经过简单预制，以石片疤为台面的风格，选用尺寸大、体厚的砾石，随后沿砾石边缘进行向心修理，将台面边缘修理得较为平整，台面中心微凸，从而调整台面角；再沿修理台面边缘一周进行同向剥片，使用率较高。该件石核的出现，说明进入第三期后先民在石器制作技术方面比之前有了长足发展，对剥片的数量与质量均有较高要求。

（6）石片，从完整石片的台面、背面性质和修片的突现可以认识到石核剥片和工具修理程度愈加深入。

从台面性质来看，发展趋势表现为自然台面所占比例逐渐减少，到第三期自然台面和人工台面数量相当，但人工台面种类变得多样。第一期，自然台面占完整石片总数的66.2%，人工台面以打制居多，其次为有疤。第二期，自然台面占52.6%，人工台面以打制居多，其次为有疤、线状、点状。到第三期，自然台面与人工台面数量相当，尤其在晚段，人工台面数量超过自然台面；人工台面以打制居多，其次为有疤、线状、点状。

从背面性质来看，虽然各期的石片以背面既有石片疤也有自然面的居多，但是背面均为石片疤的石片数量增加。第一期，背面均为石片疤的与为自然面的数量相当。到第二期，背面均为石片疤的数量已超过背面为自然面的石片。在第三期，背面均为石片疤的石片数量进一步增加。

第一期和第二期均未发现特征明显的修片，而在第三期则突现，并且占一定比例。

综合上述，可以得到以下认识：第一期石核剥片与工具修理处于初级阶段，且对原料利用并不经济。第二期则较为深入，对原料利用率也比第一期高。第三期又比第二期深入，原料利用率高于第二期。

通过对断片断裂面的观察可知，人为截断技术在第二期已完全成熟，对此种技术的使用也到达巅峰。第一期的断片并无明显的人为截断痕迹，到第二期就有66.7%的断片与人为截断有关，第三期仍有45.5%的断片形成为人为截断。

（7）工具种类和组合趋向单一；石锤数量增多，刮削器数量减少，砍砸器亦有小幅度减少。

第一期工具种类包括石锤、石砧、刮削器、砍砸器和雕刻器；其中刮削器数量最多，其次为石锤和砍砸器。第二期包括石锤、石砧、刮削器和砍砸器；石锤数量大幅度提高，成为主要工具类型，其次为刮削器和砍砸器。第三期仅包括石锤、刮削器和砍砸器；其中石锤所占比例虽然有所回落，但仍占多数，其次为刮削器和砍砸器（图3、表2）。

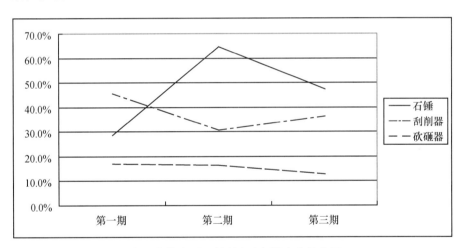

图3　各期主要工具所占比例的变化趋势图

表2　各期工具类型

类型 分期	石　锤	石　砧	刮削器	砍砸器	雕刻器
第一期	√	√	√	√	√
第二期	√	√	√	√	
第三期	√		√	√	

注：由于砺石在第二、三期归入磨制石器，因此将在磨制石器的章节对其进行讨论，此处将其排除。

（8）石锤形状愈加多样，但使用率有所降低。

第一期石锤形状有5种，第二期增加至6种，到第三期增加至8种；且前两期石锤的毛坯均为砾石，到第三期可见石锤经过简单修理的情况；第一期石锤的使用率较高，而后两期除了个别使用疤密集、使用率较高外，其他普遍使用率较低。

（9）三类刮削器的毛坯选择倾向性愈加强烈，刃的数量和刃的形状愈加集中，修理方式呈现多样性。

前两期刮削器片状毛坯的比例分别为70.4%和64.3%，到第三期比例上升并高达90.5%。刃的数量由第一期的单刃为主，双刃为辅变为后两期均为单刃。刃的形状变化趋势为直刃数量增多并强化出现，尖刃数量逐渐降低；凹刃的比例大幅下降，直至第三期完全不见。修理方式由第一期的3种增加至后两期的4种。

（10）三类砍砸器的毛坯选择倾向性愈加强烈，刃缘状态、刃角和修理方式发生变化。

前两期砍砸器块状毛坯的比例分别为85.7%和76.9%，到第三期比例上升并高达92.9%。前两期刃缘多数不平齐，第三期刃缘多数较为平齐。第一期刃角平均68.4°，等级为陡；后两期刃角明显变大，平均超过75%，等级为陡。修理方式从前两期正向居多转变为复向居多。

（11）从修理目的来看，修刃被逐渐强化，修形数量增加，修把手情况则变少。三种修理均采用且有机结合的情况变少。

不论是刮削器还是砍砸器，修刃的频率均较高，后两期明显高于第一期。修把手的频率一直较低且愈来愈低。修形的情况在第二期达到顶峰，尤其是第二期的刮削器，修形频率高达78.6%。这同第二期断片中人为截断比例陡然增加一样，均受截断技术成熟的影响。

三、影响遗址打制石器整体面貌的动因

通过以上对奇和洞遗址各期打制石器的分析，对打制石器整体面貌及发展趋势可以得出以下3点认识：

（1）遗址的旧石器工业（第一期打制石器）文化类型为非典型的华南"砾石石器传统"，且进入新石器时代以后依旧延续这个传统。

（2）进入新石器时代，打制石器，尤其是工具，体现出强烈的阶段性特征。

（3）与第三期打制石器特征相比，第二期的打制石器与第一期的关联度更高，第三期打制石器特征的变化尤为显著。

回顾整个分析过程，从石器分析理论出发，运用石器类型学、量化统计等方法，研究石器的原料、类型和操作链，分析石器制作工艺，从而进行工业类型的划分和打制石器发展趋势的总结，即技术层面上的认识。但仅仅停留在基础层面是远远不够的，"透物见人"才是分析考古材料的前进方向，下面从文化生态学角度出发，试图探索影响遗址打制石器整体面貌的动因。为方便笔者阐述和读者理解，现就研究过程涉及的相关概念和关系作简要介绍。

（1）何为文化生态学（Cultural Ecology）？文化生态学指文化与环境的关系。这一问题是下文研究的主要出发点，着重研究史前人类所采取的适应环境的文化手段[1]，主要体现在当面对的环境变化时，人类并非完全被动地选择生计方式，策略的选择不仅受制于自然环境，而且也受制于文化系统本身，从工具技术直至社会组织到意识形态的方方面面。

（2）环境变化带来的后续反应：对人类来说，不论环境朝着对人类有利或是不利的方向变化，都会为流动性、食谱、人口、交流等方面[2]带来一系列深远影响，最后决定生计策略的选择。不同的生态环境产生不同的应对机制，从而决定不同的生计策略；环境的变化也会改变应对机制的内容，并为生计策略的改变指明新的道路。这一反应过程既复杂又精密。

（3）生计策略与技术：探讨生计策略与技术之间的关系恰是下文论述的主要内容。正如生计策略可以反映生态环境的变化，工具制作的技术水平与发展程度同样可以反映生计策略发生的变化：如细石器工业的兴盛说明狩猎为主要生计来源；鱼叉、鱼鳔和石网坠等工具的出现说明渔猎经济的存在；大量加工简单的尖刃重型工具的出现表明对采集块根和茎类植物的依赖。打制石器的工业特征尤其在原料的选择和利用、石核的剥片方法和方式、工具的修理等方面，都对人们流动性的高低有着精准的指向性，诚如对于游动群体存在许多不确定因素，所以需要多样性和规范性工具，则所谓精细加工工具组合（meticulous tools combination）；而定居群体由于原料、资源的方便，工具制作更加随意，所谓粗加工工具组合（expedien tools combination）。

以下从文化生态学角度出发，通过探讨居住在奇和洞的先民针对生态环境特征或其变化所选择的生计策略，从而探寻各文化期打制石器特征背后所蕴含的文化适应机制。

1. 第一期

根据[14]C测年数据，奇和洞遗址第一期的所处年代为距今17000至13000年，与距今18000年前后开始到距今13000左右结束的末次盛冰期在时间上较为吻合。这一时期人类处于旧石器时代末期。奇和洞所处华南地区的气候随着末次冰期高峰刚过也发生变化，但热带地区对末次盛冰期的反应显然要比高纬度地区小得多，除了台湾岛，整个华南地区的年平均气温最多下降4℃[3]。从第一期文化层伴生的可鉴定哺乳动物标本数量、种类，微体植物遗存等可见，当时奇和洞周围的气候属于相对干凉的山地灌丛生态环境，不利于奇蹄类的栖息和水生动物的繁衍，动物体型多为中、小型，大型的极少。与动物性资源相比，植物性资源相对较为丰富。为了应对这种生态环境，当时先民选择以采集块根和茎类植物为主，辅以狩猎小动物（小型哺乳动物和鸟禽类）作为补充的生计策略。他们通过扩大食谱、增加流动性、控制人口等方法应对环境变化压力的机制，选择奇和洞作为季节性生产、生活的营地，充分利用遗址周边丰富的石料，最大限度地利用"斑块"[4]内的资源，从而规避风险，维持生计。

相应地，从技术层面上看，本期打制石器的工业特征亦与生计策略相符。不同于狩猎采集群体的临时性营地，奇和洞由于周围自然资源之利，作为季节性营地，可能被人们反复多次利用。居留时间相对较长，直接导致遗物数量较大、种类较多、打制石器原料种类丰富。打制石器的原料来自于遗址附近，就近采集而无需经过长途搬运。量大、质优、易得的原料和原料产地与营地之间较近的距离[5]使得人们对原料的利用方式不讲究经济：如石核多为自然台面，石核使用率不高等；为了最大程度地规避风险，工具类型趋向多样化，工具刃的数量和形状随之多元化，奇和洞人有着较为完备的工具组合，从而尽可能地完成各种任务。"斑块"之间和

"斑块"内部相对较高的流动性也使得人们会花更多的时间在工具修理上，从而制造出相对标准的工具。奇和洞遗址第一期打制石器的工具类最大程度地体现了"权益性"大前提下的精细修理，刮削器和砍砸器中不乏修理精细程度高的工具，修理过程完美体现修刃、修形和修把手的有机结合，且器形规整、一致，可见标准化风格。

2. 第二期

奇和洞遗址第二期的所处年代为距今12000至10000年，时间上恰好处在末次盛冰期过后，间冰期刚刚来到，全球气候朝温暖方向过渡，自然环境开始改善，植被复苏，森林面积扩大，植物资源愈加丰富，哺乳动物有了更多发展空间。与第一期相比，第二期文化出土的哺乳动物种类明显增加，尤其是大体型动物。

第二批先民来到奇和洞，他们的居住范围明显扩大，向洞内东、南部延伸，占洞内总面积大致二分之一。这时的人们依旧利用洞周围的石料制作打制石器，还开始改革工具制作磨制石器；他们过上较为稳定的定居生活，开始烧制陶器；继续利用动物骨骼磨制骨器。他们的生计策略虽然仍为狩猎和采集，狩猎经济（尤其是大型哺乳动物）的比重有所增加，但依然属于低水平的食物生产[6]。陶器、磨制石器的出现，家犬和家猪骨骼的发现，刻画石的出现体现了不论在技术层面还是在流动性、人口、食谱、社会组织、意识、宗教艺术方面均发生了深刻的变化——这标志着新石器时代已经到来！

生计策略的变化必然导致石器特征的变化：随着末次盛冰期的结束，气候开始朝着适合人类生存的方向转变，动植物资源丰富起来。第一期较为恶劣环境给人类带来的压力逐渐缓解，资源"斑块"间的距离大大缩减，人群的流动性不断减弱直至定居一处。与此同时，烧陶和磨制技术开始出现。与石器的打制技术相比，磨制技术代表了最典型的耐用性工具的增多。这意味着人类开始定居，流动性逐渐降低[7]。不过由于第二期处于新石器时代初期，磨制石器停留在数量较少、种类局限和磨制技术所处发展阶段初期等特点。

定居对于打制石器技术和工具组合亦有影响：与第一期的打制石器相比，本期打制石器中，石核的使用率稍高；通过对石核与石片的统计可见剥片技术更加纯熟；台面和背面性质共同反映了石核剥片与工具修理更加深入；工具修理较简单粗糙，精细加工的工具变少，先民倾向制造和使用即用即弃的"权益性"工具。

由于技术发展具有积累性特征，在每一代的传承过程中会加上创造与革新，从而在下一代达到新的高度。打制技术发展到第二期，从断片的形成方式和工具修形采用的手段可见，人为截断技术在此时已达到巅峰。通过截断技术可以轻易地截取所需部分，去除多余部分，这不仅弥补了剥片过程可能会造成的不可控性，也体现出人们对工具毛坯主观上选择的不断加强，大大提高了工具修理的成功率和效率。

3. 第三期

奇和洞遗址第三期的所处年代为距今10000至7000年，此时全球气候已经转暖，生态环境得到全面恢复，动植物开始大量繁衍，尤其是动物群落大幅度扩充，水生动物数以千计，为第三批来到奇和洞定居的人们提供了充足的物质来源。

本期文化是奇和洞遗址发展的最高峰：磨制技术数量增加，类型多样，大部分制作精致，外形规整；打制技术作为磨制技术的重要补充，在技术上得到进一步发展；烧陶技术亦得到发展，其中丰富多彩的装饰和纹饰令人印象深刻；骨器（鱼钩、骨镞、骨匕、骨刀）的制作表明高超的工艺水平；装饰艺术品的进步标志当时人群思想意识的进一步深化。

根据土样中微体植物遗存分析显示，此时植物性食物来源的种类依旧以块根和茎类为主，尚不能判断有无块茎栽培，另有极少未驯化的禾本科植物。当时最主要的生计策略是狩猎和渔猎经济。通过对不同层位动物烧骨和大型骨骼的观察与研究可知，本期随着气候变暖，大体型动物比例增加，大型骨骼数量增加和烧骨数量的增多表明先民食物结构中肉食的比例较高，对动物的依赖程度较大。骨镞、骨匕等狩猎工具的大量存在，骨器数量增多和骨器制作技术的发展也从一定层面上证明了狩猎经济占较大比重。动物骨骼中水生动物（鱼、龟鳖、螺、蚌、蟹等）的大量存在，工具中的鱼钩、艺术品中的鱼形刻石的发现是先民对水生资源充分利用及渔猎经济占一定比例的证明。另外，在宗教艺术、意识形态和与其他地区的联系和交流等方面均体现出第三期文化所到达的高度。综上所述，奇和洞第三期的居住者以狩猎、渔猎为主，兼营农耕和采集，是"收集型"[8]的新石器时代早期定居人群。

相对应地，第三期打制石器特征的变化也尤为显著。由于人群的定居，人们对奇和洞周边资源进行了广泛利用和充分尝试，打制石器的原料种类多达18种。又由于此时打制石器作为即用即弃的工具，是极耐用的磨制工具的补充，无需选用品质更加优良的细砂岩，用砂岩即可，因此出现打制石器原料以砂岩居多的现象。石核中修理台面的出现、石片比例大幅增加、人工台面比例增加、修片的突现等不仅说明打制技术的炉火纯青，同时也说明石核剥片和工具修理程度进一步加深。工具类型单一、毛坯的选择性加强、刃的数量固定、刃形单一等也是打制石器"权宜性"的有力证明。

通过这部分的论述我们可以认识到，奇和洞遗址各期打制石器工业特征的发展趋势是各批先民在工具技术层面上对末次盛冰期到全新世大暖期将近10000年生态环境变化的文化适应，它不是被动地接受，而是发挥主观能动性积极地适应和转变。

鉴于笔者智力、精力之限，材料整理仓促，在打制石器工业特征的归纳总结上许有疏漏；且在分析影响遗址打制石器整体面貌动因时，仅从单一角度（文化生态学）出发，着重研究生态环境和生计策略等因素，对其他理论和方面较少涉及。所述不足之处，望能在后续的研究过程中得到弥补。

参 考 文 献

[1] Sutton M Q, Anderson E N. Introduction to Cultural Ecology.Walnut Creek: Alta Mira Press, 2004.

[2] 陈胜前. 史前的现代化——中国农业起源过程的文化生态学考察. 北京：科学出版社，2013.

[3] 杨德聪. 云南省//国家文物局. 中国考古60年（1949—2009）. 北京：文物出版社，2009.

[4] Binford L R. Hunter-gatherer Settlement Systems and Archaeological Site Formation. American Antiquity, 1980, 45: 2-20.

[5] Andrefsky Jr W. Lithic-Macroscopic Approaches to Analysis. Cambridge: Cambridge University Press, 1998.

[6] Smith B D. Low-level Food Production. Journal of Archaeological Research, 2001, 9: 1-43.

[7] 陈胜前. 史前的现代化——中国农业起源过程的文化生态学考察. 北京：科学出版社，2013.

[8] Binford L R. Hunter-gatherer Settlement Systems and Archaeological Site Formation. American Antiquity, 1980, 45: 2-20.

奇和洞遗址的骨制品

范雪春

一、遗址概况

　　奇和洞遗址坐落在漳平市东北42km，西南距象湖镇灶头村4km；海拔442m，地理坐标为25°31′03.034″N，117°39′14.370″E（图1）。遗址处在福建省中部戴云山西南麓，周围中、低山围绕，小型山间盆地点缀，溪河纵横，林木苍盛，现生动、植物繁多，植被覆盖率极高，生态环境良好。奇和洞周围分布有大片石炭系船山组石灰岩，下二叠统煤炭岩系，下三叠统石英岩、砂岩、细砂岩、泥质粉砂岩以及侏罗纪钾长花岗岩和花岗闪长岩等。船山组石灰岩厚层状，质地纯净，岩体中发育有两层洞穴，奇和洞则是较低层的一个洞穴。奇和洞洞口朝向正西，洞口宽26m，高6m，进深18m，主洞口平坦、宽敞，面积约100m²，洞内发育有北、东、南3个支洞，洞内结构简单（图2），支洞内现存的晚更新世堆积物较厚，出土有晚更新世中晚

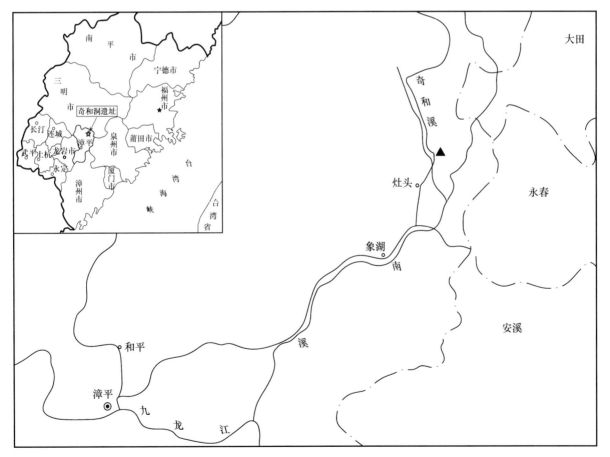

图1　奇和洞遗址地理位置

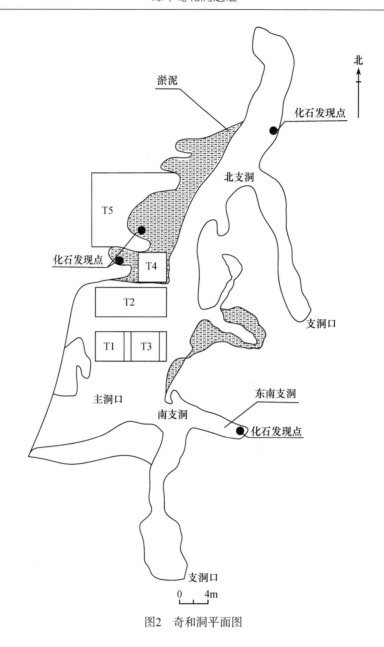

图2　奇和洞平面图

期哺乳动物群。自2009年11月起，由笔者领队对奇和洞洞口进行过3次小规模发掘，出土大量石制品、陶片、骨制品、装饰品、艺术品、哺乳动物以及数以千计的水生动物遗骨。根据年代测定，洞口文化层年代为距今17000～7000年，遗址地层连续，文化层年代跨越新、旧石器时代。除发现三具人类颅骨外，遗物数量大，类型多样，这不仅在福建，就是在我国东南诸省中亦实属罕见，为解决福建境内新、旧石器交替时期的文化面貌，人类体质特征的进化，以及生态环境的变迁等问题提供了重要证据。

以T2北壁剖面情况为例，奇和洞洞口地层系列可分9层（第1～9层）：第1、2层近代堆积层，黑色杂土，厚30～50cm；第3～5层为全新世早、中期（年代测定分别为距今9000～7000年、距今10000～9000年、距今12000～10000年），棕褐色、棕色砂质黏土互层，厚20～25cm；第6、7层晚更新世末期（年代测定为距今17000～12000年），深褐色砂质黏土，厚20~22cm；第8、9层晚更新世晚期，砾石层夹砂质黏土，未见底（图3）。根据地层关系及包含的出土物，将有出土物的第3~6层分为第一期文化（第6层，新、旧石器过渡时期），第二期文化（第4、5层，新石器时代早期），第三期文化（第3层，新石器时代早、中期）。第三期文化再分早段（第3C层、F2）和晚段（第3B层、第3A层）[1]。

　　本文旨在对奇和洞遗址出土的骨器就材料的选择、坯件的获取以及制作过程进行初步分析，为今后深入研究提供素材。

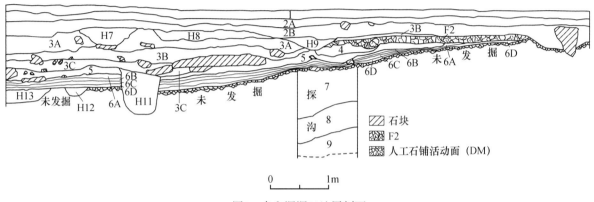

图3　奇和洞洞口地层剖面

1. 现代表土层　2A. 黑色黏土　2B、3A. 灰黑色黏土　3B、5. 棕褐色沙质黏土　3C. 灰褐色黏土质沙土　4. 灰黄色灰烬质钙板层
6A、6C. 深棕褐色沙质黏土　6B. 深棕褐色黏土　6D. 淡棕褐色沙质黏土　7、9. 砾石层　8. 灰绿色沙土

二、骨制品分层记述

　　奇和洞遗址出土的骨制品（包括成型物件和坯件）共69件，其中出自新石器时代早期的66件，出自旧石器时代晚期的3件，包括10种类型，多数经过磨制，部分初加工坯件也遗有磨制痕迹，从第6层至第3A层，骨制品出土数量逐渐递增，显示出时代越晚数量越多，加工越精致。各层出土的骨器统计于下表（表1）。

表1　奇和洞遗址骨制品统计表　　　　　　（单位：件）

类型＼层位	第3A层	第3B层	第3C层	F2	第4层	第5层	第6层	小计
骨锥（Bone awl）	8		2	1		2		13
骨针（Bone needle）	2	3			1	1		7
骨簪（Bone hairpin）	1	1		1				3
骨铲（Bone shovel）	1							1
骨镞（Bone arrowhead）	2							2
骨凿（Bone chisel）	2							2
骨匕（Bone dagger）	1		2	1				4
鱼钩（Bone fishhook）		1						1
尖刃器（Bone point）	2	3				1		6
坯件（Semi finished）	8	7	9			3	3	30
数量统计	27	15	13	3	1	7	3	69

1. 第一期文化

骨制品3件，骨针坯件2件，骨刀坯件1件，均属于未成型骨制品。

（1）骨针坯件：标本2011ZQT2-8⑥D：21，采用中等体型哺乳动物的肢骨做原料，先经砸击使骨骼破裂之后挑选其中的一段再截去后部作为坯件，坯件的一头较尖，另一头较平齐，头部经过初磨，尖端较光滑且尖锐，坯件全长26.15mm，后端最宽8.24mm，骨壁厚4.05mm，重2g（图4-1）。标本2011ZQT2-8⑥D：20，采用禽类锁骨的一段作为骨坯，但未经磨制，骨片上可见打击痕迹，坯件长27.58mm，后部最宽6.86mm，重2g（图4-2）。

（2）骨刀坯件：标本2011ZQT2-23⑥D：4，采用中等体型哺乳动物的肋骨，将两头截去，再在一个侧边缘进行粗加工作为坯件，该侧边缘可见连续而且细小的修理痕迹，坯件表面呈黑色，似经过烧烤，长35.54mm，最宽20.27mm，最窄16.85mm，刃缘较直而且薄，锋利，刃缘长26.89mm，重5g（图4-3）。

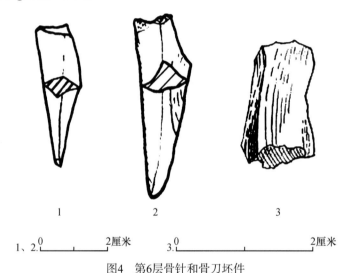

图4　第6层骨针和骨刀坯件

1、2. 骨针坯件（2011ZQT2-8⑥D：21、2011ZQT2-8⑥D：20）　3. 骨刀坯件（2011ZQT2-23⑥D：4）

2. 第二期文化

骨制品8件，出自第5层7件，出自第4层1件，包含4种类型：骨锥2件、骨针2件、骨锥坯件3件、尖刃器1件，个别磨制较好。在多数情况下制作骨器的原料难以确定其动物骨骼的属种，仅能根据骨壁厚度判断动物的大致体型。

1）第5层

骨制品：骨锥2件、骨针1件、尖刃器1件、坯件3件，其中骨锥磨制较好。

（1）骨锥：2件。标本2011ZQT2-23⑤：23，残，现有保存的骨锥仅约为原来长度之半，保存部分表面均经磨制，磨制痕迹细小，加工较精细，纵向和斜向两组磨痕均清楚可见，由于风化的原因，器身表面局部变得模糊不清；骨锥的头部呈钝尖状，保存良好，且显得十分光滑；器身靠前部位置的横断面近圆形，后部断缺，断面椭圆形；保存长度25.2mm，最宽

6.8mm，重1g（图5-1）。另一件标本2011ZQT2-24⑤：25，仅保存前端，后部断损，断面椭圆形，保留部分不及原有长度之半。通身磨制，斜向磨痕清楚；头部相当尖锐而且细长，表明加工相当精致。保存长度24.5mm，最宽6mm，重1g（图5-2；彩版二二，2）。制作骨锥的骨骼骨壁较厚，应是采用较大型哺乳动物的骨骼加工的。

（2）骨针：1件，标本2011ZQT2-24⑤：1，由小型哺乳动物肢骨经砸击后形成的尖状骨坯，再经磨制尖头而成，磨制的长度为12mm，针体后部未经磨制，可见骨表质和骨腔壁。整体看，器物较细长，长29.1mm，最宽5.5mm，骨壁厚2.5mm，重0.5g（图5-3；彩版二二，1）。

（3）尖刃器：1件。标本2011ZQT2-12⑤：21，以较大型哺乳动物桡骨经砸击而成的一小段骨片作为加工的坯料，骨片前后两端均经修制形成较尖的头部，一头正尖，一头斜尖，但因中度风化，一些修理痕迹和骨质表面部分消失。全长108.2mm，宽24.1mm，骨壁厚度6.2mm，重29g（图5-5）。该件尖刃器后端斜，具一缺口，可能是捆绑部位作为复合工具之用。

尖刃器是史前时期最为常见的骨质工具，许多遗址多有出土[2][3]，较大型的尖刃器可作为复合工具，小型的可能用于锥、钻之用。

（4）骨锥坯件，3件，标本2011ZQT2-24⑤：4，由相对较小体型哺乳动物骨骼经砸击形成的骨片作骨坯，一头尖状一头钝，尖端稍经磨制，初磨部分仅限于刃部。长38mm，最

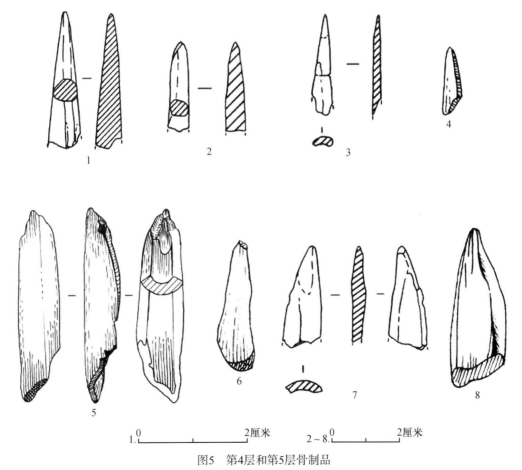

图5　第4层和第5层骨制品

1、2.骨锥（2011ZQT2-23⑤：23、2011ZQT2-24⑤：25）　3、4.骨针（2011ZQT2-24⑤：1、2011ZQT2-20④：2）

5.尖刃器（2011ZQT2-12⑤：21）　6~8.骨锥坯件（2011ZQT2-24⑤：4、2011ZQT2-16⑤：12、2011ZQT2-32⑤：2）

宽9mm，骨壁厚3mm，重1.3g（图5-6）。标本2011ZQT2-16⑤：12，截取较小型哺乳动物管状骨的一小段，并在前端敲出一个尖头，再在骨表面、骨腔面和棱缘上进行初磨，初磨长度13mm，但尚未完成骨锥的全程制作，故归入坯料类。除外，坯料鼓起的表面遗有两道较深的刻划痕迹，可能是无意识的刻痕。坯料长28.9mm，骨壁厚度2.8mm，重2g（图5-7）。标本2011ZQT2-32⑤：2，采用中等体型哺乳动物的胫骨，经过打击后选取其中的一小段窄骨片，骨片前端有一个斜面形成的尖端，但尚未进行第二步加工，骨表质和骨腔壁均可见及。坯料长43mm，宽13mm，骨壁厚4mm，重3g（图5-8）。

2）第4层

骨制品：骨针1件，断损。

标本2011ZQT2-20④：2。该骨针坯料是利用小型哺乳动物的管状骨经砸击后选取的小骨片做毛坯，而后再进行磨制完成的。现存的骨针大部分已断损，遗留的仅是尖头部。尖端部位略呈弧形，较钝，均有磨制痕迹，表面光滑，后侧仍然保留骨腔面，但骨腔面的侧缘也有磨制痕迹，骨针保存长度18mm，最宽处5mm，骨壁厚2.5mm，重0.3g（图5-4）。

3. 第三期文化

骨制品58件，分别出自早段16件（第3C层13件、F2层3件）；出自晚段42件（第3B层15件、第3A层27件），类型丰富，制作精致。

第三期文化早段骨制品：16件，包括骨锥3件、骨簪1件、骨匕3件、坯件9件。

1）第3C层

骨制品：13件，骨锥2件、骨匕2件、骨锥坯件5件、骨针坯件4件。

（1）骨锥：2件。标本2011ZQT2扩③C：241，保存骨锥中部的残段，通体磨制，可见斜向磨痕，表面光滑，横断面略呈圆形。该残段可能是使用时折断的。残长18mm，最大径6mm，重1g（图6-1）。标本2010ZQT2扩③C：14，由小型哺乳动物管状骨经砸击后选取的长条状骨片初加工而成的骨锥，具火烧痕迹，磨制仅限于头部和部分骨表面，磨制部分的长度为11mm，锥体后部未经加工，仍然保存原有的骨表面及骨腔面。标本全长24mm，最宽5.5mm，骨壁厚2.8mm，重1g（图6-2）。

（2）骨匕：2件。标本2010ZQT2扩③C：41，由大型哺乳动物骨骼砸击后的较大骨片制作而成，头部有初磨痕迹，一个侧边具较薄的刃，似有使用迹象。长67.8mm，中后部最宽23.8mm，骨壁厚7.1mm，重8g（图6-3）。标本2010ZQT2扩③C：27，为选取较小哺乳动物的胫骨骨片作坯料，虽未见加工，但前部的侧刃较薄，可直接使用。长66.2mm，13.7mm，骨壁厚3mm，重4g（图6-4）。

（3）骨锥坯件：5件。标本2011ZQT2扩③C：235，由小型哺乳动物管状骨砸击形成的骨片作坯料，尖端未经加工，骨片经过火烧，长23mm，最宽11mm，骨壁厚3.2mm，重0.5g。标本2011ZQT2扩③C：30，采用中等体型哺乳动物骨骼经打击而成的较大骨片作坯料，表面可见骨表质及骨腔壁，未见第二步加工痕迹，长60mm，最宽12.3mm，骨壁厚4.3mm，重5g（图

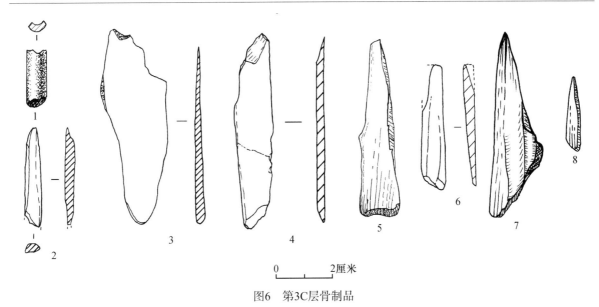

图6　第3C层骨制品

1、2. 骨锥（2011ZQT2扩③C∶241、2010ZQT2扩③C∶14）　3、4. 骨匕（2010ZQT2扩③C∶41、2010ZQT2扩③C∶27）

5～7. 骨锥坯件（2011ZQT2扩③C∶30、2010ZQT2扩③C∶242、2011ZQT2扩③C∶33）　8. 骨针坯件（2011ZQT2-7③C∶22）

6-5）。标本2010ZQT2扩③C∶242，由小型哺乳动物管状骨经砸击选出的长条形骨片作坯料，具火烧痕迹，未见加工，长43.3mm，宽9.5mm，骨壁厚2mm，重2g（图6-6）。标本2011ZQT2扩③C∶33，由中等体型哺乳动物的胫骨经砸击的骨片，具火烧痕迹，骨片的一侧沿骨质纤维断裂，另一侧斜向劈开，故在前端形成一尖头，可作为较大的骨锥坯件，长63.2mm，最宽22.2mm，骨壁厚4.4mm，重6g（图6-7）。标本2011ZQT2扩③C∶25，由小型哺乳动物管状骨砸击后的小骨片作坯件，外形大致长三角形，尖头具火烧痕迹，但未见进一步加工，长32.2mm，宽10.2mm，骨壁厚2.5mm，重2g。

（4）骨针坯件：4件，标本2011ZQT2-7③C∶22，骨片细长，经过火烧表面呈黑色，从痕迹判断应是砸击形成的小骨片，后部具有加工痕迹，头部细长，尖锐，但未经磨制，标本长26mm，最宽3.4mm，重0.1g（图6-8）。标本2011ZQT2扩③C∶240，同一位置出土的砸击条状小骨片3件，细长，一端均具长的尖头，分别以a、b、c编号，其中两件经过火烧，3件的尖端部位均未经第二步加工。长度分别为24.2mm、31.5mm和28.8mm。

2）F2层

骨制品3件：骨锥、骨匕和骨簪各1件。均经磨制。

（1）骨锥：1件。标本2011ZQT2-24F2∶1，是在砸击较小体型哺乳动物管状骨后选取其中一件小片制作但尚未最终完成的骨锥，只有尖头部经过初磨，头部十分尖锐，表面较光滑；磨制部分的长度约3mm；后部未经磨制，依然保留原有的骨表面及骨腔面，全长31.8mm，后部最宽22.1mm，骨壁厚2.2mm，重0.9g（图7-1）。

（2）骨匕：1件。标本2011ZQT2-27F2∶2，为截取较小哺乳动物胫骨的一段，再经打制而成，外表保留原有的骨质表皮，显得较光滑，骨腔较小，内侧可见骨质纤维；加工部位仅在刃端，前端和侧缘经过打制，刃口斜，薄而且锋利，刃部似有使用痕迹。长41mm，宽12mm，

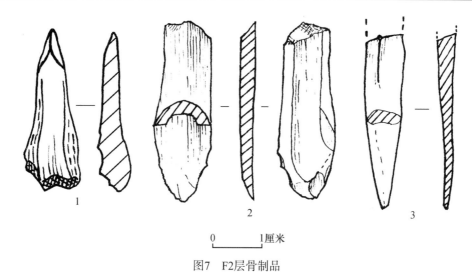

图7　F2层骨制品

1. 骨锥（2011ZQT2-24F2∶1）　2. 骨匕（2011ZQT2-27F2∶2）　3. 骨簪（2011ZQT2-27F2∶3）

骨壁厚3mm，重4g（图7-2）。

（3）骨簪：1件。标本2011ZQT2-27F2∶3，可能是截取中等体型哺乳动物尺骨的一段再进行加工而成，现存标本的一侧已经断损，残留部分约为原来的1/2，残余部分约有2/3经过磨光，磨制长度29mm，尖端部位经过特别磨制，至今保存良好，尖锐，骨表磨制加工均仔细，显得十分光滑，且具油脂光泽感；中间部位磨制略逊于头部，背面依然保留原有的骨骼凹面；两侧缘也经磨制，也很光滑。总体看来加工十分精细，可能是因长期被使用而折断的。标本余长41mm，最宽7mm，重2g（图7-3）。

第三期文化晚段骨制品：42件，类型丰富，包括骨锥8件、骨针5件、骨簪2件、骨铲1件、骨簇2件、骨凿2件、骨匕1件、鱼钩1件、尖刃器5件、坯件15件。

3）第3B层

骨制品：15件，包括鱼钩1件、骨针3件、骨簪1件、尖刃器3件、坯件7件。

（1）鱼钩：1件。标本2009ZQT1③B∶2，采用哺乳动物管状骨小骨片经反复磨制而成，加工精细，外形规整，尖端锐利，钩杆尾折断，断面不整齐（图8-1）。在福建境内新石器遗址中虽出土过青铜鱼钩，但未见以骨质材料磨制的鱼钩。全长23.33mm，钩杆长16mm，杆尾宽3.36mm，钩宽8mm，钩长7.8mm，钩尖角小于300°。

（2）骨针：3件。标本2009ZQT1③B∶101，尾端残，通体磨制，但磨制不甚光滑，针体上遍布划痕，可能是人工磨制过程中产生的痕迹，尖部较圆钝，可能使用过，横断面呈椭圆形，长17mm，最大径4mm（图8-2）。标本2009ZQT2③B∶103，残，由禽类的一段尺骨作坯件，通身磨制，前后两端断损，可能是使用时折断的，残长17.7mm，后部最宽5.8mm，最厚3.5mm，可见骨腔，骨壁厚0.5mm（图8-3）。标本2009ZQT2③B∶101，尾部折断，保存长度17.5mm，通体磨制，表面较光滑，头部精磨，尖锐；横断面半圆形，最大径5.5mm（图8-8）。

（3）骨簪：1件，标本2009ZQT1③B∶6，残，剩余部分不及原有之半，通体磨制，但磨

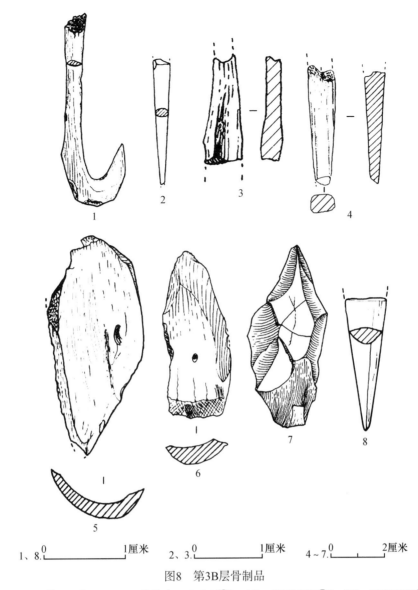

1、8. 0 ———————— 1厘米　　2、3. 0 ———————— 1厘米　　4～7. 0 ———————— 2厘米

图8　第3B层骨制品

1. 鱼钩（2009ZQT1③B：2）　2、3、8. 骨针（2009ZQT1③B：101、2009ZQT2③B：103、2009ZQT2③B：101）

4. 骨簪（2009ZQT1③B：6）　5～7. 尖刃器（2009ZQT1③B：20、2009ZQT1③B：21、2009ZQT1③B：19）

制并不精细，表面不甚光滑，但可见磨制时出现沿骨质纤维方向延伸的竖条状痕迹及磨痕，表明属于纵向磨制；尖部磨制出一个较窄的斜向刃部，有如石锛的刃部。尖部略有破损，横断面呈椭圆形。尺寸余长43mm，顶部宽10mm，尖端宽5mm，厚6mm，重2g（图8-4）。

（4）尖刃器：3件。标本2009ZQT1③B：20，采用大型哺乳动物胫骨远端部位经砸击后的较大骨片，再从前端两侧稍作加工而成。骨片上保留有良好的尖端及弧形且薄的刃部，刃缘处似乎有使用痕迹，尖部的使用痕迹不明显，器物未经过磨制加工，也可作为骨匕使用。长79mm，宽33mm，骨壁厚6cm，重17g（图8-5）。标本2009ZQT1③B：21，为大型管状骨砸击后的较大骨片再修制而成，前端呈一45°夹角，一侧将骨壁削薄形成锋利的刃缘，似可作为骨匕使用。长59.5mm，最宽21.3mm，骨壁厚5mm，重10g（图8-6）。标本2009ZQT1③B：19，采用大型哺乳动物胫骨后侧砸击后的较大骨片，外观大致呈菱形，中部宽，一头是呈30°夹角的尖，另一头窄但平齐，保存原有的骨表质，骨腔壁经反复修理，使两个侧边呈较锐利的刃缘。长62.2mm，最宽处27.3mm，最厚7mm，重7g（图8-7）。

（5）骨锥坯件：2件。标本2010ZQT2③B：197，原料为较大哺乳动物的胫骨近端，经过截取和打击，形成长条形的骨片作为坯件，由于打击，形成锐利的尖端，宽度略大于厚度，故既可作为尖刃器也可以作为骨锥磨制之前的坯件。长75mm，宽11mm，骨壁厚5mm，重11g（图9-1）。标本2010ZQT2扩③B：5，选取较小体型动物的骨骼经砸击后选取的骨片做毛坯，两侧有打击痕迹，头部尖锐，但未经磨制，长36mm，后端宽12mm。

（6）骨针坯件：4件。标本2009ZQT2③B：16，选用细长的砸击骨片做毛坯，坯件头部长而尖，除尖端内侧有小部分磨制痕迹外，其余未见加工。长44mm，最宽8mm，厚3mm，重1g（图9-2）。标本2009ZQT2③B：102，由禽类的长骨截断的一小段做毛坯，坯件骨腔大，骨壁薄，前半部有初磨痕迹，可能是在磨制过程中断损而放弃，残余长17.8mm，后端宽11.8mm（图9-3）。另两件由小型哺乳动物骨骼经砸击选取的小骨片做毛坯，仅初加工，未磨制。标本2009ZQT1③B：102，头部具修理痕迹，长30.2mm，后端宽10.1mm，骨壁厚1.6mm（图9-4）。

（7）骨匕坯件：1件。标本2010ZQT2③B：208，由小型哺乳动物骨骼砸击形成的骨片作坯件，骨片砸击痕迹明显，两侧并经修理，前端尖，边侧弧形刃缘薄而锐利，有利于再加工成为骨匕。坯件长51.8mm，最宽13.9mm，骨壁厚2.7mm，重4g（图9-5）。

4）第3A层

骨制品27件：包括骨锥、骨针、骨簪、骨铲、骨镞、骨凿、骨匕、尖刃器、牙刀、坯件等10种类型，其中以骨锥和坯件数量较多。

（1）骨锥：8件。骨锥基本上采用较大型哺乳动物的管状骨经砸击后再挑选大小、长短适宜的骨片作为坯件。选取较大型哺乳动物的骨骼，其目的在于能够确保骨锥锥体有较大的横径和长度，之后对骨坯进行初步修理，再进行磨制，偶尔也采用较小动物的骨骼。凡是经过磨制的部位都显得圆滑，磨制相当仔细，但骨锥的磨制部位多数限于头部，个别磨制较长，未见通身磨制者。骨锥经过磨制的部位，表面都具有比较清晰的磨痕，多数显示出斜向磨制，个别是两个方向即斜向和纵向相结合。

标本2010ZQT2扩③A：94，采用经过砸击后的骨片再进行磨制加工而成，外观长条状，尖部磨制十分精细，磨制长度约24mm，斜向磨痕清晰可见，痕迹细小，从而使尖部更加锐利而且显得光滑，器身后半部未见磨制痕迹，依然保留原有的骨表质和骨腔壁，风化程度中等。长52mm，宽9mm，骨壁厚4.5mm，表明属于中等体型哺乳动物的骨骼，重4g（图10-1）。标本2009ZQT1③A：1，残，仅保存头部，一侧稍有破裂。表面光滑，反光强，尖部圆钝。表面具轻微但清楚的纵向和斜向磨痕，头部横断面呈椭圆形。长28mm，顶宽11mm，重3g。标本2009ZQT1③A：379，由大型哺乳动物骨骼经砸击后的较长骨片作坯件，外形不规则，加工粗糙，仅在头部约4mm长有初步磨制的痕迹，其余未见加工，器物后部依然保留骨骼砸击痕迹及棱缘。长度68.5mm，后部最宽11.5mm，骨壁厚8mm，重5g（图10-2）。标本2010ZQT2扩

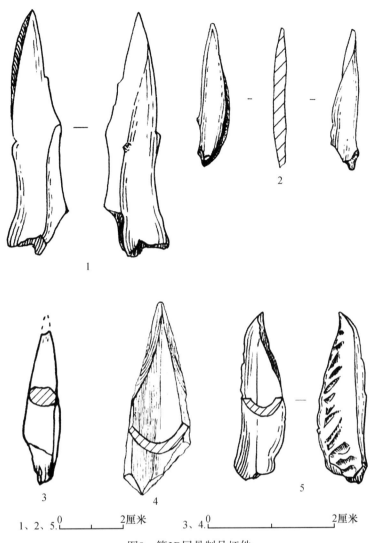

1、2、5. 0 ⊢⎯⎯⎯⎯⎯⎯⎯⎯⎯ 2厘米　　　3、4. 0 ⊢⎯⎯⎯⎯⎯⎯⎯⎯⎯ 2厘米

图9　第3B层骨制品坯件

1. 骨锥坯件（2010ZQT2③B：197）　　2～4. 骨针坯件（2009ZQT2③B：16、2009ZQT2③B：102、2009ZQT1③B：102）

5. 骨匕坯件（2010ZQT2③B：208）

③A：115，由中等体型哺乳动物骨骼砸击后选取的骨片加工而成。该骨锥加工前经过火烧，表面呈灰黑色。加工部位限于头部，骨表面和骨腔面均经过多次磨制而形成圆钝的尖，磨制痕迹清晰，器身未经磨制，保留原有骨骼砸击痕迹，尖端磨制长度为16～21mm；全长51.3mm，最宽11.5mm，骨壁厚4mm，重4g（图10-3）。标本2010ZQT2扩③A：51，由小型哺乳动物骨骼砸击后选取的较细骨片经磨制加工而成，磨制仅限于头部，磨制的长度15mm，尾部残断，尖头断面圆形，器身横断面三角形，器身表面遗有划痕。余长34mm，最宽6.1mm，骨壁厚3mm，重1g（图10-4）。标本2010ZQT2扩③A：173，残，采用小型哺乳动物碎骨片作坯件，骨表面和骨腔面均较细致地磨制出尖锐的头部，磨制长度7.8mm，磨面光滑，器物后部残缺，有火烧痕迹。残长25.6mm，最宽6.3mm，骨壁厚2.3mm，重0.3g（图10-5）。标本2010ZQT2扩③A：386，由小型哺乳动物肢骨碎片经粗加工而成，前端细长，头部经磨制，十分尖锐，

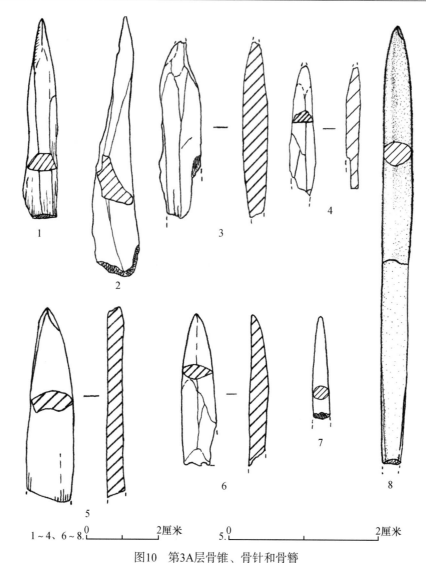

图10　第3A层骨锥、骨针和骨簪

1～5. 骨锥（2010ZQT2扩③A：94、2009ZQT1③A：379、2010ZQT2扩③A：115、2010ZQT2扩③A：51、2010ZQT2扩③A：173）
6、7. 骨针（2009ZQT1③A：24、2009ZQT1③A：173）　8. 骨簪（2009ZQT1③A：9、2009ZQT1③A：165拼合）

后端未见磨制，保留骨表面和骨腔面。余长36mm，最宽8.5mm，骨壁厚3.2mm，重1g。标本2009ZQT1③A：174，顺骨质纤维纵向破裂而残存其半，头部残存部分的骨质表面有清楚的磨制痕迹，尖端钝。余长32.8mm，最宽6mm，重1g。

在上述8件骨锥标本中，保存最长的68.5mm，最短的25.6mm，平均长度41mm；锥体最宽的11.5mm，最窄的6.1mm；骨壁最厚的8mm，最薄的3.2mm；最重的5g，最轻的0.3g，平均2.4g。根据这些数据推算，表明骨锥最合适的大小应该是：长在40～60mm之间，宽在8～10mm之间，骨壁厚3～4mm，重量3～5g。骨锥大多数骨锥或因使用或因埋藏断损而残缺不全，由此可见先民对骨锥的利用率是比较高的。

（2）骨针：2件，均断损，保留针尖和针体的一段。基本特征是细长、头部尖锐、通身磨制，针体明显小于骨锥的长与宽，针体断面近圆形或椭圆形，长度20mm以上，宽约5mm，厚

2 ~ 4mm，重小于1g；针体磨制痕迹细小，但清楚可见，磨痕斜向。

标本2009ZQT1③A：24，只残留尖头的一段，尖端保存较好，有明显使用痕迹，器身皆磨制，表面较光滑，但器身有几处破裂面，可能是后期埋藏过程中造成的，后端断损，横断面呈椭圆形。残长20mm，最宽5mm，厚2mm，重0.1g（图10-6）。标本2009ZQT1③A：173，仅保存前半部，针尖十分尖锐，通体磨制，十分精细及光滑，近针尖部位横断面近圆形，后部横断面呈椭圆形，尾端残断。长27mm，底宽5mm，最厚4mm，重0.2g（图10-7）。

（3）骨簪：1件。标本2009ZQT1③A：9和2009ZQT1③A：165是出土位置不同但可拼合的两件标本，拼合后构成一件大致完整的骨簪；通体磨制，表面较光滑，两组斜向磨制痕迹清楚；两头尖部大小不同，一侧稍扁，横断面椭圆形，头部略有破损；另一侧较圆，横断面近圆形，头部保存完好，但较钝，似有使用痕迹；中部横断面圆形。两件长度分别为60.5mm和54.7mm，拼合后复原长度约为120mm；最大横径7mm，重6g（图10-8）。

骨簪是一种多用途骨制品，既可用于装饰也可作为骨锥使用，该件的一侧头部破损应是使用的结果。

（4）骨铲：1件。标本2010ZQT2扩③A：96，选用大型哺乳动物骨骼，经砸击后的骨片做毛坯，再将毛坯初步加工成平齐的头部和收缩的后部；头部的骨表面和骨腔面均经过磨制加工，使之出现宽而平及圆钝的刃口，刃口长22.1mm，属双面刃，顶部再加以磨平，两个侧边的骨腔面也略加修整形成铲状；从刃部向后逐渐收缩成三角形。长50.9mm，宽25.1mm，后部宽8.8mm，骨壁厚5.6mm，重10g（图11-1）。骨铲作为生活用具，属于一种比较少见的骨制品。

（5）骨镞：2件，均经仔细加工及磨制。标本2009ZQT1③A：172，为双翼式箭镞。由骨骼经过砸击后选取的较薄骨片做毛坯，先修制出外形再通体磨光，表面显得很光滑；背部保留原有骨骼表面的弧度，经磨制，背部中间具一不甚明显的脊贯通前后；底面（骨腔面）被完全磨平。整体磨制加工精致，器物小巧；双翼不对称，左边较右边的倾斜、小且向后延伸；两翼向前形成的夹角约为30°；头部两侧边缘较锋利，似有使用痕迹。尖端残缺；铤部分断损，横断面长方形。铤根部错落，可能是方便顶住箭杆，利于捆绑。底面骨腔面靠两翼中间钻有一个小孔，孔径2mm，深1mm，可能是一种专属记号。余长23mm，翼宽14.1mm，厚3.5mm，铤宽5.2mm，重2g（图11-2）。以两翼外侧缘向前延伸的交点复原可能的长度约为40mm。标本2009ZQT1③A：410，仅保存骨镞的头部，外形等边三角形，最前端夹角25°，外形等边三角形，底边窄，背部保留原有骨表面的弧度，底面磨平；表面呈黑色，显然经火烧过。整体磨制，光滑，断面近半圆形。头部残长14mm，最宽7mm，最厚2mm，重0.5g（图11-3）。与标本2009ZQT1③A：172比较，可能也是双翼式箭镞，只不过仅保存镞的头部。

箭镞是狩猎的必用工具，可较远距离射杀猎物以提高功效。王鹏在试论偏翼镞的用途时认为，偏翼镞多和渔猎工具共存，更可能用于渔射[4]。虽然第3A层出土的骨镞类似偏翼镞，但同一文化层中并未出土相关渔猎工具，结合文化层存在大量鸟禽类骨骼，因此笔者倾向于是一种射杀鸟禽类的工具。遗址存在骨质箭镞，显然表明遗址主人重视这类工具的制作，并把狩猎作为重要的经济活动和食物来源。

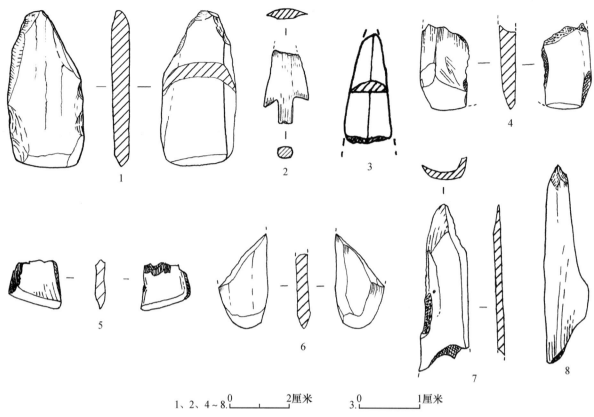

图11 第3A层骨铲、骨镞、骨凿、骨匕和尖刃器

1.骨铲（2010ZQT2扩③A：96） 2、3.骨镞（2009ZQT1③A：172、2009ZQT1③A：410） 4、5.骨凿（2010ZQT2扩③A：185、
2009ZQT1③A：389） 6.骨匕（2010ZQT2扩③A：247） 7、8.尖刃器（2010ZQT2扩③A：128、2009ZQT1③A：17）

（6）骨凿：2件，均残。标本2010ZQT2扩③A：185，由较大体型哺乳动物的骨片经磨制而成，标本可能仅保存原件的2/3。现存部分大致呈长方形，除一侧和后部断裂面外，通体均经磨制，纵向和斜向的磨痕都清晰可见，总体看，骨凿的磨制加工相当精细，背面（骨表面）精磨出的刃口较窄；底面（骨腔面）精磨的刃口较宽，且有几道不规则的划痕，似为使用痕迹。长27mm，宽16mm，最厚5mm，重3g（图11-4）。标本2009ZQT1③A：389，只保存刃口及器身的少部分，通体磨制，表面光滑，刃口光亮，几组磨制方向均可见及，个别磨痕较粗、较长。同上述标本一样，骨表面精磨的刃口较窄，骨腔面精磨的刃口较宽。残余的刃口长度为18mm，厚3.2mm，重1g（图11-5）。

骨凿也是生活工具之一，也比较少见，其存在说明遗址主人制作工具向多元化发展。

（7）骨匕：1件。标本2010ZQT2扩③A：247，仅保存前端部，呈钝圆状，后部断损。由中等体型哺乳动物的骨片经简易磨制而成，加工较粗糙。骨表面未经磨制加工，最前端的背面（骨表面）和底面（骨腔面）经粗磨而出现刃部，刃缘较锋利，显得较光滑，刃口呈弧形，侧缘也有少许磨痕。余长31mm，最宽11mm，骨壁厚4.1mm，重2g（图11-6）。骨匕形制较小巧，刃口锋利，可能用于切割植物类之用。

（8）尖刃器：2件。标本2010ZQT2扩③A：128，利用中等体型哺乳动物的管状骨骨片经粗加工而成。其制作方法是截取骨片后，先在前端和两侧敲击，使之形成夹角约45°的尖刃部，然后在头部稍经火烧后再加工；中后部一侧留有一个突出的"翼"，可能是为了捆绑方便。长64.2mm，最宽13.8mm，骨壁厚4mm，重3g（图11-7）。标本2009ZQT1③A：17，由中等体型动物的骨骼砸击后的骨片加工而成，头部有明显的修理痕迹，尖头锐利，长55mm，后端宽15.5mm，骨壁厚2.5mm（图11-8）。

尖刃器更可能作为狩猎的复合器，也可用于挖掘小型块根，是一类多用途工具。

（9）坯件：共8件。

骨针坯件：4件，均以小型哺乳动物或禽类骨骼经砸击后形成的骨片作坯件，但均未进行第二步加工。标本2009ZQT1③A：176，表面因经火烧而呈黑色，长32mm，最宽8mm，骨壁厚2mm，重1g（图12-1）。标本2009ZQT1③A：175，为经过火烧的禽类指骨，长38mm，最宽6mm，骨壁厚3.8mm，重1g。标本2009ZQT1③A：409，断损，残留前半部，具火烧痕迹，余长19mm，最宽4.2mm，骨壁厚1.3mm，重0.1g。标本2009ZQT1③A：177，尖头锐利，轻度风化，保持较好的骨表质及骨腔面。长28.3mm，最宽5.6mm，骨壁厚2.4mm，重0.1g（图12-2）。根据上述可见，骨针坯件的选取大致为长条形骨片，长在30～40mm之间，宽度小于8mm，骨壁厚小于4mm，这种骨片才方便于磨制。

骨匕坯件：3件，其中2件采用小型或中等体型哺乳动物骨骼砸击后的骨片做毛坯，另一件为肋骨段，长度在30～50mm之间，头部较尖锐或钝圆，侧缘弧形，以利于磨制加工成刃口。标本2010ZQT2扩③A：34，骨片风化程度中等，长49.2mm，最宽10mm，骨壁厚3.1mm，重3g（图12-3）。标本2010ZQT2扩③A：15，轻度风化，长45mm，最宽24.8mm，骨壁厚4.1mm，重2g。标本2010ZQT2扩③A：169，以小型哺乳动物肋骨段作为坯件，薄板状，头部钝圆，侧缘弧形，似有初磨痕迹，长30.4mm，宽7.3mm，厚2.4mm，重1g（图12-4）。骨匕坯件的选取大致是长度在30mm以上，有一定宽度和稍厚的骨片，以利加工。

骨铲坯件：1件。标本2009ZQT1③A：163，以大型哺乳动物骨骼砸击骨片做毛坯，保持骨腔面较大的弧形面，以便进行加工成较宽的铲形刃口，长51.8mm，前端宽24.1mm，最宽28mm，骨壁厚5.7mm，重11g（图12-5）。该骨铲坯件无论是尺寸、外形及重量，均与成型的标本2010ZQT2扩③A：96十分接近。

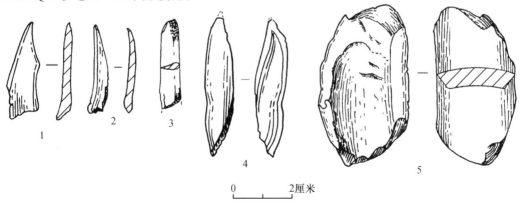

0　　　　　2厘米

图12　第3A层坯件

1、2.骨针坯件（2009ZQT1③A：176、2009ZQT1③A：177）　　3、4.骨匕坯件（2010ZQT2扩③A：34、2010ZQT2扩③A：169）

5.骨铲坯件（2009ZQT1③A：163）

三、讨　论

旧石器时代晚期磨制骨器的出现象征着人类社会在工具改革中的一大进步，由于磨制骨器的特殊功能，至使人类在适应环境和开发利用自然资源上得到更多的利好。根据已有报道，欧亚大陆许多旧石器时代晚期遗址有许多发现[5]，其原料基本上是采用动物尤其是哺乳动物的骨骼、牙齿和角，并经过精心挑选坯料和进行特殊加工而成。在我国，虽然磨制的骨制品出土偏少，但个别遗址如辽宁海城小孤山遗址[6]、贵州猫猫洞则出土较多[7]。奇和洞遗址第6文化层出土的2件骨针坯件和1件骨刀，尽管属于非定型工具，但是足以证实当时居住在奇和洞的先民已经开始进入磨制骨器的初始阶段，这种工艺的出现显然与当时当地自然环境因素有关[8]；至少他们已对动物骨骼有了更多认识。动物的肢骨，尤其是哺乳动物的肢骨，具有较大的坚硬性和弹性，而且所需的材料也容易获得，他们可以从猎获动物取其肉食的同时充分利用本来可能被丢弃的骨骼。

奇和洞遗址出土的骨制品类型多样，除常见的骨锥、骨针、骨铲、骨簪和尖刃器外，还有鱼钩、骨匕、骨镞等类型。通过对这些骨制品的观察，可以看出，在制作骨制品之前，都需要按照其所需要制作工具的大小来挑选不同骨壁厚度的动物骨骼，因为大型骨骼的骨壁较厚，可以用来制作较大的骨器，比如骨铲、骨棒、骨锥或骨质标枪头，一些不宜磨制的较大骨片，则行修理头部直接作为尖刃器使用；骨壁厚度中等或较薄厚度的骨片，则用来制作骨针、骨簪和骨匕之类的物件；鸟禽类骨骼骨腔较大，骨壁较薄，劈裂容易，适合用于制作骨针。一般说来，磨制骨器的制作工序比较复杂，都要经过砍、劈后，从中挑选适宜的骨片，再经过截形和粗修理，最后仔细磨制成型甚至装饰等几道工序。

坯料的选择是制作骨制品的基础，作为制作磨质工具而事先预备的骨质材料，也是一种半成品。对坯件的观察，在某种程度上可以帮助复原磨制工具先期加工过程以及可能磨制的部位。第3A层出土有属于骨针、骨匕和骨铲的三种坯件，骨针坯件通常选取的骨片较细长，并经过专门加工使其头部更加尖锐利于磨制；骨匕坯件选用中、小型哺乳动骨骼经砸击后的骨片，但前端需要有一定的宽度，而且具有较薄的侧缘；而骨铲则选用体型较大的动物的骨骼，砸击后具有较宽的骨片，骨壁厚度相对较大，以利磨制。曲彤丽等在论述德国旧石器时代晚期骨角器制作工艺时提到，生产骨角器通常都要经历选材、开料、整形加工甚至装饰等几道工序[9]。奇和洞遗址出土大量碎骨，除一些是食用后的丢弃物外，大多数可能是制作骨器时的废料。

奇和洞遗址第二期文化层出土的骨制品，充分表明那时已经有了比较成熟的磨制工艺，但这种工艺必然要比制作石质工具耗费更多的时间和需要更高的技能[10]。我国出土的骨器制品从旧石器时代末期才开始有了增多[11][12]，新石器时代骨器已成为比较普遍的工具。磨制骨器的出现，标志着居住在奇和洞的先民在获取生活资料尤其是食物方面有了更多的工具类型和手段。随着时代的进步，交流的增加，骨制品的制作向更高的水平发展。骨器的制作工艺水平以及类型的多寡和当时当地环境、动物来源有着密切关系，奇和洞第三期文化出土的骨制品反映出当时当地哺乳动物种类的兴盛和种群的庞大，足以供给制作骨器的材料。笔者还注意到：

居住在奇和洞的先民更多地利用中、小体型哺乳动物的胫骨作为材料制作骨器。在哺乳动物各类骨骼中，以胫骨的骨体最长、骨壁厚度也较均匀，且富有韧性和弹性以及坚硬诸特点，无疑是制作骨器的最好部位。奇和洞遗址出土的大型骨骼中，各类骨骼较多，唯独缺乏胫骨，猜想这种现象应与利用其制作骨制品有关。第三期文化制作的骨器量多质佳，表明此时制作工艺已经达到相当高的水准，比如鱼钩制品不仅头部尖锐细长，而且外观规整，和箭镞一样都不失为精品。

史前人类根据其目的需求，去选择动物的骨骼以及骨骼的不同部位，然后采用不同方法生产不同类型的器物。曲彤丽等还认为，地理环境、人群的食物需求、消费的差别、资源供给程度甚至文化传统的差别，都会导致制作工具、使用工具和依赖程度的差异，因此骨制品的深入研究，将有利于进一步了解史前时期人类社会生活、行为特征和习俗。

参 考 文 献

［ 1 ］　福建博物院，龙岩市文化与出版局.福建漳平市奇和洞史前遗址发掘简报.考古，2013，（5）：7-19.

［ 2 ］　贾兰坡，盖培，尤玉柱.山西峙峪旧石器时代遗址发掘报告//贾兰坡旧石器时代考古论文集.北京：文物出版社，1984：160-180.

［ 3 ］　李超荣.王府井东方广场遗址骨制品研究.人类学学报，2004，23（1）：13-33.

［ 4 ］　王鹏.试论偏翼镞的用途——史前人类是否认知光的折射.人类学学报，2012，31（3）：228-237.

［ 5 ］　Bar-Yosef O. The Upper Paleolithic Revolution. Annual Review of Anthropology, 2002, 31: 363-393.

［ 6 ］　黄慰文，张镇洪，傅仁义，等.海城小孤山的骨制品和装饰品.人类学学报，1986，5（3）：259-266.

［ 7 ］　曹泽田.猫猫洞的骨器和角器研究.人类学学报，1982，（1）：36-42.

［ 8 ］　Gai P. Recent Progress of Upper Paleolithic Research in China//The Pleistocene Perspective, Vol.2. London: Allen and Unwen. 1996: 1-7.

［ 9 ］　曲彤丽，Conard N J. 德国旧石器时代晚期骨角器研究及启示.人类学学报，2013，32（2）：169-181.

［10］　黄蕴平.小孤山骨针的制作和使用研究.考古，1993，（3）：260-268.

［11］　安家瑗.华北地区旧石器时代的骨、角器.人类学报，2001，20（4）：319-330.

［12］　毛永琴，曹泽田.贵州穿洞遗址1979年发现的磨制骨器的初步研究.人类学学报，2012，31（4）：335-343.

奇和洞遗址的装饰艺术品

范雪春

一、引　言

　　很早以前我们对于旧石器时代是否存在艺术品几乎一无所知。自从1834年世界上第一件旧石器时代艺术品在欧洲发现算起，至今仅仅180多年的历史，早期艺术品的系统研究也不过只有50来年，更加有效的研究手段和测年方法才刚刚开始。事实上，旧石器时代晚期人类制作工具的水平已经超乎人们的想象，那个时候人类在改进工具的同时，已经有了丰富的物质和精神生活内容，磨制骨器技术的成熟加速了艺术的发展进程，在制作骨质工具过程中，早期人类懂得力求尽善尽美，并在磨制骨器工具的表面施加装饰，目的是为了给人以美的感受[1]，这也是艺术思维在制作工具上的一种体现。据有关报道，从欧洲旧石器时代晚期奥瑞纳文化期起，人类已经开始进入艺术创作时代[2]，而且那些艺术创作的大多数，是在哺乳动物的骨骼、牙齿、角以及石块上进行的，它的主要表现形式既有线条刻画和形象刻划，也有雕刻、雕塑、彩绘和岩画等[3]。我国旧石器时代遗址出土的装饰艺术品甚少，到新石器时代早期数量有所增加，但有关研究报告却不多。最近福建漳平奇和洞史前遗址出土若干装饰艺术品，虽然数量有限，但也不乏精品，本文拟就这些材料作初步探讨，期望有助于今后的研究。

　　奇和洞遗址坐落在漳平市东北42km，西南距象湖镇灶头村4km；海拔442m，地理坐标为25°31′03.034″N；117°39′14.370″E（图1）。奇和洞洞口朝向正西，洞口宽26m，高6m，进深18m，洞内和洞口均有从晚更新世晚期至近代堆积层。遗址2008年底发现，之后由笔者领衔进行了3次小规模发掘，出土大量文化遗物，包括打制石器、磨制石器、陶器、打制骨器、磨制骨器、动物遗骨，以及装饰艺术品等，文化层出土的遗物年代跨越新、旧石器时代。洞内晚更新世中晚期地层砂质黏土中出土我国华南常见的"大熊猫-剑齿象动物群"；洞口地层从上到下分为9层，第1、2层属宋—清代堆积层（即第四期文化，年代距今1500年以内）；第3层属全新世早、中期（即第三期文化，年代距今9000～7000年）；第4、5层为全新世早期（即第二期文化，年代距今12000～9000年）；第6、7层为晚更新世末期（即新、旧石器过渡时代，第一期文化，年代17000～12000年）；第8、9层为晚更新世晚期（无文化遗物出土，年代为距今17000年前）。装饰艺术品分别出自第3层至第6层。

二、装饰艺术品分层记述

　　奇和洞遗址出土的装饰艺术品计有11件，其中第一期文化1件，第二期文化1件，第三期文化9件；类型包括线条刻画、形象刻画、雕刻、陶制和钻孔5种。

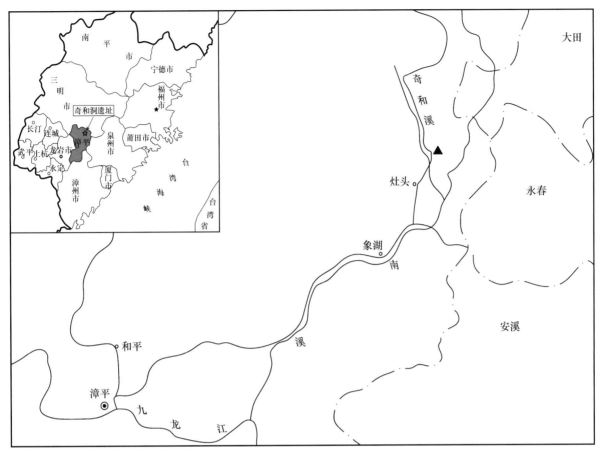

图1　奇和洞遗址地理位置

1. 第一期文化（第⑥层）的艺术品

人面形刻画石1件，出自第6C层。标本2011ZQT2-15⑥C：55，石料为棕红色钾长石砂岩，质地较细腻，外观大致呈椭圆形，饼状，最大径78.6mm，最小径68mm，最厚19.1mm，最薄16.2mm，重104.3g。饼状砂岩的上、下两个面及器物边缘部分都经过粗磨。上面（背面）微微凸起，采用石质工具凿刻出人面形的大致轮廓，显示出具有凹陷的两眼、鼻、嘴和突出的鼻梁；两眼中间"⌒"刻痕最深。从整体看来，似乎比较粗犷，但却自然而且生动（图2-1）。标本的一侧附着有黑褐色铁锰质薄膜。下面（底面）经过磨制而呈较平整的面，一侧的边缘凿去一部分，深3～6mm不等，和磨平的底面构成"V"形的边缘，其意不明。

2. 第二期文化（第5层）的艺术品

线条刻画艺术品1件，出自第5层。标本2011ZQT2-27⑤：9，原料为泥质细砂岩，薄板状，外观呈不等边五角形，岩石表面可见大量绢云母。底面为岩石的自然面（解理面），背面和两侧边均经初磨，痕迹清晰；底边先由石质工具划割后再掰断，掰断面平齐。背面观：前端两个侧边长分别为17mm和18mm，并在前端构成120°夹角；底边宽39.2mm，厚5.4mm。背面左下角刻划有5条长短不一的线条，下面较宽且深，向上渐渐变细且浅，刻画痕最长34.7mm，最短16.6mm，最宽7.2mm，最窄4mm；中下部凿刻有8个凹坑，5个较宽深，3个较窄浅，最大的凹坑为2mm×2.3mm，最小的凹坑为1.2mm×1.4mm（图2-2）。刻划痕迹可能是一种为了美观的装饰。在福建境内这种采用石块的刻划以前未曾见到，但在骨骼上的刻画标本却不少[4]。

3. 第三期文化早段（第3层及其下的F2）的艺术品

刻画石2件，F2（第3层下房基遗迹面）和第3C层各1件。标本2010ZQT2-27F2：42，原料为棕红色泥质绢云母钾长石粗砂岩，外观呈大半圆饼状，最大径61.5mm，弦长57mm，最厚24mm，重63.2g。石块两面和周边都经过精心修理和磨制，弦面较平，但略斜，磨制仔细，磨面光滑，斜向磨痕清晰可见；标本横断面呈透镜状。上、下两个微凸的面均采用硬质工具分别刻画出两组简单图案，可能属于符号。

较凸的一面（背面）刻有"人"字形符号，其下是不封闭的"0"形状的符号，但宽窄和深浅不一，左刻痕尺寸为长29mm，最宽10mm，最深5mm；右刻痕尺寸为长21.1mm，最宽7.2mm，最深3mm；其下刻有顶部不封闭的"0"形符号，刻画痕迹相对较浅。稍平的底面刻有三条痕迹较深的直线，组成大致如"π"形的符号，条痕宽窄和深浅不一，刻画的右竖杠条痕长32mm，最宽6.5mm，最深6mm；左竖杠条痕长29mm，最宽32.6mm，最深5mm；上部横杠条痕长32mm，最宽7mm，最深6mm（图2-3）。两组刻划的含义未解，但可以断定的是，两组符号都是主人为表达某种意思的刻划符号。

标本2010T2-11③C：107，线条刻画艺术品，出自第3C层，原料淡黄色泥岩，外观半圆形，底面为自然面，较平，背面略凸，似有初磨痕迹，其上沿着直径边缘有3组刻画痕迹，从左向右分别为3、4、4条直线，左边3条直线刻痕长11.04mm，各宽1mm；中间刻痕4条，刻痕斜向，放射状，最长15、最短6mm，最宽2.8、最窄2mm；右边4条刻痕最长10.2、最短6.5mm，最宽1.8、最窄0.7mm。底面（自然面）近直径边缘有一条长达31.8mm的较深砍痕，可能是为了掰断而作；中间部位有7条密集重叠的斜线刻画痕迹，但较浅。标本直径长76mm，宽38mm，厚15mm，重44g（图2-4）。

4. 第三期文化晚段的艺术品

（1）石质磨制鱼形胸佩饰件，标本2009ZQT1③B：3，原料浅棕红色砂岩，板状，质地粗糙，表面可见大量石英颗粒及白云母。板状砂岩石块两面和周边都经过加工修理，成型后通体初磨，再采用硬质工具雕刻出鱼头、背鳍、胸鳍、鳃盖等形象，而后在眼部施以对钻，腹背两面对称，雕刻工艺高超，作为胸佩饰件之用。根据观察，该饰件的制作步骤大致是：①先截取所需的石块部分，在周边和上下两面进行磨制，使之出现鱼头形状；②再在上、下两个面和周边进行精细磨制，磨面平坦光滑；③然后在两个磨面上，用硬质工具雕刻出鳃盖、背鳍和胸鳍，鳃盖采用上部三条斜向微弧形和下部三条直线；背鳍以"≫"形和边缘6个缺口加以表示；胸鳍以"≪"形和边缘两个缺口加以表示；④最后用对钻方法钻通表示鱼眼。鱼眼圆形，眼眶缘外宽内窄，雕刻痕迹清晰，手法细腻，外观形象逼真，栩栩如生，显然是模仿当时捕获的鲤鱼而作。这件石质鱼形佩件可以确认是用于胸佩的装饰艺术品，也是一件不可多得的较高质量的石质艺术品。标本全长48.82mm，宽34.33mm，眼眶缘外径6.76mm，眼眶内径5.00mm，背鳍长19.12mm，胸鳍长12.94mm，眼眶至鳃盖后缘长23.53mm（图2-5）。

（2）线条刻画石，标本2010ZQT2③B：239，原料褐色细砂岩，薄片状，上下两个面和边缘均经仔细磨制，标本外观近三角形，一边缓弧形，另外两边为断裂面，原本片状体应该较大，可能是在埋藏时发生破裂。现有标本表面光滑平坦，一面刻有9条不规则线条，最长16mm，最短8mm，线条较细，条痕宽0.5mm；另一面刻有3条，其中两条长15mm，另一条长6mm，中间的刻痕较深，线条宽0.55mm；其他两条痕迹较浅（图2-10）。值得注意的是该标本出土位置紧邻人类颅骨，故疑是陪葬品。

（3）石质足形艺术品，1件，标本2009ZQT1③A：39，出自第3A层，以灰绿色泥灰岩长条形砾石作为材料加工而成。长条形砾石的一端用硬质工具切割，切割痕迹清楚，而后掰断，断面平整，该断面作为足形底面；另一端向背面敲击形成一个斜面，打击点清楚，前、后两个侧缘再用琢刻法修出窄缘；敲击的斜面有密集的纵向线条刻画痕迹；背面初磨面刻划长的线条，可能也是为了装饰（图2-11）。标本高65.3mm，底长42.7mm，上长22.7mm，厚6.7mm，重26.2g。

（4）骨管。标本2009ZQT1③A：16，以大型禽类的后肢骨作为原料，采用石质工具先将两头截去，截面和边缘骨表上均可见切割痕迹，然后通身磨制，做工细腻，骨表面显得十分光滑，呈灰黑色，似经烤过，骨管长42mm，骨管横径11mm，骨壁厚1.5mm。由于禽类后肢骨的骨腔较大，可直接把线从骨腔穿过，作为一种胸佩饰件（图2-6）。

（5）钻孔饰品，2件。标本2009ZQT1③A：400，牙钻孔饰品，采用野猪的左下獠牙制成。野猪獠牙的后侧面用硬质工具切割，之后掰断，截面参差不齐，但切割痕迹和掰痕清晰可见；前侧面具磨痕，较平整、光滑，外观呈弧形；外侧面靠上部单向钻有两个并排的小孔，但均未钻透，两个钻孔大小相近，直径1.5、2mm，孔距2mm，其余未见其他人工痕迹（图2-7）。

标本2009ZQT1③A：401，指骨钻孔饰品，材料为小鹿的左侧前指骨（与蹄连接的指骨），在前侧近端偏内侧部位钻有一个圆形小孔，孔径3mm，孔深2mm（未穿透），可能也是一种装饰品。标本长19.2mm，宽9.8mm，厚8.6mm（图2-8）。

（6）陶质人面形艺术品。标本2009ZQT1③B：18，出自第3B层。陶饼近圆形，前后长65mm，左右宽64mm，厚10mm，底面略凹，背面略凸。在略凸的背面捏出人面形图案，靠上部捏有略凹的两眼、靠下部有略凹陷的嘴、中间是微凸的鼻梁；左右两侧稍微突出的部分表示双耳，捏后再经烧制。由于陶饼经受长期风化表面显得有些模糊，但总体看来依然不失为一件陶制人面形艺术品（图2-9）。

（7）陶器表装饰艺术。奇和洞遗址新石器时代陶器组合为釜、罐、盆（碗）、钵、盘等；器形以敞口、高领或束颈、鼓腹、平底和圜底为特征，口沿处部分有锯齿状压印纹，以锯齿纹、戳点纹或篦纹与压印锯齿纹组合最具特色，另有绳纹、戳点纹、曲折纹、蓝纹等。

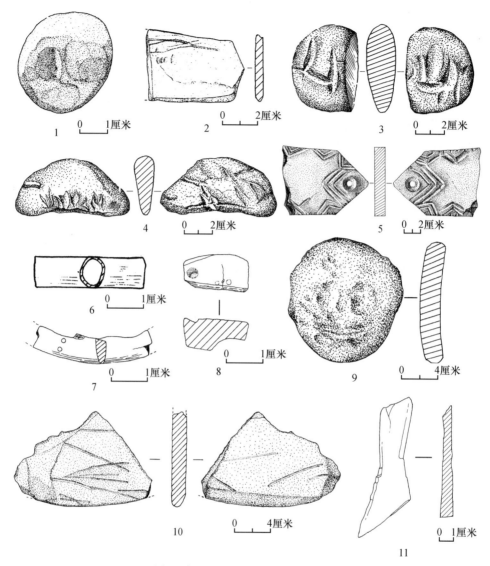

图2　奇和洞遗址出土的装饰艺术品

1. 第6层的人面形刻画石（2011ZQT2-15⑥C：55）　2. 第5层的线条刻画石（2011ZQT2-27⑤：9）　3. F2的刻画石
（2010ZQT2-27F2：42）　4. 第3C层的刻画石（2010T2-11③C：107）　5. 第3层的石质磨制鱼形胸佩饰件（2009ZQT1③B：3）
6. 骨管（2009ZQT1③A：16）　7. 牙钻孔饰品（2009ZQT1③A：400）　8. 指骨钻孔饰品（2009ZQT1③A：401）　9. 陶质人
面形艺术品（2009ZQT1③B：18）　10. 线条刻画石（2010ZQT2③B：239）　11. 石质足形艺术品（2009ZQT1③A：39）

三、讨　论

奇和洞遗址装饰艺术品的制作工艺有线条刻画、形象刻画、雕刻、烧制和钻孔，类型多样，计有线条刻画石、形象刻画石、装饰雕刻品、陶制品和钻孔饰件等，几乎所有装饰艺术品在刻画、雕刻或钻孔之前，都将坯件先进行磨制，有的初磨，有的细磨，以利于下一步工艺程序，说明制作者对器物制作的重视程度。9件标本出土于从第6层至第3层的地层中，年代越晚，标本数量越多，制作工艺水平越高。旧石器时代末期的刻画石是一种简单的刻画，到新石器时代早期的装饰艺术品，已经具有较高的工艺水平，显示出先民具有较高的艺术欣赏能力和审美观。

　　哲学评论家朱狄在论及早期艺术时指出："艺术是具有多种特质的、单纯化了的客体，虽然早期艺术品和工具一样由物质材料构成，但却与工具不同。早期艺术的物质材料的特质已被融化到形象之中。"[5]旧石器时代的艺术品明显带有创作意识的痕迹，它的构成形象主要因素是模仿，这种模仿是从大自然诸多事物中或者是从具体形象中得来的，同时这种模仿最初则是用线条加以表示。

　　早期艺术不同于史前时期人类制作的工具，因为它不是用来使用的，而是用来鉴赏的，旧石器时代人类在艺术创作的同时就已经认识到形象和客观事物具有知觉上的同一性。早期艺术创作是一种原发性能力，这种能力对于人类思维发展有着重要意义，这也是导致后来人类审美意识产生的根本原因。没有争议的人类最早艺术创作出现在法国西南部靠近西班牙的拉费拉西遗址——奥瑞纳文化层出土的彩绘和在石板上刻画的动物图像，年代距今35000年前。距今18000～10000年期间，艺术品基本上以人像和动物为主题，岩画、洞穴彩绘、雕刻作品和装饰品已经在许多地方盛行起来，分布范围甚广，除法国和西班牙外，德国、奥地利、意大利、瑞士、捷克、斯洛伐克、乌克兰、俄罗斯等国都有发现；非洲纳米比亚南部阿波罗2号洞穴的彩画年代距今27000年前，另一个遗址出土的用鸵鸟蛋皮制成的串珠艺术品年代距今38000年前；非洲的撒哈拉沙漠也发现过岩块上的彩画，年代距今约20000年前；澳大利亚发现的岩画最早年代距今20000年前；北美地区用赤铁矿粉调制作为颜料的岩石彩画年代大约为10000年前[6]。

　　早在20世纪30年代初，裴文中院士在发掘周口店山顶洞时就已经发现过一批装饰品艺术品，包括用哺乳动物骨骼和鸟类管状骨磨制而成的器物，还有用动物牙齿及贝壳经穿孔而成的饰品[7]；宁夏水洞沟遗址也发现有数十件钻孔鸵鸟蛋壳串珠装饰品[8]；辽宁海城小孤山遗址出土有一批骨制品，包括钻孔贝壳和牙齿，特别是其中的三件骨针，分别用象牙、动物骨骼制成，针眼采用对钻、钻通。尽管该器物主要作为工具使用，但不失也是一种工艺品，其加工技术水平可与欧洲梭鲁特、马格德林期文化的钻孔艺术相媲美[9]。另外，小孤山遗址出土的标枪头和鱼叉，型制对称美观，制作水平同样是十分高超的，也是一种装饰艺术。

　　在我国旧石器时代遗址中，出土的骨骼或角的表面上经常发现有刻画痕迹。这些刻画痕迹存在两种可能性：一种并不是早期人类有意识刻画的，或者说是随意的；另一种即是有意识刻画的。人类有意识在骨骼或角的表面上刻画，可以理解是为了表达某种含义，但其含义我们至今并不能完全能够理解[10]，正如近代个别少数民族在木头上刻画作为一种记号那样。1989年河北省兴隆县文物管理所王峰在一次野外调查中，从一个开采石灰岩现场炸出的第四纪沉积物中发现除野马、野驴、披毛犀、赤鹿等大量化石外，还有一件采用鹿角的一段眉枝制作的雕刻艺术品，角表雕刻有三组图案，包括波浪纹、横竖斜纹和交错纹等，表面用赤铁矿粉涂抹，雕刻图案也许是大自然景观的写照，北京大学实验室^{14}C测定，年代为距今13200年[11]。2001年，黄万波等在重庆奉节县兴隆洞中发现1件保存较好的剑齿象门齿，表面有两组刻痕，一组6条，另一组4条，刻痕粗犷，清晰可辨，被认定是人工所为，或是代表某种含义[12]。我国著名岩画学家盖山林在阴山调查时发现属于凿刻的数十万幅岩画，凿刻对象主要是人物和动物，其中不乏动物形象，包括虎、豹、狼、双峰驼、北山羊、藏羚、野马、野驴、赤鹿、梅花鹿、四不像等40多种，盖山林认为阴山岩画的年代从旧石器时代晚期起一直延续到明清[13]；历史时期的岩画分布更广，题材更多样。

艺术创作是人类独有的行为。早期的艺术创作是人类思维、创意和模仿大自然的一种表现形式。在人类文化发展进程中，语言早于艺术，艺术源于线条刻画，艺术的发展才最终导致文字的产生。早期艺术是人类文化宝库中最重要的组成部分之一，也是人类文化的摇篮时代[14]。我国有关史前时期装饰艺术品研究还相当薄弱，仅仅处在初始阶段，究其原因，除了出土数量有限外，很有可能是在过去发掘过程中忽视遗物表面的任何蛛丝马迹。在我国，有关早期艺术品研究的迫切性已经提到日程上来，它不仅是史前考古的重要内容，也是揭示早期人类思维能力和创造能力的重要指标和钥匙。

参 考 文 献

［1］　曲彤丽，Conard N J. 德国旧石器时代晚期骨角器研究及启示. 人类学学报，2013，32（2）：169-181.

［2］　Bar-Yosef O. The Upper Paleolithic Revolution. Annual Review of Anthropology, 2002, 31: 363-393.

［3］　奥克莱K P. 石器时代文化. 周明镇，译. 北京：科学出版社，1965：1-94.

［4］　李国宏. 海底化石探秘. 武汉：武汉大学出版社，2012：1-198.

［5］　朱迪. 原始文化研究. 北京：三联书店，1988：1-405.

［6］　高星. 新世纪的中国旧石器考古学：迈向世界舞台的中心. 龙骨坡史前文化志，2001，（1）：46-49.

［7］　中国科学院古脊椎动物与古人类研究所. 裴文中科学论文集. 北京：科学出版社，1990：1-388.

［8］　高星，王惠民，关莹. 水洞沟旧石器考古的新进展与新认识. 人类学学报，2013，32（2）：121-132.

［9］　黄慰文，张镇洪，傅仁义，等. 海城小孤山的骨制品和装饰品. 人类学学报，1986，5（3）：259-266.

［10］　尤玉柱. 峙峪遗址刻划符号初探. 科学通报，1982，27（16）：1008-1010.

［11］　尤玉柱，王峰. 记河北兴隆发现的纹饰鹿角//北京人第一头盖骨发现六十周年文集. 北京：北京科学技术出版社，1992：75-80.

［12］　黄万波，徐志强. 重庆奉节兴隆洞第二次发掘简报. 龙骨坡史前文化志，2002，（4）：22-28.

［13］　盖山林. 阴山岩画. 北京：文物出版社，1989.

［14］　尤玉柱. 中国旧石器时代之艺术及其比较//黄海沿岸环境及文化国际学术讨论会文集. 首尔：汉阳大学校出版社，1992：71-75.

古人类遗址奇和洞文化堆积层真核生物多样性分析

张秋芳、周阳靖、林锦锋、范雪春、金晓烽、王明光

一、前　言

被评为"2011年度全国十大考古新发现"的福建省漳平市奇和洞古人类遗址，是中国东南沿海地区史前考古的又一重大突破[1]。遗址文化面貌独特，保存有完好的从旧石器时代末期至今的文化堆积层，为研究不同年代生态环境因子变化及其生物多样性变化提供了宝贵材料。

作为生态系统重要的组成部分，真核生物具有重要生态功能，其生物多样性与环境因子，如酸碱度、重金属等密切相关[2-5]，且18S rRNA基因已被成功地用于表明环境中真核生物群落多样性[6-8]。另一方面，自从分子生物学技术应用于斑马和古埃及木乃伊研究以来，将古DNA分子生物学技术应用于考古研究，已成为国内外考古研究领域的前沿和热点[9-15]，但利用真核生物18S rRNA基因作为分子标记，应用于真核生物多样性与环境因子的关系分析尚未见报道。

本研究拟参照现有考古成果，以奇和洞遗址中不同历史阶段形成的9个自然堆积层作为研究对象，并用聚合酶链反应—变性梯度凝胶电泳（PCR-DGGE）、实时荧光定量PCR（qPCR）和测序方法，定性和定量分析堆积层中真核生物多样性，及其与主要环境因子之间的相关性，为了解真核生物对环境因子变化的适应性提供参考。

二、材料与方法

（一）文化层堆积物样品采集

漳平奇和洞遗址坐落在福建省漳平市以东42km，海拔442m，地理位置为25°31′03″N和117°39′14″E。于2011年10月对奇和洞遗址不同文化层堆积物进行采集。所采集的同一剖面从上往下连续9个文化堆积层的代号与名称（或时间）[16]分别为：①现代第1层（0～6cm），②清代第2A层（6～20cm），③明代第2B层（20～32cm），④距今8000～7500年的第3A层（32～47cm），⑤距今9000～8000年的第3B层（47～68cm），⑥距今14000～13000年的第5层（68～91cm），⑦距今17000～15000年的第6A层（91～106cm），⑧距今17000～15000年的第6B层（106～125cm），⑨距今17000～15000年的第6C层（125～145cm）。为确保样品不被污染，在采集过程中，使用经灭菌后的不锈钢采样器进行自下而上（至今时间由远到近）进行采集。每层取3个区域，设为重复3次；为避免空气接触产生的污染，先将采样点表面的物质去除后，采集约250g，采后样品立即放入无菌的塑料袋密封，尽快送至实验室，置于–80℃下低温

保存。样品过干净、无菌尼龙筛后，分为两份，一份用于分析环境因子参数，另一份于低温保存用于总基因组DNA提取。

（二）文化层堆积物环境因子参数分析

参照土壤分析测试相关国家标准，分析各文化层堆积物pH值（水：土=5∶1）、全氮、全磷、有机质；应用电感耦合等离子发射光谱仪（ICP-AES）（2100DV型，美），测定堆积层中的重金属铬（Cr）、铜（Cu）和铅（Pb）含量。

（三）分子生物学分析

1. 文化层堆积总基因组DNA的提取

取冻干、过1mm筛后的文化层堆积物0.5g，用FastDNA® Spin Kit for Soil 试剂盒（Qbiogene公司，美）提取总基因组DNA（具体方法按照说明书进行），并将获得DNA用超微量紫外分光光度计（Nanodrop 1000，美）测定其含量和纯度。

2. 真核生物18S rRNA基因组成PCR-DGGE分析

引物F1427-GC: TCTGTGATGCCCTTAGATGTTCTGGGCGCCCGCCGCGCCCCGCGCCCGGCCCGCCGCCCCGCCC和R1616:GCGGTGTGTACAAAGGGCAGGG[17][18]，用于分析真核生物18S rRNA基因组成。在50 μL PCR反应体系里包含有：1×PCR buffer缓冲液，$MgCl_2$为3.0mm，每种dNTP为400 μM，2.5 U Taq DNA 聚合酶（Takara，大连宝生），0.2 mg/mL牛血清蛋白（BSA）并加每个引物浓度至0.2mm和总基因组DNA 1 μL作为模板。PCR扩增程序：93℃，2分钟，接着30个循环，每循环包括94℃，30秒变性，54℃，30秒退火和72℃延伸1分钟，最后在72℃下延伸20分钟。将PCR产物用1.2%琼脂糖凝胶电泳，用溴乙锭染色，用凝胶成像仪（Bio-Rad，美）成像后显示18S rRNA基因DNA条带约为210 bp，并拍照，整个过程均设不加DNA模板做为空白对照。

DGGE电泳凝胶的聚丙烯酰胺浓度为8%，变性剂浓度范围为43%～65%。缓冲液为1×TAE，电压为90 V，电泳14h。电泳结束后将凝胶用SYBGreen I（百维信）染色 0.5 h后，用超纯水洗涤，凝胶用成像仪Bio-Rad（Bio-Rad，美）扫描，拍照，将所得DGGE的指纹图谱用Quantity One 4.3（Bio-Rad，美）软件进行真核生物群落相似性分析。另外，由于本研究中三次重复皆具有较好重现性。因此，本试验只提供两个重复样品的DGGE图谱。

3. 真核生物18S rRNA基因含量分析

定量PCR标准曲线制作方法：18S rRNA基因质粒片段是用引物F1427和R1616扩增后，将PCR产物用DNA凝胶纯化试剂盒（TaKaRa，大连宝生）纯化、回收，再用PMD 19-T（TaKaRa

Code：D102A，大连宝生）载体进行链接后，转化到感受态细胞Escherichia coli DH5α，涂布到含有氨苄青霉素（Ampicillin）/IPTG/X-Gal的LB（Luria-Bertani）培养平板上，37℃下培养16～24 h，并设置对照。随机选取一定数量的白色阳性克隆子，进行PCR，将阳性菌落用含氨苄青霉素LB培养液培养后送出测序确定为真核生物；用于制备标准曲线的18S rRNA基因拷贝数从所提取的质粒DNA浓度计算获得，质粒以10倍连续稀释7个数量级已知浓度，每微升拷贝数为9.40×10^8到$9.40 \times 10_2$，分别作为定量PCR反应的模板来制备标准曲线。所有样品真核生物18S rRNA基因拷贝数测定皆设3次平行，应用Mastercycler ep realplex实时荧光定量PCR仪（Eppendorf，德）测定。每个25 μL体积的反应体系中各成分含量分别包含有：1μL的DNA提取物作为模板，0.2 mg/mL的牛血清蛋白（BSA），0.4mm 的引物F1427和R1616和12.5 μL Premix Ex taq^{TM}（Takara，大连宝生）。定量PCR反应程序为：95℃下4分钟，接着95℃下30秒和58℃下30秒，72℃下25秒，40个循环。每个定量PCR反应过程皆同时加设与DNA模板同样量的无菌水作对照。

（四）DNA条带切取、克隆、测序及序列分析

将上上节中DGGE图谱上的DNA条带切割下，用无菌水洗涤后，捣烂，加40 μL无菌水于4℃下浸渍过夜，使DNA片断溶出，以此作为模板；用不带GC夹的引物，按上节方法，经扩增、克隆后送至公司进行序列测定（上海英骏生物技术有限公司）。将测定的目的基因片段的序列，在Genebank中与已知序列进行比对（ http://www.ncbi.nlm.nih.gov/BLAST // ）。采用Bioedit Sequence Alignment Editor 7.0.5.2软件进行多序列比对，结果输入MEGA4.0软件，采用邻接法（Neighbor joining Method）进行系统发育分析，系统发育树各分支置信度由自举分析（Bootstrap）检验，重复1000次。

（五）数据统计

将获得的DGGE图谱，用GelDoc XR（BIO-RAD，USA）系统中的Quantity One 软件（Bio-Rad Laboratories，Hercules，USA）的UPGMA（Unweighted Pairgroup Method with Mathematical Averages）方法，进行聚类分析。

应用多样性指数Shannon-Weaver（H）和均匀度（E）对细菌DGGE图谱进行多样性分析。其中，Shannon（H）指数计算公式为：

$$H = - \sum_{i=1}^{s} Pi\ln Pi = - \sum_{i=1}^{S} (Ni/N)\ln(Ni/N)$$

$$E = H/\ln S$$

其中，Ni表示第i条DNA条带的亮度峰值，N表示某个样品DGGE图谱上的各DNA条带亮度峰值总和，S为某个样品中所有条带数目总和[19]。

SPSS 软件（16.0 版）分析：处理之间差异分析，采用Duncan测试法进行单因素差异分析

（ANOVA）；文化层堆积环境因子、18S rRNA基因拷贝数及多样性指数（H）和均匀度指数（E）之间进行两两相关分析。

（六）DNA序列登录

来自DGGE条带的18S rRNA基因DNA序列都登录到EMBL基因数据库中。已获得18S rRNA基因序列登录号为HG421097-HG421128。

三、结果与分析

（一）文化层堆积主要环境因子分析

从表1可知，不同历史时期形成的文化层堆积主要环境因子参数值不同。不同文化层堆积中的pH值在7.59～7.90之间，14000～13000年前堆积层为最高，现代层最低；8000～7500年前形成的堆积层中有机质含量显著高于其他堆积层，17000～15000年前A层则显著低于其他层；现代层全氮含量最高，其次是17000～15000年前A层，17000～15000年前B层的全氮含量最低；8000～7500年前堆积层中全磷含量最高，其次是现代层、9000～8000年前和17000～15000年前C层；重金属Cr在17000～15000年前C层中含量最高，而现代层中含量最低；8000～7500年前Cu含量最高，而现代、清和明代层中相对较低；明代层中铅（Pb）的含量显著高于其他层次，但清代层的却显著低于其他层。

表1 奇和洞不同文化层堆积主要环境因子参数值

时间 Time	pH值 （水土比5∶1） pH value （water∶soil =5∶1）	有机质 Organic matter （%）	全氮 Total nitrogen （mg/kg）	全磷 Total phosphorus （mg/g）	Cr chromium （mg/kg）	Cu copper （mg/kg）	Pb lead （mg/kg）
现 代 Contemporary	7.59gᵃ	0.76h	667.83a	1.22b	27.60i	22.03h	118.10c
清 代 Qing Dynasty	7.64f	1.11d	494.13c	0.73c	37.13h	23.57g	10.87i
明 代 Ming Dynasty	7.76de	1.03e	383.17e	0.31d	38.77g	29.67f	161.37a
8000～7500年前 From 8000 to 7500 years ago	7.88a	3.68a	396.83d	1.61a	61.35e	53.40a	105.93e
9000～8000年前 From 9 000 to 8000 years ago	7.73e	0.85g	265.27g	1.21b	59.17f	51.10b	103.13f

续表

时间 Time	pH值 （水土比5：1） pH value （water：soil =5：1）	有机质 Organic matter （%）	全氮 Total nitrogen （mg/kg）	全磷 Total phosphorus （mg/g）	Cr chromium （mg/kg）	Cu copper （mg/kg）	Pb lead （mg/kg）
14000~13000年前 From 14000 to 13000 years ago	7.90a	1.41c	272.80f	0.23d	65.20b	51.13b	101.03g
17000~15000年前 From 17000 to 15000 years ago（A）	7.86ab	0.67i	552.27b	0.21d	64.50c	48.53d	97.37h
17000~15000年前 From 17000 to 15000 years ago（B）	7.83bc	2.18b	244.50h	0.39d	63.67d	50.20c	119.37b
17000~15000年前 From 17000 to 15000 years ago（C）	7.80cd	0.97f	272.10f	1.21b	65.87a	44.67e	113.27d

a：平均值±SD（n=3），若同一列中含有相同的小写字母，表示$P<0.05$水平时的差异不显著。

a: Mean±SD（n=3）. Value within the same column followed by the same lower case letter are not significantly different at $P<0.05$.

（二）真核生物群落结构及遗传性状分析

1. 不同历史阶段形成的文化层堆积真核生物群落组成

从图1和图2可知，不同历史阶段形成的文化堆积中18S rRNA基因的DGGE图谱存在较大差异。现代层与其他不同历史阶段堆积的相似度仅为44%，且距今17000~15000年之间形成堆积的真核生物的群落与清代到14000年之间的真核生物明显可以划分为两大类群，且这两大类的相似度为46%。另外，明代与清代形成的堆积与距今14000~7500年前形成的堆积中的真核生物群落分别聚成一类，且两类之间的相似度为51%；明代与清代之间的相似度为61%，而距今8000~7500年与距今14000~8000年的相似度为62%。

从表2可知，不同堆积层中的真核生物群落的多样性指数不同。群落多样性H指数大小顺序为：现代层＞距今8000~7500年前＞距今9000~8000年前＞明代层＞距今14000~13000年前＞距今17000~15000年前（B）＞清代层＞距今17000~15000年前（C）＞距今17000~15000年前（A）。现代层H指数皆极显著地高于其他层次，距今8000~7500年前的层次显著高于清代、距今14000~13000年和距今17000~15000年前A、B和C三层；但清代、距今14000~13000年、距今17000~15000年前的B和C层之间的H指数皆无明显差异。均匀度（E）指数大小顺序为：现代层＞明代层＞距今17000~15000年前（C）＞清代层＞距今9000~8000年前＞距今8000~7500年前＞距今17000~15000年前（B）＞距今14000~13000年前＞距今

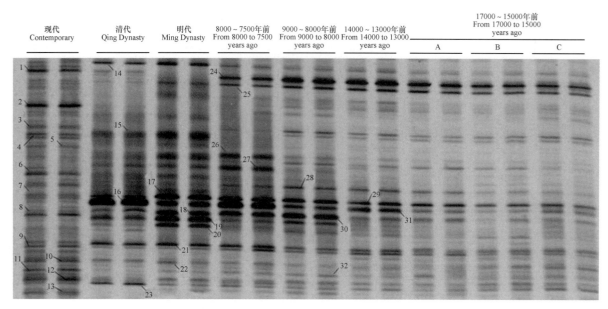

图1　文化层堆积中18S rRNA基因DGGE指纹图谱

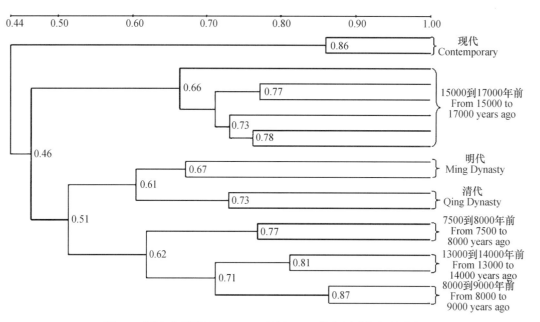

图2　不同文化层堆积18S rRNA基因DGGE指纹图谱相似度分析

17000～15000年前（A）；除距今8000～7500年和距今9000～8000年前堆积层之间、清代层和距今17000～15000年前（C）堆积层之间的均匀度指数无明显差异外，其他不同层堆积的均匀度指数差异皆达显著水平。

表2　不同堆积层中18S rRNA基因含量和真核生物群落多样性指数

时　间 Time	Shannon-Weaver *H* index	均匀度 Eveness（*E*）index	18S rRNA基因含量 （copies.g⁻¹干土）
现　代 Contemporary	3.743 ± 0.047 aª	0.9805 ± 0.0004 a	$1.30 \times 10^7 \pm 1.77 \times 10^5$ cd
清　代 Qing Dynasty	3.129 ± 0.012 de	0.9661 ± 0.0045 c	$6.88 \times 10^7 \pm 1.43 \times 10^5$ a
明　代 Ming Dynasty	3.255 ± 0.035 bc	0.9716 ± 0.0033 b	$6.08 \times 10^7 \pm 1.62 \times 10^5$ a
8000～7500年前 From 8000 to 7500 years ago	3.313 ± 0.025 b	0.9604 ± 0.0010 d	$4.73 \times 10^7 \pm 6.93 \times 10^5$ b
9000～8000年前 From 9000 to 8000 years ago	3.289 ± 0.005 bc	0.9623 ± 0.0050 d	$1.79 \times 10^7 \pm 2.50 \times 10^5$ c
14000～13000年前 From 14000 to 13000 years ago	3.194 ± 0.012 cd	0.9486 ± 0.0034 f	$9.02 \times 10^6 \pm 8.47 \times 10^5$ de
17000～15000年前 From 17000 to 15000 years ago （A）	3.032 ± 0.022 e	0.9362 ± 0.0013 g	$4.73 \times 10^6 \pm 7.96 \times 10^4$ de
17000～15000年前 From 17000 to 15000 years ago （B）	3.134 ± 0.196 de	0.9542 ± 0.0016 e	$8.69 \times 10^6 \pm 5.88 \times 10^4$ de
17000～15000年前 From 17000 to 15000 years ago （C）	3.128 ± 0.140 de	0.9673 ± 0.0016 c	$3.54 \times 10^6 \pm 3.80 \times 10^4$ e

a：平均值 ± SD（n=3），同一列字母相同不显著，*P*<0.05时差异达显著水平，用小写字母表示。

a: Mean ± SD（n=3）. Value within the same column followed by the same letter are not significantly different at *P*<0.05.

2. 真核18S rRNA基因多样性遗传多样性分析

从DGGE凝胶上切取了各个堆积中主要及共同的18S rRNA基因DNA条带，共32条，位置分布详见图1。

18S rRNA基因DNA序列系统发育分析结果见图3。结果表明：从现代堆积分离的DNA条带1～13所测得序列与已知真核生物具有高度相似性，如：与毛孢子菌*Trichosporon coremiiforme*菌株CBS 8261、*Ophiocordyceps prolifica* 菌株NBRC 101750和被孢霉*Mortierella* sp. CO-21有100%相似性；与轮枝菌*Verticillium leptobactrum*、接合菌*Zygomycete* sp. AM-2008a、*Lepidostroma akagerae voucher* holotype BR和三足虫*Trinema lineare*有99%相似性；鞭毛虫*Bodomorpha*有98%相似性；与丝足虫*Cercozoa*有98%相似性；叶足纲*Lobosea* sp. Mb 5C有96%相似性；台湾簇虫*Ascogregarina taiwanensis*菌株ATJ1有93%相似性和*Sarcotragus spinosulus*有91%相似性。

从清代到距今14000～13000年前形成的堆积中，所获得的DNA条带16～20和28～31序列与已知藓类和蚌壳蕨科类生物聚为一类。与距现代较近的清代和明代堆积中存在的真核生物与复球虫*Diplosphaera* sp. CG567、杆形裂丝藻*Stichococcus bacillaris* strain NJ-10、接合菌*Zygomycete* sp. AM-2008a、离生青霉*Penicillium solitum* strain 20-01、枝顶孢*Acremonium furcatum* strain CBS 122 42皆有100%相似性，与蚌壳蕨科*Dicksoniaceae*有99%相似性。明代形成的堆积中，除具有与壶藓类*Splachnum sphaericum*和苔藓类Moss有100%相似度的DNA条带20、但没有清代的DNA条带23外，明代形成的堆积中所含的真核生物群落组成与清代相近。

距今17000～7500年前各堆积层中部分优势DNA条带较为相近，如皆含有与羽纹藻*Pinnularia acuminata* strain Pin 876 TM和三角指褐藻*Phaeodactylum tricornutum* strain CCMP2561相似的DNA条带24和25，与*Entosthodon laevis*梨蒴藓100%相似度和蚌壳蕨科*Dicksoniaceae*有99%相似性DNA条带29、30和31，但在距今8000～7500年前形成的堆积层中含有与明代相似的DNA条带26和27，两者与*Asterarcys quadricellulare* strain KNUA020和栅列藻*Scenedesmus* sp. NJ-1皆有100%相似性，而不含与薄囊藓*Leptobryum pyriforme*有100%相似性DNA条带28。

（三）不同文化层堆积真核生物18S rRNA基因含量

用于本研究18S rRNA基因定量PCR分析的标准曲线为：$Y=-3.454X+33.31$，相关系数$R^2=0.990$，扩增效率E为95%。

从表2可知，不同文化堆积层18S rRNA基因含量存在很大差异，每克干重堆积物中18S rRNA基因拷贝数在6.88×10^7到3.54×10^6之间。堆积中18S rRNA基因含量大小顺序为：清代＞明代＞8000～7500年前＞9000～8000年前＞现代＞14000～13000年前＞17000～15000年前（B）＞17000～15000年前（A）＞17000～15000年前（C）。其中，清代层的含量最高，17000～15000年前（C）层的含量最低。不同层次之间含量差异不同：清代与明代两层含量差异未达到显著水平，但清代、明代和8000～7500年前三个堆积层18S rRNA基因含量皆极显著高于与其他层；现代层，14000～13000年前和17000～15000年前的A、B、C层之间差异，皆未达到显著水平；9000～8000年前堆积层含量显著低于清代、明代和8000～7500年前，且显著高于17000～15000年前的A、B和C层含量，但与现代和14000～13000年前的无明显差异。

（四）真核生物18S rRNA基因多样性与环境因子相关关系

从表3可知，18S rRNA基因含量分别与铬Cr（$r=-0.528$，$n=24$，$P<0.05$）、铜Cu（$r=-0.483$，$n=24$，$P<0.05$）呈显著负相关；Shannon-Weaver（H）指数与pH值（$r=-0.611$，$n=24$，$P<0.01$）、铬Cr（$r=-0.619$，$n=24$，$P<0.01$）呈负相关，但与总氮（$r=0.473$，$n=24$，$P<0.05$）呈正相关；均匀度（E）指数皆与pH（$r=-0.732$，$n=24$，$P<0.01$）、铬Cr（$r=-0.733$，$n=24$，$P<0.01$）、铜Cu（$r=-0.681$，$n=24$，$P<0.01$）呈负相关关系。

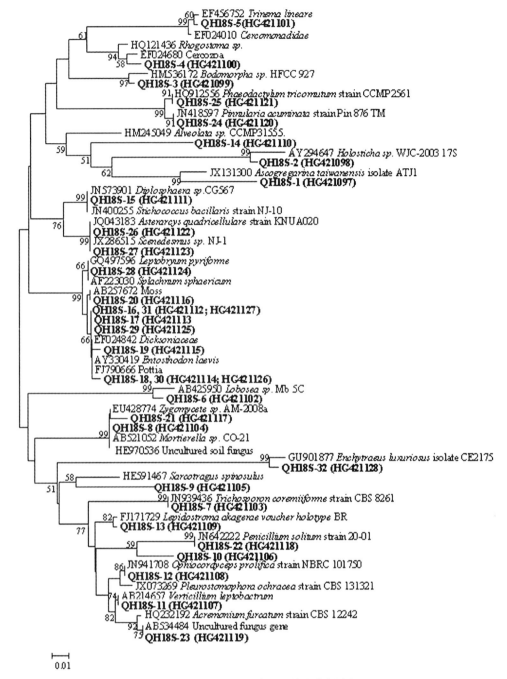

图3　18S rRNA基因序列系统发育树分析

四、讨　　论

　　本研究以18S rRNA基因作为真核生物的分子标记,应用PCR-DGGE和qPCR方法成功地对古人类遗址奇和洞中不同历史时期形成的文化堆积层中的真核生物群落进行定性和定量分析,揭示了历经17000多年的不同时期所形成的文化层堆积中现存主要真核生物的分子生态学特征演变规律及其与环境因子的关系。这在国际上同类研究中尚未见报道。

表3　18S rRNA基因数量、多样性指数与环境因子之间两两相关关系

项目 Item	pH值 pH value	总氮 Total nitrogen	全磷 Total phosphorus	有机质 Organic matter	Cr	Cu	Pb	Shannon-Weaver (H) index	均匀度指数 Eveness (E) index
18S rRNA基因拷贝数 18S rRNAgene copy number	−0.251	0.175	0.002	0.235	−0.528*	−0.483*	−0.291	0.008	0.381
pH 值 pH value	1	−0.583*	−0.277	0.458	0.863**	0.841**	0.251	−0.611**	−0.732**
总 氮 Total nitrogen		1	0.082	−0.260	−0.672**	−0.653**	−0.214	0.473*	0.213
总 磷 Total phosphorus			1	0.362	−0.046	0.053	−0.141	0.452	0.457
有机质 Organic matter				1	0.311	0.445	0.046	−0.020	−0.095
Cr					1	0.949**	0.103	−0.619**	−0.733**
Cu						1	0.203	−0.445	−0.681**
Pb							1	0.251	0.132

** 和*分别表示在0.01和0.05水平上呈显著相关关系。

Significant correlation at ** α = 0.01, * α =0.05 level.

研究发现，不同历史时期形成的文化堆积层中，真核生物群落的组成存在很大差异，尤其是现代层与其他各历史阶段的真核生物群落组成差异最大。基于物种数量反映群落种类多样性 H 指数表明，群落中生物种类增多代表了群落的复杂程度增高，即 H 值愈大，群落所含的信息量愈大，而均匀度指数（E）越大，说明物种的分布越均匀。通常认为多样性指数越高说明该生态系统越稳定[20]，现代层的真核生物多样性明显高于以往各个历史时期。因此，认为现代层的生态系统可能更稳定，真核生物物种的分布也更均匀。

自然界中的环境因子可能会对生物多样性产生复杂的影响。研究发现，不同历史阶段形成的环境因子，包括酸碱度，C、N、P及重金属Pb、Cu和Cr含量有较大差异。根据考古结果，发现奇和洞里尚保存有珍贵的古老人类活动所留下的遗址。已有研究表明，重金属产生的毒性及酸碱度等对真核生物多样性将产生重要影响[21]。为此，我们猜测，可能是不同历史阶段人类生产和生活等活动所使用的器具或其他生物活动所遗留形成的特殊环境，影响着真核生物的含量和组成。

不同堆积层中真核生物DNA与来自不同地域的已知序列皆具有高度的同源性，可能与不同历史时期的气候与环境条件具有可比性。现代层存在有种类较多的原生生物和霉菌（图1、图3），但现代层中的绝大部分真核生物并未出现在其他堆积层中，其他各层堆积中存在的真核生物类型既有差异又有重叠。例如：17000～7500年前的堆积中皆存在现今常被发现生长于海水的三角褐指藻[22]和淡水中的羽纹藻[23]等硅藻类生物；各堆积中也发现生长有接合菌、青

霉及枝顶孢类真核生物，尤其是除现代层外，其他堆积中皆存在有苔藓类生物，这些苔藓类有的与来自青藏高原冻土上附着的丛藓[24]具有高度的相似性，且明代形成的堆积中苔藓种类明显多于其他年代。真核生物生长的适应性，即不同物种的演替可能是随着不同生长环境而呈现规律变化的。因此，不同历史时期形成的堆积所产生的微生态环境差异可能是导致真核生物多样性差异的原因。

DNA降解和环境污染是影响古DNA研究结果的重要因子[25]，而大小在100～500 bp之间的小片段DNA被认为能够长期地被保存于环境[26][27]。本研究基于18S rRNA基因的特异引物经PCR扩增后所获的DNA片段长度约为210 bp，为小片段DNA，可能可以长期存在于环境中而不易被降解，因此所得到的结果可以用于真核生物的多样性比较。同时，在整个研究过程中皆设有空白对照，尽可能避免环境污染给研究结果造成的影响。

另外，同一剖面不同深度堆积形成的氧化还原电位等的差异，也会导致真核生物的多样性存在差异[28]。因此，这种由于堆积层的垂直分布对真核生物多样性变化的影响，还有待于进一步研究。

最后，以真核18S rRNA基因作为分子标记的分子生物学方法，经分析所得到不同堆积层中的真核生物种类差异，与按照当前国际考古的方法来界定和划分年代的结果相符合，这将为了解不同历史时期形成的文化层堆积的真核生物多样性演变规律及其对环境因子变化的适应，提供重要的科学依据。

参 考 文 献

[1]　福建博物院，龙岩市文化与出版局.福建漳平市奇和洞史前遗址与发掘简报.考古，2013，（5）：7-19.

[2]　Aguilera A, Manrubia S C, Gómez F, et al. Eukaryotic Community Distribution and Its Relationship to Water Physicochemical Parameters in an Extreme Acidic Environment. Applied and Environmental Microbiology, 2006, 72(8): 5325-5330.

[3]　Zettler L A A, Gómez F, Zettler E, et al. Microbiology: Eukaryotic Diversity in Spain's River of Fire. Nature, 2002, 417: 137.

[4]　Bik H M, Porazinska D L, Creer S, et al. Sequencing Our Way towards Understanding Global Eukaryotic Biodiversity. Trends in Ecology and Evolution, 2012, 27: 233-243.

[5]　Yan Q Y, Yu Y H, Feng W S, et al. Genetic Diversity of Plankton Community as Depicted by PCR-DGGE Fingerprinting and Its Relation to Morphological Composition and Environmental Factors in Lake Donghu. Microbial Ecology, 2007, 54: 290-297.

[6]　廖梅杰，荣小军，李彬，等.刺参池塘底栖真核生物DGGE指纹结构与环境理化因子的相关性分析.渔业科学进展，2011，6：25-30.

[7]　Yu Y H, Yan Q Y, Feng W S. Spatio Temporal heterogeneity of Plankton Communities in Lake Donghu, China, as Revealed by PCR-denaturing Gradient Gel Electrophoresis and its Relation to Biotic and Abiotic Factors. FEMS Microbiology Ecology, 2008, 63: 328-337.

［8］　Van Hannen E J, Van Agterveld M P, Gons H J, et al. Revealing Genetic Diversity of Eukaryotic Microorganisms in Aquatic Environments by Denaturing Gradient Gel Electrophoresis. Journal of Phycology, 1998, 34: 206-213.

［9］　蔡大伟, 孙洋, 汤卓炜, 等.中国北方地区黄牛起源的分子考古学研究.第四纪研究, 2014,（1）：166-172.

［10］　蔡大伟，胡松梅，孙玮璐，等. 陕西石峁遗址后阳湾地点出土黄牛的古DNA分析. 考古与文物，2016,（4）：122-127.

［11］　胡耀武，王昌燧.生物考古的研究进展及展望.山西大同大学学报（自然科学版），2009，5：84-89.

［12］　Wang H J, Ge B W, Mair V H, et al. Molecular Genetic Analysis of Remains from Lamadong Cemetery, Liaoning, China. American Journal of Physical Anthropology, 2007, 134: 404-411.

［13］　张小雷，崔银秋，吕慧英，等. 系统发育分析在古DNA研究中的应用. 吉林大学学报（理学版），2005，5：696-701.

［14］　常娥.古DNA分析技术在考古研究中的应用.文物春秋，2004,（1）：22-31.

［15］　Pääbo S, Poinar H, Serre D, et al. Genetic Analyses from AAncient DNA. Annual Review of Genetics, 2004, 38: 645-679.

［16］　福建博物院，龙岩市文化与出版局. 福建漳平市奇和洞史前遗址与发掘简报.考古，2013,（5）：7-19.

［17］　Yu Y H, Yan Q Y, Feng W S. Spatio Temporal heterogeneity of Plankton Communities in Lake Donghu, China, as Revealed by PCR-denaturing Gradient Gel Electrophoresis and Its Relation to Biotic and Abiotic Factors. FEMS Microbiology Ecology, 2008, 63: 328-337.

［18］　Van Hannen E J, Van Agterveld M P, Gons H J, et al. Revealing Genetic Diversity of Eukaryotic Microorganisms in Aquatic Environments by Denaturing Gradient Gel Electrophoresis. Journal of Phycology, 1998, 34: 206-213.

［19］　Van Hannen E J, Van Agterveld M P, Gons H J, et al. Revealing Genetic Diversity of Eukaryotic Microorganisms in Aquatic Environments by Denaturing Gradient Gel Electrophoresis. Journal of Phycology, 1998, 34: 206-213.

［20］　戈峰. 现代生态学.北京，科学出版社，2002：252-254.

［21］　Aguilera A, Zettler E, Gómez F, et al. Distribution and Seasonal Variability in the Benthic Eukaryotic Community of Rio Tinto (SW, Spain), an acidic，High Metal Extreme Environment. Systematic and Applied Microbiology, 2007, 30: 531-546.

［22］　Lewin J C, Lewin R A, Philpott D E. Observations on Phaeodactylum Tricornutum. Journal of General Microbiology, 1958, 18: 418-426.

［23］　Souffreau C, Verbruggen H, Wolfe A P, et al. A Time-calibrated Multi-gene Phylogeny of the Diatom Genus Pinnularia. Molecular Phylogenetics and Evolution, 2011, 61: 866-879.

［24］　Wong F K Y, Lacap D C, Lau M C Y, et al. Hypolithic Microbial Community of Quartz Pavement in the High-altitude Tundra of Central Tibet. Microbial Ecology, 2010, 60: 730-739.

［25］　Willerslev E, Cooper A. Review Paper, Ancient DNA: Proceedings of the Royal Society. Biological Sciences, 2005, 272(1558): 3-16.

［26］　Pääbo S, Poinar H, Serre D, et al. Genetic Analyses from Ancient DNA. Annual Review of Genetics, 2004, 38: 645-679.

［27］　Pääbo S. Ancient DNA: Extraction, Characterization, Molecular Cloning, and Enzymatic Amplification. Proceedings of the National Academy of Sciences, 1989, 86: 1939-1943.

［28］　Wilms R, Sass H, Köpke B, et al. Specific Bacterial, Archaeal, and Eukaryotic Communities in Tidal-flat Sediments along a Vertical Profile of Several Meters. Applied and Environmental Microbiology, 2006, 72(4): 2756-2764.

奇和洞遗址地层中的微体植物遗存分析报告

葛威、范雪春、焦天龙

一、研究目的和原理

奇和洞遗址是华南地区最近发现并发掘的一处石灰岩洞穴遗址，位于中国福建省南部的山区。自2009年以来，先后经过三次考古发掘，共揭露面积约120平方米，出土了打制骨器、陶器等人工制品，哺乳动物化石，以及居住面、火塘、灰坑、房址、灶、沟等遗迹。洞穴的年代经过[14]C测年和校正，最早的地层达到距今17000年。由于该遗址从旧石器时代晚期一直延续到新石器时代早期，所以提供了了解这一过渡阶段古人类生计形态的宝贵机会。奇和洞的发掘过程中对土样进行了浮选，但是没有找到可鉴定的大植物遗存。为了探索奇和洞先民对植物的利用情况，我们对地层中的土壤进行植物微体化石提取和分析，重点放在淀粉粒分析方面，同时也对发现的少量植硅体进行了分析。

淀粉粒是植物光合作用的产物，普遍存在于绿色植物的体内，用于贮藏能量。淀粉粒主要存在于植物的种子、果实、根茎等营养器官，这些都是史前人类采集的对象。古人类在采集、加工这些植物器官为食的过程中，不可避免地要使用各种工具。如此一来，淀粉粒就有机会从植物体内转移到工具的表面并保存至今，成为我们了解先民植物利用的重要线索。基于这种考虑，我们对奇和洞出土的石锤等工具进行了残留物分析，但是没有发现可以识别的植物微体遗存。这可能是方法上的问题，也可能石锤等工具并未用于加工植物。在这种情况下，我们从奇和洞不同地层中提取了土样，试图从中寻找植物微体遗存。由于存在自然沉积的可能，旷野遗址中的土样一般不用于淀粉粒分析。而洞穴中不适于绿色植物的生长，发现的淀粉粒当为人类从洞外带入。如果土样所取位置为人类活动范围，又能排除自然沉积，其中发现的淀粉粒即可作为古人植物利用的证据，这在马来西亚Niah洞穴遗址中已经得到应用[1]。

二、样本和方法

1. 样本的采集

取样工作于2011年11月开展，当时田野发掘已经结束。由于地层起伏较大，难以找到一个位置能够提供从早到晚的连续地层。在这种情况下，我们分别在T1和T2两个探方的北壁剖面进行取样，涉及的取样单位包括T1中的第2A层到第3B层、灰坑H3（开口于第2B层下）的北壁以及T2中的第4层到第6D层（图1），共提取11个土样（表1，其中第4层为钙板层）。取样的顺序遵照"先下后上"原则，防止不同地层样品间的交叉污染。每层取大约100克土样，装入塑料袋中。

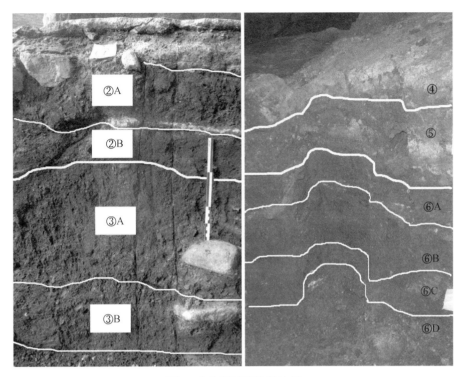

图1　奇和洞遗址取样地层

表1　奇和洞遗址土壤样本信息

样本编号	取样单位	年代
Qhd_s_1	T1②A	明清时期（1836~1911 AD）
Qhd_s_2a	T1②B	宋代（960~1279 AD）
Qhd_s_2b	T1：H3	
Qhd_s_3	T1③A	新石器时代早期
Qhd_s_4	T1③B	新石器时代早期
Qhd_s_5	T2：④	
Qhd_s_6	T2：⑤	新石器时代初期
Qhd_s_7	T2：⑥A	旧石器时代晚期
Qhd_s_8	T2：⑥B	旧石器时代晚期
Qhd_s_9	T2：⑥C	旧石器时代晚期
Qhd_s_10	T2：⑥D	17000BC

2. 污染的控制

实验室的污染控制是所有以微量古代遗存为对象的研究均需要注意的问题。由于我们不得不在同一个实验室中处理现代和古代样本，所以特别注意防止古代样本在提取和制片过程中受到现代标本的污染。为此，我们采取了以下措施：①使用一次性的吸管、吸头和离心管处理样本；②将处理古代样本和现代样本的实验台隔开；③使用两套工具分别处理古代与现代样本；④在处理古代样本期间不进行现代样本的处理。

3. 土样的处理

取适量土样，并采用以下步骤进行处理：①在玛瑙研钵中研磨5分钟；②用电子天平称量约1克土样；③将土样转移到洁净的塑料离心管中，加入4mL密度为2.5g/mL的重液，振荡1分钟；④取上层漂浮物约200μL，转移到一个新的1.5mL离心管中，加入密度为2.0g/mL的重液至1mL（终浓度约为2.1g/mL）；⑤离心，取上浮部分分析淀粉粒，而沉淀部分用来分析植硅体；⑥取约200μL上浮，转移到新的1.5mL离心管中，加入0.8mL纯净水（终浓度约为1.2g/mL）；离心弃上清，保留约50μL用于淀粉粒的分析；⑦对于步骤5所获得的沉淀部分，离心弃上清，用于植硅体分析。

4. 制片和镜检

将上述分离所得可能含淀粉粒或植硅体的溶液滴到载玻片上，晾干后用50%甘油制样。使用Zeiss Scope A1型显微镜对样品玻片进行镜检。将观察到的淀粉粒通过连接了计算机的AxioCAM MRc数码相机拍照，并在Zeiss Axiovision软件中进行记录和测量。

三、结果与讨论

在奇和洞的11个土样中，有8个检测到了淀粉粒，记录的淀粉粒总数为165个。根据形状、大小、裂隙、消光臂等特征，这些淀粉粒被划分为A-U共21种类型（表2）。对它们的种属鉴定是依据我们以前在中国各地收集的现代标本。但是我们发现，其中有很多不能根据现有的标本库进行鉴定，推测可能为地区特异性所致。为此，我们调查和收集了奇和洞附近地区的近20种可能作为食物资源的植物淀粉粒。结果表明，这对鉴定工作的确有一定帮助，但仍然有一些古代淀粉粒无法准确鉴定。

表2　奇和洞地层中发现的不同类型淀粉粒数量统计

类型＼地层	②A	②B	③A	③B	④	⑤	⑥A	⑥B	⑥C	⑥D	合计
A	7	—	—	1	—	—	—	—	—	15	23
B	—	1	—	—	—	—	—	—	—	—	1
C	—	—	—	—	—	—	—	—	32	—	32
D	3	—	5	3	—	—	—	—	—	4	15
E	—	—	—	1	—	—	—	—	—	1	2
F	—	—	—	1	—	—	—	—	—	1	2
G	—	—	—	1	—	—	—	—	—	—	1
H	—	—	—	1	—	—	—	—	—	—	1
I	—	—	—	1	—	1	—	—	—	—	2
J	1	—	—	2	—	—	—	—	—	4	7

续表

地层\类型	②A	②B	③A	③B	④	⑤	⑥A	⑥B	⑥C	⑥D	合计
K	—	—	2	6	—	1	—	—	—	—	9
L	—	—	—	2	—	—	—	—	—	5	7
M	—	—	—	—	—	—	—	1	—	—	1
N	6	—	3	5	—	2	—	—	—	1	17
O	7	—	—	2	—	—	—	—	—	—	9
P	—	—	—	—	—	—	—	—	—	1	1
Q	—	—	—	8	—	—	—	—	—	3	11
R	—	—	—	—	—	—	—	—	—	1	1
S	—	2	—	4	—	2	—	1	—	4	13
T	—	—	—	1	—	—	—	—	—	—	1
U	—	—	—	—	—	—	—	—	9	—	9
合计	24	3	10	39	0	6	0	11	32	40	165

　　除了淀粉粒，在样本中还发现了少量植物硅酸体、硅藻和草酸钙结晶，也进行了记录和分析。

1. 淀粉粒类型的划分和鉴定

　　类型A有23个，为多边形，最长径分布为11.39～32.61μm。有开放的脐点，呈星形。这种形态的脐点不见于我们收集的现代标本，尚不清楚是自然形态还是某种损伤模式。在偏光下星形脐点呈大面积黑色，仅在靠近边缘处可见4个细的消光臂。类型A无法鉴定，见图2-A。

　　类型B有1个，为圆形，最长径为31.84μm。脐点不可见，据消光臂的交叉点来判断位于中心。消光臂清晰，脐点处较细，越到颗粒边缘越弥散。鉴定为小麦族（Triticeae sp.）种子淀粉粒，见图2- B。

　　类型C有32个，为近圆形，最长径分布为3.41～5.35μm。因该型淀粉粒形体较小，无法看清细部特征。消光臂不清晰。该类型淀粉粒在显微镜下和一些纤细的针晶共出。鉴定为芋族（Trib. Colocasieae）的块茎淀粉粒，见图3。

　　类型D有15个，为多边形，有4～6个边；最长径分布为14.82～30.97μm。脐点近中心，有发自脐点的裂隙。消光臂清晰，细而曲折。鉴定为葛属（Pueraria sp.）块根淀粉粒，见图2-D。

　　类型E有2个，为圆形，边缘有开裂，最长径分别为24.38μm和34.01μm。脐点不可见。在偏光下颗粒中央大部呈黑色。鉴定为蕨（Pteridium aquilinum）的根状茎淀粉粒，见图2-E。

　　类型F有2个，为钟形，最长径分别为15.51μm和15.53μm。脐点位于钟形上部中心位置。消光臂X形，清晰。鉴定为葛属淀粉粒，见图2- F。

　　类型G有1个，为圆形，缺损，最长径为36.35μm。该颗粒具有异常清晰的轮纹，偏光下

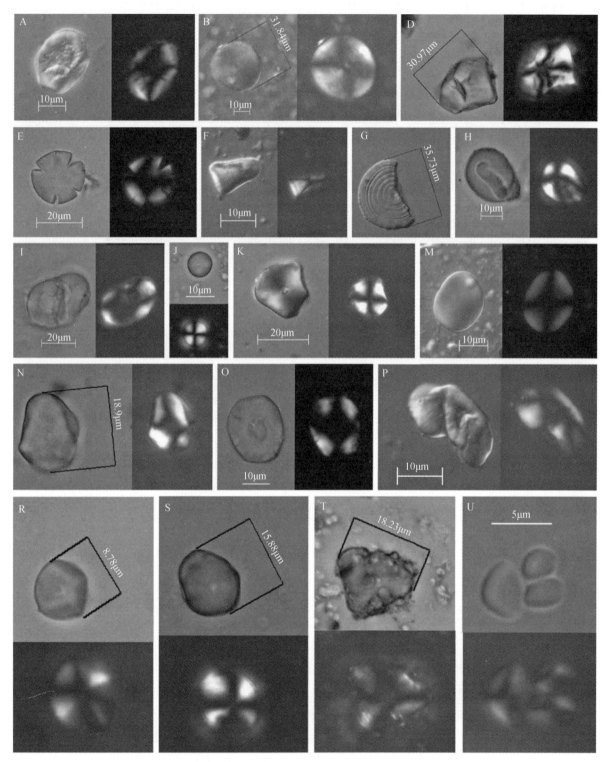

图2　奇和洞土样中发现的部分淀粉粒类型（编号即为类型号，每组图中右为偏光下影像）

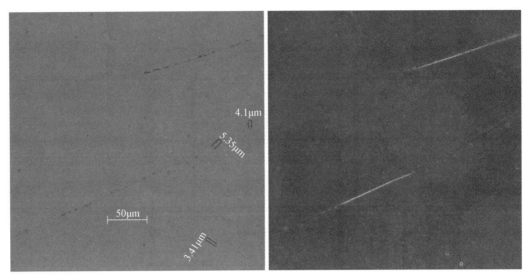

图3　奇和洞第6C层土样中发现的芋族淀粉粒和针晶

呈全黑，不见消光十字。其最长径符合小麦族特征。鉴定为碾磨后又经过了加热的小麦族淀粉粒[2]，见图2- G。

类型H有1个，水滴形，有一个侵蚀产生的小洞，最长径为29.89μm，见图2-H。经过与现代标本对比，鉴定为狗脊蕨（*Woodwardia japonica*）根状茎的淀粉粒。

类型I有2个，为复粒，最长径分布为21.29～30.24μm。鉴定为华南实蕨（*Bolbitis subcordata*）根状茎的淀粉粒，见图2-I。

类型J有7个，近圆形，最长径分布为8.37～12.37μm。脐点位于中心，消光清晰。该类淀粉粒见于多种植物，无法鉴定到具体的种属，见图2-J。

类型K有9个，不规则的多边形，最长径分布为8.9～22.3μm。脐点位于中心，隐约可见轮纹。消光十字清晰，消光臂在边缘处有折角。鉴定为高粱属（*Sorghum* sp. ）种子的淀粉粒，见图2- K。

类型L有7个，最长径的分布范围为10.77～29.49μm。将这些颗粒归为一类并非基于形态上的相似性，而是由于它们的形态都比较模糊，或破损严重。虽然依据残存部分的特征可以判断为淀粉粒，却不能进行种属鉴定。

类型M有1个，近圆的饼形，最长径为20.7μm。表面光滑，轮纹不可见。脐点位于中心。消光臂清晰，中心与边缘粗细均匀。鉴定为蕨的根状茎淀粉粒，见图2-M。

类型N有17个，多边形，表面粗糙，最长径分布为8.99～25.32μm。脐点清晰，位于近中心，有的在脐点处有裂隙。消光强烈，消光臂清晰，多有弯折。鉴定为葛属块根淀粉粒，见图2-N。

类型O有9个，近圆形，最长径分布为16.31～24.52μm。脐点不清晰，颗粒中央有近圆形凹陷。凹陷处在偏光下呈黑色。消光臂形状不清楚。鉴定为高粱属种子的淀粉粒，见图2-O。

类型P有1个，不规则长椭圆形，最长径为21.84μm。表面皱缩、扭曲。消光清晰，消光臂相交于一条直线段，呈"＞——＜"形。鉴定为槲蕨（*Drynaria roosii*）根状茎的淀粉粒，见图

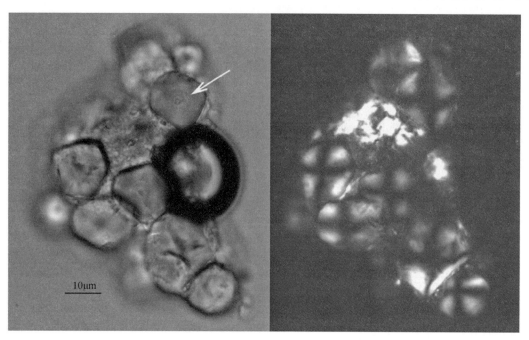

图4 奇和洞第3B层土样中发现的薏苡属淀粉粒（箭头示清晰化的轮纹）

2-P。

类型Q有11个，形状从多边形到近圆形不等，最长径分布为11.29～20.49μm。脐点位于中心。消光臂清晰，呈十字形或X形，有弯折。鉴定为薏苡属（*Coix* sp.）种子的淀粉粒。其中8个发现于第3B层的呈聚集态存在，根据脐点处轮纹的清晰化来判断（图4箭头所示），应该在埋藏前有短时受热过程[3]。另外3个发现于第6D层。

类型R有1个，呈带弧边的多边形，最长径为8.78μm。脐点可见，位于中心。消光清晰。鉴定为葛属块根淀粉粒，见图2-R。

类型S有13个，近圆形，最长径分布为9.54～16.03μm。脐点可见，位于近中心，呈颜色较浅的点状。消光臂清晰，有弯折。鉴定为葛属块根淀粉粒，见图2-S。

类型T有1个，三角形，最长径为18.23μm。脐点不清晰，仅从消光臂的交点判断应位于中心。消光清晰。轮纹不清晰。由于该颗粒表面黏附较多小颗粒杂质，看不清更多特征，无法鉴定，见图2-T。

类型U有9个，圆钝的三角形，最长径分布为2.87～5.62μm。脐点不可见，根据模糊的消光十字交叉判断位于中心。这些颗粒散布在一堆颗粒状微体周围，应该属于同一来源，但无法鉴定种属，见图2-U。

2. 植硅体、硅藻和针晶

在取自灰坑T1∶H3壁的土样中发现了水稻的横排哑铃形植硅体、扇形植硅体以及双峰形植硅体（图5-A～图5-C）。其中，扇形植硅体和双峰形植硅体经过判别式计算均指示驯化稻类型。该灰坑开口于第2B层，而在取自第2B层的土样中也发现了横排哑铃形植硅体（图5-D）。

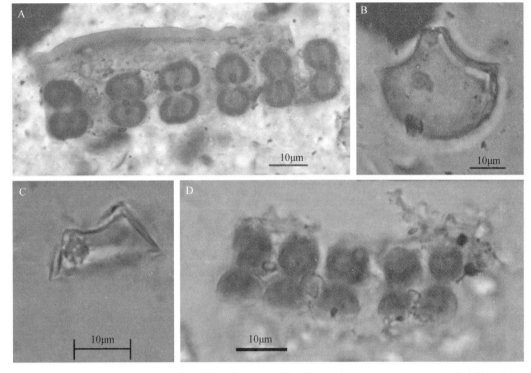

图5　奇和洞土样中发现的驯化稻植硅体（其中A～C的土样取自灰坑T1∶H3壁，D土样取自第2B层）

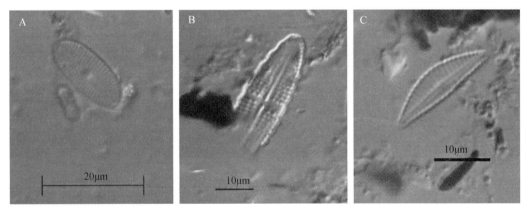

图6　奇和洞第2B层土样中发现的硅藻

在更早的地层中没有发现水稻的植硅体。

　　在第2B层中还发现了一些硅藻（图6），其中一个类似异极藻（*Gomphonema parvulum*）（图6-C），提示取样土壤曾经在流动的淡水环境中浸泡[4]。

　　针晶发现于第6A和第6C层，长107～139μm，直径0.5～0.7μm，与一些形态微小的淀粉粒伴出。这种伴生关系与我们收集的芋、大野芋和海芋现代标本相类。我们在奇和洞附近采集到海芋（*Alocasia odora*）的根茎，其中的针晶长度最大值为103μm，直径0.4～1.4μm；淀粉粒最长径分布范围为0.88～2.72μm。另有长泰大野芋（*Colocasia gigantea*）标本的针晶长度最大值为123μm，直径0.3～0.7μm；淀粉粒分布范围为1.13～2.77μm。栽培的石铭芋淀粉粒最长径在1.57～4.57μm之间，仅可见非常稀少的针晶，长约80μm，呈两头尖的梭形，中间最宽处约

1.1～1.5μm。万智巍等[5]报道其在江西采集的海芋淀粉粒长径分布为1.96～6.26μm，而针晶长度在85μm左右；芋的淀粉粒长径分布为0.88～2.96μm，缺乏针晶数据。从这些数据来看，芋、大野芋和海芋的淀粉粒都大约在5μm以下，而针晶的长度变异较大。我们的观察显示，针晶的宽度（或直径）在野生芋类与栽培芋中差异较大，野生的海芋和大野芋该数值较小，且变异大；而栽培芋的针晶直径较大，且变异小。第6C层的针晶与非常小的淀粉粒相伴而出（图3），淀粉粒尺寸在3.41～5.35μm之间，针晶数据与笔者收集的大野芋和海芋相类。鉴于我们目前收集的天南星科现代标本有限，仅将其鉴定为野生芋族（Trib. Colocasieae）。芋族是天南星科下面的一个不太正式的分类单元，包括海芋属、五彩芋属、芋属、曲苞芋属、细柄芋属、岩芋属、泉七属等下级分类。

由于天南星科的淀粉粒比较微小，鉴别不易。吕烈丹[6]曾经报道甑皮岩遗址石器上发现的芋类淀粉粒，但并没有判断其为野生或驯化种。本研究结合针晶的发现，可以较为确信地将这些淀粉粒鉴定为野生种。

3. 植物微体遗存的统计学分析

从以上发现和鉴定的微体植物遗存可以看出，奇和洞先民曾经以多种富含淀粉的植物组织作为食物来源，包括蕨类植物的根状茎、葛属的块根、芋族的块茎以及禾本科植物的种子等（图7）。由于淀粉粒的埋藏学非常复杂，很难在考古样本中发现的不同类型淀粉粒的数量和不同种类植物在古人类食谱中的重要性之间建立线性的直接联系。吕烈丹[7]认为古代淀粉粒

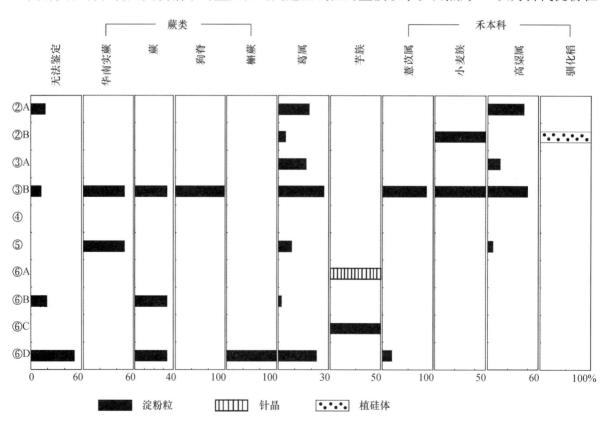

图7 奇和洞不同地层土样中所发现的植物微体遗存分布情况

研究中数量统计分析的意义不大。为了较为客观地揭示奇和洞先民的植物利用情况，我们参考炭化种子研究的数量统计方法[8]，提出"出现频率"的概念，其计算方法为：

$$出现频率 = \frac{某类淀粉粒在取样单位中出现次数}{各类淀粉粒在取样单位中出现次数} \times 100\%$$

　　按此统计，在所有可以鉴定的淀粉粒中，根茎类淀粉粒在所有地层中的出现频率为67%，种子类淀粉粒的出现频率仅为33%。在根茎类淀粉粒中，葛属与蕨类的出现频率较高，各占44%；而芋族出现频率较低，为12%（图8）。

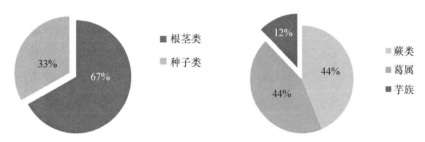

图8　不同来源淀粉粒在奇和洞地层土样中的出现频率

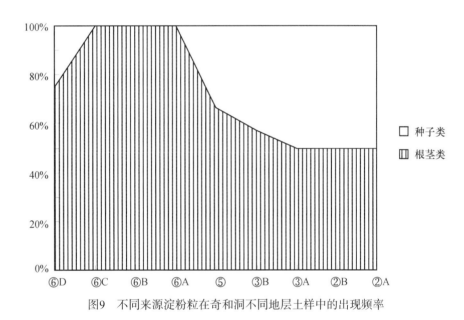

图9　不同来源淀粉粒在奇和洞不同地层土样中的出现频率

　　从图9可以看出，从第6D层到第5层样本中发现的淀粉粒基本上都是根茎类淀粉粒，来自禾本科的种子仅有零星发现。到了第3B层，根茎类淀粉粒的出现频率仍高于种子类淀粉粒。这似乎表明，根茎类植物可能是奇和洞人在晚更新世至全新世早期主要的淀粉食物来源，而禾本科植物的种子虽然很早就成为人们的采集对象，但其在先民食谱中的重要性较低。

　　奇和洞土样中所发现的禾本科植物包括小麦族、高粱属、薏苡属和驯化稻。其中的小麦族、高粱属和薏苡属淀粉粒均不能区分野生种和驯化种。驯化稻遗存为植硅体，仅发现于第2B层。鉴于没有发现野生稻的植硅体，我们认为奇和洞人并没有在本地进行水稻的驯化，稻作农业可能晚至历史时期才传播至此。

我们还对不同地层土样中发现的淀粉粒类型数进行了统计，结果显示第3B和第6D两个地层中发现了较多类型的淀粉粒（图10），表明先民在这两个时期采集的植物种类呈现广谱化倾向，这或许与环境变化有关。由于本研究采样点有限，结果未必能代表各地层植物利用的全部情况，故这一推论尚有待更多研究的验证。

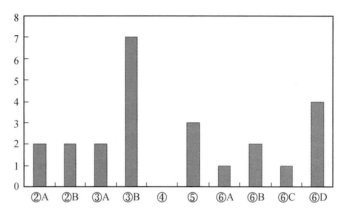

图10　不同地层中植物微体类型数量的变化（其中第6A层为针晶，其余为淀粉粒）

4. 根茎类植物利用分析

葛属植物的块根富含淀粉，可以食用；其纤维可制葛布。《诗经》中多处记载葛的采集和纺织。周代专门设立负责葛草征收的官员，称为掌葛[9]。虽然葛的利用在我国有着悠久的历史，但有关其史前的利用情况却难觅证据。据笔者调查，奇和洞周围的山坡生长着大量野葛。本研究表明生活在更新世晚期的奇和洞人已经挖掘葛根为食。

蕨类中的很多都是人类采集的对象，包括药用和食用。在奇和洞附近的山坡、路边生长着各种蕨类植物。其中蕨是蕨科（Pteridiaceae）蕨属植物，其根状茎提取的淀粉称蕨粉，可食用；嫩叶可食，称蕨菜[10]。调查当地农民得知，现在仍有人制作蕨根粉和采集蕨菜用于自己食用，或拿到市场上出售。《中国植物志》记载狗脊蕨的根状茎富含淀粉，可酿酒[11]；当然也可以食用。调查获悉，奇和洞附近农民在十多年前还挖掘狗脊蕨的根状茎烹煮后喂猪。尽管《中国植物志》中没有记载华南实蕨和槲蕨的食用价值，但这些蕨类植物的根状茎均含有一定量的淀粉，很有可能成为石器时代人们采食的对象。

在奇和洞洞口几十米的附近山脚下随处可见野生海芋属植物海芋（Alocasia gigantea），显示此地存在野生芋类的分布。本研究所发现的野生芋族微体遗存揭示了奇和洞先民在更新世晚期已经开始采集这类植物的块茎为食。虽然从严格的形态对比来看，我们仅能将奇和洞发现的野生芋类淀粉粒鉴定到族一级，但考虑到芋族中的海芋属、岩芋属的块茎有较大毒性[12]，五彩芋属原产热带美洲[13]，细柄芋属、泉七属仅见于云南[14]，曲苞芋属亦产于西藏、云南等地[15]，基本上可以将范围缩小到芋属。芋属在我国华南各省都有分布，其中具块茎的种类大都可食[16]。芋属中的芋（Colocasia esculenta）在华南地区广为栽培，作为杂粮。福建本地也育有多个芋的优良栽培品种，如漳州长泰县特产的石铭芋[17]。

芋（Colocasia esculenta）的起源与传播是环太平洋考古的重要课题。由于块茎类植物的大遗存不易保存，有关其史前利用的证据只能借助微体遗存。然而，芋属的淀粉粒又都非常微小，鉴定不易。早在1992年，Loy等人[18]就将淀粉粒和针晶相结合来鉴定芋属植物，从而在南太平洋所罗门群岛Kilu洞穴遗址出土的石器上发现了世界范围内迄今最早的芋属利用证据（28000BP）。本文报道了国内乃至太平洋西岸最早的芋族微体遗存[19]，为芋的驯化和传播研究提供了新的线索。

四、结　语

本文对采自奇和洞地层和灰坑中的11份土样进行了植物微体遗存的提取和分析。结果显示，葛属、蕨类、芋族等植物在更新世晚期曾经是奇和洞先民主要的淀粉食物来源，而禾本科植物在其植物利用中居次要地位。这一状况到全新世早期才发生变化，禾本科植物的比例有所增加，但根茎类植物仍然是重要的食物来源。奇和洞先民独特的植物利用模式体现了对当地自然生态环境的适应。

另外，需要指出的是，我们的结论仅仅是根据T1和T2中两个剖面所采样本进行分析而得出的。并且，这两个剖面尽管在年代上早晚衔接，但在空间上并不是连续的。在这样的剖面上取样的代表性尚没有得到充分评估。所以，基于当前分析所产生的认识也有待将来更多工作的检验。

致谢：本文的研究由国家社科青年基金（11CKG003）资助。厦门大学历史系博士生佟珊和昙石山博物馆王银平协助进行土样采集。厦门大学历史系考古专业2008级本科生林海南和2009级本科生生膨菲同学参与了奇和洞附近的植物利用调查和标本收集工作。有关水稻植硅体的鉴定得到中国社会科学院考古研究所赵志军研究员的指导。

参 考 文 献

［1］ Barton H. The Case for Rainforest Foragers: The Starch Record at Niah Cave, Sarawak. Asian Perspectives, 2005. 44(1): 56-72.

［2］ 葛威，刘莉，陈星灿，等. 食物加工过程中淀粉粒损伤的实验研究及在考古学中的应用. 考古，2010（7）：77-86.

［3］ 葛威，刘莉，陈星灿，等. 食物加工过程中淀粉粒损伤的实验研究及在考古学中的应用. 考古，2010（7）：77-86.

［4］ 金原正明，郑云飞. 田螺山遗址的硅藻、花粉和寄生虫卵分析//北京大学中国考古学研究中心，等. 田螺山遗址自然遗存综合研究. 北京：文物出版社，2011：238-241.

［5］ 万智巍，杨晓燕，葛全胜，等. 中国南方现代块根块茎类植物淀粉粒形态分析. 第四纪研究，2011，31（4）：736-745.

［6］ 吕烈丹. 甑皮岩出土石器表面残余物的初步分析//中国社会科学院考古研究所.桂林甑皮岩.北京：文物出版社，2003：646-651.

[7]　吕烈丹. 甑皮岩出土石器表面残余物的初步分析//中国社会科学院考古研究所. 桂林甑皮岩. 北京：文物出版
社，2003：651.

[8]　Pearsall M D. Palaeoethnobotany-A Handbook of Procedures. Academic Press, 1989.

[9]　崔高维校点. 周礼. 沈阳：辽宁教育出版社，1997.

[10]　秦仁昌. 中国植物志（第三卷第一册）. 北京：科学出版社，1990：2，3.

[11]　吴兆洪. 中国植物志（第四卷第二册）. 北京：科学出版社，1999：203-206.

[12]　刘本玺，龙春林. 岩芋属在中国的分布和民族植物学调查. 云南植物研究，2003（增刊）：108-114；谢立
璟，王英伟，龙鑫，等. 急性海芋中毒救治1例. 药物不良反应杂志，2011，13（4）：240-243.

[13]　吴征镒，李恒. 中国植物志（第十三卷第二册）. 北京：科学出版社，1979：61.

[14]　吴征镒，李恒. 中国植物志（第十三卷第二册）. 北京：科学出版社，1979：56，65.

[15]　吴征镒，李恒. 中国植物志（第十三卷第二册）. 北京：科学出版社，1979：62，63.

[16]　吴征镒，李恒. 中国植物志（第十三卷第二册）. 北京：科学出版社，1979：67.

[17]　王阿桂. 石铭槟榔芋栽培技术. 中国蔬菜，2005，（3）：44.

[18]　Loy T H, Spriggs M, Wickler S. Direct Evidence for Human Use of Plants 28000 Years Ago: Starch Residues on
Stone Artefacts from the Northern Solomon Islands. Antiquity, 1992, 66(253): 898-912.

[19]　Fullagar R, et al. Early and Mid Holocene Tool-use and Processing of Taro (Colocasia esculenta), Yam (Dioscorea
sp.) and Other Plants at Kuk Swamp in the Highlands of Papua New Guinea. Journal of Archaeological Science,
2006, 33: 595-614.

奇和洞遗址现生植被调查报告

彭珠清

一、地理位置、调查缘起

奇和洞遗址位于福建省漳平市东北42km处，西南距象湖镇灶头村4km，海拔442m，是华南地区最近发现并发掘的一处石灰岩洞穴遗址（图1）。奇和洞发育在石炭纪山组厚层石灰岩中，主洞洞口宽大，面向正西，奇河溪在西距洞口80m处自北向南流过；洞内地面高度与奇河溪第一级阶地后缘相当，高出奇河溪水面4.5m；洞内发育北、东、东南三个支洞[1]。

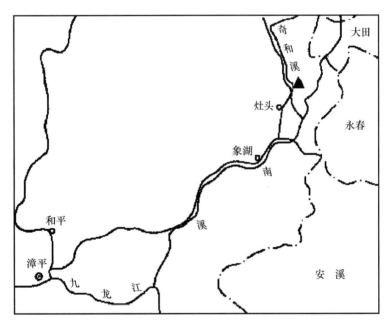

图1　奇和洞遗址的地理位置图（引自奇和洞发掘简报[2]）

该遗址的发现，填补了福建地区旧石器时代向新石器时代过渡时期的空白，为进一步完善福建地区新石器时代考古文化序列提供了重要资料，同时为认识福建地区史前人类体制特征、生业模式等问题提供了实物材料。

自2009年以来，奇和洞遗址先后经过三次考古发掘，共揭露面积约120m²，出土了包括打制骨器、陶器等人工制品，哺乳动物化石，以及居住面、火塘、灰坑、房址、灶、沟等遗迹，其中包括少量的果核和木炭[3]。

据县志记载，漳平境内有维管植物179科599属1301种，其中蕨类植物31科50属92种，裸子植物植物10科20属30种，被子植物138科529属1179种，从植物区系成分看，该地区含有较多的古老植物区系成分。随着人类文明的进步、生产活动的发展，部分原生的植被已被开发利用，现存植物多受人工干扰后遗留至今，是自然选择的产物。

通过对现生植被的调查，对于探讨人类利用植物的文化层面具有不可或缺的作用。同时，只有在现代植物分布的基础上，充分结合该地区的古植物、孢粉、古地理和古气候等资料，以及地层出土的植物相关样本的鉴定，才能有效地对人类史前文明的植物利用文化作出较为合理的解释，并且能够为植物演化提供新的信息佐证。

现代考古发掘工作要求全方位、多手段、多学科、高精度的工作思路，为配合奇和洞遗址发掘研究，我们于2015年2月特对遗址的现生植被进行全面的调查，以便分析和研究发掘出土的与人类活动直接相关的植物遗存，探讨古人类植物利用情况，进一步认识古植物与现生植物的演替关系。

二、调 查 方 法

为全方位考察奇和洞遗址的现生植被情况，本次调查采用踏线调查法。在正式开展调查之前，先进行了实地踏查，用半天的时间熟悉了整个遗址的基本地理概貌（图2），其次对踏查中存在的疑问，通过查询县志资料、询问等方式予以解决。

图2　奇和洞全景图

奇和洞山体属于石灰岩结构，四周环山，现山体因采石活动，破坏较严重。主洞洞口前有广阔的活动空间，且有溪流经过，是一宜居之地。山体下部多以芒、五节芒等禾本科植物为主，沿坡而上，植被愈渐丰富，行至中部，人类砍伐迹象明显。考虑到古人类当时可能的活动范围，拟定3条线路开展调查。一是沿着奇和洞山体而上；二是奇和洞西面空旷地及其四周延伸范围；三是奇和洞对面山，沿奇河溪走向开展调查。

开展调查时，往线路两侧人能走到的范围为限开展调查，观察记录生境、植物种类及其特征等，并根据需要采集适当的植物标本。标本采集时，选择带有营养器官（花、果或孢子囊等）枝条，草本植物尽量取全株。

三、奇和洞遗址现生植物调查结果

通过踏线调查法，对奇和洞古遗址的现生植被有了比较全面的了解。但因调查时间为冬季，部分落叶树种（如山茱萸科、榆科等）较难判别，枯萎的地被植物难以辨认。初步调查结果显示：奇和洞遗址共有维管植物79科131属163种，其中蕨类植物14科18属23种，裸子植物3科3属3种，被子植物62科110属137种，且仅能确定到属的有6种（表1）。

表1　奇和洞遗址现生植被调查结果

	序号	种名	科名	属名	序号	种名	科名	属名
蕨类植物	1	刺齿半边旗	凤尾蕨科	半边旗属	13	笔管草	木贼科	木贼属
	2	半边旗	凤尾蕨科	凤尾蕨属	14	垂穗石松	石松科	垂穗石松属
	3	凤尾蕨属	凤尾蕨科	凤尾蕨属	15	江南星蕨	水龙骨科	星蕨属
	4	蜈蚣草	凤尾蕨科	凤尾蕨属	16	单叶双盖蕨	蹄盖蕨科	双盖蕨属
	5	海金沙	海金沙科	海金沙属	17	假鞭叶铁线蕨	铁线蕨科	铁线蕨属
	6	槲蕨	槲蕨科	槲蕨属	18	扇叶铁线蕨	铁线蕨科	铁线蕨属
	7	中华里白	里白科	里白属	19	狗脊	乌毛蕨科	狗脊属
	8	芒萁	里白科	芒萁属	20	胎生狗脊	乌毛蕨科	狗脊属
	9	刺头复叶耳蕨	鳞毛蕨科	复叶耳蕨属	21	乌毛蕨	乌毛蕨科	乌毛蕨属
	10	复叶耳蕨属	鳞毛蕨科	复叶耳蕨属	22	碎米蕨	中国蕨科	碎米蕨属
	11	贯众	鳞毛蕨科	贯众属	23	兖州卷柏	卷柏科	卷柏属
	12	乌蕨	陵齿蕨科	乌蕨属				
裸子植物	1	红豆杉	红豆杉科	红豆杉属				
	2	杉木	杉科	杉属				
	3	马尾松	松科	松属				
被子植物	1	芭蕉	芭蕉科	芭蕉属	16	粗糠柴	大戟科	野桐属
	2	菝葜	百合科	菝葜属	17	杠香藤	大戟科	野桐属
	3	三脉菝葜	百合科	菝葜属	18	油桐	大戟科	油桐属
	4	土茯苓	百合科	菝葜属	19	毛冬青	冬青科	冬青属
	5	圆叶菝葜	百合科	菝葜属	20	紫云英	豆科	黄耆属
	6	禾叶山麦冬	百合科	山麦冬属	21	菱叶鹿藿	豆科	鹿藿属
	7	阔叶山麦冬	百合科	山麦冬属	22	厚果崖豆藤	豆科	崖豆藤属
	8	天门冬	百合科	天门冬属	23	云实	豆科	云实属
	9	败酱	败酱科	败酱属	24	瓜馥木	番荔枝科	瓜馥木属
	10	车前	车前科	车前属	25	秤钩风	防己科	秤钩风属
	11	邻近风轮菜	唇形科	风轮菜属	26	细圆藤	防己科	细圆藤属
	12	金疮小草	唇形科	筋骨草属	27	毛竹	禾本科	刚竹属
	13	益母草	唇形科	益母草属	28	狗尾草	禾本科	狗尾草属
	14	酢浆草	酢浆草科	酢浆草属	29	芒	禾本科	芒属
	15	柞木	大风子科	柞木属	30	五节芒	禾本科	芒属

	序号	种名	科名	属名	序号	种名	科名	属名
被子植物	31	福建胡颓子	胡颓子科	胡颓子属	68	毛茛	毛茛科	毛茛属
	32	黄杨	黄杨科	黄杨属	69	威灵仙	毛茛科	铁线莲属
	33	络石	夹竹桃科	络石属	70	南五味子	木兰科	南五味子属
	34	草珊瑚	金粟兰科	草珊瑚属	71	桂花	木犀科	木犀属
	35	檵木	金缕梅科	檵木属	72	女贞	木犀科	女贞属
	36	紫花地丁	堇菜科	堇菜属	73	赤车	荨麻科	赤车属
	37	梵天花	锦葵科	梵天花属	74	矮冷水花	荨麻科	冷水花属
	38	苍耳	菊科	苍耳属	75	青叶楼梯草	荨麻科	楼梯草属
	39	一年蓬	菊科	飞蓬属	76	金剑草	茜草科	茜草属
	40	白花鬼针草	菊科	鬼针草属	77	白花苦灯笼	茜草科	乌口树属
	41	鬼针草	菊科	鬼针草属	78	栀子	茜草科	栀子属
	42	黄鹌菜	菊科	黄鹌菜属	79	大叶桂樱	蔷薇科	桂樱属
	43	藿香蓟	菊科	藿香蓟属	80	龙芽草	蔷薇科	龙芽草属
	44	蓟	菊科	蓟属	81	金樱子	蔷薇科	蔷薇属
	45	鳢肠	菊科	鳢肠属	82	小果蔷薇	蔷薇科	蔷薇属
	46	千里光	菊科	千里光属	83	蛇莓	蔷薇科	蛇莓属
	47	鼠麴草	菊科	鼠麴草属	84	椤木石楠	蔷薇科	石楠属
	48	野茼蒿	菊科	野茼蒿属	85	梅	蔷薇科	杏属
	49	一点红	菊科	一点红属	86	东南悬钩子	蔷薇科	悬钩子属
	50	爵床属	爵床科	爵床属	87	泼盘	蔷薇科	悬钩子属
	51	栲	壳斗科	栲属	88	悬钩子属	蔷薇科	悬钩子属
	52	石栎（柯）	壳斗科	柯属	89	福建山樱花	蔷薇科	樱属
	53	大叶青冈	壳斗科	青冈属	90	黄果茄	茄科	茄属
	54	青冈	壳斗科	青冈属	91	龙葵	茄科	茄属
	55	南岭栲（毛锥）	壳斗科	锥属	92	笔罗子	清风藤科	泡花树属
	56	甜锥	壳斗科	锥属	93	南方荚蒾	忍冬科	荚蒾属
	57	秀丽锥	壳斗科	锥属	94	忍冬	忍冬科	忍冬属
	58	见血青	兰科	羊耳蒜属	95	直刺变豆菜	伞形科	变豆菜属
	59	苦楝	楝科	楝属	96	积雪草	伞形科	积雪草属
	60	萹蓄	蓼科	蓼属	97	小窃衣	伞形科	窃衣属
	61	火炭母	蓼科	蓼属	98	薜荔	桑科	榕属
	62	水蓼	蓼科	蓼属	99	天仙果	桑科	榕属
	63	腋花蓼	蓼科	蓼属	100	珍珠莲	桑科	榕属
	64	马鞭草	马鞭草科	马鞭草属	101	葨芝（构棘）	桑科	柘属
	65	杜虹花	马鞭草科	紫珠属	102	莎草属	莎草科	莎草属
	66	驳骨丹	马钱科	醉鱼草属	103	薹草属	莎草科	薹草属
	67	醉鱼草	马钱科	醉鱼草属	104	柃属	山茶科	柃属

续表

	序号	种名	科名	属名	序号	种名	科名	属名
被子植物	105	木荷	山茶科	木荷属	111	光皮梾木	山茱萸科	梾木属
	106	茶	山茶科	山茶属	112	繁缕	石竹科	繁缕属
	107	毛花连蕊茶	山茶科	山茶属	113	雀舌草	石竹科	繁缕属
	108	油茶	山茶科	山茶属	114	雀梅藤	鼠李科	雀梅藤属
	109	黄瑞木（杨桐）	山茶科	杨桐属	115	柠檬桉	桃金娘科	桉属
	110	山矾	山矾科	山矾属	116	元宝草	藤黄科	金丝桃属
被子植物	117	海芋	天南星科	海芋属	128	黄绒润楠	樟科	润楠属
	118	常春藤	五加科	常春藤属	129	刨花润楠	樟科	润楠属
	119	莲子草	苋科	莲子草属	130	黑壳楠	樟科	山胡椒属
	120	通泉草	玄参科	通泉草属	131	乌药	樟科	山胡椒属
	121	水竹叶	鸭跖草科	鸭跖草属	132	香叶树	樟科	山胡椒属
	122	杨梅	杨梅科	杨梅属	133	小花琉璃草	紫草科	琉璃草属
	123	地菍	野牡丹科	野牡丹属	134	硃砂根	紫金牛科	紫金牛属
	124	小花黄堇	罂粟科	紫堇属	135	紫金牛	紫金牛科	紫金牛属
	125	杭州榆	榆科	榆属	136	省藤属	棕榈科	省藤属
	126	射干	鸢尾科	射干属	137	棕榈	棕榈科	棕榈属
	127	飞龙掌血	芸香科	飞龙掌血属				

石灰岩的风化成土速率十分缓慢，因此具有土体浅薄，保水性差，基质、土壤和水等环境富含钙的特点。从调查的结果来看，奇和洞山体西面一侧山腰以下土层瘠薄、保水能力较差，光照时间长，植被旱生性质比较明显，以芒、五节芒等禾本科植物为主；沿山而上，土层增厚，湿度增加，植被逐渐丰富，形成了以栲、秀丽锥、马尾松、樟等为主的乔木层，以檵木、栀子、山矾等为主的灌木丛，以芒萁、中华里白、垂穗石松等为主的草本层。奇和洞对面山体裸露岩石少，植被覆盖率高，主要以毛竹林、木犀科、樟科、蔷薇科等植物为主。奇和洞主洞前方为稻田，现有蛇床、紫云英、马鞭草等地被植物，沿山体左右两侧，主要是以人工毛竹林、山茶科、蔷薇科等为主的植被。

现从植物的科属、主要特征、用途及生境方面分别作简要的介绍。

（一）蕨类植物

1. 刺齿半边旗（图3）

拉丁名：*Pteris dispar*。

科属：凤尾蕨科 凤尾蕨属。

主要特征：植株高30～80cm。根状茎斜向上，先端及叶柄基部被黑褐色鳞片，先端纤毛状并稍卷曲。叶簇生，近二型，叶柄长15~40cm，连同叶轴栗色，有光泽。叶片卵状长圆形，二回深裂或二回半边深羽裂；顶生羽片披针形；侧生羽片5~8对，对生或近对生斜展，下部的有短柄，先端尾状渐尖，基部偏斜，两侧或仅下侧深羽裂几达羽轴，裂片与顶生羽片的同形同大，但下侧的较上侧的略长，并且基部下侧一片最长，斜向下，有时在下部1~2对羽片上再一次篦齿状羽裂。羽轴下面隆起基部栗色；上部禾秆色，上面有浅栗色的纵沟，纵沟两旁有啮蚀状的浅灰色狭翅状的边，侧脉明显，斜向上，二叉，小脉直达锯齿的软骨质刺尖头。叶干后草质，绿色或暗绿色，无毛。

用途：不详。

生境：生山谷疏林下，海拔300~950m。

2. 半边旗（图4）

拉丁名：*Pteris semipinnata*。

科属：凤尾蕨科 凤尾蕨属。

主要特征：草本植物。高30~70cm。根状茎斜升或近横走，顶部密被黑褐色、钻形鳞片。叶近簇生，叶柄长20~40cm，连同叶轴栗色。叶片长圆状披针形或卵状披针形，长20~40cm，宽6~15cm，二回半边深羽裂；侧生叶片4~7对，半三角形。顶生叶片三角形至阔披针形，顶端尾状渐尖。不育叶叶缘有细锯齿。侧脉单一或二叉，明显。孢子囊群线形，沿能育羽片的叶缘延伸，顶端常不育；孢子囊群盖线形，膜质，全缘。

图3 刺齿半边旗

图4 半边旗

用途：全草药用。

生境：生疏林下阴处、溪边或岩石旁的酸性土壤上。

3. 凤尾蕨

拉丁名：*Pteris cretica* var. *nervosa*。

科属：凤尾蕨科 凤尾蕨属。

主要特征：植株高50～70cm。根状茎短而直立或斜升，先端被黑褐色鳞片。叶簇生，二型；不育叶羽片通常对生，斜向上；能育叶羽片3～5对，对生或向上渐为互生，斜向上；顶生三叉羽片的基部不下延或下延。

用途：药用。

生境：生于林下灌丛或阴湿处。

4. 蜈蚣草（图5）

拉丁名：*Pteris vittata* f. *vittata*。

科属：凤尾蕨科 凤尾蕨属

主要特征：根状茎直立，短而粗健，木质，密蓬松的黄褐色鳞片。叶簇生，柄坚硬，深禾杆色至浅褐色；叶片倒披针状长圆形，一回羽状，顶生羽片与侧生羽片同形，侧生羽多数，互生或近对生。在成熟的植株上除下部缩短的羽片不育外，几乎全部羽片均能育。

用途：药用。

生境：常生于石隙或墙壁上，为钙质土及石灰岩的指示植物。

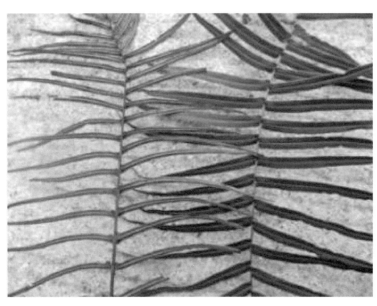

图5　蜈蚣草

5. 海金沙

拉丁名：*Lygodium japonicum*。

科属：海金沙科 海金沙属。

主要特征：植株攀援，达1～4m。叶二型，三回羽状，羽片多数，对生于叶轴的短枝上。不育羽片尖三角形，二回羽片2～3对，卵状三角形，具短柄或无柄，互生，掌状三裂；能育羽片卵状三角形。孢子囊穗长2～4mm，排列稀疏，暗褐色，无毛。

用途：药用，通利小肠，疗伤寒热狂，治湿热肿毒等。

生境：生于草丛或灌木丛中。

6. 槲蕨（图6）

拉丁名：*Drynaria roosii*。

科属：槲蕨科 槲蕨属。

主要特征：根状茎密被鳞片，鳞片斜升，盾状着生，边缘有齿。叶二型，基生不育叶圆形，正常能育叶具叶柄，具明显狭翅，深羽裂，裂片7～13对，互生，稍斜向上，披针形，仅上面中肋略有短毛。孢子囊群圆形或椭圆形，叶片下面全部分布。

用途：根状茎可作药用，补肾坚骨，活血止痛。

生境：通常附生在岩石或树干上，匍匐生长或螺旋状攀援。

图6　槲蕨

7. 中华里白（图7）

拉丁名：*Hicriopteris chinensis*。

科属：里白科 里白属。

主要特征：植株高约3m。根状茎横走，深棕色，密被棕色鳞片。叶片巨大，二回羽状；叶柄深棕色，粗5～6mm或过之，密被红棕鳞片，后几变光滑；羽片长圆形；小羽片互生，多数，羽状深裂；裂片稍向上斜，互生，50～60对，披针形或狭披针形，顶圆，常微凹，基部汇合，缺刻尖狭，边缘全缘，干后常内捲，中脉上面平，下面凸起，侧脉两面凸起，明显，叉状，近水平状斜展。叶坚质，上面绿色，沿小羽轴被分叉的毛，下面灰绿色，沿中脉、侧脉及边缘密被星状柔毛，后脱落。叶轴褐棕色，粗约4.5mm，初密被红棕色鳞片，边缘有长睫毛。孢子囊羣圆形，一列，位于中脉和叶缘之间，稍近中脉，着生于基部上侧小脉上，被夹毛，由3～4个孢子囊组成。

图7　中华里白

用途：嫩芽可供食用。

生境：生于山谷溪边或林中。

8. 芒萁

拉丁名：*Dicranopteris dichotoma*。

科属：里白科 芒萁属。

主要特征：植株通常高45～90～（120）cm。根状茎横走，密被暗锈色长毛。叶远生，叶轴一至二（三）回二叉分枝；腋芽小，卵形，密被锈黄色毛。侧脉两面隆起，明显，斜展，每组有3～4（5）条并行小脉，直达叶缘。叶为纸质，上面黄绿色或绿色，沿羽轴被锈色毛，后变无毛，下面灰白色，沿中脉及侧脉疏被锈色毛。孢子囊羣圆形，一列，着生于基部上侧或上下两侧小脉的弯弓处，由5～8个孢子囊组成。

用途：可供观赏；叶柄可用于编织手工艺品；根、茎及叶可供药用；酸性土壤指示植物。

生境：生于强酸性土地荒坡或林缘，在森林砍伐后或放荒后的坡地上常成优势群落。

9. 刺头复叶耳蕨（图8）

拉丁名：*Arachniodes exilis*。

科属：鳞毛蕨科 复叶耳蕨属。

主要特征：植株高50～70cm。叶柄禾秆色，密被红棕色、披针形鳞片。叶片五角形或卵状五角形，顶部有一片具柄的羽状羽片，与其下侧生羽片同形，基部近截形，三回羽状；侧生羽片4～6对，下部1～2对对生，向上的互生，有柄，斜展，略分开或密接，基部一对特别大，长三角形。第二至第六对羽片披针形，羽状，基部上侧一片小羽片略较大，多少羽裂；第七对羽

图8　刺头复叶耳蕨

片明显缩短，阔披针形，羽状或全裂。叶干后纸质，棕色，上央略有光泽，叶轴和羽轴下面被有相当多的褐棕色、线状钻形小鳞片。孢子囊群每小羽片5～8对（耳片4～6枚），位于中脉与叶边中间；囊群盖棕色，膜质，脱落。

用途：可供药用。

生境：生于山地林下或岩上。

10. 贯众

拉丁名：*Cyrtomium fortunei* f. *fortunei*。

科属：鳞毛蕨科 贯众属。

主要特征：植株高25～50cm。根茎直立，密被棕色鳞片。叶簇生，叶柄长12～26cm，基部直径2～3mm，禾杆色，腹面有浅纵沟，密生卵形及披针形，棕色，有时中间为密棕色鳞片，鳞片边缘有细齿，有时向上部秃净；叶片矩圆披针形，奇数一回羽状；侧生羽片7～16对，互生，近平伸，柄极短，披针形，多少上弯成镰状。叶为纸质，两面光滑，叶轴腹面有浅纵沟，疏生披针形及线形棕色鳞片。孢子囊群遍布羽片背面，囊群盖圆形，盾状，全缘。

用途：可供药用。

生境：生于空旷地石灰岩缝或林下。

11. 乌蕨（图9）

拉丁名：*Stenoloma chusanum*。

科属：陵齿蕨科 乌蕨属。

主要特征：植株高达65cm。根状茎短而横走，粗壮，密被赤褐色的钻状鳞片。叶近生，叶

图9　乌蕨

柄长达25cm，禾杆色至褐禾杆色，有光泽，上面有沟，除基部外，通体光滑；叶片披针形，先端渐尖，基部不变狭，四回羽状；羽片15～20对，互生，密接，下部的相距4～5cm，有短柄，斜展，卵状披针形，下部三回羽状。叶脉上面不显，下面明显，在小裂片上为二叉分枝。叶坚草质，干后棕褐色，通体光滑。孢子囊群边缘着生，每裂片上一枚或二枚，顶生1～2条细脉上；囊群盖灰棕色，革质，半杯形，宽，与叶缘等长，近全缘或多少啮蚀，宿存。

用途：可供药用。

生境：生于林下或灌丛阴湿地。

12. 笔管草

拉丁名：*Equisetum ramosissimum* subsp. *debile*。

科属：木贼科 木贼属。

主要特征：大中型植物。根茎直立和横走，黑棕色，节和根密生黄棕色长毛或光滑无毛。地上枝多年生，枝一型。高可达60cm或更多，绿色，成熟主枝有分枝，但不多。孢子囊短穗状短棒状或椭圆形，顶端有小尖突，无柄。

用途：全草药用。

生境：生于田埂边、林下阴湿处。

13. 垂穗石松（图10）

拉丁名：*Palhinhaea cernua*。

科属：石松科 垂穗石松属。

主要特征：中型至大型土生植物，主茎直立，圆柱形，光滑无毛，多回不等位二叉分枝；主茎上的叶螺旋状排列，稀疏，钻形至线形，通直或略内弯，基部圆形，下延，无柄，先端渐尖，边缘全缘，中脉不明显，纸质。侧枝上斜，多回不等位二叉分枝，有毛或光滑无毛；侧枝

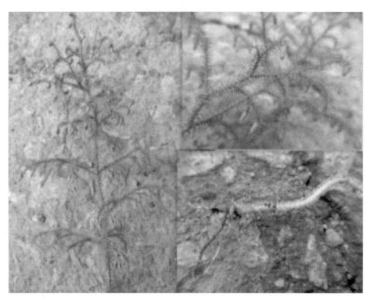

图10　垂穗石松

及小枝上的叶螺旋状排列，密集，略上弯。孢子囊穗单生于小枝顶端，短圆柱形，成熟时通常下垂，淡黄色，无柄；孢子叶卵状菱形，覆瓦状排列，先端急尖，尾状，边缘膜质，具不规则锯齿；孢子囊生于孢子叶腋，内藏，圆肾形，黄色。

用途：全草药用。

生境：生于田埂边、林下阴湿处。

14. 江南星蕨

拉丁名：*Microsorum fortunei*。

科属：水龙骨科 星蕨属。

主要特征：附生，植株高30～100cm。根状茎长而横走，顶部被鳞片；鳞片棕褐色，卵状三角形，顶端锐尖，基部圆形，有疏齿，筛孔较密，盾状着生，易脱落。叶远生；叶柄禾秆色，上面有浅沟，基部疏被鳞片，向上近光滑；叶片线状披针形至披针形，顶端长渐尖，基部渐狭，下延于叶柄并形成狭翅，全缘，有软骨质的边；中脉两面明显隆起，侧脉不明显，小脉网状，略可见，内藏小脉分叉；叶厚纸质，下面淡绿色或灰绿色，两面无毛，幼时下面沿中脉两侧偶有极少数鳞片。孢子囊群大，圆形，沿中脉两侧排列成较整齐的一行或有时为不规则的两行，靠近中脉。孢子豆形，周壁具不规则褶皱。

用途：全草供药用，能清热解毒，利尿，祛风除湿，凉血止血，消肿止痛。

生境：多生于林下溪边岩石上或树干上。

15. 单叶双盖蕨（图11）

拉丁名：*Diplazium subsinuatum*。

科属：蹄盖蕨科　双盖蕨属。

主要特征：根状茎细长，横走，被黑色或褐色披针形鳞片；叶远生。能育叶长达40cm；叶柄长8~15cm，淡灰色，基部被褐色鳞片；叶片披针形或线状披针形，两端渐狭，边缘全缘或稍呈波状；中脉两面均明显，小脉斜展，每组3~4条，通直，平行，直达叶边。叶干后纸质或近革质。孢子囊群线形，通常多分布于叶片上半部，沿小脉斜展，在每组小脉上通常有1条，生于基部上出小脉，距主脉较远，单生或偶有双生；囊群盖成熟时膜质，浅褐色。

用途：不详。

生境：通常多生于溪旁林下酸性土或岩石上。

16. 假鞭叶铁线蕨

拉丁名：*Adiantum malesianum*。

科属：铁线蕨科　铁线蕨属。

主要特征：植株高15~20cm。根状茎短而直

图11　单叶双盖蕨

立，密被披针形、棕色，边缘具锯齿的鳞片。叶簇生，幼时棕色，老时栗黑色，略有光泽，通体被多细胞的节状长毛；叶片线状披针形，一回羽状，羽片约25对，无柄，平展，互生或近对生，相距约1cm，基部一对羽片不缩小，近团扇形，多少反折向下。叶干后厚纸质，褐绿色，上面疏被短刚毛，下面密被棕色多细胞的硬毛和方向朝外缘紧贴的短刚毛；羽轴与叶柄同色，密被同样的长硬毛，叶轴先端往往延长成鞭状，落地生根，进行无性繁殖。孢子囊群每羽片5~12枚，囊群盖圆肾形，上缘平直，上面被密毛，棕色，纸质，全缘，宿存。

用途：不详。

生境：生于山坡灌丛下岩石上或石缝中。

17. 扇叶铁线蕨

拉丁名：*Adiantum flabellulatum*。

科属：铁线蕨科　铁线蕨属。

主要特征：根状茎短而直立，密被棕色、有光泽的钻状披针形鳞片。叶簇生，叶柄紫黑色，有光泽；叶片扇形，二至三回不对称的二叉分枝。孢子囊群每羽片2~5枚，横生于裂片上缘和外缘，以缺刻分开。

用途：全草入药，清热解毒、舒筋活络、利尿、化痰、消肿、止血、止痛。

生境：生于阳光充足的酸性红壤、黄壤上，是酸性土的指示植物。

18. 狗脊蕨

拉丁名：*Woodwardia japonica*。

科属：乌毛蕨科 狗脊属。

主要特征：植株高80~120cm。根状茎粗壮，横卧，暗褐色，与叶柄基部密被鳞片。叶近生，长卵形，二回羽裂，顶生羽片卵状披针形或长三角状披针形，侧生羽片7~16对，无柄。孢子囊群线性，着生于主脉两侧的狭长网眼上。

用途：药用，有镇痛、利尿及强壮之效。根状茎富含淀粉，可酿酒，亦可作土农药，防治蚜虫及红蜘蛛。

生境：生于林下或路边。

19. 胎生狗脊

拉丁名：*Woodwardia prolifera*。

科属：乌毛蕨科 狗脊属。

主要特征：根状茎横卧，黑褐色，与叶柄下部密被蓬松的大鳞片。叶近生，长卵形或椭圆形，革质，二回深羽裂，羽片5~9对，对生或上部的互生，斜展；叶脉明显，羽轴及主脉均隆起，与叶轴同为棕禾杆色或棕色；羽片上面通常产生小珠芽。孢子囊群粗短，形似新月形，着生于主脉两侧的狭长网眼上。

用途：药用，祛风除湿。

生境：生低海拔丘陵或坡地的疏林下阴湿地方或溪边，喜欢酸性土。

图12 乌毛蕨

20. 乌毛蕨（图12）

拉丁名：*Blechnum orientale* var. *orientale*。

科属：乌毛蕨科 乌毛蕨属。

主要特征：植株高0.5~2m。根状茎直立，粗短，木质，黑褐色，先端及叶柄下部密被鳞片；鳞片狭披针形，长约1cm，先端纤维状，全缘，中部深棕色或褐棕色，边缘棕色，有光泽。叶簇生于根状茎顶端；柄长3~80cm，粗3~10mm，坚硬，基部往往为黑褐色，向上为棕禾杆色或棕绿色，无毛；叶片卵状披针形，一回羽状；羽片多数，二形，互生，无柄，下部羽片不育，极度缩小为圆耳形，长仅数毫米，彼此远离，向上羽片突然伸长，疏离，能育，下侧往往与叶轴合生，全缘或呈微波状，干后反卷。叶脉上面明显，主脉两面均隆起，上面有纵沟，小脉分离，单一或二叉，斜展或近平展，平行，密接。叶近革质，干后棕色，无毛；叶轴粗壮，棕禾秆色，无毛。孢子囊群线形，连续，紧靠主脉两侧，与主脉平行，仅线形或线状披针形的羽片能育（通常羽片上部不育）；囊群盖线形，开向主脉，宿存。

用途：为我国热带和亚热带的酸性土指示植物，其生长地土壤pH为4.5 ~ 5.0。

生境：生长于较阴湿的水沟旁及坑穴边缘，或山坡灌丛及疏林下。

21. 碎米蕨

拉丁名：*Cheilosoria mysurensis*。

科属：中国蕨科 碎米蕨属。

主要特征：植株高10 ~ 25cm。根状茎短而直立，连同叶柄基部密被栗棕色或栗黑色钻形鳞片。叶簇生，狭披针形，二回羽状；羽片12 ~ 20对；叶脉在小羽片上羽状，3 ~ 4对，分叉或单一。叶干后草质，褐色，裂片多少卷缩，两面无毛。孢子囊群每裂片1 ~ 2枚。

用途：药用，清热解毒，性味微苦、凉。

生境：灌丛或溪旁石上。

22. 兖州卷柏

拉丁名：*Selaginella involvens*。

科属：卷柏科 卷柏属。

主要特征：石生、旱生，直立，具有一横走的地下根状茎和游走茎，其上生鳞片状淡黄色的叶。根托只生于匍匐的根状茎和游走茎，根少分叉，被毛。主茎自中部向上羽状分枝，不呈"之"字形，无关节，禾秆色。茎从中部开始分枝，侧枝7 ~ 12对，2 ~ 3回羽状分枝，小枝较密，排列规则。叶（除不分枝的主茎上的外）交互排列，纸质，表面光滑，边缘不为全缘，具白边。孢子叶穗紧密，四棱柱形，单生于小枝末端；孢子叶卵状三角形，边缘有细齿，不具白边，先端渐尖；大小孢子叶相间排列，或大孢子叶位于中部的下侧。大孢子白色或褐色，小孢子橘黄色。

用途：药用。

生境：常见于林下或路旁。

（二）裸子植物

1. 红豆杉

拉丁名：*Taxus chinensis*。

科属：红豆杉科 红豆杉属。

主要特征：乔木。树皮灰褐色、红褐色或暗褐色，裂成条片脱落；叶排列成两列，条形，微弯或较直，上部微渐窄，先端常微急尖，稀急尖或渐尖，上面深绿色，有光泽，下面淡黄绿色，有两条气孔带，中脉带上有密生均匀而微小的圆形角质乳头状突起点，常与气孔带同色，稀色较浅。种子生于杯状红色肉质的假种皮中，间或生于近膜质盘状的种托（即未发育成肉质假种皮的珠托）之上，常呈卵圆形。

用途：中国特有植物。心材橘红色，边材淡黄褐色，纹理直，结构细，坚实耐用，干后少开裂。可供建筑、车辆、家具、器具、农具及文具等用材。

生境：常生于海拔1000～1200m以上的高山上部，常栽培。

2. 杉木（图13）

拉丁名：*Cunninghamia lanceolata*。

科属：杉科 杉木属。

主要特征：乔木，幼树树冠尖塔形，大树树冠圆锥形。叶，披针形，革质、坚硬，边缘有细缺齿，先端渐尖，稀微钝，上面深绿色，有光泽，叶背淡绿色，沿中脉两侧各有1条白粉气孔带。针叶在主枝上辐射伸展，侧枝的叶基部扭转成二列状。树皮灰褐色，裂成长条片脱落，内皮淡红色。球果卵圆形。

用途：木材质较软，细致，有香气，纹理直，易加工，耐腐力强，不受白蚁蛀蚀，可供建筑、桥梁、造船、家具及纤维工业原料等用；树皮含单宁。

生境：长江以南温暖地区最重要的速生用材树种。

图13　杉木

3. 马尾松

拉丁名：*Pinus massoniana*。

科属：松科 松属。

主要特征：乔木，树冠宽塔形或伞形。针叶，通常是2针一束，长12～20cm。树皮红褐色，下部灰褐色，裂成不规则的鳞状块片。球果卵圆形或圆锥状卵圆形。

用途：南方重要的造林树种，木材供建筑、枕木、家具及纤维工业原料等用；树干可割取松脂，为医药、化工原料。

生境：喜光、深根性树种，不耐庇荫，喜温暖湿润气候，能生于干旱、贫瘠的红壤、石砾土及沙质土，或生于岩石缝中，为荒山恢复森林的先锋树种。常组成次生纯林或与栎类、山槐、黄檀等阔叶树混生。

（三）被子植物

1. 芭蕉

拉丁名：*Musa basjoo*。

科属：芭蕉科 芭蕉属。

主要特征：叶片长圆形，先端钝，基部圆形或不对称，叶面鲜绿色，有光泽；叶柄粗壮，长达30cm。花序顶生，下垂；苞片红褐色或紫色；雄花生于花序上部，雌花生于花序下部；雌花在每一苞片内约10~16朵，排成2列；合生花被片长4~4.5cm，具5齿裂，离生花被片几与合生花被片等长，顶端具小尖头。浆果三棱状，长圆形，具3~5棱，近无柄，肉质，内具多数种子。种子黑色，具疣突及不规则棱角。

用途：园林观赏植物；亦可药用。

生境：原产琉球群岛。秦岭淮河以南可以露地栽培，多栽培于庭园及农舍附近。

2. 菝葜

拉丁名：*Smilax china*。

科属：百合科 菝葜属。

主要特征：攀援灌木。根状茎粗厚，坚硬，为不规则的块状。茎长1~3m，疏生刺。叶薄革质或坚纸质，干后通常红褐色或近古铜色，圆形、卵形或其他形状，下面通常淡绿色，较少苍白色；叶柄约占全长的1/2~2/3，具宽0.5~1mm的鞘，几乎都有卷须，脱落点位于靠近卷须处。伞形花序生于叶尚幼嫩的小枝上，具十几朵或更多的花，常呈球形，花黄绿色。浆果熟时红色，具粉霜。花期2~5月，果期9~11月。

用途：根状茎可提取淀粉和栲胶，或用来酿酒；亦可做药用。

生境：生于林下、灌丛中、路旁、河谷或山坡上。

3. 三脉菝葜

拉丁名：*Smilax trinervula*。

科属：百合科 菝葜属。

主要特征：落叶灌木，多少攀援。茎长0.5~2m，枝条稍具纵棱，近无刺或疏生刺。叶坚纸质，通常椭圆形，先端微凹，基部钝，下面苍白色；叶柄约占全长的1/2具鞘，通常有细卷须。花序生于叶尚幼嫩的小枝上，花黄绿色，1~2朵腋生或3~5朵排成总状花序。浆果熟时红色。花期3~4月，果期10~11月。

用途：不详。

生境：生于林下或灌丛中。

4. 土茯苓（图14）

拉丁名：*Smilax glabra*。

科属：百合科 菝葜属。

主要特征：攀援灌木。根状茎粗厚，块状，常由匍匐茎相连接。茎长1~4m，枝条光滑，无刺。叶薄革质，狭椭圆状披针形至狭卵状披针形，先端渐尖，下面通常绿色，有时带苍白色。伞形花序通常具10余朵花。浆果熟时紫黑色，具粉霜。花期7~11月，果期11月至次年4月。

用途：根状茎入药，称土茯苓，利湿热解毒，健脾胃，且富含淀粉，可用来制糕点或酿酒。

生境：生于林中、灌丛下、河岸或山谷中，也见于林缘或疏林中。

图14　土茯苓

5. 圆锥菝葜

拉丁名：*Smilax bracteata*。

科属：百合科 菝葜属。

主要特征：攀援灌木。茎长可达10m，枝条疏生刺或无刺。叶纸质，椭圆形或卵形，先端微凸，基部圆形至浅心形，上面无光泽，下面淡绿色；叶柄长1~1.5cm，约占全长的1/2~2/5，具狭鞘，一般有卷须，脱落点位于上部。圆锥花序长3~7cm，着生点上方有一枚与叶柄相对的鳞片（先出叶），通常具3～7个伞形花序；伞形花序具多数花；花暗红色。浆果，球形。花期11月至次年2月，果期6～8月。

用途：不详。

生境：生于林中、灌丛下或山坡荫蔽处。

6. 禾叶山麦冬

拉丁名：*Liriope graminifolia*。

科属：百合科 山麦冬属。

主要特征：根细或稍粗，分枝多，有时有纺锤形小块根；根状茎短或稍长，具地下走茎。叶先端钝或渐尖，具5条脉，近全缘，但先端边缘具细齿，基部常有残存的枯叶或有时撕裂呈纤维状。花葶通常稍短于叶，总状花序，具许多花；花通常3～5朵簇生于苞片腋内，白色或淡紫色。种子卵圆形或近球形，初期绿色，成熟时蓝黑色。花期6～8月，果期9～11月。

用途：小块根有时作麦冬用。

生境：生于山坡、山谷林下、灌丛中或山沟阴处。

7. 阔叶山麦冬

拉丁名：*Liriope platyphylla*。

科属：百合科 山麦冬属。

主要特征：根细长，分枝多，有时局部膨大成纺锤形的小块根，肉质；根状茎短，木质。叶密集成丛，革质，先端急尖或钝，基部渐狭，具9～11条脉，有明显的横脉，边缘几不粗糙。花葶通常长于叶，总状花序，具许多花；花4～8朵簇生于苞片腋内，紫色或红紫色。种子球形，初期绿色，成熟时变黑紫色。花期7～8月，果期9～11月。

用途：块根可供药用。

生境：生于山地、山谷的疏林，密林下或潮湿处。

8. 天门冬

拉丁名：*Asparagus cochinchinensis*。

科属：百合科 天门冬属。

主要特征：攀援植物。根在中部或近末端呈纺锤状膨大，膨大部分长3～5cm，粗1～2cm。茎平滑，常弯曲或扭曲，分枝具棱或狭翅。叶状枝通常每3枚成簇，扁平或由于中脉龙骨状而略呈锐三棱形，稍镰刀状；茎上的鳞片状叶基部延伸为长2.3～3mm的硬刺，在分枝上的刺较短或不明显。花通常每2朵腋生，淡绿色。浆果，熟时红色，有种子1颗。花期5～6月，果期8～10月。

用途：天门冬的块根是常用的中药，有滋阴润燥、清火止咳之效。

生境：生于海拔1750m以下的山坡、路旁、疏林下、山谷或荒地上。

9. 败酱

拉丁名：*Patrinia scabiosaefolia*。

科属：败酱科 败酱属。

主要特征：多年生草本。根状茎横卧或斜生，节处生多数细根；茎直立，黄绿色至黄棕色，有时带淡紫色。基生叶丛生，花时枯落，卵形、椭圆形或椭圆状披针形，不分裂或羽状分裂或全裂，顶端钝或尖，基部楔形，边缘具粗锯齿；茎生叶对生，宽卵形至披针形，常羽状深裂或全裂。花序为聚伞花序组成的大型伞房花序，顶生。瘦果长圆形，具3棱。花期7~9月。

用途：全草和根茎入药，能清热解毒、消肿排脓、活血祛瘀，治慢性阑尾炎，疗效显著。民间常采摘幼苗嫩叶食用。

生境：常生于山坡林下、林缘和灌丛中以及路边、田埂边的草丛中。

图15　车前

10. 车前草（图15）

拉丁名：*Plantago depressa*。

科属：车前科 车前属。

主要特征：一年生或二年生草本。直根长，具多数侧根，多少肉质，根茎短。叶基生呈莲座状，平卧、斜展或直立，叶片纸质，椭圆形、椭圆状披针形或卵状披针形，先端急尖或微钝，边缘具浅波状钝齿、不规则锯齿或牙齿，基部宽楔形至狭楔形，下延至叶柄，脉5~7条。穗状花序细圆柱状，上部密集，基部常间断。蒴果卵状椭圆形至圆锥状卵形，黄褐色至黑色。花期5~7月，果期7~9月。

用途：全草药用，清热利尿，凉血，解毒。

生境：生于草地、河滩、沟边、田间及路旁。

11. 邻近风轮菜（图16）

拉丁名：*Clinopodium confine* var. *confine*。

科属：唇形科 风轮菜属。

主要特征：草本，铺散，基部生根。茎四棱形，无毛或疏被微柔毛。叶卵圆形，先端钝，基部圆形或阔楔形，边缘自近基部以上具圆齿状锯齿，薄纸质，两面均无毛，侧脉3~4对，与中脉两面均明显，疏被微柔毛。轮伞花序通常多花密集，近球形，分离；花冠粉红至紫红色，稍超出

图16　邻近风轮菜

花萼。小坚果卵球形，褐色，光滑。花期4～6月，果期7～8月。

用途：不详。

生境：生于田边、山坡、草地。

12. 金疮小草（图17）

拉丁名：*Ajuga decumbens*。

科属：唇形科 筋骨草属。

主要特征：一或二年生草本，平卧或上升，具匍匐茎，茎长10～20cm，被白色长柔毛或绵状长柔毛，幼嫩部分尤多，绿色，老茎有时呈紫绿色。基生叶较多，较茎生叶长而大，叶柄具狭翅，呈紫绿色或浅绿色，被长柔毛；叶片薄纸质，匙形或倒卵状披针形，边缘具不整齐的波状圆齿或儿全缘，具缘毛，两面被疏糙伏毛或疏柔毛。轮伞花序多花，排列成间断长7～12cm的穗状花序，位于下部的轮伞花序疏离，上部者密集；下部苞叶与茎叶同形，匙形，上部者呈苞片状，披针形；花梗短。花冠淡蓝色或淡红紫色，稀白色，筒状。小坚果倒卵状三棱形，背部具网状皱纹，腹部有果脐，果脐约占腹面2/3。花期3～7月，果期5～11月。

用途：全草入药。

生境：产长江以南各省区，生于溪边、路旁及湿润的草坡上。

图17　金疮小草

13. 益母草

拉丁名：*Leonurus artemisia*。

科属：唇形科科 益母草属。

主要特征：一年生或二年生草本，有于其上密生须根的主根。茎直立，钝四棱形，微具槽，有倒向糙伏毛，多分枝，或仅于茎中部以上有能育的小枝条。叶轮廓变化很大，茎下部为卵形，中部为菱形。轮伞花序腋生，圆球形，多数远离而组成长穗状花序，小苞片刺状，向上伸出，有贴生的微柔毛，花梗无。花冠粉红至淡紫红色。小坚果长圆状三棱形，顶端截平而略宽大，淡褐色，光滑。花期通常在6～9月，果期9～10月。

用途：全草入药。

生境：全国广布，为一杂草，生长于多种生境，尤以阳处为多。

14. 酢浆草（图18）

拉丁名：*Oxalis corniculata* var. *corniculata*。

科属：酢浆草科 酢浆草属。

主要特征：草本，全株被柔毛。根茎稍肥厚，茎细弱，多分枝，直立或匍匐，匍匐茎节上生根。叶基生或茎上互生，托叶小，长圆形或卵形，边缘被密长柔毛，基部与叶柄合生，或同一植株下部托叶明显而上部托叶不明显；小叶3，无柄，倒心形。花单生或数朵集为伞形花序状，腋生，总花梗淡红色，与叶近等长；花瓣5，黄色，长圆状倒卵形。蒴果长圆柱形，5棱，种子长卵形，褐色或红棕色，具横向肋状网纹。

用途：全草入药，能解热利尿、消肿散瘀；茎叶含草酸，可以磨镜或擦铜器，使其具光泽。牛羊食其过多可中毒致死。

生境：全国广布，生于山坡草地、河谷沿岸、路边、田边、荒地或林下阴湿处等。

图18　酢浆草

15. 柞木

拉丁名：*Xylosma racemosum* var. *racemosum*。

科属：大风子科 柞木属。

主要特征：常绿大灌木或小乔木。树皮灰棕色，不规则从下面向上反卷呈小片，裂片向上反卷，幼枝有枝刺，结果株无刺；枝条近无毛或有疏短毛。叶薄革质，雌雄株稍有差别，通常雌株的叶有变化，菱状椭圆形至卵状椭圆形，边缘有锯齿，两面无毛或近基部中脉有污毛；叶柄短，具短毛。花小，总状花序腋生，花瓣缺。浆果黑色，球形，顶端有宿存花柱，种子2～3

粒，卵形，鲜时绿色，干后褐色，有黑色条纹。花期春季，果期冬季。

用途：材质坚实，纹理细密，材色棕红，供家具、农具等用；叶、刺供药用；种子含油；树形优美，供庭院美化和观赏等用；又为蜜源植物。

生境：生于海拔800m以下的林边、丘陵和平原或村边附近灌丛中。

图19　粗糠柴

16. 粗糠柴（图19）

拉丁名：*Mallotus philippensis* var. *philippensis*。

科属：大戟科 野桐属。

主要特征：小乔木或灌木，高2~18m；小枝、嫩叶和花序均密被黄褐色短星状柔毛。叶互生或有时小枝顶部的对生，近革质，卵形、长圆形或卵状披针形，顶端渐尖，基部圆形或楔形，边近全缘，上面无毛，下面被灰黄色星状短绒毛，叶脉上具长柔毛，散生红色颗粒状腺体；基出脉3条，侧脉4~6对；近基部有褐色斑状腺体2~4个；叶柄两端稍增粗，被星状毛。花雌雄异株，花序总状，顶生或腋生，单生或数个簇生。蒴果扁球形，密被红色颗粒状腺体和粉末状毛；种子卵形或球形，黑色，具光泽。花期4~5月，果期5~8月。

用途：木材淡黄色，为家具等用材。树皮可提取栲胶，种子的油可作工业用油，果实的红色颗粒状腺体有时可作染粒，有毒，不能食用。

生境：生于山地林中或林缘。

17. 杠香藤

拉丁名：*Mallotus repandus* var. *chrysocarpus*。

科属：大戟科 野桐属。

主要特征：攀援状灌木。嫩枝、叶柄、花序、花梗均密生黄色星状柔毛，老枝无毛，常有皮孔。叶互生，纸质或膜质，卵状或椭圆状卵形，边全缘或波状；基出脉3条，有时稍离基，侧脉4~5对。花雌雄异株；蒴果；种子卵形，黑色有光泽。

用途：茎皮纤维可编绳用。

生境：生于海拔300~600m山地疏林中或林缘。

18. 油桐（图20）

拉丁名：*Vernicia fordii*。

科属：大戟科 油桐属。

主要特征：落叶乔木，树皮灰色，近光滑；枝条粗壮，无毛，具明显皮孔。叶卵圆形，顶

图20　油桐

端短尖，基部截平至浅心形，全缘，稀1~3浅裂；掌状脉5（~7）条；叶柄与叶片近等长，几无毛，顶端有2枚扁平、无柄腺体。花雌雄同株，先叶或与叶同时开放；花瓣白色，有淡红色脉纹，倒卵形。核果近球状，果皮光滑；种子3~4（~8）颗，种皮木质。花期3~4月，果期8~9月。

用途：我国重要的工业油料植物；果皮可制活性炭或提取碳酸钾。

生境：通常栽培于1000m以下的丘陵山地。

图21　毛冬青

19 . 毛冬青（图21）

拉丁名：*Ilexpubescens*。

科属：冬青科 冬青属。

主要特征：常绿灌木或小乔木。小枝纤细，近四棱形，灰褐色，密被长硬毛，具纵棱脊，无皮孔，具稍隆起、近新月形叶痕；顶芽通常发育不良或缺。叶生于1~2年生枝上，叶片纸质或膜质，椭圆形或长卵形，先端急尖或短渐尖，基部钝，边缘具疏而尖的细锯齿或近全缘，两面被长硬毛，无光泽，背面沿主脉更密，主脉在叶面平坦或稍凹陷，背面隆起，侧脉4~5对，在近叶缘附近网结，网状脉两面不明显；叶柄长2.5~5mm，密被长硬毛。花序簇生于1~2年生枝的叶腋内，密被长硬毛。果球形，成熟后红色，干时具纵棱沟，果梗长约4mm，密被长硬毛。花期4~5月，果期8~11月。

用途：可供药用，清热解毒、活血通络。

生境：生于海拔100~1000m的山坡常绿阔叶林中或林缘、灌丛中及溪旁、路边。

20. 紫云英（图22）

拉丁名：*Astragalus sinicus*。

科属：豆科 黄耆属。

主要特征：二年生草本，多分枝，匍匐，高10~30cm，被白色疏柔毛。奇数羽状复叶，叶柄较叶轴短；托叶离生，卵形，长3~6mm，先端尖，基部互相多少合生，具缘毛；小叶倒卵形或椭圆形，长10~15mm，宽4~10mm，先端钝圆或微凹，基部宽楔形，上面近无毛，下面散生白色柔毛，具短柄。总状花序生5~10花，呈伞形；总花梗腋生，较叶长；花冠紫红色或橙黄色，旗瓣倒卵形。荚果线状长圆形，稍弯曲，具短喙，黑色，具隆起的网纹；种子肾形，栗褐色。花期2~6月，果期3~7月。

用途：为重要的绿肥作物和牲畜饲料，嫩梢亦供蔬食。

生境：产于长江流域各省区，生于山坡、溪边及潮湿处。

图22　紫云英

图23　菱叶鹿藿

21. 菱叶鹿藿（图23）

拉丁名：*Rhynchosia dielsii*。

科属：豆科 鹿霍属。

主要特征：缠绕草本。茎纤细，通常密被黄褐色长柔毛或有时混生短柔毛。叶具羽状3小叶；托叶小，披针形；叶柄长3.5~8cm，被短柔毛，顶生小叶卵形、卵状披针形、宽椭圆形或菱状卵形，长5~9cm，宽2.5~5cm，先端渐尖或尾状渐尖，基部圆形，两面密被短柔毛，下面有松脂状腺点，基出脉3条，侧生小叶稍小，斜卵形；小托叶刚毛状；小叶柄长1~2mm，均被短柔毛。总状花序腋生，被短柔毛；花疏生，黄色。荚果长圆形或倒卵形，扁平，成熟时红紫色，被短柔毛；种子2颗，近圆形。花期6~7月，果期8~11月。

用途：根、茎及果药用；果皮和树皮含单宁，种子含油35%，可制肥皂及润滑油。又常栽培作为绿篱。

生境：生于山坡灌木丛中及平原、丘陵、河旁等地。

22. 厚果崖豆藤

拉丁名：*Millettia pachycarpa*。

科属：豆科 崖豆藤属。

主要特征：巨大藤本。幼年时直立如小乔木状。嫩枝褐色，密被黄色绒毛，后渐秃净，老枝黑色，光滑，散布褐色皮孔，茎中空。羽状复叶长30~50cm；叶柄长7~9cm；托叶阔卵形，黑褐色，贴生鳞芽两侧，宿存；小叶6~8对，草质，长圆状椭圆形至长圆状披针形。总状圆锥花序，2~6枝生于新枝下部，密被褐色绒毛，花2~5朵着生节上；花冠淡紫。荚果深褐黄色，肿胀，长圆形，单粒种子时卵形，果瓣木质，甚厚，迟裂，有种子1~5粒；种子黑褐色，肾形，或挤压呈棋子形。花期4~6月，果期6~11月。

用途：种子和根含鱼藤酮，磨粉可作杀虫药，能防治多种粮棉害虫；茎皮纤维可供利用。

生境：生于山坡常绿阔叶林内。

23. 云实

拉丁名：*Caesalpinia decapetala*。

科属：豆科 云实属。

主要特征：藤本；树皮暗红色；枝、叶轴和花序均被柔毛和钩刺。二回羽状复叶，羽片3~10对，对生，具柄，基部有刺1对；小叶8~12对，膜质，长圆形，两端近圆钝，两面均被短柔毛，老时渐无毛；托叶小，斜卵形，先端渐尖，早落。总状花序顶生，直立，具多花；总花梗多刺；花瓣黄色，膜质，圆形或倒卵形，盛开时反卷，基部具短柄；雄蕊与花瓣近等长，花丝基部扁平，下部被绵毛；子房无毛。荚果长圆状舌形，脆革质，栗褐色，无毛，有光泽，沿腹缝线膨胀成狭翅，成熟时沿腹缝线开裂，先端具尖喙；种子6~9颗，椭圆状，种皮棕色。花果期4~10月。

用途：根、茎及果药用；果皮和树皮含单宁，种子含油35%，可制肥皂及润滑油。又常栽培作为绿篱。

生境：生于山坡灌木丛中及平原、丘陵、河旁等地。

24. 瓜馥木（图24）

拉丁名：*Fissistigma oldhamii* var. *oldhamii*。

科属：番荔枝科 瓜馥木属。

主要特征：攀援灌木，长约8m；小枝被黄褐色柔毛。叶革质，倒卵状椭圆形或长圆形，顶端圆形或微凹，有时急尖，基部阔楔形或圆形，叶面无毛，叶背被短柔毛，老渐几无毛；侧脉每边16~20条，上面扁平，下面凸起；叶柄长约1cm，被短柔毛。花1~3朵集成密伞花序。果圆球状，密被黄棕色绒毛；种子圆形。花期4~9月，果期7月至翌年2月。

用途：茎皮纤维可编制麻绳、麻袋和造纸，花可提制瓜馥木花油和浸膏，用于调制化妆

图24　瓜馥木

品、皂用香精的原料。根可药用；果成熟时味甜，去皮可吃。

生境：生于低海拔山谷水旁灌木丛中。

25. 秤钩风

拉丁名：*Diploclisia affinis*。

科属：防己科 秤钩风属。

主要特征：木质藤本，长可达7~8m；当年生枝草黄色，有条纹，老枝红褐色或黑褐色，有许多纵裂的皮孔，均无毛；腋芽2个，叠生。叶革质，三角状扁圆形或菱状扁圆形，有时近菱形或阔卵形，顶端短尖或钝而具小凸尖，基部近截平至浅心形，有时近圆形或骤短尖，边缘具明显或不明显的波状圆齿；掌状脉常5条，最外侧的一对几不分枝，连同网脉两面均凸起；叶柄与叶片近等长或较长，在叶片的基部或紧靠基部着生。聚伞花序腋生，有花3至多朵。核果红色，倒卵圆形，长8~10mm，宽约7mm。花期4~5月，果期7~9月。

用途：不详。

生境：生于林缘或疏林中。

26. 细圆藤

拉丁名：*Pericampylus glaucus*。

科属：防己科 细圆藤属。

主要特征：木质藤本，小枝通常被灰黄色绒毛，有条纹，常长而下垂，老枝无毛。叶纸质至薄革质，三角状卵形至三角状近圆形，顶端钝或圆；掌状脉5条，很少3条，网状小脉稍明显；叶柄长3~7cm，被绒毛，通常生叶片基部，极少稍盾状着生。聚伞花序伞房状，被绒毛。核果红色或紫色。花期4~6月，果期9~10月。

用途：细长的枝条在四川等地是编织藤器的重要原料。

生境：生于林中、林缘和灌丛中。

27. 毛竹

拉丁名：*Phyllostachys heterocycla* cv. *Pubescens*。

科属：禾本科 刚竹属。

主要特征：竿高达20m，粗者可达20cm，幼竿密被细柔毛及厚白粉，箨环有毛，老竿无毛，并由绿色渐变为绿黄色；基部节间甚短而向上则逐节较长；竿环不明显，低于箨环或在细竿中隆起。箨鞘背面黄褐色或紫褐色，具黑褐色斑点及密生棕色刺毛；箨耳微小，繸毛发达；箨舌宽短，强隆起乃至为尖拱形，边缘具粗长纤毛；箨片较短，长三角形至披针形，有波状弯曲，绿色，初时直立，以后外翻。末级小枝具2～4叶；叶耳不明显，鞘口繸毛存在而为脱落性；叶舌隆起；叶片较小较薄，披针形，下表面在沿中脉基部具柔毛，次脉3～6对，再次脉9条。花枝穗状，佛焰苞通常在10片以上，常偏于一侧，呈整齐的复瓦状排列。小穗仅有1朵小花。颖果长椭圆形，顶端有宿存的花柱基部。笋期4月，花期5～8月。

用途：供编织各种粗细的用具及工艺品，枝梢做扫帚，嫩竹及竿箨作造纸原料，笋味美，可鲜食或加工制成笋干、笋衣等。

生境：多生于荒芜之地及道路旁。

28. 狗尾草

拉丁名：*Setaria viridis* subsp. *viridis*。

科属：禾本科 狗尾草属。

主要特征：一年生。根为须状，高大植株具支持根。秆直立或基部膝曲。叶鞘松弛，无毛或疏具柔毛或疣毛，边缘具较长的密绵毛状纤毛；叶舌极短，缘有长1～2mm的纤毛；叶片扁平，长三角状狭披针形或线状披针形，边缘粗糙。圆锥花序紧密呈圆柱状或基部稍疏离，直立或稍弯垂，主轴被较长柔毛，通常绿色或褐黄到紫红或紫色；小穗2～5个簇生于主轴上或更多的小穗着生在短小枝上，椭圆形，先端钝，长2～2.5mm，铅绿色，颖果灰白色。花果期5～10月。

用途：秆、叶可作饲料，也可入药。

生境：生于荒野、道旁，为旱地作物常见的一种杂草。

29. 芒

拉丁名：*Miscanthus sinensis*。

科属：禾本科 芒属。

主要特征：多年生苇状草本，秆高1～2m，无毛或在花序以下疏生柔毛。叶鞘无毛，长于其节间，叶舌膜质，顶端及其后面具纤毛；叶片线形，下面疏生柔毛及被白粉，边缘粗糙。圆锥花序直立，主轴无毛。颖果长圆形，暗紫色。花果期7~12月。

用途：杆纤维用途较广，作造纸原料等。

生境：遍布于海拔1800m以下的山地、丘陵和荒坡原野，常组成优势群落。

30. 五节芒

拉丁名：*Miscanthus floridulus*。

科属：禾本科 芒属。

主要特征：多年生草本，具发达根茎。秆高大似竹，无毛，节下具白粉，叶鞘无毛，鞘节具微毛，具叶舌，叶片披针状线性。圆锥花序大型，稠密；总状花序轴的节间长3~5mm，无毛。花果期5~10月。

用途：幼叶饲料，杆可作造纸原料。根状茎有利尿之效。

生境：生于低海拔撂荒地与丘陵潮湿谷地和山坡或草地。

31. 福建胡颓子（图25）

拉丁名：*Elaeagnus oldhami*。

科属：胡颓子科 胡颓子属。

主要特征：常绿直立灌木，高1~2m，具刺，刺粗壮，基部着生花和叶；当年生枝密被褐色或锈色鳞片，一年生枝灰色或灰黄色，多年生枝鳞片脱落，黑色。叶近革质，倒卵形或倒卵状披针形，顶端圆形，稀钝圆形，向基部渐窄狭，急尖或楔形，全缘，上面幼时密被银白色鳞片，成熟后脱落或部分脱落，微具光泽，干燥后褐黄色，下面密被银白色和散生少数深褐色鳞片，侧脉4~5对，两面略明显；叶柄褐色，长4~7mm。花淡白色，被鳞片，数花簇生于叶腋极短小枝上，呈短总状花序。果实卵

图25 福建胡颓子

圆形，幼时密被银白色鳞片，成熟时红色。花期11~12月，果期次年2~3月。

用途：不详。

生境：生于海拔500m以下的空旷地区。

32. 黄杨（图26）

拉丁名：*Buxus sinica* var. *sinica*。

科属：黄杨科 黄杨属。

主要特征：灌木或小乔木；枝圆柱形，有纵棱，灰白色；小枝四棱形，全面被短柔毛或外方相对两侧面无毛。叶革质，阔椭圆形、卵状椭圆形或长圆形，先端圆或钝，常有小凹口，不

图26 黄杨

尖锐，叶面光亮，中脉凸出，下半段常有微细毛，侧脉明显，叶背中脉平坦或稍凸出，中脉上常密被白色短线状钟乳体，全无侧脉，叶柄长1~2mm，上面被毛。花序腋生，头状，花密集，被毛，苞片阔卵形，背部多少有毛。蒴果近球形。花期3月，果期5~6月。

用途：可栽培作绿篱、盆景等；根、叶亦可入药。

生境：多生于山谷、溪边、林下。

33. 络石

拉丁名：*Trachelospermum jasminoides* var. *jasminoides*。

科属：夹竹桃科 络石属。

主要特征：常绿木质藤本，具乳汁。茎赤褐色，圆柱形，有皮孔；小枝被黄色柔毛，老时渐无毛。叶革质或近革质，椭圆形至卵状椭圆形或宽倒卵形，顶端锐尖至渐尖或钝；叶面无毛，叶背被疏短柔毛，老渐无毛；叶面中脉微凹，侧脉扁平，叶背中脉凸起，侧脉每边6~12条；叶柄内和叶腋外腺体钻形。二歧聚伞花序腋生或顶生，花多朵组成圆锥状，与叶等长或狭长；花白色，芳香。蓇葖双生，叉开，无毛，线状披针形，向先端渐尖；种子多颗，褐色，线形，顶端具白色绢质种毛。花期3~7月，果期7~12月。

用途：根茎叶、果实供药用，有祛风活络、利关节、止血、止痛消肿、清热解毒之功效。茎皮纤维拉力强，可制绳索、造纸及人造棉。花芳香，可提取络石浸膏。乳汁有毒，对心脏有毒害作用。

生境：生于山野、溪边、路旁、林缘或杂木林中，常缠绕于墙壁、岩石上。

34. 草珊瑚

拉丁名：*Sarcandra glabra*。

科属：金栗兰科 草珊瑚属。

主要特征：常绿半灌木，高50~120cm；茎与枝均有膨大的节。叶革质，椭圆形、卵形至卵状披针形，顶端渐尖，基部尖或楔形，边缘具粗锐锯齿，齿尖有一腺体，两面均无毛；叶柄长0.5~1.5cm，基部合生成鞘状；托叶钻形。穗状花序顶生，通常分枝，多少呈圆锥花序状；花黄绿色。核果球形，直径3~4mm，熟时亮红色。花期6月，果期8~10月。

用途：全株可供药用，能清热解毒、祛风活血、消肿止痛、抗菌消炎。

生境：生于山坡、沟谷林下荫湿处。

35. 檵木（图27）

拉丁名：*Loropetalum chinense*。

科属：金缕梅科 檵木属。

主要特征：灌木。有时为小乔木，多分枝，小枝有星毛。叶革质，卵形，长2～5cm，宽1.5～2.5cm，先端尖锐，基部钝，不等侧，上面略有粗毛或秃净，干后暗绿色，无光泽，下面被星毛，稍带灰白色，侧脉约5对，在上面明显，在下面突起，全缘；叶柄长2～5mm，有星毛；托叶膜质，三角状披针形，长3～4mm，宽1.5～2mm，早落。花3～8朵簇生，有短花梗，白色，比新叶先开放，或与嫩叶同时开放。蒴果卵圆形，先端圆，被褐色星状绒毛；种子圆卵形，长4～5mm，黑色，发亮。花期3～4月。

用途：可供药用。叶用于止血，根及叶用于跌打损伤，有去瘀生新功效。

生境：喜生于向阳的丘陵及山地，亦常出现在马尾松林及杉木林下。

图27　檵木

36. 紫花地丁

拉丁名：*Viola philippica*。

科属：堇菜科 堇菜属。

主要特征：多年生草本，无地上茎。根状茎短，垂直，淡褐色，节密生，有数条淡褐色或近白色的细根。叶多数，基生，莲座状；叶片下部者通常较小，呈三角状卵形或狭卵形，上部者较长，呈长圆形、狭卵状披针形或长圆状卵形，先端圆钝，边缘具较平的圆齿，两面无毛或被细短毛。花中等大，紫堇色或淡紫色，稀呈白色，喉部色淡并带有紫色条纹。蒴果长圆形，无毛；种子卵球形，淡黄色。花果期4月中下旬至9月。

用途：全草供药用，能清热解毒、凉血消肿；嫩叶可作野菜；亦可作早春观赏花卉。

生境：生于田间、荒地、山坡草丛、林缘或灌丛中，在庭园较湿润处常形成小群落。

37. 梵天花

拉丁名：*Urena procumbens*。

科属：锦葵科 梵天花属。

主要特征：小灌木，枝平铺，小枝被星状绒毛。叶下部生的轮廓为掌状3～5深裂，裂口深达中部以下，圆形而狭，裂片菱形或倒卵形，呈葫芦状，先端钝，基部圆形至近心形，具锯齿，两面均被星状短硬毛，叶柄被绒毛；托叶钻形，早落。花单生或近簇生，花冠淡红色。果球形，具刺和长硬毛，刺端有倒钩，种子平滑无毛。花期6～9月。

用途：可供药用。

生境：常生于山坡小灌丛中。

38. 苍耳

拉丁名：*Xanthium sibiricum* var. *sibiricum*。

科属：菊科 苍耳属。

主要特征：一年生草本。根纺锤状，分枝或不分枝。茎直立不枝或少有分枝，被灰白色糙伏毛。叶三角状卵形或心形，近全缘，或有3～5不明显浅裂，顶端尖或钝，基部稍心形或截形，与叶柄连接处成相等的楔形，边缘有不规则的粗锯齿，有三基出脉，侧脉弧形，直达叶缘，脉上密被糙伏毛，上面绿色，下面苍白色，被糙伏毛。雄性的头状花序球形，径4～6mm，有或无花序梗；雌性的头状花序椭圆形。瘦果2，倒卵形。花期7～8月，果期9～10月。

用途：种子可榨油，也可作油墨、肥皂、油毡的原料，又可制硬化油及润滑油，果实供药用。

生境：常见的田间杂草，常生长于低山、荒野路边、田边等。

39. 小飞蓬

拉丁名：*Conyza canadensis*。

科属：菊科 白酒草属。

主要特征：一年生草本，根纺锤状，具纤维状根。茎直立，圆柱状，多少具棱，有条纹，被疏长硬毛，上部多分枝。叶密集，基部叶花期常枯萎，下部叶倒披针形，顶端尖或渐尖，基部渐狭成柄，边缘具疏锯齿或全缘，中部和上部叶较小，线状披针形或线形，近无柄或无柄，全缘或少有具1～2个齿，两面或仅上面被疏短毛边缘常被上弯的硬缘毛。头状花序多数，小，径3～4mm，排列成顶生多分枝的大圆锥花序。瘦果线状披针形。花期5～9月。

用途：嫩茎、叶可作猪饲料；全草入药消炎止血、祛风湿，治血尿、水肿、肝炎、胆囊炎、小儿头疮等症。

生境：常生于旷野、荒地、田边和路旁，为一种常见的杂草。

40. 白花鬼针草（图28）

拉丁名：*Bidens pilosa* var. *radiata*。

科属：菊科 鬼针草属。

主要特征：一年生草本。茎直立，钝四棱形，无毛或上部被极稀疏的柔毛。茎下部叶较小，3裂或不分裂，通常在开花前枯萎；中部叶具无翅的柄，三出，小叶三枚，很少具5～7小叶的羽状复叶，两侧小叶椭圆形或卵状椭圆形，先端锐尖，基部近圆形或阔楔形；上部叶小，3裂或不分裂，条状披针形。头状花序边缘具舌状花5～7枚，舌片椭圆状倒卵形，白色，先端钝或有缺刻。

图28　白花鬼针草

用途：民间常用药，有清热解毒、散瘀活血的功效。

生境：生于村旁、路边及荒地中。

41. 鬼针草

拉丁名：*Bidens pilosa*。

科属：菊科 鬼针草属。

主要特征：一年生草本。茎直立，钝四棱形，无毛或上部被极稀疏的柔毛。茎下部叶较小，3裂或不分裂，通常在开花前枯萎；中部叶具无翅的柄，三出，小叶三枚，很少具5～7小叶的羽状复叶，两侧小叶椭圆形或卵状椭圆形，先端锐尖，基部近圆形或阔楔形；上部叶小，3裂或不分裂，条状披针形。头状花序，无舌状花，盘花筒状。瘦果黑色，条形，略扁，具棱，上部具稀疏瘤状突起及刚毛，顶端芒刺3～4枚，具倒刺毛。

用途：民间常用药，有清热解毒、散瘀活血的功效。

生境：生于村旁、路边及荒地中。

42. 黄鹌菜

拉丁名：*Youngia japonica*。

科属：菊科 黄鹌菜属。

主要特征：一年生草本。根垂直直伸，生多数须根。茎直立，单生或少数茎呈簇生，粗壮或细，顶端伞房花序状分枝或下部有长分枝，下部被稀疏的皱波状毛。基生叶，倒披针形、椭圆形或宽线形，大头羽状深裂或全裂。头状花序含10～20枚舌状小花，少数或多数在茎枝顶端排成伞房花序，花序梗细；舌状小花黄色，花冠管外面有短柔毛。瘦果纺锤形，压扁，褐色或红褐色。花果期4～10月。

用途：嫩叶可供食用。

生境：生于山坡、山谷及山沟林缘、林下、林间草地及潮湿地、河边沼泽地、田间与荒地上。

43. 藿香蓟

拉丁名：*Ageratum conyzoides*。

科属：菊科 藿香蓟属。

主要特征：一年生草本，无明显主根，茎粗壮，不分枝或自基部或自中部以上分枝，或下基部平卧而节常生不定根。全部茎枝淡红色，或上部绿色，被白色尘状短柔毛或上部被稠密开展的长绒毛。叶对生，有时上部互生，常有腋生的不发育的叶芽。全部叶基部钝或宽楔形，基出三脉或不明显五出脉，顶端急尖，边缘圆锯齿，两面被白色稀疏的短柔毛且有黄色腺点。头状花序4～18个在茎顶排成通常紧密的伞房状花序。总苞钟状或半球形。瘦果黑褐色，5棱，有白色稀疏细柔毛。花果期全年。

用途：全草入药，清热解毒、消炎止血。

生境：生于山谷、山坡林下、林缘、河边、山坡草地、田边或荒地上。

44. 蓟

拉丁名：*Cirsium japonicum*。

科属：菊科 蓟属。

主要特征：多年生草本，块根纺锤状或萝卜状。茎直立，分枝或不分枝，全部茎有条棱，被稠密或稀疏的多细胞长节毛，接头状花序下部灰白色，被稠密绒毛及多细胞节毛。基生叶较大，全形卵形、长倒卵形、椭圆形或长椭圆形，羽状深裂或几全裂，基部渐狭呈短或长翼柄，柄翼边缘有针刺及刺齿；自基部向上的叶渐小，与基生叶同形并等样分裂，但无柄，基部扩大半抱茎；全部茎叶两面同色，绿色，两面沿脉有稀疏的多细胞长或短节毛或几无毛。头状花序直立，少有下垂的，少数生茎端而花序极短，不呈明显的花序式排列，少有头状花序单生茎端的；小花红色或紫色。瘦果压扁，偏斜楔状倒披针状，顶端斜截形。

用途：全草入药。

生境：生于山坡林中、林缘、灌丛中、草地、荒地、田间、路旁或溪旁。

45. 鳢肠

拉丁名：*Eclipta prostrata*。

科属：菊科 鳢肠属。

主要特征：一年生草本。茎直立，斜升或平卧，通常自基部分枝，被贴生糙毛。叶长圆状披针形或披针形，无柄或有极短的柄，边缘有细锯齿或有时仅波状，两面被密硬糙毛。头状花序，总苞球状钟形，总苞片绿色，草质，5～6个排成2层；外围的雌花2层，舌状，舌片短，顶端2浅裂或全缘，中央的两性花多数，花冠管状，白色。瘦果暗褐色，雌花的瘦果三棱形，两性花的瘦果扁四棱形，顶端截形，具1～3个细齿，基部稍缩小，边缘具白色的肋，表面有小瘤状突起，无毛。花期6～9月。

用途：全草入药，有凉血、止血、消肿、强壮之功效。

生境：生于河边、田边或路旁。

46. 千里光（图29）

拉丁名：*Senecio scandens*。

科属：菊科 千里光属。

主要特征：多年生攀援草本。根状茎木质，粗；茎，伸长，弯曲，多分枝，被柔毛或无毛，老时变木质，皮淡色。叶具柄，叶片卵状披针形至长三角形，具浅或深齿，或不分裂。头状花序，舌状花，舌片黄色，在茎枝顶端排列成顶生复聚伞圆锥花序，分枝和花序梗被短柔毛。瘦果圆柱形，被柔毛。

用途：不详。

生境：常生于森林、灌丛中，攀援于灌木、岩石上或溪边。

图29　千里光

47. 鼠麹草

拉丁名：*Gnaphalium affine*。

科属：菊科 鼠麹草属。

主要特征：一年生草本。茎直立或基部发出的枝下部斜升，叶无柄，匙状倒披针形或倒卵状匙形，两面被白色棉毛，上面较薄，叶脉1条，在下面不明显。头状花序较多或较少数，近无柄，在枝顶密集，呈伞房花序，花黄色至淡黄色；总苞钟形。瘦果倒卵形或倒卵状圆柱形，有乳头状突起。花期1～4月，8～11月。

用途：茎叶入药，为镇咳、祛痰、治气喘和支气管炎，以及非传染性溃疡、创伤之常用药，内服还有降血压疗效；制作清明团子的辅料，鲜品随采随用。

生境：生于低海拔干地或湿润草地上，尤以稻田最常见。

48. 野茼蒿

拉丁名：*Crassocephalum crepidioides*。

科属：菊科 野茼蒿属。

主要特征：直立草本。茎有纵条棱，无毛叶膜质，椭圆形或长圆状椭圆形，顶端渐尖，基部楔形，或有时基部羽状裂，两面无或近无毛。头状花序数个在茎端排成伞房状，总苞钟状，基部截形。瘦果狭圆柱形，赤红色，有肋，被毛；冠毛极多数，白色，绢毛状，易脱落。花期7~12月。

用途：全草入药，有健脾、消肿之功效，治消化不良、脾虚浮肿等症。嫩叶是一种味美的野菜。

生境：山坡路旁、水边、灌丛中常见，海拔300~1800m。

49. 一点红

拉丁名：*Emilia sonchifolia*。

科属：菊科 一点红属。

主要特征：一年生草本，根垂直。茎直立或斜升，稍弯，通常自基部分枝，灰绿色，无毛或被疏柔毛。叶质较厚，下部叶密集，大头羽状分裂，顶生裂片大，宽卵状三角形，顶端钝或近圆形，具不规则的齿；中部茎叶疏生，较小，卵状披针形或长圆状披针形，无柄，基部剑状抱茎，顶端急尖，全缘或有不规则细齿；上部叶少数，线形。头状花序，在开花前下垂，花后直立，在枝端排列成疏伞房状，花序梗细，无苞片；总苞片1层，长圆状线形，黄绿色，约与小花等长；小花粉红色或紫色。花果期7~10月。

用途：全草药用。

生境：常生于山坡荒地、田埂、路旁。

50. 栲（图30）

拉丁名：*Castanopsis fargesii*。

科属：壳斗科 锥属。

主要特征：乔木，高10~30m。树皮浅纵裂，芽鳞、嫩枝顶部及嫩叶叶柄均被与叶背相同但较早脱落的红锈色细片状蜡鳞，枝、叶均无毛。叶长椭圆形或披针形，稀卵形，全缘或有时在近顶部边缘有少数浅裂齿，或二者兼有，中脉在叶面凹陷或上半段凹陷，下半段平坦，叶背的蜡鳞层颇厚且呈粉末状，嫩叶的为红褐色，成长叶为黄棕色，或淡棕黄色。雄花穗状或圆锥花序，花单朵密生于花序轴上；雌花序轴通常无毛，亦无蜡鳞，雌花单朵散生于长有时达30cm

图30　栲

的花序轴上。壳斗通常圆球形或宽卵形，每壳斗有1坚果，坚果圆锥形或近于圆球形，无毛，果脐在坚果底部。花期4~6月，也有8~10月开花，果次年同期成熟。

用途：木材淡棕黄色至黄白色，材质远次于红锥类。木材可供制作农具等。

生境：生于海拔200~2100m坡地或山脊杂木林中，有时成小片纯林。

51. 石栎（柯）

拉丁名：*Lithocarpus glaber*。

科属：壳斗科 柯属。

主要特征：一年生枝、嫩叶叶柄、叶背及花序轴均密被灰黄色短绒毛，二年生枝的毛较疏且短，常变为污黑色。叶革质或厚纸质，倒卵形、倒卵状椭圆形或长椭圆形，顶部突急尖，短尾状，或长渐尖，上部叶缘有2~4个浅裂齿或全缘，成长叶背面无毛或几无毛，有较厚的蜡鳞层。雄穗状花序多排成圆锥花序或单穗腋生，雌花序常着生少数雄花，雌花每3朵、很少5朵一簇。果序轴通常被短柔毛；壳斗碟状或浅碗状，坚果椭圆形，顶端尖，或长卵形，有淡薄的白色粉霜，暗栗褐色。花期7~11月，果次年同期成熟。

用途：材质坚重，结构略粗，纹理直行，不甚耐腐，适作家具、农具等。

生境：生于海拔1500m以下的坡地杂林木中，阳坡较常见，常因被砍伐，故生成灌木状。

52. 大叶青冈

拉丁名：*Cyclobalanopsis jenseniana*。

科属：壳斗科 青冈属。

主要特征：常绿乔木，高达30m，胸径达80cm，树皮灰褐色，粗糙。小枝粗壮，有沟槽；无毛，密生淡褐色皮孔。叶片薄革质，长椭圆形或倒卵状长椭圆形，长（12）15~30cm，宽6~8（~12）cm，顶端尾尖或渐尖，基部宽楔形或近圆形，全缘，无毛，中脉在叶面凹陷，在叶背凸起，侧脉每边12~17条，近叶缘处向上弯曲；叶柄长3~4cm，上面有沟槽，无毛。雄花序密集，长5~8cm，花序轴及花被有疏毛；雌花序长3~5（~9）cm，花序轴有淡褐色长圆形皮孔，花柱4~5裂。壳斗杯形，包着坚果1/3~1/2，直径1.3~1.5cm，高0.8~1cm，无毛；小苞片合生成6~9条同心环带，环带边缘有裂齿。坚果长卵形或倒卵形，直径1.3~1.5cm，高1.7~2.2cm，无毛。花期4~6月，果期翌年10~11月。

用途：木材可供车船、农具等用材。

生境：生于海拔300~1700m的山坡、山谷或沟边杂木林中。

53. 青冈

拉丁名：*Cyclobalanopsis glauca*。

科属：壳斗科 青冈属。

主要特征：常绿乔木。小枝无毛，叶片革质，倒卵状椭圆形或长椭圆形，顶端渐尖或短尾状，基部圆形或宽楔形，叶缘中部以上有疏锯齿，叶背支脉明显，叶面无毛，叶背有整齐平伏白色单毛，老时渐脱落，常有白色鳞秕。壳斗碗形，包着坚果1/3～1/2，被薄毛。坚果卵形、长卵形或椭圆形。花期4～5月，果期10月。

用途：木材坚韧，可供桩柱、车船、工具柄等用材；种子含淀粉，可做饲料、酿酒；树皮含鞣质16%，壳斗含鞣质10%～15%，可制栲胶。

生境：生于海拔2600m以下的山坡或沟谷，组成常绿阔叶林或常绿阔叶与落叶、阔叶混交林。

54. 南岭栲（毛锥）（图31）

拉丁名：*Castanopsis fordii*。

科属：壳斗科 锥属。

主要特征：乔木，通常高8～15m，大树高达30m，老树的树皮纵深裂且甚厚，芽鳞、一年生枝、叶柄、叶背及花序轴均密被棕色或红褐色稍粗糙的长绒毛，二年生枝的则较少。托叶宽卵形，顶端略钝，有多数纵细脉，常较迟脱落。叶革质，长椭圆形或长圆形，顶端急尖，全缘，很少在顶部叶缘有甚浅裂的1～3个细裂齿或浅波浪状，中脉在叶面明显凹陷，侧脉每边14～18条，稀较少，在叶面裂缝状凹陷，网状叶脉明显或纤细，叶背红棕色（嫩叶），棕灰色或灰白色（成长叶）。雄穗状花序常多穗排成圆锥花序，花密集，花被裂片内面被短柔毛，雄蕊12枚，雌花的花被裂片密被毛。果序轴与其着生的枝约等粗，壳斗密聚于果序轴上，每壳斗有坚果1个，坚果扁圆锥形，果脐占坚果面积约1/3。花期3～4月，果次年9～10月成熟。

用途：材质坚重，有弹性，结构略粗，纹理直，在红锥类材质较次，为南方常见的用材树种。

生境：生于海拔1200m以下的山地灌木或乔木林中，在河边溪岸有时成小面积纯林，是萌生林的先锋树种之一。

图31　南岭栲

55. 甜槠

拉丁名：*Castanopsis eyrei*。

科属：壳斗科 锥属。

主要特征：乔木。大树树皮纵深裂，厚达1cm，块状剥落，小枝有皮孔甚多，枝叶均无毛，叶革质，卵形或披针形或长椭圆形，全缘或在顶部有少数浅裂齿，中脉在叶面至少下半段稍凸起。壳斗有1坚果，阔卵形，顶狭尖或钝，壳斗顶部刺密集而较短，通常完全遮蔽壳斗外壁。坚果阔圆锥形，顶部锥尖。花期4～6月，果次年9～11月成熟。

用途：木材淡棕黄色或黄白色，环孔材，年轮近圆形，仅有木射线。

生境：见于海拔300～1700m丘陵或山地疏林或密林中。在常绿阔叶林或针阔混交林中常为主要树种。

56. 秀丽锥（图32）

拉丁名：*Castanopsis jucunda*。

科属：壳斗科 锥属。

主要特征：乔木，高达26m，树皮灰黑色，块状脱落，当年生枝及新叶叶面干后褐黑色，芽鳞、嫩枝、嫩叶叶柄、叶背及花序轴均被早脱落的红棕色略松散的蜡鳞，枝、叶均无毛。叶纸质或近革质，卵形，卵状椭圆形或长椭圆形，顶部短或渐尖，基部近于圆或阔楔形，常一侧略短且偏斜，叶缘至少在中部以上有锯齿状、很少波浪状裂齿。雄花序穗状或圆锥花序，花序轴无毛，花被裂片内面被短卷毛；雄蕊通常10枚；雌花序单穗腋生，各花部无毛。果序长达15cm，果序轴较其着生的小枝纤细；壳斗近圆球形，坚果阔圆锥形，无毛或几无毛，果脐位于坚果底部。花期4～5月，果次年9～10月成熟。

用途：木材纹理直，致密，材质中等硬度，韧性较强，干后少爆裂，颇耐腐，可供作家具用。

生境：生于海拔1000m以下的山坡疏林或密林中，间有栽培，有时成小片纯林。

图32　秀丽锥

57. 见血青（图33）

拉丁名：*Liparis nervosa*。

科属：兰科 羊耳蒜属。

主要特征：地生草本。茎（或假鳞茎）圆柱状，肥厚，肉质，有数节，通常包藏于叶鞘之内，上部有时裸露。叶（2～）3～5枚，卵形至卵状椭圆形，膜质或草质，先端近渐尖，全缘，基部收狭并下延成鞘状柄，无关节；鞘状柄长2～3（～5）cm，大部分抱茎。花葶发自茎顶端；总状花序通常具数朵至10余朵花，罕有花更多；花序轴有时具很狭的翅；花紫色，花瓣丝状。蒴果倒卵状长圆形或狭椭圆形，果梗长4～7mm。花期2～7月，果期10月。

用途：可入药。

生境：生于林下、溪谷旁、草丛阴处或岩石覆土上。

图33　见血青

58. 苦楝

拉丁名：*Melia azedarach*。

科属：楝科 楝属。

主要特征：落叶乔木，高达10m。树皮灰褐色，纵裂，分枝广展，小枝有叶痕。叶为2～3回奇数羽状复叶，长20～40cm，小叶对生，卵形、椭圆形至披针形，顶生一片通常略大，先端短渐尖，基部楔形或宽楔形，多少偏斜，边缘有钝锯齿，幼时被星状毛，后两面均无毛，侧脉每边12～16条，广展，向上斜举。圆锥花序约与叶等长，无毛或幼时被鳞片状短柔毛，花芳香。核果球形至椭圆形，长1～2cm，宽8～15mm，内果皮木质，4～5室，每室种子1颗，种子椭圆形。花期4～5月，果期10～12月。

用途：良好的造林树种，在村边路旁种植更为适宜。边材黄白色，心材黄色至红褐色，纹理粗而美，质轻软，有光泽，是家具、乐器、建筑等的良好用材。用鲜叶可灭钉螺和作农药，用根皮可驱蛔虫和钩虫，但有毒，用时要严遵医嘱，根皮粉调醋可治疥癣，用苦楝子做成油膏可治头癣，果核仁油供制油漆、润滑油和肥皂。

生境：生于低海拔旷野、路旁或疏林中。

59. 萹蓄

拉丁名：*Polygonum aviculare*。

科属：蓼科 蓼属。

主要特征：一年生草本。茎平卧、上升或直立，自基部多分枝，具纵棱。叶椭圆形、狭椭圆形或披针形，顶端钝圆或急尖，基部楔形，边缘全缘，两面无毛，下面侧脉明显；叶柄短或近无柄，基部具关节；托叶鞘膜质，下部褐色，上部白色，撕裂脉明显。花单生或数朵簇生于叶腋，遍布于植株；苞片薄膜质；花梗细，顶部具关节；花被5深裂，绿色，边缘白色或淡红色。瘦果卵形，具3棱，黑褐色，密被由小点组成的细条纹，无光泽，与宿存花被近等长或稍超过。花期5~7月，果期6~8月。

用途：全草供药用，有通经利尿、清热解毒功效。

生境：产全国各地，生田边路、沟边湿地等。

60. 火炭母

拉丁名：*Polygonum chinense*。

科属：蓼科 蓼属。

主要特征：多年生草本，基部近木质。根状茎粗壮。茎直立，高70~100cm，通常无毛，具纵棱，多分枝，斜上。叶卵形或长卵形，顶端短渐尖，基部截形或宽心形，边缘全缘，两面无毛，有时下面沿叶脉疏生短柔毛，下部叶具叶柄，叶柄长1~2cm，通常基部具叶耳，上部叶近无柄或抱茎；托叶鞘膜质，无毛，具脉纹，顶端偏斜，无缘毛。花序头状，通常数个排成圆锥状，顶生或腋生，花序梗被腺毛；苞片宽卵形，每苞内具1~3花；花被5深裂，白色或淡红色，裂片卵形，果时增大，呈肉质，蓝黑色。瘦果宽卵形，具3棱，黑色，无光泽，包于宿存的花被。花期7~9月，果期8~10月。

用途：根状茎供药用，清热解毒、散瘀消肿。

生境：生山谷湿地、山坡草地。

61. 水蓼（图34）

拉丁名：*Polygonum hydropiper*。

科属：蓼科 蓼属。

主要特征：一年生草本。茎直立，多分枝，无毛，节部膨大。叶披针形或椭圆状披针形，顶端渐尖，基部楔形，边缘全缘，具缘毛，两面无毛，被褐色小点，有时沿中脉具短硬伏毛，具辛辣味，叶腋具闭花受精花；托叶鞘筒状，膜质，褐色，疏生短硬伏毛，顶端截形，具短缘毛，通常托叶鞘内藏有花簇。总状花序呈穗状，顶生或腋生，通常下垂，花稀疏，下部间断；苞片漏斗状，长2~3mm，绿色，边缘膜质，疏生短缘毛，每苞内具3~5花。瘦果卵形，双凸镜状或具3棱，密被小点，黑褐色，无光泽，包于宿存花被内。花期5~9月，果期6~10月。

用途：全草入药，消肿解毒、利尿、止痢。古代常用为调味剂。

生境：生于河滩、水沟边、山谷湿地。

62. 腋花蓼（习见蓼）（图35）

拉丁名：*Polygonum plebeium*。

科属：蓼科 蓼属。

主要特征：一年生草本。茎平卧，自基部分枝，具纵棱，沿棱具小突起，通常小枝的节间比叶片短。叶狭椭圆形或倒披针形，顶端钝或急尖，基部狭楔形，两面无毛，侧脉不明显；叶柄极短或近无柄；托叶鞘膜质，白色，透明，顶端撕裂，花3~6朵，簇生于叶腋，遍布于全植株；苞片膜质；花被5深裂；花被片长椭圆形，绿色，背部稍隆起，边缘白色或淡红色，长1~1.5mm。瘦果宽卵形，具3锐棱或双凸镜状，黑褐色，平滑，有光泽，包于宿存花被内。花期5~8月，果期6~9月。

用途：全草药用。

生境：生于田边、路旁、水边湿地。

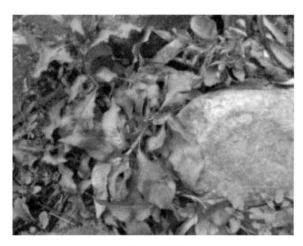 

图34　水蓼　　　　　　　　　　　　　图35　腋花蓼（习见蓼）

63. 马鞭草（图36）

拉丁名：*Verbena officinalis*。

科属：马鞭草科 马鞭草属。

主要特征：多年生草本。茎四方形，近基部可为圆形，节和棱上有硬毛。叶片卵圆形至倒卵形，基生叶的边缘通常有粗锯齿和缺刻，茎生叶多数3深裂，裂片边缘有不整齐锯齿，两面均有硬毛，背面脉上尤多。穗状花序顶生和腋生，细弱，花小，无柄，最初密集，结果时疏离；花冠淡紫至蓝色。果长圆形，外果皮薄，成熟时4瓣裂。花期6~8月，果期7~10月。

用途：全草入药，性凉，有凉血、散瘀、通经、清热解毒、止痒、驱虫、消肿等功效。

生境：常生于路边、山坡、溪边或林旁。

图36　马鞭草

64. 杜虹花

拉丁名：*Callicarpa formosana* var. *formosana*。

科属：马鞭草科 紫珠属。

主要特征：灌木。小枝、叶柄和花序均密被灰黄色星状毛和分枝毛。叶片卵状椭圆形或椭圆形，顶端通常渐尖，边缘有细锯齿，表面被短硬毛，稍粗糙，背面被灰黄色星状毛和细小黄色腺点，侧脉8～12对，主脉、侧脉和网脉在背面隆起；叶柄粗壮。聚伞花序，通常4～5次分歧；花萼杯状，被灰黄色星状毛，萼齿钝三角形；花冠紫色或淡紫色，无毛。果实近球形，紫色。花期5～7月，果期8～11月。

用途：叶可入药，有消肿散瘀、止血镇痛的效用。

生境：生于海拔1590m以下的平地、山坡和溪边的林中或灌丛中。

65. 驳骨丹（白背枫）（图37）

拉丁名：*Buddleja asiatica*。

科属：马钱科 醉鱼草属。

主要特征：直立灌木或小乔木，高1～8m。嫩枝条四棱形，老枝条圆柱形；幼枝、叶下面、叶柄和花序均密被灰色或淡黄色星状短绒毛，有时毛被极密而呈绵毛状。叶对生，叶片膜质至纸质，狭椭圆形、披针形或长披针形，顶端渐尖或长渐尖，基部渐狭而成楔形，有时下延至叶柄基部，全缘或有小锯齿，通常无毛，稀有星状短柔毛。总状花序窄而长，由多个小聚伞花序组成，单生或者3至数个聚生于枝顶或上部叶腋内，再排列成圆锥花序；花冠芳香，白色，有时淡绿色。蒴果椭圆

图37　驳骨丹（白背枫）

状，种子灰褐色，椭圆形，两端具短翅。花期1～10月，果期3～12月。

用途：根和叶供药用，有驱风化湿、行气活络之功效；花芳香，可提取芳香油。

生境：生于向阳山坡灌木丛中或疏林缘。

66. 醉鱼草

拉丁名：*Buddleja lindleyana*。

科属：马钱科 醉鱼草属。

主要特征：灌木。茎皮褐色；小枝具四棱，棱上略有窄翅；幼枝、叶片下面、叶柄、花序、苞片及小苞片均密被星状短绒毛和腺毛。叶对生，萌芽枝条上的叶为互生或近轮生，叶片膜质，卵形至长圆状披针形，顶端渐尖，基部宽楔形至圆形，边缘全缘或具有波状齿，上面深绿色，幼时被星状短柔毛，后变无毛，下面灰黄绿色；侧脉每边6～8条，上面扁平，干后凹陷，下面略凸起。穗状聚伞花序顶生；花紫色，芳香；花萼钟状。果序穗状；蒴果长圆状或椭圆状，无毛，有鳞片，基部常有宿存花萼；种子淡褐色，小，无翅。花期4～10月，果期8月至翌年4月。

用途：花、叶及根供药用，有祛风除湿、止咳化痰、散瘀之功效。为公园常见优良观赏植物。

生境：生于海拔200～2700m的山地路旁、河边灌木丛中或林缘。

67. 毛茛

拉丁名：*Ranunculus japonicus*。

科属：毛茛科 毛茛属。

主要特征：多年生草本。须根多数簇生。茎直立，中空，有槽，具分枝，生开展或贴伏的柔毛。基生叶多数；叶片圆心形或五角形，基部心形或截形，通常3深裂不达基部，中裂片倒卵状楔形或宽卵圆形或菱形，3浅裂，边缘有粗齿或缺刻，侧裂片不等地2裂，两面贴生柔毛；叶柄生开展柔毛。下部叶与基生叶相似，3深裂；最上部叶线形，全缘，无柄。聚伞花序有多数花，疏散；花瓣5，倒卵状圆形。聚合果近球形，瘦果扁平。花果期4月至9月。

用途：全草可供药用。

生境：生于田沟旁和林缘路边的湿草地上。

68. 威灵仙

拉丁名：*Clematis chinensis*。

科属：毛茛科 铁线莲属。

主要特征：木质藤本。干后变黑色。茎、小枝近无毛或疏生短柔毛。一回羽状复叶有5小叶，有时3或7；小叶片纸质，卵形至卵状披针形，或为线状披针形、卵圆形，全缘，两面近无毛，或疏生短柔毛。常为圆锥状聚伞花序，多花，腋生或顶生。瘦果扁，3～7个，卵形至宽椭圆形,有柔毛,宿存花柱长2~5cm。花期6~9月,果期8~11月。

用途:根入药,能祛风除湿、利尿、通经、镇痛。全株可作农药。

生境:生山坡、山谷灌丛或沟边。

69. 南五味子(图38)

拉丁名:*Kadsura longipedunculata*。

科属:木兰科 南五味子属。

主要特征:藤本,各部无毛。叶长圆状披针形、倒卵状披针形或卵状长圆形,先端渐尖或尖,基部狭楔形或宽楔形,边有疏齿,侧脉每边5~7条;上面具淡褐色透明腺点。花单生于叶腋,雌雄异株。聚合果球形,小浆果倒卵圆形,外果皮薄革质,干时显出种子。种子2~3颗,稀4~5,肾形或肾状椭圆体形,长4~6mm,宽3~5mm。花期6~9月,果期9~12月。

用途:全草药用,种子为滋补强壮剂和镇咳药,茎、叶、果实可提取芳香油,茎皮可作绳索。

生境:生于海拔1000m以下的山坡林中。

图38 南五味子

70. 桂花(图39)

拉丁名:*Osmanthus fragrans*。

科属:木犀科 木犀属。

主要特征:常绿乔木或灌木;树皮灰褐色。小枝黄褐色,无毛。叶片革质,椭圆形、长椭圆形或椭圆状披针形,先端渐尖,基部渐狭呈楔形或宽楔形,全缘或通常上半部具细锯齿,两面无毛,腺点在两面连成小水泡状突起。聚伞花序簇生于叶腋,或近于帚状,每腋内有花多朵。果歪斜,椭圆形,长1~1.5cm,呈紫黑色。

用途:供园林观赏植物;花为名贵香料,并作食品香料。

生境:原产我国西南,现各地广泛栽培。

图39　桂花

71. 女贞

拉丁名：*Ligustrum lucidum* f. *lucidum*。

科属：木犀科 女贞属。

主要特征：灌木或乔木；树皮灰褐色。枝黄褐色、灰色或紫红色，圆柱形，疏生圆形或长圆形皮孔。叶片常绿，革质，卵形、长卵形，先端锐尖至渐尖或钝，基部圆形或近圆形，有时宽楔形或渐狭，叶缘平坦，上面光亮，两面无毛，中脉在上面凹入，下面凸起；叶柄长1～3cm，上面具沟，无毛。圆锥花序顶生；花无梗或近无梗。果肾形或近肾形，深蓝黑色，成熟时呈红黑色，被白粉；果梗长0～5mm。花期5～7月，果期7月至翌年5月。

用途：种子油可制肥皂，花可提取芳香油，果含淀粉，可供酿酒或制酱油；果、叶可入药；植株可作丁香、桂花的砧木或行道树。

生境：生于疏林或密林中。

72. 赤车

拉丁名：*Pellionia radicans* f. *radicans*。

科属：荨麻科科 赤车属。

主要特征：多年生草本。茎下部卧地，偶尔木质，在节处生根，上部渐升。叶具极短柄或无柄；叶片草质，斜狭菱状卵形或披针形，顶端短渐尖至长渐尖，基部在狭侧钝，在宽侧耳形，边缘自基部之上有小牙齿，两面无毛或近无毛，半离基三出脉。花序通常雌雄异株。雄花序为稀疏的聚伞花序。瘦果近椭圆球形，长约0.9mm，有小瘤状突起。5～10月开花。

用途：全草药用，有消肿、祛瘀、止血之效。

生境：生于山地山谷林下、灌丛中阴湿处或溪边。

73. 矮冷水花

拉丁名：*Pilea peploides* var. *peploides*。

科属：荨麻科 冷水花属。

主要特征：一年生小草本，无毛，常丛生。茎肉质，带红色，纤细，下部裸露，节间疏长，上部节间较密，不分枝或有少数分枝。叶膜质，常集生于茎和枝的顶部，同对的近等大，菱状圆形，稀扁圆状菱形或三角状卵形，基出脉3条，在近先端边缘处消失，二级脉不明显；叶柄纤细，托叶很小，三角形。雌雄同株，雌花序与雄花序常同生于叶腋，或分别单生于叶腋，有时雌雄花混生；聚伞花序密集成头状。瘦果，卵形，顶端稍歪斜，熟时黄褐色，光滑。花期4~7月，果期7~8月。

用途：可供药用。

生境：生于海拔200~950m的山坡石缝阴湿处或长苔藓的石上。

74. 青叶楼梯草（多序楼梯草）（图40）

拉丁名：*Elatostema macintyrei*。

科属：荨麻科 楼梯草属。

主要特征：亚灌木。茎高30~100cm，常分枝，无毛或上部疏被短柔毛，钟乳体极密。叶有短柄；叶片坚纸质，斜椭圆形或斜椭圆状倒卵形，顶端骤尖或渐尖（尖头边缘有密齿），半基上三出脉；叶柄无毛；托叶披针形，无毛。花序雌雄异株。雄花序数个腋生，有短梗；雌花序5~9个簇生，有梗。瘦果椭圆球形，长约0.6mm，约有10条纵肋。花期春季。

用途：不详。

生境：生于山谷林中或沟边阴处。

图40　青叶楼梯草

75. 金剑草

拉丁名：*Rubia alata*。

科属：茜草科 茜草属。

主要特征：草质攀援藤本，长1~4m或更长。茎、枝干时灰色，有光泽，均有4棱或4翅，通常棱上或多或少有倒生皮刺，无毛或节上被白色短硬毛。叶片4轮生，薄革质，线性、披针状线性或狭披针形，偶有披针形，顶端渐尖，基部圆至浅心形，边缘反卷，常有短小皮刺，两面均粗糙；基出脉3或5条，在上面凹入下面凸起，均有倒生小皮刺或侧生的1或2对。花序腋生或顶生。浆果成熟时黑色，球形或双球形。花期夏初至秋初，果期秋冬。

用途：地被植物。

生境：通常生于1500m以下的山坡林缘或灌丛中，亦见于村边和路边。

76. 白花苦灯笼（图41）

拉丁名：*Tarenna mollissima*。

图41　白花苦灯笼

科属：茜草科 乌口树属。

主要特征：灌木或小乔木，高1～6m，全株密被灰色或褐色柔毛或短绒毛，但老枝毛渐脱落。叶纸质，披针形、长圆状披针形或卵状椭圆形，顶端渐尖或长渐尖，基部楔尖、短尖或钝圆，干后变黑褐色。伞房状的聚伞花序顶生，多花；花冠白色，喉部密被长柔毛，裂片4或5。果近球形，被柔毛，黑色，有种子7～30颗。花期5～7月，果期5月至翌年2月。

用途：根和叶供药用，有驱风化湿、行气活络之功效；花芳香，可提取芳香油。

生境：生于向阳山坡灌木丛中或疏林缘。

77. 栀子

拉丁名：*Gardenia jasminoides*。

科属：茜草科 栀子属。

主要特征：灌木。嫩枝常被短毛，枝圆柱形，灰色。叶对生，革质，稀为纸质，少为3枚轮生，叶形多样，通常为长圆状披针形、倒卵状长圆形、倒卵形或椭圆形，顶端渐尖、骤然长渐尖或短尖而钝，基部楔形或短尖，两面常无毛，上面亮绿，下面色较暗；侧脉8～15对，在下面凸起，在上面平。花芳香，通常单朵生于枝顶。果卵形、近球形、椭圆形或长圆形，黄色或橙红色，有翅状纵棱5～9条；种子多数，扁，近圆形而稍有棱角。花期3～7月，果期5月至翌年2月。

用途：作盆景植物，供观赏；干燥成熟果实是常用中药，能清热利尿、泻火除烦、凉血解毒、散瘀；叶、花、根亦可作药用；花还可提制芳香浸膏，用于多种花香型化妆品和香皂香精的调合剂。

生境：生于海拔1500m以下的旷野、丘陵、山谷、山坡、溪边的灌丛或林中。

78. 大叶桂樱

拉丁名：*Laurocerasus zippeliana* f. *zippeliana*。

科属：蔷薇科 桂樱属。

主要特征：常绿乔木；小枝灰褐色至黑褐色，具明显小皮孔，无毛。叶片革质，宽卵形至椭圆状长圆形或宽长圆形，叶边具稀疏或稍密粗锯齿，齿顶有黑色硬腺体，两面无毛，侧脉明显，7～13对；叶柄粗壮，无毛，有一对扁平的基腺；托叶线形，早落。总状花序单生或2～4个簇生于叶腋，被短柔毛；苞片长2～3mm，位于花序最下面者常在先端3裂而无花；花瓣近圆形，长约为萼片之2倍，白色。果实长圆形或卵状长圆形，顶端急尖并具短尖头；黑褐色，无毛，核壁表面稍具网纹。花期7～10月，果期冬季。

用途：果实、种仁及叶可供药用。

生境：生于石灰岩山地阳坡杂木林中或山坡混交林下。

79. 龙芽草

拉丁名：*Agrimonia pilosa*。

科属：蔷薇科 龙芽草属。

主要特征：多年生草本。根多呈块茎状，周围长出若干侧根，根茎短，基部常有1至数个地下芽。叶为间断奇数羽状复叶，通常有小叶3～4对，稀2对；托叶草质，绿色，镰形，稀卵形，顶端急尖或渐尖，边有尖锐锯齿或裂片。果实倒卵圆锥形，成熟时靠合。花果期5～12月。

用途：全草供药用，为收敛止血药，兼有强心作用。全株富含鞣质，可提制栲胶；可作农药，捣烂水浸液喷洒，有防治蚜虫及小麦锈病之效。

生境：常生于溪边、路旁、草地、灌丛、林缘及疏林下。

80. 金樱子（图42）

拉丁名：*Rosa laevigata*。

科名：蔷薇科 蔷薇属。

主要特征：常绿蔓性灌木，无毛，小枝除有钩状皮刺外，密生细刺。小叶革质，通常3片，少数5；小叶片椭圆状卵形、倒卵形或披针状卵形，先端急尖或圆钝，边缘具细锯齿，两面无毛，背面沿中脉有细刺。花单生于叶腋，花瓣白色。蔷薇果近球形或倒卵形。花期4～6月，果期7～11月。

用途：叶药用，根皮及叶作弄药用。

生境：喜生于向阳的山野、田边、溪畔灌木丛中。

81. 小果蔷薇

拉丁名：*Rosa cymosa* var. *cymosa*。

图42　金樱子

科属：蔷薇科 蔷薇属。

主要特征：攀援灌木。小枝圆形，无毛或稍有柔毛，有钩状皮刺。小叶3～5，稀7；小叶片卵状披针形或椭圆形，稀长圆披针形，先端渐尖，基部近圆形，边缘有紧贴或尖锐细锯齿，两面无毛，中脉突起，沿脉有稀疏长柔毛；托叶膜质，离生，线性，早落。花多朵成复伞房花序，花瓣白色。果球形，红色至黑褐色，萼片脱落。花期5～6月，果期7～11月。

用途：根、叶药用；嫩枝叶，牛羊采食，老化后不食。固土保水、绿化美化、蜜源，花可提取芳香油。

生境：多生于向阳山坡、路旁、溪边或丘陵地。

图43　蛇莓

82. 蛇莓（图43）

拉丁名：*Duchesnea indica* var. *indices*。

科属：蔷薇科 蛇莓属。

主要特征：多年生草本。根茎短，粗壮；匍匐茎多数，有柔毛。小叶片倒卵形至棱状长圆形，先端圆钝，边缘有钝锯齿，两面皆有柔毛，或上面无毛，具小叶柄；托叶窄卵形至宽披针形。花单生于叶腋；瘦果卵形，光滑或具不明显突起，鲜时有光泽。花期6～8月，果期8～10月。

用途：全草药用，能散瘀消肿、收敛止血、清热解毒。全草水浸液可防治农业害虫，杀蛆、孑孓等。

生境：生于山坡、河岸、草地、潮湿的地方。

83. 椤木石楠

拉丁名：*Photinia davidsoniae*。

科属：蔷薇科 石楠属。

主要特征：常绿乔木，高6～15m；幼枝黄红色，后成紫褐色，有稀疏平贴柔毛，老时灰色，无毛，有时具刺。叶片革质，长圆形、倒披针形、或稀为椭圆形，先端急尖或渐尖，有短尖头，基部楔形，边缘稍反卷，有具腺的细锯齿，上面光亮，中脉初有贴生柔毛，后渐脱落无毛，侧脉10～12对；叶柄长8～15mm，无毛。花多数，密集成顶生复伞房花序；总花梗和花梗有平贴短柔毛。果实球形或卵形，黄红色，无毛；种子2～4，卵形，褐色。花期5月，果期9～10月。

用途：庭院绿化树种，木材可作农具。

生境：生于灌丛中，海拔600～1000m。

84. 梅（图44）

拉丁名：*Armeniaca mume*。

科属：蔷薇科 杏属。

主要特征：小乔木，稀灌木，高4～10m；树皮浅灰色或带绿色，平滑；小枝绿色，光滑无毛。叶片卵形或椭圆形，先端尾尖，基部宽楔形至圆形，叶边常具小锐锯齿，灰绿色，幼嫩时两面被短柔毛，成长时逐渐脱落；叶柄长1～2cm，幼时具毛，老时脱落，常有腺体。花单生或有时2朵同生于1芽内，香味浓，先于叶开放；花梗短，常无毛；花瓣倒卵形，白色至粉红色。果实近球形，黄色或绿白色，被柔毛，味酸；果肉与核粘贴；核椭圆形，顶端圆形而有小突尖头，基部渐狭成楔形，两侧微扁，腹棱稍钝，腹面和背棱上均有明显纵沟，表面具蜂窝状孔穴。花期冬春季，果期5～6月。

图44　梅

用途：鲜花可提取香精，花、叶、根、种仁均可入药。果实可食、盐渍或干制，或熏制成乌梅入药，有止咳、止泻、生津、止渴之效。梅又能抗根线虫危害，可作核果类果树的砧木。

生境：各地均有栽培，广布于长江流域以南各省。

85. 东南悬钩子

拉丁名：*Rubus tsangorum*。

科属：蔷薇科 悬钩子属。

主要特征：藤状小灌木；枝具长柔毛和长短不等的紫红色腺毛及刺毛，有时有稀疏针刺。单叶，近圆形或宽卵形，顶端急尖或短渐尖，基部深心形，上面具柔毛，沿主脉有疏腺毛，下面被薄层绒毛，边缘明显3～5浅裂；叶柄长4～8cm，有长柔毛和长短不等的紫红色腺毛；托叶离生，长达1cm，掌状深裂，裂片线形或线状披针形，有长柔毛和腺毛。花常5～20朵成顶生和腋生近总状花序；总花梗、花梗及花萼均被长柔毛和紫红色腺毛；花梗长短不等，花瓣宽倒卵形，长6～7mm，比萼片短得多，基部近无爪，白色。果实近球形，红色，无毛；核具明显皱纹。花期5～7月，果期8～9月。

用途：果可供食用。

生境：生于海拔15～1200m的山地疏密林下或灌丛中。

86. 浅盘

拉丁名：*Rubus hirsutus*。

科属：蔷薇科 悬钩子属。

主要特征：灌木，高1～2m；枝红褐色或褐色，被柔毛和腺毛，疏生皮刺。小叶3～5枚，卵形或宽卵形，长3～7cm，宽2～3.5cm，顶端急尖，顶生小叶顶端常渐尖，基部宽楔形至圆形，两面疏生柔毛，边缘具不整齐尖锐重锯齿；叶柄，均具柔毛和腺毛，并疏生皮刺；托叶披针形或卵状披针形，两面具柔毛。花常单生于侧枝顶端，也有腋生；花梗长（2）3～6cm，具柔毛和腺毛，或有极少小皮刺；苞片小，线形，具柔毛；花大，花瓣倒卵形或近圆形，白色，基部具爪。果实近球形，直径1～2cm，无毛。花期4月，果期5～6月。

用途：全株及根入药，能消炎解毒、清热镇惊、活血及祛风湿。

生境：生于山坡路旁阴湿处或灌丛中。

87. 福建山樱花（钟花樱桃）

拉丁名：*Cerasus campanulata*。

科属：蔷薇科 樱属。

主要特征：乔木或灌木，高3～8m，树皮黑褐色。小枝灰褐色或紫褐色，嫩枝绿色，无毛。冬芽卵形，无毛。叶片卵形、卵状椭圆形或倒卵状椭圆形，薄革质，先端渐尖，基部圆形，边有急尖锯齿，常稍不整齐，上面绿色，无毛，下面淡绿色，无毛或脉腋有簇毛，侧脉8～12对；叶柄长8～13mm，无毛，顶端常有腺体2个；托叶早落。伞形花序，有花2～4朵，先叶开放；总苞片长椭圆形，两面伏生长柔毛，总梗短；花瓣倒卵状长圆形，粉红色，先端颜色较深，下凹，稀全缘。核果卵球形，顶端尖；核表面微具棱纹。花期2～3月，果期4～5月。

用途：早春着花，颜色鲜艳，可供栽培观赏。

生境：生于山谷林中及林缘。

88. 黄果茄

拉丁名：*Solanum xanthocarpum*。

科属：茄科 茄属。

主要特征：直立或匍匐草本，有时基部木质化，植物体各部均被7～9分枝（正中的1分枝常伸向外）的星状绒毛，并密生细长的针状皮刺。叶卵状长圆形，长4～6cm，宽3～4.5cm，先端钝或尖，基部近心形或不相等，边缘通常5～9裂或羽状深裂，裂片边缘波状，两面均被星状短绒毛，尖锐的针状皮刺则着生在两面的中脉及侧脉上，侧脉5～9条，约与裂片数相等。聚伞花序腋外生，通常3～5花，花蓝紫色。浆果球形，初时绿色并具深绿色的条纹，成熟后则变为淡黄色；种子近肾形，扁平。花期冬到夏季，果熟期夏季。

用途：果实可提取索拉索丁，是合成激素的理想原料。

生境：喜生于干旱河谷沙滩上。

89. 龙葵（图45）

拉丁名：*Solanum nigrum* var. *nigrum*。

科属：茄科 茄属。

主要特征：一年生直立草本，茎无棱或棱不明显，绿色或紫色，近无毛或被微柔毛。叶卵形，先端短尖，基部楔形至阔楔形而下延至叶柄，全缘或每边具不规则的波状粗齿，光滑或两面均被稀疏短柔毛，叶脉每边5～6条，叶柄长约1～2cm。蝎尾状花序腋外生。浆果球形，熟时黑色。种子多数近卵形，两侧压扁。

用途：全株入药，可散瘀消肿，清热解毒。

生境：喜生于田边、荒地及村庄附近。

图45　龙葵

90. 笔罗子

拉丁名：*Meliosma rigida*。

科属：清风藤科 泡花树属。

主要特征：乔木，高达7m；芽、幼枝、叶背中脉、花序均被绣色绒毛，二或三年生枝仍残留有毛。单叶，革质，倒披针形，或狭倒卵形，长8~25cm，宽2.5~4.5cm，先端渐尖或尾状渐尖，1/3或1/2以下渐狭楔形，全缘或中部以上有数个尖锯齿，叶面除中脉及侧脉被短柔毛外余无毛，叶背被锈色柔毛，中脉在腹面凹下；侧脉每边9~18条；叶柄长1.5~4cm。圆锥花序顶生，主轴具3棱，直立，具3次分枝，花密生于第三次分枝上。核果球形；核球形，稍偏斜，具凸起细网纹。花期夏季，果期9~10月。

用途：木材淡红色，坚硬，可供作把柄、担竿、手杖等用，树皮及叶含鞣质，可提制栲胶，种子可榨油。

生境：生于1500m以下的阔叶林中。

91. 南方荚蒾

拉丁名：*Viburnum fordiae*。

科属：忍冬科 荚蒾属。

主要特征：灌木或小乔木；幼枝、芽、叶柄、花序、萼和花冠外面均被由暗黄色或黄褐色簇状毛组成的绒毛；枝灰褐色或黑褐色。叶纸质至厚纸质，宽卵形或菱状卵形，边缘基部除外常有小尖齿；壮枝上的叶带革质，常较大，基部较宽，下面被绒毛，边缘疏生浅齿或几全缘，侧脉较少；叶柄长5~15mm，有时更短；无托叶。复伞形式聚伞花序顶生或生于具1对叶的侧生小枝之顶，花冠白色，辐状，裂片卵形。果实红色，卵圆形，核扁，有2条腹沟和1条背沟。花期4~5月，果熟期10~11月。

用途：可供药用，具有疏风解表，活血散瘀，清热解毒的功效。

生境：生于山谷溪涧旁疏林、山坡灌丛中或平原旷野。

92. 忍冬

拉丁名：*Lonicera japonica* var. *japonica*。

科属：忍冬科 忍冬属。

主要特征：半常绿藤本。幼枝橘红褐色，密被黄褐色、开展的硬直糙毛、腺毛和短柔毛，下部常无毛。叶纸质，卵形至矩圆状卵形；小枝上部叶通常两面均密被短糙毛，下部叶常平滑无毛而下面多带青灰色；叶柄长4~8mm，密被短柔毛。总花梗通常单生于小枝上部叶腋，与叶柄等长或稍较短，密被短柔毛后，并夹杂腺毛；苞片大，叶状，卵形至椭圆形；花冠白色，有时基部向阳面呈微红，后变黄色，唇形。果实圆形，熟时蓝黑色，有光泽，种子卵圆形或椭圆形，褐色。

用途：常用中药，《本草纲目》记载为"金银花"。

生境：生于山坡灌丛或疏林中、乱石堆、山路旁及村庄篱笆边，也常栽培。

93. 直刺变豆菜

拉丁名：*Sanicula orthacantha*。

科属：伞形科 变豆菜属。

主要特征：多年生草本，高8～35（～50）cm。根茎短而粗壮，斜生，侧根多数，细长。茎直立，上部分枝。基生叶少至多数，圆心形或心状五角形，长2～7cm，宽3.5～7cm，掌状3全裂；茎生叶略小于基生叶，有柄，掌状3全裂。花序通常2～3分枝，在分叉间或在侧枝上有时有1短缩的分枝；总苞片3～5，大小不等，长约2cm；伞形花序3～8，小伞形花序有花6～7，雄花5～6，通常5；花瓣白色、淡蓝色或紫红色。果实卵形，外面有直而短的皮刺，皮刺不呈钩状，有时皮刺基部连成薄层；分生果侧扁。花果期4～9月。

用途：全草有清热解毒的功效。

生境：生于山涧林下、路旁、沟谷及溪边等处。

94. 积雪草

拉丁名：*Centella asiatica*。

科属：伞形科 积雪草属。

主要特征：多年生草本，茎匍匐，细长，节上生根。叶片膜质至草质，圆形、肾形或马蹄形，边缘有钝锯齿，基部阔心形，两面无毛或在背面脉上疏生柔毛；掌状脉5～7，两面隆起，脉上部分叉。伞形花序梗2～4个，聚生于叶腋，有或无毛。果实两侧扁压，圆球形。

用途：全草入药，清热利湿、消肿解毒。

生境：喜生于阴湿的草地或水沟边。

95. 小窃衣

拉丁名：*Torilis japonica*。

科属：伞形科 窃衣属。

主要特征：一年或多年生草本，高20～120cm。主根细长，圆锥形，棕黄色，支根多数。茎有纵条纹及刺毛。叶柄长2～7cm，下部有窄膜质的叶鞘；叶片长卵形，1～2回羽状分裂，两面疏生紧贴的粗毛。复伞形花序顶生或腋生，花序梗长3～25cm，有倒生的刺毛；小伞形花序有花4～12，花柄长1～4mm，短于小总苞片；花瓣白色、紫红或蓝紫色，倒圆卵形，顶端内折。果实圆卵形，通常有内弯或呈钩状的皮刺。花果期4～10月。

用途：果和根供药用，果含精油、能驱蛔虫，外用为消炎药。

生境：生长在杂木林下、林缘、路旁、河沟边以及溪边草丛。

96. 薜荔（图46）

拉丁名：*Ficus pumila*。

图46　薜荔

科属：桑科 榕属。

主要特征：常绿攀援灌木，有乳汁。茎多分枝；小枝有棕色绒毛。叶异型，在不生花序的枝上的叶小而薄，心状卵形，长约2.5cm，基部斜，生在有花序的枝上的叶大而厚，革质，卵状椭圆形，长约3～9cm，顶端钝，表面无毛，背面有短柔毛，网脉明显，突起呈蜂窝状。隐头花序单生于叶腋，花单性，雌雄同株；小花多数，着生于肉质花托的内壁上。隐花果梨形或倒卵形，长约5cm，直径约3cm，有短柄。花期6月，果期10月。

用途：果实富含果胶，可制凉粉；根、茎、叶、果实均可入药。园林中可用作点缀假山石及绿化墙体的好材料。

生境：生于山野、溪边、路旁、林缘或杂木林中，多攀附在大树或石壁上。

97. 天仙果

拉丁名：*Ficus erecta* var. *beecheyana*。

科属：桑科 榕属。

主要特征：落叶小乔木或灌木。树皮灰褐色，小枝密生硬毛。叶厚纸质，倒卵状椭圆形，长7～20cm，宽3～9cm，先端短渐尖，基部圆形至浅心形，全缘或上部偶有疏齿，表面较粗糙，疏生柔毛，背面被柔毛，侧脉5～7对，弯拱向上，基生脉延长；叶柄长1～4cm，纤细，密被灰白色短硬毛。托叶三角状披针形，膜质，早落。榕果单生叶腋，具总梗，球形或梨形，直径1.2～2cm，幼时被柔毛和短粗毛，顶生苞片脐状，基生苞片卵状三角形，成熟时黄红至紫黑色。花果期5～6月。

用途：茎皮纤维可供造纸。

生境：生于山坡林下或溪边。

图47　珍珠莲

98. 珍珠莲（图47）

拉丁名：*Ficus sarmentosa* var. *henryi*。

科属：桑科 榕属。

主要特征：木质攀援匍匐藤状灌木，幼枝密被褐色长柔毛，叶革质，卵状椭圆形，长8～10cm，宽3～4cm，先端渐尖，基部圆形至楔形，表面无毛，背面密被褐色柔毛或长柔毛，基生侧脉延长，侧脉5～7对，小脉网结成蜂窝状；叶柄长5～10mm，被毛。榕果成对腋生，圆锥形，直径1~1.5cm，表面密被褐色长柔毛，成长后脱落，顶生苞片直立，长约3mm，基生苞片卵状披针形，长3~6mm。榕果无总梗或具短梗。

用途：瘦果水洗可制作冰凉粉。

生境：生于阔叶林下或灌木丛中。

99. 葨芝（构棘）（图48）

拉丁名：*Cudrania cochinchinensis*瘦果

科属：桑科 柘属。

主要特征：直立或攀援状灌木；枝无毛，具粗壮弯曲无叶的腋生刺，刺长约1cm。叶革质，椭圆状披针形或长圆形，长3~8cm，宽2~2.5cm，全缘，先端钝或短渐尖，基部楔形，两面无毛，侧脉7~10对；叶柄长约1cm。花雌雄异株，雌雄花序均为具苞片的球形头状花序，每花具2~4个苞片，苞片锥形，内面具2个黄色腺体，苞片常附着于花被片上。聚合果肉质，直径2~5cm，表面微被毛，成熟时橙红色，核果卵圆形，成熟时褐色，光滑。花期4~5月，果期6~7月。

用途：农村常用作绿篱；木材煮汁可作染料，茎皮及根皮药用，称"黄龙脱壳"。

生境：多生于村庄附近或荒野。

图48　葨芝

100. 木荷

拉丁名：*Schima superba*。

科属：山茶科 木荷属。

主要特征：大乔木，高25m，嫩枝通常无毛。叶革质或薄革质，椭圆形，长7~12cm，宽4~6.5cm，先端尖锐，有时略钝，基部楔形，上面干后发亮，下面无毛，侧脉7~9对，在两面明显，边缘有钝齿；叶柄长1~2cm。花生于枝顶叶腋，常多朵排成总状花序，直径3cm，白色，花柄长1~2.5cm，纤细，无毛；苞片2，贴近萼片，长4~6mm，早落；萼片半圆形，长2~3mm，外面无毛，内面有绢毛；花瓣长1~1.5cm，最外1片风帽状，边缘多少有毛；子房有毛。蒴果直径1.5~2cm。花期6~8月。

用途：常用作防火林带。

生境：在亚热带常绿林里是建群种，在荒山灌丛是耐火的先锋树种，常用作防火林带。

101. 茶

拉丁名：*Camellia sinensis*。

科属：山茶科 山茶属。

主要特征：灌木或小乔木，嫩枝无毛。叶革质，长圆形或椭圆形，长4~12cm，宽2~5cm，先端钝或尖锐，基部楔形，上面发亮，下面无毛或初时有柔毛，侧脉5~7对，边缘有锯齿，叶柄长3~8mm，无毛。花1~3朵腋生，白色，花柄长4~6mm，有时稍长。蒴果3球形或1~2球形，高1.1~1.5cm，每球有种子1~2粒。花期10月至翌年2月。

用途：制作茶叶。

生境：野生种遍布于长江以南各省的山区，广泛栽培。

102. 毛花连蕊茶（图49）

拉丁名：*Camellia trichoclada*。

科属：山茶科 山茶属。

主要特征：灌木，高1m，多分枝，嫩枝被长粗毛。叶革质，排成两列，细小椭圆形，长1~2.4cm，宽6~13mm，先端略尖或钝，基部圆形，有时为微心形，上面干后深绿色，发亮，中脉有残留短毛，下面黄褐色，无毛，侧脉约5对；边缘密生小锯齿，齿刻相隔1mm，叶柄长约1mm，有粗毛。花顶生及腋生，无毛，花柄长2~4mm，有苞片3~4片；苞片阔卵形，长0.5~1mm。蒴果圆形，种子1个。

用途：可作盆景。

生境：产山区。

图49 毛花连蕊茶

103. 油茶

拉丁名：*Camellia oleifera*。

科属：山茶科 山茶属。

主要特征：灌木或中乔木；嫩枝有粗毛。叶革质，椭圆形，长圆形或倒卵形，先端尖而有钝头，有时渐尖或钝，基部楔形，边缘有细锯齿，有时具钝齿，叶柄长4~8mm，有粗毛。花顶生，近于无柄。蒴果球形或卵圆形。花期冬春间。

用途：木本油料作物。

生境：从长江流域到华南各地广泛栽培。

104. 黄瑞木（图50）

拉丁名：*Adinandra millettii*。

科属：山茶科 杨桐属。

主要特征：灌木或小乔木，树皮灰褐色，枝圆筒形，小枝褐色，无毛，一年生新枝淡灰褐色，初时被灰褐色平伏短柔毛，后变无毛，顶芽被灰褐色平伏短柔毛。叶互生，革质，长圆状椭圆形，长4.5~9cm，宽2~3cm，顶端短渐尖或近钝形，基部楔形，边全缘，上面亮绿色，无毛，下面淡绿色或黄绿色，初时疏被平伏短柔毛，迅即脱落变无毛或几无毛；叶柄长3~5mm，疏被短柔毛或几无毛。花单朵腋生，花梗纤细，长约2cm，疏被短柔毛或几无毛；花瓣5，白色，卵状长圆形至长圆形，顶端尖，外面全无毛。果圆球形，疏被短柔毛，直径约1cm，熟时黑色，宿存花柱长约8mm；种子多数深褐色，有光泽，表面具网纹。花期5~7月，果期8~10月。

用途：叶经采摘、修剪、捆绑、整形，编制成手工艺品，远销日本。

生境：常见于山坡路旁灌丛中或山地阳坡的疏林或密林中，也常见于林缘沟谷地或溪河路边。

图50　黄瑞木

105. 山矾

拉丁名：*Symplocos sumuntia*。

科属：山矾科 山矾属。

主要特征：乔木，嫩枝褐色。叶薄革质，卵形、狭倒卵形、倒披针状椭圆形，长3.5~8cm，宽1.5~3cm，先端常呈尾状渐尖，基部楔形或圆形，边缘具浅锯齿或波状齿，有时近全缘；中脉在叶面凹下，侧脉和网脉在两面均凸起，侧脉每边4~6条；叶柄长0.5~1cm。总状花序，被柔毛，花冠白色。核果卵状坛形，长7~10mm，外果皮薄而脆，顶端宿萼裂片直立，有时脱落。花期2~3月，果期6~7月。

用途：根、叶、花均药用；叶可作媒染剂；果实榨油，可作机械润滑油。

生境：生于海拔200~1500m的山林间。

106. 光皮梾木

拉丁名：*Swida wilsoniana*。

科属：山茱萸科 梾木属。

主要特征：落叶乔木；树皮灰色至青灰色，块状剥落；幼枝灰绿色，略具4棱，被灰色平贴短柔毛，小枝圆柱形，深绿色，老时棕褐色，无毛，具黄褐色长圆形皮孔。冬芽长圆锥形，密被灰白色平贴短柔毛。叶对生，纸质，椭圆形或卵状椭圆形，边缘波状，微反卷，上面深绿色，有散生平贴短柔毛，下面灰绿色，密被白色乳头状突起及平贴短柔毛；叶柄细圆柱形，幼时密被灰白色短柔毛，老后近于无毛，上面有浅沟，下面圆形。顶生圆锥状聚伞花序，被灰白色疏柔毛；花小，白色；花瓣4，长披针形。核果球形，成熟时紫黑色至黑色，被平贴短柔毛或近于无毛；核骨质，球形，肋纹不显明。花期5月；果期10~11月。

用途：一种木本油料植物；叶作饲料，又为良好的绿肥原料；木材坚硬，纹理致密而美观，为家具及农具的良好用材；又为良好的绿化树种。

生境：生于海拔130~1130m的森林中。

107. 繁缕（图51）

拉丁名：*Stellaria media* var. *media*。

科属：石竹科 繁缕属。

主要特征：一年生或二年生草本。茎俯仰或上升，基部多少分枝，常带淡紫红色，被1~2列毛。叶片宽卵形或卵形，全缘；基生叶具长柄，上部叶常无柄或具短柄。疏聚伞花序顶生，花梗细弱，具1列短毛。蒴果卵形，稍长于宿存萼，顶端6裂，具多数种子，种子卵圆形至近圆形，稍扁，红褐色，表面具半球形瘤状凸起，脊较显著。花期6~7月，果期7~8月。

用途：茎、叶及种子供药用，嫩苗可食。但据《东北草本植物志》记载为有毒植物，家畜食用会引起中毒及死亡。

生境：全国广布，为常见田间杂草。

图51　繁缕

108. 雀舌草

拉丁名：*Stellaria uliginosa* var. *uliginosa*。

科属：石竹科 繁缕属。

主要特征：二年生草本，全株无毛，须根细。茎丛生，稍铺散，上升，多分枝。叶无柄，叶片披针形至长圆状披针形，长5～20mm，宽2～4mm，顶端渐尖，基部楔形，半抱茎，边缘软骨质，呈微波状，基部具疏缘毛，两面微显粉绿色。聚伞花序通常具3～5花，顶生或花单生叶腋；花梗细，长5～20mm，无毛，果时稍下弯，基部有时具2披针形苞片；花瓣5，白色，短于萼片或近等长，2深裂几达基部，裂片条形，钝头。蒴果卵圆形，与宿存萼等长或稍长，6齿裂，含多数种子。花期5～6月，果期7～8月。

用途：全草药用，可强筋骨，治刀伤。

生境：生于田间、溪岸或潮湿地。

109. 雀梅藤

拉丁名：*Sageretia thea* var. *thea*。

科属：鼠李科 雀梅藤属。

主要特征：藤状或直立灌木；小枝具刺，互生或近对生，褐色，被短柔毛。叶纸质，近对生或互生，通常椭圆形，矩圆形或卵状椭圆形，顶端锐尖，钝或圆形，基部圆形或近心形，边缘具细锯齿，上面绿色，无毛，下面浅绿色，无毛或沿脉被柔毛，侧脉每边3～4（5）条，上面不明显，下面明显凸起；叶柄长2～7mm，被短柔毛。花无梗，黄色，有芳香，通常二至数个簇生排成顶生或腋生疏散穗状或圆锥状穗状花序；花序轴被绒毛或密短柔毛；花瓣匙形，顶端2浅裂，常内卷，短于萼片。核果近圆球形，成熟时黑色或紫黑色，具1～3分核，味酸；种子扁平，二端微凹。花期7～11月，果期翌年3～5月。

用途：叶可代茶，也可供药用。南方常栽培作绿篱。

生境：常生于山地林下或灌丛中。

110. 柠檬桉

拉丁名：*Eucalyptus citriodora*。

科属：桃金娘科 桉属。

主要特征：大乔木，高28m，树干挺直；树皮光滑，灰白色，大片状脱落。幼态叶片披针形，有腺毛，基部圆形，叶柄盾状着生；成熟叶片狭披针形，宽约1cm，长10~15cm，稍弯曲，两面有黑腺点，揉之有浓厚的柠檬气味；过渡性叶阔披针形。圆锥花序腋生；花梗长3~4mm，有2棱；花蕾长倒卵形，长6~7mm；萼管长5mm，上部宽4mm；帽状体长1.5mm，比萼管稍宽，先端圆，有1小尖突；雄蕊长6~7mm，排成2列，花药椭圆形，背部着生，药室平行。蒴果壶形，长1~1.2cm，宽8~10mm，果瓣藏于萼管内。花期4~9月。

用途：木材可供造船；叶可蒸提桉油，供香料用。

生境：喜湿热和肥沃土壤，耐轻霜，常见栽培。

111. 元宝草（图52）

拉丁名：*Hypericum sampsonii*。

科属：藤黄科 金丝桃属。

主要特征：多年生草本，高0.2~0.8m，全体无毛。茎单一或少数，圆柱形，无腺点，上部分枝。叶对生，无柄，其基部完全合生为一体而茎贯穿其中心，或宽或狭的披针形至长圆形或倒披针形，先端钝形或圆形，基部较宽，全缘，坚纸质，上面绿色，下面淡绿色，边缘密生有黑色腺点，全面散生透明或间有黑色腺点，中脉直贯叶端。花序顶生，多花，伞房状，连同其下方常多达6个腋生花枝整体形成一个庞大的疏松伞房状至圆柱状圆锥花序；花瓣淡黄色，椭圆状长圆形，宿存，边缘有无柄或近无柄的黑腺体，全面散布淡色或稀为黑色腺点和腺条

图52　元宝草

纹。蒴果宽卵珠形至卵珠状圆锥形，长6~9mm，宽4~5mm，散布有卵珠状黄褐色囊状腺体。花期5~6月，果期7~8月。

用途：果和根可供药用。

生境：生于路旁、山坡、草地、灌丛、田边、沟边等处。

112. 大野芋

拉丁名：*Colocasia gigantea*。

科属：天南星科 芋属。

主要特征：多年生常绿草本植物，根茎倒圆锥形，直立。叶丛生，叶柄淡绿色，具白粉，下部1/2鞘状，闭合；叶片长圆状心形、卵状心形，边缘波状，后裂片圆形，裂弯开展。花序柄近圆柱形，常5~8枚并列于同一叶柄鞘内，先后抽出。佛焰苞长12~24cm：管部绿色，椭圆状，席卷；檐部粉白色，长圆形或椭圆状长圆形，基部兜状，舟形展开，直径2~3cm，锐尖，直立。肉穗花序长9~20cm，雌花序圆锥状，奶黄色，基部斜截形；不育雄花序长圆锥状；能育雄花序，雄花棱柱状。附属器极短小，锥状，长1~5mm。浆果圆柱形，长5mm，种子多数纺锤形，有多条明显的纵棱。花期4~6月，果9月成熟。

用途：根茎入药，能解毒消肿，祛痰镇痉。

生境：常见于沟谷地带，特别石灰岩地区，生于林下湿地或石缝中，对与海芋混生，组成通常称的芭蕉—海芋群落。

113. 常春藤

拉丁名：*Hedera nepalensis* var. *sinensis*。

科属：五加科 常春藤属。

主要特征：常绿攀援灌木。茎灰棕色或黑棕色，有气生根；一年生枝疏生锈色鳞片。叶片革质，三角状卵形或三角状长圆形，稀三角形或箭形，先端短渐尖，全缘或3裂，无托叶。伞形花序单个顶生，或2~7个总状排列或伞房状排列成圆锥花序。

用途：枝叶供观赏。全株可供药用，有舒筋散风之效。茎叶含鞣质，可提制栲胶。

生境：常攀援于林缘树木、林下路旁、岩石和房屋墙壁上。

114. 莲子草

拉丁名：*Alternanthera sessilis*。

科属：苋科 莲子草属。

主要特征：多年生草本，高10~45cm；圆锥根粗，茎上升或匍匐，绿色或稍带紫色，有条纹及纵沟，沟内有柔毛，在节处有一行横生柔毛。叶片形状及大小有变化，条状披针形、矩圆形，全缘或有不显明锯齿，两面无毛或疏生柔毛；叶柄长1~4mm，无毛或有柔毛。头状花序1~4个，腋生，无总花梗，初为球形，后渐成圆柱形；花密生，花轴密生白色柔毛。胞果倒心形，侧扁，翅状，深棕色，包在宿存花被片内。种子卵球形。花期5～7月，果期7～9月。

用途：全草入药，有散瘀消毒、清火退热功效；嫩叶作为野菜食用，又可作饲料。

生境：生长在村庄附近的草坡、水沟、田边或沼泽、海边潮湿处。

115. 通泉草

拉丁名：*Mazus japonicus* var. *japonicas*。

科属：玄参科 通泉草属。

主要特征：一年生草本，高3～30cm，无毛或疏生短柔毛。主根伸长，垂直向下或短缩，须根纤细，多数，散生或簇生。基生叶有时呈莲座状或早落，倒卵状匙形至卵状倒披针形，膜质至薄纸质；茎生叶对生或互生，少数，与基生叶相似或几乎等大。总状花序生于茎、枝顶端，常在近基部即生花，伸长或上部呈束状，通常3～20朵，花疏稀；花冠白色、紫色或蓝色，长约10mm，上唇裂片卵状三角形，下唇中裂片较小，稍突出，倒卵圆形；子房无毛。蒴果球形；种子小而多数，黄色，种皮上有不规则的网纹。花果期4～10月。

用途：全草药用。

生境：遍布全国，生长在湿润的草坡、沟边、路旁及林缘。

116. 水竹叶

拉丁名：*Murdannia triquetra*。

科属：鸭跖草科 水竹叶属。

主要特征：多年生草本，具长而横走根状茎。根状茎具叶鞘，节上具细长须状根。茎肉质，下部匍匐，节上生根，上部上升，通常多分枝，密生一列白色硬毛，这一列毛与下一个叶鞘的一列毛相连续。叶无柄，仅叶片下部有睫毛和叶鞘合缝处有一列毛，这一列毛与上一个节上的衔接而成一个系列，叶的他处无毛；叶片竹叶形，平展或稍折叠，顶端渐尖而头钝。花序通常仅单朵花，顶生并兼腋生；萼片绿色，狭长圆形，浅舟状，无毛，果期宿存；花瓣粉红色，紫红色或蓝紫色。蒴果卵圆状三棱形，每室有种子3颗，有时仅1～2颗。花期9～10月，果期10～11月。

用途：可用作饲料，幼嫩茎叶可供食用，全草有清热解毒、利尿消肿之效。

生境：生于水稻田边或湿地上。

117. 杨梅

拉丁名：*Myrica rubra*。

科属：杨梅科 杨梅属。

主要特征：常绿乔木。树皮灰色，老时纵向浅裂；树冠圆球形。小枝及芽无毛，皮孔通常少而不显著，幼嫩时仅被圆形而盾状着生的腺体。叶革质，无毛，生存至2年脱落，常密集于小枝上端部分。花雌雄异株。雄花序单独或数条丛生于叶腋，圆柱状，长1～3cm，通常不分枝呈单穗状，稀在基部有不显著的极短分枝现象。雌花序常单生于叶腋，较雄花序短而细瘦，长5~15mm。每一雌花序仅上端1（稀2）雌花能发育成果实。核果球状，外表面具乳头状凸起，成熟时深红色或紫红色；核常为阔椭圆形或圆卵形，略成压扁状，内果皮极硬，木质。4月开花，6~7月果实成熟。

用途：江南著名的水果，树皮富含单宁，可用作赤褐色染料及医药上的收敛剂。

生境：喜酸性土壤，生长于山坡或山谷林中。

118. 地菍（图53）

拉丁名：*Melastoma dodecandrum*。

科属：野牡丹科 野牡丹属。

主要特征：小灌木；茎匍匐上升，逐节生根，分枝多，披散，幼时被糙伏毛，以后无毛。叶片坚纸质，卵形或椭圆形，顶端急尖，基部广楔形，长1~4cm，宽0.8~2（~3）cm，全缘或具密浅细锯齿，3~5基出脉，叶面通常仅边缘被糙伏毛。聚伞花序，顶生，有花（1~）3朵，基部有叶状总苞2，通常较叶小；花瓣淡紫红色至紫红色，菱状倒卵形，上部略偏斜，顶端有1束刺毛，被疏缘毛。果坛状球状，平截，近顶端略缢缩，肉质，不开裂。花期5~7月，果期7~9月。

用途：果可食，亦可酿酒；全株供药用。

生境：生于山坡矮草丛中，为酸性土壤常见植物。

图53　地菍

119. 小花黄堇

拉丁名：*Corydalis racemosa*。

科属：罂粟科 紫堇属。

主要特征：灰绿色丛生草本，高30~50cm，具主根。茎具棱，分枝，具叶，枝条花葶状，对叶生。基生叶具长柄，常早枯萎。茎生叶具短柄，叶片三角形，上面绿色，下面灰白色，二回羽状全裂。总状花序长3~10cm，密具多花，后渐疏离。花黄色至淡黄色。萼片小，卵圆形，早落。蒴果线形，具1列种子。种子黑亮，近肾形，具短刺状突起，种阜三角形。

用途：全草药用。

生境：生于林缘阴湿地或多石溪边。

120. 杭州榆（图54）

拉丁名：*Ulmus changii* var. *changii*。

图54 杭州榆

科属：榆科 榆属。

主要特征：落叶乔木；树皮暗灰色、灰褐色或灰黑色，平滑或后期自树干下部向上细纵裂，微粗糙；幼枝被密毛，一年生枝无毛或多少有毛，淡红褐色或栗褐色，小枝无扁平的木栓翅；冬芽卵圆形或近球形，无毛。叶卵形或卵状椭圆形，叶面幼时有平伏的疏生长毛，或有散生的短硬毛，老则无毛而平滑，或有微凸起的毛迹或短硬毛而较粗糙，主脉凹陷处常有短毛，叶背无毛或脉上有毛，边缘常具单锯齿，稀兼具或全为重锯齿。花常自花芽抽出，在去年生枝上排成簇状聚伞花序。翅果长圆形或椭圆状长圆形，全被短毛，果核部分位于翅果的中部或稍向下，宿存花被钟形，被短毛，花被裂片4～5，边缘有丝状毛，果梗稍短于花被或近等长，密生短毛。花果期3～4月。

用途：本种材质坚硬，可作家具器具、地板等用材。

生境：生于山坡、谷地及溪旁的阔叶树林中，能适应酸性土及碱性土。

121. 射干

拉丁名：*Belamcanda chinensis*。

科属：鸢尾科 射干属。

主要特征：多年生草本。根状茎为不规则的块状，斜伸，黄色或黄褐色；须根多数，带黄色。茎高1～1.5m，实心。叶互生，嵌迭状排列，剑形，基部鞘状抱茎，顶端渐尖，无中脉。花序顶生，叉状分枝，每分枝的顶端聚生有数朵花；花梗细，长约1.5cm；花梗及花序的分枝处均包有膜质的苞片；花橙红色，散生紫褐色的斑点，直径4～5cm；花被裂片6，2轮排列。蒴果倒卵形或长椭圆形，顶端无喙，常残存有凋萎的花被，成熟时室背开裂，果瓣外翻，中央有直立的果轴；种子圆球形，黑紫色，有光泽，着生在果轴上。花期6～8月，果期7～9月。

用途：根状茎药用，味苦、性寒、微毒。

生境：生于林缘或山坡草地。

122. 飞龙掌血（图55）

拉丁名：*Toddalia asiatica*。

科属：芸香科 飞龙掌血属。

主要特征：老茎干有较厚的木栓层及黄灰色、纵向细裂且凸起的皮孔，三四年生枝上的皮孔圆形而细小，茎枝及叶轴有甚多向下弯钩的锐刺，当年生嫩枝的顶部有褐或红锈色甚短的细毛，或密被灰白色短毛。小叶无柄，对光透视可见密生的透明油点，揉之有类似柑橘叶的香气，卵形或椭圆形，顶部尾状长尖或急尖而钝头，有时微凹缺，叶缘有细裂齿，侧脉甚多而纤细。花梗甚短，基部有极小的鳞片状苞片，花淡黄白色；雄花序为伞房状圆锥花序；雌花序呈聚伞圆锥花序。果橙红或朱红色。花期几乎全年，果期多在秋冬季。

用途：成熟的果味甜，果皮含麻辣成分。木质坚实，桂林一带用其茎枝制烟斗出售。

生境：较常见于灌木、小乔木的次生林中，攀援于它树上，石灰岩山地常见。

图55　飞龙掌血

123. 黄绒润楠（图56）

拉丁名：*Machilus grijsii*。

科属：樟科 润楠属。

主要特征：乔木，高可达5m。芽、小枝、叶柄、叶下面有黄褐色短绒毛。叶倒卵状长圆形，长7.5~14（18）cm，宽3.7~6.5（7）cm，先端渐狭，基部多少圆形，革质，上面无毛，中脉和侧脉在上面凹下，在下面隆起，侧脉每边8~11条，小脉纤细而不明显；叶柄稍粗壮，长7~18mm。花序短，丛生小枝枝梢，长约3cm，密被黄褐色短绒毛；总梗长1~2.5cm；花梗长约5mm；花被裂片薄，长椭圆形，近相等，长约3.5mm，两面均被绒毛，外轮的较狭；第三轮雄蕊腺体肾形，无柄，生于花丝基部。果球形，直径约10mm。花期3月，果期4月。

用途：木材可作家具、农具等。

生境：生于灌木丛中或密林中。

图56 黄绒润楠

124. 刨花润楠

拉丁名：*Machilus pauhoi*。

科属：樟科 润楠属。

主要特征：乔木，树皮灰褐色，有浅裂。小枝绿带褐色，干时常带黑色，无毛或新枝基部有浅棕色小柔毛。顶芽球形至近卵形，随着新枝萌发，渐多少呈竹笋形，鳞片密被棕色或黄棕色小柔毛。叶常集生小枝梢端，椭圆形或狭椭圆形，间或倒披针形，长7～15（17）cm，宽2～4（5）cm，先端渐尖或尾状渐尖，尖头稍钝，基部楔形，革质，上面深绿色，无毛，下面浅绿色，嫩时除中脉和侧脉外密被灰黄色贴伏绢毛，老时仍被贴伏小绢毛。聚伞状圆锥花序生当年生枝下部，约与叶近等长，有微小柔毛，疏花，约在中部或上端分枝。果球形，熟时黑色。

用途：木材供建筑、制家具用。种子含油脂，为制造蜡烛和肥皂的好原料。

生境：生于土壤湿润肥沃的山坡灌丛或山谷疏林中。

125. 黑壳楠（图57）

拉丁名：*Lindera megaphylla* f. *megaphylla*。

科属：樟科 山胡椒属。

主要特征：常绿乔木，树皮灰黑色。枝条圆柱形，粗壮，紫黑色，无毛，散布有木栓质凸起的近圆形纵裂皮孔。顶芽大，卵形，长1.5cm，芽鳞外面被白色微柔毛。叶互生，倒披针形至倒卵状长圆形，革质，上面深绿色，有光泽，下面淡绿苍白色，两面无毛。伞形花序多花，雄的多达16朵，雌的12朵，通常着生于叶腋长3.5mm具顶芽的短枝上，两侧各1，具总梗。花

图57 黑壳楠

黄绿色，具梗。果椭圆形至卵形，长约1.8cm，宽约1.3cm，成熟时紫黑色，无毛。花期2～4月，果期9～12月。

用途：种仁为制皂原料；果皮、叶含芳香油，油可作调香原料；木材可作装饰家具及建筑用。

生境：生于山坡、谷地湿润常绿阔叶林或灌丛中。

126. 乌药

拉丁名：*Lindera aggregate*。

科属：樟科 山胡椒属。

主要特征：常绿灌木或小乔木。树皮灰褐色；根有纺锤状或结节状膨胀，幼枝青绿色，具纵向细条纹，密被金黄色绢毛，后渐脱落，老时无毛，干时褐色。顶芽长椭圆形。叶互生，卵形，椭圆形至近圆形，先端长渐尖或尾尖，基部圆形，革质或有时近革质，上面绿色，有光泽，下面苍白色，幼时密被棕褐色柔毛，后渐脱落，偶见残存斑块状黑褐色毛片，两面有小凹窝，三出脉，中脉及第一对侧脉上面通常凹下，少有凸出，下面明显凸出。伞形花序腋生，无总梗，常6～8花序集生于—1～2mm长的短枝上。果卵形或有时近圆形，长0.6～1cm，直径4～7mm。花期3～4月，果期5～11月。

用途：根药用，一般在11月至次年3月采挖，为散寒理气健胃药。果实、根、叶均可提芳香油制香皂；根、种子磨粉可杀虫。

生境：生于向阳坡地、山谷或疏林灌丛中。

127. 香叶树

拉丁名：*Lindera communis*。

科属：樟科 山胡椒属。

主要特征：常绿灌木或小乔木，树皮淡褐色。叶互生，通常披针形、卵形或椭圆形，先端渐尖、急尖、骤尖或有时近尾尖，基部宽楔形或近圆形，革质，羽状脉。伞形花序5～8朵，单生或二个同生于叶腋，总梗极短，总苞片4，早落。果卵形，长约1cm，宽7～8mm，也有时略小而近球形，无毛，成熟时红色；果梗长4～7mm，被黄褐色微柔毛。花期3～4月，果期9～10月。

用途：种仁含油供制皂、润滑油、油墨及医用栓剂原料；也可供食用，作可可豆脂代用品；油粕可作肥料；果皮可提芳香油供香料；枝叶入药，民间用于治疗跌打损伤及牛马癣疥等。

生境：常见于干燥砂质土壤，散生或混生于常绿阔叶林中。

128. 小花琉璃草

拉丁名：*Cynoglossum lanceolatum*。

科属：紫草科 琉璃草属。

主要特征：多年生草本。茎直立，由中部或下部分枝，分枝开展，密生基部具基盘的硬毛。基生叶及茎下部叶具柄，长圆状披针形，先端尖，基部渐狭，上面被具基盘的硬毛及稠密的伏毛，下面密生短柔毛；茎中部叶无柄或具短柄，披针形，茎上部叶极小。花序顶生及腋生；花冠淡蓝色，钟状，喉部有5个半月形附属物。小坚果卵球形，背面突，密生长短不等的锚状刺，边缘锚状刺基部不连合。花果期4～9月。

用途：全草入药，用于清热解毒、利尿消肿，活血。

生境：生于海拔300～2800m丘陵、山坡草地及路旁。

129. 硃砂根（图58）

拉丁名：*Ardisia crenata*。

科名：紫金牛科。

主要特征：小灌木。叶互生，叶片革质或坚纸质，椭圆状披针形，先端急尖或渐尖，边缘具波状齿，具明显的边缘腺点。伞形花序，单一着生于特殊侧生或腋生花枝顶端；果球形，鲜红色。

用途：可作观赏植物；民间常用的中草药之一，根、叶可祛风除湿，散瘀止痛，通经活络；果可食，亦可榨油。

生境：生于疏林、密林下荫湿的灌木丛中。

图58　硃砂根

130. 紫金牛（图59）

拉丁名：*Ardisia japonica*。

科属：紫金牛科 紫金牛属。

主要特征：小灌木或亚灌木，近蔓生，具匍匐生根的根茎；直立茎长达30cm，稀达40cm，不分枝，幼时被细微柔毛，以后无毛。叶对生或近轮生，叶片坚纸质或近革质，椭圆形至椭圆状倒卵形，顶端急尖，基部楔形，长4～7cm，宽1.5～4cm，边缘具细锯齿，多少具腺

图59　紫金牛

点，两面无毛或有时背面仅中脉被细微柔毛，侧脉5～8对，细脉网状；叶柄长6～10mm，被微柔毛。亚伞形花序，腋生或生于近茎顶端的叶腋，总梗长约5mm，有花3～5朵。果球形，直径5～6mm，鲜红色转黑色，多少具腺点。花期5～6月，果期11～12月，有时5～6月仍有果。

用途：全株及根供药用，治肺结核、咯血、咳嗽、慢性气管炎效果很好；亦治跌打风湿、黄胆肝炎、睾丸炎、白带、闭经、尿路感染等症，为我国民间常用的中草药，也是常见的花卉。

生境：习见于山间林下或竹林下阴湿的地方。

131. 棕榈

拉丁名：*Trachycarpus fortunei*。

科属：棕榈科 棕榈属。

主要特征：乔木状，树干圆柱形，被不易脱落的老叶柄基部和密集的网状纤维，除非人工剥除，否则不能自行脱落，裸露树干直径10～15cm甚至更粗。叶片呈3/4圆形或者近圆形，深裂成30～50片具皱折的线状剑形，裂片先端具短2裂或2齿，硬挺甚至顶端下垂；叶柄长75～80cm或甚至更长，两侧具细圆齿，顶端有明显的戟突。花序粗壮，多次分枝，从叶腋抽出，通常是雌雄异株。雄花序长约40cm，具有2～3个分枝花序，下部的分枝花序长15～17cm，一般只二回分枝；雄花无梗，每2～3朵密集着生于小穗轴上，也有单生的；黄绿色，卵球形，钝三棱；花萼3片，卵状急尖，几分离，花冠约2倍长于花萼，花瓣阔卵形，雄蕊6枚，花药卵状箭头形；雌花序长80～90cm，花序梗长约40cm，其上有3个佛焰苞包着，具4～5个圆锥状的分枝花序，下部的分枝花序长约35cm，2～3回分枝；雌花淡绿色，通常2～3朵聚生；花无梗，球形，着生于短瘤突上，萼片阔卵形，3裂，基部合生，花瓣卵状近圆形，长于萼片1/3，退化雄蕊6枚，心皮被银色毛。果实阔肾形，有脐，宽11～12mm，高7～9mm，成熟时由黄色变为淡蓝色，有白粉，柱头残留在侧面附近。种子胚乳均匀，角质，胚侧生。花期4月，果期12月。

用途：其棕皮纤维，可作绳索，便蓑衣、棕绷、地毡，制刷子、沙发的填充料；未开放的花苞称棕鱼，可供使用。果实、叶、花、根等可入药，树形优美，庭院优良绿化树种。

生境：分布于长江以南各省，常见栽培。

四、讨　论

植物的进化是遵循着由简单到复杂、低级到高级、水生到陆生的方向进行的。由最原始的藻类植物到现今的蕨类植物、裸子植物、被子植物共存的时代，经过了极其漫长的时间跨度，形成了今日物种丰富的生态环境。我们此次调查的奇和洞遗址经^{14}C测定，年代距今约1.7万年至7000年[4]，经历了晚更新世末次冰期以及全新世的气候变化，从理论上来说植被会有一定的更替。

现生植被调查显示，奇和洞遗址现有植被种类丰富，含有较多的古老植物区系成分，如苔藓、蕨类植物以及裸子植物等，这与遗址文化堆积层的研究成果类似。张秋芳等[5]通过对遗址9个文化堆积层真核生物多样性分析得出，不同文化堆积层的真核生物群落多样性指数不同，其中现代层极显著地高于其他层次，清代、14000～13000年前的B和C层之间差异不显著。基于物种数量反应的群落物种多样性指数代表了群落的复杂程度，即多样性指数愈高，群落所含的信息量愈大，说明该生态系统越稳定[6]。据此认为进化至今的现代层，其生态系统更趋于稳定。

南方气候湿润，植物化石的保存甚为艰难，常常只能依靠文化堆积层出土的孢粉、植硅石进行判断。奇和洞现有研究成果，仅局限于可供人类加以食用或药用的植物，仍无对乔木、灌木的判别。葛威等通过对地层中的土壤进行植物微体化石、植硅体等的提取与分析，发现了水稻植硅体，获取了蕨、狗脊蕨、华南实蕨、槲蕨、小麦族、高粱属、薏苡属、野生芋、葛属等的淀粉粒，其中葛属、蕨类、芋属等植物在更新世晚期曾经是奇和洞先民主要的淀粉食物来源；而在全新世早期，禾本科植物的利用比例则有所增加，但根茎类植物仍然是重要的食物来源。这一植物利用习惯有些仍沿用至今，比如采食蕨类、葛属、芋属等，但凡植物均有药食两用的功效，聪慧的先民也许也早懂得这些道理，所以在地层中也能隐约见到他们利用这些植物的线索。这些出土的植物在现生植被中均能见到，可见经过寒冷的末次冰期，奇和洞的植被并没有被寒冷的气候破坏，加之，奇和洞山体位于向阳的位置，光照充足，是古老植物的避难所，故该地区古老植物成分较多。奇和洞先民对这一植物利用的变化体现了他们对当地自然生态环境的适应，同时在一定程度上也反应了当时当地的植被环境。

因本次植被调查结果存在季节性的影响，故有些植被不够全面，且已有文化堆积层研究成果仍有不足，需要今后加以完善，以期对奇和洞整个历史文化期及环境演替进行深入的剖析。

参 考 文 献

[1]　福建博物院，龙岩市文化与出版局.福建漳平市奇和洞史前遗址发掘简报.考古，2013，(5)：7-19.

［2］　福建博物院，龙岩市文化与出版局.福建漳平市奇和洞史前遗址发掘简报.考古，2013，（5）：7-19.

［3］　福建博物院，龙岩市文化与出版局.福建漳平市奇和洞史前遗址发掘简报.考古，2013，（5）：7-19；福建博物院.奇和洞遗址周边相关文化遗存调查简报.福建文博，2016，（3）：15-20.

［4］　福建博物院.奇和洞遗址周边相关文化遗存调查简报.福建文博，2016，（3）：15-20.

［5］　张秋芳.古人类遗址——奇和洞文化堆积层真核生物多样性分析.古生物学报，2014，（2）：252-262.

［6］　戈峰.现代生态学.北京：科学出版社，2002.

奇和洞遗址历史时期文化遗存
（唐宋明清时期文化遗存）

李水常

一、概　　述

　　奇和洞遗址自第三期文化结束后，在长达5000多年间处于停顿时期，一直未曾有过人类居住或活动，直至唐、宋开始才有人在此建筑和活动，并在主洞厅后部遗留有一排由较大砾石铺砌的石基，堆积物中出土若干青瓷片等遗物；无名洞2号之上的一个小洞中也出土有几件骨灰罐，表明从那时起奇和洞及周边已有人居住。明清时期奇和洞主洞厅后部一度被改造为寺庙祭坛（F1）；洞外稻田经试掘证明也有石砌墙基和活动地面，说明曾有地面建筑。尽管至今所揭露的遗迹残缺不全，遗物不多，但却足以证明该时期奇和洞及周边确实存在寺庙遗址。

　　奇和洞所在山体原有3个大洞（当地人称之为上洞、下洞和奇和洞），3个洞由诸多支洞所构成，形成范围较小的喀斯特地貌，大洞支洞错综复杂，洞洞相通。上洞位于下洞的左上方，相对高度差约8m，洞深而且宽大，洞内布满石钟乳和石笋，且可通往山顶。由于近年来开山炸石，该洞业已毁坏；下洞则是现存的开口狮洞。奇和洞遗址所在也称东明洞或金斗洞，早期河水曾流经奇和洞进地下河，从下洞出之后注入奇和溪。

　　奇和洞遗址第四期文化遗存，在现有发掘区范围内都有发现，主要包括主洞厅4个探方（T1、T2、T3、T4）、T5（无名洞1号和2号）及洞外稻田的探沟（TG1、TG2）。层位包括第1层以下的部分遗迹、第2A层、第2B层及第2B层以下的部分遗迹，时代大约从晚唐起经五代、宋、元、明至清时期。根据出土的少量瓷器特征判断，第1层以下部分遗迹和第2A层属明清时代；第2B层及以下部分遗迹属晚唐、五代、宋、元时期。已揭露出的有部分房基、地面、灰坑、排水沟等遗迹，以及大量陶、瓷器残片，瓦片和少量建筑构件等。

　　尽管第四期文化遗存主要分布在主洞厅和无名洞2号，时代较晚，但该期文化遗存却是研究人类洞居历史重要的一部分，因此有必要对该期文化予以简略介绍，不作深入分期和分析研究，目的是为日后他人进一步研究提供素材。

二、主洞厅文化遗存

　　主洞厅第四期文化遗存揭露出一批比较重要的遗迹和大量文化遗物。遗迹有房基、踩踏面、灰坑、沟等；出土的遗物有瓷器、陶器、铁器、铜器、玉器、石器及建筑材料砖、瓦块等。

（一）遗迹

遗迹主要有房基和灰坑，其中第1层下共发现房基1处、灰坑3个，编号分别为：F1、H1、H2、H3。第2层下发现灰坑7个、灰沟1条，编号分别为H4、H5、H6、H7、H8、H9、H10、G1。灰坑平面形状不规则，或半圆形、椭圆形或长方形；灰沟呈长条形。分述如下。

1. 房基

F1：位于T3之内、T2的东南部第1层下，一部分延伸至T3的南壁、东壁之内，因未全部揭露，根据发掘范围只能观察到房子的部分废弃堆积、墙基以及踩踏面，因此房子整体分布范围不详，平面近长方形，南北长550cm，东西宽450cm（图1；彩版九，3）。堆积物主要分布在T3之内，岩性为灰黑色砂质黏土，结构比较紧密，薄厚不均，西部较薄，东部较厚，厚10～65cm，内含物比较丰富，其中有较多的瓦片、瓷片，少量彩绘墙体残块等。踩踏面主要分布在房基西侧T1东部，T3东北角房基内可观察到部分踩踏面。T1内踩踏面平面略呈长方形，中间被一条东西向的冲沟所破坏，南北长400cm，东西宽320cm；T2内踩踏面东西长410cm，南北宽400cm，踩踏面表面比较粗糙，但相对较平整，表面较硬，厚度约5cm。

房基主要位于T3之内，T2的东南角仅暴露一部分，平面呈半"回"字形，其内侧房基东西长250cm，南北宽490cm，基槽宽30～60cm，深50cm，在靠近基槽的西侧和南侧分别砌有花岗岩石块，厚50cm，岩石与基槽间隙之间填土夯筑。外侧房基T1内东西长460cm，南北宽

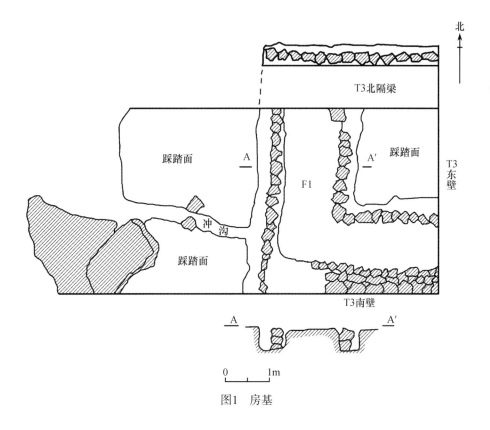

图1　房基

400cm，基槽宽50～75cm；T2内东西长400cm，南北宽40cm，在基槽中心砌有花岗岩块，厚50cm，岩石与基槽间隙之间填土夯筑。

根据出土的青花瓷片、建筑结构及史书记载，初步推测F1应为明清时期寺庙建筑台基基础，外侧为房子的主基，内侧为祭台的主基。

2. 灰坑

H1：位于T1北部第1B层下，一部分叠压于探方的北壁之下，平面呈不规则形，弧壁、底略平。坑口长190cm，坑深60cm（图2-1）。坑内堆积为砂质土，土质比较疏松，内含较多大小不等的砾石及石块。

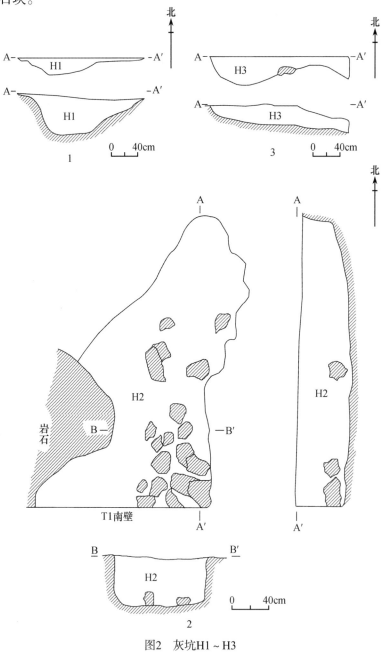

图2　灰坑H1～H3

　　H2：位于探方T1的东部第1B层下，一部分叠压于探方南壁之下，东部打破H5，平面呈不规则形，斜弧壁，平底。坑口长300cm，坑深54cm（图2-2）。坑内堆积为黄褐色砂土，土质较为疏松，出土少量青花瓷片、素胎器残片、瓦片等，小件器物有鼓形烛台1件。

　　H3：位于探方T1的北部第1B层下，一部分叠压于探方的北壁之下，平面呈不规则形，弧壁，底呈斜坡状，坑口长234cm，坑深31cm（图2-3）。坑内填土为黄褐色黏土，结构致密，出土少量红烧土颗粒。

　　H4：位于T3的东部第2A层下，被H6所打破，平面呈不规则形，斜壁，底部较凸，坑口长径260cm，短径240cm，坑深50cm（图3-1）。坑内填土为灰绿色黏土砂质，结构疏松，内出土有较多的岩石块，瓷片等。

　　H5：H5位于T3的东南角第2B层下，西部被H2所打破。平面略呈半椭圆形，弧壁，底部呈斜坡状，坑口长134cm，口距地表75cm，底距地表115cm，坑深40cm（图3-2）。坑内填土为灰黑色砂质黏土，结构疏松，内出土有少量的瓷片、红烧土颗粒、炭粒、砾石等。

　　H6：位于T3的东部第2A层下，打破H4，一部分叠压于探方的东壁之下，平面近半圆形，弧壁，底部凹凸不平，坑口长120cm，坑深70cm（图3-3）。坑内堆积为灰褐色细砂土，结构疏松，内含较多的砾石和石块。

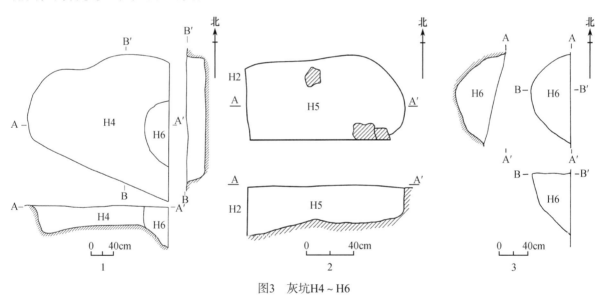

图3　灰坑H4～H6

　　H7：位于T2北部第2B层下，一部分叠压于探方的北壁之下，平面呈近半圆形，弧壁、平底，口径长70cm，口距地表30cm，底距地表40cm，坑深10cm。坑底部放置一较规整的方形石块，深28cm（图4-1）。坑内堆积物为黑灰色黏土，出土少量的动物骨骼、溪螺、红烧土颗粒及石块等。

　　H8：位于T2北部第2B层下，一部分被叠压于探方北壁之下，平面呈不规则形，弧壁、底呈斜坡状，坑口长径234cm，短径44cm，口距地表30cm，底距地表60cm，坑深32cm（图4-2）。坑内堆积物为灰黑色黏土，结构紧密，出土动物骨骼、溪螺、红烧土颗粒、木炭粒、青瓷片、陶片及石片等。

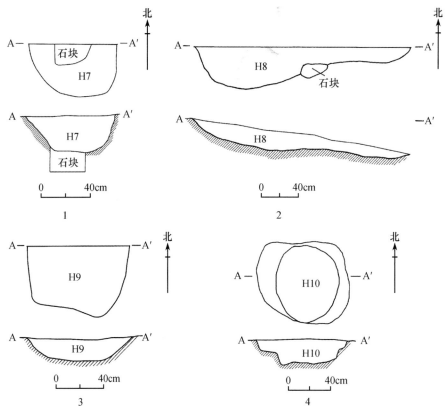

图4　灰坑H7～H9

H9：位于T2北部第2B层下，一部分叠压于探方的北壁之下，平面呈不规则形、弧壁、底呈斜坡状，坑口长径234cm，短径44cm，口距地表30cm，底距地表60cm，坑深32cm（图4-3）。坑内堆积为灰黑色黏土，结构紧密，内出土有动物骨骼、溪螺、红烧土颗粒、木炭粒、青瓷片、陶片及石片等。

H10：位于T2扩方的东北部第2B层下，平面略呈椭圆形、弧壁、有二层台、底部近圆形，并呈斜坡状。坑口长径90cm，短径70cm，口距地表50cm，底距地表74cm，坑深24cm（图4-4）。坑内堆积物为灰褐色夹杂黄色黏土，土质疏松，出土动物骨骼、溪螺、红烧土粒颗粒、砂岩细砾、青瓷片、夹砂灰色陶片及石片等。

G1：位于T1东北部第2B层下，南部被H2所打破，北部叠压于探方北壁之下，平面呈长条形，略呈南北走向，口大底小，斜壁，底较平。口距地表70cm，底距地表144cm，沟口长160cm、宽90cm、深74cm（图5）。沟内堆积物为黑褐色黏土，土质较为疏松，出土石锛、石片、红烧土颗粒等。

（二）遗物

遗物包括陶器、瓷器、铁器、铜器、玉器、石器及建筑材料砖、瓦块7大类。

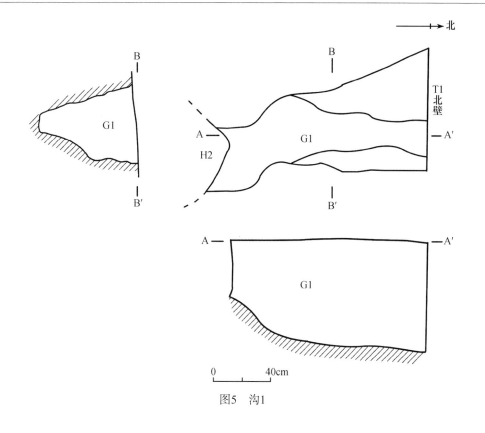

图5　沟1

1. 第1层

出土物有瓷器、陶器、铜器及建筑材料砖、瓦残块4类。器物多为残片，其中以瓷片、陶片、砖、瓦块居多。瓷片主要为青花瓷和白瓷，器形规整，质地紧密，釉色莹润光亮，器形有盆、碗和罐；完整器物有铜钱1枚，此外在第1层下H2内出土有鼓形烛台1件。

盆，残片1件。标本2009ZQT1①：2，敞口、圆唇、溜肩、鼓腹、腹下部残断，肩部以下堆塑缠枝花卉纹；面施酱黄釉，釉稀薄，有脱釉，胎灰色质坚，口径16.7cm，残高6.7cm（图6-1）。

鼓形烛台，1件。标本H2：1，夹砂灰陶，形制规整，上、下平底，鼓腹。上、下腹部各戳印一周小圆圈纹，上腹部阴刻"仙"字，上面中心一圆孔，未穿透底部。面径4.4cm，底径4.5cm，孔径0.9cm，高7.0cm（图6-2）。

铜钱，1枚。标本2009ZQT1①：1，通体锈蚀严重，圆形、方孔，直径1.5cm，孔径0.5cm。

2. 第2层

出土物有陶器、瓷器、铁器、玉器、石器及建筑材料砖、瓦残块6类，另有墙壁彩绘残块1件。第2层器物多为残片，主要以瓷片及建筑材料砖、瓦块为主。瓷片除第2A层有少量青花瓷片、白瓷外，第2B层均为青瓷、酱釉瓷、白瓷，不出青花瓷。完整及可复原的器物有碗4件、盏2件、器盖2件、杯3件、碟3件、玛瑙珠1枚、铁刀2件、石锛2件、石坯4件。叙述如下。

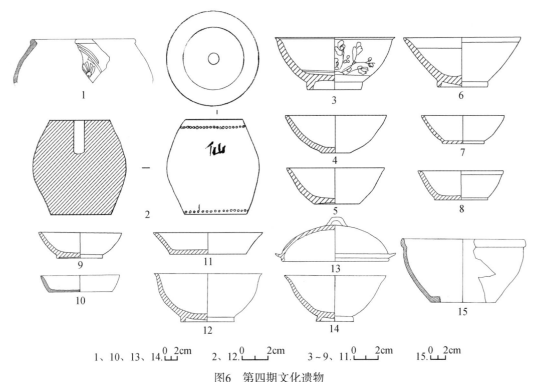

1、10、13、14. 0 2cm   2、12. 0 2cm   3~9、11. 0 2cm   15. 0 2cm

图6　第四期文化遗物

1. 盆（2009ZQT1①：2）　2. 鼓形烛台（H2：1）　3. 青花瓷碗（2009ZQT2②A：1）　4. 酱釉瓷盏（2009ZQT2②A：3）
5. 酱釉瓷碗（2010ZQT4②A：2）　6. 白瓷碗（2009ZQT2扩②A：1）　7~9. 白瓷杯（2010ZQT2扩②A：14、2010ZQT2扩②A：15、
2009ZQT2②B：12）　10、11. 白瓷碟（2009ZQT2②A：5、2009ZQT2扩②B：11）　12. 青瓷盏（2009ZQT2②A：2）
13. 青瓷器盖（2010ZQT3②B：1）　14. 青瓷碗（2009ZQT2②A：4）　15. 青瓷盆（2010ZQT3②B：3）

陶器，数量较少，均为残片，无完整器，其中夹砂陶片36片，器形有罐。

瓷器，有青花瓷、青瓷、酱釉瓷、白瓷、黑瓷，器形有碗、盏、杯、碟、壶、罐、盘、瓮等。

青花瓷：多为残片、瓷片36片，器形有碗和杯，主要出自第2A层；可复原的仅碗1件。标本2009ZQT2②A：1，敞口、撇沿、斜弧腹、矮圈足内敛，平底微凸。通体施青白釉，足端无釉露胎，胎白质坚。外沿下、腹部、胫部各饰有一道青花单弦纹，腹部饰青花花草纹，内沿下及底部各饰三道青花单弦纹。器形规整，做工精细，青花设色淡雅。口径11.5cm，足径5.1cm，高5cm（图6-3）。

酱釉瓷：多为残片，瓷片113件，可复原的仅盏1件、碗1件。釉稀薄光亮，有流釉，个别釉色偏黄，釉面无光。施釉均不及底，胎灰色质坚，器形有盏、碗、杯、盆、罐、壶、盆、器盖。

盏，1件。标本2009ZQT2②A：3，敞口、尖唇、斜弧腹、平底，内外施酱釉，釉色泛黄，外施釉不及底，底部无釉露胎，胎灰白色质坚，釉稀薄，有细小开片。口径9.5cm，底径2.7cm，高3cm（图6-4）。

碗，3件（完整器1件）。标本2010ZQT4②A：2，敞口、尖唇、弧腹、矮圈足，底较凸，内外施酱釉，外施釉不及底，底部无釉露胎，胎灰白色质坚，釉均匀光亮，局部有流釉。口径

8.9cm，足径4.0cm，高3.2cm（图6-5）。

白瓷器：均为残片，共65片，其中纯白釉20片，青白釉38片、灰白釉7片，可复原的仅有碗1件、杯2件。胎白质坚，釉色均匀、莹润光亮，釉面多数有小开片。器形有碗、杯、碟、器盖。

碗，3件（复原1件）。标本2009ZQT2扩②A：1，敞口、尖唇、矮圈足、脐底。内外施灰白釉，外施釉不及底，内底部刮釉露胎，胎灰白色质坚，釉稀薄均匀，釉面有小开片，外露有窑裂和棕眼。内上腹部有一道浅的凹弦纹。口径11.5cm，足径4.8cm，高4.7cm（图6-6）。

杯，3件，分二式。

Ⅰ式：2件。标本2010ZQT2扩②A：14，杯，尖唇、斜弧腹，假圈足，平底。通体施白釉，釉色莹润光亮，口沿刮釉露胎，胎白质坚，釉面有小的开片。口径8cm，底径4cm，高2.7cm（图6-7）。标本2010ZQT2扩②A：15，尖唇、斜弧腹，假圈足，平底微凹。内外施白釉，外施釉不及底，底部无釉，口沿刮釉露胎，胎白质坚。釉色莹润光亮，釉面有小的开片。口径8.5cm，底径5.3cm，高2.9cm（图6-8）。

Ⅱ式：1件。标本2009ZQT2②B：12，尖唇、敞口、斜弧腹，矮圈足，底微平，内外施白釉，施釉不及底，底部无釉露胎，胎白质坚。釉稀薄有小开片。口径8.1cm，足径4.5cm，高2.5cm（图6-9）。

碟，2件。标本2009ZQT2②A：5，残片。尖唇、敞口、斜弧腹、平底。内外施白釉、口沿刮釉露胎，胎白质坚。釉均匀光亮，有细小开片。口径14.5cm，底径12.0cm，高2.6cm（图6-10）。标本2009ZQT2扩②B：11，尖唇、敞口、斜腹、平底。内外施白釉、外施釉不及底、口沿刮釉露胎，胎白质坚。口径10.4cm，底径7.4cm，高2cm（图6-11）。

青瓷器：多为残片，其中青釉124片，青灰釉16片，青黄釉14片。釉稀薄、釉色光亮、个别有流釉，釉面多数有小开片。胎为灰色和灰白色，质粗较坚，其中有1件残片内有刻划纹。器形有碗、杯、碟、罐、盆、器盖、执壶。完整器物有盏1件、器盖1件、碗1件。

盏，1件。标本2009ZQT2②A：2，尖唇、敞口、圆唇、斜弧腹、平底微凹，内外施青釉，釉色青中泛灰，口沿外有刮釉，外施釉不及底，底部无釉露胎，胎灰白色质坚，釉稀薄均匀，有细小开片。口径8.6cm，底径4cm，高3cm（图6-12）。

器盖，1件。标本2010ZQT3②B：1，子口圆唇，盖沿尖唇上翘，斜弧盖面，盖顶桥形钮残，表面施青黄釉，盖沿及盖内无釉露胎，胎灰色质坚，釉稀薄有流釉。盖面有拉坯轮弦纹。口径16.8cm，高6.8cm（图6-13）。

碗，8件（1件完整器）。标本2009ZQT2②A：4，敞口、尖唇、斜腹、矮圈足外撇，底部微凸。内外施青釉，外施釉不及底，内、外底部无釉露胎，胎灰色、质粗较坚。釉均匀光亮，有小开片。口径16cm，足径6cm，高7cm（图6-14）。

盆，3件（残片、无完整器）。标本2010ZQT3②B：3，圆唇、敞口、斜弧腹，平底。内外施青釉，外施釉不及底，底部无釉露胎，胎灰色质坚。釉稀薄有流釉，釉面有细小的开片。（图6-15）。

黑釉器：数量很少，无完整器，残片7件，器物釉稀薄、釉色光亮，施釉均不及底，底部无釉露胎，胎灰色、质粗较坚。

素胎器：完整器1件，残片58件，均素面无纹，胎呈红褐色或灰色及灰褐色，质粗较坚。个别器底部有烟苔痕。

器盖，1件，标本2010ZQT2②B：11，蘑菇状钮，顶部内凹，盖沿斜平，素胎，胎灰白色质坚，口径9.6cm，高3.1cm（图7-1）。

铁器：2件，表面绣蚀严重，器形为铁刀。标本2009ZQT2②A：7，远端残断，通体绣蚀，平面呈长条形，环形短柄，直刃微弧，残长10cm，刃宽2cm（图7-2）。标本2010ZQT3②B：2，通体锈蚀，半月形，圆形长直柄，凹弧刃，长17.1cm，刃宽2.2cm（图7-3）。

玉器：玛瑙珠，1枚。标本2009ZQT2②A：6，圆形、半透明，中间一小孔，未穿透器身，直径1cm。

石器：石锛4件、石坯3件。原料有砂岩、泥灰岩、石灰岩。

石锛：4件，标本2009ZQT1②A：1，原料灰黑色泥灰岩，刃部残断，平面近长方形，背面为砾石面，腹面近端和两侧有连续修理的浅宽形重叠片疤。残长9.5cm，宽4.2cm，厚1.7cm，重100g（图7-4）。标本2010ZQG1：2，原料青灰色泥灰岩，长方形，通体细磨，表面光滑，两侧有再次加工痕迹。单面弧刃，刃缘锐利，刃部有使用痕迹。长7.5cm，宽4.0cm，厚2.0cm，重18g（图7-5）。标本2010ZQT2②B：13，原料灰色粉砂岩，外观近梯形，沿砾石边缘粗加工成型后再磨制，仅一面粗磨，刃端残断。残长14.6cm，宽5.5cm，厚2.1cm，重289g（图7-6）。标本2010ZQG1：1，原料灰色泥灰岩。由片状毛坯加工而成，背面一端粗磨，刃部细磨，表面光滑，两侧有修理小片疤。单面弧刃，刃缘锐利。长6.4cm，宽3cm，厚0.8cm，重18g（图7-7）。

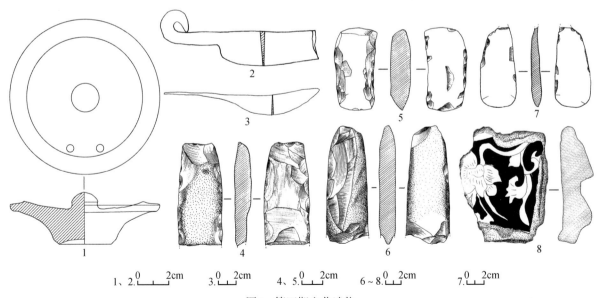

图7　第四期文化遗物

1. 素胎器盖（2010ZQT2②B：11）　　2、3. 铁刀（2009ZQT2②A：7、2010ZQT3②B：2）　　4～7. 石锛（2009ZQT1②A：1、2010ZQG1：2、2010ZQT2②B：13、2010ZQG1：1）　　8. 彩绘墙壁残块（2009ZQT3②A：1）

坯件：3件，标本2010ZQT1②B：4，原料为青灰色细砂岩。片状毛坯，两端残断，一面为砾石面，中部遗留有散漫琢痕，腹面为破裂面，一侧遗有修理片疤。残长6.6cm，宽3.3cm，厚1.6cm，重46g。标本2010ZQT2扩②B：4，原料灰色泥质砂岩，腹面为节理面，背面砾石面遗有3组浅宽形片疤，两面粗磨。长4.4cm，宽2.1cm，厚0.8cm，重6g。标本2010ZQT2扩②B：7，原料灰色石灰岩。直接用砾石修理成形，周边有浅宽形重叠片疤，腹面有小块磨面，表面光滑。长10.9cm，宽6.8cm，厚3.7cm，重335g。

建筑材料：包括板瓦和少量筒瓦残片，无完整器。板瓦和筒瓦均由较粗的黏土制成，火候较低，做工粗糙，内壁具横向弦纹，颜色有红褐、灰褐、灰黄色3种；另有一块彩绘墙壁，标本2009ZQT3②A：1，原料灰白色三合土，质地较为疏松，不规则，正面平整，红褐色底配黑彩缠枝花卉纹，色泽鲜艳如初，画工娴熟，自然流畅。残长15.6cm，残宽12cm，厚4.6cm（图7-8）。

此外，第2层出土的溪螺、磨制石器、石器坯件、夹砂陶片以及动物遗骨等，均属于被后期扰动过的早期文化遗物。

三、2号无名洞遗存

2号无名洞位于奇和洞遗址主洞口北侧约20m，洞口朝向正西，发掘前洞口基本被泥土封堵，堆积顶面与洞顶仅有10cm空隙。经发掘，属于第四期文化的遗物均出自第2层，计有青花瓷、青瓷、酱釉瓷、灰白釉瓷残片，可复原瓷器有执壶2件、罐3件、碗2件。

执壶：2件。标本2011ZQ无名洞2②：4，敞口、圆唇，短粗颈，鼓腹，平底内凹，曲流残断，宽带曲形柄，双系，通体施青釉，釉稀薄，一面有小开片，外留有拉坯轮弦纹。口径9.4cm，底径9.8cm，高17cm（图8-1）。标本2011ZQ无名洞2②：2，直口微敛，长颈微束，溜

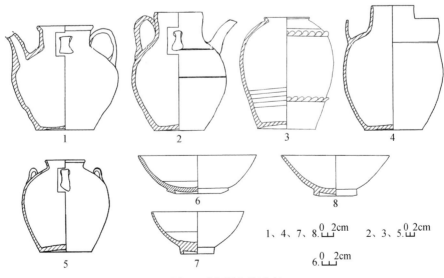

图8　无名洞文化遗存

1、2.执壶（2011ZQ无名洞2②：4、2011ZQ无名洞2②：2）　3~5.罐（2011ZQ无名洞2②：3、2011ZQ无名洞2②：5、2011ZQ无名洞2②：6）　6~8.碗（2011ZQ无名洞2②：1、2011ZQ无名洞2②：7、2011ZQ无名洞2②：8）

肩鼓腹，平底内凹；曲形柄、短曲流，双系，外施酱釉，胫部至底部无釉露胎，胎灰色质坚；肩、腹部各饰一道凹弦纹。口径10.6cm，底径11.5cm，高26.1cm（图8-2）。

罐：3件。标本2011ZQ无名洞2②：3，敞口、圆唇、短束颈，丰肩、鼓腹，平底内凹。肩部和下腹部各贴附一周花瓣纹，外施酱釉，底部无釉露胎，胎灰色质粗，釉薄厚不均，有流釉，腹部有黏痕。口径10cm，底径13.5cm，高25.1cm（图8-3）。标本2011ZQ无名洞2②：5，重口、圆唇、丰肩鼓腹，平底微凹，通体施青釉，釉稀薄，表面光亮，釉面有小开片。口径7.7cm，底径10.5cm，高21.1cm（图8-4）。标本2011ZQ无名洞2②：6，敞口、圆唇、短径微束、丰肩鼓腹，肩部贴塑对称的曲形四耳，内外施青釉，颈、肩部无釉露胎，胎灰色质坚，内外露有拉坯轮旋纹。口径8.8cm，底径12.0cm，高20.7厘米（图8-5）。

碗：4件。标本2011ZQ无名洞2②：1，敞口尖唇，斜弧腹，矮圈足，足底斜削，内外施青釉，底部无釉露胎，内底部刮釉露胎，胎灰白色质粗；足底部墨书草体"黄"字。口径16.4cm，足径8.4cm，高5cm（图8-6）。标本2011ZQ无名洞2②：7，敞口、圆唇、斜弧腹，圈足内敛，脐底。内外施青釉，足端及底部无釉露胎，胎灰白色质坚，内壁饰一道凹弦纹。口径14.8cm，足径5.3cm，高6.5cm（图8-7）。标本2011ZQ无名洞2②：8，灰白釉碗，敞口、斜弧腹，矮圈足，足底斜削，足心微鼓。内外施白釉，足端红褐色釉，底部无釉露胎，胎灰色质坚。口径17.6cm，足径7.0cm，高6.3cm（图8-8）。

四、小　结

奇和洞主洞的第1层和第2层出土的遗物大多为生活用具的瓷片和建筑材料，其中第1层出土的瓷片器形规整、釉色莹润、质地紧密、火候较高，且以青花瓷居多，其制作工艺、质地、器形明显具明清时期风格。第2层除第2A层有少量青花瓷外，其余均以青釉瓷、酱釉瓷为主，釉色稀薄光亮，有小开片，大多数器物施釉不及底，底部无釉露胎，个别出现口沿刮釉及内底刮釉露胎，胎多灰色及灰白色，另有少量芒口，无论从制作工艺还是质地、器形观察，具有宋代时期风格。

无名洞2号的堆积层简单，器物堆放比较集中，器物主要以青釉和酱釉为主，釉稀薄不均，有流釉，器物多施釉不及底，底部无釉露胎，胎灰色质粗，壶流比较短等，其制作工艺、质地、器形明显具有唐五代时期的风格。依据文化层堆积、文化遗物及内涵初步推断遗址第1层为明清时期，第2层及无名洞第2层为唐、五代至宋元时期。

根据奇和洞遗址的发掘，第四期文化遗存所揭露的遗迹（F1建筑结构特征、规模、地层堆积及墙壁彩绘等）和遗物（鼓形烛台等）分析，主洞厅推测为晚唐、五代、明清时期寺庙或者是祭祀场所；而2号无名洞因洞穴较小，不宜人类居住和活动，出土遗物均为瓷器的罐、执壶、碗类，其用途可能是储藏室或墓地。

奇和洞遗址周边相关文化遗存调查简报

王晓阳

奇和洞遗址被评为"2011年度全国十大考古新发现"，亦是至今所知福建境内最早的新石器时代遗址。经[14]C测定，年代距今约17000～7000年，可分为旧石器时代末期、新旧石器过渡时期和新石器时代早期三期，且每期发掘出土文物种类丰富、数量大。奇和洞遗址是近年来东南地区史前考古的重大突破，为进一步完善福建地区新石器时代考古学文化序列提供了重要资料，也为认识福建地区史前人类体质特征、生业模式等问题提供了实物资料[1]。随着奇和洞遗址发掘和研究的不断深入，对于奇和洞人类的活动范围和奇和洞周边是否存在相关文化遗存等问题，仍缺乏清晰的认识，启动奇和洞周边相关文化遗存的调查显得十分紧迫和必要。

为了解决上述问题，在国家文物局的支持下，在龙岩市文化广电出版局和相关区、县博物馆的鼎力协助下，福建博物院与漳平市博物馆组成联合考察队，于2015年3～5月对奇和洞遗址周边相关文化遗存进行了系统的考古调查。

根据人力、物力和时间等各方面因素的考量，此次调查范围确定为龙岩市新罗区、漳平市和三明市大田县。调查所采用的方法为传统实地踏查和局部解剖发掘相结合，同时利用GPS卫星定位和等高线地形图进行定位；对地理位置、地貌特征、地层情况和标本进行记录和描述，建立文字和图像档案；对地点进行进一步发掘可行性的评估，确定未来工作重点。现将此次调查的结果做简要介绍。

一、调查遗址及文化遗存

调查共发现3处史前洞穴遗址（图1），均经过地层解剖，遗迹包括活动面和墓葬，遗物包括打制石器、磨制石器、陶器等。以下进行简单介绍。

（一）穿云洞遗址

1. 地理位置和地貌情况

穿云洞遗址位于漳平市赤水镇岭兜村，为石灰岩溶洞。经纬度为N25°39′19.6″，E117°18′48.6″，海拔273m，相对高度约10m。洞口前约3m为原公路，现已废弃。洞外有灌木林和竹子，洞口有人工砌的石头门，顶部有一道细窄的裂隙。洞口朝西，河流在西南面约130m，由北向南流经。洞深30m，宽3.9m，高3～3.2m，洞口宽4.1m。洞所在的顶部山体已被红狮水泥三期工程建设破坏（图2）。

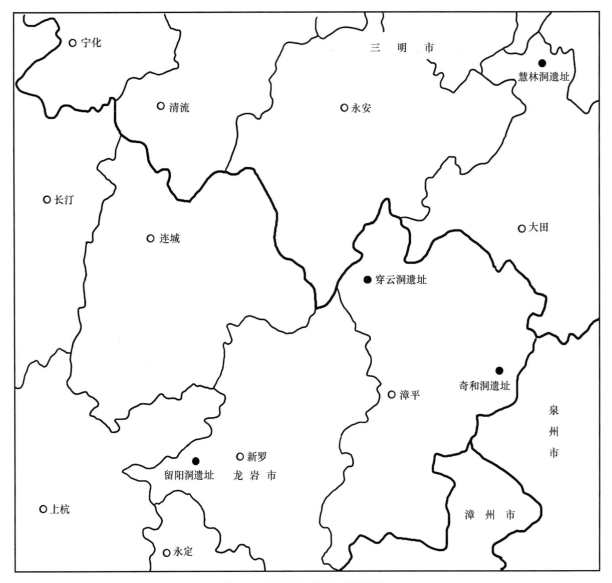

图1　3处新发现遗址分布位置图

2. 地层堆积

在距洞口2米的位置布探坑，进行地层解剖。以探坑东壁为例，地层堆积情况如下（图3）：

第1层：黄色土，土质疏松，厚5～10cm。包含少量瓷片和陶片，为现代文化堆积层。M1开口于此层下。

第2层：褐黄色土，土质较硬，厚20～45cm。局部含大量炭粒和炭屑，应为灰烬。包含商周时期的陶片、骨片、磨制石器、打制石器等。此层为青铜时代文化层。

第3层：黄色土，土质坚硬，全方分布，厚25～30cm。包含商周石器陶片、骨片、螺壳和打制石器等。此层为青铜时代文化层。

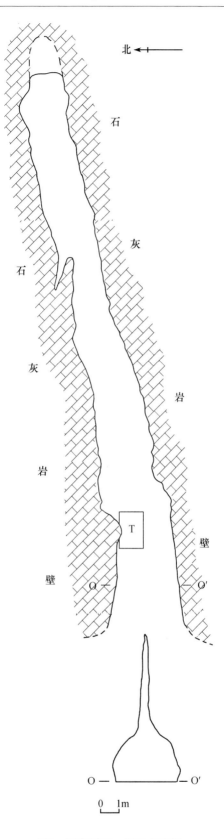

图2　洞穴平面、洞口立面图

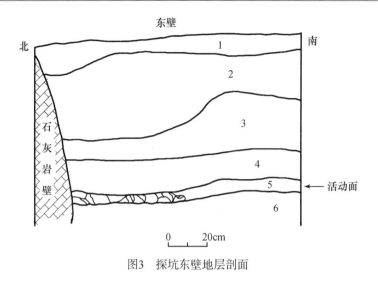

图3　探坑东壁地层剖面

第4层：红褐色土，局部灰黄色土，土质坚硬，内含小沙砾。厚15～20cm。包含新石器时期的陶片、石器、动物骨骼、螺壳等。

第5层：活动面，黄色土，土质较硬。厚约10cm。有磨圆度较好的砾石，推测为旧石器时代末期人工活动面。发现打制石器若干，包括石锤、锤击石核、刮削器、砍砸器、石片和断块等。另有动物骨骼，螺壳和木炭等。

第6层：浅黄色土，土质坚硬，有一定程度的胶结，未见底。此层为更新世时代堆积。

3. 遗迹

包括旧石器时代晚期人工活动面和商周时代墓葬。

活动面　主要分布在探沟北部，开口于第4层下，为磨圆度较好的砾石地面，推测为旧石器时代晚期人工铺垫的活动面。其上发现打制石器若干。另有动物骨骼、螺壳和木炭等（图4）。

图4　旧石器时代末期活动面

墓葬　开口于第1层下。仰身直肢，头朝东，颅骨不见，其余部分保存较为完好。骸骨为男性，左手抱胸，右手放于髋关节，身高约1.7米。随葬品有龟版和铜器装饰品。推测为商周时代的墓葬（图5）。

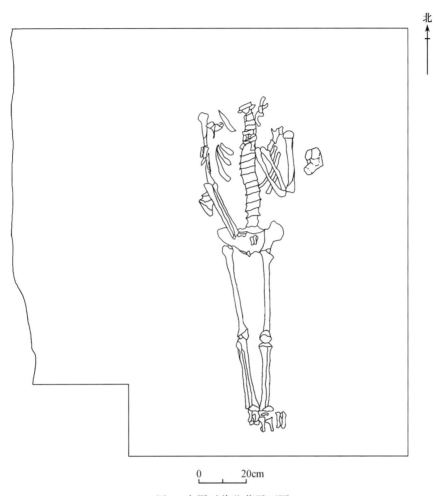

图5　商周时代墓葬平面图

4. 遗物

包括旧石器时代末期、新石器时代和青铜时代三期文物。

旧石器时代末期　包括打制石器、动物骨骼和螺壳。其中打制石器包括锤击石核、锤击石片、刮削器、砍砸器和断块5类（图6、图7）。

新石器时代　包括打制石片、少量陶片、动物骨骼和螺壳。其中陶片包括硬陶和软陶，硬陶仅1件。软陶均为夹砂陶，多数夹中砂和细砂；胎质多数较好，胎厚薄不一，最厚达13mm，其余多在6mm左右；胎色有黑、红、褐、灰黄；纹饰包括素面、绳纹和网格纹等（图8）。

商周时代　包括磨制装饰品、石环、磨制石器残片、石锤、大量陶片、动物骨骼和螺壳。其中陶片包括硬陶和软陶，硬陶均为泥质红陶，纹饰有方格纹和云雷纹。软陶包括1件泥质

图6　打制石器（锤击石核）

图7　第5层出土的螺壳

陶，其余均为夹砂陶，多夹中砂和细砂，胎质较好，胎最厚达11mm，其余在7mm左右；陶色有红褐、灰褐、灰、灰黑、灰黄、黑色和红色；纹饰以绳纹最多，其次为素面和网格纹，另有少量云雷纹和凸弦纹（图9、图10）。

图8　新石器时代陶片纹饰

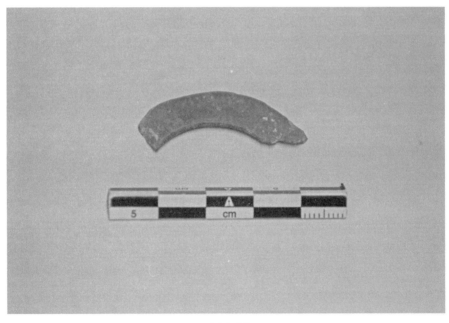

图9　商周时代石环

（二）留阳洞遗址

1. 地理位置和地貌情况

留阳洞遗址位于龙岩市新罗区小池镇汪洋村，为石灰岩溶洞。南边距龙池书院30m，东边紧邻村道，东南边为小池中心小学，北边100m有一石灰岩矿场，龙川河从遗址东边蜿蜒而

图10　商周时代陶片纹饰

过。洞口有茂密的竹子和灌木。洞口朝西北，洞口最宽处达12m，洞内最宽处超过18m，最深处超过18m，洞高2～3m。洞顶有巨大钟乳石，洞内壁有明万历年刻"留阳洞"碑。洞内西边的地表因附近矿场炸山采矿形成塌陷坑（图11）。

2. 地层堆积

对已形成塌陷坑的东壁进行清理，地层堆积情况如下（图12）：

第1层：黄色粗沙砾土，土质疏松，厚20～30cm，无文化遗物。

第2层：灰白色沙砾土，土质较硬，厚12～18cm，无文化遗物。

第3层：灰黄色粉沙质土，土质坚硬，厚15～25cm，包含少量石灰岩角砾，无文化遗物。

第4层：黑褐色黏土，内含较多石灰岩角砾，土质疏松。厚15～95cm，北薄南厚。包含新石器时代的陶片、石器、动物骨骼化石、螺壳、灰烬和炭粒等文化遗物。

第5层：红黄色黏土，含粗砂砾，土质坚硬，厚15～20cm，无文化遗物。

第6层：灰黑色灰烬层，内含风化的粗砾，厚0～20cm，北边局部缺失，无文化遗物。

第7层：黄灰色含粗砂砾黏土层，为晚更新世地层，未见底，未发现文化遗物。

3. 遗物

包括新石器时代陶片、动物骨骼化石和螺壳（图13、图14）。陶片共计26片，其中绳纹10片，素面16片。以夹砂粗陶为主，少量夹炭。厚胎，陶色均为棕褐色。胎呈夹心状，以内黑外黄褐色居多。内壁有手捏的痕迹。器形均不可辨。

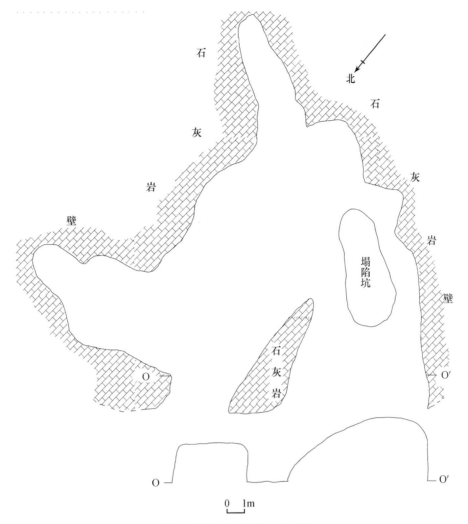

图11　洞穴平面、洞口立面图

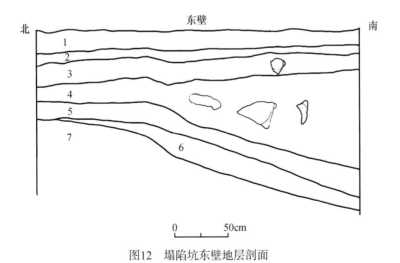

图12　塌陷坑东壁地层剖面

图13　新石器时代陶片

图14　新石器时代骨骼化石

（三）慧林洞遗址

1. 地理位置和地貌情况

慧林洞遗址位于三明市大田县广平镇广平村东北后庵山东麓，为石灰岩洞穴，海拔296m。洞口朝东，高出当地河水6m，洞口开阔，宽21、进深10、高3.8m，洞内总面积约400m²

（图15）。洞内支洞已被堆积物封堵而不明，洞壁边缘地带分布有棕红色钙化含角砾砂质黏土。该洞曾于1989年、2006年和2013年经过3次调查^[2]，均采集到哺乳动物化石，并对洞内壁的地层堆积（更新世堆积）进行了解。此次调查不仅于此，于洞厅偏南布探方，对地层堆积进行进一步了解。

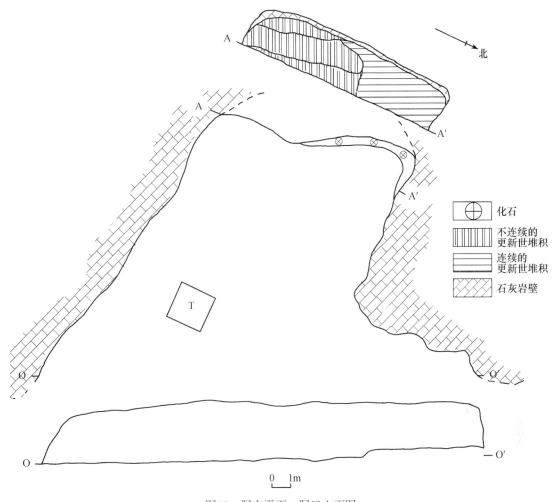

图15　洞穴平面、洞口立面图

2. 地层堆积

在距洞口2m靠南边的位置布探坑，以探坑北壁为例，地层堆积情况如下（图16）：

第1层：现代层，棕褐色土，土质疏松。厚约70cm。包含现代瓦片、瓷片、石灰岩块和砾石。

第2层：明清层，灰褐色土，土质疏松。厚75cm。包含极少量瓷片和陶片。

第3层：唐宋层，红褐色土，土质疏松。厚5～28cm。唐宋时期活动的人完全破坏了商周时期地层。仅包含少量扰动的商周陶片。落水洞G1开口于此层下，打破第4、5层。

第4层：灰黑色黏土层，土质较硬。厚0～35cm。内含新石器时代陶片、磨制石器残段、木炭等。此层为新石器文化层。

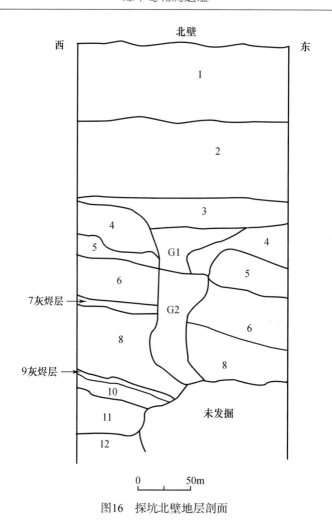

图16　探坑北壁地层剖面

第5层：灰色含沙砾土，土质较硬。厚0~35cm。内含磨光红陶1件，黑胎，胎夹砂、夹炭，还有木炭碎屑。此层为新石器文化层。落水洞G2开口于此层下，打破6~8层。

第6层：黄色沙质土，土质较硬，厚约50cm，内有断块，疑似有人为加工的痕迹。

第7层：灰烬层，土质疏松，厚0~8cm，东边缺失。无文化遗物。

第8层：黄色细沙土，土质较硬。厚30~80cm。无文化遗物。

第9层：灰烬层，土质疏松，厚约8cm。无文化遗物。

第10层：黄色土，土质坚硬，厚约15cm。无文化遗物。

第11层：黄色含粗沙砾土，土质坚硬，厚45~55cm。无文化遗物。

第12层：黄色泥质粉砂土，土质较硬，未见底。无文化遗物。

3. 遗物

文化遗物为新石器时代陶片。根据陶质、陶色可分为二期：

第1期为第6层出土的陶片。共发现陶片37片，均为夹砂陶，大多夹细砂，少量夹粗砂和石英颗粒。陶色以灰褐色为主，少量灰陶和灰黑陶。装饰手法有拍印、压印、磨光、施衣等。其中磨光陶3片，施红衣陶4片，绳纹陶3片，锯齿压印纹1片，指甲刻划纹1片，素面25片。器形以罐、钵类为主（图17）。

第2期为第4层出土的陶片。共发现陶片28片。包括夹砂陶和泥质硬陶。夹砂陶占多数，陶色以灰褐陶为主，少量灰陶，零星灰黑陶。夹砂陶中，绳纹1片，交错绳纹1片，曲折纹2片，戳印纹1片，素面13片，磨光6片。泥质硬陶数量较少，多拍印有纹饰，细方格纹3片，席纹1片，胎质致密坚硬（图18）。

图17　第6层出土的陶片

图18　第4层出土陶片

（四）调查的意义

（1）调查发现的3个洞穴遗址均与奇和洞遗址三期文化有分别地对应，不仅丰富了奇和洞遗址的文化内涵，还初步摸清了奇和洞文化遗存的分布范围（表1）。

表1　奇和洞遗址各期文化与调查洞穴对应表

年代	奇和洞遗址	奇和洞周边洞穴
17000BP～15000BP	奇和洞第一期文化	穿云洞下层活动面
12000BP～10000BP	奇和洞第二期文化	留阳洞
10000BP～7000BP	奇和洞第三期文化	慧林洞第6层，穿云洞第4层
7000BP～5000BP	后奇和洞文化	慧林洞第4层，穿云洞第3层

（2）初步了解了奇和洞文化不是孤立存在，不但有一定的分布范围，而且其发展延续脉络清晰，这些发现为九龙江流域乃至福建新石器时代早期文化序列框架的建立，奠定了重要的科学依据。

（3）闽西北地区石灰岩溶洞研究潜力很大，相信随着将来对这几个新发现洞穴进一步深入科学发掘、调查范围的不断扩大和相关研究的持续推进，奇和洞遗址及其周边相关文化遗存的文化面貌和福建旧、新石器时代过渡及有关问题将会有突破性的进展。

参 考 文 献

［1］　福建博物院，龙岩市文化与出版局.福建漳平市奇和洞史前遗址发掘简报.考古，2013，（5）：7-19.

［2］　余生富，吴秀华.大田县广平慧林洞调查简报.福建文博，2013，（4）：13-17.

奇和洞遗址发掘大事记（2008～2014年）

1. 2008年12月18日，第三次全国文物普查期间，龙岩市文化与出版局组织的古脊椎动物与古人类化石专题调查队，在奇和洞洞内北、东两个支洞内发现晚更新世中期哺乳动物化石；调查队向当地政府提出抢救性考古发掘和遗址保护的建议。

2. 2009年6月19日，美国夏威夷大学人类学系副教授金成坤在福建博物院考古研究所研究员范雪春、龙岩市文化与出版局纪检组长李史明陪同下到奇和洞遗址考察。

3. 2009年11月20日，龙岩市文化与出版局根据考古调查队的建议，决定出资对奇和洞进行考古发掘，项目负责人为李史明，领队范雪春，队员有：羊泽林、吕锦燕、林博、吴锡超、赵玉兰、林凤英、黄秀燕、黄大义、罗丹丹、刘雪靓等。

4. 2010年1月23日，福建省文化厅文物局郑国珍局长到奇和洞遗址视察，听取考古领队介绍，并观摩出土的实物标本，对遗址的发掘与保护提出宝贵意见。

5. 2010年12月17日，龙岩市文化与出版局采纳奇和洞考古队意见，追加20万元考古发掘经费，奇和洞遗址第二次发掘正式开始。李史明为项目负责人，范雪春任领队，队员有王银平、赵玉兰、林凤英、黄大义、程治顺等。

6. 2010年12月22日，赵兰玉、林凤英发掘时在T2探方第3A层下发现孩童部分肢骨和颅骨，以及大量陶器残片、石制品和动物遗骸等遗物。

7. 2010年12月27日，漳平市博物馆副馆长黄大义和技术工人赵兰玉，采用套箱法，提取3A层下的孩童肢骨。

8. 2010年12月28日，漳平市博物馆副馆长黄大义和技术工人赵兰玉等，采用套箱法，提取第3A层的孩童颅骨。

9. 2011年1月3日13：50，赵兰玉首先发现T2第3A层下的成年男性完整的颅骨。

10. 2011年1月3日14：10，王银平发现T2第3C层下的成年人胫骨。

11. 2011年1月6日，福建博物院副院长林恭务、书记颜克慎和林聿亮、陈宇，时任龙岩文化与出版局局长张耀清、纪检组长李史明，龙岩市博物馆陈炎德，漳平市文化体育局副局长张洛平、漳平市博物馆原馆长罗宜生等一行，在象湖镇镇长吴强辉、宣传委员李新中的陪同下到奇和洞遗址现场考察，对发掘成果给予充分肯定和高度评价，并对遗址的深入发掘和保护，提出许多建设性意见。

12. 2011年1月12日下午，厦门大学吴春明教授、葛威博士、佟珊博士来工地考察，对发掘成果给予充分肯定，对进一步发掘与研究提出了许多宝贵意见，在多学科领域共同研究合作上达成一致，并由葛威博士提取遗物中残留的淀粉粒及对石器的微痕分析样品进行采集。

13. 2011年1月15日下午，国家文物局考古处副处长张磊、中国社会科学院考古研究所副所长陈星灿研究员，在厦门市文化局副局长李云丽，时任龙岩市文化与出版局局长张耀清、纪检组长李史明、漳平市副市长许志光、文化局局长杨明、象湖镇书记林瑞碧、镇长吴强辉、宣传委员李新中、龙岩日报记者、漳平市电视台记者等的陪同下，一同到考古工地考察调研。他们对奇和洞遗址的发现与发掘给予充分肯定，对遗址发掘成果给予高度评价，并就遗址深入发掘、研究与科学保护提出宝贵意见（彩版五〇，2）。

14. 2011年1月16日，中国科学院古脊椎动物与古人类研究所副所长高星研究员、吴秀杰副研究员、赵忠义高工，以及博士研究生关莹和彭菲应邀抵达象湖镇，考察了奇和洞遗址，并商量提取第3C层人类遗骨和残留物等分析测试样品。龙岩市文化与出版局纪检组长李史明及陈炎德、张永辉，漳平市副市长许志光、文化体育局副局长张洛平、象湖镇镇书记林瑞碧、镇长吴强辉、宣传委员李新中、龙岩日报记者、漳平市电视台等一行陪同考察报道（彩版五一，1）。

15. 2011年1月16日下午，福建博物院范雪春研究员、中国科学院古脊椎动物与古人类研究所赵忠义高工、漳平市博物馆副馆长黄大义等，采用套箱法，提取第3C层成年男性颅骨。

16. 2011年1月16日晚，在象湖镇政府会议室召开"漳平奇和洞遗址阶段性考古发掘专家座谈会"。会议就奇和洞遗址发掘成果的学术价值给予充分肯定，对发掘方法给予高度评价，对遗址的深入研究、保护与开发利用，提出诸多建设性宝贵意见。与会人员有中国科学院古脊椎动物与古人类研究所副所长高星研究员、尤玉柱研究员、吴秀杰研究员、赵忠义高工以及博士研究生关莹和彭菲，福建博物院范雪春研究员、福建昙石山遗址博物馆王银平、龙岩市文化与出版局纪检组长李史明、漳平市副市长许志光、漳平市文化体育局副局长张洛平、漳平市博物馆馆长黄秀燕、副馆长黄大义，象湖镇镇书记林瑞碧、镇长吴强辉等一行。

17. 2011年1月18日，漳平市规划局陈添春偕同水利局和设计院人员一行三人赴奇和洞遗址勘察、设计排水系统，解决奇和洞遗址排水问题。

18. 2011年1月21日，美国夏威夷毕士普博物馆焦天龙教授到奇和洞参观考察（彩版五一，2）。

19. 2011年3月8日，在各级领导的重视和大力支持下，奇和洞遗址第三次考古发掘工作顺利开展。参加人员有：福建博物院范雪春、危长福、马应丰；福建昙石山遗址博物馆王银平、林凤英；龙岩市博物馆李水常、马兴昌；漳平市博物馆黄秀燕、黄大义、罗丹丹等。

20. 2011年4月13日，奇和洞遗址野外发掘工作圆满结束，第一至第三次考古发掘资料全部运到龙岩市博物馆保管，该馆作为全面整理及研究奇和洞遗址材料的主要场所。

21. 2011年4月30日至5月1日，美国夏威夷毕士普博物馆、厦门大学客座教授焦天龙，厦门大学历史系人文学院考古专业葛威博士等，到奇和洞遗址提取微形态学研究和分析样品。

22. 2011年5月7日，中国科学院古脊椎动物与古人类研究所、中国社会科学院考古所、福建博物院、龙岩市文化与出版局、漳平市人民政府，在龙岩市召开奇和洞工作协作会议，并联合签署了《关于合作开展福建漳平奇和洞及相关遗址考古研究项目的协议》（彩版五二）。

23. 2011年5月8日，中国科学院古脊椎动物与古人类研究所副所长高星研究员、李小强研究员、张双双副研究员和研究生孙楠，中国社会科学院考古研究所副所长陈星灿，中国社会科学院考古研究所史前考古研究室主任傅宪国研究员、副主任李新伟研究员、副主任梁中合研究员，以及福建博物院考古研究所范雪春研究员，在漳平市副市长许志光、漳平市政协副主席林亮的陪同下到奇和洞遗址现场考察，确定核心保护区和建设控制地带。

24. 2011年5月11日，福建省文物局副调研员何经平、福建博物院原副院长王振镛研究员、福建博物院考古研究所范雪春研究员，专程赴漳平实地调研奇和洞遗址的保护工作，漳平市领导陪同调研。

25. 2011年6月18日，中国科学院古脊椎动物与古人类研究所、中国科学院人类演化实验室李超荣研究员在福建博物院考古研究所范雪春研究员的陪同下，到奇和洞遗址现场考察。

26. 2011年9月8日，福建省文化厅宋闽旺厅长专程赴漳平实地调研奇和洞遗址保护工作，龙岩市文化与出版局局长张耀清、漳平市有关领导陪同调研（彩版四八，1）。

27. 2012年2月11～13日，福建奇和洞遗址考古论证会在福建博物院召开，参加的专家、领导有：国家文物局原副局长、专家组组长黄景略（彩版五〇，1），中国科学院古脊椎动物与古人类研究所副所长高星研究员，中国社会科学院考古研究副所长陈星灿研究员，北京大学考古文博学院王幼平教授，吉林大学考古专业陈全家教授，河北省文物局副局长、河北省文物研究所谢飞研究员，厦门大学历史系考古学专业吴春明教授，福建博物院林恭务研究员等。他们对奇和洞遗址的发掘、学术价值和意义等，给予充分肯定和高度评价（彩版五三）。

28. 2012年2月14日，来自中国科学院、北京大学、吉林大学、河北省文物局、福建博物院的5名考古专家到奇和洞遗址现场考察，漳平市领导陪同考察。

29. 2012年4月11～13日，在北京评选全国十大考古新发现活动中，奇和洞遗址被评为"2011年度全国十大考古新发现"。

30. 2012年6月23日，漳平市人民政府公布奇和洞遗址为第五批市（县）级文物保护单位。

31. 2012年7月4日，福建省文化厅党组成员、省文物局局长郑国珍在漳平市委书记邓菊芳、龙岩市文化与出版局纪检组长李史明及漳平市9个部门负责人的陪同下，到奇和洞遗址现场调研。郑国珍局长建议组建漳平市文物局，对奇和洞遗址公园进行保护规划和总体开发设计（彩版四八，2）。

32. 2012年7月10日下午，海峡两岸奇和洞生态农业开发考察团到奇和洞遗址参观考察。

33. 2012年9月7日，浙江省文物考古研究所副所长王海明研究员在福建博物院考古研究所范雪春研究员的陪同下到奇和洞遗址考察。

34. 2013年1月28日，福建省人民政府公布奇和洞遗址为第八批省级文物保护单位。

35. 2013年2月18日，国家文物局原副局长、专家组组长黄景略一行到奇和洞考察调研，对奇和洞遗址的保护工作给予充分肯定，并提出许多指导性意见和建议。

36. 2013年3月16日，福建博物院范雪春等陪同台湾"中研院"历史语言研究所考古专家陈仲玉一行五人到奇和洞考察并到龙岩市博物馆观看实物标本，认为奇和洞遗址与马祖亮岛遗址群出土的文化遗物有诸多相似性；提出奇和洞遗址对探讨闽台史前文化渊源关系，以及南岛语族起源与扩散等课题具有重要学术价值。

37. 2013年3月18日，首届奇和洞文化节在奇和洞举行，由象湖镇人民政府倡议并筹备承办，吸引了周边广大干部和群众到场，参加人数达5000多人，影响很大，取得很好社会效果。

38. 2013年5月6日，经国务院审核通过，奇和洞遗址被公布为第七批全国重点文物保护单位。

39. 2013年5月15日，龙岩市副市长郭丽珍一行在漳平市许志光副市长等的陪同下到奇和洞考察调研。

40. 2013年6月23日，龙岩市文广新局局长卢伟耀、副局长李史明及龙岩市部分人大代表、政协委员到奇和洞视察调研，就奇和洞遗址的保护和开发利用进行广泛讨论。

41. 2013年7月24日，中国科学院古脊椎动物与古人类研究所刘武、吴秀杰研究员一行3人到奇和洞考察，进一步推动奇和洞遗址深入研究。

42. 2013年7月24、25日，福建省委党校蔡加福教授一行7人、郑恒峰教授一行3人，分别到奇和洞参观考察。

43. 2013年8月21日，福建省委党史研究室郑龙、苏俊才副主任，龙岩市委党史研究室主任一行20人，到奇和洞参观考察调研。

44. 2013年10月15日，福建博物院范雪春等陪同北京、台湾、山东、江西、浙江、广东等省市考古专家一行45人，到奇和洞参观考察，并观摩奇和洞遗址出土实物标本，专家们对发掘成果给予充分肯定和高度评价。

45. 2013年10月23日，龙岩市政协饶作勋主席、李占开副主席等一行9人，到奇和洞参观考察。

46. 2013年10月24日，福建省地质调查研究院梁诗经研究员一行4人，到奇和洞参观考察。

47. 2013年11月22日，中国人民大学许鹏一行7人到奇和洞参观考察。

48. 2014年1月9日，广州白云文物保护工程有限公司、广州翰瑞文物设计研究中心黄京一行3人，到奇和洞考察调研。

后 记

奇和洞遗址2008年底发现，2009年冬至2011年初历时三次发掘，之后又进行了三年多的整理和研究。从发掘起到本报告的完成，经历许多艰难曲折，克服了重重困难，当中更有诸多令人感动的事例。最初奇和洞所面临的是即将被炸毁的普通石灰岩溶洞，如今却成为我国东南沿海地区乃至国内外享有很高知名度的史前洞穴文化遗址，这一方面得益于一线考古工作者的准确判断和执著的努力，另一方面也是社会各界人士、上级科研机构、文化文物主管部门大力支持和强有力领导的结果。

回顾奇和洞遗址发现、发掘和研究的整个过程，历历在目，久久难以忘怀。值得提及的是，奇和洞遗址的发掘和研究自始至终得到国家文物局、福建省文化厅文物局、龙岩市人民政府和漳平市人民政府的关怀和资金支持；尤其需要感谢的是国家文物局张磊、福建省文化厅文物局郑国珍、福建博物院吴志跃、龙岩市文化与出版局张耀清和李史明、漳平市人民政府许治光等先生的关心和帮助；龙岩市委市政府、龙岩市文化与出版局从项目的策划开展组织实施直至经费的投入都倾注了大量心血。郑国珍先生不吝拨冗为本报告作序；福建省文化厅文物局、福建博物院历届领导对这个项目都给予了极大关注；龙岩市博物馆提供研究场所，确保本项目发掘、研究的顺利开展。在此，谨向他们致以真诚的感谢。

本项目野外工作是在下述单位共同合作和参与下进行的，它们是：福建博物院、龙岩市博物馆、漳平市博物馆、昙石山遗址博物馆和闽越王城博物馆。

奇和洞遗址的发现和重要遗物的出土，引起各个方面专家学者的关注。在发掘和研究期间，始终得到中国社会科学院考古研究所陈星灿研究员、傅宪国研究员，中国科学院古脊椎动物与古人类研究所高星研究员的帮助和悉心指导，他们不仅亲自前往遗址调查和观察出土标本，还献计献策，使我们在研究中不走或少走弯路，并派团队参与奇和洞遗址的部分发掘与研究，福建博物院、中国科学院古脊椎动物与古人类研究所、中国社会科学院考古研究所、龙岩市文化与出版局和漳平市人民政府共同签署了"关于合作开展福建漳平奇和洞及相关遗址考古研究项目的协议"，使该项目的深入研究有了强力的技术支撑。厦门大学人文学院考古专业吴春明先生和美国夏威夷毕士普博物馆焦天龙先生也多次前来工地参观指导，并派出专业团队参与研究。在课题的实施过程中，先后有下述学者参与野外发掘和出土材料的分析研究工作：美国夏威夷大学Barry Rolett教授，北京大学科技考古^{14}C实验室吴小红教授、崔剑锋博士和潘岩博士，厦门大学人文学院葛威博士和佟珊博士，中国科学院古脊椎动物与人类研究所李小强研究员、吴秀杰博士、关莹博士和张楠博士，以及宁波大学邓启明教授等。本书有关科技分析方面的一些内容，包括体质人类学、分子生物学、古土壤古环境学、年代学等的分析报告即是由他们撰写的，感谢他们的精诚合作和敬业精神！

　　本发掘报告是研究团队共同努力的结晶。福建博物院范雪春研究员长期担任本项目的田野领队，周振宇、黄运明、吕锦燕、羊泽林、危长福、王晓阳、王银平、林博、王欢、吴锡超、李水常、赵兰玉、林凤英、黄秀燕、黄大义、罗丹丹、刘雪靓、马兴昌等，参加不同批次的田野发掘、室内整理工作。正是大家的共同协力，才使本课题的研究最终获得丰硕成果。此外，象湖镇灶头村陈金土、陈金治两位先生长期坚守在奇和洞看护和排水，奇和洞遗址才能够得到妥善保护以免遭受人为或自然破坏，在此一并致谢！

　　本项目研究经费得到国家文物局、龙岩市文化与出版局和漳平市人民政府的大力支持。

　　全书共分七章，第一至三章由范雪春执笔，其余章节根据遗迹、遗物种类的不同分别由范雪春、尤玉柱、王晓阳、危长福、李水常和黄运明执笔，范雪春统稿。其中部分初始成果曾以简报或短文形式发表于中外杂志上，已发表的文章一并收入本报告，以便作为参考。

彩　版

奇和洞遗址全景（西—东）

1. 遗址发掘现场

2. 探方清理

遗址发掘现场

1. 探方清理

2. 探方清理

遗址发掘现场

1. 文字记录

2. 记录遗物坐标

遗址发掘现场

1. 绘制遗迹图

2. 绘制遗迹图

遗址发掘现场

遗址发掘现场

1. 遗物的影像记录

2. 发掘现场的影像记录

遗址发掘现场

1. 提取人骨

2. 标本的室内清理

人骨的提取和标本的室内整理

1. 石铺活动面（距今17000~15000年）

2. 房址（距今10000~7000年）

石铺活动面和房址

1.柱洞（距今10000~7000年）

2.灶（距今10000~7000年）

3.明代寺庙墙基

柱洞、灶和明代寺庙墙基

1. 单台面石核（2011ZQT2-16⑥C：39）

2. 双台面石核（2011ZQT2-12⑥A：3）

3. 锤击石片（2011ZQT2-16⑥B：8）

4. 锤击右边断片（2011ZQT2-27⑥A：67）

第一期文化打制石器

1. 单凸刃刮削器（2011ZQT2-3⑥A：18）

2. 单凸刃刮削器（2011ZQT2-15⑥D：4）

3. 直凹刃刮削器（2011ZQT2-28⑥A：39）

4. 单凸刃砍砸器（2011ZQT2-10⑥A：1）

第一期文化打制石器

1. 石锤（2011ZQT2-15⑥A：1）

2. 石砧（2011ZQT2-8⑥A：53）

第一期文化打制石器

1.骨针坯件（2011ZQT2-8⑥D：20）

2.骨刀坯件（2011ZQT2-23⑥D：4）

第一期文化骨器

2011ZQT2-15⑥C：55

第一期文化刻画石

1. 锤击双台面石核（2011ZQT2-15⑤：43）

2. 锤击多台面石核（2011ZQT2-27⑤：10）

3. 锤击石片（2011ZQT2-8⑤：35）

4. 锤击石片（2011ZQT5④：5）

第二期文化打制石器

1. 砸击石核（2011ZQT2-7⑤：16）

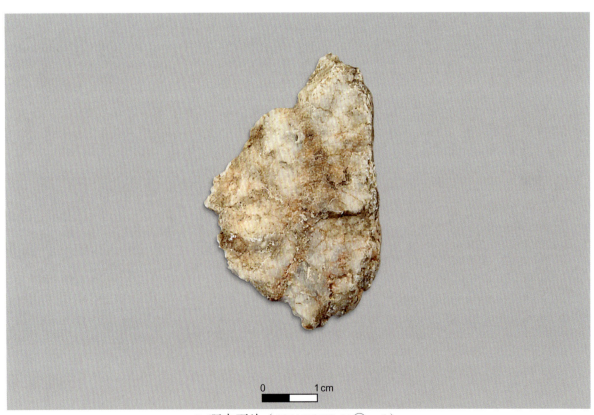

2. 砸击石片（2011ZQT2-11⑤：5）

第二期文化打制石器

1. 单直刃刮削器（2011ZQT2-28⑤：10）

2. 直凸刃刮削器（2011ZQT2-16⑤：18）

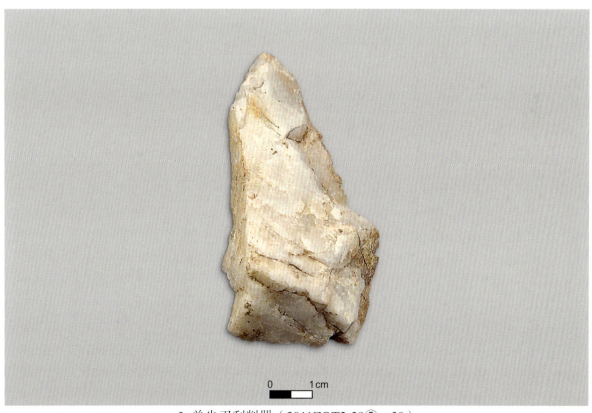

3. 单尖刃刮削器（2011ZQT2-28⑤：30）

第二期文化打制石器

0   1 cm

1. 砍砸器（2011ZQT2-24⑤：61）

0   1 cm

2. 石锤（2011ZQT2-28⑤：13）

第二期文化打制石器

1. 石锛（2011ZQT2-16⑤：11）

2. 石锛（2011ZQT2-16⑤：13）

3. 砺石（2011ZQT2-32⑤：4）

第二期文化磨制石器

0   1 cm

1. 陶盆口沿（2011ZQT2-12⑤：16）

0   1 cm

2. 陶盆口沿（2011ZQT2-6⑤：24）

第二期文化陶片

1. 陶罐口沿（2011ZQT2-11⑤：28）

2. 陶罐口沿（2011ZQT2-24⑤：3）

3. 刻划纹陶片（2011ZQT2-15⑤：38）

第二期文化陶片

1. 骨针（2011ZQT2-24⑤：1）

2. 骨针（2011ZQT2-24⑤：25）

3. 尖刃器（2011ZQT2-12⑤：21）

4. 骨锥坯件（2011ZQT2-32⑤：2）

第二期文化骨器

1. 锤击单台面石核（2011ZQT2扩③C：55）

2. 锤击多台面石核（2010ZQT2③B：134）

3. 锤击石片（2010ZQT2扩③A：183）

4. 锤击石片（2011ZQT2扩③C：220）

5. 单直刃刮削器（2010ZQT2③A：9）

6. 单凸刃刮削器（2011ZQT2扩③C：9）

第三期文化打制石器

1. 单尖刃刮削器（2010ZQT2扩③A：205）

2. 单直刃刮削器（2010ZQT2③B：189）

3. 单凸刃砍砸器（2009ZQT1③A：19）

第三期文化打制石器

1. 单凹刃砍砸器（2010ZQT2③B：50）

2. 单凸刃砍砸器（2010ZQT2③B：22）

3. 单凸刃砍砸器（2011ZQT2扩③C：73）

4. 单直刃砍砸器（2010ZQT2③B：23）

第三期文化打制石器

1. 单直刃砍砸器（2011ZQT2③C：180）

2. 双刃砍砸器（2011ZQT2扩③C：82）

3. 石锤（2010ZQT2扩③A：162）

第三期文化打制石器

1. 石锤（2011ZQT2扩③C：89）

2. 石锛（2009ZQT1③A：381）

3. 石锛（2011ZQT2-12③C：1）

第三期文化打制石器和磨制石器

1. 石锛坯件（2011ZQT2扩③C：71）

2. 石锛（2009ZQT2③A：1）

3. 石锛（2011ZQT2-23F2：1）

4. 石锛（2011ZQT2扩③B：34）

第三期文化磨制石器

1. 石斧（2010ZQT2扩③A：1）

2. 石斧（2009ZQT1③B：4）

3. 石斧（2009ZQT2③B：3）

4. 石斧（2010ZQT2扩③A：3）

第三期文化磨制石器

1. 石斧（2011ZQT2-12③B：1）

2. 石斧（2011ZQT2扩③B：38）

3. 石铲（2009ZQT1③A：10）

4. 石匕（2010ZQT1③A：171）

第三期文化磨制石器

1. 石刀（2010ZQT2扩③B：12）

2. 石凿（2010T2扩③A：111）

3. 石镞（2011ZQT2-16③C：1）

4. 砺石（2009ZQT1③A：383）

5. 石匕（2010ZQT2扩③A：33）

第三期文化磨制石器

1. 凹石（2010ZQT2③B：201）

2. 石砧（2011ZQT2扩③A：154）

3. 研磨器（2009ZQT2-11③A：12）

第三期文化磨制石器

1. 陶罐残片（2009ZQT1③A：55）

2. 陶罐残片（2009ZQT1③A：57）

3. 陶罐口沿（2009ZQT1③A：62）

4. 陶罐口沿（2009ZQT1③A：232）

5. 陶罐口沿（2010ZQT2扩③A：215）

6. 陶罐口沿（2010ZQT2扩③A：216）

第三期文化陶器

1.陶罐口沿（2010ZQT2扩③C：245）

2.陶罐口沿（2011ZQT2-24F2：2）

3.陶罐口沿（2009ZQT1③B：115）

4.陶罐口沿（2011ZQT2-28F2：7）

5.陶釜口沿（2010ZQT2扩③A：229）

第三期文化陶器

1. 陶釜（2011ZQT5④：8）

2. 陶釜口沿（2010ZQT2扩③A：231）

3. 陶釜口沿（2010ZQT2扩③A：233）

4. 陶钵口沿（2009ZQT1③A：7）

5. 陶钵口沿（2009ZQT1③A：63）

第三期文化陶器

1.陶钵口沿（2009ZQT1③B：31）

2.陶钵口沿（2010ZQTT2扩③A：214）

3.陶钵口沿（2011ZQT2-24F2：13）

4.陶钵口沿（2010ZQT2扩③A：241）

5.陶钵口沿（2009ZQT1③B：35）

6.陶钵口沿（2011ZQT2-31F2：1）

1. 骨针（2009ZQT1③A：24）

2. 骨锥（2010ZQT2扩③A：173）

3. 骨镞（2009ZQT1③A：172）

4. 尖刃器（2009ZQT1③B：21）

5. 牙刀（2009ZQT1③A：167）

第三期文化骨器

1. 拼合骨簪（2009ZQT1③A：9、2009ZQT1③A：165）

2. 骨制鱼钩（2009ZQT1③B：2）

第三期文化骨器

1. 骨凿（2010ZQT2扩③A：185）

2. 骨匕（2010ZQT2扩③A：247）

3. 骨管（2009ZQT1③A：16）

4. 钻孔牙饰（2009ZQT1③A：400）

5. 石质鱼形佩件（2009ZQT1③B：3）

第三期文化骨器与装饰艺术品

1. Ⅲ号人颅骨出土情况

2. Ⅱ号人肢骨出土情况

第三期文化人骨出土情况

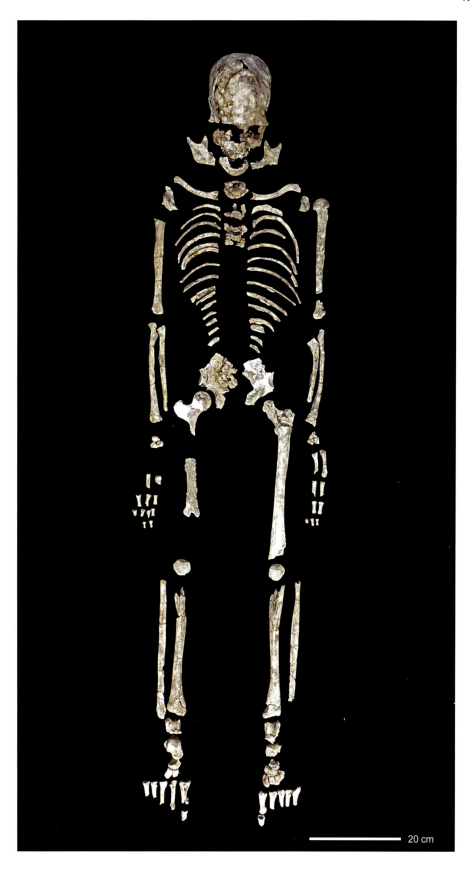

20 cm

第三期文化II号女性全身骨骼

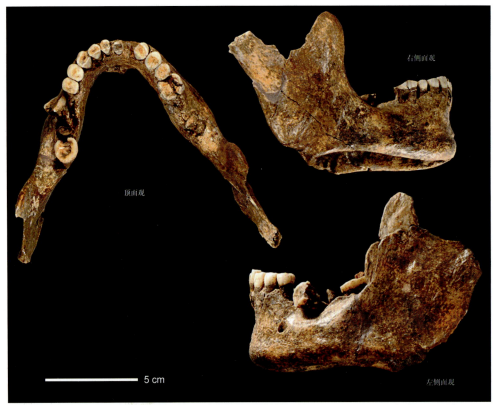

5 cm

1. III号男性下颌骨

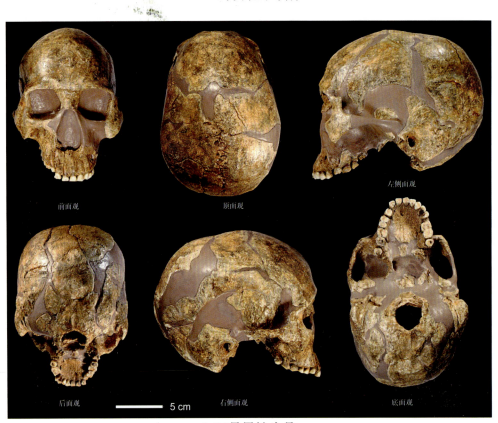

5 cm

2. III号男性头骨

第三期文化III号男性颅骨

1. 剑齿象左下臼齿

2. 剑齿象右下臼齿

支洞出土的动物化石

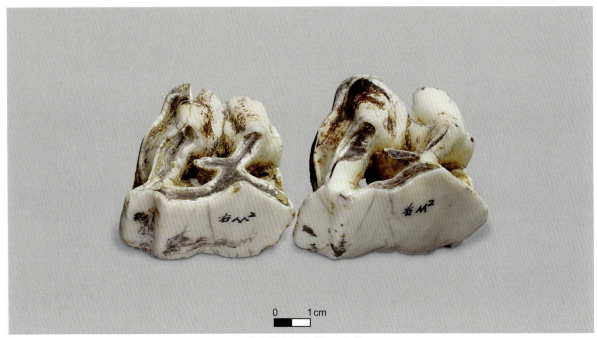

0　　1cm

1. 中国犀右上第二臼齿

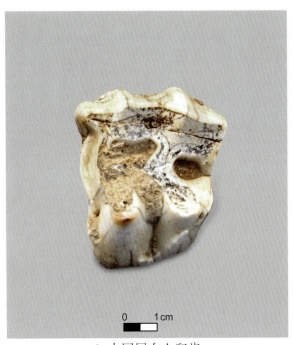

0　　1cm

2. 中国犀右上臼齿

0　　1cm

3. 中国犀左下臼齿

支洞出土的动物化石

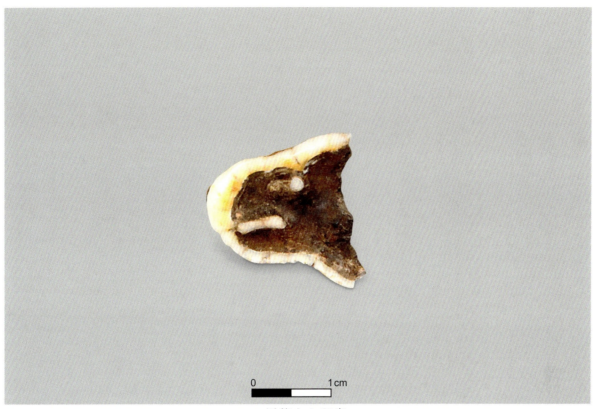

0   1cm

1. 黑熊左上臼齿

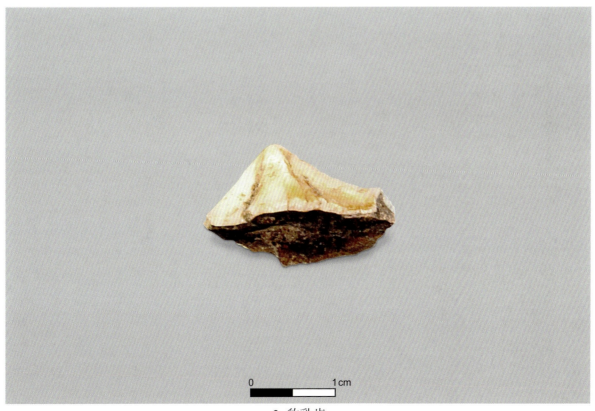

0   1cm

2. 豹乳齿

支洞出土的动物化石

彩版四六

1. 山羊臼齿

2. 水牛臼齿

3. 黑鼠下颌骨

支洞出土的动物化石

0 1cm

1.烧骨碎片（第三期文化）

0 1cm

2.螺壳

动物化石

1. 福建省文化厅前厅长宋闽旺观摩奇和洞遗址成果展

2. 福建省文化厅党组成员、福建省文物局前局长郑国珍视察考古遗址

各级领导、专家视察遗址

1. 时任龙岩市文化与出版局纪检组长李史明视察考古遗址

2. 漳平市市委书记等视察考古遗址

各级领导、专家视察遗址

1.国家文物局专家组组长黄景略视察考古遗址

2.中国社会科学院考古研究所陈星灿、国家文物局张磊等视察考古遗址

各级领导、专家视察遗址

1. 中国科学院古脊椎动物与古人类研究所高星、吴秀杰等考察遗址并提取人骨

2. 时任美国夏威夷毕士普博物馆焦天龙教授考察遗址

各级领导、专家视察遗址

签署合作开展奇和洞遗址考古研究项目的协议

1. 福建奇和洞遗址专家论证会

2. 福建奇和洞遗址专家论证会合影

福建奇和洞遗址专家论证会

1. 福建漳平奇和洞遗址国际学术研讨会开幕式

2. 龙岩市文广新闻出版局副局长李史明致辞

3. 漳平市市长蓝福元致辞

4. 漳平市副市长詹可聪致辞

5. 福建省文物局副局长、福建博物院院长吴志跃致辞

福建漳平奇和洞遗址国际学术研讨会

1. 中国社会科学院考古研究所副所长陈星灿致辞

2. 中国科学院古脊椎动物与古人类研究所原副所长高星致辞

3. 澳大利亚国立大学教授Peter Boll Wood作报告

4. 美国哈佛大学人类学系教授Ofer Bar-Yosef作报告

5. 美国旧金山亚洲美术博物馆研究员焦天龙作报告

6. 澳大利亚国立大学教授洪晓纯作报告

福建漳平奇和洞遗址国际学术研讨会

1. 中国台湾"中研院"历史语言研究所院士臧振华作报告

2. 中国台湾"中研院"历史语言研究所陈仲玉研究员作报告

3. 中国台湾"中研院"历史语言研究所刘益昌研究员作报告

4. 加拿大皇家安大略博物馆研究员、副馆长沈辰作报告

5. 中国科学院古脊椎动物与人类研究所研究员吴秀杰作报告

6. 北京大学考古文博学院党委书记、教授王幼平作报告

福建漳平奇和洞遗址国际学术研讨会

1. 广西柳州白莲洞洞穴科学博物馆馆长、研究员蒋远金作报告

2. 福建博物院研究员范雪春作大会主旨发言

3. 厦门大学人文学院副教授葛威作报告

4. 与会代表进行会后交流讨论

5. 与会代表进行遗址考察

福建漳平奇和洞遗址国际学术研讨会

福建漳平奇和洞遗址国际学术研讨会与会代表观摩出土遗物